지역사회복지론 2판

COMMUNITY WELFARE &
PRACTICE

함철호 저

학지사

2판 머리말

2019년 8월『한국지역사회복지론: 이론과 사례』를 출간하여 교재로 사용해 왔는데, 아쉬운 부분이 많아 2판을 내기로 하였다.

1판 집필 시 필자의 인식 오류로 도시생태학 내용을 담았는데 이를 인간생태학, 생태체계이론으로 교체하였다. 독자들께 일시적으로 혼란을 겪게 한 것에 대해 진심으로 사과드린다. 한국의 사회복지에 대해 많은 영향을 미치는 일본의 지역사회복지를 소개하지 못한 것도 아쉬웠다. 1판의 특징 중 하나가 '지역사회시민교육'의 필요성을 제시한 것인데, 이에 대한 수정도 필요했다. 1판 '제4장 지역사회복지실천 이론' 부분이 과다하다는 생각도 많았다. 그리고 제1부(개관), 제2부(이론과 모델), 제3부(실천기술)의 이해를 돕기 위한 총론적 성격의 도입부가 필요하다는 생각도 있었다. 2판에서 달라진 부분은 다음과 같다.

『한국지역사회복지론: 이론과 사례』라는 책이름을『지역사회복지론』으로 바꾸었다. 『사회복지학 교과목 지침서』의 과목명을 사용하는 것이 바람직하다고 생각했다. 제1부~제3부의 시작에 앞서 각 부의 내용을 개괄적으로 이해할 수 있도록 '총론'격의 내용을 기술하였다.

제1장 3절의 '지역사회복지실천의 가치' 부분에 제2장의 일부를 옮겨 '역량 있고 살기 좋은 지역사회'를 추가하였다. '역량 있는 지역사회'는 '살기 좋은 지역사회'와 같은 의미로 본다. 사회복지실천의 목표 중에 하나가 클라이언트 역량 강화이므로, 지역사회복지실천이 추구하는 목표도 클라이언트 지역사회를 역량 있는 지역사회로 변화시키는 것이라는 논리이다. 제3장에는 초판에 없었던 '일본의 지역사회복지 역사'를 추가하였다. 현재 시중의 20여 종의 지역사회복지론 교재 중 일본의 지역사회복지 발달과정을 소개한 것은 없는 듯하다. 일본 全國社會福祉協議會의 사무국장이었고, 地域福

祉學會 부회장이었던 永田幹夫의 『地域福祉論 改訂版』(2000)의 '제2장 지역복지개념의 형성과정—지역적 활동의 전개—' 부분을 번역하여 축약하였다. 저자의 의도가 왜곡된 부분이 있다면 전적으로 인용자의 잘못이다. 지면으로나마 永田幹夫님께 감사의 마음을 전한다.

제4장의 수정내용은 다음과 같다. 1절 사회체계이론에서는 '체계의 기본개념' 부분을 새로 기술했으며, 끝 부분에 '지역사회: 사회환경으로써 외체계(exosystem)'라는 부분을 추가했다. 이는 Karls와 Wandrei가 『PIE(person-in-environment) 분류체계』를 제시하면서 지역사회가 여섯 가지 하위체계를 구성요소로서 갖추지 못하면, 주민들에게 '미충족욕구'를 발생시키는 '문제적 사회환경'이 된다는 주장이 매우 중요하다고 생각하였기 때문이다. 2절에서는 Germain과 Gitterman의 생태학이론, 생태체계이론을 공들여 소개하였다. 독자들이 읽어 가며 이해하기 쉽게 많은 노력을 하였다. 8절의 조직간 관계이론은 삭제하였다. 지역사회복지에서 매우 중요한 '전달체계'를 이해하는 데에 매우 유용한 이론이지만, 사회복지행정론 부분에 더 적합하다고 생각했기 때문이다.

'제7장 지역사회사정' 부분에서는 Siegel 등이 작성한 「지역사회 맥락에서 욕구확인과 프로그램 기획」이라는 논문을 참고하여, 욕구확인과 사정을 구분하여 설명하였고 욕구사정과 프로그램 평가의 차이점을 살펴보았다. 또한 제8장에서는 '1절 지역사회 시민교육'의 일부를 삭제하였고 '제10장 네트워크: 지역사회보장협의체'에서도 간결함을 추구하려는 노력을 하였다. 더하여 '제11장 지역사회보장계획' 부분에서도 최근에 도입된 '마을복지계획' 부분을 삽입하였다. '제12장 사례관리' 부분에서는 초판에서의 '2절 사례관리의 특징' 부분을 삭제하고, 지역사회복지실천 측면에서 '사례관리의 필요성'을 삽입하였다. 보건복지부 지역사회 통합돌봄정책의 운영원리가 사례관리임을 강조하기 위해서이다.

마지막으로, 이러한 수정을 통하여 이 책의 완성도를 높이려고 노력하였으나 여전히 아쉬운 부분이 많다. 한 번 더 이런 노력을 하겠다고 다짐한다.

끝으로 편집을 아름답게 하고, 꼼꼼하게 교정을 해 주신 편집부 박선민 선생님께 감사의 말씀을 드린다.

2023년 9월

함철호

1판 머리말

이른바 지역사회복지의 시대다. 지역사회복지란 사람이 살아가고 있는 지역을 살기 좋은 동네로 만들기 위한 노력이다. 맹자 모친이 맹자를 키우기 위해 찾아다녔던 마을이 바로 살기 좋은 곳일 것이다. 살기 좋은 동네 만들기가 어렵듯이, 만드는 방법을 배우는 과목인 지역사회복지론 또한 어렵다. 지역사회복지론을 집필하는 데 있어서 가장 어려운 일은 독자들이 내용을 스스로 깨우칠 수 있도록 가독성을 확보하는 것이다. 이를 위해 필자는 핵심 이론과 관련된 사례를 함께 제시하는 방법을 선택하였다. 사례를 읽는 것은 두 가지 의미가 있다. 하나는 이론들을 학습하기에 앞서 선 이해를 한다는 것이고, 또 하나는 일상생활 속에서 지역사회복지실천을 간접 경험한다는 것이다. 기존의 책들이 외국의 이론 소개에 중점을 두었다면, 이 책은 그 이론의 예가 될 수 있는 한국의 사례를 제시했다는 점에서 차이가 있다. 그래서 이 책의 제목을 『한국지역사회복지론: 이론과 사례』로 정하였다.

이 책은 크게 세 부분으로 구성되었다.

제1부는 '지역사회복지: 개관'으로, 지역사회복지에 대해 개괄적으로 이해하는 부분이다. 제1장에서는 해운대구 반송동의 사례를 들어 지역사회복지의 핵심 개념들을 설명하였으며 지역사회복지실천이 추구하는 가치로서 시민의 행복, 사회정의 그리고 공동체의 개념을 제시하였다. 제2장에서는 난해한 지역사회의 개념과 선행 연구에서 제시된 지역사회복지의 개념을 검토하고 필자의 견해를 제시하였다. 제3장에서는 영국과 미국 그리고 한국의 지역사회복지 역사를 개괄적으로 살펴보았다.

제2부는 지역사회복지실천의 기초가 되는 이론, 모델 그리고 과정에 대해 살펴보았다. 제4장에서는 지역사회복지실천 이론에 대해 자세히 다루었다. 사회복지실천의 기초 이론인 생태체계이론, 지역사회에서 살아가는 인간의 일상적인 삶인 갈등을 이해

하는 데 필요한 갈등이론, 주민들의 행동을 '주고받기'로 이해하는 데 필요한 교환이론, 지역사회의 권력구조와 '유지'들의 행동을 이해하는 데 필요한 지역사회 권력이론, 네트워크에 의해 사회적 자본이 생성되는 것에 대한 이론적 이해를 다루는 사회자본이론, 지역사회 주민을 시민으로 변화시키는 효과적인 방법이 교육임을 설명하는 학습이론, 지역사회 변화의 주체로서 사회복지 조직 간의 관계를 설명하는 조직간관계이론에 대해 소개하였다. 제5장에서는 지역사회복지실천 모델에 대해 살펴보았다. Rothman 모델, Weil과 Gamble 모델에 대해 다루었으며, 각 모델마다 사례를 제시하였으므로 이해하는 데 많은 도움이 될 것으로 기대한다. 제6장에서는 사회복지실천 고유의 이론이라고 볼 수 있는 문제해결 과정을 다루었다. 이 과정은 제5장에서 학습한 모델과 결합된다. 우리나라 지역사회복지실천의 모범인 '약물남용청소년을 위한 강남지역협의회'의 사례를 제시하였다.

제3부에서는 지역사회복지실천에서 반드시 필요한 기술에 대해 살펴보았다. 제7장에서는 실천 과정의 첫 단계에서 필요한 지역사회사정하기 기술을 다루었다. 기존의 책들에서 강조된 문제와 욕구사정뿐만 아니라 자원사정하기에 대해서도 다루었다. 제8장에서는 자원 개발하기에 대해 설명하였다. 인적 자원 개발을 강조하여 지역사회시민교육을 상술하였다. 이 부분은 기존의 교과서에서 다루어지지 않았었다. 지역사회의 변화를 위해 주민참여가 반드시 필요하지만, 주민의 시민성 부족으로 참여가 이루어지지 않는다는 것이 필자의 견해이다. 다수의 지역사회복지 연구자들이 동의할 것이다. 지역사회시민교육의 필요성을 논리화하기 위해 '시민과 시민사회 그리고 시민성' '시민교육의 목표' '목감종합사회복지관의 지역사회시민교육'의 사례를 살펴보았으며, 지역사회복지실천에서 '시민참여'가 중요하다는 Weil의 견해도 제시하였다. 제9장에서는 주민조직 만들기를 다루었으며, 주민조직이 마을 만들기와 사회행동의 주체임을 강조하였다. 제10장에서는 네트워킹의 실체로서 지역사회보장협의체(이하 협의체)가 주도한 실천사례, 협의체의 구조와 의미, 중요성, 발전 방안 등에 대해 고찰하였다. 제11장에서는 지역 단위의 복지정책인 지역사회보장계획에 대해 다루었다. 제12장에서는 사례관리를 개괄적으로 소개하였으며, 지역 단위에서 민관협력 사례관리가 필수적임을 강조하였다. 제13장에서는 옹호와 사회행동이 다르다는 시각에서 각각을 자세히 설명하였다. 끝으로, 제14장에서는 지역사회복지실천의 과정인 동시에 결과로서 임파워먼트 기법을 설명하였다.

이 책을 다 읽고 나면 '지역사회복지가 이런 것이구나.' 하고 머릿속에 그려질 수 있

도록 노력하였지만, 그 목표를 이루었는지는 확신할 수 없다. 필자의 역량 부족 때문이다. 또한 일부 오류가 있을 것이라는 두려움도 있다. 독자들의 지적과 비판으로 성장하여 더 완성도 높은 책을 만들도록 노력하겠다는 마음을 가져 본다.

끝으로 출판을 맡아 주신 학지사의 김진환 사장님께 진심으로 감사드리며 편집을 맡아 주신 유은정 선생님께도 고마운 마음을 전한다.

2019년 8월

진월동에서 저자

차례

제2부 지역사회복지실천: 이론, 모델, 과정

제4장 지역사회복지실천 이론 • 101

제5장 지역사회복지실천 모델 • 163

제6장 지역사회복지실천 과정 • 195

제3부 지역사회복지실천: 기술

제 1 부

지역사회복지: 개관

제1부의 학습내용은 지역사회복지실천이 무엇인지를 개괄적으로 이해하는 것이다. 그 방법은 사례(제1장)를 살펴보고, 지역사회와 지역사회복지실천의 개념(제2장)을 이해하고, 역사(제3장)를 공부하는 것이다.

제1장에서는 우리나라에서 가장 모범적인 도시공동체인 '희망세상'의 사례를 살펴보면서 그 사례에 담겨 있는 지역사회복지실천의 의미를 이해하고 핵심 개념들을 찾아보는 것이다. 지역사회복지실천이 추구해야 할 가치도 이해해야 한다.

제2장에서는 지역사회와 지역사회복지실천의 개념을 학습한다. 지역사회라는 말이 입에서 쉽게 나오지만 타인에게 이해하기 쉽게 설명하기는 어려운 개념이다. 사회복지실천의 기본 관점인 생태학이론에서 지역사회는 개인과 집단의 환경이다. 개인과 집단을 억압하는 사회문제가 많은 지역사회가 클라이언트 지역사회이다. 클라이언트 지역사회를 역량 있고 살기 좋은 지역사회로 변화시키기 위한 사회적 노력이 지역사회복지실천인데, 그 개념의 변천을 살펴보면서 이해하고자 한다.

제3장에서는 지역사회복지의 역사를 학습한다. 사회복지를 산업화에 따른 사회문제를 해결하기 위한 사회적 노력이라고 보고, 먼저 산업화의 경험이 있는 영국, 미국, 일본의 경우를 살펴본다. 이어서 한국의 지역사회복지 역사를 살펴볼 것이다. 생태학적 관점에서 영국과 미국의 자선조직협회는 빈곤한 지역주민들에게 자원 공급처로서 환경이다. 인보관 운동은 생태체계적 관점에서 미시체계인 빈곤한 지역주민을 교육시켜 임파워먼트시키려는 노력으로 볼 수 있다. 일본의 지역복지 역사에서 전달체계를 구축해 가는 과정은 매우 중요한 요소인데, 한국과는 많은 차이가 있다. 특히 사회복지협의회를 보면 그렇다.

현실의 지역사회, 거기에서 만들어진 모범적인 사례, 사례가 가진 핵심 개념, 선진국의 경험을 학습하면 지역사회복지가 무엇인지를 개괄적으로 이해하게 될 것이다.

지역사회복지: 서론

이 장의 목적은 지역사회복지를 개괄적으로 이해하는 것이다. 먼저, 지역사회복지의 중요성을 검토하고, 지역사회복지실천의 사례를 알아보며, 그에 근거해서 지역사회복지실천의 내용에 대해 설명하고자 한다. 그리고 지역사회복지실천을 위한 지식과 기술의 안내자로서 지역사회복지의 가치를 살펴보고자 한다.

1. 지역사회복지의 중요성

물고기는 물에서 살고, 사람은 지역사회에서 산다. 오염된 물에 사는 물고기는 그 물을 먹고 기형의 몸으로 살거나 죽는다. 사회문제가 많은 지역사회에 사는 사람은 삶의 질이 낮거나 행복하지 못하다. Putnam(2009)에 따르면, 좋은 동네에 사는 것이 금연을 하는 것보다 건강에 좋다. 오랫동안 우리 사회는 아동을 위한 아동복지, 노인을 위한 노인복지, 장애인을 위한 장애인복지, 즉 개인을 위한 복지에 힘써 왔다. 그러나 아동, 노인, 장애인 등 개인이 사는 지역사회를 살기 좋은 곳으로 변화시키기 위한 노력은 매우 미약했다. 근래에 지역마다 지역사회를 변화시키기 위한 다양한 노력이 시도되고 있어 바람직하다. 지역사회에서 살아가는 사람의 삶을 억압하는 사회문제를 해결하려는 노력이 지역사회복지실천인데, 그것을 학습하기에 앞서 지역사회복지의 중요성을 되새겨 보는 것이 필요하다.

Zastrow(1992, p. 223)에 따르면, "어떤 영역에서 실천하는 사회복지사이든, 어떤 기관에 고용되어 있는 사회복지사이든 지역사회복지실천에 관한 지식과 기술을 가지고 있을 때 더욱 유능해진다." 한편, Hardcastle, Powers와 Wenocur(2004)는 "지역사회복지실천은 모든 사회복지사를 위한 기본 기술"이라고 하면서 다음과 같이 주장하였다.

> 지역사회복지실천 기술은 사회복지전문직이 시작된 이래 사회복지실천의 레퍼토리에서 필수적인 구성요소다. 지역사회복지실천은 사회복지실천의 핵심이고, 전문가이든, 치료사이든, 활동가이든 관계없이 모든 사회복지사에게 필수적인 것이다. 매크로 실천 활동가이든, 직접서비스 제공자나 임상사회복지사든 모두가 지역사회조직, 사회행동, 사회계획과 관련되듯이, 이들이 클라이언트를 의뢰할 때나, 지역사회 자원을 사정할 때나, 클라이언트 지원체계를 개발할 때나, 클라이언트 욕구 해결을 위한 프로그램 · 정책을 의사결정자들에게 주장할 때나 지역사회복지실천이 관련된다(p. 3).

Jacobsen과 Heitkamp(1995)의 다음과 같은 견해는 Hardcastle 등(2004)의 주장과 같은 맥락이다.

> 사회복지사는 병원에서 정신과 서비스를 받는 개인을 돕기 위하여 가족 상황을 변화시켜야 하며, 정신병에 대한 지역사회의 고정관념이나 편견을 개선하도록 노력해야 한다. 그러한 것이 클라이언트가 일자리를 얻고 지역사회에 통합되는 것을 방해하기 때문이다. 만약 사회복지사가 비슷한 어려움을 겪고 있는 클라이언트와 계약하고 있다면, 그 사회복지사는 정신질환자에 대한 부정적 태도를 가지고 있는 고용주의 태도를 변화시킬 수 있는 지역사회교육 포럼을 진행하는 것과 같은 지역사회 수준의 개입을 고려해야 한다. 즉, 사회복지사는 정신병에 대한 지역사회 차원의 옹호를 책임져야 한다(p. 311).

지금까지의 주장들이 지역사회복지의 본질적 중요성에 관한 견해라면, 다음과 같은 주장들은 임상적 실천에서 클라이언트의 환경, 즉 지역사회적 맥락들을 무시한다는 임상실천가들에 대한 비판이다. Wood와 Middleman(1991)은 다음과 같이 지적했다.

> 우울에 빠진 수많은 클라이언트와 일하는 사회복지사는 실천 과정에서 지역사회적 쟁점이 클라이언트의 문제에 어떠한 영향을 미치는가를 다루기보다는 우울증을 치료할 수 있는 기술적 측면의 개발에 치중하고자 하는 자신의 욕구를 감지할 수 있을 것이다. 그래서 임상적 방법과 기술에 지나치게 몰두하다 보면 자칫 클라이언트와 사회환경적 조건과의 영향관계에 존재하는 공통 경험(commonality of experience)을 놓칠 수도 있다.

또한 Rosen과 Livne(1992)도 임상실천 영역에서 클라이언트가 자신의 문제를 환경적 용어로 설명할 때조차도 환경적 요인을 다루기보다는 현재의 호소문제를 주로 심리학적 요인으로 돌리는 입장을 취하는 경향이 만연되어 있다고 비판했다.

Specht와 Courtney(1994)는『성실하지 않은 천사들: 사회복지실천은 어떻게 사명을 포기했는가(Unfaithful angels: How social work has abandoned its mission)』에서 현 시대의 사회복지전문직을 비판하며 다음과 같이 주장했다.

> 사회복지실천의 임무(mission)는 주민이 지역사회의 의미와 목적을 이해하고, 그것에 대한 의무감을 갖게 하는 것이다. 지역사회에 대한 참여(commitment)와 의무의 기초 그리고 사회적 지지의 기초를 형성해 감으로써 공동체(community)를 만들어 가야만 한다. 우리는 아동보호 시스템에 흥미를 느끼는 지역사회를 건설해야 하고, 정신질환자나 노인을 열성적으로 돌보는 지역사회를 만들어야 하며, 사람들이 서로서로를 돌보려고 하고, 기여하려 하고, 그렇게 행동하려는 요구가 생겨나는 지역사회를 만들어야 한다. 심리치료로는 사람의 삶에 목적과 의미를 주고 서로를 돌보고 사랑할 수 있도록 할 수 없다(p. 27).

이러한 Specht와 Courtney의 주장은 아동, 정신질환자, 노인의 행복을 위해서는 이들의 환경인 지역사회를 지지적 체계로 변화시켜야 한다는 Germain(1985)의 주장과 같은 맥락이다.

지금까지 지역사회복지의 본질적 중요성에 관한 문헌을 살펴보았는데, 지역사회복지를 강조하는 국가와 지방자치단체들의 경험도 살펴보아야 한다. 미국의 경우, 국가가 복지에 대한 책임을 지방정부와 지역에 위임함에 따라 복지에 대한 연방정부의 책임은 감소하고, 주정부나 지역 그리고 사적 영역으로 책임이 회귀되고 있다. 사회복지에 대한 지방정부의 책임과 권한, 통제가 증가함에 따라 모든 사회복지사에게는 지역사회복지실천에 대한 지식과 기술이 필요하게 되었다. 사회복지사는 필요한 자원 때문에 지역사회를 사정할 필요가 있고, 클라이언트와 자신을 위해 자원 네트워크와 원조 시스템을 개발할 필요가 있다. 또한 클라이언트를 옹호하고 중개인 서비스를 강화할 필요가 있으며, 바람직한 사회 그리고 자기 자신을 위해 사회적 마케팅에 관여할 필요가 있다(Hardcastle et al., 2004).

우리나라 또한 지역사회를 변화시키려는 다양한 시도가 생겨나고 있다. 〈사례 1-1〉에서 제시하는 부산광역시 해운대구 반송동의 '희망세상'은 자생적 지역개발사업으로서 상당한 역사를 가진 모범적인 사례다. 근래에는 지방정부가 주도하거나, 혹은 민간기관과 공공기관이 협력을 하여서 다양한 지역사회복지실천이 실행되고 있다. 예를 들면, 서울특별시 서대문구는 기존의 동(洞)주민센터를 복지허브로 변환시키는 사업을 했으며, 도봉구는 동(洞)복지공동체사업을 하고 있다. 노원구는 기초자치단체의 특수문제 해결사업으로 노원구 '생명존중문화 조성 및 자살예방사업'을 하고 있는데, 이는 지역의 높은 자살률이라는 문제를 해결하고자 하는 노력이다(함철호 외, 2012). 성북구는 지역 전체에 나눔 문화를 확산시키는 사업을 하고 있는데, 지역의 '정릉시장'이라는 큰 재래시장 전체를 나눔의 거리로 선포하고 민간 자원 개발 운동을 하고 있다(민지선, 2015). 광주광역시 광산구는 '참여와 나눔의 복지공동체 운동'으로 '투게더광산' 사업을 하고 있으며, 서구는 지역사회보장협의체 '한가족나눔분과' 중심으로 민간자원 개발사업을 하고 있고, 18개 동은 광주광역시 사회복지공동모금회와 협력하여 동별 모금을 하고 있다(p. 293 〈표 8-7〉 참조). 한편, U쾌한 남양주 지역사회복지협의체는 '키즈코업'이라는 돌봄 품앗이 운동을 하고 있는데, 이는 맞벌이 부부의 자녀돌봄 품앗이사업이다(함철호 외, 2012).

서울특별시의 경우, 지방자치단체 주도로 지역사회를 변화시키기 위한 엄청난 노력을 하고 있다. 동주민센터를 '동마을복지센터'(서울시 행정국, 2015)로 전환하려는 사업의 일환으로 '찾아가는 동복지사업'(이른바 찾동사업)을 해 왔다. 동주민센터마다 사회복지직 공무원을 확대 배치하고, 간호사와 직업상담사를 근무하게 하여 아웃리치 서비스를 제공하고 있다. 또한 서울시 마을공동체 지원센터를 운영하며 공동체 회복을 시도하고 있다. 이 기관에서는 사회복지관이 마을공동체 사업계획서를 제출하면 심사하여 복지관이 마을 만들기 사업을 적극적으로 추진할 수 있도록 지원한다.

행정부와 보건복지부(2016)는 읍면동 주민센터를 행정복지센터라고 개칭하고, 맞춤형 복지팀을 신설하였으며, 2021년에는 찾아가는 보건복지팀으로 명칭을 바꾸었다. '맞춤형복지팀 · 찾아가는 보건복지팀'의 과업 중 하나가 읍면동 지역사회보장협의체

의 활성화인데, 이는 사각지대 해소를 위한 노력이지만 읍면동 지역사회를 변화시킬 수 있는 좋은 시도(함철호, 2017a)가 되고 있다.

지금까지 지역사회를 변화시키려는 노력을 소개했다. 주로 공공전달체계의 노력에 관한 것이었는데, 독자에게는 공공기관만 주도하는 것으로 보였을 수도 있다. 그러나 이미 사회복지관, 노인복지관, 장애인복지관, 가족지원센터 등 「사회복지사업법」 제2조의 다양한 사회복지사업을 수행하는 수많은 민간기관이 지역에 자리 잡고 있음을 기억해야 한다. 예를 들어, 서울시 강서구에는 사회복지관만 13개 있고, 전주시 평화동에는 동 한 곳에 사회복지관이 4개가 있으며, 전라남도 해남군에는 사회복지관, 노인복지관, 장애인복지관 등 다양한 민간기관이 있다. 이러한 민간기관과 공공기관(시군구청의 복지 관련 부서)의 협력 기제가 지역사회보장협의체인데, 시군구 지역 단위의 변화주도체계다. 또한 읍면동 단위에서도 지역사회보장협의체[「사회보장급여의 이용 · 제공 및 수급권자 발굴에 관한 법률」(약칭 「사회보장급여법」)의 제41조의 5]라는 이름으로 민관협력 기제가 만들어지고 있고, 특정 지역은 이미 상당한 수준에 이르렀다. 다양한 민간 · 공공복지기관들은 지역사회의 부분 · 하위 체계로서 전체 · 상위 체계(환경)인 지역사회를 변화시키기 위해 노력하고 있다.

지역사회를 변화시키려는 이러한 노력에서 지역사회복지실천의 중요성을 다시 한 번 인식할 수 있다.

2. 지역사회복지실천의 사례와 내용

이 절에서는 우리나라에서 이루어진 지역사회복지실천의 기념비적 '사례'를 살펴보고, 이와 관련하여 지역사회복지실천에서 학습해야 할 내용을 제시하고자 한다.

1) 지역사회복지실천의 사례

부산광역시 해운대구 반송동에는 '반송동을 사랑하는 사람들'이라는 뜻의 '반사사'라는 주민조직이 있다. '반사사'는 현재 '희망세상'으로 개명되었는데, 이 주민조직이 지역사회를 변화시켰다. 이를 살펴보면 다음의 〈사례 1-1〉과 같다.

사례 1-1 '희망세상'의 지역사회복지실천

가. 반송동의 생성과 지역의 문제

반송동은 1968년부터 1975년까지 부산시의 수정동 산동네, 조선방직 부지, 경부선 철도변에 살고 있던 철거민들이 집단으로 옮겨 오면서 생겨난 마을이다. 1989년부터는 열악한 환경을 개선하기 위해 시행된 주거환경개선사업으로 다세대주택이 건립되었고, 1995년 이후에는 택지개발지구로 선정되어 인구가 급증하였으며, 일반주택지, 저소득층 주민 집단거주지(다세대주택), 아파트택지개발지역으로 중산층과 기초생활보장수급자들이 함께 거주하고 있다.

따라서 부산에서도 반송하면 '못사는 동네' '교통도 안 좋고, 수준이 한참 떨어지는 동네' '사람들이 떠나가는 동네'라는 인식이 널리 퍼져 있었다. 2010년 12월 말 기초생활수급자 4,122명, 차상위계층 869명, 등록장애인 2,592명 등의 기초생활보장수급자가 전체 인구의 10%를 넘는 대표적인 저소득층 거주지역이다.

집들이 좁은 부지 위에 오래전에 지어진 데다가 다닥다닥 붙어 주차 공간이 없기 때문에 주민들은 밤낮없이 주차 전쟁을 치르며 갈등과 불화가 끊이지 않고 있다. 여기에다 주민 쉼터와 공원, 체육시설을 비롯해 도서관, 편의시설 등이 부족해 생활환경이 아주 열악하다. 지역주민의 요구사항으로는 교통불편 개선(개통된 도시철도와 연결되는 마을버스 운행, 시내버스 노선 확충), 문화의 불모지 해소, 영구임대아파트 입주민 중 일부 주민의 반사회적 행동으로 인한 어려움 해소 등이 있다. 이러한 반송동 지역사회에 '반사사'라는 주민조직이 생겨나면서 엄청난 변화가 생겨났다.

그림 1-1 반송동 전경

나. 주민조직 '희망세상'의 연혁과 활동

1980년대 후반 경 일반아파트가 건립되어 젊은 사람들이 유입되기 시작하고, 동시에 지역 활동에 관심을 가진 개인들의 움직임이 활발해지면서 젊은 사람들[1]을 중심으로 자신들이 관심을 갖는 주제로 마을 활동을 시작하게 되었다. 1997년에 시작된 지역 활동은 주민이 주체로 나서 살기 좋은 지역 공동체를 만들겠다는 취지로 1998년 6월 '반송을 사랑하는 사람들(이하 '반사사'라 칭함)'이 정식 창

립되어 본격적인 활동에 들어가면서 일상적 지역 활동이 활발히 이루어지게 되었다. 그 첫 번째 활동이 당시 마을에서 사명감을 갖고 열심히 일하던 사회복지사가 만든 '더부러 소식'[2)]을 마을소식지로 함께 펴낸 것이었다(신문명은 후에 '반송사람들'로 바뀌게 된다).

초창기 반사사의 활동은 젊은 어머니들을 주축으로 소모임 활동을 하였는데, 문화 · 교육 · 봉사 · 실업극복 영역 등으로 다양하게 전개하여 갔다. 특히 반사사 활동 초기에 교육 활동에 많은 노력을 기울였다. 지역의 특성, 주민의 요구와 준비 정도에 따라 다양한 내용의 교양 강좌를 마련하였다. 가능한 한 전체 주민을 대상으로 교양 강좌를 홍보하고 참여자를 모집하였다. 이는 창립한 지 얼마 안 되는 반사사를 홍보하는 것이기도 하고, 새로운 주민을 만나는 계기도 되었다. 또한 그 계기를 통해 많은 주민이 회원으로 가입하였다. 주부대학, 주부환경 강좌, 구인구직 상담실, 일하는 사람들을 위한 열린 교실, 알찬 방학 보내기 교실, 어린이 택견, 풍물교실, 어린이 통일학교, 학부모교실, 좋은 아버지 학교, 민주시민 교실, 회원 교양 강좌 등을 운영하였다. 초기에는 특히 지역을 지키는 주부 대상의 강좌를 많이 열었는데, 강의날이 되면 주민이 참석치 않아 마음고생이 많았다. 그래서 주로 주민들에게 전화를 하는 방식으로 홍보를 하였다. 온다는 약속을 하고 한 분도 오지 않는 경우가 많았지만, 교육이 반복될수록 참여자들이 늘어났다. 강의를 열심히 들었던 분들이 창립 회원이 되었고, '반사사'가 지역에 자리잡는 데 많은 도움이 되었다.

이러한 교육에 참여한 분들은 다양한 소모임을 만들었다. 푸른하늘 공부방, 함께 나눔반(노인과 소년소녀 가장 돕기), 콩쥐팥쥐반(자녀문제연구반), 나래반(영화 보기와 세상 읽기), 들꽃반(책을 좋아하는 사람 모임), 퀼트반, 인형극반, 풍물반, 주부 언론 강좌, 가족기행 등이 그 예다. 이러한 소모임 중심의 활동에 아버지들이 참가함으로써 반송지역 어린이날 놀이 한마당, 해맞이 행사, 가족기행 등을 개최하면서 지역 활동으로 확대되었다.

이후 주민단체로서 활동의 한계를 극복하고자 '반사사' 회장이 2002년 지방선거에 출마하여 구의원으로 당선되면서 반사사 활동의 상당수가 주민자치센터의 활동 혹은 프로그램으로 보편화되었다. 이외에도 마을의 정체성 설정을 위한 학습동아리 '우리 마을 잘 알기'가 2003년에 시작되면서 마을 자원 조사 활동과 책자 발간이 이루어졌고, 이후 어머니들이 학교로 진출하여 '우리 마을 잘 알기' 강

---

1) 고창권(지역의 개업의사, '반사사' 활동의 리더였으며, 후에 구의원이 되어 반사사 활동을 공식 조직인 동사무소와 주민자치위원회를 결합시킴), 김혜정(반사사 초기 활동 구성원으로 지역에서 27년간 반사사와 희망세상을 이끌어 온 탁월한 지역사회조직가임), 배순덕(지역주민), 이용태(당시 반송2동의 사회복지직 공무원) 등이 반사사 창립 구성원이다(고창권, 2005, pp. 27-28).

2) 반송2동의 사회복지직 공무원 이용태 씨가 마을의 가게 주인들을 중심으로 '더부러회'라는 모임을 구성하고 매월 후원금을 모아 소년소녀 가장들에게 후원금을 지급하고 혼자 생활하는 노인들에게 날마다 요구르트를 공급하면서 만든 소식지다(고창권, 2005, p. 29).

의가 시작되었다.

2005년경 반송이라는 지역적 한계를 벗어나 보다 판이 큰 지역 활동을 위해 반사사는 '희망세상'으로 단체명을 변경하게 되었다(원래의 명칭은 '희망을 꽃 피우는 지역공동체, 희망세상'이다). 희망세상의 주된 활동은 행복한 나눔가게, 느티나무 도서관(어린이 도서관), 아름다운 지역공동체 만들기, 자원봉사 활동, 참여민주주의 활동, 아빠들이 만드는 아름다운 세상 등이다.

현재 희망세상의 회원 수는 700명 정도로, 젊은 부모를 주축으로 하여 역동적으로 시작해 왔던 활동도 약 15년차에 이르게 되었다. 희망세상을 거점으로 반송의 많은 사람이 2003년을 이후로 서로 단결하고 화합하고 지역을 위해 힘을 모으는 풍토를 만들었고, 이런 것들을 통해 공동체의식이 강화되었다. 희망세상을 통해 반송2동의 주민은 서로 지향점은 달라도 마을을 위해서는 힘을 모으는 문화가 더욱 성숙되었다.

특히 희망세상은 구체적 사업을 중심으로 한다기보다는 지역사회 역량을 강화한다는 관점을 중심으로 사업을 전개하고 있다. 지역주민이 스스로 공동체에 대한 믿음을 토대로 활동하게 하고, 주민 간부를 육성하여 이들이 스스로 지역을 이끌어 가게 한다는 철학에 기반해서 지역사업을 꾸려 가고 있다. 회장과 부회장 등 활동 간부는 평회원이라는 지위를 오가며 다양한 자격으로 희망세상에 참여하고 있다는 면에서 이러한 특징을 명확히 읽을 수 있으며, 특히 2012년 총회에서 기존의 모든 운영위원을 새로운 구성원으로 100% 교체한 것은 희망세상이 지역의 역량 강화에 얼마나 강조점을 두고 있는지를 확인시켜 준다. [그림 1-2]은 희망세상의 조직도다.

그림 1-2 '희망세상'의 조직도

총회는 최종 의결기구이며, 운영위원회는 일상적인 사업을 심의하고 의결하는 기구다. 나눔활동부는 '나눔 활동을 통해 나도 성장하고 따뜻한 마을 만들기'를 목표로 하고 있으며, 반찬 나누기 활동, 목욕 봉사 활동, 재능 나눔 활동을 전개한다. 교육부는 '희망세상 활동의 목적을 나누고 비전을 공유하는 것'을 목표로 하며, 교육 교안 만들기, 체계적이고 지속적인 교육 실시, 새로운 리더십과 간부

를 육성하는 활동을 주로 한다. 네트워크사업부는 건강한 반송만들기와 희망의 사다리, 풀뿌리 네트워크, 주민자치위원회 등 지역단체와의 연계사업을 주로 시행한다. 편집부는 신문을 발간하는 부서로서 기자학교 개최, 각 분야별 통신원 확충, 마을 주민의 목소리 담기 등을 주요 활동으로 한다. 좋아모(좋은 아버지 모임)는 '가족의 좋은 아빠, 동네의 좋은 아빠 되기'를 목표로 하며, 좋은 아버지 학교 개최, 가족골든벨, 편지쓰기, 몰래 산타, 목욕봉사 등으로 동네 아이들에게도 좋은 아빠 되기 등의 활동을 한다.

이러한 활동을 기반으로 하여 '희망세상'은 사회복지 관련 네트워크의 중심이 된다. 희망세상이 사회복지 관련 자원과의 네트워크를 유지하는 것은 공동사업을 통해서다. 두 가지 대표적인 사업이 '건강한 반송 만들기'[3]와 '희망의 사다리'다.

가) 건강한 반송 만들기

건강한 반송 만들기 사업은 건강형평성을 증진시키기 위해 주민참여를 통해 지역 단위의 사업을 펼쳐 나가는 사업이다. 건강형평성 제고를 위한 건강증진을 위해서는 개인 중심의 서비스로는 한계가 있다. 개인의 건강한 행동은 개인만의 문제가 아니라, 개인이 그러한 행동을 하게끔 만드는 구조적 환경을 바꾸는 것이 같이 병행되어야 하기 때문이다.

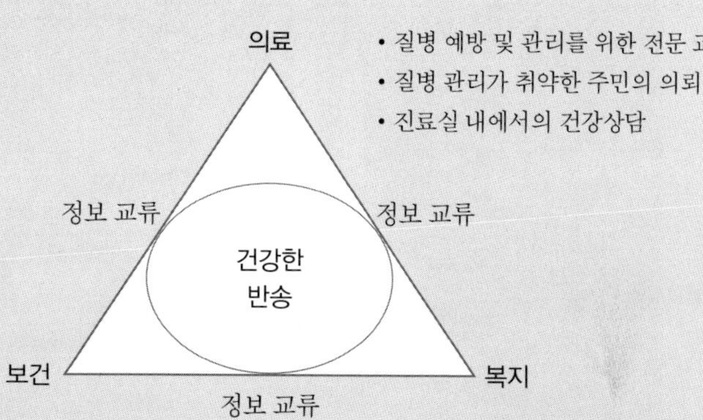

그림 1-3 건강한 반송 만들기 네트워크의 역할 분담도

3) 이 사업의 시작은 보건복지부의 용역사업으로 시작되었으며, 3년간의 용역사업 이후에는 사회복지공동모금회의 지원으로 3년간 진행되었다. 2012년이 모금회 지원의 마지막 해로서 모금회의 지원이 종료되는 시점을 대비해서 각 단체별로 건강사업을 자기 사업으로 만들어서 스스로 진행하도록 하는 방향을 모색하였다.

건강한 반송 만들기 사업 중 주요 사업으로는 '걷기 및 운동 환경의 조성'과 '금연, 절주 환경의 조성'이 있는데, 각 사업 단위별로 주민의 자체적인 모임과 네트워크를 통해 환경을 조성해 나갔다.

지역 단위에서 건강문제를 해결하기 위해서는 지속적으로 논의할 수 있는 조직 구조가 필요하였으며, 이에 반송지역에서는 학계-주민자치위원회-보건소-사회복지관을 비롯한 지역자원을 함께 엮는 '건강한 반송 만들기 협의회'를 2009년에 만들었다. 여기서 가장 핵심 역량은 주민자치위원회인데, 건강한 반송 만들기에서 주민자치위원회가 사업의 주체로 설 수 있도록 노력을 기울였다. 이 과정에서 핵심 파트너인 '희망세상'의 공이 가장 컸다. 희망세상에서 이 사업을 총괄하는 사무국장이 배출되었고, 사무국장은 복지관이 관리하는 지역의 주민을 모아서 각 복지관의 주민모임에 참여하도록 하는 역할을 수행하였다.

이 단위에 참여한 복지자원은 지역의 종합사회복지관 4곳이었다. 반송동에는 1동과 3동을 담당하는 반송종합사회복지관, 2동의 도시개발공사 아파트 담당인 반석종합사회복지관, 주공아파트 담당인 운봉종합사회복지관, 기타 주택지를 담당하는 파랑새종합사회복지관이 있다. 반송지역의 4개의 사회복지관에서는 '건강의 중요한 저해 요인인 생활 여건의 개선을 위한 지원' '서비스 접근성이 낮은 주민의 의뢰' '서비스 소외 주민들의 지속적 발굴' 등의 역할을 주로 담당하였다.

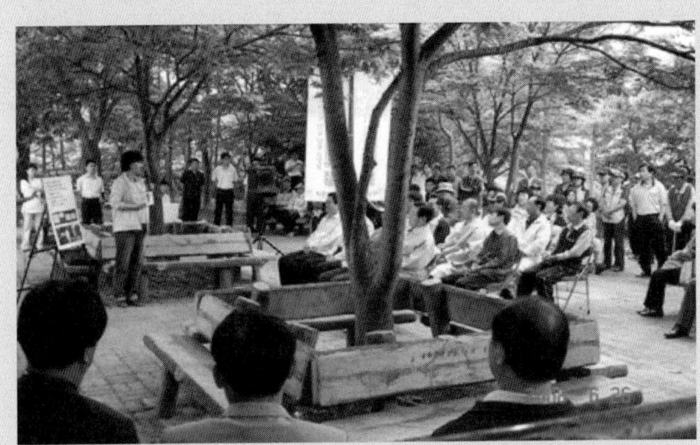

그림 1-4 건강마을 만들기 사업 중 '건강공원 만들기'

나) 희망의 사다리

부산 반송동에서 시작된 희망의 사다리운동은 2005년 12월 16일에 발대식을 가지면서 부산뿐만 아니라 전국적으로 알려지게 되었다.

이 사업의 시작은 2003년에 반송동이 교육복지투자우선지역으로 선정되어 정부로부터 2005년도까지 지원받은 것이 계기였다. 그러나 2006년도부터 교육복지투자우선지역사업에 대한 정부의 지원이 중단된다는 방침이 발표되면서 주민들은 위기의식을 갖게 되었다. 그래서 2005년 4월에 200여 명의 학부모, 복지기관, 주민단체, 학교 관계자들이 모여 이에 대한 대책을 의논하는 세미나를 열었

다. 3년이라는 짧은 기간이었지만 그야말로 교육복지를 위해 재정이 투자되고 사람이 투입되어 소외된 학생들을 위한 많은 사업이 만들어짐으로써 반송의 교육, 문화, 복지가 총체적으로 개선되고 있다는 평가를 받던 프로젝트가 중단되어서는 안 된다는 것이었다.

이 세미나를 시작으로 본격적인 희망의 사다리운동이 추진되었다. 우선 지역사회 연대망을 구축하기 위해 준비하였는데, 지역사회 관련 기관 준비회의 6회, 실무 준비팀 브레인스토밍 10회를 거쳐서 '희망의 사다리운동'이라는 이름을 만들게 되었다.

여기에 참여한 회원기관은 사회복지관 4개, 희망세상을 비롯한 시민단체 2개, 청소년단체, 해운대교육청, 초중학교 7개 기관이 참여하였고, 반송동 청년회, 부산대학교병원 아미봉사단 등 20개 협력단체로 꾸려졌다. 후원단체 및 개인은 주민, 교사, 학부모 등 300여 명이 참여하고 있다.

주요 사업으로는 방학 중이나 방과 후 식사 제공과 급식 지원 활동 '결식제로', 소외아동과 병원, 보건소, 의사회가 연계된 '건강지킴이', 멘토링 연결, 학습 · 정서적 지지 활동을 하는 '사랑의 끈 잇기', 등록금, 교재 · 교복 구입 및 장학금을 지원하는 '희망의 장학기금' 등이다.

이와 같은 초기 과정을 거친 후 지금까지 운동의 네트워크가 비교적 안정적으로 돌아가고 있으며, 이런 성과를 바탕으로 2009년도에는 10대 과제를 만들어 추진하였는데, 마을의 이미지 개선을 위한 거리 디자인, 전문 심리 서비스 확대, 고등학생 및 탈학교학생사업 1:1 멘토링 프로그램의 특성화, 영유아사업 강화, 장애 · · 다문화 가정 등에 대한 체계적 지원체계 마련, 위기가정 아이들의 사례관리, 발달단계별 진로 활동, 부모교육을 통한 가족역량강화, 나눔과 기부문화 확산을 통한 운동의 안정성 확보 등이 그것이다.

사회복지 관련 사업들의 네트워크를 그림으로 나타내면 [그림 1-5]와 같다.

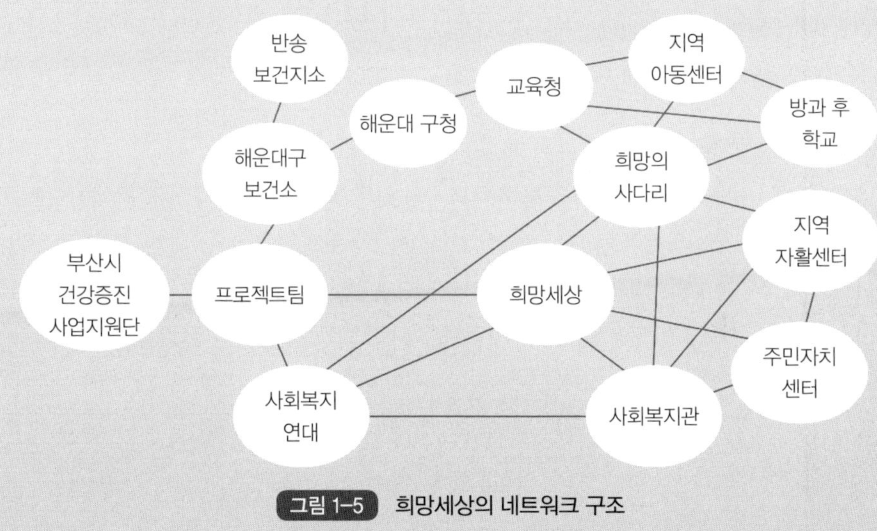

그림 1-5 **희망세상의 네트워크 구조**

이러한 활동을 토대로 반송동은 행정자치부와 국가균형발전위원회에 의해 '살기 좋은 마을'의 대표적 사례로 언급되기도 했고, 건설교통부가 추진한 '살고 싶은 마을 시범마을'로 선정되기도 했다.

다. 희망세상 활동의 성과

가) 공간적 재생과 문화적 재생의 측면

희망세상이 처음 시작한 사업이 지역 벽화그리기 사업이다. 황량해 보이는 마을의 옹벽들을 찾아 벽화를 그림으로써 지역공간에 문화의 숨결을 불어넣은 것이 하나의 성과라고 볼 수 있다. 그러나 희망세상은 단순한 공간적 재생이라는 차원을 넘어 지역주민이 스스로 벽화 작업을 전개함으로써 전문가 중심의 벽화그리기 작업과는 차별화되는 모습을 보여 주었다.

뿐만 아니라 건강을 위한 걷기 코스의 개발, 건강공원 만들기 등을 통해 새로운 의미가 부여된 공간을 만들기 시작한 것도 큰 성과 중 하나라고 볼 수 있다. 특히 '느티나무 도서관'은 도서관을 통해 지역주민이 학습하고 교류하는 거점 기관을 만들었다는 점에서 눈에 띄는 성과로 거론되고 있다. '어린이날 한마당'의 경우, 지역자원을 동원한 축제의 장을 만듦으로써 지역문화를 공동체 문화로 이끌어 내는 성과를 거두었다고 볼 수 있다.

나) 사회자본 구축의 측면

희망세상은 반송동 동네의 일에 주민들을 참여시키고, 협력하게 함으로써 주민 상호 간에 신뢰를 형성하는 사회적 자본을 구축하였다.

희망세상은 사업을 추진할 때 지역의 네트워크를 매우 강조한다. 사업을 통해 지역의 다양한 단체와 기관이 함께 참여하도록 하고 있으며, 이를 통해 지역 협력의 구조를 견고하게 하였다. 특히 주민자치위원회를 통해 지역단체와의 연계를 강화시킨 것은 사회자본이 지역의 다양한 주체에게 확산되는 계기를 만들었고, 이를 통해 지속적인 네트워크를 구축했다고 평가할 수 있다.

다) 사회복지 문제의 지역적 해결의 측면

희망세상은 독거노인, 부모-자녀 관계, 지역 소득의 문제, 저소득층 건강의 문제, 저소득층 교육의 문제, 저소득층 급식의 문제 등 매우 다양한 지역사회복지 문제를 해결하는 데 중요한 축이 되어 있다. 지역의 주민단체를 지역사회복지 문제해결의 주요 원천으로 활용할 수 있다는 사례를 보여 주었다.

출처: 고창권(2005); 홍현미라, 이현주, 유동철, 민소영, 김형용, 강병덕(2012).

2) 지역사회복지실천의 내용

지금까지 반송동에서 이루어진 매우 바람직한 지역사회복지실천에 대해 살펴보았다. 이 사례는 지역사회복지론에서 배워야 할 모든 내용을 함축하고 있다. 이에 대해 하나씩 살펴보고자 한다.

반송동은 지역사회다. 반송동은 해운대구에 포함되고 부산광역시에 속해 있다. 반송동, 해운대구, 부산광역시 모두 지역사회다. 유능한 실천가가 되기 위해서는 이러한 지역사회를 잘 이해하는 것이 중요하다. 지역사회에 관한 지식은 사회복지사의 지적 무장에 있어서 중요한 요소이기 때문이다(Martinez-Brawley, 1995). 생태학적 관점에서 지역사회는 인간이 살아가는 환경이다. 지역사회는 구성원인 개인과 가족에게 기본적으로 사회적 · 경제적 · 정서적 원조를 해 준다. 또한 지역사회에는 그것을 환경으로 해서 살아가는 사람을 억압하는 다양한 사회문제가 있기도 하지만 해결할 수단도 있다.

반송동은 반사사와 희망세상 이전의 지역사회와 이후의 지역사회로 대별될 수 있다. 이전의 지역사회는 빈곤, 주민 갈등, 교통 불편, 생활편의시설 부족 등 사회문제가 많아 살기 나쁜 지역사회, 즉 클라이언트 지역사회였다. 그래서 사람들이 떠나는 동네였다. 반면, 이후의 지역사회는 사람들이 들어오는 동네다. 살기 좋은 지역사회로 변한 것이다. 실제로 인구도 늘고 있고, 행정안전부는 살기 좋은 마을로 선정했다. Norlin과 Chess(1997)에 의하면, 지역사회복지실천에서는 지리적 지역사회가 클라이언트 시스템이며 변화 노력의 수혜자가 된다. 살기 나쁜 지역사회로서 클라이언트 시스템이었던 반송동이, 반송동 사람들의 자체적인 노력에 의해 살기 좋은 지역사회로 변화되었고 주민들이 수혜자가 되었다.

이러한 반송동을 '신공동사회(Neo gemeinschaft)'(Rivera & Erlich, 1981)로 볼 수 있다. Tönnies는 인간들의 상호관계, 운명공동체, 밀접한 유대 그리고 그러한 유대에서 초래되는 개인적 보상과 의무로 특징짓는 소규모 지역사회(마을과 같은 지역적 단위)를 나타내기 위해 공동사회(gemeinschaft, comminity)라는 용어를 사용했다. 신공동사회란 이러한 공동사회적 속성이 도시 내의 사회(gesellschaft, society)에 나타남을 의미한다. 신공동사회란 응집력 있는 인종 및 소수 집단이 거대도시의 소공간(metropolitan pocket)에 형성된 것을 설명하기 위한 개념이다. 사회과학자들은 일반적으로 도시성(urbanism)이 응집력과 상호관계를 파괴하는 것으로 보고 있고, 공동사회가 도시사회의 이웃 간에 나타날 수 없다고 생각한다. 그러나 필자는 반송동이 신공동사회이며, 우리나라 도시 지역사회가 가야 할 방향[4]이고 미래의 바람직한 모습이라고 본다.

반송동 지역사회가 가지는 의미가 다양하듯이, 학자들은 지역사회를 자신의 관점대로 정의한다. 클라이언트 지역사회를 살기 좋은 지역사회로 변화시키는 노력이 지역사회복지실천이다. 지역사회와 지역사회복지실천의 개념에 대해서는 제2장에서 자세히 살펴볼 것이다.

제3장에서는 지역사회복지의 역사를 개괄적으로 소개하겠다. 지역사회복지의 역사를 공부하는 것은 지역의 문제를 어떻게 다루었는지 과거를 통해 이해하고 현재 상황을 비추어 볼 수 있는 거울을 닦는 것이라고 할 수 있다. 산업화와 도시화에 의해 발생하는 사회문제는 인간의 삶을 억압하였는데, 이에 대한 반응은 영국이 가장 먼저 제시하였고, 영국의 역사적 유산은 미국으로 전파되었다. 이에 영국, 미국, 일본 그리고 우리나라의 지역사회복지 흐름을 짚어 본다.

제4장에서는 지역사회실천 이론을 학습한다. 지역사회이론은 복잡한 경향이 있다. 사회체계이론, 생태학이론, 갈등이론, 교환이론, 지역사회 권력이론, 사회자본이론, 사회학습이론을 소개하고자 한다.

제5장에서는 지역사회복지실천 모델을 살펴본다. 먼저, 모델(model)의 의미를 이해할 필요가 있다. 모델은 일종의 이론이고, 이론과 모델은 유사한 의미를 가지며, 호환이 가능하다. 다만, 제4장에서 소개한 이론이 지역사회(사회)를 이해하는 틀이라면, 제5장의 모델은 지역사회문제를 해결하는 바람직한 틀이라는 의미가 있다. Weil(1996)은 지역사회복지실천 모델이 문제해결을 위한 실제 실천과정에서 변화를 위한 구체적 과정과 활동을 '안내하는 기능'을 담당한다고 했다. 따라서 모델은 사회복지사들을 위한 실천적 가이드다. Rothman(1995) 모델과 Weil과 Gamble(1995)의 모델을 중심으로 살펴보고자 한다.

제6장에서는 지역사회문제를 해결해 가는 과정, 즉 지역사회복지실천 과정을 살펴본다. 일반적인 사회복지실천의 전략은 문제를 찾아내는 것에서 시작되는 '계획된 변화' 노력이다. 그리고 변화시키려는 노력을 평가함으로써 그 과정이 종료된다. 지역사회복지실천 과정은 일반적인 사회복지실천 과정과 유사하지만, 거시체계인 지역사회를 클라이언트로 다루기 때문에 과정마다의 세부 실천사항은 많이 다르다. 이 장에서

4) 농촌 지역사회가 가야 할 방향은 충청남도 홍성군 동쪽에 있는 홍동마을이라고 할 수 있다(송두범, 김기홍, 박경철, 이관률, 2017).

는 지역사회복지실천에 '문제해결 모델'을 적용하여 실천과정을 ① 사정, ② 계획 수립, ③ 실행, ④ 평가로 구분하고 각 과정별 주요 내용들을 살펴본다.

제7장에서는 지역사회사정에 대해 학습할 것이다. 지역사회에서 주민들의 삶을 억압하는 사회문제가 무엇이고, 사회문제로 인해 충족되지 않은 주민들의 욕구가 어떠하며, 그것을 해결하기 위한 자원이 무엇인지를 체계적이고 과학적으로 검토하는 노력이 지역사회사정이다.

제8장에서는 자원 개발에 대해 공부하겠다. 지역사회사정에서 밝혀진 사회문제를 해결하고, 주민들의 욕구를 충족시키기 위해서는 자원이 필요하고 개발되어야 한다. '반사사' 초기에 주민교육을 통한 인적 자원을 개발하고, 개발된 인적 자원들의 노력에 의해 물적 자원도 개발되었다. 반사사 활동의 물적 실체이자 반송동의 중요한 자산인 느티나무 도서관 건립을 위한 '벽돌 한 장 기금 운동'을 통해서 도서관 건립비용 3억 6천만 원 중 1억 6천만 원을 모금했다. 이는 주민들이 참여하지 않았으면 불가능한 일이다. 마을기업의 중요한 사업 중 하나는 도시락사업으로, 하루 평균 80개 정도의 도시락을 판매하여 수익을 창출하고 있다. 이 수익금은 지역의 저소득층을 위한 복지서비스 비용으로 사용된다. 희망세상의 마을기업은 지역주민의 자원을 활용하여 지역주민의 일자리를 창출하는 사회적 경제의 사례다. 이 사업은 행정안전부의 마을기업사업에 공모해 5천만 원의 예산을 지원받았으며, 동시에 자발적인 모금 운동을 통해 6천 5백만 원의 자금을 모금하였다.

제9장의 학습내용은 주민조직화이다. '희망세상'은 지역사회복지실천의 근본 구조인 주민조직화의 성공 사례다. '희망세상'에는 '푸른하늘 공부방' '함께 나눔반(노인과 소년소녀 가장 돕기)' '콩쥐팥쥐반(자녀문제연구반)' '나래반(영화 보기와 세상 읽기)' '들꽃반(책을 좋아하는 사람 모임)' '퀼트반' '인형극반' '풍물반' '좋아모' 등 다양한 소집단이 있다. Kemp는 소집단이 지역사회복지실천의 중요한 개입 도구라고 하였다. 이러한 소집단은 주민 간에 활발한 상호작용의 기제로서 공동의 유대를 만들어 낸다고 볼 수 있다. 지역사회에 대한 개입은 지역사회 역량을 구축하고 증진하는 것이어야 하는데(Kemp, 1998), 희망세상이라는 주민조직과 그에 소속된 다양한 소집단은 반송동 지역사회역량의 상징으로 볼 수 있다.

제10장에서는 '협력실천하기', 네트워킹의 기제로써 지역사회보장협의체에 대해 공부하고자 한다. 지역사회복지실천의 변화대상인 지역사회는 체계의 크기가 매우 크다. 지역사회의 구성요소와 변화매개체가 협력실천을 해야 하는 이유다. [그림 1-5]

에서 보았듯이, '희망세상'은 네트워크 그 자체다. 주민조직이라는 인적 네트워크이고, 민간 · 공공 기관 간의 연결망으로서 기관 간 네트워크이며, 이 모두의 네트워크다. 매우 모범적인 네트워크 형태를 보여 주고 있다. 희망세상 네트워크는 지역에서 자발적으로 형성된 것이지만, 중앙의 보건복지부는 '지역사회보장협의체'라는 공공 · 민간 기관과 주민을 구성요소로 하는 네트워크를 법제화(「사회보장급여법」 제41조)하여 시군구와 읍면동 단위에서 운영하게 하였다. 현재 시군구와 읍면동에서 지역사회보장협의체의 과업은 막대하므로 잘 운영되어야만 한다.

제11장의 학습내용은 지역사회보장계획인데, 이는 광역과 기초자치단체, 지역단위의 복지정책이다. 이 계획의 수립책임은 지방자치단체장에게 있지만, 수립을 하는 데 있어서 핵심적 역할은 지역사회보장협의체가 한다. 반송동에 있는 반송종합사회복지관, 파랑새 종합사회복지관, 운봉종합사회복지관, 반석종합사회복지관의 4개 복지관은 해운대구 지역사회보장협의체의 소속기관으로서 '해운대구 지역사회보장계획' 수립에 적극적인 역할을 한다. 최근 도입된 **읍면동 마을복지계획**에 대해서도 살펴볼 것이다.

제12장에서 사례관리에 대해 학습할 것이다. 반송동에는 사회복지관이 4개가 있는데, 희망세상의 파트너다. 사회복지관의 3대 사업 중 하나가 사례관리다. 사례관리는 클라이언트의 욕구 충족과 임파워먼트를 위해 사회복지관과 같은 공식 조직과 이웃 주민과 같은 비공식 자원들 간의 협력에 의해 수행됨을 알고 있을 것이다.

제13장에서 옹호와 사회행동에 대해 공부할 것이다. 민주주의 국가에서도 정부 혹은 기업이 인권을 침해하기도 한다. 그러한 일이 대부분 지역사회에서 발생한다. 부산시에서도 그러했다. 부산시는 인구 8만 명이 사는 반송동에 건축물 폐기물 매립장을 건립하기로 결정하였다. 반송동 주민들은 조직적으로 반대 투쟁을 하였고, 결국 부산시는 그 계획을 철회하였다(〈사례 5-1〉 참조). 반송동 주민들의 의사에 반하는 부산시장의 의사결정은 비민주적이며, 반송동 주민들의 자유권을 침해한 것이고, 환경권 등 「헌법」에 보장된 반송동 주민들의 권리를 침해한 것이다. 부산시청이라는 지방정부의 권력에 대응하는 방법이 사회행동이다. 옹호라고 불리기도 한다.

제14장에서는 지역사회 임파워먼트에 대해 이해하고자 한다. 반사사 초기 4명의 리더들이 가장 공들인 부분이 주민교육이다. 교육에 의해 주민들의 가치관과 태도가 바뀌었으며, 비판적 의식, 참여 · 행동 능력이 증진되었고, 교육 참여자들이 '반사사' '희망세상'을 만들었다. 참여자 개인이 임파워먼트되었고, '반사사'가 만들어짐으로써 반송동은 역량 있고 살기 좋은 지역사회로 변화되었다.

3. 지역사회복지실천의 가치

주지하다시피 사회복지학은 지식, 기술, 가치라는 세 가지 축에 의해 이루어지지만 가치가 지식과 기술을 이끌어 간다고 볼 수 있다. Reisch와 Lowe(2000)에 따르면, 미국 사회복지사협회(National Association of Social Workers: NASW) 윤리강령이 설명하는 것은 임상적인 관계 안에서 일어난다. 그들은 '윤리강령'이 지역사회복지실천에 충분한 윤리적인 지침을 제공하지 못하고, 사회사업 분야는 지역사회복지실천 윤리에 거의 관심을 두지 않는다고 주장했다. 지역사회복지실천이 윤리적이기 위해서는 가치를 검토하는 것이 하나의 방법이다.

필자는 지역사회복지실천이 추구하는 가치로 시민의 행복, 사회정의, 공동체 그리고 역량 있고 · 살기 좋은 지역사회를 제시하고자 한다. 이하에서 하나씩 살펴보겠다.

1) 시민의 행복

우리나라는 경제성장으로 무역 규모 세계 8위, GDP 규모 세계 14위다. 그런데 UN의 세계행복보고서(UN SDSN, 2023)에 따르면, 한국인들의 행복지수는 137개 국가 중 57위에 불과하다. 그래서인지 많은 지방자치단체가 행복증진 프로젝트를 추진하고 있다.

예를 들어, 서울특별시는 행복을 '무형의 주관적 자원'으로 보고, 이를 개발하여 시민에게 제공하는 사업을 하고 있다. '천원의 행복' '여성행복이벤트' '한강행복몽땅 프로젝트' '어르신 행복콘서트' 등과 같은 것이 예다. 뿐만 아니라 자치구도 '행복나눔 부부캠프' 등의 사업을 시행하고 있다. 여성, 노인 등 개인의 행복 수준 향상을 위한 사업은 맞춤형 배려이며, 동시에 지역 공동체의 위험과 갈등을 감소시키는 효과를 가져다준다(정명은, 김미현, 장용석, 2014). 한편, 2012년에는 78개의 지방자치단체가 시군구정의 목표로 '행복'을 언급하였다(정명은, 김미현, 2013).

'행복'의 사전적 의미는 "생활에서 충분한 만족과 기쁨을 느끼는 흐뭇한 상태"(표준국어대사전, 2008)다. 학문적으로는 '주관적 안녕감(subjective well-being)'이라고 정의되는데, "인지적 삶의 만족감, 빈번한 긍정적 정서, 낮은 빈도의 부정적 정서"(구재선, 서은국, 2011)라는 3가지 핵심요소로 측정되어 왔다.

행복 혹은 주관적 안녕감을 연구하기 위하여 사회학자들과 경제학자들이 소득 및 생활환경과 같은 객관적 지표에 관심을 기울여 온 반면, 심리학자들은 객관적인 지표만으로는 개인의 삶의 질을 평가하지 못한다고 비판하면서 개인이 자신의 삶의 질을 어떻게 평가하는지 또는 자신의 삶에 대해 얼마나 만족하는지를 연구하였다(구재선, 서은국, 2011).

주관적 안녕감에 대한 선행연구는 다양하다. 이러한 연구들이 주장하는 주관적 안녕감에 영향을 미치는 요인을 정리하면 다음과 같다.

첫째, 연령, 성별, 수입, 인종, 교육, 결혼상태 등을 모두 포함한 인구학적 변인들은 행복의 개인차를 단지 8~15%만을 설명하며, 외향적·낙관적인 사람이 신경증이 낮으며, 행복에 대해 긍정적 관점을 갖고 있는 사람 등 성격이라고 하는 단일 변인이 52%를 설명한다(Diener et al., 1999: 구재선, 서은국, 2011 재인용).

둘째, 행복을 위해서는 의식주와 같은 기본 욕구의 충족이 필수적이며, 돈은 이러한 욕구 충족을 위한 수단을 제공한다(Diener et al., 1999: 구재선, 서은국, 2011 재인용). GDP나 개인의 소득 증가가 행복감에 미치는 영향은 제한적이지만(남은영 외, 2012), 저개발국가나 저소득층, 노인에게는 수입이 행복을 예측한다. 따라서 저소득층과 노인에 대해서는 기본 생존을 위한 물질적·환경적 여건이 조성되어야 한다(구재선, 서은국, 2011).

셋째, 행복은 주관적 안녕이지만, 이것은 사회적 관계 속에서 실현되는 것이다(정명은 외, 2014). 사회자본이나 사회적 관계가 행복감에 미치는 영향은 훨씬 더 유의미하다는 것이 최근 사회학적 연구의 성과다. 행복한 개인들로 구성된 사회는 개인 행복 수준의 단순한 합 이상의 더 큰 안녕을 창출하게 된다(남은영 외, 2012). 공동체 유대, 친구를 가지는 것 등도 행복감에 영향을 미치는 요인으로 지목되고 있다(김승권 외, 2008). 그런데 '현재 함께 있는 사람에 대한 질문'에서 응답자의 40%가 '혼자 있다'고 답했다(구재선, 서은국, 2011, p. 161). 이것은 우리나라 사람의 행복감이 낮은 이유를 설명해 준다. 왜냐하면 행복은 사회적 산물로써 개인이 사회와 어떠한 상호작용을 하는가를 통해 창출되는 가치라고 할 수 있기 때문이다(장용석 외, 2012).

한국인의 여가 활동 정도와 특성, 유형이 행복감에 영향을 미친다는 것을 밝히는 연구들이 있다(김명소 외, 2003; 김승권 외, 2008). 사람들이 서로 어울리고 소통하며 사회적 참여와 상호 신뢰를 형성할 수 있는 중요한 여가 활동을 사회관계형 여가라고 할 수 있는데, 이 중에서도 특히 사회공헌형 여가인 자원봉사는 행복을 증진시키는 중요한 요인이다. 자원봉사 활동은 수혜자뿐 아니라 자원봉사자 자신에게도 혜택을 준다는 것이

다(Piliavin & Charng, 1990: 남은영 외, 2012 재인용). 구체적으로 자원봉사 활동은 건강과 삶의 만족도를 향상시키고(Harlow & Cantor, 1996; Charng, 1990: 남은영 외, 2012 재인용), 행복한 삶의 중요 요인이며(김명소 외, 2003), 자기존중감과 심리적 행복을 증진시킨다(Herzog et al., 1998; Thoits & Hewitt, 2001: 남은영 외, 2012 재인용).

자원봉사 활동에 참여하는 사람은 자원봉사 활동에 참여하지 않는 사람에 비하여 행복감이 높다. 봉사 활동 시간이 길수록 행복감이 높으며, 특정한 영역에 한정된 봉사 활동만 하는 것보다는 여러 분야의 다양한 봉사 활동을 통하여 소수자와 일반인 등 각계각층의 사람을 만나고, 환경, 문화, 국가 및 지역사회 등 폭넓은 영역에 관심을 갖고, 다방면으로 활동함으로써 행복감이 더욱 높아진다. 즉, 여러 분야의 자원봉사 활동에 참여하는 것은 다양한 사회적 관계 형성의 기회를 제공하고, 동료 · 이웃 · 공동체 유대와 같은 사회자본을 축적하여 행복감을 증진시키는 폭넓은 사회적 맥락을 형성한다고 볼 수 있다(남은영 외, 2012).

지금까지 선행연구를 통해서 행복을 증진시키는 요인들을 살펴보았는데, 성격, 기본적 욕구 충족을 위한 소득, 활발한 사회관계, 공익형 여가 활동으로서의 자원봉사 등 네 가지로 요약할 수 있다. 이러한 요인들과 지역사회복지실천을 관련시켜 보면 다음과 같다. 즉, 지역의 다양한 복지기관이 제공하는 도시락과 밑반찬, 집수리 서비스, 후원금 등과 같은 다양한 직접 서비스는 주민의 기본적 욕구를 충족시키며, 특히 저소득층에게 생존을 위한 물질적 · 환경적 조건을 개선함으로써 행복을 증진시킬 것이다. 사회복지기관과 주민조직이 운영하는 다양한 프로그램과 소모임은 이용자 및 참여자로 하여금 활발한 여가 활동의 기회를 제공하여 사회관계의 폭과 깊이를 넓혀서 참여자로 하여금 활동성, 관계성, 자율성, 자기효능감을 경험하게 함으로써 행복감을 증진시킨다고 볼 수 있다. 그리고 지역의 사회복지기관이나 주민조직이 주민의 성격을 낙천적 · 긍정적 '성격'으로 변화시키려는 교육도 필요하다고 본다.

요컨대, 다양한 지역사회복지실천은 지역사회 구성원인 지역주민의 행복증진을 추구해야 할 것이다.

2) 사회정의

NASW에서는 사회정의를 사회복지실천의 윤리적 원칙으로 제시하고 있고, 사회복지전문직은 사회정의를 실현해야 한다고 규정하고 있다. 웹스터 사전(김달효, 2013 재인용)에서는 정의를 올바름(righteousness), 공평성(impartial), 공정성(fairness), 정당성(rightfulness)으로 해석하고 있다.

Rawls는 정의가 성립되기 위한 원칙으로 "모든 사람이 가능한 한 최대의 자유를 평등하게 부여받아야 한다."고 제시했다. 또한 "사회에서 불평등함이 인정되기 위해서는 불평등한 사회적 지위에 접근할 수 있는 기회가 평등하게 부여되어야 한다. 그리고 그 불평등이 사회의 최소 수혜자에게 최대한 배려가 될 수 있어야 한다."는 원칙을 제시하였다(Rawls, 1985). 후자의 원칙에 대한 독자의 이해를 돕기 위해 필자는 다음과 같이 설명하겠다. 즉, 사회에서 소득, 부, 권력, 지위와 같은 희소자원의 불평등한 분배는 그 자원에 접근할 수 있는 기회가 사회구성원 누구에게나 부여될 때에만 사회에서 받아들일 수 있다. 이미 희소자원을 많이 가진 구성원은 못 가진 자에 대해 최대한 배려를 해야 한다. 예를 들어, 시장에서 부를 많이 얻는 자는 빈민을 위해 세금을 많이 내고 기부금을 많이 내는 것이 정의로운 행동이며, 조직의 높은 지위에서 권력을 가진 자는 사회적 약자를 위한 제도를 만드는 것이 정의로운 행동이라고 할 수 있다.

Wade(2007: 김달효, 2013 재인용)에 따르면, "사회정의는 사회적 부와 권력의 공정한 분배뿐만 아니라 불합리하고 무례한 사회구조에 대한 깨달음과 개선에도 목표를 두는 것이다. 사회정의는 억압, 가난, 차별 그리고 인종주의 같은 비정의(injustice)와 반대되는 말이며, 보살핌(care)과 공정성(fairness)이다."라고 정의하였다. Dantley 등(2010: 김달효, 2013 재인용)은 "사회정의란 인종, 민족, 계층, 성(gender), 성적 지향(sexual orientation) 그리고 장애에 대한 도덕적 가치, 정의, 공평성, 돌봄 그리고 존중을 강조하는 것이다."라고 하였다. 더 구체적으로, 사회정의란 보살핌을 받지 못하고 소외받으며 교육받지 못한 집단에 초점을 두어 배려하는 것이고, 학교에서 학생들이 억압받지 않도록 하는 것이다. 이러한 선행연구들을 볼 때, 사회정의라는 개념 속에 평등성, 약자에 대한 배려 등이 포함되어 있다(김달효, 2013).

사회정의는 개인의 재산과 행위로 실현되는 것이 아니고 국가의 행위와 제도에 기초를 둔다(김달효, 2013). 구체적으로 정의를 구현하기 위해 개인 차원이 아닌 사회 차원에서 사회구성원을 고무시키고 조직하며 함께하는 기술이 요구되는데, 이때 시민의 연대의식이 중요하다(Novak, 2000: 김달효, 2013 재인용). 그리고 문지영(2007)은 '정의'라는 개념은 '저항'이라는 개념과 관련지을 수 있고, '억압과 부정에 맞서는 의로운 행위'의 의미를 지닌다고 하였다.

지금까지 살펴본 사회정의의 의미와 실현을 위한 수단은 다음과 같이 정리할 수 있

다. 먼저, 사회정의의 의미에는 평등성, 공평성, 공정성 그리고 사회적 약자에 대한 배려라는 구체적 가치가 포함된다. 가장 중요한 가치인 평등성은 조세 정책, 소득재분배 정책에 의해 구현된다.

사회정의라는 가치와 그것의 실현수단을 사회복지실천과 관련시켜 보면 다음과 같다. 먼저, 평등성을 추구하기 위한 제도로는 조세제도와 사회복지제도가 있다. 두 제도가 수행하는 공통적인 기능은 소득재분배다. 소득재분배를 시장기능에 의해 결정된 한 개인(혹은 집단, 예컨대 상층)의 소득을 다른 개인(혹은 집단, 예컨대 하층)에게 이전(조세와 사회복지제도에 의해)하는 것이라고 간단하게 정의하면, 소득재분배는 상층의 소득을 감소시키고 하층의 소득을 증가시킴으로써 불평등을 완화시키는 것이다. 하층에게 이전된 소득은 개인의 능력을 향상시키는 수단(더 많은 교육 기회나 직업훈련을 받음, 예컨대 국민기초생활보장제도의 교육급여와 자활급여)으로 활용되어 기회의 평등을 증진시킨다. 이러한 것들은 Rawls가 제시한 정의의 원칙에 부합한다. 사회적 약자에 대한 배려로서 사회복지제도는 역사적으로 시민의 연대의식에 의한 저항과 노동자 계급의 저항에 의해 생성되었다.

지역사회복지실천의 중요한 기술인 조직화와 사회행동, 옹호는 사회정의를 실현하기 위한 중요한 도구이며, 지역사회복지실천가는 사회정의 실현이라는 소임을 다해야 한다.

3) 공동체

영어의 'community'는 '지역사회' 또는 '공동체'로 번역된다. 지역사회는 공동체가 되어야 한다는 의미일 것이다. 공동체란 "개념을 관통하는 요소는 공통의 연대의식과 호혜적 관계라는 점이며, 주관적 의식의 차원에서 공통의 연대의식 내지는 유대감이 존재하거나 혹은 객관적 실재로서 구성원들 사이에 서로 의지하고 보탬이 되는 호혜적 관계가 존재한다."(박철수, 2008, p. 7)는 의미다. 그런데 서로 "연결(connection)되어 있어야"(Chaskin, 1997, p. 522) 연대의식과 호혜적 관계가 생겨날 수 있다. 지역성과 공동체성, 둘 다를 반영하여 지역사회는 "지리적으로 한정된 지역 안에 살면서 상호 간에 그리고 자신들이 살고 있는 장소에 대하여 사회적 · 심리적 유대를 가지고 있는 사람들"(Mattessich & Monsey, 1997, p. 56)로 정의된다. 이러한 정의에 부합하는 지역사회의 전형은 우리나라의 과거 농어촌에서 쉽게 발견되던 촌락공동체이며, Norberg-

Hodge(2013)가 소개한 '개발 이전의 라다크 사회'다. 이러한 공동체는 인간이 물질적 풍요를 추구하기 위해 추진한 산업화와 그에 부수적인 도시화에 의해 해체된다.

우리나라 인구의 90%가 도시에 산다. 도시에 사는 사람들 간의 관계는 '연결되어' 있지 않고 단절되어 있다. 도시사회의 단절된 인간관계에 대한 Wirth(1938: Wilson & Schulz, 1987 재인용)의 설명은 설득력이 있다. 그에 따르면, 도시화에는 인구규모, 인구밀도, 인구의 이질성이라는 세 가지 중요 요소가 있다. 어떤 지역의 인구규모가 클수록, 인구밀도가 높을수록, 이질적일수록 그곳의 생활양식은 더 도시화되어 있다는 것이다. 다음의 기술들을 살펴보자.

> 도시민은 고도로 분할된 역할에서 서로 만난다. 본질적으로 일차적 접촉이 아닌 이차적 접촉이다. 도시에서의 접촉이 사실 대면적 관계일지는 모르나, 결국 그것은 비인간적이고 피상적이며 일시적이고 단편적인 데 지나지 않는다. 그래서 도시민이 교제관계에서 드러내는 침묵, 무관심, 싫증난 모습은 타인의 기대나 인간적인 요구에 대해 자신이 반응하지 않기 위한 고안물로서 간주될 수 있다(Wirth, 1938: Wilson & Schulz, 1987 재인용).

우리 사회는 "공적 냉소와 사적 정열이 지배하는 아파트단지 공화국"이며, 아파트단지에서 서로 간의 호칭은 509호이거나 혹은 107동 따위이며, 사회적 관계가 절연된 고요와 적요의 상황이라는 점에서는 죽었거나 살았거나 그저 관(棺)에 불과하다. 따라서 산 자에게 주어진 공간이나 죽은 자가 가지게 되는 공간이나 모두 1305호나 1306호로 불리면 그만인 셈이다(박철수, 2008).

> 옆집 남자가 죽었다. 벽 하나 사이에 두고 그는 죽어 있고 나는 살아 있다. 그는 죽어서 1305호 관 속에 누워 있고 나는 살아서 1306호 관 속에서 누워 있다. …… 오늘 나는 문상 가지 않는다. 그 남자의 자식을 봐도 모른 체한다. 우리는 서로 호수가 다르다(김혜순, 1997).

Wirth(1938)의 설명은 보편적이고, 박철수(2008), 김혜순(1997)의 기술은 특수한 보편성을 드러낸 것이지만, 도시인의 단절적 사회관계를 의미하는 것만은 틀림없다.

OECD가 최근 발표한 '2015 삶의 질(How's life?)'보고서(2015)에 따르면, '사회관계 지원(social network support)' 부분에서 우리나라는 34개의 회원국 가운데 최하위를 차지했다. 이 항목은 어려울 때 의지할 친구나 지인, 친척 등이 있는지 여부를 점수화한 것

으로서 우리나라는 72.37점을 기록해 가장 낮았으며, OECD 평균(88.02점)에 크게 미치지 못했다. 특히 나이가 들수록 주변에 의지할 사람이 없는 것으로 나타났다. 15~29세는 93.29점으로 OECD 평균(93.16점)보다 높았지만, 30~49세(78.38점)에서 점수가 급격하게 낮아졌고, 50세 이상의 점수는 67.58점으로 낮았다. 이러한 관계 단절은 고독사의 62%가 45~64세에서 발생한다는 조사결과(송인주, 2016)와 관련된다. '2016 한국인의 의식 및 가치관 조사'(문화체육관광부, 2016)에 따르면, 이웃 간의 유대감이 급속히 떨어지고 있는 것으로 나타났다. 조사 결과를 보면, 이웃에 소속감을 느끼는 사람들은 응답자 중 단 2.8%에 불과했다(2001년 30.8%, 2006년 6.4%, 2013년 3.0%로 점점 감소). 또한 위급상황 발생 시 이웃에게서 도움을 받기 힘들 것이라고 부정적으로 응답한 비율은 37.6%로 1996년의 26.3%보다 11.3%나 증가했다. 1996년에는 이웃으로부터 '많은 도움을 받을 수 있을 것'이라고 응답했던 사람들이 14.7%였으나 2016년에선 4%로 급감했다.

이러한 관계의 단절은 공동체의 속성인 연대의식과 공동의 유대가 없음을 의미한다. 연대의식과 유대는 상호작용에 의해 생겨나며, 지역 거주자들의 관계에 기초한다. 공동체의 기본 전제는 주민 간의 직접적인 관계 형성이다. 관계를 맺고, 관계의 빈도를 높이고, 관계가 구조화되어야만 공동체가 형성될 수 있다.

이영아(2014)는 "공동체 활동의 참여에 있어서 이웃과 맺는 사회관계가 중요한데, 함께하는 활동 대부분의 경우에 같이할 수 있는 이웃이 한 명이라도 있는 경우에 참여할 의지가 더 많아진다는 점이 흥미롭다. 즉, 참여에 있어서 교류하는 이웃 한 명의 의미가 크다."라고 하였다. 약 20년 경력의 풀뿌리마을 활동가는 "혼자였을 때는 감히 행동하지 못하였던 것들이 모이니까 힘을 가지게 됩니다."라고 하였고, 앞서 반송동 '희망세상'의 리더였던 활동가는 "나에게 있는 재주라면 '사람 꼬시는 재주'가 있는 것 같다. 20여 년간 한 일은 동네 사람 셋이 만나게 하고, 그 사람들이 계속해서 만나는가 확인하고, 안 만나면 또 만나게 해서 지속적인 모임으로 정착되도록 도와주는 일이었다."[5] 라고 하였다. "주민이 마을공동체 사업에 참여하면서 이전에는 서로 모르던 또는 일면식만 있던 이웃끼리 관계가 생겨나게 되었다. 과거에는 표면적이던 관계에서 서로를 걱정하고 돕게 되는 호혜적 관계가 생겨나게 되었다."[6](박선희, 2014)

5) 필자가 재직하고 있는 대학의 특강에 강사로 초빙된 활동가가 강의한 내용이다.

6) 이에 대한 연구 참여자의 진술을 소개하면 다음과 같다(박선희, 2014). "(마을공동체 사업으로) 텃밭을 하던 주민 중에 한 분이 암으로 병원에 입원을 하셨어요. 나머지 텃밭을 가꾸던 분들이 병문안을 갔는데 둘 다 놀랐어

지역사회 안에서 살아가는 사람들의 관계를 맺어 주고, 관계의 빈도를 높여 주고, 관계가 구조화되어 구조화된 관계가 목표를 가지도록 하는 것이 지역사회복지실천의 핵심 기술 중 하나인 지역조직화다. '반송동' '성미산 마을' '홍동 마을'처럼 자생적이든, 지방자치단체의 지원에 의한 것이든 간에 많은 지역에서 주민조직화 사업이 진행되고 있다. 특정 지역이 지역조직화에 의해 사람들 간에 관계가 형성되고 상호작용이 활발하게 이루어지면 주민 간의 공동의 유대와 호혜적 관계가 생겨난다.

4) 역량 있고 살기 좋은 지역사회

지역사회복지실천이 추구하는 궁극적 가치는 **역량 있고 살기 좋은 지역사회**다. 사회복지실천의 목표가 클라이언트 역량 강화(empowerment)인 것과 같은 맥락이다. 앞에서 보았던 반송동은 역량 있고 살기 좋은 지역사회다. 반송동은 스스로의 역량으로 지역사회문제를 해결했다.

마틴 루터 킹(Martin Luther King) 목사는 인종차별, 가난, 폭력 같은 사회문제가 없는 이상적인 지역사회를 표현하기 위하여 사랑받는 지역사회(beloved community)라는 표현을 사용했다(Fellin, 1995). 많은 사람이 이러한 지역사회가 좋은 지역사회라는 데 동의할 것이다. 많은 시민은 연령, 성, 민족, 인종, 계층, 종교와 같은 것에 영향을 받음에도 불구하고, 좋은 지역사회를 살기 좋은 곳, 일하기 좋은 곳, 아이를 키우기 좋은 곳(맹자 모친은 맹자를 키우기 좋은 곳을 찾아 세 번 이사했다), 혹은 은퇴 후 살아가기 좋은 곳 등으로 정의 내린다.

Warren(1983)은 다음과 같은 지역사회가 좋은 지역사회라고 했다.

- 사람들이 비인간적인 기초보다는 인간적 기초 위에서 서로를 존중한다.
- 지역사회 내에서 권력이 광범위하게 분포되어 있어야 한다. 지역 민주주의가 실현되는 사회라고 첨언하고자 한다.
- 다양한 소득, 인종, 종교, 이익 집단을 포용한다.

요. 병실에 누워 있는 환자는 자기를 텃밭에서 잠깐 봤다고 (주민이) 병문안을 와서 놀랐고, 병문안을 간 사람들은 자기가 거기 갔다는 것에 스스로 놀랐고, '우리가 이렇게 끈끈했었나? 우리가 이런 관계였나?' 하면서 관계를 돌아보는 거예요."

- 근린집단에 의해 많은 통제가 이루어져야 한다. 우리 사회의 언어로 말하자면 주민자치가 이루어지는 사회라고 할 수 있다.
- 의사결정과정에서 협력을 극대화하고 갈등을 최소화한다.

좋은 지역사회를 나타내는 용어 중 하나가 지역사회역량(community competence)이다. 지역사회역량은 좋은 지역사회의 중요한 속성 중 하나인데, 그것은 목표를 달성하고 문제를 해결하는 데 참여하는 지역사회의 능력(capacity)을 나타낸다.

지역사회역량이란 지역사회를 구성하는 다양한 부분이 지역사회의 문제와 욕구를 파악하는 데 효과적으로 협력하고, 목표와 우선순위에 대한 합의에 도달할 수 있으며, 합의된 목표를 수행하기 위한 수단과 방법에 동의하고 효과적으로 협력하여 필요한 행동을 취할 수 있는 능력이다.

Cottrell은 지역사회역량을 개선하기 위한 조건을 개인이나 집단의 속성 및 행동에 관한 것과 사회체계적 구성요소로 나누어 제시하였다. 먼저, 개인이나 집단의 속성 및 행동에 관한 것에는 다음과 같은 것이 있다.

- 지역사회 주민은 자신이 살고 있는 지역사회에 참여해야 한다.
- 다양한 지역사회 집단은 자신들의 가치와 이익에 관하여 자각하고 있어야 한다.
- 지역사회의 이슈에 관해 지역사회의 다양한 구성원 간에 효과적인 의사소통이 이루어질 수 있는 다양한 수준의 장치가 있어야 한다.
- 지역사회 구성원들은 목표를 확인하고 목표 달성을 위한 활동에 협력하여야 한다.

사회체계적 구성요소로는 다음과 같은 것이 있다(Cottrell, 1983).

- 지역사회 내 다양한 집단 간에 발생할 수 있는 갈등을 처리하는 절차가 있는 사회가 역량 있는 지역사회다. '공론화위원회'와 주민투표 같은 것이 절차의 예시가 될 수 있다. 경주시에서는 방사능폐기물처리장 유치와 관련하여 주민들이 찬성과 반대로 나뉘어 갈등이 생기게 되자 주민투표를 하였고, 찬성 측의 지지율이 높아 '처리장'을 유치하였고, 중앙정부로부터 많은 예산을 지원받아 시민들을 위한 인프라 사업에 투자하였다. 반면에 OO군은 '절차'를 마련하지 못하였고, 극심한 갈등을 겪었으며, 폭력사태까지 발생하였다.

• 적절한 수준의 자율성을 유지하면서 지역사회가 외부 환경(인용자 주: 인근 지역사회와 중앙정부)과의 관계를 처리하는 능력이 있어야 한다.

수행 학습

• 자신이 살고 있는 지역사회에 주민들의 정기적인 모임이 있는지 찾아보세요. 그리고 그 모임의 성격이 무엇인지, 자신이 참여할 수 있는지 혹은 없는지를 생각해 보세요.
• 자신이 살고 있는 지역사회를 공동체라고 본다면 그렇게 보는 이유 세 가지, 공동체가 아니라고 생각한다면 그 이유 세 가지를 써 보세요.
• 자신이 살고 있는 지역사회가 정의로운 사회라고 본다면 그 이유, 아니라고 생각한다면 그 이유를 논리적으로 써 보세요.
• 자신이 살고 있는 지역사회가 역량 있고 살기 좋은 지역사회인가를 생각해 보고, 그렇다면 그 이유를, 아니라면 그 이유를 써 보세요.

지역사회와 지역사회복지실천

지역사회는 사람이 살아가는 곳이지만, 사회문제를 발생시켜 주민을 억압하는 곳이기도 하며, 그 문제의 해결수단이기도 하다. 사회문제를 해결하려는 사회적 노력이 지역사회복지실천이다. 따라서 올바른 지역사회복지실천을 위해서는 지역사회의 개념에 대한 이해가 선행되어야 한다. 이 장에서는 지역사회의 개념과 종류를 알아보고, 지역사회복지실천의 개념에 대해 살펴보고자 한다.

1. 지역사회의 개념과 종류

지역사회는 모든 사회복지실천의 환경이며(Netting, Kettner, & McMurtry, 1993), 지역사회복지실천에서 지역사회란 실천이 이루어지는 맥락이고, 개입의 표적이며, 변화를 초래하는 매체이거나 수단이다(Kramer & Specht, 1983). 따라서 "매크로 수준에서이든, 마이크로 수준에서이든 효과적인 실천이 되기 위해서는 사회복지사가 사회환경의 중요한 요소로서 지역사회를 이해해야 한다. 지역사회에 관한 지식은 환경이 개인의 행동과 발달에 미치는 영향을 사정하는 데 필요하다. 사회복지사는 지역사회에 존재하는 클라이언트와 관련되는 다양한 자원의 위치를 반드시 알고 있어야 하며, 개인에게 기회를 제한하는 지역사회의 문제에 관해서도 반드시 알아야 한다."(Fellin, 1995) 이와 같은 주장은 지역사회복지실천에서 지역사회를 잘 이해하는 것이 필요함을 강조한 것이다.

1) 지역사회의 개념

PellyEffrat에 따르면, 지역사회라는 개념은 젤리와 같아서 미끈거리고 감을 잡기 어렵다. 지역사회라는 말의 어원은 라틴어의 '코뮤니스(communis)'에서 비롯되었는데, 이는 '친목, 인간관계나 정서적 지역사회'를 의미한다. 중세 라틴시대에서 코뮤니스는 '동료나 성곽 내에 거주하는 사람의 집합'을 의미하는 말로 사용되었다. 다음의 기술은 지역사회를 이해하는 데 도움이 된다.

> 개인 간의 교제와 협동은 의식주처럼 생존을 위해 필수적인 것은 아니지만, 사회적 상호작용의 욕구로서 생물학적인 기본 욕구에 가깝다. 인류가 배고픔에서 벗어나고 자연에 노출됨으로써 겪어야 하는 위험에서 벗어나 안전을 얻게 되자 또 다른 욕구를 만족시키기 위해, 즉 타인과 동료로서 살아가기 위해 교제하려 하고 협동하려 한 결과, 상호 의존과 지역사회가 생겨났다(Martinez-Brawley, 1995, p. 539).

이러한 Martinez-Brawley의 기술은 Maslow의 욕구위계설처럼, 지역사회는 인간의 욕구 때문에 생겨났다고 설명하는 듯하다. 즉, 생리적 욕구(배고픔에서 벗어남)가 충족되고, 안전의 욕구(위험에서 벗어나 안전을 얻음)가 충족되자 사랑·소속·애정의 욕구(개인 간에 교제하려 하고 협동하려 함)를 충족시키고자 인간이 지역사회를 만들었다는 것이다.

오늘날 대부분의 사회학자는 작은 마을, 촌락, 읍, 시(市), 거대도시와 같은 사회적·지역적 조직의 단위를 나타내기 위해서 지역사회라는 말을 사용한다. 본질적으로 지역사회란 인간이 태어나서 가정을 꾸리고, 생활비를 벌고, 자녀를 양육하고, 자신의 꿈을 실현하며 살아가는 곳이다. 인간에게 이보다 더 중요한 사회적 단위가 있는가? 그래서 Hunter(1975)는 지역사회를 "생존의 욕구를 충족시킬 수 있는 기능적이고 공간적인 단위"라고 했다.

Hillery(1955)는 지역사회에 관한 대부분의 사회학적 정의에는 적어도 세 가지 중요한 요소, 즉 ① 지리적 영역, ② 사회적 상호작용, ③ 공동의 유대(common ties)가 들어

있다는 것을 발견했다. Hillery(1955)는 이것들을 모아서 "지역사회는 어떤 지리적 영역 안에서 사회적 상호작용을 하면서 한 가지 이상의 공동의 유대를 가지고 있는 사람들로 이루어져 있다."고 하였다. 이러한 정의는 지역적 변인(지리적 영역), 사회학적 변인(사회적 상호작용), 심리문화적 변인(공동의 유대)을 포함하고 있는데, 이를 세부적으로 살펴보면 다음과 같다(Poplin, 1985).

첫째, 지역사회는 지리적 단위다. Hillery의 정의는 지역사회가 공간적 환경 속에서 존재한다는 것을 우리에게 상기시켜 주고 있다. 그동안 지역사회는 공간적 단위, 특별한 지리적 영역 내에서 생활하는 사람들의 집합체 또는 '장소(place)'라고 언급되어 왔다. 예를 들면, 제1장의 〈사례 1-1〉에서 반송동, 해운대구, 부산시가 지리적 단위로서 지역사회다.

일반적으로 지역사회는 천연자원이 풍부한 지역 또는 도로가 발달되어 있는 곳에서 가장 많이 나타났다. 좋은 지역사회란 자원이 풍부하고 편리한 도로가 있으며, 정주 요건이 좋은 곳이라고 할 수 있다. 우리 전통사회에서는 배산임수(背山臨水)가 좋은 정주 요건이었다. 산은 땔감이라는 자원을 주고, 강 혹은 개울은 식수라는 자원의 공급처다. 지리적 단위로서 지역사회에서 가장 중요한 것은 인간의 욕구 충족을 위한 자원이다. 〈사례 2-1〉에서 제시한 아프리카 우간다의 부사비 마을을 보면 식수자원이 얼마나 중요한지를 알 수 있다.

산업화 및 현대화를 겪은 사회에는 대도시 지역사회가 많다. 대도시 지역사회는 강을 끼고 대규모 토지 위에 발달해 있으며, 산업혁명과 현대 경제성장의 산물이다. 산업은 노동력을 확보할 수 있는 대규모이면서 교통이 편리한 장소를 필요로 하기 때문이다. 현대 경제는 공장, 은행, 상점, 호텔, 정부기관 등에서 많은 사람을 필요로 하는데, 이들이 집중해 있는 곳이 대도시이며, 사회문제가 많이 발생한다.

둘째, 지역사회는 상호작용의 연결망이다. 지역사회의 가장 중요한 점은 사람이 다른 사람들과 만나는 곳이라는 점이다. 만남은 상호작용이다. 상호작용을 통해서 인간은 생물학적·사회적·정서적 욕구를 만족시킬 수 있다.

지역사회를 상호작용의 연결망으로 보는 관점은 지역사회를 구성하고 있는 여러 단위 사이의 상호 관련성을 체계적으로 설명하는 도구가 될 수 있으며, 지역사회의 구조와 과정을 이해하는 데 도움을 준다. Poplin(1985)은 지역사회의 상호작용을 협동(cooperation), 경쟁(competition), 갈등(conflict)으로 유형화했다. 협동은 지역사회 수준의 모든 사회적 과정에 깔려 있는 근본적인 것이다. 어떠한 지역사회는 사회적 관계가

사례 2-1 우간다 부사비 마을

아프리카 우간다의 부두스 마을에서 자동차로 두 시간 거리에 부사비 마을이 있다. 마을 주민들은 냇가에 흐르는 물이나 웅덩이에 고인 물을 떠다가 마셨다. "웅덩이의 물은 근처 농가에서 흘러온 부유물과 농약 등으로 희뿌연데다가 해충도 떠다녔다. 그나마 2~3km를 걸어야 웅덩이에 도달할 수 있었다". 식수문제는 생명과 직결되어 있다. WHO에 따르면, 우간다 5세 미만 영유아 사망 원인 3위(16%)는 설사병 등 수인성 질병이다. 또, 아프리카에서는 비위생적인 식수로 20초마다 한 아동이 생명을 잃고, 매년 1,700만 명이 사망하고 있다.

이러한 문제를 해결하기 위한 사업의 일환으로, 2012년 월드비전코리아가 펌프를 이용해 지하수를 공급할 수 있는 우물을 설치해 주었다. 깨끗한 물이 나오는 우물이 생기자 주민들은 우물을 깨끗하게 유지·관리하기 위해 '식수관리위원회'를 만들었다. 이 위원회에서 스스로 지켜야 하는 규칙을 만들고 우물을 관리하는 당번을 정했다. 매달 300우간다 실링(약 100원)씩 모아 가축이 침범하지 못하게 우물 근처에 울타리를 설치하고, 매일 두 명의 주민이 오전 6시부터 오후 7시까지 우물을 청소하고 주민들의 이용을 돕기로 했다. 모든 주민이 공평하게 물을 쓰기 위해 하루에 한 가구당 100L까지만 물을 사용할 수 있다는 규칙도 정했다. 식수관리위원회의 에베니처 조실린(32세)은 "욕심을 부리지 않고 모두가 적극적으로 책임을 져야 한다는 의식이 주민들에게 생겨났다. 더 나아가 어린이 사망률도 절반 이하로 줄었다."고 말했다. 위원회는 한 달에 한 번 주민들을 대상으로 '깨끗한 물의 중요성'에 대해 교육을 하고 있다. 월드비전 우간다 식수위생사업 담당 크웨지 데이비드(40세)는 "야외 배변이 수질 악화에 얼마나 큰 영향을 끼치는지를 연구하는 등 주민들 사이에서 물이 생명과 밀접한 연관이 있다는 의식이 생겨났다."고 말했다.

출처: 중앙일보(2015. 8. 27.).

협동적 특성을 가지고 있는 반면, 어떤 지역사회는 경쟁 혹은 갈등이 치열할 수 있다. 제5장의 실천 모델에서 살펴볼 지역개발 모델은 협동적 상호작용이며, 사회행동 모델은 갈등적 상호작용을 의미한다.

셋째, 지역사회는 심리문화적 단위다. 지역사회에 관한 많은 사회학적 정의 가운데 세 번째 요소는 지역사회 구성원 사이에 공동의 유대관계가 있다는 것이다. Warren(1971)은 사람들이 지역사회에 심리적으로 동일시하는 정도는 지역사회에 따라 다르다고 주장하였다. 심리학적 관점에 따르면, 인간은 지역사회와 동일시하기 때문에 안정감을 얻게 된다. 우리나라 사람들이 고향에 가고 싶어 하고, 고향을 편안하게 생각하는 것은 고향이라는 지역사회와 자신을 동일시하기 때문일 것이다. 개인은 자신의 지역사

회에 소속되어 있을 때 심리적 안정을 얻을 수 있다.

라다크(Ladakh)[1] 사회에 대한 Norberg-Hodge(2013)의 다음과 같은 기술은 '심리적 단위'로서의 지역사회 및 공동체에 대한 적절한 기술이라고 할 수 있다.

> 건강한 사회란 구성원 사이의 친밀한 연관관계와 서로 돕는 분위기를 더욱 북돋아 주어야 하는 것이며, 개개인에게 무조건적으로 정서적인 지원을 제공할 수 있는 사회를 말한다(p. 176).

문화적 관점을 지지하는 사람들은 이러한 동일시는 지역사회 구성원들이 가치, 규범, 목표를 공유하기 때문에 생긴다고 주장한다. 이것은 지역사회에서 성장해 왔다는 역사적 환경에서 생겨난다. MacIver와 Page(Poplin, 1985 재인용)는 이 두 가지를 '공동체 의식(community sentiment)'이라는 개념으로 포괄했다. 공동체 의식이란 같은 지역에 살면서 생활양식을 공유하는 의식이라는 의미다.

'〈사례 1-1〉'에서 본 반송동의 경우, 사람들이 동일한 지리적 공간에서 거주하지만 희망세상이 활동하기 전에는 사람들 간의 상호작용도 빈약했고 공동체 의식도 희박했다. 그러나 '반사사'라는 주민조직에 의해 상호작용도 증가했고, 주민조직에 참여하는 사람들 간에 공동체 의식이 생성되고 사람들이 살기 좋은 동네라고 생각해서 이사해 오고 있다. 반면, '개발 이전의 라다크 사회(Norberg-Hodge, 2013)'는 사람들 간의 협동적 상호작용이 활발했고 공동의 유대가 끈끈했지만, 개발되면서 갈등적 상호작용의 빈도가 높아지고, 공동의 유대가 해체되어 가고 있다.

지금까지 지역사회를 설명하는 핵심 개념인 지리적 공간, 사회적 상호작용, 공동의 유대 혹은 공동체 의식의 의미를 살펴봄으로써 지역사회의 개념을 분석적으로 이해했다. Brager, Specht와 Torczyner(1987)는 이러한 내용을 담아 지역사회를 다음과 같이 정의했다.

> 지역사회는 체계적이고, 상호작용하며, 상호 의존적인 관계를 가진 사람들로 구성되어 있는 것으로 간주한다. 이러한 관계들은 역사의 공유, 상호 기대, 예측 가능한 역할, 가치, 규범 그리고 지위의 차이에 따라 형성된다. 이러한 관계들은 개인의 정체성을 구성하는 것의 일부다. 사람 간의 관계는 긍정적일 수도, 부정적일 수도 있으며, 중립적이기도 할 것이다. 이러한 사람

1) 지금은 인도와 중국이 국경분쟁을 하여 전투가 벌어지는 살벌한 지역이 되었다.

간의 관계에 의해서 높은 호혜성을 띨 수도, 낮은 호혜성을 띨 수도 있으며, 소외감을 감소시킬 수도, 증가시킬 수도 있다(p. 33).

지금까지 지역사회의 개념에 대해 설명했는데, 20세기 지역사회, 특히 도시 지역사회의 특징에 대해 명확하게 인식하는 것이 중요하다. 제1장에서 Wirth(1938)의 설명을 보았듯이, 같은 지리적 공간에 거주하더라도 주민 간의 관계가 피상적이며 상호작용도 활발하지 않고 공동의 유대도 매우 희박하다고 할 수 있다. 요즈음 우리 사회에서 문제가 되고 있는 '고독사' '은둔형 외톨이'는 지역사회 구성원으로서 상호작용의 단절, 공동의 유대 소멸을 나타내는 것이다. 특히 도시 지역사회의 이질성과 복잡성 때문에 지역사회 구성원들은 지역적 수준에서 비롯된 많은 공동가치를 똑같이 가지고 있지도 않으며, 자신들의 지역사회에 대해 심리적 동일시를 느끼지도 못하는 것 같다.

공동체 의식의 와해는 지역사회 자체에 커다란 영향을 주었다. 범죄, 정신병, 이혼, 사회적 불안 등은 개인적 비극일 뿐만 아니라 지역사회에도 많은 손실을 끼친다. 그러한 비극을 피하는 한 가지 방법은 개인들에게 자신의 지역사회에 대한 동일시 감정(sense of identification)을 부여하는 것이다. 이론적으로 보면 공동가치 및 심리적 동일시가 일탈 및 해체를 효과적으로 통제할 수 있다. 심리적 동일시에서 중요한 것은 참여(involvement), 즉 개인들이 지역사회 업무에 기꺼이 참여하게 하는 것이다(poplin, 1985). 〈사례 1-1〉의 반송동의 마을 만들기는 참여의 기회가 되며, 희망세상의 다양한 소집단(푸른하늘 공부방, 나래반, 콩쥐팥쥐반 등)은 상호작용의 구조다.

2) 지역사회의 종류

지역사회의 종류는 학자들의 관점에 따라 분류되는데, 다양한 유형의 지역사회를 검토하는 것은 '젤리와 같아서 미끈거리고 감을 잡기 어려운' 지역사회를 이해하는데 많은 도움이 된다. 여기서는 Sorokin과 Zimmerman(최일섭, 류진석, 1996 재인용), Tönnies와 Fellin(1995) 그리고 Rubin과 Rubin(1992)의 견해를 소개하겠다. 그리고 현실의 지역사회를 클라이언트 지역사회와 역량 있고 살기 좋은 지역사회('제1장 3. 지역사회복지실천의 가치'에서 기술하였음)로 구분해 보고자 한다.

(1) 도시 지역사회와 농촌 지역사회

우리가 지역사회를 눈에 보이는 풍경이나 형상으로만 구분할 때 가장 쉬운 방법은 농촌과 도시로 구분하는 것이다. 지역사회를 도시와 농촌으로 구분한 가장 대표적인 학자는 Sorokin과 Zimmerman이다. 이들은 지역사회의 직업, 환경, 인구밀도, 인구의 동질성, 사회적 분화, 인구의 이동성, 익명성, 상호작용의 모습 등 여덟 가지를 기준으로 두 지역사회의 특성을 설명했는데, 이를 정리하면 〈표 2-1〉과 같다.

지역사회의 복지적 측면에서 농촌과 도시로 구분되는 특성을 추가해 보면, 잠재적 클라이언트라는 면에서 농촌사회에는 노인이, 도시사회에는 아동이 상대적으로 많다고 할 수 있다. 자연적 원조망 측면에서는 도시보다 농촌이 상대적으로 안정적이라고 할 수 있으며, 사회복지기관과 같은 공식적 원조망 측면에서는 농촌보다 도시가 우위에 있다고 할 수 있다.

Sorokin과 Zimmerman(최일섭, 류진석, 1996 재인용)은 농촌과 도시를 이질적인 지역사회로 구분하여 이해하려고 하였는데, 교통과 통신의 발달로 농촌과 도시의 교류가

표 2-1 농촌사회와 도시사회의 특성 비교

구분		농촌사회	도시사회
사회적 특성	직업	농민의 비중이 큼	비농업적 직업의 비중이 큼
	환경	자연적 환경의 우위	인공적 환경의 우위
	인구밀도	낮음	높음
	인구의 동질성	동질적	이질적
	사회적 분화	비교적 단순한 구성	사회적 분화 정도가 높음
	인구의 이동성	지역적 · 직업적 · 사회적 이동이 적음	지역적 · 직업적 · 사회적 이동이 상대적으로 큼
	익명성	낮음	높음
	상호작용의 유형	1차적 · 정의적 관계, 접촉의 범위가 좁음	2차적 · 계약적 관계, 접촉의 범위가 넓음
사회복지적 특성	잠재적 클라이언트의 크기	노인인구가 상대적으로 많음	아동인구가 상대적으로 많음
	자연적 원조망	상대적으로 안정적	상대적으로 불안정
	공식적 원조망	빈약함	풍부함

출처: 최일섭, 류진석(1996). pp. 18-20에서 부분 발췌하여 필자가 '사회복지적 특성'을 추가함.

빈번해져 가고 있고, 농촌적 요소와 도시적 요소가 공존하고 있는 상황에서 이분법적 의미가 점점 약화되고 있다고는 하지만, 사람들의 통념에 근거하고 지역사회를 이해하는 틀로서는 의미 있다고 보았다.

(2) 장소적 지역사회, 비장소적 지역사회, 개인적 지역사회, 가상공동체

장소적 · 비장소적 지역사회에 대한 이해를 위해서는 Tönnies(Fellin, 1995 재인용)와 Fellin(1995)의 견해를 살펴볼 필요가 있다.

① 장소적 지역사회

Tönnies는 지역사회를 유대관계와 특정 장소에 대한 애착 정도라는 두 가지 기준으로 구분했다. 첫 번째 방법은 잘 알려져 있다. 이것은 '주민들 간의 유대관계'라는 기준에 의해 공동사회(gemeinschaft/community)와 이익사회(gesellschaft/society)로 구분하는 것이다. 공동사회적 지역사회는 지역사회 주민이 서로 유대관계를 맺고 있다는 것이 특징이다. 이러한 유대는 공통적 가치와 신념, 상호 의존, 존경과 지위 같은 위계 의식도 포함한다. 주민 간의 관계는 법규나 계약에 의해서가 아닌 문화적 전통과 사회적 역할이나 기대의 유사성에 기초를 두고 있다. 행동이 주로 전통과 문화에 의해 영향을 받는 농촌사회가 예가 될 것이다. 이익사회적 지역사회는 공식적 · 전문적인 유대관계가 특징을 이룬다. 지역사회의 구성원들은 일반 직업, 전문적 직업, 시민조직과 같은 지역사회 제도들 내에서 공식적으로 구조화된 관계를 통해 서로 관련을 맺는다.

지역사회를 구별하는 두 번째 방법은 특정한 '장소에 대한 애착의 정도'를 기준으로 지역사회를 분류하는 것이다. 첫째, 장소라고 불렀던 '공간(place)' 지역사회다. 이것은 지리적 또는 공간적 지역사회라고도 불린다. 예를 들면, 근린지역, 마을, 읍, 도시 등이다. 둘째, 비공간적(nonplace) 지역사회다. Tönnies는 이것을 마음(mind)의 지역사회라고 불렀다. 이것은 장소와는 관계없이 공통 목표를 위한 협동과 조정 등의 행동을 의미한다. 예를 들어, 종교 사회, 전문직 사회 등이 있다.

Fellin(1995)은 지역사회를 인구집단이 공통의 지역(location), 이해관계, 정체성, 문화나 활동에 기초하여 구성한 사회적 단위라고 정의한 Garvin과 Tropman(1992)의 견해를 인용하여 공통의 지역성이나 장소에 근거한 지역사회, 비장소적 특성의 지역사회, 개인적 지역사회로 구분하고 자신의 견해를 제시했다.

장소적 지역사회는 크기, 밀도, 이질성에 따라 차이가 난다. 지역을 기반으로 하는

지역사회는 '근린지역사회' '일정한 구역의 지역사회(community areas)' '도시(municipal) 지역사회' 그리고 '대도시(metropolitan) 지역사회'로 불린다. 일반적으로 그러한 지역사회의 인구 규모와 지리적 크기는 '근린지역사회'에서 '대도시 지역사회'의 방향으로 증가하게 된다. 지역을 기반으로 하는 지역사회는 도시 지역사회 내의 근린지역사회처럼 보통 서로 중복되는 부분이 있다. 결국 사람은 일반적으로 다수의 지역사회 내에서 거주하게 된다(필자는 진월동이라는 지역사회, 남구라는 지역사회, 광주광역시라는 장소적 지역사회에 거주한다). 즉, 지역사회는 다중적이다.

장소적, 즉 지역에 기반을 둔 지역사회는 다음과 같은 세 가지 차원의 특징이 있다. ① 생존의 욕구를 충족시킬 수 있는 기능적이고 공간적인 단위다. ② 유형화된 사회적 상호작용의 단위다. ③ 집합적 정체성을 갖는 하나의 상징적 단위다(Hunter, 1975). Heller(1989)는 지리적 지역성과 관련이 많은 사람일수록 "아주 어리거나 매우 고령자이며, 가사 외에 별도 직업을 전혀 갖지 않는 여성이거나 특정 민족집단의 구성원일 경우가 많다."는 사실에 특히 주목했다. 이러한 아동, 노인, 여성, 소수민족에게 지역사회는 그들의 삶을 억압하는 환경일 수 있다.

② 비장소적 지역사회

비장소적(nonplace) 지역사회는 Tönnies의 표현대로 '마음의' 지역사회다. 지역을 기반으로 하는 지역사회의 구성원들은 하나 혹은 여럿의 비장소적 지역사회에 속한다. 이렇게 사람들이 속해 있는 비장소적 지역사회를 '정체성(identification)의 지역사회' 혹은 '이해관계(interest)의 지역사회'(Garvin & Tropman, 1992)라고 한다.

정체성의 지역사회는 민족성, 인종, 종교, 삶의 방식, 사상, 성적 지향, 사회계층, 고용의 전문성이나 유형 등과 같은 공통의 정체성 혹은 신념에 기초하여 성립한다. 따라서 사람은 자신이 아프리카계 미국인 지역사회, 아시아계 미국인 지역사회, 유대인 지역사회, 가톨릭 지역사회 혹은 게이 지역사회의 구성원으로 불리는 것에 대해 이상하게 생각하지 않는다. 서울시 영등포구 대림2동 지역은 장소적 지역사회인 동시에 조선족이라는 민족적 정체성으로 이루어진 비장소적 지역사회다. 광주광역시 광산구 월곡동에는 러시아에서 이주해 온 고려인들이 모여 사는 고려인 마을이 있다. 이 마을 역시 장소적 지역사회인 동시에 비장소적 지역사회다.

앞서 언급하였듯이 지역사회는 공통의 지리적 구역, 공통의 유대를 가진 집단인데, Heller(1989)는 여기에 제3의 정의를 추가했다. Heller는 집합적 정치력(collective poltical power)이나 조직화된 주민집단(organized constituencies)도 지역사회라고 정의했다. 필자는 Heller의 이러한 견해에 동의한다. 지역사회실천가에 의해 조직화된 주민집단은 앞에서 언급한 '지리적 공간'에서 '상호작용'하고, '공동의 유대' 혹은 '공동체의식'을 갖게 된다. 성미산 인근의 주민들은 '성미산 마을 만들기 사업'에 참여하면서(상호작용) 성미산공동체를 꿈꾸는 '조직화된 주민집단'이다. 그 이름은 '성미산을 지키는 주민연대'다. 이들은 인근의 광범위한 지역주민을 끌어들이고, 환경단체와 결합하며, 지역의원들의 동조를 받아 서울특별시 상수도사업본부가 성미산을 밀어내고 배수지와 아파트를 건설하려던 정책을 철회시키는(유창복, 2010) 집합적 정치력을 발휘했다.

③ 개인적 지역사회

다중적인 지역사회 속에서 살아가는 구성원 개인에게 초점이 맞추어질 때 지역사회의 의미는 좀 다르게 사용된다. 따라서 한 개인의 개인적(personal) 지역사회는 지역적 지역사회, 정체성의 지역사회, 이해관계의 지역사회로 구성되는데, 이러한 지역사회에서 사람들은 상호작용을 하고, 서비스와 자원을 이용하며, 직업 활동을 하면서 여가시간을 보낸다. 이렇게 지역사회를 정의하는 것은 사회적 상호작용의 잠재적인 영역을 확대하게 하며, 공식적 · 비공식적 사회 원조망을 포함하는 사회적 자원의 범위를 넓혀 준다. 이러한 구성물로서 개인적 지역사회는 사회복지사가 대인관계적 개입을 발달시키기 위한 맥락을 확장하는 데 도움이 되고, 개입의 목표를 확장하는 데 기여할 뿐만 아니라 지역사회를 변화시키려는 지역사회복지실천의 목표를 확장시키는 데에도 도움이 된다. 개인적 지역사회는 다중적인 지역사회의 구성원으로서 한 사람이 각각의 개인과 상호작용하고, 비공식 집단과 공식조직과도 상호작용하며, 여기서 생겨나는 동일시를 포함한다(Fellin, 1995).

지역사회복지실천이나 사례관리에서 사정도구로 활용되는 '생태도(ecomap)'는 개인적 지역사회의 의미를 갖는다고 볼 수 있다. 생태도에는 클라이언트 개인의 거주지를 바탕으로 형성된 사회적 지지망이 나타난다. 사회적 지지망의 구성원들과 클라이언트는 상호작용을 하고, 상호작용 속에서 나름대로 연대의식을 느낀다고 볼 때, Hillery(1995)가 지역사회의 구성요소로 언급한 지역, 상호작용, 공동체 의식이라는 조건을 갖추므로 개인적 지역사회라고 할 수 있다.

④ 가상공동체[2)]

최근 20~30년간 놀랍게 발전한 정보통신기술은 이전의 시대에서는 볼 수 없었던 새로운 형태의 공동체 출현을 가져왔다. 가상공동체(virtual community) 혹은 컴퓨터에 의해 매개되는 공동체라는 의미의 CMC(Computer Mediated Community)가 그것인데, 이는 사람 간의 직접적인 만남보다는 컴퓨터를 통해 의사소통을 하는 사회집단을 말한다. 가상공동체라는 용어는 실질적인 신체 접촉 없이 전자통신망에서 공동체가 작동한다는 의미에서 붙여진 용어다(Kollock & Smith, 1999: 김가율, 2010 재인용). 이 책의 주 독자층이 될 수 있는 대학생들에게 익숙한 '카시오페아', BTS 팬카페(m.cafe.daum.net/BANGTAN)가 가상공동체의 사례다.

가상공동체가 최근에 나타난 현상이기 때문에 이것을 고전적인 커뮤니티 개념의 확장된 형태로 볼 것인지 아니면 근본적으로 새로운 유형의 공동체 개념으로 볼 것인지는 아직 분명하지 않다(Memmi, 2006: 김가율, 2010 재인용). 가상공동체를 현대적 의미의 지역사회로 보고 발전시켜야 한다고 주장하는 이들(Rheingold, 2000: 이경은 외, 2016 재인용)도 있고, 가상공동체는 공동체의 가장 중요한 특성인 대면 커뮤니케이션이 결여되어 있어 공동체로 인정하기에는 한계가 있다고 선을 긋는 주장도 있다(Stoll, 1996: 이경은 외, 2016 재인용).

필자는 가상공동체가 Wirth(1938)가 제시한 도시사회 인간관계의 피상성을 강화한다는 점을 강조하여 후자의 편에 서고자 한다(수업시간에 거수로 투표를 한 결과, 수강생들의 절대 대수가 전자를 지지하였다). 예를 들어, 가족이나 친구는 대면관계 속에서 친밀성과 정서적 유대감이 강한 집단이다. 그런데 식당에서 음식을 기다리는 동안에 대화를 하기보다는 휴대전화를 들고 사이버 공간 속에서 구성원으로 활동하거나 관심 있는 정보를 찾는다. 요컨대, 가상공동체는 대면적 상호작용을 감소시키고 비대면적 상호작용을 증진시킴으로써 피상적 인간관계를 강화하는 측면이 있다.

지리적 공간이라는 장소적 지역사회에서는 인간이 생존해 갈 수 있지만, 가상공동체에서는 그럴 수 없다. 그렇지만 장소적 지역사회의 긍정적 변화를 추구하는 지역사회복지실천 측면에서 가상공동체가 가지는 의미를 살펴보는 것은 중요하다. 장소적 지역사회 구성원들에게 가상공동체는 의사소통의 수단이고, 이에 기반을 둔 인적·물적 자

---

2) Fellin(1995)은 자신이 제시한 지역사회의 유형에 가상공동체를 넣지는 않았지만, 가상공동체가 비장소적 지역사회라는 점에서 유사점이 있기 때문에 이 부분에 기술하고자 한다.

원의 동원과 권력 형성의 도구가 될 수 있다. 비장소적 지역사회 구성원들은 사이버 공간을 매개로 상호작용할 수 있고, 교통수단의 발달로 동일한 장소에 모여 상호작용하며 목표를 달성할 수 있다. 지리적 거리, 접근성, 심리적 장애, 스티그마(stigma) 등으로 인해 대면관계 형성이 어려웠던 사람들은 그런 것을 초월하여 사이버 공간을 통해 자신들의 관심사에 대한 견해를 표현하고 연대할 수 있다. 지역사회실천가는 특정 지역의 문제를 정리하고 쟁점을 명료화하여 가상공동체의 회원들에게 문제 제기를 하고 합의된 견해를 바탕으로 공공정책이나 지역사회 의사결정과정에 영향력을 행사하려는 노력이 필요하다.

그리고 사이버 공간은 온라인 플랫폼으로서 물적 자원 동원, 모금의 수단으로 활용될 수 있다. 크라우드펀딩은 "온라인 플랫폼을 통해 창업이나 후원 등을 목적으로 불특정 다수의 소액 투자자들로부터 자금을 조달하는 방식"(김정훈, 염유경, 이다겸, 2015)이다. 크라우드펀딩은 군중을 의미하는 '크라우드(crowd)'와 자금 조달을 의미하는 '펀딩(funding)'의 합성어다.

크라우드펀딩의 사례, 두 가지를 제시하겠다. 외국의 경우, 영국 브리스틀(Bristol)에서는 도시 개선을 위해 '식용작물정원 조성' 시민프로젝트가 시행되었다. 102명의 후원자들이 참여하여 4,184파운드를 모금하는 데 성공했다. 도시 중심부에 3개의 식용작물정원을 조성하고 후원자로 참여한 시민들이 유기농 농산물을 재배할 수 있도록 하는 등 지역공간 개조 및 도시농업 활성화를 위한 목적으로 추진되었다. 지역학교와의 협력을 통해 음식의 중요성에 대한 공감대를 형성하고, 지역 병원과 협력하여 몸이 불편한 노인들이 정원을 가꿀 수 있는 기회를 제공하는 등 지역사회 신뢰와 공공 서비스의 결합을 이룬 사례다. 국내에도 다양한 사례가 있지만, 충청북도 보은군 삼기마을의 도서관 짓기 마을주민 프로젝트를 소개하겠다. 134명의 후원자들이 참여하여 322만 원(목표액 200만 원)을 모금하는 데 성공했다. 전교생이 8명에 불과하여 폐교 위기에 몰린 삼기분교 내 창고를 개조하여 도서관을 설립하고 이를 통해 폐교를 막기 위한 목적으로 추진되었다. 새로 설립된 도서관이 학교 교직원과 주민의 소통공간으로 활용되어 지역사회 활성화에 기여하고 있으며, 펀딩 성공 이후 기업의 도서 기증 등 협력 사업이 확장되었다.

(3) Rubin과 Rubin의 다섯 가지 지역사회

지역사회 개념이 유용하려면 지역사회를 구성하는 요소와 그 요소들이 지역사회복

지실천에 대해 시사하는 점을 명확하게 해야 한다. 지역사회개발의 목적은 주민조직화를 통하여 주민으로 하여금 자신이 거주하는 지역사회에 영향을 미치는 의사결정, 프로젝트, 정책을 통제할 수 있는 힘을 갖게 하는 것이다. 이러한 목적하에 지역사회라는 용어를 정의하는 데 있어서 '사회통합'과 '정서적 특성'이라는 두 가지 요소가 포함되어야 한다.

먼저, 지역사회의 개념에 사회통합의 근거와 정도가 제시되어야 하는 이유는 다음과 같다. 즉, 사람 간의 연결 유형(types of linkages)을 이슈 중심으로 할 것인가 또는 지역 중심으로 할 것인가 그리고 지역사회 내 다른 집단과의 연합 가능성이 있는가와 같은 것이다. 정서적 특성이란 사람이 문화적으로 내재된 어떤 것에 대해 깊이 느끼는 것을 의미하는데, Tönnies의 공동의 유대와 같은 것이다. 이해관계(interest)에 의한 유대감은 정서적 특성보다는 개인의 선택에 의해 형성된다.

그리고 지역사회의 이러한 두 가지 속성이 지역사회실천가에게 주는 의미도 나타나야 한다. 이러한 두 가지 요소에 근거해서 다음과 같은 지역사회 분류가 가능하다(Rubin & Rubin, 1986, 1992).

① 연대적 지역사회

연대적 지역사회는 국적, 종교, 언어, 인종 등의 공통의 유산을 가진 사람이 특정 지역에 함께 살아갈 때 이루어진다. 공통의 유산이 종교, 민족 또는 그 무엇이든 간에 이러한 것들은 구성원에게 강한 정체감을 부여하고 또한 공통적 가치와 신념체계를 전달한다. 이렇게 지역사회를 매개하는 결속 요인들은 깊이 뿌리박혀 장기간 동안에 지속되는 경향이 있으며, 언어, 음식, 관습, 전통, 종교의식을 포함한 다양한 형태로 지속된다. Norberg-Hodge(2013)에 의하면, 라다크 지역사회에서는 몽족, 다트족 등이 각자의 연대적 지역사회를 이루고 살아간다. 또 특정한 회교 사원에 다니는 회교도나 광범위한 지역에 퍼져 사는 모르몬 교도도 연대적 지역사회다.

이러한 연대적 지역사회의 특성은 지역조직화의 방법, 공통의 문제를 정의하는 방법, 전략 채택에 영향을 미친다. 예컨대, 연대적 지역사회는 구성원들이 형성할 수 있는 신뢰 수준과 자발적으로 참여하여 협력하는 과정의 시작점을 찾아낼 수 있게 한다. 같은 민족이 다니는 교회는 연대적 지역사회 속에서 조직화의 시발점으로 매우 훌륭하다. 사람들은 이미 교회를 신뢰하고, 교회를 지역의 자산으로 보고 있기 때문이다.

② **근린지역사회**

근린에 의한 유대감은 동일 지역에 거주한다는 데에서 나온다. 근린에 의한 통합은 종교나 인종이라는 공동의 유대에 의한 것보다 덜하다. 특별한 이웃에 대해 정서적 충실감을 느끼는 사람들은 특히 함께 자라고 특정 지역사회에서 함께 오래 거주해 왔다. 이들은 같은 학교를 다니거나 졸업하였고, 자녀를 같은 학교에 보내고, 같은 병원, 같은 식당, 같은 상점 등의 공동의 시설을 이용했다는 것을 의미한다. 이러한 친밀감이 그 지역에 대한 강한 정서적 애착을 만들어 낸다. 그런데 사람들은 현재의 이웃이 떠나면 새로운 이웃을 만난다. 만약 이웃에 이사를 오고 가는 사람들이 많다면 사람들은 거주지에 정서적 애착심을 느낄 수 없을 것이다. 또한 근린 간의 통합감은 전적으로 정서적 충실감이나 개인적 연대감에 근거한다기보다는 이해관계에 의한 것이다. 근린지역에 같이 사는 사람들은 어떤 공통의 문제를 공유할 것이다. 그들은 이웃 주민이고, 서로 의존하고 서로를 충분히 잘 알고 있기 때문에 상호작용할 것이다.

사회문제를 공유하고 있는 주민들로 구성된 근린지역사회는 종종 지역사회조직가의 표적이 된다. 많은 공통의 문제를 공유하고 있는 근린지역 주민은 특정 문제가 얼마나 심각한지, 그 문제를 해결할 방법이 무엇인지 그리고 그것을 해결하기 위해 어떻게 협력해야 하는지를 모른다. 이러한 상황에서 조직가는 집단행동의 근거가 될 수 있는 주민들이 공유한 문제가 무엇인지를 찾아내려는 노력을 해야 한다. 찾은 공통의 문제를 주민에게 알려 주고, 집합적 해결책으로 그 문제가 해결될 수 있다는 것을 교육해야 한다.

③ **네트워크**

네트워크란 공통의 관심사를 가진 사람들이 연결되어 유대감이 실재함을 의미한다. 네트워크는 구체적 이슈에 기초하여 공통의 이익을 공유하는 사람들로 구성되는데, 공유된 이익에 기초하여 서로를 연결한다. 정부기관 간의 네트워크뿐만 아니라 친구 간의 네트워크도 있다. 네트워크는 어떤 상황 속에서 무언가를 의도적으로 추구하는 사람들 간에도 구성할 수 있는데, 암환자 모임이나 알코올 의존증 환자 배우자들의 모임 같은 것이 그 예다. 네트워크는 특정 지역에서 클라이언트에게 서비스하기 위해 그리고 기관 간의 상호 이익을 위해 만들어질 수 있다. 네트워크는 특정 이슈에 관한 정보 교환과 도움을 주기 위해 연결된 관계 유형이다. Anderson과 Carter는 시민권 운동단체, 반핵·반전 운동단체를 네트워크라고 하면서 네트워크는 지역사회 구성원들과 환

경을 위한 기능을 수행하는 비공간 지역사회라고 하였다. 네트워크가 개인이나 환경 변화의 매개자로서 기능을 못하면 그 네트워크는 구성원들의 탈출구가 된다(Anderson & Carter, 1984). 전문직 단체는 비공간적 지역사회이면서 사회적 네트워크다.

지역사회실천가는 기존의 네트워크를 이용할 수 있기도 하고, 조직화의 전략으로서 네트워크를 개발할 수도 있다. 지역사회실천가는 네트워크가 가지는 약한 유대감을 이용함으로써 주민조직의 능력을 극대화할 수 있다. 이미 어떤 지역에 잘 만들어진 네트워크가 있다면 조직은 그것을 이용하여 사람을 모을 수 있고, 문제를 공론화할 수 있다. 네트워크는 펀드레이징(fundraising)에도 사용될 수 있다.

1980년대 이래로 사회복지사들은 클라이언트의 지지 원천이자 다른 여러 개입의 버팀목 역할을 하는 각종 네트워크를 확인하고 지지하며 창출하는 데 관심을 보여 왔다(Kemp, 1998; Tracy & Whittaker, 1990). 강력한 네트워크는 구성원들에게 물적 지원과 각종 서비스(보호 및 수발), 정서적 보호와 상담, 문제해결을 위한 조언과 의뢰 서비스를 제공하고, 집합행동과 옹호를 위한 기제가 된다(Eng, Salmon, & Mullan, 1992). 그리고 사회적 네트워크가 우울을 포함한 정신건강에 긍정적인 영향을 미친다는 보고가 있다(Latkin & Curry, 2003).

④ 사회 계층

사회 계층이란 교육, 소득, 직업의 유형, 사회적 지위 및 권력 수준 등에 기초하여 연결된 사람들이다. 이론적으로 계층의 구성원들은 지위를 공유하고 있기 때문에 공통의 문제와 관심도 공유한다. 예컨대, 하층민은 기대수명도 뚜렷하게 감소하는데, 다이어트 방법, 노동의 강도, 노동의 위험도 그리고 의료 서비스에서의 차이가 계층 간의 기대수명의 차이를 반영하는 것이다. 이러한 Rubin과 Rubin(1992)의 견해를 인용하면서 Kemp(1998)는 다음과 같이 자신의 견해를 덧붙였다. 즉, 수입, 교육, 재산과 같은 계층 변수들은 개인, 가족, 지역사회로 하여금 어떤 기회와 자원에 접근이 가능한지를 가늠하는 다양한 수준을 결정한다. 예를 들어, 저소득층이 고용, 교육, 주거, 보건의료서비스, 공공문화행사(public amenities) 등 광범위한 분야의 서비스 기회에 접근하거나 통제력을 행사하는 것은 거의 불가능하다. 반면, 상류층은 대단히 쉽다.

⑤ 이익추구형 지역사회

많은 지역사회는 지리적 공유가 아닌 특정한 이해관계에 기초하여 가장 견고하게 통합되기도 한다. 공유된 문제의식과 이슈의 범위가 구성원들로 하여금 문제해결을 위한 행동을 하도록 압박하기도 한다. 이처럼 '공간적 근접성 없이 형성된 지역사회'는 이익의 공유(환경적 쟁점, 전문직의 관심, 동성애자의 인권과 같은 것)나 공통된 욕구(치매가족회, 장애인 부모회, 희귀질병을 앓는 아이의 부모회), 혹은 둘 다에 기초하여 조직된다. 사회가 점점 유동적이면서 기술 중심으로 짜여 가고, 또한 사람들이 다양한 의사소통을 통해 다중적 관계를 형성해 감에 따라 이익추구형 지역사회는 결국 지리적 성격을 탈피하는 추세다. 1990년대 이후 현대의 정보화사회에서는 인터넷과 같은 컴퓨터망이 마을광장의 모임을 대치함으로써 사람들은 점점 물리적 접촉이나 심지어 언어적 접촉조차 없이도 의사소통하는 일이 가능해졌다. Weil이 제시한 '기능적 지역사회조직' 모델(제5장 참조)은 이러한 이익추구형 지역사회를 만드는 데 효과적이라고 할 수 있다.

(4) 현실의 지역사회: 클라이언트 지역사회와 역량 있고 살기 좋은 지역사회

현실의 지역사회에는 앞에서 살펴본 학자들이 관점에 따라 제시한 다양한 유형의 지역사회가 모두 있다. 그리고 현실의 지역사회는 사회문제가 많아 살기 나쁜 지역사회, 즉 클라이언트 지역사회이다. 물론 모두가 그렇지는 않다.

Norberg-Hodge(2013)는 '개발 이후의 라다크 사회'를 마무리하는 부분에서 다음과 같이 기술했다.

> 개발도상국의 경우, 도시화라는 것은 혼잡한 빈민가, 실업, 빈곤, 열악한 위생시설, 오염 등과 같은 수많은 사회문제의 원인과 동일한 의미로 받아들인다. 심지어 선진국에서마저 대단위의 도시화는 공동체 해체의 직접적 원인이 되고 있으며, 그 부작용으로 인해 소외현상에서부터 범죄, 폭력, 마약 등의 사회문제가 빈번하게 나타나고 있는 실정이다(p. 22).

개발 및 산업화된 지역사회는 필연적으로 Norberg-Hodge의 기술과 같은 사회문제를 발생시킨다. 사회문제란 "사회적으로 영향력 있는 집단이 자신들의 가치를 위협하고, 많은 사람에게 영향을 미치며, 또 집합적 행동(collective action)을 통해 해결이 가능하다고 생각하는 조건"(Sullivan, 2000, p. 5)이며, "영향력 있는 집단이 어떤 조건이 많은 사람에게 영향을 미친다고 확신하여 문제로 규정하고 또 집단행동에 의해 해결될 수 있다고 생각하는 것"(Zastrow, 2000, p. 2: 원석조, 2002 재인용)이다. 그리고 Beeghley(1999, p. 4: 원석조, 2002 재인용)는 사회문제를 "상당히 많은 사람이 해로운 것

이라고 간주하고, 또 정치적으로 개선하는 것이 필요한 것으로 인식하는 조건"이라고 정의 내렸다. 이들의 정의를 종합하면 사회문제는 ① 사회 또는 개인에게 해로운 조건으로써, ② 영향력 있는 집단이 사회문제라고 규정하고, ③ 집합적 행동을 통해 해결되어야 한다고 생각하는 것이다(원석조, 2002).

이러한 사회문제에 대한 논의에서 필자는 사회문제의 두 번째 조건인 '영향력 있는 집단'이라는 부분에 대해 의견을 추가하고자 한다. 지역사회실천가에 의해 조직화된 주민집단이 '영향력 있는 집단'이 될 수 있으며, 지역사회문제를 규정할 수 있다. 예를 들어, 반송동의 '반사사'라는 주민 조직은 부산광역시가 반송동에 산업 폐기물 매립장을 건설 및 운영함으로써 주민의 '삶의 질을 위협하는 문제'인 환경문제를 발생시키려고 하자 영향력 있는 집단으로써 부산시의 결정을 백지화시켰다(〈사례 5-1〉 참조).

Parrillo, Stimson과 Stimson(1999: 원석조, 2002 재인용)은 사회문제를 ① 개인의 복지를 위협하는 문제, ② 사회적 평등을 위협하는 문제, ③ 사회제도를 위협하는 문제, ④ 삶의 질을 위협하는 문제로 분류했다. 개인의 복지를 위협하는 문제로는 알코올 · 약물 남용, 성적 문제(동성애, 포르노그래피, 성매매, 아동 성학대), 범죄, 폭력(테러리즘 포함)을 그리고 사회적 평등을 위협하는 문제로는 인종문제, 빈곤, 성차별을 포함시켰다. 그리고 사회제도를 위협하는 문제로는 가족문제, 교육문제, 노동문제, 보건의료문제를 그리고 삶의 질을 위협하는 문제로는 도시 · 인구 · 환경 문제를 포함시켰다.

원석조(2002)는 Parrillo, Stimson과 Stimson(1999)의 견해에 따라 우리나라의 사회문제 유형을 〈표 2-2〉와 같이 정리하였다.

표 2-2 사회문제의 유형과 범주

유형	형태
개인의 복지를 위협하는 문제	범죄, 청소년비행, 성매매, 약물남용, 정신질환, 가정폭력 및 성폭력
사회적 평등을 위협하는 문제	소득의 불평등, 빈곤, 성차별
사회제도를 위협하는 문제	가족문제, 교육문제, 노동문제, 보건의료문제
삶의 질을 위협하는 문제	인구문제, 도시문제, 환경문제

출처: 원석조(2002).

Kettner, Daley와 Nichols(1985)는 "사회문제가 지역사회에 있다. 그것은 직간접적으로 지역사회의 구성원들에게 영향을 끼친다. …… 지역사회문제는 틀림없이 그 문제를 경험하는 사회구성원들에 의해 제기된다. 우리가 지역사회를 문제의 구체적인 실체로 볼 수 있다면 우리는 지역사회를 클라이언트로 다룰 수 있다."라고 하였다. 그리고 Homan(1999, p. 20)은 "우리가 클라이언트라는 단어를 들었을 때, 우리 대부분은 개인적 문제를 해결하기 위해 도움을 필요로 하는 한 개인을 떠올린다. 그러나 '지역사회 또한 클라이언트'가 될 수 있다. 한 개인이나 가족처럼, 지역사회도 자원과 약점을 가지고 있다. 지역사회는 사회문제 해결 장치를 마련해 왔다. 지역사회의 변화를 촉진하기 위해서 지역사회는 가지고 있는 능력을 믿어야 하며, 변화를 촉진하기 위한 행위에 대해 책임져야 하고, 무대책에 대해서도 책임져야 한다."라고 하였다. 요컨대, 사회문제가 많은 지역사회는 '클라이언트 지역사회'이며, 개입의 대상이다. 클라이언트 지역사회에 다양한 지역사회복지실천 기술을 적용하여 역량 있고 살기 좋은 지역사회로 변화시켜야 한다.

2. 지역사회복지실천 개념의 변화

일반적으로 지역사회복지실천은 지역사회문제를 해결하기 위한 노력이고(감정기, 백종만, 김찬우, 2005; 강철희, 정무성, 2006; 오정수, 류진석, 2012; 최일섭, 1985; 최일섭, 류진석, 1996; 홍현미라 외, 2010; Hardcastle, Powers, & Wenocur, 2004; Netting, Kettner, & McMurtry, 1993), "일반주의 실천에서 바람직한 지역사회복지실천은 지역사회의 공동 관심사에 대해 문제해결 과정(the problemsolving process)을 적용하는 것이다." (Compton & Galaway, 1989) 앞서 언급한 바와 관련시켜 보면 지역사회복지실천은 문제해결 과정을 통해 클라이언트 지역사회를 '역량 있고 살기 좋은 지역사회'로 변화시키려는 노력이다.

지역사회의 개념을 이해하는 것이 어렵듯이, 지역사회복지실천의 개념을 이해하는 것도 어렵다. 여러 학자가 제시한 개념들을 검토하는 것이 더 나은 이해의 지름길이다. 초기에 지역사회조직을 사회사업전문직 영역으로 도입했던 Ross(1955)와 Dunham(1970)의 견해를 먼저 살펴보자. Ross(1955, p. 39: 최일섭, 1985 재인용)는 지역사회조직을 다음과 같이 생각했다.

지역사회의 욕구(needs)나 목표(objectives)를 규명하고, 우선순위를 정하며, 욕구와 목표에 맞는 의지와 자신감을 개발하고, 그에 부합하는 자원(내적/외적)을 찾아내는 과정인데, 지역사회 내의 그러한 활동 속에서 협동적 · 협력적인 태도와 실천을 개발하고 확장시킨다.

Dunham(1970)은 지역사회조직의 의미를 다음과 같이 제시했다.

다음과 같은 목적을 달성하려는 의식적인 상호작용 과정으로서 사회복지실천 방법이다. 첫째, 욕구를 해결하는 것 그리고 지역사회에서 욕구와 자원의 불일치를 조정하고 변화시키는 것, 둘째, 지역주민이 자신의 문제를 해결하고 목적을 달성하도록 돕는 것 그리고 주민이 사회참여, 자기통제 그리고 협력해 나갈 수 있는 힘을 개발하고, 강화하고, 유지할 수 있도록 돕는 것, 셋째, 의사결정력을 나누어 가질 수 있도록 지역사회관계와 집단관계를 변화시키는 것이다.

Ross(1955)와 Dunham(1970)은 각각 욕구와 자원이라는 사회복지의 기본 개념을 사용하여 지역사회복지실천의 개념을 정의하였다.

"지역사회복지실천과 임상적 실천은 뚜렷이 구분되는 두 실체"라는 Rothman과 Tropman(1995)의 다음과 같은 설명도 지역사회복지실천의 개념을 이해하는 데 도움이 된다.

지역사회복지실천은 인간의 다양한 활동 중 본질적으로 비임상적인(nonclinical) 측면을 다루는 것으로, 사회정책의 개발과 확대, 효과적인 서비스 전달체계의 조직, 지역사회 생활의 강화, 사회병리의 예방과 같은 활동을 포함하는 광범위한 사회적 접근방법을 강조한다(p. 3).

이렇게 구분하면서 그들은 지역사회복지실천과 임상적 실천이라는 양자의 관계가 기본적으로 갈등적이지 않고 상호보완적(complementary)이라는 점도 상기시켰다(Rothman & Tropman, 1995).

Skidmore, Thackeray와 Farley(1991)는 지역사회를 클라이언트로 보면서 지역사회복지실천의 개념을 케이스워크, 그룹워크와 대비시킴으로써 지역사회복지실천의 개념을 이해하는 데 도움을 주었다. 그리고 욕구는 사회문제에서 시작된다고 하였다.

"지역사회복지실천을 규정하는 데 있어서 도움이 되는 몇 가지 요소가 있다. 지역사회가 클

> 라이언트라는 것이다. 지역사회의 욕구는 대단히 중요하다. 이러한 욕구는 지역사회 구성원들에게 나쁜 영향을 미치는 사회문제를 명확하게 규명함으로써 찾을 수 있다. 지역사회자원이 개발되어야 한다. 케이스워크는 개인 대 개인의 관계를 강조한다. 그룹워크는 집단이라는 도구를 사용하여 퍼스낼리티 발달을 도와 개인과 가족의 문제를 해결한다. 지역사회조직은 지역사회복지기관과 자원을 이용하여 사회문제를 규명하고 그것을 해결하기 위한 적절한 조치를 취하는 집단들 간의 상호작용의 과정이다."(p. 97)

Netting, Kettner와 McMurtry(1993), Fellin(1995), Weil(2005)과 같은 학자들은 자신들의 지역사회복지실천 개념을 제시하면서 Rothman(1970)의 세 가지 모델을 사용하였다. Rothman(1970)이 제시한 세 가지 주요 개념을 살펴보면 다음과 같다.

첫째, 지역사회개발로, 지역사회서비스 프로그램, 폭력예방과 같은 자조 활동, 다른 사람과의 네트워크를 증진시키는 활동 등을 통해 지역적(local) 수준에서 주민의 참여와 능력(competence)을 고양시키는 데 그 초점을 둔다. 둘째, 사회계획으로, 비행, 불량주택, 정신질환과 같은 근본적인 사회문제에 관해 그 해결을 지향하는 대단히 기술적인 과정이다. 셋째, 사회행동으로, 불이익을 감수해 온 집단으로 하여금 권력과 자원의 재분배를 촉구하도록 의식화하거나 공공기관의 정책과 서비스를 변경시키기 위해 주민조직화에 그 초점을 둔다.

Netting 등(1993)은 Rothman의 이러한 세 가지 모델을 자신들의 지역사회복지실천 개념에 사용하여 다음과 같이 정의했다.

> 지역사회를 계획적으로 변화시키기 위한 전문적이고 직접적인 개입이다. 지역사회복지실천은 '지역사회조직과 개발' '사회계획' '사회행동'과 관련되는 기술을 포함한다. 지역사회조직 그리고 이와 관련된 지역사회개발은 지역사회 혹은 지역사회의 일부분, 가령 이웃 혹은 공동의 이해관계를 가진 집단을 돕는 기술이다. 그렇게 함으로써 그 지역사회가 거기에서 사는 사람들을 성장하게 하고 사람 간의 관계를 풍성하게 하는 데 더욱 효과적인 지지환경이 되도록 돕는 실천기술이다.

Fellin(1995)은 Rothman(1970)의 세 가지 모델에 사회개혁(social reform) 모델을 포함시켜서 이 모두가 혼합된(mix) 것이 지역사회복지실천(community practice)이라고 하면서 각 모델의 특징을 강조하였다. 지역사회개발 모델의 주요 요소는 주민이 겪고 있는

문제를 규명하고 해결하기 위해 합의하고, 능력을 발휘하는 데 주민이 참여하는 것이다. 사회행동 모델은 사회적 여건을 개선시키기 위하여 권력과 영향력을 가지고 있는 사람이나 집단에 압력을 행사하는 것에 초점을 둔다. 사회계획모델은 지역사회의 변화를 일으키기 위해 전문가에게 의존한다는 점을 강조한다. 마지막으로 Fellin(1995)이 제시한 사회개혁 모델은 "사회 내 특정 집단을 옹호하기 위해 부분적으로는 사회계획모델을 사용하고, 부분적으로는 사회행동 모델을 사용하는 것"이다.

Weil(2005)의 지역사회복지실천의 정의는 다음과 같다.

> 삶의 질을 향상시키고 사회정의를 증가시키기 위한 활동인데, 이것은 '사회경제 개발' '지역사회조직화' '사회계획' '진보적 사회 변화'를 통해 이루어진다. 그것은 실천가들과 그들에 의해 영향을 받는 개인, 집단, 조직, 지역사회 및 연합체(coalitions)의 협력적 노력이다. 가난한 사람, 취약계층과 지역사회의 삶의 질을 개선하기 위해서는 사람들을 도와 스스로 자원을 개발하고 사회 · 정치 권력을 형성하게 하는 것이 필요하다(p. 10).

이러한 Weil(2005)의 정의는 지금까지 본 개념들과 다른 점이 두 가지 있다. 첫째, '삶의 질 향상'과 '사회정의'라는 가치를 강조한 것이다. 특히 사회정의에 대해서 다음과 같이 강조했다. 즉, "사회정의란 평등한 인권, 분배정의, 기회 구조를 개선하는 것이고, 의회민주주의와 참여민주주의의 기초가 된다. 사회정의라는 가치를 실현하는 것이 사회복지실천의 임무라고 할 때, 사회복지사는 정치 · 경제 영역에서 공정함(fairness)을 증진시키고, 시민사회 영역에서 평등과 사회서비스에 대한 접근의 기회를 향상시키기 위해 헌신하고 행동해야 한다." Weil(2005)은 이러한 사회정의와 더불어 '민주적 과정' '시민참여' '집단결정' '역량 강화' '다문화주의' '리더십 개발' 등의 가치도 강조했다. 둘째, '개발' '계획' '(진보적 변화를 위한) 행동'과 같은 용어들이 앞에서 본 개념들과 같이 사용되고 있지만, 그 용어들의 의미는 최초 제시자인 Rothman(1970)의 그것보다 훨씬 포괄적 의미를 담고 있는 것으로 보인다. Weil(2005)은 이를 다음과 같이 자세히 설명했다.

> 개발, 조직화, 계획 그리고 점진적 사회 변화를 위한 행동의 네 가지는 지역사회복지실천을 구성하는 핵심적 과정이다. 이러한 과정은 사회정의를 실현하려는 사회복지전문직의 중요한 활동 방법을 구성한다(p. 9).

각각의 의미를 살펴보면 다음과 같다(Weil, 2005).

개발(development)이란 시민의 역량을 강화하여 시민의 생활 여건, 경제 조건 그리고 고용 및 기회 구조 등과 관련된 삶과 환경을 바꾸기 위한 공동의 노력(united ways)에 초점을 맞춘다. 개발에는 '지역사회 사회경제 개발 모델'(제5장에서 설명)과 지속가능한 개발이 포함된다.

조직화(organizing)란 시민이 사회적 · 경제적 · 정치적 조건을 바꾸기 위한 프로젝트에 참여하도록 지역사회를 조직화하고 역량을 강화하는 과정을 의미한다. 여기에는 '지역 개발' '근린지역 조직화 모델' '이해관계 지역사회'의 조직화, 지역 리더십 개발, 연합조직(coalition) 개발 등이 포함된다.

계획(planning)이란 옹호집단과 계획가 및 공공 · 민간 부문 계획가와 같은 시민이 참여하여 지역사회에 더 적절하고 효과적인 서비스를 설계하고, 서비스를 조정(coordination)하고, 휴먼 서비스 전달체계를 개혁하는 것이다. 여기에는 사회계획 모델과 프로그램 개발과 지역사회 연계 모델이 포함된다.

진보적 변화(progressive change)란 사회적 · 경제적 · 정치적 측면에서 긍정적 변화를 초래하기 위한 집단행동을 의미한다. Weil과 Gamble(1995)의 모델에서의 정치사회적 행동 모델을 의미한다. 이러한 노력에는 사회운동에의 참여, 리더십 개발, 연합조직 구성이 포함된다. 이것은 지역 차원에서부터 세계적 차원의 변화까지를 포괄한다.

앞에서 소개했던 지역사회에 대한 다양한 논의와 지금까지의 지역사회복지실천 개념에 대한 검토를 바탕으로 필자는 다음과 같은 견해를 제시하고자 한다.

첫째, '역량 있고 살기 좋은 지역사회'를 지역사회복지실천의 목적 개념으로 본다. 역량 있는 지역사회의 의미는 Cottrell(1983)의 것을 수용하며, 살기 좋은 지역사회란 지역사회복지실천의 가치인 '개인의 행복' '사회정의' '공동체'가 실현되는 사회를 의미한다.

둘째, 역량 있는 지역사회를 구현하는 구체적인 실천은 '지역사회개발' '조직화' '사회계획' '사회행동'이며, 이것을 실행하는 주체들은 지역사회의 구성요소인 개인, 집단, 조직이다.

셋째, 이 네 가지 실천모델은 문제해결 과정에 적용된다. 문제해결 과정의 첫 단계는 '지역사회사정'이며, 지역사회 '역량 강화'는 지역사회의 가장 기본적 단위인 개인을 변화시키는 '지역사회 시민교육'에서 시작되어야 한다. 지역사회 시민교육에 의해 의식이 변화된 개인은 상호작용의 구조로서 집단을 형성하고 '조직화'의 주체가 될 수 있으

며, '네트워크'의 연결 단위가 되고, '펀드레이징'에 참여하게 되고 '옹호자'가 될 수 있다. 또한 조직화된 개인은 '사회행동'의 주체와 참여자가 된다.

살기 좋은 지역사회에서도 힘든 삶을 살아가는 사람을 찾아 돕는 사례관리도 필요하다. 모든 지역사회복지실천이 '계획된 변화 노력'이듯이, 지역사회를 변화시키기 위한 '지역사회복지계획'을 수립해야 한다.

지금까지의 검토에 기반을 두고 필자는 지역사회복지실천의 개념을 다음과 같이 정의하고자 한다.

> 지역사회복지실천이란 클라이언트 지역사회를 역량 있고 살기 좋은 지역사회로 변화시키려는 개인, 집단, 조직 등 지역사회 구성요소들의 노력이다. 협력적이거나 갈등적 노력에 의해 역량 있는 지역사회가 된다. 이 노력이 추구하는 가치는 개인적으로 지역사회 주민의 행복을 증진시키는 것이고, 사회적으로 공동체를 이루고 사회정의를 증진시키는 것이다. 지역사회 역량 강화의 구체적인 수단은 지역사회개발, 조직화, 사회계획, 사회행동이다.

수행 학습

- 자신이 살고 있는 지역사회의 문제, 혹은 바람직하지 않은 측면을 세 가지만 찾아보세요. 그리고 그것을 친구들과 논의해 보세요.

지역사회복지의 역사: 영국, 미국, 일본 그리고 한국

이 장에서는 영국, 미국, 일본 그리고 우리나라의 지역사회복지 발달과정을 개괄적으로 살펴본다. 사회복지를 산업화에 따른 사회문제에 대한 대응이라고 볼 때 이는 나라마다 유사한 측면이 있고, 과거의 경험은 현재에 교훈을 준다. 각 나라의 역사적 사건에 따른 제도적 대응과 지역사회복지실천의 변화에 초점을 맞추어 살펴보고자 한다.

1. 영국의 지역사회복지 역사

1) 지역사회복지의 기원

영국의 지역사회복지는 1800년대 후반에서 1950년대 초반에 본격적으로 발달하기 시작했다. 영국은 산업혁명 이후 급속히 진행된 산업화로 경제적 풍요를 누렸지만, 국내적으로 계급갈등의 심화와 빈곤 및 주거환경 악화 등의 도시문제가 매우 심각했다. 이러한 문제의 완화와 해결을 위한 활동은 자선조직협회(Charity Organization Society: COS) 운동과 인보관(settlement movement) 운동으로 대별된다. 전자는 지역의 일부 빈민 가정을 방문하여 구호품을 나누어 주는 등의 구체적인 원조를 제공하는 것이었고,

후자는 빈민지역에 거주하면서 교육문화 활동과 사회문제의 조사 활동을 통해서 사회문제를 해결하고자 노력이었다. 이러한 활동이 지역사회복지의 기원으로 인정되며, 근대적인 의미의 지역사회복지 모체가 되어 현대까지 이어져 오고 있다.

(1) 자선조직협회 운동

자선조직협회(Charity Organization Society: COS)는 순수민간단체로, 1869년에 토머스 찰머스(Thomas Chalmers) 목사, 리처드 그린(Richard Green) 목사, 찰스 보산퀘트(Charles Bosanquet), 에드워드 데니슨(Edward Denison), 옥타비아 힐(Octavia Hill) 그리고 사무엘 바넷(Samuel Barnett) 목사 등이 주도하였다(함세남 외, 1996, pp. 68-69).

COS의 지도자들은 자선의 오용 및 남용을 막고 빈민의 의존문화를 근절하기 위해 구호 신청자의 상황을 면밀히 분석할 필요가 있다고 생각하였다. 그래서 호별방문(우애방문, friendly visit)을 시작하였다. 호별방문자는 구호를 신청한 당사자와 가족은 물론 이들의 집주인, 이웃, 고용주까지도 방문하여 이들의 상황을 보다 종합적으로 파악하려고 노력하였다. 이것은 구호 신청자가 구호받을 만한 자격이 있는 빈민(deserving poor)인가의 여부를 판단하는 근거가 되었다. COS 활동가들은 사회개혁이 개인의 쇄신으로부터 시작되어야 한다고 믿었다. 빈곤문제를 개인의 행태로 보고 자신들은 시혜자요, 빈민은 수혜자라는 의식이 철저하였다. 그러나 이와 같은 COS 활동가의 인식과 태도는 빈민과의 개인적인 관계를 형성하는 데 방해가 되었고, 자립에 대한 지나친 강조까지 겹쳐 COS의 기능을 행정적 측면에 집중시키는 결과를 초래하였다(김종일, 2005, p. 43).

COS의 원리는 원칙적으로 찰머스 목사의 이론을 따른 것이라고 볼 수 있다. 그에 따르면, 개인은 궁극적으로 빈곤에 대해 책임이 있으며 구호를 받는다는 것은 자기존중을 파괴하는 것이다. 따라서 빈민은 자신의 생활 유지를 위해 최선의 노력을 다하라는 사회의 요구를 받아들여야 한다는 것이다. COS의 목적은 첫째, 중복구호를 방지하기 위하여 여러 가지 자선 활동을 조정하는 것, 둘째, 환경조사와 적절한 원조를 제공하는 것이었다(함세남 외, 1996, p. 69).

COS는 사회복지정책의 역사에서는 극히 간략하게 언급되고 있지만 사회사업의 역사 면에서는 대단히 비중이 크다. COS의 활동이 전문사회사업의 효시가 되었기 때문이다. 중복 구빈을 피하기 위하여 연락기관이 설치되었는데, 이는 오늘날의 지역사회사업으로 발전하였고, 빈민에 대한 철저한 환경조사는 가족사회사업 또는 개별사회실

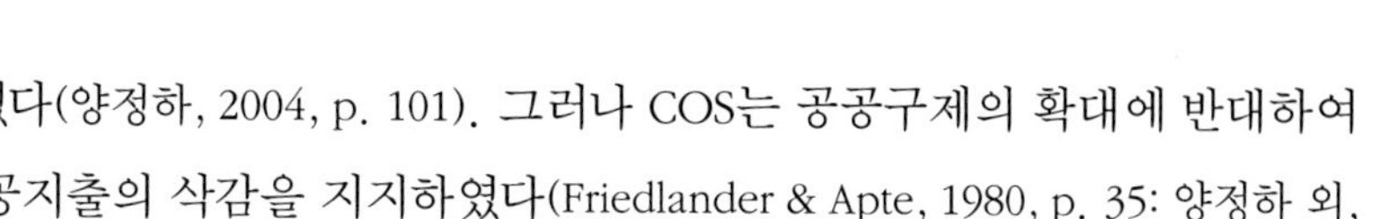

천으로 발전하였다(양정하, 2004, p. 101). 그러나 COS는 공공구제의 확대에 반대하여 빈민에 대한 공공지출의 삭감을 지지하였다(Friedlander & Apte, 1980, p. 35: 양정하 외, 2017 재인용).

이후 COS는 1946년에 가족복지협회(Family welfare association)로 바뀌었고, '가족 행동(family action)'으로서 오늘날까지도 가족지원 자선단체로 활동하고 있다(이민영, 2010).

(2) 인보관 운동

영국에서 인보관 운동(settlement movement)은 개혁적 사회운동이었으며, COS와 함께 사회사업의 역사에 있어서 중요한 의미를 갖는다. 인보관 운동은 1854년 에드워드 데니슨(Edward Denison) 목사가 주축이 되어 케임브리지 대학교와 옥스퍼드 대학교의 학생들과 슬럼가의 노동자를 결합시킴으로써 빈곤문제를 해결하려는 일종의 사회이상주의 운동으로 시작되었다. 이 운동은 사무엘 바넷(Samuel Barnett) 목사가 계승하여 발전시켰는데, 그는 빈민가에서의 생활 체험을 통해 빈곤은 경제적인 문제라기보다는 정신적인 문제이고 따라서 빈민이 교육을 통해 자신을 스스로 변화시켜야만 가난에서 벗어날 수 있다는 확신을 얻게 되었다. 그리고 빈곤은 부자와 빈민 간의 계급 대립의 표현이므로 대학생들이 빈민과 결합함으로써 계급 간의 화해를 기할 수 있다고 생각하였다. 그리하여 대학생이 빈민가에 거주하면서 가난한 노동자와 그 가족에게 문화와 교양을 깨우쳐 줌으로써 빈민의 인간적 성장을 돕도록 적극 권장하였다. 그들 중 하나가 옥스퍼드 대학교 학생인 아널드 토인비(Arnold J. Toynbee, 1889~1975)였다. 그가 옥스퍼드 경제학부 조교수로 재직할 때 결핵으로 요절하자 그의 열성적인 활동을 기려 동료들이 1884년 런던 동부 빈민지역에 토인비 홀(Toynbee Hall)을 설립하였는데, 이것이 세계 최초의 지역사회복지관(community welfare center)이다(Fraser, 1973, p. 121).

토인비 홀은 빈곤문제에 대한 지역사회 수준의 개입을 확장시키는 데 크게 기여하였다. 빈곤자를 위해 사회개량운동을 하던 인보관 운동은 토인비 홀의 영향으로 그 후 몇 년 동안 영국 전역으로 100여 개의 인보관이 확산·설립되었으며, 1889년 미국 시카고에 헐 하우스(Hull House), 1897년 일본 동경 간다(神田)지역에 킹슬리(Kingsley) 관이라는 이름으로 세계 각 지역으로 확산·설립되어 나가게 되었다(김범수, 2000, p. 62). 우리나라에는 1906년 원산에서 미국 감리교회의 여선교사인 메리 놀즈(Mary Knowles)에 의해 시작되었다. 그러나 영국의 인보관 운동은 국가가 사회복지를 책임지게 되면서 영향력이 줄어들게 되었다(이양훈 외, 2007, p. 53).

인보관 운동은 사회에서 배제된 구성원의 상황을 개선하기 위해 사회가 해야 할 혁신적 방법들과 많은 새로운 사회정책을 제시하였다. 이들은 사회환경이라는 요인이 사회문제의 원인으로 작용한다고 인식하였고, 교회 및 대학생과 같은 비전문가가 사회계급 간의 불평을 해결하려는 노력을 시도하였다는 데 의의가 있다. 이러한 인보관 운동은 지역사회복지실천의 초석이 되었다(Reyes, 2008: 이민영, 2010 재인용).

현재는 영국 내 네트워크 조직으로서 인보관과 사회행동센터연합회(British association of settlements and social action centres)가 있으며, 국제적인 네트워크인 국제 인보관 연합(international federation of settlements)으로 활동이 이어지고 있다(이민영, 2010).

2) 지역사회보호(Community Care)의 태동기: 지역사회보호의 시작

제2차 세계대전 이후 영국의 지역사회복지는 국가의 책임하에 수행되기 시작하였다. 지방정부 중심의 집행체계 및 전문 사회복지실천의 확립, 시설보호 문제를 개선하기 위한 지역사회보호 체계의 확충 등 다양한 지역사회복지가 이루어졌다.

이 시기에 지역사회에서 활동하는 사회복지사들이 제2차 세계대전의 폐허 속에서 마셜플랜(Marshall Plan)을 바탕으로 한 유럽 전역의 지역사회 재건활동에 핵심적인 역할을 담당했다. 영국에서는 사회복지사였던 클레멘트 애틀리(Clement Attlee)가 수상으로 당선되어(1920) 노동당 내각의 복지 분야에서 적극적인 활동을 할 수 있었다(Dominelli, 2007).

1950년대에서 1960년대 후반기에 영국의 지역사회복지는 변화의 계기를 맞았다. '수용시설'에 대한 부정적 평가에 대한 대안으로 정부 주도하에 '지역사회보호'정책이 시행된 것이다. 지역사회보호는 신체적, 정신적으로 장애가 있는 사람을 시설보다는 자신이 살아온 집에서 보호하려는 탈시설화(deinstitutionalization)의 대안이다. 지역사회보호는 보호대상자들에게 좀 더 많은 자유를 제공하고자 하는 인본주의적인 선택이며, 보호비용을 줄이고자 하는 효율성을 추구한 것이다. 영국의 지역사회복지는 공공부문의 지역사회보호를 중심으로 발전해 나가게 되었다(오정수, 류진석, 2012).

3) 지역사회보호의 형성기

1960년대 후반에서 1980년대 시기에 영국의 지역사회복지는 1968년에 제출된 '시봄 보고서(Seebohm Report)'로 인해 중대한 전환의 계기를 맞게 되었다. 시봄 위원회는 가족 지향적인 서비스를 제공할 것을 제안하면서 지역사회복지서비스의 통합을 중요하게 다루었다. 새로운 사회서비스 부서를 창설하여 지역사회복지에 관심을 두고 비공식 서비스와 지역사회 주민참여를 강조하였다. 지역사회보호의 주체를 지방정부뿐 아니라 다양한 민간 조직 및 비공식 서비스까지 포함하는 것으로 보기 시작했다.

이 시기에 지역사회보호에서 공공 책임뿐 아니라 민간과 비공식 영역의 책임을 중요하게 다룬 보고서들이 등장하면서 지역사회보호의 다원화가 더욱 촉진되었다. '하버트 보고서(Harbert Report)'는 공공 서비스와 민간 서비스 외에 가족체계와 지역사회의 근린에 초점을 둔 비공식 서비스의 중요성을 강조하였다. 특히 클라이언트의 긴급한 욕구를 충족시켜 주는 친구와 친척에 의해 제공되는 비공식 보호 서비스를 지원해야 한다고 주장하였다. '바클레이 보고서(Barclay Report)'는 대부분의 지역사회보호가 지역사회 주민의 인간관계망인 비공식 보호에 의해 제공되는 것으로 보고, 공식 보호 서비스와 비공식 보호 서비스 간의 파트너십 개발을 강조하였다.

그렇다면 지역사회보호 체계 이외의 지역사회복지실천은 어떻게 발달해 왔을까? 여기서는 지역사회개발사업을 중심으로 발달한 지역사회복지실천에 대한 내용을 살펴보고자 한다(이민영, 2010).

1960년대 후반에서 1970년대 중반의 시기에 영국의 지역사회복지는 지역사회개발사업(community development project)을 실험적으로 시도하였다. 영국의 이러한 지역사회개발 모델은 과거 식민지에 도입하였던 것인데, 지방정부가 관리하는 지역사회개발사업은 지역사회기관 모델이었으며, 이는 사람을 모아 지역에 서비스를 전달하고 기관 사이에 협조와 조정을 개선하고자 한 것이었다. 지역사회기관 모델을 통해 영국 전역 12개의 빈곤하고 작은 마을에서 사회문제를 통합적으로 분석하게 됨에 따라 영국의 지역사회복지가 급진적 지역사회행동으로 전환되는 계기가 되었다. 즉, 지역사회개발사업에서 지방정부는 주거, 교육, 개인적인 사회봉사, 고용 기회와 같은 서비스를 제공하였는데, 정부의 지역위원회가 이 사업의 실질적 실천가(사회복지사)들에게 거센 비판을 받았던 것이다(이민영, 2010).

특히 주거문제에 관해서 실천가들은 주민이 주거 부족, 인간적 거주권에 부합하지

않는 주거할당에 대항하도록 옹호하였다. 지역사회개발사업 실천가가 주민과 직접적 행동을 취하면서 그들을 고용한 지방정부와 충돌하였다. 이로 인해 사업 중 일부가 폐쇄되고 최종적으로 전체 실험은 종료되었다(Dominelli, 2007, p. 294).

이러한 지역사회개발사업을 통해서 영국은 일자리를 보호하기 위해 고용주와 긴밀히 협력했지만 도심의 저소득층 거주지역의 쇠퇴는 막지 못했고, 사양 산업지역을 부흥시키지 못했다. 따라서 지역사회복지실천에서 변화 지향의 행동적 접근도 힘을 많이 잃게 되었던 것으로 보인다(이민영, 2010).

4) 지역사회보호의 발전기

1980년대 후반에서 현재까지 영국의 지역사회보호는 관리주의를 강화하면서 민간의 역할을 상대적으로 더 강조하는 방향으로 발전해 왔다. 1979년에 보수당 대처(Margaret Thatcher) 정권이 등장한 이래 신보수주의 이념에 의한 사회복지 개혁이 추진되면서 공공재정 지출의 축소라는 정책적 목표하에 기존의 지역사회보호정책의 결과에 대한 강한 비판이 제기되었으며, 이에 따라 새로운 정책 대안 수립의 필요성이 제기되었다. 기존의 지역사회보호정책이 공공재정을 팽창시키고 저비용의 민간 재가서비스의 발전을 저해했다는 비판이 힘을 얻기 시작했다.

이에 따라 보수당 정부는 1986년에 그리피스(Griffiths) 경을 위원장으로 하는 위원회를 구성하고 보다 효과적인 지역사회보호를 위한 공공재정 활용 방안을 모색하였다. 그 결과 1988년에 '그리피스 보고서(Griffiths Report)'로 알려진 「지역사회보호: 행동의제(Community care: Agenda for action)」이란 보고서가 발표되었다. 이 보고서의 핵심 내용은 첫째, 지역사회보호의 일차적 책임을 지방당국이 가진다는 점, 둘째, 지방당국은 대인사회서비스의 직접적인 제공자가 아닌 계획, 조정, 구매자로서의 역할을 수행한다는 점, 셋째, 주거보호에 대한 욕구는 지방당국에 의하여 사정(assessment)된다는 점이다.

1990년에는 '그리피스 보고서'의 내용이 입법화되어 「국민보건 서비스 및 지역사회보호법(The National Health Service and Community Care Act)」이 제정되었다. 이 법에서의 지역사회보호의 개념은 보다 다양한 실천현장에서 광범위한 서비스의 발전을 추구하면서 지방당국의 역할보다는 가족 등의 비공식 부문, 민간조직 부문, 자원 부문의 역할을 강조하고 있다. 지역사회보호에서도 시장경쟁의 원리, 즉 소비자의 선택과 서비스 제공자 간의 경쟁을 통하여 지역사회보호 서비스의 수준을 향상시키고 케어매니지

먼트(care management)의 도입을 통해 효율적이고 적절한 서비스 제공을 도모하였다.

그러나 이러한 개혁은 비효율적이고, 반응적이지 않으며, 선택권이 아예 없거나 평등함을 제공하지 않는다고 비판받았다. 즉, 이러한 개혁 조치에도 불구하고 더 효과적인 자원제공체계로 변화하지 못했으며, 의료와 사회서비스 영역 간에 다학제 간 사정체계가 협조적으로 잘 이루어지지 않았다. 중앙정부의 예산 삭감은 개혁을 약화시켰고, 지방정부의 열정도 약화되었다. 이러한 상황에서 시장경제 도입으로 주된 이익을 얻는 것은 민간 서비스 영역뿐이었다(Means, Richards, & Smith, 2008: 이민영, 2010 재인용)는 것이다.

1990년대 중반부터 2000년대 초반까지 사회복지사의 역할은 토니 블레어(Tony Blair) 정부에서 '슈어스타트(Sure Start)' 같은 프로그램을 통해 지역사회의 불우한 젊은 세대에게 제한된 자원을 연결시키는 것으로 규정되었고, 기술관료주의와 능력을 기준으로 평가받게 되었다. 즉, 사회복지사는 지역사회가 아니라 소외된 주민만을 다루는 역할을 하게 되었다. 이는 더 이상 지역사회복지가 구조적 변화, 부의 양극화 해결에 관여하지 않도록 지역사회복지를 비정치화시킨 것 때문이었다(Dominelli, 2007).

2. 미국의 지역사회복지 역사

미국의 지역사회복지는 19세기 말 산업화 · 도시화, 이민문제와 남북전쟁 후에도 계속된 인종문제 등의 사회문제에 대응하면서 발달하였다(Kramer & Specht, 1983: 강철희, 정무성, 2006 재인용).

Garvin과 Cox(1995)는 미국의 역사적 사건과 관련하여 지역사회복지사업의 흐름을 다섯 시기로 설명했다. 첫 번째 시기는 남북전쟁이 끝난 시점부터 제1차 세계대전이 시작되는 시기(1865~1914년), 두 번째 시기는 제1차 세계대전 이후부터 대공황이 시작되는 시기(1915~1929년), 세 번째 시기는 1929년 대공황부터 미국 공립학교 인종차별 금지에 대한 대법원 판결과 조지프 매카시(Joseph R. McCarthy) 선풍이 종식된 시기(1929~1954년), 네 번째 시기는 인종차별 금지에 대한 대법원 판결과 조지프 매카시 선풍이 종식된 시점부터 지역사회조직사업이 시작되는 시기(1955~1968년), 마지막 다섯 번째 시기는 존 F. 케네디(John F. Kennedy)와 린든 존슨(Lyndon B. Johnson) 행정부가 마감되고 리처드 닉슨(Richard M. Nixon) 행정부가 들어서는 시기(1969년~현재)로 구분했다. 이처럼 Garvin과 Cox(1995)는 미국의 경제적 상황과 이에 따른 정치적 변화에 따른 역사적 사건을 중심에 두고 지역사회복지의 흐름을 설명했다. 이에 비해 Kramer와 Specht(1983)는 지역사회복지실천의 특성과 지역사회조직을 중심으로 지역사회복지의 흐름을 설명했다. Kramer와 Specht(1983)는 지역사회복지의 흐름을 다섯 시기로 구분하였다. 첫 번째 시기는 자선조직협회운동과 인보관 운동 시기(1965~1914년), 두 번째 시기는 지역공동모금과 협의회의 발전 시기(1914~1929년), 세 번째 시기는 공공복지사업의 발전 시기(1929~1954년), 네 번째 시기는 지역사회조직사업의 정착 시기(1955~1980년), 다섯 번째 시기는 지역사회조직의 활성화 시기(1980년~현재)다. 여기서는 Garvin과 Cox(1995), Kramer와 Specht(1983)의 논의를 기초로 지역사회복지의 전개과정을 크게 네 시기로 구분하여 변화과정을 개괄적으로 살펴본다(이민영, 2010).

1) 지역사회복지 태동기: 1890~1910년대

19세기의 미국 사회는 급속한 산업화로 농촌 인구가 도시로 이동하고, 유럽에서도 많은 사람이 이민을 오게 되면서 이주민은 도시의 가장 낙후된 지역에 밀집하여 생활하게 되었다. 주로 공장이나 공사장 지역, 슬럼지역에서 생활하게 된 이주민은 빈곤과 질병에 쉽게 노출되어 비참하고 열악한 삶을 살아가게 되었다. 미국 최초의 인보관 헐하우스를 만든 제인 애덤스(Jane Addams)는 당시의 도시환경을 "길은 표현할 수 없을 정도로 더러웠고, 학교는 형편없었으며, 위생 관련 법규가 제대로 시행되지 않았고, 가로등 시설이 엉망이었고, 도로포장이 안 되었으며, 골목길도 전혀 마련되어 있지 않았다."(Addams, 1910: 최일섭, 이현주, 2006 재인용)고 묘사하였다. 이와 같은 도시화로 인한 노동자의 빈곤 · 질병 · 주택문제뿐만 아니라 이민자의 미국 사회 부적응 문제, 흑인을 비롯한 소수인종 억압의 문제 등이 제기되었다. 이 시기에 미국에서는 주로 영국에서 있었던 자선조직협회 운동과 인보관 운동이 활발했다.

(1) 자선조직협회 운동

이러한 시대적 상황 속에서 영국 성공회 소속인 스티븐 거틴(Stephen H. Gurteen) 목사는 1877년에 미국 뉴욕주 버팔로시에 자선조직협회(Charity Organization Society: COS)를 창설하였다. 그가 주목했던 활동은 과학적인 조사와 조직 간 네트워크였는데, 도움이 필요한 사람들이 구제 신청을 할 때에는 이를 즉시 조사할 수 있도록 교구사업

단체를 조직하고, 각 자선단체 간에 중앙연락기구를 설치할 것을 제안하였다(김범수, 신원우, 2009). 당초 COS가 설립된 배경에는 사회복지단체들의 서비스 중복을 예방하고 단체 간 업무 조정이 필요했기 때문이다. 그 결과 COS는 다양한 사회복지조직·단체들과 관계를 확립하여 서비스 행정의 효율성과 과학적 방법을 통한 사회서비스 개혁을 시도하였다는 평가를 받고 있다. 그렇다고 해서 COS가 기관과 단체 간에 업무 조정이나 행정적 네트워크 사업만 실시했던 것은 아니다. 개인이나 가족을 대상으로 하는 직접적인 구호나 서비스도 제공하였다. Murphy(1954: 최일섭, 이현주, 2006 재인용)는 COS 사업의 대표적인 활동을 ① 기관에서 사회서비스를 받은 개인의 명단 작성과 교환(social service indexes/exchanges), ② 동일한 사례나 가족에 관심을 가진 기관 직원들의 사례회의(case conference)를 통한 원조 방안 모색, ③ 사회경제적 문제에 대한 광범위한 조사 연구와 이를 토대로 한 특별조치 건의 등으로 요약하였다.

미국의 COS는 자선단체의 조정에 치중했던 영국의 COS는 달리 다양한 사회문제의 해결과정에도 개입하였다. 임대주택에 관한 법과 제도 개혁, 결핵퇴치사업, 청소년 전담법원 신설, 아동보육 프로그램 제공 등이 대표적이다(김종일, 2005).

COS의 서비스 효율성과 과학적인 조사를 토대로 한 서비스 제공에 대한 문제의식은 오늘날 지역사회복지의 사회조사 기술에 많은 공헌을 하였고, 사회복지협의회나 지역공동모금을 만드는 데 밑거름이 되었다고 할 수 있다. 그럼에도 불구하고 당시에 COS를 이끌었던 지도자들은 정부의 구빈 활동에 대해 부정적인 견해를 피력하면서 구호받을 가치가 있는 빈민과 가치가 없는 빈민으로 빈민을 구분하여 빈곤에서 탈피할 소지가 있는 빈민에게만 원조를 제공함으로써 원조를 차별하는 결과를 가져왔다.

(2) 인보관 운동

미국의 인보관은 COS보다 15년 늦게 설립되었다. 미국의 인보관 운동은 스탠턴 코이트(Stanton G. Coit)가 1884년에 런던 토인비 홀을 방문하고 나서 1886년에 뉴욕 동남부 지역에 근린길드(The Neighborhood Guild of New York City)를 설립하면서 시작되었고, 3년 뒤인 1889년에 제임 애덤스가 시카고에 헐 하우스(HullHouse)를 건립하면서 미국 전역에 퍼지기 시작하였다. 헐 하우스는 높은 시민의식을 위해 교육을 실시하고, 자선계획을 수립 및 추진하며, 시카고의 산업지역에서 여러 가지 문제점을 조사·파악하고 개선하는 사업을 추진하는 것을 목적으로 하였다(김범수, 2000). 즉, 애덤스가 만든 원칙에 따라 네 분야(사회, 교육, 인도주의, 시민생활)에 걸쳐 서비스를 제공하였다. 여기에는 대학 공개강좌, 문맹퇴치 활동, 민속축제, 공중목욕탕, 여름캠프, 유치원 등 오늘날의 지역사회복지관이 제공하는 서비스가 망라되어 있다. 뿐만 아니라 노동조합의 활동 공간이나 각종 사회문제에 대한 토론의 장으로도 이용되었다.

인보관 운동은 사회환경이나 구조의 변화에 관심을 가진 사회개혁적인 성향의 지식인과 대학생이 주도하였다. 인보관 운동은 사후 치료보다는 사전 예방적인 방법에 관심을 두었다. 인보관 운동은 COS와 마찬가지로 당시 산업화, 도시화, 이민 등으로 생겨난 사회문제에 대응하기 위해 건립되었다. 그러나 인보관 운동은 문제를 바라보는 관점이나 이를 해결하는 방식에서 COS와 상당한 차이가 있었는데, 이를 비교하면 다음과 같다(Garvin & Cox, 1995).

첫째, 사회문제 원인 측면에서 COS는 개인적 속성에서 파생된다고 파악하는 반면, 인보관 운동은 환경적 요소로 보았다.

둘째, 이데올로기 측면에서 COS는 사회진화론적 사상에 동조하는 반면, 인보관 운동은 자유주의와 급진주의 사상에 무게 중심을 두었다.

셋째, 참여했던 사람들의 유형에서 COS는 주로 상류층에 속한 사람들인데 비해, 인보관 운동에 참여했던 사람들은 고등교육을 받은 중류층 출신들이 대부분이었다.

넷째, 사회문제를 접근하는 방식에서도 COS 지도자들은 빈민의 역기능적인 면을 수정하거나 개조하려고 하는 데 비해, 인보관 운동가들은 그들과 함께 거주하면서 기존의 사회질서를 비판하였다.

다섯째, 문제해결에서 인보관 운동은 COS와는 달리 문제를 해결하기 위한 답을 미리 가지고 있다기보다는 당면한 문제에 대해 실현이 가능하고 효과적인 해답을 구하려는 실용주의적 노선을 취하였다.

여섯째, 사업의 초점에서 COS가 기관 간 서비스 조정에 중점을 둔 반면, 인보관 운동은 서비스 제공 자체에 역점을 두었다.

일곱째, 인보관 운동은 사회개혁적인 면을 강조했다. 그들과 함께 거주하면서 그들의 복지에 방해가 되는 사회환경과 제도를 개혁하고자 노력하였다.

특히 인보관 운동은 주민의 잠재력을 최대한 발휘할 수 있도록 하기 위한 교육에 중점을 두었는데, 이들은 개입의 초점이 지역사회가 스스로 그들의 문제를 효과적으로 대처할 수 있는 능력 배양에 있다고 보았다.

COS와 차별성을 보였던 인보관 운동은 전국 도시로 급속히 확산되어 1891년에는 6개소에 불과했던 것이 1910년까지 400개소를 넘어서게 되었다. 세계 최초로 인보관

표 3-1 자선조직협회 운동과 인보관 운동의 차이

구분	자선조직협회(COS) 운동	인보관 운동
사회문제의 원인	개인적 속성	환경적 요소
이데올로기	사회진화론	자유주의, 급진주의
참여 주도층	상류층	중산층과 대학생
활동의 초점	빈민 개조와 역기능의 수정	빈민과의 거주, 사회질서 비판
사회문제 해결방법	자선기관의 서비스 조정	서비스 직접 제공
활동의 내용	우애방문원의 가정방문	각종 서비스와 사회개혁 활동
의의	케이스워크와 지역사회조직 실천의 시작	민간복지기관의 출발
한계	활동가의 도덕적 우월감, 빈민에 대한 냉소적 태도	빈민 참여보다 서비스 제공에 초점을 둠

출처: 이양훈 외(2007).

이 설립된 영국이 1920년에 겨우 66개소로 증가한 것과 비교해 볼 때, 미국의 인보관은 확실히 양적으로 팽창하였다고 할 수 있다. 미국의 인보관이 급격히 증가한 것은 미국이 영국에 비해 국토가 넓은 요인도 있지만 당시 미국 사회가 직면하고 있었던 수많은 사회문제를 해결하는 데 있어 인보관 운동의 효과성이 증명되었기 때문이라고 할 수 있다(김범수, 신원우, 2009). 지금까지 살펴본 COS와 인보관 운동의 차이를 정리하면 〈표 3-1〉과 같다.

2) 지역사회복지 형성기: 1920~1950년대

제1차 세계대전과 대공황의 여파로 미국 사회는 그동안 가지고 있었던 도시문제, 빈부격차 문제, 인종 간 갈등과 대립의 문제들이 더욱더 심각해져 갔다. 이 시기에 가장 주목할 만한 특징은 세계 대공황과 제1차, 제2차 세계대전으로 인한 사회복지 수요의 급격한 팽창과 이에 대응하기 위한 국가의 적극적인 개입이라고 할 수 있다. 대공황으로 인해 빈곤과 대량실업 등이 발생하여 사회복지 수요가 급격히 팽창함으로써 기존의 민간 사회복지기관으로 이를 담당하기에는 역부족이었다. 급속하게 확대된 사회복지 수요에 대응하기 위해 사회복지 영역 전반에서 연방정부 개입이 확대되었다. 연방정부는 1935년 「사회보장법(Social Security Law)」과 최저임금제를 제정하였고, 공적부조 사업을 포함한 사회복지 프로그램 등을 강화하였다.

연방정부의 적극적인 개입은 지역사회조직 사업에 영향을 주어 과거 민간단체에서 했던 사업이 정부기관으로 이양되었고, 지방 중심의 사업은 지역 혹은 국가 차원의 사업으로 확장되었다. 연방정부 차원에서 사회복지체계가 계획되고 조성되어야 할 필요성을 인식하고 국가계획위원회(National Planning Board, 1933~1944)를 운영하였다. 그 결과 지역사회조직가가 정부기관에서 활동할 수 있는 계기가 마련되었으며, 공공과 민간 기관의 상호 협력이 시작되었다. 그리고 사회문제와 이에 관련된 서비스에 관심이 집중되면서 지역사회복지협의회(Community Welfare Councils)가 출현하였으며, 지역사회 문제에 대한 관심은 문제중심적 또는 실천 분야의 준거틀을 확립시키는 데 중요한 요인(Johnson, Schwartz, & Tate, 1997: 오정수, 류진석, 2012 재인용)으로 작용하였다.

이 시기에는 지역사회조직 활동도 활발했는데, 주로 실업자를 조직화하는 공산당 활동, 급진사회사업의 대중운동, 사울 알린스키(Saul D. Alinsky)의 지역조직운동이 출현하게 되었다. 특히, 지역주민 스스로 지역문제 해결을 위해 주민조직 활동에 초점을 두었던 알린스키식의 지역주민 조직운동이 가장 활발하게 전개되었다. 1930년대 말부터 시카고의 노동자 거주지역에서 주민조직을 만들어 주민이 당면한 각종 사회문제를 풀어나가는 한편, 미국 전역에 민주적인 지역사회조직을 확신시키는 데 기여하였다. 알린스키의 지역사회조직 방식은 지역사회 형성, 지역조직 활동가의 역할, 대결과 갈등 전술 등 오늘날 지역사회복지운동에 직접적인 영향을 미치고 있다(김범수, 신원우, 2009).

또한 이 시기에는 1939년에 로버트 레인(Robert E. Lane) 위원회가 전국사회사업위원회에 '지역사회조직사업의 분야(The Field of Community Organization)' 보고서를 제출하였다. 이 보고서는 지역사회조직을 사회복지실천의 방법으로서 공식화하면서 지역사회복지실천 전문화에 중요한 기여를 하였다. 더불어 1945년에는 지역사회조직에 관한 최초의 교과서라고 할 수 있는 데일 맥밀렌(Dale W. McMillen)의 『지역사회조직(The Field of Community Organization)』이라는 책이 출간되면서 지역사회조직가의 전문적 실천에 영향을 미치게 되었다. 1940년대부터 1950년대의 지역사회복지는 전문적인 지역사회 계획이나 풀뿌리 조직을 중심으로 한 실천이 강조되었고, 1946년에는 지역사회조직에 관한 연구협회(Association for the Study of Community Organization)가 설립되었는데, 이 조직은 이후 1955년에 전국사회복지사협회로 통합되었다(오정수, 류진석, 2012). 1950년대의 지역사회복지기관은 연방재정의 증가로 합리적인 계획에 근거한 실천을 더욱 요구받게 되어 실무자에게는 지역사회의 정보 수집, 지역사회복지서비스를 위한

계획 및 개발 등의 역할이 강조되었다.

3) 지역사회복지 정착기: 1950년대 중반 이후~1980년대

이 시기는 매카시즘(McCarthyism)이 끝나고 학교에서 흑백차별을 금지(school desegregation)하는 대법원의 결정이 내려지면서 시작되었다. 이 시기는 진보의 시기로 민권운동, 학생운동, 베트남 참전 반대 운동 등 진보적 사회운동이 활발하게 일어났던 시기다. 이러한 사회정의를 추구하고자 하는 이들 중 지역사회문제에 관심을 가진 활동가들이 많았는데, 이 활동을 통해 다양한 전략과 접근을 활용한 사회행동 및 옹호 활동에 대한 개발이 이루어졌다. 또한 1960년대에 케네디와 존슨 행정부에 의해 이루어진 '빈곤과의 전쟁(War on poverty)'으로 사회복지를 위한 연방정부의 역할은 더욱 증대되었다. 특히 빈곤문제 해결을 위한 각종 프로그램은 많은 지역사회조직가의 관심을 불러일으켰다. 더불어 지역사회조직 모델의 전형으로 언급되는 세 가지 모델, 즉 지역사회개발(local development), 사회계획(social planning), 사회행동(social action) 모델이 제안되어(Rothman, 1995) 당시 많은 사회복지교육자와 실천가에 의해 수용되었다(이민영, 2010).

이 시기의 연방정부의 역할은 주로 주정부와 지방정부에 대한 보조금을 지급하는 형식으로 이루어졌는데, 특히 1950년대 말 정신건강 분야에 대한 국가 투자가 확대되었고, 1970년대에는 지역사회정신건강(Community Mental Health: CMH) 프로그램이 활발히 전개된 배경이 되었다. 또한 연방정부 보조로 슬럼지역 철거, 도시재개발, 지역개발 주택보조, 지역계획(regional planning) 등의 프로그램이 신설되거나 확장되었다. 이러한 일련의 프로그램은 지역사회조직의 지식과 기술에 대한 수요를 더욱 자극하는 계기가 되었다(강철희, 정무성, 2006).

이 시기에는 지역사회복지의 내용도 기존의 전통적인 원조의 범위를 넘어서 보건, CMH, 교육, 주택 등에 대한 관심으로 확대되었고, 지역사회 내의 사회복지서비스 대상자 중심으로 그 활동 범위 역시 확장되었다. 그리하여 지역사회복지실천은 지역사회 주민의 참여를 통한 지역사회의 결속력의 강화와 통합을 추구하였으며, 지역사회 자원의 합리적 배분과 지역사회의 변화까지 포함하는 것으로 발전하였다(오정수, 류진석, 2012).

4) 지역사회복지 활성화 시기: 1980년대~현재

레이건(Reagan) 정부가 들어서면서 1970~1980년대의 미국 사회는 신보수주의의 영향 아래에 놓이게 되었다. 신보수주의 이념의 확산으로 복지국가에 대한 도전이 제기되었고, 이는 지역사회복지실천 모델의 변화에도 영향을 주었다. 레이건 및 부시(Bush)의 정권하에서 사회복지예산이 삭감되었고, 사회개혁과 지역사회개입을 위한 전문 사회복지 방법도 크게 위축되었다. 그렇지만 이러한 가운데서도 지역사회복지를 위한 전략은 오히려 다양하게 개발되었다. 특히 축소된 예산으로 질적 수준이 떨어지지 않는 사회복지서비스를 제공하기 위하여 사회복지기관은 자조집단을 형성하고 자원봉사를 조직화하려는 노력을 경주하였다(강철희, 정무성, 2006).

1990년대에도 복지삭감에 대한 압력, 사회복지서비스의 민영화 등 보수주의적 분위기는 여전히 지속되었다. 클린턴(Clinton) 정부 때인 1996년에 복지개혁이 이루어졌는데, 이때의 핵심 아이디어는 근로와 복지를 연계하는 생산적 복지의 강조였다. 이러한 정국하에서 지역사회개입 방식은 지역사회조직과 지역사회에 기초한 옹호적 접근에 대한 강조보다는 사회복지기관의 행정과 계획, 조직 발전, 평가 개발에 주안점을 두었으며, 지역사회복지실천 모델에서도 목표 및 접근방식의 세분화 및 다양화가 이루어졌다(강철희, 정무성, 2006). 1996년 복지개혁 조치를 통해 서비스의 효과성을 증명하고 효율성을 강화하기 위한 평가를 증진시키는 계기가 되었다. 또한 복지계획은 지역사회 중심의 민간 비영리조직의 양적 확산과 함께 프로그램 목표, 조직 간의 협력관계에 많은 영향을 미치고 있다(오정수, 류진석, 2012).

3. 일본의 지역사회복지 역사[1)]

우리는 일본의 지역복지에 대해 많은 관심을 갖고 참고하지만, 일본의 지역사회복지 역사 혹은 발달과정을 소개한 지역사회복지론 교과서는 거의 없는 듯하다. 일본 지역복지의 핵심적 기관인 전국사회복지협의회의 사무국장과 일본지역복지학회 부회장을

1) 이 부분은 永田幹夫가 집필한 『地域福祉論 改訂2版』(全社協, 2000)의 '제2장 지역복지개념의 형성과정-여러 가지 지역 활동의 전개-'를 번역한 것이다. 지면 관계상 요약했으며, 이에 대해 永田幹夫 선생의 양해를 구합니다.

역임한 나가타 미끼오(永田幹夫)의 견해를 소개하고자 한다.

그는 오카무라 시게오(岡村重夫)의 지역복지이론을 신의 계시로 받아들였다고 하면서 지역복지를 "지역복지서비스 체계를 명확히 함으로써 지역복지의 실체적 내용과 서비스 제공 조직의 구축방법을 구체화하는 것"이라고 정의하고 자신의 견해를 피력했다. 지역복지가 형성되는 데 세 가지 요건이 필요하다. 첫째는 사회복지서비스 개발의 고도화다. 사회복지서비스가 주로 시설 중심으로 개발되었는데, 시설과 지역사회의 관계가 밀접해지면서 지역사회의 서비스 체계도 시설 수준으로 조직화해야 한다. 둘째, 지역지향 · 주민주도형의 복지체계이어야 한다. 사회복지서비스가 중앙지향 · 행정주도의 발전을 이루었는데, 이것이 지역지향 · 주민주도형으로 바뀌어야 한다. 새로운 서비스가 형성될 때에는 지역사회별로 정밀하고 균형 잡힌 정책이 수립되어야 하며, 주민이 적극적으로 참여하는 형식이어야 한다. 끝으로 C.O., 즉 조직화이론에 입각하여 주민이 복지운동의 주체가 되어야 한다. 이러한 개념틀에 입각하여 1950년대부터 1990년대까지 10년 단위로 구분하였고, 그 이후를 최근의 동향으로 구분하여 기술하였다.

1) 주민참가 활동의 진전: 1950년대

제2차 세계대전 이후 사회복지 추진의 기조는 국가 책임의 명확화와 함께 국민들이 사회복지에 참가함으로써 지역사회 속에서 주민참가 활동이 구체적으로 나타났다.

전후 전쟁미망인, 전쟁상병자, 전쟁피해자, 결핵환자 등과 같은 장기요양자의 생활보호를 위한 조직이 만들어졌으며, 지방도시와 농촌에서 생활개선운동이 일어나 사회복지에 주민참가의 터전이 형성되었다. 1950년대에 접어들면서 지역사회에서의 주민활동이 상당히 진전되었다. 어린이회, 어머니회, 노인클럽 등 소집단 활동을 기반으로 1950년대 후반에 주민들에 의한 지구조직 활동이 활발해졌으며, 더 나아가 아동복지와 노인복지 등의 분야에서 전국적으로 체계적인 운동 경험도 축적되어 왔다.

한편 1950년대 초「사회복지사업법」이 성립되면서 복지행정의 단위로 복지지구를 만들어 일정 인구규모(10만 명을 원칙으로 함)의 지역사회에 복지사무소를 설치하였다. 이것은 최일선의 사회복지행정기관으로 종합적인 복지행정을 추진하려는 움직임이었으며, 이 복지사무소가 지역사회에서 다양한 복지활동을 촉진시키는 데 영향을 주었다. 1950년대 후반부터 국가가 사회복지나 보건위생 분야에 있어서 주민참가에 대한 관심을 보였고, 지역사회 주민, 당사자들의 지구조직 활동을 발전시키기 위해 1959년에는 '보건복지지구조직육성중앙협의회(이하 육성협)'의 창립을 추진함으로써 지구조직 활동을 발전시켰다. 이 조직은 반관반민의 성격을 띠고 있었는데, 하나의 주민참가 방법으로 크게 기여하였고, 동시에 사회복지협의회의 활동 수준을 향상시키는 데에도 영향을 미쳤다.

1950년대 말경까지 주민참가를 기본적 요소로 하는 사회복지방법론으로서의 C.O.에 관한 해외 이론이 소개되었고, 지구 단위의 조직 활동 등을 통하여 많은 실천적 활동이 축적되었으며 이론체계 완성에 큰 역할을 했다는 점도 중요하다.

이 시기의 지역복지의 의미는 대부분 지역에서의 일반인 복지활동을 의미하며, 아동복지, 노인복지 등의 용어와 병행하여 사회복지의 한 분야를 의미하거나 수용시설사업에 대치하는 것 또는 C.O.에 관한 제 활동이라는 의미로 사용되었다.

2) 지역복지 기반의 성립: 1960년대

(1) 지역복지 기반의 형성

지역복지사업의 기반 형성은 1960년대의 여러 가지 현상에 기인한다고 할 수 있는데, 다음과 같이 두 가지가 중요한 요인이다. 첫째, 고도경제 성장으로 인한 국민생활에 많은 병폐가 지역사회에서 발생하여 다양하고 심각한 복지문제가 누적되었다. 둘째, 고도성장에 의한 파이(pie)의 분배 증가로 1960년대 후반부터 사회복지예산이 급성장하면서 시설 관련 사업이 급속하게 확대되었다. 시설관련사업의 확대가 지역복지의 진전에 커다란 영향을 미치게 되었다. 이렇게 형성된 지역복지 기반을 'Communtiy care의 대두'와 '주민운동과 지역사회개발'로 나누어 설명하겠다.

(2) Communtiy care의 대두

1960년대는 일본이 선진공업국의 길로 접어든 시기로써 과소 · 과밀 심화나 핵가족화가 진행되는 가운데 장애인 복지대책이나 노인복지대책이 주요한 과제로 대두하게 되었으며, 심신장애아 부모회 등이 생겨나고 커뮤니티 케어(community care)와 같은 사고방식이 주목받게 되었다. 커뮤니티 케어는 영국이 발상지인데, 1960년대 초부터 정책적으로 거론되기 시작했으며, 그 후 일본에도 소개되어 사회복지의 전개에 커다란 영향을 미치게 되었다.

본래 1960년대 중반 무렵부터 장애인부모회 조직은 지역사회에서 자조적인 의미를 가지고 자발적으로 만들어져 왔고, 전국 규모의 조직으로 확산되었다. 이러한 사회상황 속에서 커뮤니티 케어가 많은 주목을 받게 되고 지역복지론 형성의 요인이 되었던 것이다.

(3) 주민운동과 지역사회개발

1960년대의 주민운동의 번성은 지역복지의 전개에 있어서 간과할 수 없는 사실 중의 하나이다. 1960년대에 고도경제성장이 국가정책으로 채택되어 중화학공업을 중심으로 한 경제개발계획이 추진되면서 각종의 공해문제가 발생하여 환경문제가 심각하게 대두되었다. 이러한 배경하에 주민운동이 전국 각지에서 활발해졌다. 공해, 재해, 물가상승, 원자력발전소 건설, 군 기지 건설, 도로건설, 악취, 소음피해 등과 같이 문제의 원인도 다양했는데, 일정 지역에서의 환경 파괴와 생활문제에서 비롯된 모든 주민에 의한 지역 단위의 운동이었다는 특징이 있다. 이러한 운동은 생활을 위한 기본적 권리 주장을 바탕으로 한 것이지만 나아가 지역사회의 연대감을 형성하는 데에도 기여했다.

이러한 환경 파괴와 생활문제의 최대 희생자는 사회적 약자인 노인, 장애인, 모자아동이라는 점에서 이런 주민운동이 사회복지에 미치는 영향은 점차 커졌고, 사회복지 욕구를 내세운 주민운동으로 나타나게 되면서 사회복지운동론과 같은 이론도 등장하였다. 이러한 시기를 거쳐 '권리로서의 사회복지' '지역사회연대'와 같은 용어가 자리잡게 되었다.

이러한 주민운동의 등장이 지역복지의 전개에 큰 영향을 주었지만, 지역사회개발이라는 움직임이 변화의 요인도 되었다. 1950년대에 UN은 사회개발과 균형 잡힌 경제개발을 주창하였다. 1960년대 후반에 고도경제성장의 병폐에 대한 궤도수정이 요구되고 지역사회개발의 이념이 강조되었으며 오늘날의 지역복지론으로 이어지는 변화가 있었다.

3) 사회복지실천 측면의 동향: 1960년~1970년대

1960년대는 지금까지 언급한 상황들을 배경으로 사회복지실천 측면에서 주목할 만한 새로운 변화들이 다양하고 뚜렷하게 나타났다.

이 시기에는 노인문제가 주목을 받게 되었는데, 1960년대 후반에는 '와상 노인' '독거노인' 등의 신생어가 등장하기 시작했다. 이러한 시대적 배경으로 노인클럽이 지역사회에서 결성되기 시작했으며, 1962년에는 전국연합회가 결성되었다. 이 조직은 노인의 요구를 집약시켰고, 노인들을 위한 실질적인 서비스가 개발되는 계기가 되었다. 핵가족화에 따른 가족문제가 새롭게 제기되었으며, 아동 · 모자 복지대책도 중대한 과제가 되었다. 이러한 문제에 대응하기 위해 각종의 상담원이 복지사무소 등에 배치되고 제도화되었으며, 민생위원의 상담 활동만으로는 불충분하여 '생활문제상담소'가 주목을 받게 되었다. 이렇게 해서 1960년대에 사회복지대상자의 확대에 대응하기 위해 「정신박약자복지법」(1960년), 「노인복지법」(1963년), 「모자복지법」(1964년) 등이 제정되었다.

1960년대 후반에 이르러 와상노인에 대한 대책을 대대적으로 시행하면서 홈 헬퍼제도가 본격적으로 발전하게 되었다. 이 제도와 함께 1960년대 후반부터 주로 재택노인을 대상으로 급식 서비스, 목욕 서비스, 이불건조 서비스, 보호기구의 지급 · 대여, 복지전화 등의 사업이 점차 시행되었고, 1970년대에 들어와서는 단기보호, 주간보호 등의 필요성이 요청되면서 실천적인 노력이 진행되었다. 이러한 재택노인이나 장애인을 위한 활동은 많은 문제를 안고 있으나 일반적으로 재택복지 서비스라고 불리게 되었고, 후에 그 개념화가 시도되면서 지역복지의 개념 형성에 매우 큰 영향을 미치게 되었다.

이와 함께 지역의 조직 활동에도 새로운 변화가 있었다. 1962년에 '사협 기본요강'을 수립하여 추진 방향을 설정하였고, 1960년대 후반에는 사회복지협의회(이하 사협)에 국고보조에 의한 전임직원을 배치하는 등 사협의 기반이 정비되는 단계에 들어섰다.

4) 지역복지론 전개: 1970년대

1970년대는 고도경제성장에 따른 많은 사회문제가 국민생활에 부담을 안기게 됨으로 인해 고도성장보다는 저성장 · 안정성장이라는 정책목표를 설정하여 감속경제에 들어가게 되었다.

반면, 사회복지서비스는 확대되고 국가예산 면에서도 '복지원년'(1973년)이라고 불릴 정도로 확대되었다. 이 무렵부터 사회복지서비스 예산이 생활보호예산보다 많아졌고, 사회복지사업이 빈곤층 대책의 부수적 존재가 아닌 반드시 필요한 것이라는 사회적 인식에 따라 그룹홈이나 중증장애인시설이 급증했다.

이와 같이 중앙정부가 사회복지를 확대함에 따라 국민들도 사회복지에 대해 높은 관심을 보이면서 자원봉사 활동에 변화가 나타났다. 예를 들면, 1960년대 후반인 1968년

에는 전국사회복지협의회(이하 전사협)에 의한 '자원봉사 활동 기본요강' 발표되어 자원봉사 활동의 기반이 형성되었고, 1970년대 무렵부터는 각지에서 여러 형태의 자원봉사 활동이 전개되었다. 초기에는 이러한 활동이 사회복지시설에서 봉사하는 것이 주였으나 차츰 지역사회에서 독자적으로 혹은 전문적인 활동과 협력해서 전개되었다. 1970년대 후반에는 사회복지협의회에 정부보조에 의한 자원봉사센터가 설치 · 운영되기 시작하면서 이러한 변화를 추동하였다.

이러한 배경에 힘입어 '지역복지'에 관한 연구나 개념 형성을 위한 노력이 급속하게 진행되었던 것이 이 시대의 특징이라고 할 수 있다.

오카무라 시게오 교수가 1974년에 『지역복지론』을 집필하여 '지역복지' 개념을 구체화하는 하위 개념으로 ① 지역조직화, ② 예방적 사회복지서비스, ③ community care, ④ 수용보호 서비스 등을 제시했다.

5) 지역복지 정책의 진전: 1980년대

1980년대는 급속한 고령화가 진행되면서 사회문제가 한층 더 심화된 시기다. 특히 '와상노인'이나 '노망 치매성노인' 문제가 심각해짐으로 인해, 1985년에 전국의 민생위원에 의한 사회복지 모니터(monitor) 조사로 '재택 치매성 노인의 보호자 실태조사'가 실시되었고, 전국에서 약 1만 3천 건을 상회하는 보호자들의 실태가 밝혀졌다. 이런 가운데 사람들이 일상생활을 영위하는 지역사회를 기반으로 가족 · 이웃 관계, 지역관계를 지속적으로 유지하면서 필요한 복지서비스를 지역사회 속에 구축해 가려는 움직임이 활발해졌다. 또한 이 시기에 지역사회에서의 재택복지 서비스 사업과 사회복지의 제도개혁에 의한 새로운 시스템을 창출해야 한다는 움직임이 일어났다.

(1) Normalization의 보급과 재택복지 서비스의 발전

UN은 완전참가와 평등을 테마로 1981년을 '국제 장애인의 해'로 제정하였다. Normalization의 보급과 함께 당사자의 사회 참가가 촉진되고 핵가족화의 진행이나 고령자의 증가에 따라 사회복지 욕구도 확대 · 다양화되는 가운데 사람들의 사회복지에 대한 관심도 급격하게 향상되어 갔다.

고령자나 아동 중심이었던 지금까지의 지역사회 복지과제가 재택장애아동 · 장애인에 대한 관심으로 확대되었고, '휠체어 점검 활동' 등과 같은 사회 참가를 지향하는 활동으로 확산되면서 이러한 실천을 통해서 자원봉사 활동에의 참가가 한층 진척되었다.

1980년대의 또 하나의 특징은 재택복지 서비스가 급속하게 진전된 것이다. 홈헬프의 중심이 되는 일상생활 원조를 비롯하여 식사・배식 서비스, 이동목욕 서비스, 이불건조 서비스, 주간보호 서비스나 단기보호사업 등이 다양하게 실시되었다. 이와 같은 변화는 당연히 사회복지시설에도 영향을 주어 시설기능강화 추진사업(시설의 사회화나 지역 활동 사업)이 시작되면서 지역사회 속에 필요한 시설로서의 역할이 새롭게 강조되었다.

이런 양적 확대와 더불어 '365・매일형의 식사 서비스'를 시행하는 곳이 출현하는 등 서비스의 질적 향상이 도모되면서 행정이나 사협뿐 아니라 복지공사, 생활협동조합, 농협, 혹은 지역주민을 기반으로 한 주민참가형의 비영리 유상 서비스 등 공급주체도 다양화되었다. 이러한 공급주체의 다양화는 주민 자신들이 생활하는 지역의 복지문제에 정면으로 대응하려는 새로운 변화다.

(2) 복지개혁의 배경

1980년대는 일본의 사회복지가 발전해 가는 과정 속에서 빼놓을 수 없는 '제도 개혁'이 이루어진 시기다.

1960년대의 고도성장에서 1970년대의 저성장시대 그리고 1980년대의 재정재건 등 지난 30년간 일본의 사회・경제 정세는 크게 변화했다. 1981년에는 '제2차 임시행정조사회'가 설치되면서 행정개혁이나 재정재건이 시급한 과제로 대두되었고, 사회복지의 행정・재정에 대한 개혁의 필요성이 거론되기 시작했다. 이후 제로(zero) 혹은 마이너스 예산편성, 국가보조율이 재검토되면서 사회복지관 관련 예산도 축소되는 등 어려운 상황에 놓이게 되었다.

1986년에는 정부에 설치되어 있던 중앙사회복지심의회, 중앙아동복지심의회, 신체장애인심의회 등의 '합동기획분과회'가 설치되었고, 시설입소사무 등이 단체위임사무로 바뀌었으며, 1989년에는 '향후 사회복지의 바람직한 위상에 대하여'라는 의견서가 제출되었다. 이것은 사회복지를 주민이 이용하기 쉬운 실시기관으로 이관하고, 각지의 다양한 지역복지・재택복지 사업활동과 조화를 이루도록 지역사회를 기반으로 한 사회복지사업을 정책적・제도적으로 크게 확충하려는 시도였다.

또한 1988년에는 '장수복지사회를 실현하기 위한 기본적 사고방식과 목표에 대하여'라고 하는 복지비전이 발표되었다. 1989년에는 고령자를 위한 재택복지의 3축, 즉 홈

헬프, 단기보호, 주간보호 등의 예산이 대폭 확충되어 '재택복지원년'이라고 불렸다. 1989년 말에는 '고령자 복지추진 10개년 전략'(골드 플랜)을 수립하여 고령사회를 대비하였고, 1994년에는 '신 · 고령자 보건복지추진 10개년 전략'(신 골드 플랜)을 수립하여 사회복지제도 개혁의 기반을 형성하였다.

6) 근대의 동향: 1990년대

1980년대 후반부터 사회복지제도 개혁이 서서히 진행되고 있었으며, 1990년 6월에는 '「노인복지법」 등의 일부를 개정하는 법률'이 공포되었다. 이 개정은 「노인복지법」 「신체장애자복지법」 「정신박약자복지법」 「아동복지법」 「모자 및 과부복지법」 「사회복지사업법」 「노인보건법」 「사회복지 · 의료 사업단법」 등의 복지관계 8법에 관한 것이다. 개정의 목적은 주민생활과 밀접히 관계하는 시 · 정 · 촌에서 재택복지 서비스와 시설 서비스를 치밀하고, 일원적이며, 계획적으로 제공하는 체제를 구축하기 위한 것이다.

지금까지는 주로 제도 · 행정면에서의 개선이지만, 「사회복지사업법」의 개정에 따라 사회복지협의회의 사업에 대해서도 수정이 이루어졌다.

사협도 1992년 4월에 '신 · 사협 기본 요강'을 수립하게 되었다. 또한 지역을 주체로 한 각종의 원조 활동이 활발해지면서 그 원조방법도 다양한 관점에서 개발 · 추진되었다.

지역이 원조의 주체가 된다는 'community work'라는 용어가 정착되어 가고 있었다. 1980년대 후반부터 요보호자 중심으로 사회적 지지망(social support network) 혹은 사회적 · 지역적인 원조체계를 구축하고, 일련의 과정에 따라 서비스를 조정 · 평가하는 '케이스 매니지먼트(case management)'와 같은 개념, 새로운 방법이 등장하기에 이르렀다.

이러한 동향과 관련하여 1991년부터 국가 보조사업으로 사협이 중심이 되어 '서로 교류하며 정다운 마을만들기 사업'이 시작되었는데, 이는 주민이 살고 있는 지역 속에서 문제해결체계를 구축하고 활동하려는 새로운 시도다.

7) 사회복지협의회의 발전

지금까지 지역복지의 전개과정을 살펴보았는데, 이것은 사회복지협의회(이하 사협)의 발전과도 깊은 관계가 있다.

사협의 운영방침 속에 지역복지라는 용어가 나타나기 시작한 것은 1957년 '사협의 당면 활동 방침'인데, 여기서 최초로 지역주민, 지역복지활동이라는 용어가 사용되었다. '당면 활동 방침'에는 지역복지에 있어서 사협의 역할을 구체적으로 제시하고 있으며, 이것은 지역복지 전개에 있어서 중요한 위치를 차지한다고 할 수 있다.

1962년에 발표된 '사협 기본 요강'은 사협 관계자에게 많은 영향을 주었다. 이 기본 요강의 핵심이 사협의 조직 활동을 강화하고자 하는 것인데, 이것은 1960년대부터 1970년대에 걸친 지역복지 전개의 기본 조건을 조성하는 역할을 했다고 할 수 있다. 1973년의 '사협 활동 강화 요강'은 지역복지활동이라는 용어가 여러 곳에서 사용되고 있으며, 구체적 내용을 포함한 것으로 보인다. 이 '강화요강'은 지역복지에 관한 논의 내용을 사협 관계자들에게 확산시키는 데 상당한 역할을 했으며, 일부 연구자에게도 나름대로의 영향을 주었다고 할 수 있다.

이상과 같이 1960년대의 지역복지의 개념은 아직 막연한 상태였고, 용어의 의미 내용에 있어서도 전 시대와 별 차이가 없었지만 그 용어를 다양하게 빈번히 사용하였다는 점에서는 주목할 만하다. 이러한 과정 속에서 지역복지의 개념 형성이 이루어져 갔던 것이다. 그런데 1970년대에 이르러 시행착오를 거듭하면서도 각지에서 재택복지 서비스(혹은 재택복지활동)가 활발히 전개되었다. 지금까지 community care, commuity service, 재택 서비스, 재택보호 등의 용어가 각각의 입장과 실천 속에서 사용되어 왔지만 이러한 활동들이 지역사회 속에서 유용성이 있는 것으로 나타났으며, 향후 사회복지의 바람직한 위상에 관한 내용 연구도 필요하게 되었다. 그리하여 1976년에 전사협에서는 '재택복지 서비스의 바람직한 위상에 관한 연구위원회'를 설치하여 재택복지 서비스의 체계적 연구를 실시하기에 이르렀다. 1977년에 '재택복지 서비스에 관한 제언'을 발표함과 동시에 1979년에는 위원회보고서인 '재택복지 서비스 전략'을 발표했다. 이것은 재택복지 서비스의 개념이나 체계, 구체적인 내용을 정리한 최초의 것으로 각 방면에서 많은 반응을 불러일으켰고, 사협의 활동 및 사업을 전망하는 의미에서 획기적인 것이었다. 이러한 성과는 1980년대의 사협의 방향성을 제시했다고 할 수 있다.

1982년에 '재택복지 서비스의 실천은 공공행정 뿐 아니라 민간부문의 역할도 중요하다는 인식을 증가시켰다. 시대에 부응하기 위해 앞으로 사협의 성격과 기능을 명확히 해서 사협의 기반을 서둘러 확립해야 한다.'는 관점에서 '사협 기반 강화 지침'이 수립되었다. 이 지침은 사협의 사업을 지역조직화와 복지조직화로 대별하고, '사협사업의 특징은 이 두 조직화의 기능을 유기적으로 통합시켜서 지역복지 · 재택복지 서비스의

목표를 달성하는 것이다.'라고 하였다.

1983년에는 사협의 법제화가 실현되었고, 1984년에는 '지역복지계획–이론과 방법'이 책정되었다. 이는 각종 재택복지 서비스의 전개와 위탁사업이 추진되고 자원봉사활동이 활발해지는 가운데 지역사회에서의 사협의 역할과 임무를 명확하게 하려는 의도였다.

1980년대는 사회복지 욕구 확대와 다양화 속에서 서비스 공급주체가 다양화된 시기인데, 복지공사와 같은 제3섹터(sector)나 생협(生協) 등의 주민참가형 비영리조직이 생겨났다. 이러한 공급주체의 다양화는 서비스 공급주체로서 사협의 역량에 일부 문제가 있었다는 의미이나, 대부분의 경우에 재택복지사업에 심혈을 기울이며 사협 스스로가 역량을 발휘하며 발전해 갔다.

1990년 6월에 '「노인복지법」 등의 일부를 개정하는 법률'이 공포되었고, 「사회복지사업법」도 개정되었다. 법제화된 사협의 사업으로 ① 사회복지를 목적으로 하는 사업에 관한 조사, ② 사회복지를 목적으로 하는 사업의 종합적 기획, ③ 사회복지를 목적으로 하는 사업에 관한 연락, 조정 및 조성, ④ 사회복지를 목적으로 하는 사업에 관한 보급 및 홍보, ⑤ 사회복지를 목적으로 하는 사업의 건전한 발전을 도모하기 위해 필요한 사업, ⑥ 사회복지를 목적으로 하는 사업을 기획, 실시하도록 노력해야 한다는 규정이 새롭게 첨가되었다. 그리고 ⑦ 사회복지를 목적으로 하는 활동에의 주민참가를 위한 원조가 첨가되었다.

이는 사협이 재택복지 서비스 등의 사업과 자원봉사육성의 주체로서 법적으로 명확해졌다는 점에서 획기적인 것이었다. 또한 이러한 일련의 동향을 근거로 전사협의 시 · 구 · 정 · 촌 단위에서 '지역복지활동 계획'을 세울 수 있는 매뉴얼(manual)과 '신 · 사협 기본 요강'을 책정해야 한다는 제안이 활발하게 제기되었고, 약 3년간의 논의를 거쳐 '주민주체의 원칙'을 확인한 '신 · 사협 기본 요강'을 책정하였다.

8) 최근의 지역복지 동향과 사협의 사업 전개

(1) 지역복지시대의 도래

1990년 6월의 사회복지 관계 8법의 개정은 지금까지의 사회복지를 크게 전환하는 계기가 되었다. 개정의 주요 논점은 주민 생활과 가장 밀접한 시정촌에서 재택복지 서비스와 시설복지 서비스를 세분화하여 일원적이며 계획적으로 제공하는 체계를 구축하는 것이 목표다. 이를 위해 재택복지 서비스의 법적 위치를 명확히 함과 동시에 시설 입소 조치권을 시정촌으로 이양하고 노인보건복지계획을 수립하는 것 등이다. 특히 개정된「사회복지사업법」에는 사회복지의 기본이념(「사회복지사업법」 제3조)으로서 정상화(normalization) 이념을 존중하고, 복지서비스의 공적 제공 및 계획적 실시를 제시하고 있다. 또한 지역에 대한 배려로서 동법 제3조의2에서는 의료, 보건 및 그밖의 관련 시책과의 유기적 연계와 지역에 뿌리를 둔 정책 개발과 지역주민의 이해와 협력을 얻을 수 있도록 노력할 것 등으로 규정하고 있다. 이러한 것이 바로 '지역복지시대의 도래'를 나타낸 것이다.

그리고 동시에 사협에도 새로운 시대를 열게 했다.「사회복지사업법」의 개정에 따라 사협의 신규 사업으로 '① 사회복지를 목적으로 한 사업의 건전한 발달을 도모하기 위하여 필요한 사업과 ② 사회복지를 목적으로 하는 사업을 기획, 실시할 수 있도록 노력해야 한다.'라는 규정이 추가되었다. 이는 사협의 사업이 법적으로 자리매김된 것으로 이후 급속도로 발전하게 되었다.

(2) 계획화의 촉진

1980년대는 재택복지 서비스 사업(활동)이 전국 각지에서 활발히 추진되었다. 그렇지만 종합성과 계획성이 결여되어 있어 새로운 차원의 사업과 활동을 추진해야 한다는 지적이 있었다. 결과적으로 지역복지계획 수립의 필요성이 높아졌으며, 이런 가운데 전사협이 '지역복지계획－이론과 방법－'(1984년 10월)을 출간하게 되었다.

1990년대는 행정에 의한 사회복지 계획화가 진행된 시기였다. 고령자 분야에서는 1989년말에 책정된 '고령자 보건복지 추진 10개년 전략'(Gold Plan)을 재검토하여 '신 Gold Plan'(1994년 12월)을, 아동 분야에서는 '아동육성계획'(Angel Plan)을 책정하였다. 또한 장애인 분야에서는 '장애인 plan'(1995년 12월)이 책정되어 국가차원의 계획을 바탕으로 지방자치단체[2]에서도 '고령자 보건복지계획' '아동육성계획' '장애인계획' 등의 책정이 추진되었다. 이러한 행정계획에는 재택 서비스 · 시설 서비스의 목표량, 공급체계 인재 확보, 관련 단체와의 연계, 자원봉사 등 민간단체에 대한 지원방책 등도 포함되어야 한다고 제시되어 있으며, 지역복지 추진이라는 관점에서도 중요하게 거론되었다.

2) 도도부현(都道府縣)과 시구정촌(市區町村)

(3) 사업형 사회복지협의회의 전개

사회복지의 변화와 사협을 둘러싼 상황 변화를 배경으로 1991년부터 국가보조사업으로 새롭게 시작된 '교류가 활발한 정다운 마을 만들기 사업'이 사협이 주체가 되어 시작되었다. 지역복지활동 코디네이터가 배치되고, 욕구를 파악하여 문제해결을 지원하는 종합상담을 실시하였으며, 각종 복지서비스를 개발하고 제공하는 등 다양하게 실시되고 있다.

이 사업은 새로운 사협의 위치와 사업전개의 방향성을 제시하며 큰 성과를 가져오게 되었다. 이를 요약하면 첫째, 상담체제의 강화에 따른 주민의 욕구 파악을 통해 이를 구체적으로 해결해 가는 체계의 강화, 둘째, 문제해결에 있어서 공・사의 다양한 서비스나 자원을 연결시킴과 동시에 필요한 서비스 개발의 추진, 셋째, 구체적인 재택생활을 유지하기 위한 지원체계가 정비되면서 소(小)지역에서의 상호지원망 활동의 확대, 넷째, 지역주민의 복지활동 참여의 확대, 다섯째, 이러한 사업을 통한 사협의 기능 강화 등을 들 수 있다.

'교류가 활발한 정다운 마을 만들기 사업'을 통하여 개발된 기법과 성과를 기반으로 전사협에서는 1994년에 '사업형 사협'의 구상을 내놓았다. 그 구상 속에 사업형 사협은 '주민의 생활・복지 문제'를 구체적으로 인식하여 케이스별 문제해결과 지역생활 지원을 적시에 원활히 대처하기 위하여 ① 종합적인 복지 상담 활동과 케어 매니지먼트(care management)를 도입하고, ② 각종의 공적 복지서비스를 적극적으로 수탁하여 민간부문의 입장에서도 유연하게 운영하며, ③ 공적 서비스로 대처할 수 없는 다양한 욕구에도 대응할 수 있는 주민참여형 서비스를 개발・추진하고, ④ 소(小)지역에서의 계속적・일상적 주민 활동에 의한 생활 지원 활동, 네트워크 활동, 돌봄팀(careteam) 활동 등을 추진하도록 하였다. 동시에 문제해결 경험을 기반으로 지역복지활동 계획의 책정과 제언 활동 등 다양한 기능을 발휘할 수 있도록 했다.

(4) 지역복지시대의 새로운 출발

1997년 11월부터 사회복지 개혁의 논의가 중앙사회복지심의회 사회복지구조개혁 분과회에서 다시 시작되었다. 이것은 전후 50년 이상 유지되어 온 현행의 사회복지제도를 근본적으로 개혁하여 지금까지의 일부 한정된 사람에 대한 보호・구제 차원의 복지가 아닌 전국민을 대상으로 국민의 생활 안정을 지지하는 역할로 사회복지의 틀을 새로 만들어야 한다는 것이었다. 사회복지구조개혁 분과회에서의 검토 결과는 1999년에 '사회복지 증진을 위한 관계 법률 정비 등에 관한 법률안(가칭) 제정 요강'을 정리하여 발표했다. 이러한 개혁 속에 앞으로의 사회복지의 목적은 '개인이 사람으로서 존엄성을 갖고 가정과 지역사회에서 장애의 유무나 나이에 관계없이 사람답게 안심하고 생활할 수 있도록 자립을 지원하는 것이다.'라고 정의하였으며, 이용자 선택권의 존중, 권리 옹호, 지역복지계획의 도입 등의 중요성을 지적하였다.

한편, 기초 구조 개혁 논의에서는 사협에 대하여 '방문개호(home help service) 사업과 같은 주민에 대한 직접적인 서비스는 사협에 대한 지역주민의 신뢰를 높여 사협사업에 주민참가를 촉진하는 효과가 있기 때문에 앞으로도 지역의 실정에 맞게 자주적으로 활동해 가는 것이 바람직하다.'고 평가하였다. 동시에 향후 '사업의 효과적 · 효율적인 실시를 위해 복수의 사협이 공동사업을 추진한다거나 해당 구역을 초월하여 활동하는 것도 인정할 필요가 있다'고 제시하였다.

재택복지 서비스가 1990년 6월의 사회복지 관계 8법의 개정으로 법적으로 명확화된 지 10년, 드디어 '지역복지의 새로운 시대'가 도래한 것이다.

4. 한국의 지역사회복지 역사

우리나라에서는 지역사회복지에 대한 현대적 개념이 도입되기 전부터 마을 단위나 국가 차원에서 지역주민과 일반 국민이 당면한 사회경제적 문제를 해결하고자 하는 공동의 노력이 존재했으며, 현대적 의미의 사회복지와 이에 포함되는 지역사회복지가 사용된 것은 1940년대에 들어서라고 할 수 있다(표갑수, 2003). 여기서는 광복 이후 우리나라의 지역사회복지 역사를 형성기(1950~1970년대), 정착기(1980~1990년대 초반), 발전기(1990년대 중반~현재)로 구분하여 살펴보고자 한다.

1) 지역사회복지 형성기: 1950~1970년대

해방 이후 급격한 사회 변화로 인한 사회 혼란과 한국전쟁을 통해 가족으로부터 보호를 받지 못하는 고아, 장애인 등을 위한 대규모 수용시설사업이 시행되었다. 이 시기에는 외국의 민간 원조기관에 의해 구제사업이 주로 이루어졌는데, 수용시설사업뿐만 아니라 지역개발사업도 병행하였다(최일섭, 류진석, 1997, pp. 136-137).

한국전쟁 중인 1952년에 7개 기관이 모여 외국민간원조단체 한국연합회(Korean Association of Voluntary Agencies: KAVA)가 조직되었다. 1954년에 한미재단으로부터 25,000달러의 기부금을 받아 재정적으로 기반을 다지고, 1955년에 사무국을 두면서 연합회로서의 기능을 갖추게 되었다. KAVA는 각 기관이 한국인에 대한 기여와 봉사를 증대 및 강화하기 위하여 회원 간의 상호 협의에 의한 보건, 교육, 사회복지, 구호 및 지역사회개발 등의 분야에서 정부기관과 유대를 갖고 효과적으로 협조 · 통합된 단체로서의 사회복지활동에 대한 교량적 역할을 했다.

한편, 1957년 6월 21일에 한미합동경제위원회는 한미합동실무반을 구성하였는데, 이 실무반은 경기도 광주군을 표본으로 선정하여 지역사회개발사업을 실시할 수 있는가에 대한 가능성과 그 실시 방안과 시기 등을 결정하기 위하여 사회조사를 실시하였다. 여기에서 얻은 결론은 ① 한국의 농민은 자력으로 부락을 개선할 수 있으며, ② 한국의 농촌지역사회는 개발사업을 위하여 외부에서 다소의 물질적 · 기술적 지원과 지도가 필요하다는 것이었다. 한미합동실무반의 건의에 따라 1958년 7월에 국무회의에서 지역사회개발 요강을 채택하였고, 1958년 9월에 지역사회개발위원회가 정식으로 발족되었다. 1961년 7월 22일 이후 농촌부 지역사회국에서 관장하던 지역사회개발사업은 농촌지도사업 일원화를 위한 농촌진흥법의 제정(1962년 3월)에 따라 종전 농사원에서 관장하던 농촌지도사업과 통합하였다.

1970년대에 들어서 지역사회개발사업은 새마을운동사업으로 전환되었고, 이는 1970년대의 우리 사회를 특징짓는 중요한 사건이었다. 새마을운동이 공식적으로 시작된 것은 1970년 4월 22일 박정희 대통령이 전국 지방장관회의에서 행한 유시에 의해서다. "우리 스스로가 우리 마을을 우리 손으로 가꾸어 나간다는 자조 · 자립 정신을 불러일으켜서 땀을 흘려 일한다면 모든 마을이 멀지 않아 잘 살고 아담한 마을로 그 모습이 바꾸어지리라고 확신한다."는 요지의 유시가 있었고, 같은 해 7월에 대통령은 '새마을가꾸기운동'을 통한 주민의 소득 증대와 정신 계발을 강조하였으며, 또한 정부는 내무부에 새마을운동을 전담할 부서인 '지역개발담당관' '도시개발관' '농촌개발관' '주택개량관실'을 신설했고, 새마을가꾸기운동의 평가를 위한 전국 시장 · 군수 비교행정회의를 개최하였으며, 관계부처의 차관급으로 구성하는 '새마을운동중앙협의회'를 설립하였고, 새마을지도자연수원을 개설하였다. 1971년에 전국 33,267개의 행정 리 · 동에 시멘트 335포대씩을 균일하게 지원하고, 새마을가꾸기사업으로서 ① 마을 진입로, ② 소하천 정비, ③ 소류지의 정비, ④ 공동우물, ⑤ 공동빨래터, ⑥ 퇴비장 설치, ⑦ 마을 식

수 개선 등을 예시하였다. 1973년에는 전국 34,665개의 모든 마을이 참여하였는데, 이들 마을은 발전 수준에 따라 기초마을(18,415개), 자조마을(13,943개), 자립마을(2,307개)로 나누었다. 이렇게 하여 1979년까지 정부 주도의 새마을운동이 추진되었다(최일섭, 류진석, 1997).

이러한 마을의 분류는 마을에 따라 지역사회 역량이 차이가 있음을 의미하며, 기초마을보다 자조마을이, 자조마을보다 자립마을이 지역사회 역량이 크며, 살기 좋은 지역사회를 의미한다고 하겠다.[3)] 새마을운동은 잭 로스먼(Jack Rothman)의 지역사회개발 모델이 추구하는 '자조(selphelp)'에 기반을 둔 문제해결 능력을 키워 지역사회 능력을 향상시키고 사회 통합을 이룬다는 목적을 일정 부분 달성했다고 볼 수 있다. 그러나 Rothman(1995)의 지역사회개발 모델은 과정 목적을 강조했는데, 새마을운동은 중앙정부 주도의 실적 위주 사업으로 진행되면서 과업중심적 실행이 되었다는 비판이 있다(최일섭, 1985). 또한 지역사회개발 모델은 지역사회의 변화가 광범위한 주민의 참여를 통해 이루어져야 한다는 것을 전제로 하는데, 새마을운동은 토착적 리더십에 의한 것이 아니라 행정관청이 선발한 리더에 의해 주도됨으로써 주민조직과 리더라는 주민 참여 구조가 형성되지 못하였고, 새마을운동 주도 세력의 사멸에 따라 소멸의 길로 접어들었다.

2) 지역사회복지 정착기: 1980~1990년대 초반

1980년대에는 기존의 종교기관의 사회복지관이나 대학부설의 사회복지관뿐만 아니라 정부 주도의 사회복지관이 설립되기 시작하였다. 1983년 「사회복지사업법」의 개정에 따라 사회복지관은 종합사회복지관 가형과 나형 그리고 사회복지관으로 나누어지면서 공식적으로 국가의 지원을 받게 되었다. 사회복지관 사업이 국가의 공식적인 지원사업으로 추진된 배경은 당시 산업화 이후에 대도시 주변부에 존재하였던 빈곤문제 해결을 위한 대안으로 사회복지관 사업이 선택되었다는 것이다(오정수, 류진석, 2012).

3) 우리나라 현대화 과정에 큰 공을 세운 새마을운동이 해외에서 르네상스를 맞고 있다. 중국, 미얀마, 라오스, 네팔, 캄보디아, 르완다, 키르키스스탄 등 아시아 아프리카, 중앙아시아 지역에서 국가의 개발 모델로 전수되고 있다. 이런 가운데 UN은 빈곤퇴치 핵심 프로그램으로서 새마을운동 경험과 우수사례 확산을 위해 '새마을운동 확산센터'를 설립하는 안을 추진하고 있다(매일경제, 2015. 11. 24.).

1980년대의 지역사회복지실천의 또 다른 흐름은 반독재 민주화 투쟁의 흐름에 맞추어 빈민지역의 철거 반대 투쟁 등 지역사회행동 모델이 점차 확대되는 경향을 띠기 시작했다는 점이다. 산업화 과정에서 서울 주변부에 자리 잡은 판자촌 등을 철거하고 대기업과 중산층 위주의 도시개발사업에서 생존권과 주거권을 박탈당한 빈곤층은 격렬하게 저항하였고, 이들의 저항에 대한 대응으로 노태우 정부는 주택 200만 호 건설 정책을 실행하였고, 그 결과로 영구임대아파트라는 주거 형태가 등장했다(박윤영, 1991). 영구임대아파트는 주거권의 보장이라는 의미는 있지만, 사회 통합이 아닌 사회적 배제의 전형이고 무형의 낙인을 유형화시킨 측면도 있다.

이 시기에 중요한 의미를 갖는 제도는 1987년에 도입된 사회복지전문요원 제도다. 사회복지전담요원은 전국 읍면동 사무소에 배치되었고, 생활보호대상자의 책정관리 등 주로 공적부조 업무를 수행하였다. 사회복지전문요원 제도의 도입은 지역사회복지 전달체계 내에 전문성을 도입한 정책이라는 의미를 갖는다.

3) 지역사회복지 발전기: 1990년대 중반~현재

1995년의 지방자치제도의 실질적 부활은 지역사회복지 활성화의 기초가 되었다. 실천 영역도 다양해지고, 각 영역에서의 전문적 실천이 강조되는 시기였다. 특히 재가복지 서비스 확대, 지역사회복지실천 주체의 전문화 및 다양화, 지역사회 중심의 자활사업 전개, 지방자치제도의 실시 및 지역분권운동의 전개에 따른 지역사회복지의 내실화 요구 등 지역사회복지의 질적 전환이 이루어진 시기라고 할 수 있다(오정수, 류진석, 2012). 1983년「사회복지사업법」개정 이후 사회복지관은 1990년대를 거치면서 양적으로 확대되어 2022년 기준 전국에 477개소가 설치 · 운영되고 있어 지역사회복지실천의 핵심기관으로 자리 잡았다. 특히 1990년에 58개소에서 2004년에는 364개로 사회복지관이 급속하게 증가하였는데, 이것은 1989년「주택건설촉진법」등에 의해 저소득층 영구임대아파트 건립 시 일정 규모의 사회복지관 건립을 의무화하였기 때문이다. 이후 사회복지관은 도시 영세민 밀집지역 공간 구조의 상징이 되었다.

사회복지관이 급속하게 증가하면서 지역사회복지실천에 있어서 재가복지 영역은 매우 중요해졌다. 이는 영국의 지역사회복지 발달과정에서 보았던 지역사회보호적 의미가 있다. 재가복지는 1993년에 사회복지관 부설로 재가복지봉사센터가 설치 · 운영되면서 시작되었다. 재가복지봉사센터의 주요 사업으로는 일상적인 가사지원, 간병 서비스, 말벗과 같은 정서적 서비스, 후원자를 연결하는 결연 서비스 등을 들 수 있는데, 이것은 시설에서 보호를 받는 노인에게 제공되는 일상적인 서비스만큼 중요한 것이다. 이렇게 시작된 직접 서비스는 2012년에 지역조직화사업, 사례관리와 함께 사회복지관의 3대 사업으로 자리 잡았다.

2003년에 「사회복지사업법」을 개정하여 지역사회복지협의체라는 민관협력과 보건복지 연계 메커니즘을 만든 것은 지역사회복지실천 차원에서 획기적인 의미를 갖는다(함철호, 2015). 지역사회복지협의체는 보건복지부가 5년 동안 시범사업을 행한 '시범보건복지사무소' 사업이 긍정적이지 않다는 평가(이현송, 강혜규, 1997)에 대한 대안으로 만들어진 것으로, 지역 단위의 민관협력과 보건복지 통합 서비스를 위한 기제다. 2002년에 전국 14개 기초자치단체(광역자치단체마다 1곳씩 수행하려는 계획이었으나 서울특별시는 참여를 거부하였고, 충남 연기군은 수행하지 못하였다)에서 시범사업을 한 결과, 민간과 공공 참여자의 70%가 지역사회복지협의체가 상시 운영되어야 한다(함철호, 2003)는 응답을 함에 따라 개정된 「사회복지사업법」 제7조의 2의 지역사회복지협의체 조항이 삽입되었다.

지역사회복지협의체의 과업은 시군구 단위의 지역사회복지계획(「사회복지사업법」 제15조의 3)을 수립하는 것이었고, 보건복지 연계를 위한 기제였으며, 지역 단위 민간 자원 개발의 도구였다.

2004년 10월부터 사회복지사무소 시범사업이 실시되었는데, 실시 지역에서 지역사회복지협의체를 운영하도록 하였다. 참여정부가 들어서면서 사회복지사무소는 주민생활지원국으로 변경되었고, 지역사회복지협의체는 주민생활지원민관협의체로 변경되었다. 주민생활지원민관협의체는 네트워크 조직의 성격을 띠고 있으나, 조직으로서 과업 수행의 기본 요건인 의사소통 구조가 성립되지 않고 조직으로서 목적 사업을 수행할 수 없었으므로 사라졌으며, 지역사회복지협의체가 부활하였다. 연 1회씩 시행되는 지역사회복지협의체 전국대회 보고에 따르면, 지역사회복지협의체는 민관협력 구조로서 지역 변화의 핵심 기제가 되고 있다.

2014년에 송파 세 모녀 자살 사건이 발생하면서 지역에서의 사각지대 문제가 정책의 핵심 이슈가 되었다. 복지부는 이 문제에 대응하기 위하여 읍면동 복지허브화사업을 추진하였다. 보건복지부(2016)의 읍면동 맞춤형 복지팀 업무 매뉴얼은 읍면동 복지허브화사업의 추진배경을 세 가지로 제시하였다. 첫째, 사회복지의 범위와 문제가 복잡 · 다양해짐에 따라 복지문제해결을 위한 전달체계의 개편의 필요성이 강조된다. 둘

째, 사회보장 영역 및 대상의 지속적 확대 및 복지예산의 급격한 확대에도 불구하고, 대국민 만족도에 한계가 있다. 셋째, 복지지출 증가에도 불구하고 복지사각지대 문제가 지속되고 있어 공공복지의 한계를 보완하고 주민참여를 통한 지속가능한 복지 실현 및 복지체감도 향상을 위한 민관협력 강화가 필요하다. 읍면동 단위의 민관협력 메커니즘으로 2015년 7월에 「사회보장급여법」 제41조의5에 '읍면동 지역사회보장협의체'가 명시되었다.

영세민 밀집지역의 한 동의 사례인데, 지역사회보장협의체가 활성화됨에 따라 "지역주민과 지역에 대한 이미지가 긍정적으로 변화되었다(〈사례 10-4〉참조). 즉, 노인들을 변화시키고, 반사회적 행동을 감소시키고(매년 약 7~10명씩 자살자가 생겨나던 동네에서 지역사회보장협의체가 활성화된 후 자살이 사라졌다), 동네 행사에 주민이 관심을 갖게 했으며, 슬럼·우범 지역으로 인식되었던 지역을 분위기 좋은 동네, 함께 어울릴 수 있는 동네, 이사 오고 싶은 동네로 지역에 대한 의미를 바꿔 놓았다."(함철호, 2017a) 이러한 사실에 근거할 때 읍면동 지역사회보장협의체는 살기 나쁜 지역사회를 살기 좋고 역량 있는 지역사회로 변화시키는 매개체가 될 수 있다.

수행 학습

- 일본의 지역복지 역사에 나타난 일본 사회복지협의회의 역할과 한국 지역사회복지에 있어서 사회복지협의회의 역할(홈페이지 참조)을 비교해 보세요.

제 2 부

지역사회복지실천: 이론, 모델, 과정

오늘날 사회복지 분야에는 많은 '이론'이 존재한다. 예를 들면, 생태체계이론, 기능주의이론, 정신분석이론, 행동주의이론, 자아심리이론, 문제해결이론 등이다. 또한 앞으로도 많은 이론이 개발·소개될 것이고, 각각의 이론들은 우리가 실천하는 여러 측면에 분명히 영향을 미치게 될 것이다. 사회복지실천은 보다 이론에 기반을 둔 실천이 되어야 한다는 주장을 오래전부터 당연한 것으로 받아들였다. 책임성 있고 윤리적인 실천은 반드시 확고한 이론적 기반을 바탕으로 해야 한다. 이론 중심의 실천을 통해서 사회복지사는 비슷한 상황에서 유사한 개입을 하면 비슷한 결과가 초래될 것이라는 가정을 한다(Turner, 2004).

Hardcastle 등(2004)에 따르면, 사회사업실천이 매우 복잡하기 때문에 이론과 실천 간의 직접적인 상관성을 찾기도 어렵고, 이론은 우리에게 좀처럼 직접적이고도 명확하게 무엇을 해야 하는지를 말해 주지 않을뿐더러 그것을 완벽하게 얘기해 줄 수 없다. 그렇지만 이론에 비추어 우리의 실천 경험을 반영하는 과정 그리고 실천 결과에 근거해 이론과 실천을 적절하게 변경하는 과정은 우리의 실천 세계를 이해하는 데 도움을 준다(Hardcastle et al., 2004). 이러한 Hardcastle 등(2004)의 견해는 이론 자체가 한계를 가지지만 이론에 근거해서 실천해야 한다는 의미다.

이론을 '언제든지 활용할 수 있는 유용하고 중요한 지식 자원'이라고 할 때, 활용의 목적에 따라 이론을 분류할 수 있다. 일반적 오리엔테이션 중심의 기초이론과 구체적 행위 중심의 실천이론으로 나눌 수 있다(Turner, 2004). Siporin(1975)은 이론을 사정 관련 이론과 개입 관련 이론으로 분류할 것을 제안했다(Turner, 2004 재인용). 지역사회복지실천과 관련하여 Netting, Kettner와 McMurtry(1993: 조성숙, 2012 재인용)는 이론을 지역사회에 대한 이해를 돕는 기술적 이론과 실천의 길잡이가 되는 개입적 이론으로 분류하였다. 기술적 이론은 지역사회 내에서 무슨 일이 일어나고 있는지에 대한 분석에 유용하지만, 그 상황을 변화시킬 수 있는 방법은 제시하지 않는다. 그러나 개입적 이론은 실천가가 개입할 수 있는 방법을 제시해 준다.

이러한 논의에 기초하여 제4장에서는 지역사회를 이해하는 이론으로 사회체계이론, 생태학이론, 갈등이론, 교환이론, 지역사회 권력이론, 사회자본이론, 사회학습이론을 살펴보고자 한다.

'사회체계론이론'은 지역사회의 전체적인 모습과 구성요소를 이해하는 데 도움이 된다. 또한 지역사회복지 전달체계를 설명해 주며, 체계 내의 민간복지체계와 공공복지체계의 협력을 강조하는 이론적 기초가 된다. 양 체계의 협력을 끊임없이 강조하는 이유는 협력적 상호작용을 통한 시너지 효과 때문이다.

‘생태학이론’은 이미 알려진 대로 사회복지실천의 토대가 되는 이론이다. 생태학이론은 인간과 환경을 이중적이고 동시적으로 조망하는 관점이다. 이 이론에서 지역사회는 개인과 집단의 환경으로서 여섯 가지 하위요소를 갖추지 못하면 문제적 환경이 된다.

‘갈등이론’ 또한 갈등 개념을 통해 세상과 지역사회를 이해하게 도우며, 제5장에서 학습하게 될 ‘사회행동 모델’의 기초가 된다. 이 이론은 사회복지사가 사례관리자, 상담자, 케이스 워커 등 어떤 역할을 하든 다양한 상황에서 갈등에 개입하는 역할을 하는데, 이에 대한 도움을 준다.

‘지역사회 권력이론’은 지역사회 주민의 삶을 억압하기도 하고, 복지자원을 할당하는 권력 구조를 이해하는 데 도움이 된다.

‘교환이론’은 주민조직 활동과 자원봉사 활동 혹은 주민 간의 상호작용에 의한 공동체 형성을 설명할 수 있어 지역사회복지실천에 유용하다.

‘사회자본이론’은 주민 간의 네트워크에 근거한 신뢰와 규범이 사회자본이라고 보며, 이는 지역사회 문제해결의 수단이 될 수 있음을 시사한다.

‘사회학습이론’은 지역사회 변화의 기초는 지역사회의 가장 하위체계인 주민의 변화에 의해 가능하며, 사람의 가치관과 신념, 태도를 변화시키는 지름길은 교육이라고 안내한다.

제5장에서 다루는 지역사회복지실천 ‘모델’도 실천의 안내자이므로 Siporin의 ‘개입 관련 이론’으로 분류될 수 있다. ‘모델은 일종의 이론’(김경동, 이승훈, 임종철, 차재호, 최명, 1982)으로, 이론과 모델은 유사한 의미를 가지며, 호환이 가능하다. 또한 모델은 ‘실제로나 혹은 이상적으로나 모방할 가치가 충분히 있는 것’(김광웅, 1995)이다. 제4장에서 살펴본 이론이 지역사회(사회)를 이해하는 틀이라면 여기서 다루는 ‘모델’은 지역사회의 현상, 특히 사회문제를 해결하는 바람직한 틀이라는 의미가 있다. 실천 모델은 사회문제를 이해하고 그 문제의 대응책을 개발하기 위한 상세한 체계다. 지역사회복지실천 모델은 사회 변화를 위한 이론체계, 개입 방법, 기대되는 성과와 같은 요소를 포함하고 있다. 어떤 이론을 사용하느냐에 따라 변화를 위한 개입에 어떤 실천 모델을 사용할지가 결정된다(Hardina, 2002). 예를 들어, 사회문제가 지역주민의 이해관계에 의한 갈등 현상으로 나타난다면 갈등이론의 틀로 그 문제를 분석하고, Rothman(1995)의 ‘사회행동 모델’을 적용할 수 있다. 지역사회문제가 생태체계 단위들의 기능적 결손에 의한 것이라고 체계이론에 의해 설명이 가능하다면, ‘지역개발 모델’이나 ‘사회계획 모델’

을 적용할 수 있다. Weil과 Gamble 모델은 Rothman 모델을 세분화하여 개입의 틀을 구체화했다는 의미가 있다.

제6장에서는 개입적 이론의 의미가 있는 '문제해결과정'을 살펴보고자 하는데, 이것을 McMahon은 '사회복지실천의 일반적 방법론'이라고 칭했다. Compton과 Galaway는(1999)는 문제해결을 이론보다는 어떤 과정이나 모델로 보았다. 문제해결과정은 사회계획이나 정책개발에 관련된 사회복지사나 다른 전문가들을 위해 사회문제를 사정하고 논의하는 데 필요한 대안들을 살피고, 계획을 수립하는 데 필요한 논리적 과정을 제공한다고 보았다. 사회복지사에 의해 개발되어 '우리의 것'이라고 부를 수 있고, 현대 사회복지실천 이론들 중에서 가장 중요한 것 중의 하나로 꼽히는 문제해결이론 · 모델(Turner, 2004)은 지역사회복지실천 측면에서 클라이언트 지역사회에 개입하는 '과정'의 틀이 된다.

유능한 지역사회실천가가 되기 위해서는 지역사회를 설명하는 '이론'도, 실천의 길잡이가 되는 '모델' '과정'도 깊이 이해하고 있어야 한다.

지역사회복지실천 이론

1. 사회체계이론

Schriver에 의하면, 사회체계이론은 지역사회를 종합적이고 전체적으로 볼 수 있는 관점이다. 지역사회에 대한 체계적 관점을 통해 지역사회를 구성하는 다양한 요소나 하위체계, 즉 지역사회를 구성하는 개인, 가족, 집단, 조직을 인식할 수 있으며, 더 큰 환경 속의 다른 체계나 하위체계가 공동체에 미치는 영향을 파악할 수 있다. 또한 체계적 관점은 지역사회체계 내의 요소들 간 그리고 지역사회와 환경이 서로 영향을 주고받는다고 본다. 이 관점에 따르면 지역사회는 주변의 환경과 영향을 주고받는데, 이러한 상호 영향에 의하여 지역사회의 삶은 지속적으로 변화하게 된다(Schriver, 1995).

사회체계이론은 지역사회를 이해하는 데 유용한 틀이다. 이론이 복잡하지만 이론의 주요 개념들은 지역사회의 다양한 구조적 · 기능적 속성을 규명하는 데 도움이 된다(Fellin, 1995). Anderson과 Carter는 지역사회는 개인, 가족 및 소집단과 같은 미시체계와 대조되는 거시체계이지만, 사회와 미시체계 사이에 있는 중간체계이기도 하다고 하며 지역사회를 다음과 같이 정의하였다(Anderson & Carter, 1984, pp. 65-66).

> 지역사회란 구성원들이 의식적으로 동일시하는 인구집단이다. 구성원들은 물리적 공간을

> 공유하고, 공동 활동에 참여하며, 일정한 형태의 조직을 구성하고 참여한다. 그 조직들은 기능적으로 분화하며, 기능 수행을 통해서 지역사회는 환경에 적응하고, 지역사회 구성요소들의 욕구를 충족시킨다. 지역사회의 구성요소들은 그 '인구집단' 안의 개인, 가족, 집단, 조직이며, 지역사회의 욕구 충족을 위해 형성된 제도[1]도 지역사회에 포함된다. 지역사회의 환경은 지역사회가 그 속에서 적응해야 하는 사회이며, 그 지역사회가 기능을 수행하는 과정에서 영향을 미치는 다른 지역사회와 조직도 환경이다.

지금까지 소개한 세 학자의 공통점은 체계이론이 지역사회를 이해하는 데 유익한 틀이라는 것이다. 이하에서 사회체계이론의 주요 개념과 지역사회의 하위체계와 기능(Fellin, 1995)에 대해 살펴보고, 이러한 것들이 지역사회복지실천에 대하여 시사하는 바를 검토하고자 한다.

1) 체계의 기본 개념

사회체계이론을 이해하기 위해서 체계, 홀론, 에너지와 시너지, 경계와 공유영역, 개방・폐쇄 체계, 상호작용 및 상호관계, 투입・전환・산출・피드백, 안정 상태, 동등종결과 같은 개념을 이해해야 한다(Ambrosino, Heffernan, Shuttlesworth, & Ambrosino, 2008; Anderson & Carter, 1984; Compton & Galaway, 1999; Norlin & Chess, 1997).

(1) 체계

체계이론가인 Ludwig. von Bertalanffy(버틀랜피)는 체계(system)를 '부분들 간에 관계를 맺고 있는 일련의 단위들의 집합'으로 정의했다. 또 체계는 분리되지만 상호작용하고 상호의존적인 부분으로 구성된 전체라고도 정의된다. 초기 그리스 의사들은 신체를 큰 체계로 보고, 다양한 작은 체계의 신체가 상호작용하고 상호의존적인 부분으로 구성된다고 보았다. 인체는 골격계, 근육계, 내분비계, 순환계 등 많은 작은 체계들이 통합된 체계라는 것이다. 인체의 한 구성요소가 효과적으로 기능하지 못할 때, 인체의

---

1) '라다크' 지역사회는 일처다부제의 결혼제도이다(1942년 이후 불법이 되었다). 매우 척박한 땅이 안정된 규모의 인구를 유지하며 생존하기 위한 욕구가 제도화된 것으로 볼 수 있다. 한 여자와 여러 명의 남자가 결혼한다면 결혼하지 못하는 여자가 생기게 마련인데, 이 여자는 비구니가 된다. 티베트 불교의 사원제도와 관련된다(양희승 역, 2013)

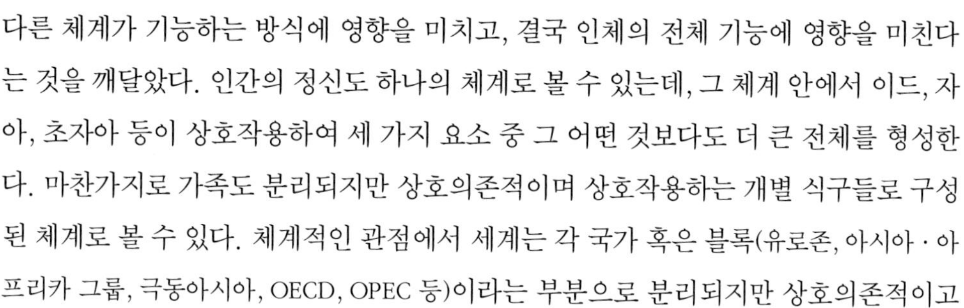

다른 체계가 기능하는 방식에 영향을 미치고, 결국 인체의 전체 기능에 영향을 미친다는 것을 깨달았다. 인간의 정신도 하나의 체계로 볼 수 있는데, 그 체계 안에서 이드, 자아, 초자아 등이 상호작용하여 세 가지 요소 중 그 어떤 것보다도 더 큰 전체를 형성한다. 마찬가지로 가족도 분리되지만 상호의존적이며 상호작용하는 개별 식구들로 구성된 체계로 볼 수 있다. 체계적인 관점에서 세계는 각 국가 혹은 블록(유로존, 아시아 · 아프리카 그룹, 극동아시아, OECD, OPEC 등)이라는 부분으로 분리되지만 상호의존적이고 상호작용하는 전체라는 체계다.

Anderson과 Carter(1984)는 체계를 상호작용하고 서로에게 영향을 주는 사람들이나 사람의 집단으로 구성되어 있는데, "다른 것과 뚜렷하게 구별된 방식으로 서로 상호작용하고 일정 기간 동안에 지속되는 요소들로 이루어진 조직화된 전체"라고 정의하고, 가족, 집단 조직, 지역사회, 국가, 문화 등을 예로 제시했다.

(2) 홀론

모든 사회체계는 '홀론(holon)'이다. 이 용어는 하나의 실체가 부분인 동시에 전체라는 것을 의미한다. 사회적 단위는 부분들로 구성되는데, 이 사회적 단위는 부분에 대해서는 전체, 즉 상위체계(환경)가 되며 동시에 어떤 단위는 보다 큰 체계의 부분으로서 구성요소 또는 하위체계가 된다. 우리의 관심 대상인 지역사회도 전체로서 개인, 가족, 집단, 조직이라는 다양한 부분 혹은 하위체계로 구성되어 있으며, 전체 사회의 일부로서 홀론이다. Compton과 Galaway(1999)는 이러한 구조를 겹구조(nested structure)로 칭하였는데, 전형적인 예로 '생태학이론'에서 배우게 될 Bronfenbrenner(1979)와 Garbarino(1992)의 미시체계, 중간체계, 외체계, 거시체계를 들 수 있다.

홀론은 사회체계이론의 핵심 개념인데, 이를 통해 우리가 관심을 가져야 하는 초점체계(focal system)를 확인하는 것이 가능하다. 초점체계를 명확히 해야 초점체계를 이루고 있는 부분들이나 하위체계(substem)들을 구분할 수 있고, 초점체계를 둘러싸고 있는 환경이나 상위체계(suprasystem)을 파악할 수 있다.

(3) 에너지와 시너지

사회체계는 생존을 위해서 그리고 체계의 목표 달성을 위해서 '에너지(energy)'를 필요로 한다. 에너지는 정보와 자원을 의미하며, 사회체계를 활성화시킬 수 있다. 사회체계는 에너지를 가지고 있으며, 에너지 전이는 모든 사회체계의 중요한 기능이다. 인간 내부에는 정신에너지(자신감, 지적 · 정서적 능력, 야망 등)가 있다. 마찬가지로 가족(사랑), 집단(공유 감정), 조직(충성심), 지역사회(사회적 유대감)에도 사회적 에너지가 있다. 사회체계는 내부와 외부(환경)로부터 에너지를 확보하고, 에너지를 활용하여 목표를 달성한다. 가족체계는 화목한 가정생활을 통해 내부 에너지를 모으고, 가장의 노동을 통해 외부의 조직환경인 직장으로부터 소득이라는 에너지를 확보하며, 이를 이용하여 지역사회의 다양한 집단 활동에 참여해 행복이라는 목표를 추구한다.

이러한 에너지 상태를 표현하는 기본적인 개념이 엔트로피(entropy)와 네겐트로피(negentropy)다. 엔트로피는 체계의 존속에 유용하지 않은 에너지 양의 정도를 나타내고, 네겐트로피는 그 반대 개념이다. 체계 구성요소들 간의 상호작용이 감소하면 유용한 에너지도 감소하는 특징과 무질서한 체계의 성향을 나타낸다. 다양한 이유로 갈등이 많은 가족체계나 조직체계에는 엔트로피가 많을 것이다. 물리학자인 Erwin Schrodinger(에르빈 슈뢰딩거)는 엔트로피라는 용어에 대항하기 위해 네겐트로피라는 개념을 주장했는데, 그는 "유기체가 먹고 사는 것은 네거티브 엔트로피다."라고 말했다. 엔트로피의 반대 개념으로 이해해도 무방하다.

'시너지(synergy)'는 체계 내의 유용한 에너지의 증가를 말하는데, 그것은 체계 구성요소들 사이의 상호작용의 증가에 의해 생겨난다. 지역사회에서 민간복지체계와 공공복지체계의 협력을 강조하는 것도 양 체계 간의 협력(시도 사회보장위원회와 시군구와 읍면동의 지역사회보장협의체가 협력 메커니즘이다), 즉 상호작용의 증가에 의해 유용한 에너지, 시너지가 증가하기 때문이다. 시너지는 개방적이고 살아 있는 체계를 설명하는 데 적합한 용어다. 개방체계는 구성요소들의 활발한 상호작용에 의해 에너지를 생성한다. 엔트로피, 네겐트로피, 시너지와 같은 용어들은 인간체계들의 활력, 자원, 조직 상태를 설명하고 이해하는 데 유용하다. 에너지는 체계의 '경계' 간에 전이된다.

(4) 경계와 공유영역

모든 체계의 중요한 측면이 경계(boundaries)다. 거의 모든 것이 체계가 될 수 있는데, 한 체계가 끝나고 또 다른 시스템이 시작되는 지점이 일종의 경계다. 이 경계를 넘어서는 모든 것이 그 체계의 환경이다. 앞서 언급한 바와 같이, 인간의 몸을 하나의 체계로 보면 피부는 경계가 된다. 경계는 전체로서의 가족 둘레에, 가족의 하위체계 둘레에 그리고 개별 가족구성원 둘레에 존재한다. 요컨대, 경계란 체계와 체계를 구분해 주는 일종의 테두리라는 의미다. 경계에 의해 전체와 부분, 하위체계와 상위체계(환경)의 구분이 이루어진다.

경계는 임의적이기는 하지만, 전체 체계를 위해 기능하는 하나의 단위나 실체(entity)를 규정하는 데 유용한 은유가 된다. 경계가 없었다면 개인의 기능을, 또는 별개의 분리된 하위체계들에서의 기능을 발전적으로 분화시키지 못했을 것이며, 어떠한 체계 복합성도 존재하지 않았을 것이다.

체계 관점을 사용할 때 기억해야 할 중요한 점은 우리가 정의하는 시스템과 그러한 시스템에 부여하는 경계는 개념적이라는 것이다. 우리가 다루고 있는 광범위한 사회복지 문제나 더 좁은 개인의 문제를 바라보는 데 있어서 최선의 의미를 가지도록 어떤 방식으로든 경계를 정의할 수 있다. 예를 들어, 개입 전략을 수행하려고 할 때에는 클라이언트체계, 그것의 하위체계, 클라이언트의 환경체계 등의 경계를 정의해야 한다. 체계의 경계는 환경과 접촉이 일어날 수 있도록 개방적이어야 한다. 사회복지사가 초기 상담과정에서 클라이언트와 라포를 형성하려는 노력이 경계를 개방하려는 노력의 예가 될 수 있으며, 제7장에서 에린 브로코비치가 지역주민들과 친해지면서 지역사회를 알아가는 '친숙화 사정'도 그렇다.

공유영역(interface)은 서로 다른 체계나 조직들이 접촉하거나 의사소통하는 지점 혹은 두 개의 체계가 함께 공존하는 곳으로, 체계 간에 교류가 일어나는 곳으로 정의된다. 그리고 두 체계간의 의무와 기대에 대한 구체적인 합의라는 의미도 있다(Zastro & Kirst-Ashman, 2002). 어떤 체계가 상위체계나 하위체계와 교류하면서 만들어지는 독특한 상호작용의 유형이 공유영역이다. 경계와 공유영역이 다른 점은 경계가 체계의 정체성을 유지하기 위해 필요한 것이라면, 공유영역은 서로 다른 두 체계가 공통의 이익이나 관심을 추구하기 위해 필요하다는 점이다(Norlin & Chess, 1997).

이러한 공유영역은 사람들이 관계를 맺음으로써 만들어진다. 취미를 공유하면 친구와 동아리가 되고, 신앙을 공유하면 종교집단이 되며, 정치적 목표를 공유하면 정당이 된다. 사례관리자와 클라이언트의 신뢰 관계, 파트너십 그리고 합의한 목표가 공유영역의 예가 될 수 있다.

(5) 개방체계와 폐쇄체계

우리는 체계라는 개념을 사용할 때 적절해 보이는 곳에 경계를 그릴 수 있지만, 우리는 그 경계들이 얼마나 침투하기 쉬운지를 확인할 수 있어야 한다. 어떤 개인이 활동하고 싶어 하던 동아리에 가입했을 때 그 개인은 동아리체계 내로 쉽게 침투했다고 할 수 있다. 이런 것을 개방체계라고 부른다.

개인, 가족, 집단, 조직, 지역사회 등의 체계는 외부환경과 어느 정도로 상호교류와 상호작용하는지에 따라 개방적일 수도, 폐쇄적일 수도 있다. 개방체계의 구성원들은 상호 간에 상호작용이 활발하다. 할아버지와 할머니, 삼촌이나 조카들과 같은 확대가족 구성원들과의 상호작용이나 학교, 이웃, 교회 · 성당 · 사찰과 같은 가족 외부체계들과의 상호작용이 자유로운 것이다. 협상, 의사소통, 역할 전환의 유연성, 상호의존성 그리고 진실성이 개방체계의 특징이다.

모든 수준의 체계는 시간이 지남에 따라 개방성과 폐쇄성이 달라진다. 개방체계는 그 체계의 주변으로부터 자원(matter), 에너지, 정보와 같은 투입을 받고 그 환경으로 산출을 내보낸다. 폐쇄체계에는 엔트로피가 있고, 개방체계에는 네겐트로피가 있다. 결혼이주가족들은 토박이 주민들보다 폐쇄체계일 가능성이 높다. 이러한 가족은 폐쇄체계로서 엔트로피가 높아질 수 있으므로 가족지원센터의 사회복지사는 같은 나라에서 먼저 이주해 온 자원봉사자와 동행하여 새로운 문화, 지역사회 환경에 적응하도록 도와야 한다.

(6) 상호작용 및 상호관계

경계와 개방 · 폐쇄 체계는 시스템의 구조적 측면이다. 체계이론의 또 하나의 특징은 체계 또는 하위체계 자체보다는 단위 간의 상호작용과 상호관계에 중점을 둔다는 것이다. 따라서 두 요인 간의 인과관계보다도 여러 요인 간의 관련성을 규명하게 한다. 체계 간의 상호작용과 상호관계는 일정한 움직임, 유동성 및 변화를 시사한다.

관련성과 상호작용은 시스템의 한 부분 또는 한 시스템의 변화나 이동이 더 큰 시스템 또는 다른 시스템에 영향을 미친다는 개념을 통합한다. 예컨대, IMF라는 '경제체계'의 위기는 세수감소(복지재정의 감소)로 인해 '정치체계'에 영향을 미치며, '복지체계'는 경상보조비 감소라는 영향을 받는다. 복지체계의 구성요소인 '사회복지기관체계'들은 생존을 위해 구조조정을 하거나 개인체계인 직원들의 임금을 삭감하는 변화를 시도했다.

상호작용과 상호관련성은 시스템 내부와 시스템 간의 일정한 에너지 흐름과 함께 지속적으로 발생시킨다. 앞에서도 언급했듯이 에너지 흐름이 체계의 성장과 변화를 만들기 때문이다.

(7) 투입 · 전환 · 산출 · 피드백

체계는 생존하기 위해 자원을 확보해야 하며, 이를 위해서 외부환경과 상호작용한다. 이에 대해 Norlin과 Chess(1997)는 모든 체계는 투입(input)－전환(conversion operation)－산출(output)이라는 교환과정을 통해서 환경과 교류한다고 하였다.

투입이란 환경으로부터 에너지와 정보를 받아들이는 것이다. 시 · 군 · 구청이 관내의 사회복지기관에 경상보조비를 지급하는 것이 투입의 예가 된다. 전환이란 투입을 산출로 변환시키기 위한 노력, 과정이다. 경상보조비 중 사업비를 이용하여 프로그램을 운영하는 것이 예가 될 수 있다. 산출이란 투입된 자원을 전환과정을 통해 내놓은 결과물이다. 프로그램 실적이 산출의 예로 제시할 수 있다. 산출과 흔히 사용하는 성과(outcome)는 다르다. 산출은 과정의 결과를 칭하는 일반적 용어이지만, 성과는 평가를 위해 측정하는 특정 변수를 의미한다. 약물중독 상담기관의 약물교육 프로그램을 이수한 청소년의 수는 산출의 의미를 갖고, 이수한 청소년들의 약물 사용량이 감소했다면 성과라는 의미가 있다. 요컨대, 체계의 전환과정상 모든 행위는 산출을 의미하고, 행위의 긍정적 효과는 성과를 의미한다.

피드백(feedback)은 체계가 자신이 행한 것에 관한 정보를 받아들이는 것을 의미하며, 체계의 목표 달성과 관련하여 중요하다. 체계는 목표 달성을 위해 외부환경으로부터 정보를 수용하고, 정보에 의미를 부여하여 시스템의 목표와 일치시키기 위한 적절한 행동을 하는 것이 필요하다. 다음과 같은 예를 들 수 있다. 즉, 어떤 사회복지시설(체계)이 3년마다 받아야 하는 평가를 받고 평가기관(외부환경)으로부터 '지역사회네트워크' 영역에서 감점을 받았다면, 기관장은 3년 후 '최우수 A등급'을(목표) 받기 위한 노력을 할 것이다.

(8) 안정 상태

체계가 통합되어 있다는 의미를 갖는 개념 중에 하나가 안정 상태(steady state)이다. 체계는 일정한 질서와 안정성을 유지하면서 목표를 향해 나아가기 위해 끊임없이 조정하며, 평형 유지를 위해 에너지를 주고받는다. 건강한 체계는 격변하지 않고 안정과 성장을 이루기 위해 밀물과 썰물처럼 항상 유동적이다.

〈사례 4-4〉에서 철수네 가족체계는 경제침체라는 거시환경체계의 영향으로 격변과 불안정한 체계였으나 사회복지사 체계와 행동체계들의 노력으로 안정 상태의 체계를 이루었음을 볼 수 있다.

(9) 동등종결

사회체계의 마지막 개념은 동등종결(equifinality)인데, 시스템의 최종 상태가 여러 가지 다른 방식으로 달성될 수 있다는 개념이다. 바람직하다고 여기는 동일한 결과를 얻기 위해서 사회복지사는 몇몇 모델 가운데 어떤 것이라도 활용하여 언제든 클라이언트 체계에 개입할 수 있다는 의미를 시사하는 것이 동등종결의 개념이다.

2) 지역사회의 하위체계와 기능

Fellin(1995)은 지리적 지역사회에 초점을 두면서 정치체계, 경제체계, 교육체계, 자발적 결사체, 보건 · 복지 체계라는 지역사회의 다섯 가지 하위체계를 설명했다.

(1) 정치체계

지역사회 정치체계는 지방정부와 같은 공식 조직, 다양한 지역사회의 하위체계 조직과 리더, 비공식적 정치 활동을 하는 사람들로 구성된다. 지역사회의 규모에 따라 정치체계 또한 복잡해지기도 하며, 그렇지 않기도 하다.

지역사회 정치체계는 다음과 같은 중요한 기능을 수행한다(Rothman, 1974: Fellin, 1995, pp. 215-216 재인용). 첫째, 지방정부는 공공의료, 사회복지서비스, 사람의 생명과 재산의 보호, 깨끗한 거리 조성, 교통질서 확립과 같은 다양한 서비스를 제공한다. 둘째, 지방정부는 서비스 프로그램을 위한 공공지출과 지역사회의 정책개발에 책임을 진다. 이러한 '공동의사결정' 기능은 서비스, 토지 이용, 경제개발, 조세와 예산 책정과 관련된다. 셋째, 지역의 정치체계는 중요한 의사결정을 한다. 의사결정력(decisionmaking power)은 지역개발위원회, 여성친화도시 위원회, 정신건강위원회와 같은 집단에 있다. 넷째, 지방정부는 사회 질서 유지를 위해 강제력을 사용함으로써 사회 통제 도구로서의 기능을 한다. 끝으로, 다양한 이익집단 간의 갈등을 관리하는 기능을 한다. 이러한 지역사회 기능은 정치 하위체계 내의 다양한 제도를 통해 수행된다.

(2) 경제체계

지역사회 경제체계는 생산 · 분배 · 소비 활동을 하는 조직, 집단, 개인과 같은 하위체계로 구성된다. 지역사회 경제체계는 다음과 같은 네 가지 하위체계로 구성된다. 첫째, 다수의 공식적이며 관료적인 조직인 기업조직과 상업조직, 둘째, 개인이 운영하거

나 집단이 운영하는 전문직들의 사무소(예: 회계사, 변호사, 의사, 사회복지사, 심리학자), 셋째, 가내수공업이나 서비스 업체 같은 다소 덜 공식화된 산업, 넷째, 다양한 개인이나 집단이 운영하는 지하경제 등이다.

지역사회 경제체계는 하위체계인 주민에게 일터다. 지역사회 내의 다양한 공식 조직은 거주자에게 고용의 기회를 제공하며, 실제 노동 활동을 하는 곳이다. 개인에게 경제 조직은 일을 할 수 있는 곳이고, 직업 활동을 통해 만족을 얻는 곳이며, 돈을 벌고, 보건과 복지급여를 획득하는 곳이고, 퇴직소득 등 기타 급여를 확보할 수 있는 곳이다. 또한 추가적인 의미가 있다. 즉, 특히 일터의 위치가 지역사회 주민들이 사는 지역사회에 있을 때 일터는 개인과 지리적 지역사회를 묶어 주는 끈이 될 수 있다. 일터와 전체 지역사회는 상호의존한다.

지역사회의 다른 하위체계, 가령 보건과 복지체계 그리고 교육체계는 경제체계의 힘에 의존한다.

(3) 교육체계

지역사회의 초중학교는 지역사회의 교육적 기능을 일차적으로 책임지는 사회적 단위다. 이러한 학교는 가족이나 여타의 사회제도로부터 도움을 받는데, 교육체계는 중요한 공식적이고 제도적인 단위다. 많은 지역사회 내의 교육체계는 공립학교, 종교 관련 학교, 사립학교 등으로 구성된다. 또한 교육체계는 학교 전 프로그램, 지역사회 학교, 대학교, 기술학교, 전문학교, 성인을 위한 평생교육 프로그램 등으로 구성되어 있다.

지역사회의 교육체계는 학습, 사회화, 시민 양성, 사회 통제와 같은 중요한 기능을 수행한다.

학교에서 전문사회사업가들은 다양한 사회복지서비스를 제공한다. 사회복지사들은 특수한 욕구를 가진 학생들을 위한 다전문직 팀의 일원이 된다. 때때로 사회복지사들은 고위험군의 학생들을 위한 사례관리 서비스를 제공한다. 지역사회에서 교육체계를 이해하는 것은 모든 사회복지사에게 중요하지만 학교현장에서 사회복지를 실천하는 학교사회사업가들에게는 더욱 중요하다.

(4) 자발적 결사체

어떤 지역사회에나 독특한 사회적 단위로 자발적 결사체[2]가 있다. 종교와 관련된 것

(각종 종교의 교파 등), 직업과 관련된 것(노동조합, 전문가 조직), 사회적인 것(댄스클럽, 스포츠클럽, 각종 동호회), 정치적인 것(정당, 지역사회 자문위원회), 자조집단(A. A., 단도박 모임, 치매가족회), 서비스와 관련된 것(가톨릭의 레지오 활동, 개신교, 불교 등의 다양한 봉사단체), 클라이언트 조직(주거협회) 등이 있다.

이렇게 다양한 종류의 많은 자발적 결사체가 상호부조, 사회화 그리고 사회 참여와 같은 활동을 수행하고 있다. 그것들은 때때로 신앙, 사회적 지지, 사회 참여, 정치적 영향력, 자조 혹은 이러한 모든 활동을 조합해서 수행하는 매개물이다. 지방자치단체 관련 업무 중 시민참여라고 불리는 많은 것이 '유사정치조직' '이익집단' '사회운동단체' '클라이언트 조직' 근린집단의 구성원들에 의해 이루어진다. 우리의 현실에서 주민자치회, 새마을부녀회 등이 있다.

개인에게 서비스를 제공하거나 자조적인 목적을 위한 상호작용의 기회를 제공하는 자발적 결사체들도 있다. 예컨대, 자조집단은 건강에 대한 관심, 정신건강, 신체 장애, 주거불안과 같은 공통의 문제나 관심사를 가진 사람들로 구성된 자발적 결사체다. 사회복지사들은 가족구성원, 이웃, 친척, 친구, 동료집단, 자발적 결사체 그리고 공식적 사회복지기관을 원조망으로 규정한다. 이러한 집단은 때때로 타인을 돕는 일, 지역사회 교육 그리고 옹호와 같은 복합적인 목적을 가진다.

자발적 결사체들이 지역사회체계 내에서 어떠한 기능을 수행하는가를 이해하기 위해서는 자발적 결사체의 속성을 공식 조직으로 보아야 한다. 자발적 결사체는 공식규칙, 운영규칙, 회원에 대한 기대 그리고 구체적이고 도구적인 기능이 있기 때문이다. 따라서 자발적 결사체는 가족, 친구집단과 같은 1차 집단과 구분된다.

자발적 결사체는 지역사회복지실천에 대해 다음과 같은 시사점을 가진다. 지역사회의 변화는 자발적 결사체 구성원들의 노력에 의해 발생할 수 있다. 전문사회복지사들은 자발적 결사체들의 목표를 지역사회 변화와 관련되도록 이끄는 리더로서의 역할을 해야 한다. Theilen과 Poole(1986)은 자발적 결사체를 효과적으로 활용하면 다음과 같은 문제를 해결하는 데 도움이 될 수 있다고 했다. 즉, 고위험군 인구집단들을 위한 자

---

2) 자발적 결사체는 개인과 지역사회의 연결고리가 된다. 예컨대, 지역주민이 자발적 결사체의 회원이 되어 자신들의 이익에 반하는 사업을 하는 지방정부의 결정을 철회하라고 요구하는 지역사회행동에 참여할 수 있다. 자발적 결사체는 또한 가족과 이웃과 같은 일차집단을 지역사회나 관료조직과 연결하기도 한다(Litwak, 1961). 자발적 결사체는 개인을 동네의 단체에 가입시킴으로써 통합한다. 이러한 기능은 지역사회에서 중요하다.

원을 증대시키는 문제, 그러한 사람들을 위한 자조 프로그램을 개발하는 문제, 역량 강화 프로그램을 위해 자원을 재할당하는 문제 그리고 클라이언트들이 서비스 전달체계에 영향력을 행사하는 문제 등이다. 자발적 결사체와 관련된 사회복지사의 역할은 자발적 결사체 리더의 리더십을 지원하고, 유지하는 것이다.

(5) 보건 · 복지 체계

사회복지와 보건의료체계는 지역사회에서 중요한 공식적 서비스 제공자다. 휴먼서비스 전문가들은 사회복지기관과 정신건강센터, 병원과 같은 공식 조직 내에서 실천한다. 이러한 조직의 서비스가 지역사회 내에서 중요한 지지체계를 형성하지만 광범위한 여타의 상호지지 자원도 있다. 예를 들면, 가족, 친척, 이웃, 친구 그리고 자발적 결사체와 같은 것들이다.

Garvin과 Tropman은 사회복지조직을 직접 서비스 조직과 지역사회계획 조직으로 구분하였다. 직접 서비스 조직은 특정한 개인이나 집단에게 사회서비스를 제공한다. 반면, 지역사회계획 조직은 사회적 욕구가 무엇인지를 결정하고, 자원을 할당한다. 우리는 보통 이를 지원 조직이라고 부른다. 직접 서비스 기관은 통상 조직의 목표, 기술, 클라이언트, 재정자원 제공자, 지리적인 서비스 영역에 의해 구체화된다. 직접 서비스 기관들은 서비스를 하는 데 있어서 기관들 간에 네트워크가 구성된다. 지역사회 주민들에게 효과적인 서비스를 제공하고 기관들의 역량 강화를 위해 매우 중요하기 때문이다(Fellin, 1995 재인용).

이러한 Fellin의 견해와 관련하여 우리나라 '**지역사회복지체계**'에 대해 살펴볼 필요가 있다. 「사회복지사업법」 제1조에는 "이 법은 …… 사회복지를 필요로 하는 사람에 대하여 인간의 존엄성과 인간다운 생활을 할 권리를 보장하고 …… 지역사회복지의 체계를 구축하고 사회복지서비스의 질을 높여 사회복지의 증진에 이바지함을 목적으로 한다."고 규정하고, 제2조에서는 사회복지사업 관련법을 「국민기초생활보장법」「아동복지법」「노인복지법」「장애인복지법」 등 27개의 법률을 나열하고 있다. 법률이 제정되면 그 법을 집행하기 위한 다양한 아동, 노인, 장애인 복지기관 · 조직들이 설립되고, 지역사회에 다양하게 분포된다.

필자는 우리나라 지역단위의 다양한 사회복지기관을 세 가지 기준에 의해 구분하여 좀 더 깊이 이해하는 것이 필요하다고 본다. 첫째, 직접 서비스 기관과 지원기관으로 구분하고자 한다. 이는 Garvin과 Tropman의 기준과 같다. 둘째, 사회복지기관의 재정자

표 4-1 지역 단위의 사회복지기관의 분류

구분	민간기관	공공기관	민관협력 네트워크
직접 서비스 기관	-사회복지기관 -사회공헌 활동 기업 -자발적 결사체 -바우처사업기관 -학교 사회복지사	-시군구 희망복지 지원단 -읍면동 -보건소, 지소, 진료소	-시군구 지역사회보장협의체의 실무 협의체와 실무분과 -읍면동 지역사회보장협의체
지원 기관	-사회복지공동모금회 -지원법인(삼성복지재단 등) -광역 단위 복지재단 -기초 단위 복지재단	-시도 복지건강국	-시군구 지역사회보장협의체 대표협의체 -시도 사회보장위원회 -복지부 사회보장위원회

원 제공자가 민간인지 공공인지에 따라 그리고 조직구성원의 신분이 민간인지 공무원인지에 따라 구분하고자 한다. 셋째, 지역 단위의 민관협력을 또 하나의 분류 기준으로 보고자 한다. 지역 단위에서 민관협력의 사례는 우리나라 226개 시군구의 지역사회보장협의체가 지역복지계획을 수립하고(〈사례 10-3〉 참조), 대규모 사업을 수행하고(〈사례 10-2〉 참조), 민관협력 통합사례회의(〈사례 10-1〉 참조)를 하는 것이다.

사회체계이론 관점에서 **사회복지 전달체계상** 민관협력은 민간복지체계와 공공복지체계가 협력적 상호작용을 하여 시너지 효과를 창출하려는 노력이다. 민관협력의 법적 근거는 다음과 같다. 즉, 「사회보장기본법」 제29조 제3항은 사회보장 전달체계에 관한 규정인데, "국가와 지방자치단체는 공공부문과 민간부문의 사회보장 전달체계가 효율적으로 연계되도록 노력하여야 한다."라고 규정하고 있다. 「사회보장급여법」 제14조도 민관협력에 관한 조항이다. 민관협력을 위해 중앙정부, 복지부 차원에서 「사회보장기본법」 제20조는 사회보장위원회를 두고 있다. 「사회보장급여법」 제40조는 '시 · 도 사회보장위원회'를, 동법 제41조는 시군구 단위의 지역사회보장협의체를, 동법 제41조 제2항에는 읍면동 단위 지역사회보장협의체를 명시하고 있다. 이러한 세 가지 기준으로 지역 단위의 다양한 사회복지기관을 분류해 보면 〈표 4-1〉과 같다.

첫째, '민간의 직접 서비스 기관'으로 사회복지관, 노인복지관, 장애인복지관, 청소년상담복지센터, 지역아동센터, 건강가정지원센터, 지역자활센터, 장애인자립지원센터, 정신건강복지센터, 중독관리센터, 학교(사회복지), 다문화가족지원센터, 보호관찰소, 노인보호전문기관(학대예방센터), 노숙자 다시서기센터, 아동보호전문기관, 아동양육

시설, 노인장기요양기관[3] 등이 있다. 이러한 기관들이 민간복지체계(전체)의 하위요소(부분)들이다.

둘째, '민간의 지원기관'으로 사회복지공동모금회가 있고, 삼성복지재단, LG복지재단, 파라다이스복지재단 등과 같이 기업이 운영하는 대규모의 지원 법인이 있다. 서울복지재단과 서울사회서비스원, 경기복지재단과 경기사회서비스원 등 광역자치단체가 운영하는 지원기관이 있는데, 이들은 관할 자치단체의 새로운 정책이나 사업 제안, 전

3) 일부의 기존 지역사회복지론 교재에서 열거한 다양한 기관을 교과서 끝부분에 개별 기관별로 상세히 기술하고 있는데, 우리나라 최초의 지역사회복지론 교과서(최일섭, 1985)가 출판된 이후 지속되고 있다. 늦은 감이 있지만 적절한가에 대한 검토가 필요하다. 문제를 제기하는 사람 입장에서 먼저 의견을 밝히면 부적절하다고 본다. 개별 기관의 목표, 조직, 사업내용 등을 꼭 기술해야 한다면 그것은 조직에 대한 설명이므로 사회복지행정론 교재에 수록되는 것이 바람직하다고 본다. 지역사회복지론에 개별 기관이 소개되어야 한다면, 개별 기관과 지역사회의 관련성 혹은 지역사회에서 개별 기관의 의미에 대한 설명이 기술되는 것이 반드시 필요하다.

우리나라의 경우에는 산업화 과정에서 지역사회의 붕괴, 생태학적으로 빈곤층 밀집지역의 생성, 익명성을 하나의 특징으로 하는 도시화를 경험하였다. 이로 인해 매우 빈약한 상호작용 혹은 관계의 단절, 공동체성의 해체, 정서적 유대감의 상실과 같은 사회문제가 생겨났고, 이에 대한 제도적 대응으로 사회복지기관이 생성되었다고 보는 것이 일반적인 시각이다. 필자는 지역사회에서 사회복지기관이 가지는 의미를 다음과 같이 정리하고자 한다.

첫째, 지역사회에서 자연적 원조망의 붕괴를 보완하기 위한 인공적 원조망이다. 따라서 기관의 목적사업에 따라 사회복지관은 지역주민들에게, 노인복지관은 노인들에게 직접 서비스를 한다. 둘째, 사회복지기관들은 지역사회에서 주민들 간의 상호작용의 촉진제다. 예를 들어, 고령이나 장애로 바깥출입이 어려운 사람들에게 자원봉사자를 파견해 상호작용을 촉진한다. 대전광역시 A복지관의 사례다. 동사무소로부터 연락을 받은 복지관의 재가복지담당 사회복지사는 매우 고립된 독거노인에게 전화를 걸고 집을 여러 번 찾아갔으나, 노인은 전화를 끊고 대문을 열어 주지 않았다. 대문을 넘어 들어가 큰절을 하고 인근 사회복지관에 근무하는 사회복지사라고 자신을 소개하고, 대문을 넘어 들어와 죄송하다는 사죄를 하고, 어깨도 주물러 드리고 이야기를 하면서 할머니와 친해졌다. 자신이 계속 올 수 없어서 할머니의 딸 뻘 되는 자원봉사자(가정봉사원)를 소개해 드리겠다고 하고 다음 방문 때 가정봉사원과 동행해서 할머니를 방문했다. 가정봉사원은 주기적으로 방문해서 약속한 봉사 활동을 해 드리고, 할머니와 친해졌다. 한 달쯤 지나 사회복지사가 할머니한테 전화를 하니 할머니가 다음과 같은 말씀을 하셨다. "내가 요새는 텔레비전을 봐도 그냥 안 봐." "그럼 어떻게 보세요?" "텔레비전 연속극이 끝나면 줄거리를 되새겨 본다네." "왜 그러세요?" "전에 같이 오신 아주머니가 나한테 참 잘해. 우리 집엔 뜨신 물도 안 나오고 고무장갑도 없는데 청소도 깔끔하게 하고, 나한테 사근사근하게 잘해. 참 좋은 사람이야. 그 양반이 나한테 그렇게 잘하는데 나는 그 아주머니한테 해 줄 게 아무것도 없어. 그래서 그 아주머니랑 마주 앉았을 때 텔레비전 본 얘기라도 해 주려고 그러지." 이렇게 도움을 주는 사람과 받는 사람의 상호작용이 생성·확대되고, 자원봉사자들끼리 소집단을 만들면 또 상호작용의 새로운 단위가 생성된다. 도움을 주고받는 사람들 간의 상호작용이 아닌 대등한 사람들과의 관계를 회복하는 역할이 서울시를 비롯한 다수의 지역사회에 진행되고 있는 마을 만들기다. 이러한 것은 지역사회를 변화시키는 촉진자의 역할이다. 요컨대, 사회복지기관들은 지역사회의 자연적 원조망의 대체물이며, 주민들 간의 상호작용을 증진시켜 관계를 회복시키는 촉진제다. 기능주의적으로 설명을 덧붙이면 사회복지기관이라는 부분의 다양한 사업은 지역사회, 전체의 유지 존속을 위한 기능이다.

달체계 개선, 제공 인력들의 역량 강화 등의 기능을 수행하고 있다. 예를 들면, 서울복지재단은 '찾동'모델을 만들어 25개구의 각 동에, 경기복지재단은 경기도 31개 시군구에 '무한돌봄센터'라는 기관을 제시하고 사례관리의 새로운 모델을 만들었다. 끝으로 기초자치단체 수준에서 복지재단을 운영하는 곳이 다수다(동작복지재단 등). 이러한 민간복지지원체계가 첫 번째 열거한 복지기관들을 지원하며 민간복지체계를 구성하지만, 개별 기관들과는 경계가 있다.

셋째, '공공의 직접 서비스 기관'은 읍면동의 복지직공무원들이다. 시 · 군 · 구청의 희망복지지원단은 '통합사례관리'(「사회보장급여법」 제42조의2)를 수행하는 기관이다. 「지역보건법」에 근거한 보건소와 보건지소도 주민들의 건강 욕구를 충족시켜 주기 위해 직접 서비스를 한다. 보건소와 시군구 및 읍면동의 복지 부서들이 공공복지체계(전체)를 구성하는 하위요소(부분)다.

넷째, 이러한 '공공의 지원기관'으로 시도의 복지건강국이 있다. 지방자치법상 광역자치단체는 기초자치단체를 지원하는 것이 중요한 임무라는 기준에서 볼 때 그렇다. 시군구의 주민생활지원과와 사회복지과가 읍면동을 지원한다고 볼 때, 이 기관도 지원기관으로 볼 수 있으나 지방자치법을 기준으로 볼 때는 그렇지 않다. 이러한 광역 시도는 셋째의 공공복지체계를 지원하는 역할을 하는 체계이지만, 공공복지체계의 부분 체계이기도 하다.

다섯째, '민관협력 네트워크'로서 시군구 지역사회보장협의체 실무분과는 아동복지분과, 노인복지분과, 장애인복지분과 등 지역의 특성에 맞게 대상별 분과를 구성하여 어려운 사람들을 돕는 직접 서비스 기관이다. 읍면동 지역사회보장협의체도 읍면동 단위의 민관 협력 네트워크인데, 이 조직의 과업은 '사각지대 발굴' '방문상담' '자원 개발' 그리고 '통합사례관리'다(보건복지부, 2015). 앞서 언급했듯이, 경기도 일부에 남아 있는 무한돌봄센터도 민관협력에 의한 직접 서비스 조직이다.

3) 지역사회: 사회환경으로서 외체계

지금까지 살펴본 지역사회의 다섯 가지 하위체계와 PIE(Person-In-Environment) 분류체계상 지역사회 환경체계를 관련시켜 이해할 필요가 있다. 이어서 살펴볼 생태학이론에서 Bronfenbrenner(1979)는 인간이 적응해야 할 사회환경을 겹구조로 보고, 하위체계의 하나로 외체계(exosystem)를 제시하였다. 이러한 견해에 동의하는 Ambrosino

등(2008)은 외체계를 개인의 삶에 영향을 미칠 수 있는 지역사회 수준의 요소라고 정의했다. Karls와 Wandrei(1996)는 『PIE 분류체계』를 제시하면서 지역사회가 여섯 가지 하위체계[4]를 구성요소로서 갖추지 못하면 주민들에게 '미충족 욕구'(제7장의 '지역사회사정' 참조)를 발생시키는 **문제적 사회환경**이 된다고 하였다. 여섯 가지 하위체계들은 다음과 같다.

① 경제 · 기본 욕구 체계(Economic/Basic Needs System): 음식이나 주거, 고용, 재정적 자금, 교통수단을 제공하는 사회제도와 기관

② 교육 · 훈련 체계(Education and Training System): 지식과 기술을 알려 주고, 사회의 가치관을 사람들에게 교육시키며, 사회를 유지하는 데 필요한 기술을 개발하는 사회제도와 기관

③ 사법 · 법적 체계(Judicial and Legal System): 사람들의 사회적 행위를 통제하는 사회제도와 기관

④ 건강 · 안전 · 사회 서비스 체계(Health, Safety, and Social Services System): 정신건강을 포함한 건강과 안전, 사회적 서비스를 제공하는 사회제도와 기관

⑤ 자발적 모임체계(Voluntary Association System): 사회적 · 영적 성장과 발전을 촉진하는 종교조직과 지역사회의 자조집단체계

⑥ 감정적 지지체계(Affectional Support System): 개인의 개별적인 사회적 지지체계들로 구성된 우정과 친분체계

사례 4-1 문제적 사회환경의 사례: 미국 디트로이트 지역사회에 대한 상황

릭스나이더 미시간 주지사는 2013년 7월 20일에 자신의 유튜브에 "고통스럽고 내키지 않는 결정이었지만 다른 대안이 없었다."라는 비디오 성명을 올렸다. 미국 최대 공업도시인 미시간주 디트로이트시가 파산했음을 알린 것이다. 1950년대에 인구 180만 명을 자랑하던 디트로이트는 185억 달러(약 21조 원)의 빚을 갚지 못해 현지 시간 18일 「연방파산법」 제9조에 따라 미시간주 연방법원에 파산보호 신청을 냈다. 『포브스』는 2010년 미국에서 가장 위험한 도시로 디트로이트를 선정했으며, 25~34세

4) 다섯 가지 하위체계는 Warren(1971)의 개념에서 가져왔으며, 나머지 한 가지는 PIE의 현장실험과 검증에 참여했던 사회복지사들의 제안을 추가한 것이라고 밝혔다.

주민 중 대졸자 비율이 1%, 실질적 문서작성을 못하는 실질적 문맹률이 47%이고, 1950년에 인구 중 백인이 다수이고 흑인의 비율은 16.2%이었으나, 2010년에는 흑인이 82.7%를 차지했다. 인구는 1950년에 185만 명이었으나 2010년에 71만 명으로 급감했다. 백인 중산층 도시였으나 슬럼가가 되었다.

한때 미국의 3대 도시로 꼽혔던 디트로이트는 1960년대에 일본 자동차가 미국에 상륙하면서 내리막을 걸었다. 미국 자동차사업의 메카라는 명성에 금이 가기 시작했지만 공무원, 노조, 시민은 이를 받아들이지 않았다. 고임금과 과다복지에 길들여진 노조는 파업으로 저항했다. 비대해진 시정부도 군살을 빼기는커녕 부정부패로 얼룩졌다. 2002~2008년에 재임한 콰메킬패트릭 전 시장은 뇌물수수 협의로 교도소에 가기도 했다. 기업들은 공장을 멕시코 등 다른 지역으로 이전하면서 실업률이 치솟았다. 2008년 금융위기로 디트로이트의 심장, 제네럴모터스(GM), 포드, 크라이슬러 등 '빅3' 자동차 회사가 고전하면서 1990년대에 100만 명으로 감소한 인구가 2012년에는 70만 명으로 급감했다. 공장과 인구 감소는 세수 급감으로 이어졌다.

재정난에 몰린 시당국은 경찰, 교사, 환경미화원 등을 감원했다. 이로 인해 치안과 생활환경이 '막장'이 되자 중산층의 도시에서 '엑소더스(대탈출)'가 가속화했다. 현재 도시 인구의 83%가 흑인이며, 인구의 3분의 1이 극빈층이다. 비국의 살인범죄율 1위다. 7만8천 채의 주택과 상가가 폐허가 됐다. 디트로이트 교외는 불에 타거나 잡초가 무성한 빈집들로 인해 유령도시를 연상케 한다. 법원이 90일 내로 파산신청을 받아들이면 퇴직공무원에 대한 연금, 의료보장, 채무상황 등이 80% 이상 삭감이 되며, 시의 재정에 숨통이 트일 것이다.

출처: 중앙일보(2013. 7. 20.).

〈사례 4-1〉에서 보는 디트로이트 지역사회는 시민들을 위한 경제 · 기본 욕구 체계, 사법 · 법적 체계, 건강 · 안정 · 사회 서비스 체계 등을 유지하지 못한 문제적 사회환경이다.

우리는 산업화과정에서 울산, 창원, 포항 등의 지역사회에 '경제체계'의 크기를 확대하여 주민들의 음식, 주거, 고용의 욕구를 충족시키는 사회환경으로 만들었다. 주민들이 자신이 살고 있는 도시를 '교육도시'라고 칭한다면 '교육훈련체계'가 잘 갖추어졌다고 평하는 것이라고 볼 수 있다. 특정 지역이 '범죄도시'라면 주민들은 사법체계를 강화시켜야 한다는 욕구가 강할 것이다. 농촌지역의 주민은 도시민들보다 건강 · 사회 서비스 체계가 부족한 지역사회 환경에 살고 있는 것이다. 우리의 대부분의 도시 지역사회는 주민들의 '사회적 지지체계'를 강화해야 한다.

2. 생태학이론[5)]

우리는 인간과 환경에 대한 생태학이론에 근거해서 사회복지실천을 한다. 이 관점은 인간과 환경이 상호의존한다는 것을 강조하며, 사회복지실천이 역사적으로 개인과 환경이라는 개념(the person and environment concept)을 견지해 오게 했다. 또한 이 관점은 사람을 돕고, 인간의 성장, 건강, 복지를 지원하도록 반응적 환경(responsive environments)을 조성하는 것이 사회복지전문직의 사명이라고 설명하며 주장해 왔다. 따라서 사회복지사가 수행해야 할 세 가지 과업은 '클라이언트를 임파워먼트 시키는 것' '환경의 반응역량을 강화하는 것' '부적응적인 개인과 환경간의 상호교류를 변화시키는 것이다'(Gitterman, Knight, Germain, 2021).

생태학이론은 인간과 환경을 이중적(dual)이고 동시적(simultaneous)으로 초점을 제공하는 개념틀을 제공했다. 또한 생물과학의 일종으로 살아 있는 유기체 · 인간과 환경의 관계를 연구하는 학문[6)]으로써, 그 관계를 앞에서 살펴본 체계적 관점에서 분석한다(Gitterman, Knight, & Germain, 2021; Germain & Gitterman, 1995; Gitterman, 2017). 생태학과 체계이론, 두 개의 관점이 합쳐져서 생태체계적(Ecosystems) 관점이 되었다(Meyer & Mattaini, 1998).

생태체계적 관점은 사회 문제 또는 개인 문제와 관련된 다양하고 복잡한 요소를 식별할 수 있고, 모든 요소가 상황에 기여하기 위해 어떻게 상호작용하는지 이해할 수 있으며, 개인에서 사회적 실체에 이르기까지 다양한 개입 전략을 시사한다(Ambrosino, Heffernan, Shuttlesworth, & Ambrosino, 2008; Meyer & Mattaini, 1998).

다음에서 '인간과 환경의 적합성' '환경에 대한 이해' '인간(삶의 문제)'으로 구분하여 살펴보고, 이에 근거하여 '지역사회실천에 대한 시사점'을 제시하고자 한다.

5) 생태학이론을 소개하는 데 있어서 '미시체계 환경'에 대한 분량이 많아 과목의 성격에서 멀어진 부분이 있어 보인다. '미시체계 환경'에 대한 이해가 많은 독자는 건너뛰어도 된다. 지역사회를 의미하는 '외체계' 환경이 '미시체계 환경'에 많은 영향을 미친다는 면에서 읽어볼 근거가 될 수 있다. 좀 더 구체적으로 말하면, 부적응자 혹은 클라이언트가 만들어지는 주요 환경이 '미시체계'이고, 이들의 적응을 돕는 개입체계가 '외체계'를 구성한다.

6) Germain과 Gitterman(1995)은 자신들의 이론을 설명해 가는 데 있어서 서식지(habitat), 사회적 영양소(social nutriment), 환경적 영양소(environmental nutriment)와 같은 용어를 사용했다. 또한, 적합 수준을 설명하면서 사회적 무능력(social impotence), 심리적 무능력(psychological impotence)이라는 용어를 사용했다(Gitterman, Knight, & Germain, 2021).

1) 개인과 환경의 적합성(person: environment of fit)

인간생태학자 Hawley에 의하면, 인간의 활동은 생존 활동이며 인간은 생존을 위해서 환경과 접촉하여 자원을 획득해야 한다. 생존 활동은 개인적으로보다는 집단적으로 이루어진다. 집단구성원 간에 상호의존할 수 있기 때문이다(Hawley, 1950). 인간은 가족, 집단, 조직, 지역사회와 같은 집단(2인 이상의 대면관계적 특성을 갖는다는 의미에서)을 구성하며 살아가는데, 이러한 사회적 실체가 생태학적 관점으로는 개인의 환경[7]이다. 〈사례 1-1〉의 반송동 주민 한 개인의 삶을 다음과 같이 그려 볼 수 있다. 예를들어, 아빠는 직장생활에서 인정받고 만족하며 월급을 받아 가정을 꾸리고 행복하게 살고 있다. 소집단 '좋아모' 회원이 되어 집단구성원의 역할을 하고, 살기 좋은 지역사회, 반송동 주민으로 살고 있다는 자부심도 강하다. 아빠라는 '개인'과 가족, 집단, 조직, 지역사회라는 '환경'의 적합 수준이 높은 예가 될 수 있다. 이러한 예시를 생태학이론에 입각하여 자세히 이해해 보고자 한다.

생태학이론에서의 가장 핵심적인 질문은 인간이 환경과 적응적 균형을 이루는 과정에서 성공 혹은 실패에 관한 것이다. 성공과 실패는 개인과 환경의 적합성에 달려 있다(Gitterman, 2017; Germain & Gitterman, 1995). Gitterman 등(2021)은 개인과 환경의 적합

7) 생태학이론에서는 '환경'의 개념이 난해하다. 환경은 두 가지 의미가 있다. 하나는 사회적 실체로서 가족, 집단, 조직, 지역사회, 국가라는 의미이고, 다른 하나는 Bronfenbrenner가 생태학적 환경(ecological environment)이라 칭한 것이다. 이것은 인간행동발달에 영향을 미치는(인간의 심리적 성장과정을 형성하는 가장 강력한 힘으로서 환경) 힘이라는 뜻이다. 이는 개인이 참여하는 직접적인 대면환경(미시체계와 중간체계)과 참여하지 않는 간접 환경(외체계와 거시체계)으로 나뉜다. Bronfenbrenner는 환경에 대해 다음과 같이 설명한다. 환경(environment)이란 객관적 세계에 존재하는 것과 같은 실재(reality)가 아니라 '개인의 마음속에서(in the mind of the person)' 나타나는 실재(reality)이다. 다시 말해서 환경 속에 있든, 환경과 상호작용을 하든, 인간이 그 환경을 지각하는 방식에 초점을 둔다는 의미이다. 인간의 행동과 발달에 중대한 영향을 미치는 것은 환경의 다양한 측면이지만, 그 중 압도적으로 중요한 것은 상황 속에 있는 사람이 의미 있게 받아들이는 것이기 때문이다. 객관적인 물리적 여건과 같은 외적인 영향력이 인간의 행동과 발달에 중대한 영향을 미치는 거의 희박하다.

Bronfenbrenner의 '인간의 심리적 성장과정을 형성하는 가장 강력한 힘으로서 환경'과 사회적 실체로서의 환경을 연결하여 이해할 필요가 있다. 가족의 구성원으로 태어난 인간은 생애주기에 따라 '생태적 전이'를 하여 집단, 조직, 지역사회(이웃)에 참여하여 다양한 사회적 실체의 구성원이 된다. 가족 집단, 조직 등의 사회적 실체 속에서 2인, 3인, 4인, 5인 등의 '대 인간 구조'가 형성되고, 그 관계 속에서 '상호성, 힘의 균형, 감정적 관계'라는(심리적 성장의 힘이 되는) '발달적 이원체계'의 기회를 만들 수도 있고, 발달의 저해요인으로서 위험에 처할 수 있다. 기회요인을 누리거나 위험요인에 처하게 하는 가장 중요한 힘을 Bronfenbrenner는 가정이라는 미시체계 환경에서의 '경험'이라고 했다(Bronfenbrenner, 1979).

성을 다음과 같이 정의했다. 즉, "개인이 자신의 강점과 환경이 가지고 있는 자원을 충분히 인식하여 현재의 욕구를 충족시키고, 생활상의 스트레스 요인에 생산적으로 대응하며, 지속적인 성장과 발전을 지원하는 것". 미안합니다. 개인과 환경이 우호적이거나 최소 적합한 수준일 때 '적응성(adaptedness): 적응이 잘된 상태'을 나타낸다. "적응성이란 인간의 성장과 웰빙(well-being)을 지원하고 환경을 유지하며 풍요롭게 하는 인간과 환경 간의 긍정적(favorable) 적합, 혹은 높은 수준의 적합"을 의미한다. 이는 개인과 환경의 적응적 교환에 의해 가능한데, "시간이 지남에 따라 지속적으로 상호 간에 교류하는 개인과 환경 간 교환의 상호성"이라는 의미이다. 간단히 말하면, 인간과 환경은 상호교류하면서 적응해야 한다는 의미다.

개인, 가족, 집단 및 지역사회가 환경에 대한 적합 수준(level of fit)을 개선하고 달성함에 따라 환경은 더욱 반응적으로 변화한다. 그리고 보다 반응적인 환경은 개인, 가족, 집단 등의 성장과 발달을 촉진하여 적합 수준을 개선하기 위해 추가적인 노력을 한다. 따라서 적응성은 자체 강화적(self-reinforcing)이다(Gitterman, Knight, & Germain, 2021). 개인과 환경의 적합성 혹은 적응적 교환의 예를 나음 〈사례 4-2〉와 같이 제시할 수 있다.

A라는 '개인'과 사회복지기관이라는 '환경'은 '높은 수준의 적합'을 이룬다고 볼 수 있다. A의 직무수행은 사회복지기관이라는 환경 혹은 전체의 유지 존속에 기여하는 기능적 행동이고, 복지기관이라는 환경은 A의 직무수행에 대한 보상으로 욕구 충족을 위한 자원, 예를 들면 소득을 제공하고 자아실현의 기회를 제공했다. 개인 A는 직무수행을 하고, 환경으로서 복지기관은 개인에게 자원을 제공하는 적응적 교환을 한 것이며, 개인과 환경의 높은 적합성을 유지하는 것이다.

사례 4-2 개인과 환경 간 적합성이 높은 경우

대학에서 사회복지학을 전공한 A는 서울에 본부를 둔 대규모 사회복지법인 산하 복지기관에 입사하여 장기간 근속하고 있다. A는 성실하고 낙천적이며 대인관계를 잘하고 책임감이 강하다. 기관이 요구한 직무를 열심히 수행하여 동료들과 기관장으로부터 좋은 평을 얻었다. 인사부서는 A의 직무수행을 평가하여 기관에 많은 기여를 한다는 판단을 하여 승진시켰다. A는 해외사업장 중 기피지역을 자원하여 근무하면서 국제사회복지사업에 대한 이해도 넓혔고 다양한 부서에 순환근무를 하였다. A는 자신의 강점을 활용하여 꿈을 이루어 가며 직장생활에 만족하면서 장기근속을 하고 있다.

이어서 Gitterman 등(2021)의 견해를 더 살펴보자.

한편, 인간과 환경 간의 적합 수준이 낮기도 하다. 낮은 적합 수준은 개인, 가족, 집단 및 지역사회에 스트레스를 유발한다(Germain & Gitterman, 1995; Germain, 1985). 스트레스는 인간과 환경 간 부적응적 거래의 결과다. 스트레스란 불안, 분노, 두려움, 죄의식, 우울, 무기력과 같은 부정적 감정 그리고 질병과 같은 생리적 상태다. 이는 가난, 억압 그리고 적응을 방해하는 삶의 사건과 같은 환경적 억압에 대처할 수 있는 개인적 '강점'인 '능력(competence)' '자존감' '자율성' '자기조절력' '관계능력'이 실제적으로 부족하거나, 부족하다고 인식하는 것 때문에 발생한다. 또한 성공적인 기능 수행 및 인간의 지속적인 발달에 필요한 환경적 자원에 대한 접근성과 가용성이 제한되는 것 때문에도 발생한다. 요컨대, 스트레스는 개인 내적자원과 환경적 자원 같은 대처수단의 부족 때문에 발생한다. 이는 개인과 환경의 적합 수준이 낮음을 의미한다. 낮은 적합 수준도 자체 강화적이다. 반응이 없는 환경은 부적응(maladaption)을 유도하고, 적응성을 추구하거나 강화하려는 노력을 손상시킨다(Gitterman, Knight, & Germain, 2021). 다음과 같은 〈사례 4-3〉에서 이해할 수 있다.

Gitterman 등(2021)에 의하면, 험난한 환경에 직면하는 개인, 가족, 집단 및 지역사회는 사회적 무능력을 경험한다. 사회적 무능력은 심리적 무능력으로 이어지는데, 이는 환경에 영향을 미치려는 시도가 과거의 경험을 감안할 때 실패할 것이라는 믿음이다.

사례 4-3 개인과 환경 간 적합성이 낮은 경우

앞에서의 A의 입사동기 B의 경우다. 본인 스스로는 직무수행을 잘한다고 생각하지만, 대인관계능력이 부족하여 직장의 동료나 상사들과 원만한 관계를 이루지 못하고 있다. 자신의 직무수행 성과에 대한 평가에서 나쁘지는 않지만 좋지도 않은 결과로 승진에서도 누락되고 원하지 않은 부서로 배치되었다. 이로 인한 스트레스로 컴퓨터 게임을 시작하였고, 실제로 도박에 빠져들었다. B는 자기조절력이 부족했던 것으로 보인다. 그동안 모아둔 자산도 탕진하고 복지기관의 사업비에 손을 댔다. 행정관청의 감사에 적발되어 면직되었고, 사법처리되었다. B의 직무수행에 기관이라는 환경은 반응이 없었다. B는 스트레스를 극복하지 못하고 도박중독이라는 부적응 행동을 한 것이다. B라는 개인과 환경으로서 복지기관의 적합 수준은 낮았다고 볼 수 있다.

복지기관이 B 개인의 '반응적 환경'이 되기 위해서는 B가 승진 탈락 후 적절한 시기에 상담 혹은 면담을 하는 등의 대응 조치를 하는 것이 필요하다.

사회적 무능력과 심리적 무능력이라는 두 가지 상태도 자체 강화적이다. 사회적 무능력은 인간과 환경의 적합 수준이 낮음을 의미하는데, 이것은 사람으로 하여금 낮은 적합성이 불가피하고 영구적이라고 믿게 하는 심리적 무능력으로 이끌어 간다. 클라이언트가 사회적 무능력을 경험할수록 그러한 스트레스로 인해 무능해진다. 사회적 · 심리적 무능력은 일상생활의 도전을 관리하는 클라이언트의 능력을 손상시키고, 무관심, 퇴행, 소외에 빠지게 한다.

사회복지사는 인간과 환경의 적합 수준을 향상하는 것과 관련하여 세 가지 책임이 있다(Gitterman, Knight, & Germain, 2021).

첫 번째는 클라이언트가 환경의 요구를 충족시키고, 환경으로부터 기회를 활용하기 위한 새로운 기술과 대처 전략을 개발하도록 돕는 것, 즉 '클라이언트를 임파워먼트 시키는 것'이다. 이를 Karls와 Wandrei(1996)는 사회적 기능(social functioning)을 강화하는 것이라고 했다. 사회적 기능이란 개인이 종합적인 사회적 역할[8]을 수행한다는 혹은 사회적 역할 수행에 의한 개인의 전체적인 성과라는 의미다. 체계이론에서 기능이란 전체의 유지 존속에 도움이 되는 부분의 역할로도 정의된다. 가족, 집단, 조직, 지역사회는 전체이고, 개인은 각각의 부분이므로 이 전체의 유지 존속에 도움이 되는 개인의 역할이 기능이다. Karls과 Wandrei(1996)는 사회적 기능을 가족(부모, 배우자, 아동 등)의 역할, 대인관계 역할(애인, 친구, 이웃, 회원 등), 직업적 역할, 특별한 삶의 상황에서의 역할(클라이언트, 소비자, 이민자 등의 역할) 등으로 세분했다.

개인의 이러한 역할 수행에 필요한 자질은 네 가지다(Germain & Gitterman, 1995; Greene, 1991; Germain, 1985). 앞에서 환경에 대한 부적응의 결과로서 스트레스에 대처하기 위한 수단을 개인적 자원과 환경적 자원이라고 언급했는데, 개인적 자원이 이에 해당한다. 적응(adaptation)이란 개인이 자신과 환경 사이의 적합성을 유지하거나 높이기 위해 지속적이고, 변화 지향적이며, 인지적 · 감각적인 행동 과정인데, 이를 위해서는 역량, 자존감, 자기조절력, 관계능력이 필요하다. 역량(competence)이란 적응에 필수적인 요소로서 개인이 자신의 환경에 효과적으로 행동할 수 있음을 의미하는데(앞에서 언급한 '사회적 기능'이라는 의미), 이는 오랜 기간 동안 환경과의 성공적인 거래를 통

8) Compton과 Galaway(1999)에 의하면, '역할'이 개인과 환경(개인이 속해 있는 더 큰 체계) 사이를 매개하는(bridging) 개념이다. Perlman에 의하면, 개인과 환경 간의 교류는 역할에 의해 수행된다. 역할이란 사회제도에서 특정한 사회적 지위나 지위를 차지하고 있는 사람들의 예상되는 행동이다.

해 성취될 수 있다. 자존감(self-esteem)은 자신이 능력 있고, 존경받으며, 가치 있다고 느끼는 정도로 자아에 있어서 중요한 부분이다. 자기조절력(self-direction)은 자신의 인생에 대해 어느 정도 통제할 수 있는 능력, 자신의 결정과 책임에 대해 책임질 수 있는 능력 그리고 타인의 권리와 욕구를 존중해 줄 수 있는 능력이다. 그리고 타인과 인간관계를 맺을 수 있는 관계능력(relatedness)이 필요하다. 이는 애착, 우정, 긍정적 동질감, 그리고 지지적인 사회적 네트워크에 대한 소속감과 관련된다.

두 번째는 사회환경이 클라이언트의 욕구와 목표에 더 반응적이도록 '환경의 역량을 강화하는 것'이다. Karls와 Wandrei(1996)는 『PIE분류체계』에서 환경문제의 영역으로 지역사회의 여섯 가지 하위체계를 제시했다(p. 115 참조). 앞에서 보았던 〈사례 1-1〉에서 '반응 역량이 강한' 반송동 지역사회(환경)는 결식노인들(개인)의 욕구를 충족시키기 위해 도시락을 배달했다.

세 번째는 '부적응적인 개인-환경 간의 상호교류(transactions)를 변화시켜서 적합 수준을 개선하는 것'이다. 자식의 강압(환경의 억압)에 못 이겨 내키지 않는 마음으로 입소한 노인이 첫날 요양원 출입문 입구에서 안절부절못하고 서성일(개인의 부적응 행동) 때, 노인의 시설 적응을 위해 1주일간 전담 직원이 노인을 안내함으로써 시설의 규칙과 프로그램을 긍정적으로 인식하도록 돕고, 룸메이트들과 직원들이 입소 환영 파티를 열어주어(환경의 변화) 노인이 시설이라는 환경을 친숙하게 인식하게 함으로써(개인의 변화) 적응을 돕는 것이다.

지금까지 인간과 환경의 적합성에 대해 살펴보았다. 이를 인간행동 측면에서 다시 이해할 필요가 있다. 사람들은 생활과정을 통해서 그가 처한 환경과의 적합 수준을 향상시키고자 열심히 노력한다. 앞에서도 언급했듯이, 인간이 자신의 능력에 대해서 긍정적으로 느끼고, 자신의 욕구와 열망이 충족될 것을 기대하며, 자신이 처한 환경이 적절한 반응을 나타낸다고 생각할 때, 인간과 환경은 상호 간에 적응력을 획득할 가능성이 높다. 그런데 환경에 적응하려는 개인을 사회적 · 물리적 환경(예를 들어, 부모의 억압적 양육행동, 학대, 따돌림, 차별, 실직, 빈곤, 반지하, 니치 등)이 지속적으로 억압하는 경우에 개인은 손상을 입는다.

Gitterman(2017)에 의하면, 이런 환경에 대처하는 과정에서 세 가지 유형의 인간이 생겨난다.

첫째, 자신의 내적인 힘, 강점으로 억압적인 환경에 대항하여 환경의 희생자가 아닌 생존자가 되어 환경을 변화시킨다. 환경에 적응을 잘하는 다수의 사람들이다.

둘째, 억압을 내재화하여 약물남용 같은 자기파괴적 행동을 하는 사람도 있다. IMF 체제하, 한국 경제의 위기라는 거시체계 환경하에 기업의 구조조정으로 수많은 실직자들이 노숙자[9]가 되거나 과도한 음주자가 되었다.

마지막으로, 억압을 외현화하여 자기보다 약한 사람들을 대상으로 폭력, 범죄 등 폭력적 행동을 하는 사람이다. 적지 않은 수의 중고등학생들이 교육환경의 억압에 대한 부적응 행동으로 하는 폭력 등이 그 예가 될 수 있다.

두 번째와 세 번째 유형의 인간이 개입 대상이다.

이러한 인간의 부적응 행동은 개인의 문제, 환경의 문제, 개인과 환경의 상호교류적 문제로 세분된다. 이 세 가지 문제에 개입하는 것이 사회복지실천이다.

2) 환경

우리는 환경을 우리 자신의 외적인 것으로 간주할 수 없다. 당구대 밖을 벗어날 수 없는 당구공처럼, 환경은 우리의 것이고, 우리는 환경의 것이다(Compton & Galaway, 1999). 우리가 태어나는 순간부터 우리의 환경은 우리의 친밀한 일부가 되고, 우리의 삶을 구성하는 집, 옷, 음식과 같은 것으로 표현된다. 다음 〈사례 4-4〉과 같은 예를 생각할 수 있다.

사례 4-4 인간과 환경의 불가분성

A와 B는 18살로 동갑내기다. 다니는 학교에서 상위 10% 수준의 성적으로 졸업했다. 둘은 매우 비슷하게 생겼고, 매력적이고, 건강하다.

A의 가족은 재정적으로 충분히 안정된 전문직 가족이다. 태어날 때부터 A는 전문직적 가풍의 가족에서 살았고, 다른 삶은 거의 겪어 보지 않았다. 고등학교를 마치고 대학에 진학하는 것은 당연했다. A는 아버지의 모교를 졸업하고 전문직 종사자가 되었다. 그의 선택에 의한 이러한 삶의 패턴은 그의 환경에서 매우 자연스러웠고, 다른 선택의 여지는 거의 없었다. 풍요롭고 행복한 삶을 누렸다.

9) 서울시는 IMF 이후 급증하는 노숙자들의 욕구 충족 혹은 적응을 위해 서울역 인근에 '노숙자 다시서기센터'를 설립·운영하고 있는데, 이 '센터'는 노숙인들에게 자원을 공급하는 환경이다.

반면에 B의 아버지는 대기업인 자동차 회사에 부품을 납품하는 중소기업을 운영하면서 나름대로 풍족하고 행복한 삶을 영위하였다. 계약기간이 끝나고 재계약이 되지 않아 극심한 스트레스로 병을 얻었다. 국민건강보험으로부터 많은 혜택을 받았지만 장기간의 투병으로 공장도 팔고 재산을 소진했다. 그의 어머니는 자녀들을 돌보며 삶을 꾸려 가는 것을 매우 힘들어 했으며, 공장이 잘되었을 때의 풍요와 아이들의 밝은 모습을 그리워했다. 재정적 도움이 절실했고, 정서적 지원도 필요했다. B는 자동차에 관심도 많았고, 공장에서 열심히 일하시던 아버지의 모습이 그리워 공장을 되살려 보려고 많은 노력을 했다. 전기차 시대에 수요가 많지 않은 부품이라서 노력이 성과로 돌아오지 않았다. B는 파산신청을 하였고, 절망하여 자살하려고 했다. 어머니의 설득으로 재기하려는 마음을 가졌고, B는 아버지 친구가 운영하는 공장에 취업을 하여 네 식구의 가장이 되었다. 다행스럽게 친구 아버지의 공장은 전기차 시대에 유망한 부품을 생산하였고, 번창하였다. B는 능력을 인정받아 승진하면서 어머니와 동생들이 힘든 삶에서 벗어날 수 있게 되었다.

이러한 예는 인간과 환경의 불가분성을 이해하기 위해 제시한 것이다. 요컨대, 우리 개개인의 삶은 우리에게 주어진 환경적 기회에 대한 반응으로 우리가 내리는 선택에 의해 형성된다. 우리의 선택과 활동에 의해 우리는 차례로 환경을 형성한다. 상호교류를 통해 우리는 우리의 미래와 환경의 미래를 형성하는 것이다. 두 사람은 매우 비슷한 내적 자원을 가지고 생활을 시작하였지만, 그들은 '환경'이 제공하는 기회와 그들이 한 선택을 통해 매우 달라졌다. A라는 사람은 평온한 삶을 누렸지만, B는 파산과 자살이라는 나락까지 떨어지는 삶을 경험해야 했다. '인간은 환경의 마리오네트다.'라고 하면 너무 단정적일까? 인간으로 하여금 부적응 행동을 하게 하고 부정적인 삶의 선택을 강요하는 환경의 힘은 매우 강하다.[10)] 특히 아동과 같은 사회적 약자에게는 더욱 그러하다.

Germain과 Gitterman(1995)에 의하면, 사회복지실천에 있어서 서비스 제공만큼이나 환경에 대한 이해가 중요하다. 사례에서 보았듯이, 환경은 상호교류를 통해서 인간에게 절대적 영향을 미치기 때문이다.

---

10) Biestek(바이스텍 저/김만두 역, 1990)은 '케이스워커로부터 클라이언트가—인간으로서의 원천적 존엄성이 손상당하지 않아야 하기' 때문에 '수용'되어야 한다고 주장했다. 필자는 인간을 억압하는 환경의 힘, 즉 위험요인이 또 하나의 '수용'의 근거가 된다고 본다. 이와 관련하여 Gitterman(2017)은 "실천가는 억압당하는 사람들의 고통에 대하여, 그들을 탓하는 것에 대하여 대단히 조심스러워해야 한다."고 경고했다.

환경은 사회적 층(social layers)과 물리적 층(physical layers)으로 구성된다(Gitterman, 2017; Germain, 1985). 사회적 층은 친밀한 사회적 네트워크로부터 관료 조직(영화 〈나, 다니엘 블레이크〉에서 절차와 규칙을 따지는 관료들의 특성이 잘 묘사되어 있다.)에 이르기까지 다양한 많은 사람으로 구성된 사회적 세계(social world)를 말한다. 물리적 층은 인류로부터 물려받은 자연적 세계와 인간이 건설한 구조물, 이러한 구조물이 배열된 공간으로 구성된다. 먼저 사회환경에 대해 이해하고자 한다.

(1) 사회적 환경

Bronfenbrenner(1979)에 의하면 **인간과 환경은 상호의존하며, 인간발달[11]은 인간과 환경 간 상호교류의 산물**이다. 그는 생태학적 환경을 러시아 인형 세트처럼 한 구조가 그다음 구조 속에 끼워져 있는 일련의 겹구조(nested structure)들로 상상했다. 그는 생태학적 연구에서 개인과 환경의 질(qualities), 환경적 세팅(setting)[12]의 구조 그리고 환경 간, 환경 내에서 발생하는 과정들이 상호의존적인 것으로 간주되어야 하며, 체계적 관점의 용어로 분석되어야만 한다고 강조했다. 생태학적 환경을 동심원적 구조로 표현했다. 이런 구조들은 미시체계, 중간체계, 외체계, 거시체계로 구성되며, 상호의존하고 상호작용한다([그림 4-1] 참조).

이러한 다층적인 환경 수준(levels of environment)은 모든 개인에게 위험(risks)인 동시에 기회(opportunities)다(Garbarino, 2017; Ambrosino, Heffernan, Shuttlesworth, & Ambrosino, 2008). Garbarino는 "발달 기회(opportunities for development)란 발달 중인 아동에게 주어진 시간에 아동의 욕구와 능력에 맞는 물질적, 정서적, 사회적 격려를 제공

---

11) Bronfenbrenner는 발달의 개념을 "인간이 자신의 환경을 다루는 방식에 있어서의 지속적 변화"라고 규정하였다. 생태학적 관점에서 최상의 '발달' 개념을 "인간의 욕구(requirements)와 열망(aspirations)에 맞도록 현실 세계를 개조하고 구성해가는(remold) 능력의 성장, 심리적 성장(psychological growth)"이라고 정의했는데(Bronfenbrenner, 1979), 이는 사회복지실천에서 임파워먼트 개념과 유사해 보인다. Zastrow와 Kirst-Ashman은 사회복지실천에서 환경 속의 인간을 개념화하는 생태학적 관점에 입각하여 인간행동과 발달을 사정하기 위한 모델을 제시했다. 그들에 의하면 사회복지실천의 과정 중 인간발달에 관한 지식은 특히 문제사정과 관련된다. 사회복지실천에서 사정을 통해 클라이언트, 클라이언트의 문제, 클라이언트의 문제가 놓여 있는 상황에 대해 정확하게 이해하고 평가하는 것은 효과적 개입을 위해 매우 중요한데, 이는 인간발달에 대한 기본적 지식과 이해를 필요로 한다(이인정, 최해경, 2020).

12) Bronfenbrenner(1979)는 "세팅(A setting)이란 가정, 어린이집, 놀이터 등과 같이 사람들이 얼굴을 마주하며 상호작용할 수 있는 장소이다."라고 정의했다. 세팅은 생활공간으로 번역될 수 있을 것이다.

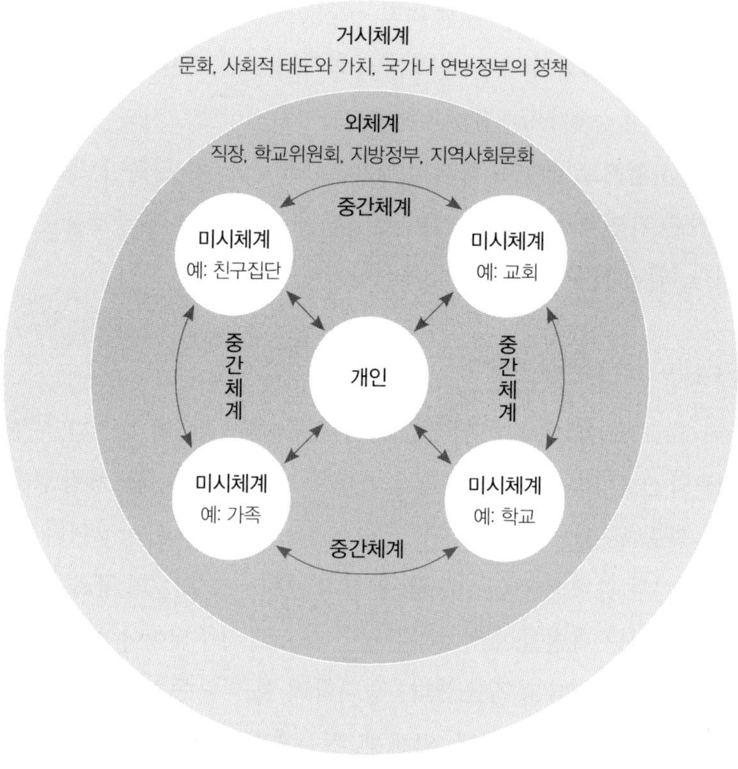

그림 4-1 생태체계의 수준

출처: Ambrosino, Heffernan, Shuttlesworth, & Ambrosino (2008), p. 61.

하는 개인-환경 관계"라고 정의했다. "발달 위험(Risks to development)은 직접적인 위협과 발달 기회의 부재, 모두를 말한다. 즉 영양실조나 부상과 같은 생물학적 위험 외에도 발달을 위협하는 다양한 사회문화적 위험이 있다. 사회문화적 위험은 아동의 필수적인 경험과 관계의 세계가 빈곤해지는 것"을 의미한다(Garbarino, 2017). Ambrosino 등(2008)은 "기회로서 환경은 개인들로 하여금 욕구를 충족시킬 수 있게 하고 건강하고 기능적인 인간으로 성장발달하게 하는 자원 공급처이다. 반면 위험으로서 환경은 개인의 성장발달을 직접적으로 위협하거나 개인이 건강하게 성장발달하도록 촉진하는 기회의 결핍을 의미한다. 사회복지사는 환경의 각 수준에서 위험과 기회를 평가하여, 클라이언트체계와 협력하여 환경적 기회를 촉진 또는 증가시키고 환경적 위험을 줄이거나 제거함으로 긍정적 변화를 성취해야 한다."라고 서술했다. 다음으로는 각 수준의 체계에 대해 살펴보고자 한다(Bronfenbrenner, 1979; Garbarino, 2017; Ambrosino, Heffernan, Shuttlesworth, & Ambrosino, 2008).

① 미시체계

미시체계(microsystem)는 '발달하는 개인이 특별한 물리적인 특성을 가진 일정한 생활공간(a given setting) 내에서 경험하는 활동, 역할 및 대인관계 유형'이다. 활동, 역할 그리고 대인관계의 요인들이 미시체계를 구성하는 요소들이며, 가장 핵심적인 용어는 '**경험하는**(experienced)'이다. '경험하는'이라는 용어는 어떤 환경에 대해 '개인이 지각하는 속성'이 객관적 속성보다 더 중요함을 의미한다(Bronfenbrenner, 1979). 또한 미시체계는 발달하는 아동 혹은 개인의 직접(대면하거나 참여하는) 환경이다. 여기에는 아동이 직접적으로 대면하는 사람, 물건 및 사건이 포함된다. 아동들은 집에도 있고, 학교에도 있고, 놀이터에도 있다. 이러한 각각의 장소 혹은 '생활공간'에는 부모와 자녀, 교사와 학생, 지도자와 추종자와 같은 지위와 그에 따른 지속적인 역할과 활동, 대인 관계가 형성되고 다양한 경험을 한다. 아동은 미시체계에 영향을 미치기도 하고 받기도 한다.

Bronfenbrenner(1979)는 '인간발달을 위한 맥락으로서의 대인간 구조(interpersonal structure)'를 설명하면서 다음과 같은 견해를 밝힌다. 개인이 생활공간에서(a setting) 타인의 활동에 주의를 기울이거나 참여할 때마다 하나의 관계가 성립된다. 두 사람이 상호작용하고 상호호혜적인 관계인 이원체계(dyad)[13]는 두 가지 측면에서 인간발달에 중요하며, 이원체계는 다음과 같은 세 가지 속성을 가질 때 발달적 힘을 가진다.

- 상호호혜성(reciprocity): 이원체계에서 즉, 두 사람이 공동 활동을 하면서 상호작용하고 상호영향을 미친다. 상호의존성의 개념을 인지하고 발달을 자극한다. 이원적 상호작용은 이러한 방식으로 생활과정에서 가장 강력한 발달적 영향력을 발휘한다.
- 힘의 균형(balance of power): 두 사람이 상호작용하는 과정에서 한 사람이 다른 사람보다 좀 더 영향력이 클 수 있는데, 영향력이 큰 사람이 작은 사람을 지배하는 정도를 의미한다. 어린 아동은 상호작용에 참여함으로서 상이한 힘의 관계를 개념화하고 대처하는 방법을 배울 수 있는 기회를 갖게 된다. 이러한 학습은 인지적, 사회적 발달에도 기여하게 된다.

13) 이원체계는 미시체계의 기초 단위가 되어 더 확대된 대인간 구조[3인체계(triads), 4인체계(tetrads)]를 형성할 수 있게 한다.

- 감정적 관계(affective relation): 두 사람은 이원적 상호작용에 참여함에 따라 상호 간에 감정을 발달시키게 된다. 그 감정은 긍정적일 수도 부정적일 수도 양가적일 수도 있다. 시작할 때부터 긍정적이고 상호적이면서도 상호작용이 진행됨에 따라 감정적 관계가 좀 더 긍정적이고 상호적일 때, 발달적 과정이 가속화된다(Bronfenbrenner, 1979).

이러한 상호호혜성, 힘의 균형의 점진적 전이, 긍정적 감정의 상호성 등의 속성을 갖는 두 사람의 관계를 **발달적 이원체계**(developmental dyad)라고 부른다. 가정이라는 미시체계 환경에서 엄마와 아동의 관계가 가장 기본적인 예가 된다. 엄마가 아이를 무릎에 앉혀서 책을 읽어주고 문답을 하며 아이는 성장하고 엄마는 아이의 성장하는 모습에 기뻐한다. 학교라는 미시체계 환경에서 학생과 선생님(학생이 좋아하는)이 또 하나의 발달적 이원체계가 될 수 있다. 사회복지기관에서 신임 사회복지사가 롤모델인 선배 사회복지사로부터 다양한 현장 지식과 기술을 배우고, 선배는 성장하는 후임에 대해 뿌듯함을 느끼는 것도 예가 될 수 있다.

Garbarino는 다양한 사회문화적 요인에 의해 이러한 발달적 관계가 파괴될 때 아동 혹은 인간발달이 위협받는다고 하며, 미시체계 환경에서는 '참여자가 너무 적고' '상호성이 유지되지 않고' '대인관계에서 부정적 감정적 분위기'라는 세 가지 요인의 조합이 **'위험요인'**이라고 한다. 다음으로 이에 대해 하나씩 살펴보고자 한다(Garbarino, 2017).

'참여자가 너무 적은' 미시체계 환경은 아동발달에 위험요인이다. Bronfenbrenner (1979)에 따르면 "인간발달은 다양한 역할을 가지고 있는 사람과 상호접촉하고, 계속적으로 확대되는 다양한 역할 레퍼토리에 참여함으로서 촉진되기" 때문이다[14]. 미국 인구조사국은 1980년 이후 미국에서 태어난 자녀 2명 중 거의 1명이 편부모 가정에서 아동기의 일부를 보낼 것이라고 예측했다. 많은 아이들이 한 부모 가정에서 시작하는데, 발달의 중요한 요인인 다양한 역할 레파토리를 경험하기 어렵게 된다. 반대로 많은 수

14) Bronfenbrenner(1979)는 다음과 같이 설명한다. 아동의 심리적 성장은 아동이 다양한 역할을 갖고 있는 사람과 상호작용함으로써 촉진된다[처음에는 가정에서(어머니, 아버지, 형제, 조부모) 그리고 가정 밖에서(친구, 교사, 이웃, 등)]. 또한 서로 다른 사회적 지위에 있는 사람들과 접촉함으로써 아동 자신은 계속 새로운 역할을 맡게 되고, 딸, 여동생, 손자, 조카, 친구, 학생, 같은 팀의 동료 등으로 새로운 역할을 배울 때, 조금 더 복잡한 자아정체감을 발달시킨다.

의 친척, 이웃, 친구로 구성된 미시체계는 풍부하고 자극적인 경험의 기회를 제공한다. 상이한 연령 집단, 세대 및 배경을 포괄하는 다양한 대인관계 속에서 살아가는 어린이는 자신의 상황에 어떤 위험이 수반되더라도 성장할 수 있는 기회로 삼아 즐길 수 있다.

또한 '빈약한 상호작용이거나 상호호혜성이 유지되지 않는' 미시체계 환경은 아동발달을 저해하는 위험요인이다. 앞의 Bronfenbrenner의 설명에서도 보았듯이, 아동의 건강한 발달을 위한 미시체계의 필수 기능 중 하나는 '상호성'인데, Garbarino(2017)는 상호성에 대해 어린이를 존중하고, 적절하게 자극하고, 반응하고, 도전하는 기회를 부여하는 상호작용을 주고받는 것이라고 설명한다. 이러한 본질적인 상호성이 현저하게 감소하면 아동의 발달이 위태로워지는데, 이것은 가족이라는 미시체계 내의 '힘의 균형'이 무너질 때 발생한다. 일반적으로 부모가 부모-자녀 관계를 완전히 통제하고, 자녀를 지배하려고 하여 자녀의 발달을 방해한다는 것, 영아의 경우 수유 등과 같은 보살핌에 있어서 엄격하게 아이들 대하는 것을 의미한다.

Baumrind(1979: Garbarino, 2017 재인용)의하면 억압적 양육 스타일은 부모의 손에 과도한 권한을 부여함으로써 상호성의 원칙을 위반하고 아동을 수동적인 역할에 놓이게 한다. 모자 관계에서 어머니가 냉정하고 지배적이며, 자녀의 감정에 무감각하면 자녀는 친밀감 관계 형성을 두려워한다(이인정, 최해경, 2020). 사람과 동물에 대한 공격적 행동, 재산 파괴, 사기나 절도, 심각한 규칙 위반과 같은 품행 장애의 원인은 부모의 폭력[15]적이고 강압적인 양육 태도, 무관심하고 방임적인 양육 태도, 부모의 정신 장애나 알코올 사용 장애, 부모의 범죄 등이 관련된다(이우경, 2016: 이인정, 최해경, 2020 재인용).

'너무 작음'과 '너무 일방적'이라는 미시체계 문제도 중요하지만 가장 중요한 문제는 '정서적 어조, 즉 감정적 분위기'이다. 긍정적인 분위기는 어린이에게 일종의 '사회

15) Garbarino(2017)는 거시체계의 폭력문화인 '폭력의 사용과 가정 폭력의 승인'을 아동, 인간발달의 위험요인으로 본다. 정상적인 미국 가정에서 어떤 형태로든 가정 폭력이 거의 보편적(조사 대상 가족의 90%에서 적어도 일부 구타 포함, 심각한 폭행은 가족의 약 15%)이라는 데이터를 소개하고 논의한다. 가장 해롭고 극단적인 형태의 신체적 처벌만을 '학대'로 정의하고 나머지는 '정상적인 징계'로 분류한다는 사실이 '폭력이 거시체계의 문화'라고 하고 있다. 또한 결혼은 타격 허가증(a license to hit)이라고 하면서 교육자, 성직자, 경찰은 모두 어린이와 청소년을 처벌할 때 신체적 폭력과 체벌을 사용한다는 연구도 소개하고 있다. 사회적 스트레스에 대한 부적응 행동으로서 아동에 대한 폭력은 아동에게 신체적, 정신적 손상을 입힌다. 우리가 한 아이의 뺨을 때리는 것을 용납하는 경우 다른 아이가 주먹질을 할 가능성이 필연적으로 높아진다. 남편의 권리라는 이유로 남편이 아내를 때리는 것을 받아들이는 곳에서 여성과 어린이가 구타당하는 것은 불가피하다. 가정 폭력은 우리 사회가 다루어야 할 가장 심각하고 시급한 사회 문화적 위험 영역 중 하나이다.

적 추진력(social momentom)'을 생성하게 하는 반면, 부정적인 분위기는 '사회적 무게(social deadweight)'를 느끼게 한다. 긍정적인 분위기는 아이에게 자신감의 저장소 또는 역량의 중요한 기반인 '자아의 힘'을 제공하기 때문에 세상에서의 성공에 기여한다(McClelland, 1975: Garbarino, 2017 재인용). 그러나 부정적인 분위기는 아이를 일상적인 문제로 인해 쉽게 낙담하게 만들고, 아이가 세상에 완전하고 만족스럽게 참여하지 못하게 한다.

부모가 유아의 자발적인 언어 및 얼굴 표정 그리고 행동에 의해 영향을 받는 것을 거부하면 상호성의 본질적인 원칙이 위반된다. 고의로 아동과 아동의 성취를 비하하거나 아동을 무시함으로써 무가치하다는 느낌을 전달하는 것과 같은 아동에 대한 거절은 일종의 정서적 악성 종양이며 개인의 자존감, 사회적 능력 및 희망의 능력을 잠식하는 심리적 암이다. 그리고 어린 시절에 거부를 당한 성인은 정서 불안, 부정적인 자기 평가(부정적인 자존감과 부정적인 자기 적합성), 부모에 대한 적개심과 공격성, 부정적인 세계관을 갖게 된다(Rohner, 1975: Garbarino, 2017 재인용). Berk에 의하면, 낮은 자아존종감은 적응적 어려움과 연결되어 있다. 부모와의 관계에 불만이 많은 청소년은 대체로 공격적이며 반사회적이고, 또래 관계를 부정적으로 보는 청소년도 불안하고 우울한 경향이 있다(Berk, 2009).

반면에 온정적이고 수용적인 부모가 아동에게 성숙한 행동에 대한 합리적 기대를 보이면 아동 및 청소년은 자신에 대해 좋은 감정을 갖는다. 온정적이며 긍정적 양육은 청소년들로 하여금 자신이 유능하고 가치 있는 존재로 수용된다는 것을 알게 해준다. 적절한 자아존중감을 가진 사람은 어느 상황에든 잘 적응하고 사교적이다(Berk, 2009). Erikson에 의하면, 아동이 어머니로부터 따뜻한 보살핌과 애정을 받게 되면 신뢰감과 자율성을 키울 수 있다. 아동에게 적절한 일을 할 수 있는 기회를 주고 아동을 격려하면 자신감을 갖고 주도성을 갖게 된다(강상경, 2018).

지금까지 아동 혹은 인간발달에 절대적 영향을 미치는 가정이라는 미시체계, 즉 집이라는 생활공간에서 부모와 아동이라는 지위에 따른 '역할'과 '활동'에 의해 이루어지는 '대인관계 유형' 그리고 아동의 '경험'에 대해 살펴보았다. 요약하면 어머니의 양육행동에서 자녀들이 따뜻한 보살핌, 애정, 반응적이며 수용적 태도, 기회와 격려, 훈육의 일관성을 '경험'한다면 어머니와 아동에 의한 '발달적 이원체계'의 세 가지 속성(상호성, 힘의 균형, 긍정적 감정적 관계)이 작동하여 아동의 자아존중감, 자율성, 신뢰성, 자기주도력, 친밀감 형성 능력, 즉 내적 자원, 환경과의 상호교류 능력이 발달한다. 반면, 이

혼[16)]이나 부모의 불화, 무관심과 방임, 심한 배척, 비난, 억압과 폭력을 '경험'한다면 아동은 낮은 자존감, 불안감, 좌절감, 열등감을 체화하고, 공격적 · 반사회적 행동을 할 수 있으며, 정신장애와 같은 심리적 · 사회적 무력감을 보이는 등 부적응 행동을 할 가능성이 높다고 할 수 있다.

지금까지 살펴 본 Bronfenbrenner와 Garbarino의 견해에 따르면, 아동의 부적응 행동은 부모의 부적응 행동[17)]에 의해 형성될 가능성이 매우 높다. Bronfenbrenner(1979)에 의하면, 얼굴을 마주보는 상황(face to face)에서 상호작용하는 사람은 상대방에게 환경의 일부분을 구성한다. 엄마와 아동으로 구성되는 발달적 이원체계에서 엄마 혹은 아빠는 아동의 환경이다. 이 환경이 아동을 부적응자로 만들 가능성이 있다. 부모에 의해서 형성된 이상행동으로부터 회복하는 아동도 있을 것이고, 평생 비난받으며 살기도 할 것이다. 근원적으로는 아동, 본인에게 잘못이 있다고 하기도 어려운데 말이다[18)]. 혼

16) "이혼은 엄마-아동이라는 발달적 일차적 이원체계를 상호적대적 이원체계로 변화시켜 아동발달에 강력하게 파괴적 영향을 끼친다. 상호호혜성의 수준이 감소하고, 대인 간 부정적인 감정의 강도가 증가하고, 힘의 균형이 아동을 향해 점진적으로 이동해 가는 대신에 '생존을 위한 싸움'이 된다. 갈등이 심해 별거를 하게 될 남편-아내 이원체계 내의 상호적대감은 어머니-아동 이원체계의 기능을 붕괴시켜, 이원체계가 효과적인 사회화의 맥락으로 이용될 수 있는 역량을 손상시킨다."(Bronfenbrenner, 1979) 이혼은 부모-아동이라는 이원체계 상, 상호호혜성의 원리를 부정한다. 이혼한 '부모'들은 이혼하지 않은 부모와 비교할 때 자녀들과 의사소통을 덜 하고, 덜 애정적으로 대하며, 아동을 훈육하고 통제하는데 있어서 일관성 있는 태도를 보이지 않으며, 성숙해질 것을 덜 요구한다. 이혼한 부모의 '아동'들은 이혼하지 않은 가족의 아동들보다 좀 더 부정적인 행동을 한다. 아동들은 아버지보다 엄마에게 더 부정적인 행동을 한다. 이혼한 엄마들은 아동들에 의해서 특히 아들로부터 괴롭힘을 당했다. 엄마한테 복종하지 않고, 협력하지 않고, 말을 잘 듣지 않았다. 엄마를 더 무시하는 경향이 있었다(Hetherington et. al., 1978: Bronfenbrenner, 1979 재인용).

17) '부모의 부적응 행동'은 '3) 인간: 삶의 문제'에서 이어 살펴보게 되는데, Germain과 Gitterman이 누구나 겪어야 하는 '삶의 문제' 중에 하나로 언급한 '환경적 억압'에 대한 반응이다. 이에 대해서는 '거시체계' 부분에서 자세히 설명된다. Hetherington 등은(1978: Bronfenbrenner, 1979 재인용) 환경적 억압으로 인한 부모의 스트레스 지원체계의 개발, 사회정책의 개발이 중요하다고 했다.

18) 다음과 같은 생각을 해볼 수 있다. 부적응자가 되지 않기 위해서는 부적응 행동을 하지 않는 좋은 부모, 가족에서 태어나야 한다. 그것은 아동 · 인간의 능력 밖이다. 사족이지만 언급하자면, 사회적 실체로서 집단, 조직, 지역사회는 개인의 자유의지에 따라 선택할 수 있지만, 가족은 선택할 수 없다. 좋은 부모를 만난 아동은 '복 받은' 것이고, 부적응 행동을 하는 부모 밑에서 자란 아동은 '운이 없는' 것이다. 복 받은 아동은 두 가지 사회적 의무를 진다고 볼 수 있다.

하나는 운이 나쁜 아동들의 이상행동 혹은 경계성 퍼스낼리티에 대해 관용적 태도와 배려적 행동을 보여야 한다. 비난해서는 안 된다(p.124 각주 9)에서 Gitterman의 경고를 참고하라). 타인의 시선이 따뜻하지 않음을 지속적으로 느끼는 아동 혹은 개인도 규범적 행동을 하려는 노력을 해야 한다. 요즈음 매스컴의 보도를 보면, 우리 사회의 근대화라는 거시체계가 아동들에게 남긴 최대의 비극은 학대 혹은 아동의 성장발달을 저해하는 요인을 확대하고 있다는 생각을 하게 한다. Bronfenbrenner(1979)에 의하면, 가정이라는 미시체계

히들 '부모 잘못 만나서'라고 한다.

적합하지 않은 환경, 부모가 부적응 행동을 하는 미시체계 환경에서 생활한 아동은 학교 혹은 또래집단에서도 부적응 행동을 할 가능성이 높다. 학교는 생태적 전이에 따라 아동 · 청소년이 새롭게 경험하는 미시체계 환경이다. 친구들로부터 학교폭력이라는 억압적 환경 속에서 부적응 행동을 할 수 있고, 때로는 선생님으로부터 폭력을 경험하기도 한다. 학교라는 미시체계 환경에서 부적응자를 돕는 학교사회복지사가 필요한 이유이다.

사회복지사는 가정, 학교와 같은 미시체계 환경에서 아동발달을 위협하는 요인을 사정하여 변화시켜야 할 것이다.

② 중간체계

중간체계(mesosystem)는 '발달하는 개인이 참여하는 두 개 또는 그 이상의 세팅 사이에 존재하는 상호연결(interconnections)'이다. Ambrosino 등(2008)은 두 미시체계에 모두 존재하는 사람에 의해 연결된 미시체계 간의 관계라고 정의했다.

중간체계는 생태적 전이, 즉 살아가는 개인이 새로운 환경으로 이동하면서 형성된다. 예를 들어, 아동의 경우에 중간체계는 가정, 학교, 어린이집, 사이의 연결이며, 성인의 경우에는 가족, 직장, 동호회 등과 사이의 연결이고, 노인의 경우에는 가족, 노인복지관, 요양원 사이의 연결이다.

중간체계 환경에서는 '연결'의 의미가 중요하다. 연결에 대해 Bronfenbrenner(1979)는 다음과 같이 설명한다. 즉, 중간체계인 미시환경 간의 상호연결은 '다중 세팅(multi-setting)에의 참여' '간접 연결[19]' '세팅 간 지식(한 세팅 내에서 다른 세팅에 대해서 알고 있

환경에서 부모와 아동의 '발달적 이원체계'를 해체하는 가장 핵심요인은 이혼과 빈곤(발달의 저해요인으로써 빈곤에 대한 설명은 각주 21 참조)이다. 심화되는 가족해체는 부모의 부적응 행동의 가능성을 높이고, 아동도 부적응자가 될 가능성이 커진다고 볼 수 있다. '관용'이라는 가치의 중요성을 숙고해야 할 때가 아닌가 싶다. 관용의 근거는 '차이'를 존중하고 받아들이는 것인데, 그 차이의 근원은 가정환경이기 때문이다. 자유라는 인류 보편적 가치가 사회복지실천에서 '자기결정'이라는 전문적 가치로 전환되듯이, '관용'이라는 사회적 가치가 '수용'이라는 사회복지실천의 중요한 가치로 전환되었다고 볼 수 있다.

또 하나의 사회적 의무는 부자인 좋은 가정에 태어나 부를 누리고 사는 사람이라면 그렇지 못한 사람들을 위해 기부하는 것이 윤리적이다. 그것이 사회복지실천의 핵심 가치 중에 하나인 인간 존중이고, 사회복지의 기본원리인 소득재분배 행동이며 정의로운 행동이다.

19) 동일한 사람이 두 사람 사이의 연결인 두 환경에 적극적으로 참여하지 않을 때, 두 환경 내에 있는 사람들 사

는 정보나 경험)' 그리고 '세팅 간 의사소통(서로 다른 장면, 혹은 세팅에 있는 사람에게 대화나 서면을 통해 정보, 경험 등의 메시지를 전달하는 것)'에 의해 이루어진다. 이러한 연결 관계, 즉 중간체계가 인간의 적응 혹은 성장발달을 지원하는 기능이 있다.

Bronfenbrenner와 Garbarino에 의하면 **중간체계 환경의 지원적 잠재력**은 환경 간에 존재하는 '연결의 수와 품질'에 달려 있다. 발달하는 아동 혹은 개인이 참여하는 중간체계가 강하고 긍정적일 경우(연결된 미시체계의 관계가 상호 보완적이고 다양할 경우) 발달을 지원하는 기회요인이 되고, 약하고 부정적이면 발달의 위험요인이 된다. Garbarino(2017)에 의하면 풍요로운 중간체계 영역은 발달하는 개인 혹은 아동의 능력을 향상시키고 더 많은 연결을 하게 한다. 그것은 아동 혹은 인간발달의 결과(product)이자 원인이다. 반면 열악한 중간체계는 인간발달의 위험을 초래한다. 아동의 미시체계 환경이 손상, 고립되거나 연결된 미시체계와 부정적 상호작용 할 때 아동은 발달 위험에 처한다.

예를 들어, 아동이 학교에 입학할 때 아동이 혼자 등교하기보다 엄마가 동반하면 아동은 학교에 더 잘 적응・성장발달 할 수 있다. 아동(1차적 연결자)의 가정생활과 학교생활에 대해 보조적 연결자인 어머니와 선생님이 의사소통을 하면 아동의 성장발달 혹은 적응에 긍정적 환경이 조성되기 때문이다. 한국사회 부촌의 치맛바람은 비윤리적인 중간체계이다. 편부모, 맞벌이 부부는 소득활동 때문에 자녀의 보조적 연결자가 되기 어렵고 학교환경에 참여하기가 어려울 수 있다. 부모가 자녀의 학교에 관심을 갖고 참여하고, 가정은 아동이 학교의 기본 활동인 읽기, 쓰기, 산수를 입학 전에 가르쳐 학교에 적응을 돕는다. 학업적 성공이 중요한 세상에서 학업 문화에 소외되는 것은 발달 위험에 처할 가능성을 높인다. 학교에서의 실패로 인해 개인적으로나 사회적으로나 '위험한' 경험을 할 수 있다. 예를 들어, 자존감에 대한 위협, 자신감 상실, 사회적으로 합의된 규칙에 대한 갈등, 경제적 빈곤을 경험할 가능성이 높다. 이미 알려진 대로 학교문제는 청소년 비행의 주요 원인이다.

이에서 중재적 연결자(intermediate link)의 역할을 하는 제3자를 통해 두 환경이 연결될 수 있다. 예를 들어, 가출청소년이 집에 있지도 않고 학교에도 오지 않는 경우에 그 청소년이 가끔씩 들러 며칠씩 머물다 가는 청소년 쉼터의 서비스 제공자와 부모님 그리고 선생님이 회의를 하여 정보를 공유함으로써 가정과 학교를 연결할 수 있고, 바람직한 서비스를 탐색 및 제공할 수 있다.

지금까지 살펴본 중간체계 환경은 사례관리[20]에 유용해 보인다. 클라이언트의 욕구 충족에 도움이 되는 자원을 보유한 기관 · 서비스 제공자들은 민관협력 통합사례회의에 참여하여 보조적 연결자로서 클라이언트에 대한 정보를 제공 및 공유하고, '세팅 간 의사소통'을 하는 중간체계 형성자(2차적 연결자)가 될 수 있다. 사례관리자가 서비스 계획서에 '타 기관에 연계'라고 기록했으면 연계 기관에 클라이언트와 동행하는 것이 훨씬 효과적일 것이다(강한 연결). 쉼터나 직업훈련학교에 동행하면 사례관리자가 보조적 연결자가 되어서 클라이언트의 '다중 세팅에 참여'와 적응을 돕는 것(지원적 기능)이 되기 때문이다.

사회복지사는 클라이언트의 중간체계 환경의 위험요인을 사정하여 지원적 기능을 강화하는 적응적 조치를 취할 의무를 수행해야 한다.

③ 외체계

Bronfenbrenner(1979)에 의하면, **외체계**(exosystem)란 '하나 이상의 환경으로 구성되어 있으며, 발달해 가는 개인이 그 환경 속에서 적극적인 참여자로 포함되지는 않지만, 그 환경 내에서 발생하는 사건들에 영향을 주거나 영향을 받는 환경'을 의미한다. Garbarino(2017)는 외체계를 아동이 직접적으로 참여하지는 않지만 중간체계 또는 미시체계를 통해 아동에게 영향을 미치는 환경이라고 정의했다. 또한 Ambrosino 등(2008)은 외체계를 지역사회라고 했다. 그들에 의하면, 외체계는 "개인과 직접 관련되지는 않지만 개인의 기능방식에 영향을 미칠 수 있는 지역사회 수준의 요소"다. 부모의 직장이나 사회적 네트워크, 이웃, 친구들과 만나기 등과 같은 지역사회 내에서 부모가 하는 사회적 상호작용망이 자녀의 외체계가 된다.

이러한 외체계에 아동이 직접 참여하지 않지만, 참여한 부모에 의해서 영향을 받는다. 예를 들어, 직장의 유급 출산휴가나 아동양육을 위한 휴가는 직장이 부모들의 아동양육을 간접적으로 지원하여 아동의 성장발달과 적응에 적합성을 높일 수 있다. 외체계로서 부모들의 이웃, 친구와 같은 인적 네트워크에서 경제적 지원이나 조언 등이 아동들의 성장발달과 적응에 적합성을 개선하는 요인이 될 수 있다. 남양주시에는 직

20) Bronfenbrenner(1979)는 중간체계가 주는 긍정적 영향은 아동, 소수집단, 아픈 사람, 노인 등에 가장 크다고 하는데, 이들은 사례관리 대상자가 될 가능성이 크다.

장맘들의 네트워크인 '키즈코업'이 있는데, 참여자들은 '카카오톡'을 매개로 하여, 직장에서 갑작스러운 야근 시 아이들을 서로 돌봐주는 품앗이를 하고 있다. Emery와 Laumann-Billings의 연구(Berk, 2009 재인용)는 외체계 활동의 붕괴가 미치는 부정적인 영향을 보여 주는데, 개인적 혹은 지역사회와 연결이 거의 없거나, 실업의 영향으로 사회적으로 고립된 가정에서는 갈등과 아동학대가 발생할 확률이 증가한다는 것이다.

Garbarino(2017)는 아동 혹은 인간발달을 저해하는 **'외체계의 위험'** 두 가지를 제시했다. 첫 번째는 아동의 부모 또는 아동의 삶에서 중요한 다른 성인이 가정, 학교 또는 또래 집단과 같은 아동의 미시환경체계에서 행동을 빈곤하게(impoverished) 만드는 것이다. 예를 들어, 장시간 또는 경직된 근무 시간, 타지로의 장기출장, 직무스트레스 또는 불충분한 수입 등 가족생활을 빈곤하게 하는 부모의 직무 경험적 요소가 있다. 이러한 직무환경은 귀가 시 자녀의 행동에 대한 긍정적 감정의 생성과 반응적·호혜적 행동을 저해하는 요인이다(미시체계에서 살펴본 발달적 이원체계의 세 가지 속성, 즉 상호성, 힘의 균형, 긍정적 감정을 기억하라). 두 번째는 중요한 의사결정기구가 아동의 미시체계 환경에 부정적인 영향을 미치는 결정을 내리는 방식이다. 가령 초등학교 학교운영위원회가 학령인구 감소로 분교를 폐쇄하고 본교만 운영한다는 결정을 하는 경우 분교에 다니던 소수 학생은 교통상의 불편으로 미시환경 참여가 어려워질 수 있다. 또한 폐쇄된 분교 인근에 거주하던 학부모의 경우 아동의 보조적 연결자 역할이 제한 될 수 있다. 그러므로 지방의회의 결정은 아동·인간 발달에 영향을 미치는 외체계에 많은 영향을 미치며, 지역사회는 거시체계의 사회정책 실현의 장임을 기억할 필요가 있다.

이웃은 아동에게 미시체계, 중간체계, 외체계와 같은 다중적 기능을 수행한다. 이러한 이웃과 가족은 상호보충적인 중간체계이다. 이웃은 또한 부모가 아이와 독립적으로 참여하는 환경이며 이웃이 부모에게 제공하는 지원, 격려 및 피드백의 질은 아이의 발달에 영향을 미친다. 따라서 이웃 또한 아동의 발달에 영향을 미치는 외체계로 기능한다. 건강한 동네는 아이들이 지적 및 사회적 자원을 최대한 활용할 수 있도록 허용하는 다양한 연결과 다양한 상황을 제공함으로써 발달을 향상시킨다. 우리는 흔히 '한 아이를 키우려면 온 마을이 필요하다'라는 말을 하는데, '아이의 부모가 누구이건 양육의 책임은 지역사회에 있다(탄자니아 격언).' '어머니로부터 가르침을 받지 않은 사람은 세상에서 가르침을 받을 것이다(스와힐리 격언).' 같은 격언이 정확한 의미라고 볼 수 있다. Garbarino(2017)에 의하면, 부모가 자녀를 인도하고 보호하듯이 지역사회는 모든 가족의 부모이다.

지역사회의 본질은 관계성이며, 지역사회실천에서 네트워크 만들기가 중요하다(Germain, 1985). 실천가가 다양한 네트워크를 만들어 부모의 참여기회를 높이면 아동의 성장발달과 적응에 긍정적 환경을 조성하는 즉, 적합성을 높이는 조치가 된다.

④ 거시체계

Bronfenbrenner(1979)는 **거시체계**(macrosystem)를 '특정 문화 혹은 하위 문화 내에서 그것을 구성하는 미시체계, 중간체계 그리고 외체계의 형태와 내용에서 나타나는'일관성', 동시에 그런 것에 기초가 되는 신념체계나 이념'을 의미한다고 정의했다. 자유민주주의와 사회주의와 같은 이데올로기, 기독교·불교·이슬람 문화권과 같은 특정 종교가 지배하는 제도와 정책 등이 거시체계이며, 특정 개인에게 영향을 미치는 중앙정부와 의회의 입법 및 사회 정책과 제도 등도 거시체계이다. 또한 Bronfenbrenner는 "공공정책은 거시체계의 일부분으로서 인간의 생활 여건을 결정함으로써 인간의 복지와 발달에 영향을 미치는 힘을 가진다."고 정의했다. 그리고 거시체계는 인간발달 과정을 조정하는 외체계, 중간체계, 미시체계의 특정한 속성들을 결정한다.

Garbarino(2017)는 발달을 저해하는 '**거시체계 위험요인**'을 아동·인간의 세계가 빈곤해져서 삶의 기본적이고 사회적·심리적인 필요조건들이 결여되는 것이라고 규정하며 아동이 있는 가정에 특별한 경제적 우선순위를 부여하지 않는 정책[21], 이웃과 학교의 연결을 방해하는 높은 수준의 지역사회 불안정, 아동의 미시체계, 중간체계, 외체계 관계를 빈곤하게 만들 우려가 있는 이데올로기[22] 또는 문화적 제도(cultural alignment),

21) 경제적 박탈은 인간에게 심각한 위협이다. 경제적 빈곤에 수반되는 사회적 박탈감은 인간에게 파괴적인 결과를 초래하는 원인이 된다. 경제 영역에서 일어나는 많은 일들이 부모와 자녀에게 중요한 방식으로 영향을 미친다는 사실에도 불구하고 우리는 그러한 것을 당연하게 여긴다(Garbarino, 2017). 빈곤 가정에서 자란 아동의 경우 도벽이 생길 수 있으며, 다양한 이상행동을 할 수 있다(강상경, 2016; 이인정, 최해경, 2020). Bronfenbrenner(1979)는 1929년 세계대공황이라는 거시체계, 특히 미국의 대공황이라는 경제·사회적 대격변이 아동발달과 가족 기능에 미치는 영향을 30년 이상의 종단자료를 이용하여 규명한 Giovanoni and Billingsley의 연구를 검토하여 예를 들었다. 대공황에 의해 심한 타격을 받은 노동계층 가족의 아동들이 아버지의 지위 하락과 어머니의 중요성을 크게 지각하였다. 대공황으로 피해를 본 남성 피해자들은 불가항력적인 사회적 조건(거시체계)을 원망하기보다는 자신에 대해 적대감과 좌절을 느끼며(미시체계) 자기 스스로를 벌하려는 경향이 있었다. 대공황의 피해자로서 노동계층 남자아이들의 성인기 모습은 밝지만은 않다. 그들은 중류층 가정의 결핍된 남자아이들 못지않은 동기를 가졌지만, 그들은 고등교육을 거의 받을 수 없었다(중간체계의 축소). 그들은 다른 어떤 집단보다 더 많은 심리적 장애를 보였고, 과음자 비율이 높았다.

22) 전체주의(아동·인간 발달의 다양성을 제한한다), 군국주의(전쟁으로 아동·인간의 일상을 파괴한다), 개인

부모를 비하하여 자녀의 스트레스 수준을 높이는 인종차별주의와 성차별주의로 구체화했다. 반면 '기회요인'은 '아동 · 인간 발달을 풍요롭게 하는 것'이라고 하고, 어린 자녀가 있는 가정에 특별한 경제적 우선순위를 부여하는 것, 다양성을 환영하고 자존감을 높이는 다원주의적 이데올로기 그리고, 성인이 어린이를 돌보고 아동이 성인에게서 배우는 능력과 의지를 격려하는 모든 사회적 관계 등을 제시했다.

우리는 앞에서 아동 · 인간 발달에 영향을 미치는 기회요인과 위험요인으로서 미시체계, 중간체계, 외체계를 살펴보았는데, 이러한 것들은 모두, 국가 및 전체 사회 수준에서 발생하는 사회적, 경제적, 정치적 변화 즉, 거시체계의 영향을 받는다. 인간이 광범위한 환경에 적응하기 위한 지능, 수완(resourcefulness), 의지, 적응력(adaptability)이 탁월하지만, 빈곤, 장애가 있는 부모, 스트레스가 많은 환경, 장애, 인종차별 등과 같은 위험에 처해 있는 아동의 발달을 위해 중요한 요인은 다음과 같다(Lösel & Bliesner, 1990: Garbarino, 2017 재인용).

- (단지 방어적으로 반응하기보다는) 능동적으로 대처하려고 노력하고 또래 및 성인과 긍정적인 관계를 형성하는 기질적 특성(수동적 위축보다는)
- 인지 능력(정보를 빠르고 정확하게 처리하는 능력으로 정의됨, 평균 수준 이상의 지능)
- 자기효능감의 경험(무언가를 잘하는 것은 자녀 삶의 다른 영역과 시간이 지남에 따라 자녀를 지탱할 수 있는 자신감과 자존감의 저장소)
- 적어도 한 사람과의 안정적인 감정적 관계(부모는 아닐 수 있지만 아동에게 헌신하고 애착을 가지므로 아동에게 보살핌과 보살핌의 의미에 대한 모델을 제공하는 사람)
- 개방적이고 지원적인 교육 분위기[어린이가 어떤 경험을 해석하고 '처리(processing)'한 기술을 가르치는 데 참여하도록 함]
- 가족 외 사람들로부터의 사회적 지원(아동을 지역사회에 긍정적으로 연결시켜 가용한 자원에 접근할 수 있도록 도와줌).

주의(개인의 책임성, 성취의 근거, 성공의 정당성을 제공하지만, 지속 가능한 삶을 위한 인간사회의 상호의존성, 사회적 유대감의 중요성을 평가 절하한다) 등이 있다.

아동의 대처와 회복력에는 이러한 요인들이 필요하고, 이들을 지원하는 시스템이 필요하다. 이 시스템은 1989년 유엔이 채택한 아동권리협약을 정책화하고 지역사회에 안착되도록 지속적으로 노력함으로써 마련될 것이다. 아동의 미시체계 환경수준에서 위험을 줄이려면 거시체계의 변화가 필요하다.

지금까지 살펴본 개인과 환경의 적합성 그리고 다층적인 환경 수준에 대해 좀 더 이해하기 위해 다음과 같은 사례[23]를 제시하고자 한다.

사례 4-4

네 식구인 철수네 가정(미시체계)은 '여우같은 마누라와 토끼 같은 새끼들'로 이루어진 행복한 가정(개인과 환경의 높은 적합 수준)이었다. IMF 경제체제(매크로환경체계)하에 중소기업에 다니던 철수 아빠는 회사의 부도로 직장을 잃었다(영화 〈국가부도의 날〉을 보라). 생계를 책임지던 아빠의 실직으로 엄마와 말다툼이 빈번해졌고, 장기간 갈등이 지속되었다(거시환경체계에 영향을 받은 미시체계).

철수는 학교생활에 불성실해지면서 선생님은 철수 엄마와 철수의 이전과 다른 학교생활과 떨어지는 성적에 대해 상의하였다(가정과 학교라는 미시체계의 연결을 위한 엄마와 선생님의 행동, 중간체계). 엄마는 16살인 철수에게 이전으로 돌아가도록 타일렀지만 말없이 친구의 집에서 자고 오고, 친구들과 폭력행동을 하기도 하고, 어린 여동생에게 언어적 폭력을 하였다(철수의 부적응 행동). 철수의 문제로 엄마와 아빠의 갈등은 심해졌고, 조기축구회(외체계)에 즐겁게 참여했던 아빠는 회원 활동을 중단했고 음주가 매우 심해졌다(아빠의 부적응 행동). 아빠는 철수에게 이전처럼 올바른 행동을 요구했으나 따르지 않는 것에 대해 심하게 비난과 폭언을 했고, 철수는 아빠의 이러한 요구에 대해 부정적으로 반응했다(아빠와 철수의 부적응적 거래). 철수는 아빠, 엄마의 간섭으로부터 벗어나려는 마음과 행동이 강해졌다.

학교사회복지사와 상담한 철수는 "저는 아빠와 엄마의 통제에서 벗어나고 싶은데, 절대 허락하지 않아요."라고 불평했다. "아빠가 술을 너무 자주 마시는데 엄마한테 하는 소리를 방 안에서 들었어요." "생활비 못 줘서 미안한데 이혼하자. 취업이 쉽지도 않아. 가고 싶은 데는 자리가 없고, 오라는 데는 월급이 형편없어. 내가 점점 찌질해 지고 너무 한심해. 철수는 내 말을 듣지도 않고 나를 무시해. 이렇게 살기 싫다." 그렇지만 엄마는 자녀들을 사랑하고 가정을 유지하고 싶어 했다.

23) 지금까지의 설명에 대한 이해를 돕기 위해 구성한 교육용 사례이다.

학교 상담실에서 가족상담을 하고자 했으나 아빠의 거부로 사회복지사가 가정방문을 하기로 했다. 아빠가 집에 있는 시간, 엄마가 아르바이트를 하지 않는 시간을 철수한테 들었다. 학교사회복지사는 엄마와 약속 시간을 잡아 집에서 가족상담을 하기로 약속하고 찾아갔으나 아빠는 사회복지사가 오는 시간에 외출하였다. 엄마한테 아빠의 취업 의지와 근로조건 등에 대해 듣고 다음 상담 날짜를 잡았다. 학교사회복지사는 철수와 지속적으로 상담하여, 실직이 사람의 자존감을 떨어뜨리고, 상실된 자존감으로 인해 나타날 수 있는 행동을 이야기해 주고, 아빠를 좀 더 이해하도록 하였다(개인의 변화를 위한 사회복지사의 노력). 워크넷, 고용복지센터(정부의 고용정책이 지역사회에서 실현됨: 외체계) 등을 통해 아빠의 욕구에 근접하는 채용정보를 가지고 예정된 상담 날짜에 다시 가족상담(아빠의 변화를 위한 개입)을 하였다.

다행히 아빠가 가고 싶은 일자리가 있었고, 엄마도 일가정양립본부에 직업상담사로 취업을 하였다. 사회복지사가 아빠와 엄마에게 16세 청소년기의 특징에 대해 설명해 주었고, 양친은 철수의 행동에 대해 좀 더 너그러워지고 이해하려는 태도를 갖게 되었다. 아빠도 월급은 이전 직장보다 줄었지만 해 보고 싶었던 일이라서 즐겁게 하고 있다는 이야기를 철수를 통해 전해 들었다. 엄마의 취업은 아빠의 감소된 소득을 보충하였다. 아빠와 엄마의 갈등은 점차 줄어들었다. 담임 선생님은 엄마에게 철수의 학교생활이 점차로 긍정적으로 변하고 있다(가정환경의 변화에 의한 개인의 변화)고 전했다.

철수와 상담한 학교사회복지사는 철수네 가정에 많은 변화가 있다(개입의 효과로서 개인과 환경의 변화)는 생각을 하게 되었다. 아빠가 술을 먹고 엄마한테 큰소리로 '이혼하자'고 소리 지르지 않아서 좋다고 했고, 자신도 동생한테 짜증내고 언어적 폭력을 한 것에 대해 사과했다고 했다. 학교사회복지사는 철수네 가족구성원이 자신의 역할을 적절히 수행함으로써(사회적 기능 수행) 가정에 긴장이 상당히 감소되었다(다시 회복된 개인과 환경의 높은 적합 수준)고 생각했다.

지금까지 살펴본 Bronfenbrenner(1979)와 Garbarino(2017)의 환경체계에 대한 설명은 마이크로시스템 수준에서 매크로시스템 수준까지 상호의존성과 상호교류를 보여주고, 우리가 개입할 수 있는 다양한 환경 수준에 경계를 설정해 준다고 볼 수 있다. 또한 이 생태체계적 틀은 시스템이 더 넓은 환경과 상호작용하고 그 환경에 의해 형성되는 방식을 이해하기 위한 지침이 된다.

거시체계 환경에 대한 개입에 관한 공부가 사회복지정책이고, 외체계 수준에 개입하는 공부가 지역사회복지실천이다. 이것은 간접실천이다. 모든 체계(미시체계, 중간체계, 외체계, 거시체계)에 개입하는 사회복지조직에 대해 사회복지행정 과목에서 학습한다. 사례관리에는 직접실천과 간접실천, 모두가 적용되며 클라이언트의 중간체계를 강화하는 데 효과적일 수 있다. 아동기의 억압된 환경에 의한 낮은 자존감 같은 미시체계를 변화시키기 위해 개별실천 혹은 상담과 같은 개입인, 직접실천이 도움이 될 수 있다. 이 모든 것의 기초가 되는 공부가 '인간행동과 사회환경'이다. 인간은 생애주기에 따라 아동, 청소년, 성인, 노인과 장애인으로 구분되고, 각각의 적응을 돕기 위한 직간접 실천이 아동복지, 청소년복지, 노인복지, 장애인복지 등이다.

(2) 물리적 환경

인간이 살아가는 생활공간, 즉 단칸방, 지하방(영화 〈기생충〉에 나오는), 쪽방촌, 판자촌, 영세민 밀집지역, 중산층 거주지역, 부촌, 다문화 마을, 차이나타운과 같은 물리적 환경도 인간의 적응 및 성장발달에 많은 영향을 미친다. 생태학에서 물리적 환경은 거주지(HABITAT), 적소(NICHE)라는 개념으로 설명된다(Gitterman, Knight, & Germain, 2021; Gitterman, 2017; Germain & Gitterman, 1995; Germain, 1985).

거주지와 적소는 물리적 · 사회적 환경의 속성을 포괄적으로 기술할 수 있는 개념이며, 지역사회복지실천에 특히 유용하다. 생태학에서 거주지는 보금자리, 주택지역과 같이 인간 유기체가 존재할 수 있는 장소를 의미한다. 은유적으로 말해, 인간의 서식지는 도시와 시골 지역사회와 같은 물리적 배열이고, 학교, 일터, 병원, 복지기관, 시장, 종교기관이며, 공원, 여가시설과 같은 물리적 장소 혹은 공간 등이다.

인간의 서식지, 즉 물리적 환경은 인간으로 하여금 사회적 환경의 형태를 특징짓는 행동을 하게 한다. 그리고 그러한 행동은 사회적 거리감, 친근함, 사생활에 규율을 정하며, 가족, 집단, 지역사회, 조직 안에서 타인과의 상호작용과정을 규제한다.

개인 및 가족의 건강과 사회적 기능을 지원하지 않는 서식지는 고립감, 방향감각 상실, 절망감을 생산하거나 강화하기 쉽다. 가난한 동네와 시골 마을에서는 공원, 레크리에이션 센터, 도서관, 박물관 등의 편의시설이 없어 지역사회의 삶의 질에 부정적인 영향을 미칠 수 있다.

따라서 서식지와 주거지는 개인, 가족, 집단, 지역사회 또는 그 부분 중 하나와 함께 하는 모든 실천의 중요한 영역이다. 실천가들은 서식지를 개선하는 것을 돕기 위해 지식과 기술을 가지고 있어야 한다. 예를 들어, 사회복지사는 거주지 실태를 조사하여, 여건이 개선될 수 있도록 노력해야 하고, 단절되고 약화된 네트워크를 회복하고, 사회복지서비스와 같은 주민을 위한 자원을 개발하고 전달체계를 구축해야 한다.

니치(NICHE)는 사전적 의미로 한 생물이 서식지와 생태계 내에서 차지하는 지위다.

니치 혹은 적소[24)]란 특정 집단이나 개인이 지역사회 구조에서 점유된 지위(status)를 은유적으로 지칭하며, 권력과 억압의 문제와 관련이 있다. 대부분의 국가에서 수만 명의 아동과 성인이 피부색, 인종, 성, 연령, 빈곤, 성적 취향, 신체적 · 정신적 상태 때문에 인간으로서의 권리와 욕구, 열망을 지원받지 못하는 적소에서 어쩔 수 없이 살아가고 있다. 부랑인, 여성 노인, 게이, 레즈비언, 에이즈 환자, 학교 중퇴자, 이주노동자, 발달장애인, 신체장애인, 정신질환자, 알코올 의존자 등이 인간으로서 존엄성을 훼손당하고, 주변적이며, 낙인찍힌 적소에서 생활한다.

그러므로 니치 혹은 적소는 모든 사회복지실천 맥락에서 중요한 요소다. 지역사회 수준에서 일할 때, 생태지향적인 사회복지사는 사회정의라는 가치를 명확히 인식하고, 지식과 기술을 활용하여 지역사회의 강점을 지원하고, 주민 개인의 적응을 억압하는 환경인 적소를 변화시키려는 노력을 해야 한다.

지금까지 개인과 상호교류하는 환경에 대해 이해하였다. 사회복지사는 실제 환경, 클라이언트가 지각하는 환경 그리고 실천가가 지각하는 환경 등 세 가지 환경을 알아야 한다. 실제의 환경도 인간행동과 발달에 영향을 미치지만 가장 크게 영향을 미치는 것은 "개인이 그 환경을 어떻게 인식하고 그 환경과 어떻게 상호작용하는가"이기 때문이다(Compton & Galaway, 1999).

3) 인간: 삶의 문제

지금까지 살펴본 사회적 · 물리적 환경 속에서 살아온 사람들은 누구나 삶의 문제를 가지고 있다. 사회복지사 Carel Germain(카렐 저메인)과 Alex Gitterman(알렉스 기터만)은 사회복지 개입이 필요할 수 있는 세 가지 유형의 '생활문제'를 다음과 같이 제시했다. 개인의 힘겨운 생애전환기와 충격적 생활사건들, 환경적 압력, 역기능적 대인관계가 그것이다. 이와 같은 생활 스트레스 요인들은 서로 연관되어 있으며, 개인이 환경과 적응적 상호교류를 하는 데 저해요인이다. 하나씩 간단히 살펴보면 다음과 같다.

---

24) 조선시대 귀양 간 죄인이 살던 곳, 집과 일정 경계를 벗어날 수 없는 곳을 칭하는 용어이다.

(1) 힘든 생애전환기와 충격적 생활사건들

생애전환기는 생물적 측면뿐만 아니라 사회적 측면도 포함된다. 유아기, 아동기, 사춘기, 청소년기 그리고 그 이후 시기의 신체적 · 생물적 변화는 세계적으로 공통적이지만, 변화에 따른 사회적 기대나 패턴은 문화에 따라 다양하다. 예를 들어, 사춘기는 생물적 상황이지만 청소년기는 사회적 지위인 것이다. 사춘기적 변화에는 가족, 학교 그리고 또래 환경에서 변화가 필요하다.

또한 이별이나 죽음으로 인해 친밀한 관계를 끝내는 것이나 실직, 자녀나 부모와의 별거 등은 고통스러운 상실과 변화를 가져온다. 갑작스럽고 엄청나고 급박한 충격적 생활사건들도 개인에게 위기와 장기간 지속되는 고통을 겪게 한다. 예측할 수 없었던 죽음이나 질병, 강간, 자연재해 등과 같은 사건들은 소중한 가정이나 직장의 상실 등을 초래하고 사람들을 당황스럽고 무력하게 만든다. 그로 인한 외상(trauma)은 심각한 신체적, 심리적, 사회적 상실을 경험하게 한다.

(2) 환경적 압력

사회적 · 물리적 환경은 일상생활의 과업을 위해 필수적인 도구적 자원과 정서적 지지를 제공하지만, 심각한 문제를 유발하기도 한다. 특히 가정환경에서의 학대, 집단환경에서의 따돌림을 당한 개인의 심리적 손상은 심각하다. 어떤 개인이나 집단에게는 조직적 자원이나 비공식적 네트워크 자원이 있기는 하지만, 그 자원에 접근하거나 실제로 이용할 수는 없는 경우도 있고 아예 그러한 자원이 없는 고립자들도 많다.

필자는 환경의 억압이 인간의 적응에 엄청난 위협이므로 가정, 집단, 조직, 지역사회와 같은 사회적 실체와 관련하여 자세히 설명하고자 한다. 먼저 '**가정환경**'에서의 아동학대는 치명적이다. Berk에 의하면,

> "학대받은 아동은 시간이 경과함에 따라 학교생활의 중도탈락, 우울증, 공격적 행동, 약물중독, 가출 혹은 비행 등 학업 성취 및 적응상의 문제를 드러낸다. 또 학대를 경험하는 과정에서 부모에 대한 적개심을 키우고, 부모의 이중적 · 거부적 태도에 대해 높은 불안감, 자기비하, 우울감 등 심리적 · 정서적 고통을 겪게 되며, 최악의 경우에는 자살을 시도하기도 한다."(이종숙, 2009)

그리고 앞에서도 언급했듯이, 아동학대는 환경과의 교류 역량인 능력, 자존감, 자기조절력, 관계능력을 저하시켜서 생태적 전이에 따라 마주해야 하는 사회적 실체인 집

단, 조직, 지역사회에 대한 적응력을 저하시켜서 부적응 가능성을 높힌다.

'집단 · 조직 환경'에서의 따돌림도 개인에게 치명적이다. 학교에서 학생의 자살, 플랫폼에서의 실적을 위한 노동과 자살, 절대복종 조직인 군에서 여군 성폭력과 자살, 병원에서의 '태움' 등이 매스컴에 보도될 때면 많은 사람이 성선설과 성악설 중 어떤 것을 믿어야 할까 고민할 것이다. 의사이자 소설가인 이현석은 의료현장의 태움문화를 고발한 소설『덕다이브』에 다음과 같이 썼다(이현석, 2022).

> " ……정도의 차이가 있을 뿐 '태움'은 어디에나 있었고, 그것은 간호사에 국한된 문제만은 아니었다. 남자 인턴의 정강이를 걷어차 넘어뜨리던 남자 레지던트의 일그러진 얼굴, 여자 전공의가 실신할 때까지 욕을 퍼붓던 여자 교수의 성난 음성, …… 가혹한 언어의 세례를 듣고 나면 태경 또한 펄펄 끓는 물에 덴 것처럼 몸서리가 쳐졌다. 그것은 고문이었다. 사람의 영혼을 파괴하는 고문이었다."

인간 생존에서 가장 중요한 자원인 소득의 공급처인 조직환경에서의 해고와 산재는 당사자를 비참하게 만든다.

'지역사회 환경'에서 인종 · 성 · 연령 차별과 공해 등도 주민의 삶을 억압한다. 한국 남성과의 결혼으로 인해 이주해 온 ○○○댁 여성이 살고 있는 지역사회는 그 자체가 억압적 환경일 것이다. 국가폭력 또한 지역사회에서 발생하므로 해당 지역주민을 억압한다.

첫 부분에서 언급했듯이, 인간이 집단생활을 통해 생존하기 위해 만든 실체적 환경은 자원을 공급하는 기회요인도 되지만, 지금까지 살펴보았듯이 엄청난 위험요인이다. 아무리 자존감, 자율성, 정체성, 관계능력과 같은 환경과의 적응력을 갖춘 개인도 부적응자가 될 수밖에 없다.[25] 개입과 치료는 어렵다.

25) Rosen과 Livne(1992)는 사회복지사들이 클라이언트의 문제를 인식할 때 개인과 환경 중 어떤 요인을 강조하는가에 대한 궁금증에 답을 찾고자 176명의 사회복지사를 조사를 한 결과, 환경요인이나 대인관계요인보다 개인요인을 더 강조한다고 보고하였다. 연구자들은 응답자들의 치료에 대한 심리역동적 성향과 긍정적 관련이 있다고 보았다. 필자는 환경 요인이 더 중요하다고 본다.

(3) 역기능적 대인관계

생애 전환과 환경적 스트레스 요인에 반응하면서 가족과 집단은 자원과 완충제로서 작용한다. 그러나 가족이나 집단의 내부관계나 의사소통 유형에 문제가 있으면 기존의 스트레스가 더 확대되거나 혹은 더욱 고통스러운 스트레스 요인이 유발된다. 역기능적 가족과 집단과정은 희생양 만들기, 견고한 동맹, 적대감 등의 행동으로 표현된다. 이러한 행동은 점차 고착화되고, 상호지지의 잠재가능성을 차단한다. 마찬가지로 사회복지사와 클라이언트 간에도 기대의 불일치, 오해와 왜곡된 지각, 가치 갈등 등의 형태로 역기능적 과정이 발생할 수 있다. 이러한 과정은 원조과정을 방해하고 클라이언트에게 부가적 스트레스를 유발한다.

4) 개입: 지역사회실천

생태체계 이론에서의 '개입'이란 사람들이 지각하는 욕구와 환경적 자원 사이의 적합성 수준을 개선하는 것이다. 그 방법은 앞에서도 언급했듯이, 개인을 변화시키는 것, 환경을 변화시키는 것 그리고 양자의 교류방식을 변화시키는 것이다. 지역사회는 외체계 수준의 환경으로서 개인과 가족의 기능에 큰 영향을 미친다. Ambrosino 등에 의하면, 지역사회복지실천이란 사회복지사가 클라이언트의 욕구를 해결하는 주요 방법 중 하나로, 지역사회에서 활동하면서 클라이언트의 욕구를 옹호하는 프로그램과 정책을 개발 또는 강화하고, 지역사회 주민들의 역량을 강화하여 스스로를 옹호하게 하고, 자신의 욕구를 해결할 수 있는 방법을 개발하게 하는 것이다(Ambrosino et al., 2008).

지역사회를 개인과 집단의 환경이라고 볼 때(Germain, 1985), 생태학적 관점에서 지역사회복지실천은 지역사회라는 환경의 반응 역량을 강화하는 것으로 볼 수 있다. 앞에서 언급한 인간과 환경의 적응적 교환, 즉 적응성은 자체 강화적임을 상기할 필요가 있다. 개인, 집단, 사회복지기관들이 지역사회를 더욱 반응적인 환경으로 변화시킨다면, 변화된 지역사회는 개인과 집단 등의 성장과 발달을 촉진하도록 반응할 것이다. 반응적 지역사회로 변화시키는 방법은 Rothman의 모델, Weil과 Gamble의 모델이 있지만, 가장 중요한 것은 주민들의 역량을 강화하는 것이다. 이를 위해서 사회복지사의 역할 중 교육자의 역할이 강조되어야 하며, 지역사회 주민을 시민으로 변화시키는 교육(제8장 지역사회시민교육 참조)이 강화되어야 한다.

제1장에서 소개한 '희망세상'이 좋은 사례가 된다. 4명의 초기 멤버가 환경교육 등 다

양한 교육프로그램을 운영하였고, 교육 참여자들이 반사사, 희망세상이라는 주민조직을 만들어 반송동을 반응적 지역사회로 변화시켰고, 이 지역사회는 정부의 교육복지투자사업(거시체계)이 중단되었을 때 아동의 결식을 방지하기 위해 이 사업을 이어받아 아동들에게 적합한 환경이 되었음을 기억할 수 있다.

3. 갈등이론

세상살이의 거울인 매스컴에서는 합의보다는 갈등이 더 많이 보도된다. 〈사례 5-1〉에서 '반사사'라는 주민조직은 주민 거주지 650m 거리에 산업폐기물 매립장을 건설하려는 부산시청과 싸워 건설계획을 백지화시켰고, 주민들의 환경권(「헌법」 제35조)을 지켜냈다. 주민조직이 지방자치단체와 갈등하여 지역민주주의를 실현한 것이다. 강원도 정선군 사북읍에는 강원랜드라는 카지노가 있고, 그 수익의 일부로 강원랜드복지재단이 운영되어 지역의 진폐환자[26]에게 다양한 복지서비스를 제공하고 있다. 카지노와 강원랜드복지재단은 사북·고한 지역주민과 정부 간 갈등의 산물이다. 국가의 석탄산업합리화사업으로 사북·고한 지역의 탄광들이 대거 폐광되면서 1981년도에 6만 명이 넘던 인구가 1994년에는 3만 명이 안 될 정도로 급속하게 쇠락하게 되었다. 지역주민이 정부와 투쟁을 하였고, 그 결과 1995년 3월 3일에 강원 남부 4개 폐광지역(정선군, 태백시, 영월군, 삼척시)을 지원하기 위해 「폐광지역 개발 지원에 관한 특별법」이 제정되었고, 그에 근거해 카지노가 만들어지게 되었다(이해진, 2007).

갈등의 개념, 원인, 유형, 이론을 살펴보고, 지역사회복지에 대한 시사점을 제시하고자 한다.

Fink(1968)는 갈등의 개념을 다음과 같이 정의하였다. 즉, "둘 혹은 그 이상의 실체가 적어도 적대적인 심리적 관계의 한 형태에 의해서, 혹은 적어도 적대적인 상호작용의 한 형태에 의해서 연결된 어떤 사회적 상황 또는 과정"이다. '적대적'이라는 개념에는 '양립할 수 없는 목적들' '상호배타적인 이익들' '감정적 적대' '불합의' '폭력적 투쟁' 등의 상태가 포함된다(Turner, 1982).

26) 진폐환자는 폐광되기 이전에는 탄광노동자로서 현재는 거의 중고령의 노인에 해당된다. 태백지역에 가장 많이 거주하고 있고, 충남 보령군, 경북 문경군, 전남 화순군에도 많은 수가 거주하고 있다. 강원랜드복지재단은 이들에게 다양한 재가복지 서비스를 제공하고 있다.

Coser(1980)에 따르면, 갈등은 항상 둘 이상의 개인이나 집단의 상호작용 속에서 행동으로 나타난다. McCord와 McCord는 갈등의 원인을 세 가지로 제시하였다(Poplin, 1985 재인용). 첫째, 갈등은 둘 이상의 개인 또는 집단이 서로 모순되는 목표를 추구할 때 나타난다. 특정 지역을 개발하려는 정부와 그 지역을 보존하려는 환경단체 들간의 갈등이 그 흔한 예다. 둘째, 갈등은 상이한 집단들이 상반되는 수단으로 같은 목표를 추구할 때 생긴다. 예컨대, 근로조건 개선이라는 목표를 추구하는 두 집단, 즉 민주노총과 한국노총은 상이한 수단을 사용하여 노노갈등을 발생시키기도 한다. 셋째, 갈등은 두 개인 또는 집단이 동일한 목표를 추구하고 있지만, 단지 한쪽만이 목표를 쟁취할 수 있을 때 생겨난다. 앞에서 예시한 강원랜드 카지노가 만들어질 때 제주도는 제주도에 카지노가 만들어져야 한다고 주장하여 강원도(사북 · 고한 지역)와 갈등을 일으켰다.

Howard는 갈등의 유형을 다음의 네 가지로 제시하였다(Poplin, 1985 재인용). 첫째, 실재적 갈등(substantive conflict)이다. 이 유형의 갈등은 부(富), 좋은 직장과 같이 희귀한 자원을 서로 차지하려는 데에서 생겨난다. 둘째, 상징적 갈등이다. 특정 종교를 가진 사람이 국가에 대한 충성을 거부하거나 입영을 거부하는 것과 같은 행동에서 생겨나는 갈등이다. 셋째, 이데올로기적 갈등이다. 지배집단은 항상 자신들의 우월적 위치를 정당화하기 위해서 일련의 이데올로기를 만들거나 합리화한다. 예컨대, 성차별주의 이데올로기는 여성을 수동적, 의존적, 감정적으로 생각하는 사회에 존재한다. 여성운동이 이러한 고정관념에 도전하게 될 때 상당한 논란과 갈등이 생긴다. 넷째, 문화적 갈등이다. 이 유형은 일부의 사람들이 새로운 생활양식을 채택하고자 할 때 제시된다. 미국에서 오래 거주한 젊은이들이 마리화나를 피우는 것에 대해 한국 사회는 매우 거부적인 태도를 보이는 것을 예로 들 수 있다.

갈등이론의 기초를 닦은 사람들은 Marx와 Dahrendorf다. Marx는 재산의 유무 때문에, Dahrendorf는 권력의 유무 때문에 갈등이 생겨난다고 보았다.

그들은 사회에 대해 다음과 같은 기본적 가정들을 공유하였다(Hardcastle et al., 2004). 첫째, 사회는 조직적으로 문제를 양산하고 있고 이로 인해 갈등이 사회에 광범위하게 분포하고 있다. 둘째, 상호적대적인 이해관계자들에 의해 양산된 갈등이 전체 사회에서 사회구조적으로 불가피하다. 셋째, 이해관계의 대립은 부족한 자원의 불평등한 분배 때문에 생겨난다. 또한 지배집단과 종속집단 간의 갈등은 권력의 불평등한 분배 때문에 초래된 결과이고, 이로 인해 모든 사회는 사회구성원 일부가 타인을 강제함으로써 유지된다. 넷째, 결과적으로 서로 다른 이해관계자들이 갈등하는 두 집단으로

양극화된다. 다섯째, 갈등을 해결하려는 노력이 또 다른 적대적 이해관계를 생성하여 새로운 갈등을 양산한다는 면에서 변증법적이다. 여섯째, 지속적인 갈등은 결과적으로 사회 변화를 초래한다.

Marx와 Dahrendorf의 이러한 시각에 대해 Simmel과 Coser는 비판적이다. Simmel과 Coser는 갈등이 반드시 나쁜 것은 아니며, 회피해야 할 것도 아니라고 보았다. Simmel은 갈등이 인간 상호작용의 기본 유형이라고 보았다. 즉, 갈등의 일반적 패턴이 가족이나 소집단이나 사회에 분명하게 있다는 것이다. 또한 Coser는 갈등이 사회체제 유지에 긍정적인 측면이 있는데, Dahrendorf는 이것을 과소평가했다고 비판하였다(Turner, 1982 재인용). 또한 그는 "다른 집단과의 갈등은 집단 구성원들의 힘을 결집시킴으로써 그 집단의 응집력을 증대시킨다."(Coser, 1980)라고 하였다. Poplin(1985)은 가장이 밖에서 곤경에 처하면 식구들이 힘을 합쳐 가장을 옹호한다는 예를 들었다. 이스라엘이 주변의 중동 국가들과 전쟁을 할 때, 이스라엘 국민 간의 단결력이 증대된 것도 예가 된다. 요컨대, Coser(1980)는 사회 내의 갈등이 사회구성원 부분 간의 대립과 반목을 가져오기도 하지만, 동시에 그것은 사회체계를 재통합시키는 요인으로 작용하여 결국에는 사회체계의 불균형을 해소하고 사회질서를 회복시켜 준다고 하였다.

지금까지 살펴본 갈등이론이 지역사회복지실천에 시사하는 점은 다음과 같다. 먼저, 인보관 운동이 지역사회 변화 전략으로서 갈등을 오래전부터 사용해 왔음을 기억할 필요가 있다. 또한 사회복지실천에서 중요성이 점증하고 있는 갈등해결(conflict resolution)과정도 갈등이론 측면에서 좀 더 깊게 이해할 수 있다. Mayer(1995: Norlin & Chess, 1997 재인용)에 따르면, 갈등해결과정은 대부분의 주요 사회사업실천 분야에 적용되어 왔다. NASW는 1991년에 사회사업실천에서 중재의 역할이 증가하고 있는 현상을 주목하면서 사회사업 중재자를 위한 표준적 실천방안을 채택하였다. 자신을 사례관리자, 상담자, 케이스워커로 인식하고 있는 사회복지사들도 많은 경우에 갈등해결을 위한 다양한 역할을 하고 있다. 갈등 상황에서 실천가의 가장 우선적인 역할은 갈등 당사자, 즉 개인, 집단, 조직, 지역사회 등의 욕구를 확인하는 것이다.

갈등이론 관점에서 지역사회복지실천은 억압 당하는 집단이 권력과 자원에 접근할 수 있도록 그들과 함께하는 실천이라고 할 수 있다. 이를 위한 지역사회복지실천가의 역할은 옹호와 조직화를 통해 억압받는 집단의 역량을 강화하여 지역사회 내의 의사결정 접근권을 높이고 평등한 자원 배분이 되도록 하는 것이다.

Marx와 Dahrendorf에 따르면, 억압된 집단구성원들이 갈등집단으로 전환되는 것이 중요한데, 이 과정에서 리더십이 중요하다. 억압적인 조건들을 공유하고 있는 '개인들을 결집'하여 갈등에 참여하는 '이해집단'으로 조직하기 위해 실천적인 일을 하고 방향을 제시해 주는 자발적인 사람이 리더다. 리더는 집단구성원이 서로 자신들의 불만을 나누고, 물리적으로 근접하여 서로 자유롭게 연대하게 하는 역할을 해야 한다. 이러한 역할이 지역사회복지실천가에게 필요하다(Hardcastle et al., 2004).

지금까지 학습한 갈등이론은 제5장에서 배울 Rothman(1995)의 사회행동 모델의 이론적 기반이 된다.

4. 교환이론

사람들은 흔히 "세상살이는 give and take야."라고 말한다. 사회를 이해하는 데 '교환' 개념이 그만큼 대중적으로 사용된다는 의미다. 사회복지실천에서 마케팅은 교환 개념으로 설명되며(최성재, 남기민, 2016; Hardcastle et al., 2004), 후원자에게 감사 편지 쓰기도 교환행동에 해당된다. 개인의 자원봉사 활동도 교환행동이며, 개인이 집단과 조직에 참여하고 탈퇴하는 것도 교환행동이다. 그리고 지역사회복지실천에서 매우 중요한 '조직 간 관계'도 교환이론이 바탕이 된다(Abramson & Rosenthal, 1995; Hardcastle et al., 2004; Weiner, 1982). 교환이론은 체계(system)로서의 모습을 가지고 있는 모든 형태의 사회조직에 적용된다(Norlin & Chess, 1997).

Tönnies에 의하면 "사회적 관계의 원형은 물물교환이나 교환이다."(Norlin & Chess, 1997) 교환이론의 개념적 토대는 인간이 욕구를 충족하는 데 있어서 상호의존해야 한다는 것에 있는데, 교환은 이러한 욕구를 충족시키는 매개가 된다. 인간의 많은 욕구(예: 생존, 안전, 사회적 관계 등)는 반복적으로 발생하는 속성을 띠기 때문에 개인은 서로에게 만족스럽고, 유용한 교환방식을 필수적인 것으로 간주하고 안정시키거나 영속화하려는 동기를 가지게 된다. 간단히 말해서 이러한 관계를 안정, 지속시키려는 과정이 사회체계의 형성으로 이어진다. 이러한 관점에서 볼 때, 인간 욕구의 보편성이라는 기본적 개념과 사회적 교환의 과정은 인간의 행동을 설명해 주는 중요한 틀이 된다.

교환이론의 대표 이론가는 Homans인데(Turner, 1982), 그는 다음과 같은 중심명제들을 도출하였다(Homans, 1958: Norlin & Chess, 1997 재인용).

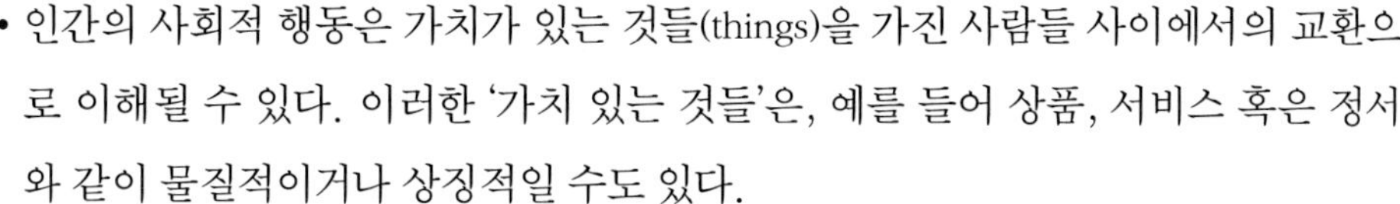

- 인간의 사회적 행동은 가치가 있는 것들(things)을 가진 사람들 사이에서의 교환으로 이해될 수 있다. 이러한 '가치 있는 것들'은, 예를 들어 상품, 서비스 혹은 정서와 같이 물질적이거나 상징적일 수도 있다.
- 가치가 있는 어떤 것을 한 사람에게서 다른 사람에게로 제공하는 것은 그것이 상대방에 의해 받아들여질 때(관계의 시작) 보답할 의무를 만들어 낸다. 그 답례로서 가치가 있는 어떤 것을 공급하는 것은 교환 거래의 첫 번째 주기를 완성시킨다.
- 일단 교환과정이 시작되면 균형 상태로 가려는 경향이 있다. 교환된 물품은 교환과정에 참여한 사람의 인식에 따라 유사한 가치를 지닌다. 즉, 상대적 가치 측면에서의 균형은 사회적 상호작용의 균형 상태를 유지하는 데 있어서 중심적인 힘이 된다. 사회조직은 이러한 과정을 통해서 형성되고 유지된다.
- 교환은 항상 각 참여자에게 비용과 보상을 발생시킨다. 여기서 도출될 수 있는 것은 시간이 지남에 따라 그 인식된 교환의 비용이 그 보상을 초과하지 않거나 좀 더 유리한 대안이 나오지 않는 한 그 관계가 유지될 것이라는 가정이다.
- 역동적으로 교환에서의 각 참여자는 그들의 보상을 최대화하고자 한다.

교환이론으로 자원봉사 활동과 주민조직 활동 혹은 주민 간의 상호작용에 의한 공동체 형성을 설명함으로써 교환이론의 지역사회복지실천적 의미를 찾아볼 수 있다. 다음은 '지역사회복지관 주민조직의 참여자 변화과정 연구'(안기덕, 박승희, 정솔, 2012)에서 참여자들의 구술과 연구자들의 해석을 재구성한 것이다.

독거노인방문 활동을 하는 67세 여성('공암나루터 사랑샘' 소속 봉사자, 경력 4년)의 이야기다. "작년에 할머니 몇 분을 돌볼 기회가 있어서 한두 번씩 방문을 했는데, 한 집을 가니깐 그 할머니가 다리가 불편해서 외부를 나가시질 못하는 거예요. 그래서 내가 '할머니, 뭐 좀 도와드릴 것 없어요?' 그랬더니 '아고, 어떻게 할 수 있수?' '그래요.' 그랬더니 '안방 전기가 나간 지 일주일이 지났는데 불을 못 켜고 살우.' 하시는 거예요. '관리실에 연락을 하시죠.' 그랬더니 '다마(전구)를 사다 놓고 연락을 하라는데, 그 양반이 전구 다마를 어디 가서 사냐고, 다리가 불편한데…….' 그래서 제가 그랬어요. '할머니, 돈 주세요. 제가 사다 갈아 드릴게요.' 하고는 전구를 사다가 갈아 드렸더니 그렇게 고마워하시더라고요." 이러한 구술에 대해 연구자들은 "준다는 것은 내가 줄 수 있는 것을 주는 것인데, 남에게는 그것이 절박하므로 남을 충족시킨다. 남에게 충족감을 주는 사람들은 만족, 더 나아가 보람과 행복을 느낀다. 남을 돕고 고맙다는 말을 듣고 내가 행복해 하는 상호작용이 주민조직의 활동 과정에서 지속된다."고 해석한다.

독거노인 반찬배달 봉사조직에 참여하고 있는 43세 여성('빅맘스' 소속, 경력 6년)은 기초수급자다. 이 여성은 이런 활동에 참여한 후에 일거리를 집으로 가져와 가족의 협조를 받고 있다. "애들이 그거(반찬 조리 활동)를 보고 또 자랑스럽게 생각하잖아요. 우리는 누누이 얘기를 하죠. 이거 왜 하느냐 그러면 어쨌든 저희가 어디서 도움을 받든, 예전에 조금 받았든, 지금 받고 있든 우리가 이렇게 살아가고 있음을 그것을 누군가에게 돌려 줘야 된다는 것을 애들한테 의미부여를 하죠. 애들이 거기서 배워 가죠. 거기서 봉사하는 자녀들이 많아요. 저희는 그것에 또 보람을 느끼는 것 같아요."

이렇게 끌어들인 주민들이 '공암나루터 사랑샘', 성산마을봉사단 '다모아회'(마을 환경개선 활동), '빅맘스 아이사랑모임' '해포이웃'과 같은 자원봉사 활동 및 주민조직을 만들어 운영하고 있다.

이러한 자원봉사 · 주민조직 활동의 경험과 해석을 교환이론 측면에서 살펴보면 다음과 같다. Norlin과 Chess(1997)의 설명대로 자원봉사는 '사회적 상호작용의 시동장치'다. 자원봉사자는 '상호작용을 먼저 시작하는 사람'으로서 Homans가 말하는 가치가 있는 어떤 것(도움으로 자원봉사행동)을 다른 사람(사회복지관에서 도움이 필요하다고 선정했다는 면에서 클라이언트)에게 제공한다. 그러면 그것을 받는 사람은 그와 유사한 가치가 있는 어떤 것으로 반응을 보이게 된다. 즉, 전구를 갈아 준 것(비용)에 대한 진심어린 고마움(보상)을 표시한다. 이것은 받은 사람이 빚을 갚기 위해서 유사한 가치가 있는 무엇인가를 되돌려준 것이다. 이러한 설명은 Homans의 중심명제 1번과 2번의 예가 되는 것이며, '교환 거래의 첫 번째 주기를 완성'하는 것이다. 모든 연구 참여자의 구술내용을 볼 때, 자원봉사 활동은 Homans의 용어로 '교환과정의 균형 상태'(중심명제 3번)를 이룰 것으로 예측된다. 자원봉사 활동은 자원봉사자 입장에서 '비용'이며, 도움을 받은 자의 긍정적 반응은 '보상'이다(Homans의 중심명제 4번).

부자가정에 반찬배달을 하는 어머니가 집에 와서 반찬 만드는 활동을 하면서 그의 자녀에게 받은 것이니까 돌려줘야 한다는 가르침은 자녀에게 자원봉사 활동을 학습시키는 것이고, 호혜성이라는 가치는 자녀에게 문화로서 학습된다고 볼 수 있다.

앞서 살펴본 '공암나루터 사랑샘', 성산마을봉사단 '다모아회'와 같이 자원봉사자들을 한 명 한 명 끌어들여 만든 자원봉사조직 혹은 주민조직은 가치를 공유하고, 우정으로서 서로 간의 지지를 하는 소집단이 된다. 소집단 구성원들은 개인적인 차원에서 서

로를 발견하고 상호작용하며, 자원봉사 · 주민조직 활동의 경험과 기술을 공유하며 역량 강화 활동을 하는 등 사회적 실체로서 공동의 집단성을 소유할 것이다. 이러한 소집단은 지역사회복지실천의 유용한 개입 구조이며(Kemp, 1998, p. 230), 근린지역 조직화에 매우 유용하다.

5. 지역사회 권력이론: 엘리트주의와 다원주의

이번에는 지역사회 권력에 대한 두 가지 대조적 입장, 즉 엘리트주의자와 다원론자의 입장을 살펴보겠다(Norlin & Chess, 1997). 지역사회 권력에 대한 이들 두 개의 관점은 인간의 복지를 증대하고 빈곤과 억압을 완화시킨다는 사회복지의 목적을 탐구하는 데 유용하다.

지역사회 권력이론이 지역사회복지실천에 어떤 정보를 제공할 수 있을까? 이에 대한 답을 찾기 위해서는 권력의 개념에 대해 명확한 이해가 필요하다. Weber에 따르면, 미시적 차원에서 "권력이란 타인의 저항에도 불구하고 자신의 의지를 관철할 수 있는 능력"이라고 정의했다. 권력은 사회적 과정으로서 관계의 특징을 나타낸다. 그러나 지역사회복지실천이라는 거시적 실천에서 권력의 정의는 조금 수정되어야 한다. Weber에 따르면, 권력이란 "많은 사람 혹은 한 사람이 어떤 공동의 행동(a communal action)에서 그러한 행동에 참여하고 있는 사람들의 저항에도 불구하고 자신(들)의 의지를 관철할 수 있는 능력"이다. 이에 대해 Norlin과 Chess(1997)는 다음과 같은 설명을 추가했다. 즉, 권력이란 협력적이면서 갈등에 기반한 공동의 행동에 행사된다는 것이다. 필자의 견해로 지역사회복지실천이 '공동의 행동'이다. 사회문제가 많아 살기 나쁜 지역사회를 살기 좋은 지역사회로 변화시키려는 노력은 주민을 비롯한 지역사회의 다양한 구성요소들의 공동 노력에 의해 가능하기 때문이다.

권력에 대한 이러한 이해를 바탕으로 두 가지 상반된 이론을 살펴보겠다.

1) 지역사회 권력: 엘리트주의자 입장

Hunter는 엘리트주의자의 입장에서 지역사회 권력구조라는 개념을 연구했다. 그는 지역사회에서 의사결정이 어떻게 이루어지고 실행되는가에 관심을 갖고, 사람들에게 미국 조지아주 애틀랜타 지역에서 가장 영향력 있는 사람이 누구인지에 대해 질문하여, 그들 사이에서 존재하는 관계를 설명하고자 하였다. 그의 가설은 다음과 같다.

첫째, 실제로 지역사회 생활에 중요한 영향을 미치는 정책은 갑자기 등장하여 대다수의 시민은 그 정책이 누구의 지원을 받는지 알지 못한다.

둘째, 지역사회에서 집행되는 어떤 정책은 소수 특권계층의 이익을 위해 조작되는(manipulated) 것으로 보인다.

셋째, 많은 경우에 지역사회에서 집행된 정책이 민주적 의사결정 원칙을 지키지 않은 것으로 나타난다.

넷째, 시민과 지역사회 정책결정자 사이의 의사소통 라인이 확대·강화되지 않은 경우, 국가가 민주주의라는 이름으로 시민을 통제하지 못할 위험도 있다.

다섯째, 지역사회 내에서 어떤 사람에게는 명확한 역할이 부여되지만, 명확한 역할도 없이 권한을 가진 사람들, 비공식적 사회집단이 존재한다.

Hunter가 이러한 가설을 검증하기 위해 사용한 개념들 중 권력구조(power structure)라는 개념이 가장 중요하다. 요약하면 정상에 있는 비교적 소수의 '권력자'에 의해 수직축(a vertical axis)의 형태로 구성된다. 계층의 아래로 이동할 때, 각각의 하위 수준에 있는 사람은 그 상위 수준에 있는 사람보다 더 적은 권력을 갖게 된다. 다시 말하면, 결정하는 사람에서 결정을 실행하는 사람으로 이동한다. 축을 구성하는 인원에 의해 이 구조는 피라미드 모양을 취한다([그림 4-2] 참조).

1층에 속하는 사람은 파워엘리트인데, 이들은 정책 이슈에 따라 매우 소수인 10~12명 정도의 사람들로 보인다. 이들은 서로를 알고, 함께 일한 오랜 경력을 가지고 있을 것이다. 각각의 하위 수준으로 갈수록 사람의 수는 증가한다. Hunter는 지역사회의 피라미드형 권력구조에서 4개의 층을 확인하였다.

이들 중 권력집단을 지배한 사람들은 기업가, 즉 애틀랜타라는 도시에 위치한 주요 기업의 CEO들, 즉 그 지역 경제단체의 리더들이었다. 항상 모든 것을 결정하는 한 명의 권력자는 없었다. 정책 이슈와 구성원의 관심에 따라 다르지만, 권력자는 지역사회에 새로운 경기장, 병원, 대학 혹은 고속도로 등을 건설하는 데 영향을 미쳤다. 이러한 지역사회의 엘리트들은 집단 내 다른 구성원들이 리더 역할을 할 수 있도록 지원하기도 했다. 이 비공식적 엘리트 집단의 구성원들은 다양하고 광범위한 문제들에 대해 매우 유사한 견해를 갖는다. 그들은 자신들을 결합시키는 규범적 구조를 가지고 있기도 하다.

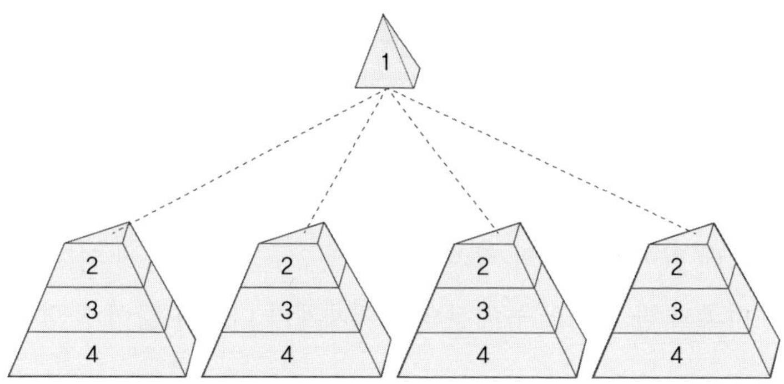

1층: 산업, 상업, 금융 소유자와 대기업의 최고 경영진
2층: 고위 관리직, 은행 부사장, 홍보 직원, 중소기업 소유주, 고위 공무원, 기업 변호사 등
3층: 시민단체 직원, 신문 칼럼니스트, 라디오 해설자, 하급 공무원, 선발된 조직 리더집행부
4층: 목사, 교사, 사회복지사, 인사부장과 같은 전문가와 중소기업 관리자, 고임금 회계사 등과 같은 사람들

그림 4-2 지역사회 권력구조에 대한 엘리트주의적 개념

출처: Norlin & Chess (1997), p. 357.

두 번째와 세 번째 층에 있는 사람들은 빈번하게 뉴스에 나오는 공공연한 리더이지만, Hunter의 입장에서 보면 그들은 실질적으로는 정상에 있는 권력자의 중개인일 뿐이다. 권력 엘리트 바로 아래에는 엘리트에 의해 이뤄진 결정을 실행하고 합법화하는 사람들의 층이 있다. 정부는 정책결정자가 아니고 지배 엘리트에 의해 비공식적으로 만들어진 주요 정책의 실행자일 뿐이다. 이러한 시 지역사회의 권력자들은 주(州)와 국가적 차원에서도 영향력을 행사하였는데, Hunter의 권력이론은 시 지역사회와 주정부 그리고 연방정부를 연결하는 권력의 수직축에 대한 의미도 있는 것이다.

Hunter의 권력구조 같은 개념은 오늘날 일상적 언어가 되었다. 사회복지사뿐만 아니라 많은 시민이 지역사회의 의사결정이 민주주의의 원칙에 따라 이루어지지 않을 수도 있으며, 소수의 권력자들에게 나쁜 영향을 미칠 수도 있다는 Hunter의 주장에 동의하고 있다. 이러한 Hunter의 이론은 지역사회 권력구조와 의사결정을 이해하는 데 유용하다.

2) 지역사회 권력: 다원론자 입장

Dahl은 Hunter의 입장과 반대로 다원론적 입장을 취했다. Dahl은 『누가 지배하는가?(Who Governs?)』라는 고전적 연구에서 "거의 모든 성인이 투표할 수 있고, 지식, 부,

사회적 지위, 공직, 기타의 자원에 접근이 불균등하게 분배되어 있는 정치체계에서 누가 실제로 지배하는가?"라는 연구문제를 설정했다. 그는 Hunter의 애틀랜타시 연구의 약 5년 후인 1955년에 코네티컷주 뉴헤븐시(New Haven)를 연구했다.

앞의 엘리트주의적 시각을 가진 Hunter는 사회학자였지만, Dahl은 정치학자다. 그는 연구를 하는 데 있어서 미국의 정치체계가 민주주의적 신념에 의해 운영된다고 가정했다. 그는 미국의 한 도시인 뉴헤븐의 정치체계가 다음과 같이 운영된다는 가설을 제안하였다.

첫째, 지역사회 정책이 집행되거나 파기되는 데 중요한 영향을 미치는 시민은 거의 없을 것이다.

둘째, 지역사회 정책개발에 직접적인 영향을 미치는 지역사회 지도자에게는 자신을 돕는 하위 지도자(subleaders) 단체가 있을 것이다.

셋째, 지역사회 지도자와 하위 지도자의 행동은 민주적 통제를 받을 것이다.

넷째, 지도자는 자신을 지지하는 핵심 집단을 형성하고 유지하기 위해 선거에서 승리해야 한다.

다섯째, 어떤 지도자를 지지하는 집단은 '과거에 보상받았던 기억' 때문에 지속적으로 지지한다. 결과적으로 지역의 지도자는 자신의 핵심 지지 집단에 대해 지속적으로 보상하기 위해 정책을 개발할 것이다.

여섯째, 광범위한 지역사회 구성원들에게 이익이 되게 하려는 '공개된' 정책(지도자의 공약)과 자신의 핵심 지지자들에게 이익을 주기 위해 계획된 '은밀한' 정책 사이에서 때때로 갈등이 발생할 것이다. 양 정책 간 충돌의 해결책은 '자신들의 공개된 정책(공약)을 장려하려는' 경향을 보인다.

이러한 가설을 검증한 결과 대부분이 지지되었다. 소수의 지도자 집단이 있다는 것, 훨씬 더 큰 집단의 하위 지도자가 있다는 것 그리고 지역사회에서 의사결정이 이루어지는 데 약간의 간접적인 영향력을 갖는 다수의 사람이 있다는 것도 확인할 수 있었다. Dahl의 연구 중 가장 중요한 결과는 뉴헤븐시에서 전문화된 의사결정이 내려지고 있다는 것을 찾아낸 것이다. 리더십이 경제 엘리트에서 나온다고 주장한 Hunter와 달리 Dahl은 전문화된 공직자에게서 나온다고 주장했다. 시장은 공식적 지위에 근거하여 지역사회 생활의 많은 영역에서 직접적인 영향력을 행사하고 있었다.

Dahl이 밝혀낸 지역사회 권력구조는 [그림 4-3]과 같다. 이는 Hunter가 제시한 피라미드 구조와는 대조를 이룬다. 이 그림이 의미하는 것은 뉴헤븐시에 느슨하게 연결된

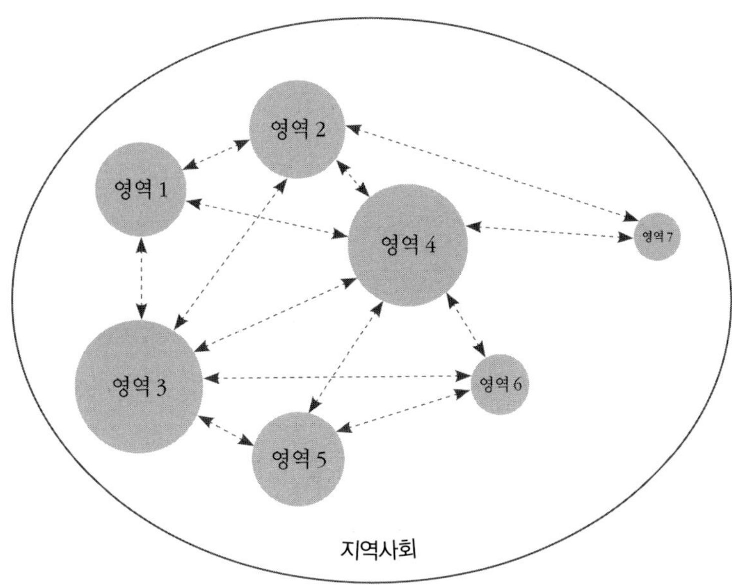

그림 4-3 지역사회 권력구조에 대한 다원주의적 개념

출처: Norlin & Chess (1997), p. 361.

다양한 권력의 중심이 있었다는 것이다. 모든 영역의 권력 중심에 영향력을 행사하는 단일 지도자 집단은 없었다. 즉, 교육, 복지 및 교통과 같은 전문화된 영역마다 권력 중심이 있었다. 이러한 각 영역별 권력 중심 내에서는 Hunter가 주장한 바와 같은 피라미드 구조가 있다는 것을 Dahl도 발견하였다. 피라미드의 수직축은 권력, 즉 정책에 영향을 미치고 그것의 결과를 결정할 수 있는 능력이다. 비교적 소수의 사람이 피라미드의 맨 위에 있다. 피라미드를 구성하는 층의 아래로 이동함에 따라 각 영역에 하위 지도자와 추종자 집단이 있었다.

지역사회를 변화시키려고 노력을 하는 사회복지사에게 지역사회 권력이론이 시사하는 바는 다음과 같다. 즉, 특정 지역의 전형적인 의사결정 방법이 어떠한지를 이해하는 것이 중요하며, 변화 노력이 성공하기 위해서는 어떤 이해관계 집단이 동원되어야 하는지, 아니면 최소한 중립을 지켜야 하는 집단이 어느 것인가를 파악하는 것이 중요하다.

지역사회 권력이론은 사회행동 모델의 이론적 배경이 되고 옹호과정에 있어서 권력을 어떻게 사용할 수 있는가를 이해하게 해 준다.

6. 사회자본이론

> 당신의 옥수수는 오늘 여물고 내 것은 내일 여물 것이다. 만약 내가 오늘 당신의 추수를 위해 함께 일하고 내일 당신이 나를 돕는다면 이는 우리 둘에게 모두 유익한 일이 될 것이다. 그러나 나는 당신에게 아무런 호의도 갖고 있지 않으며, 당신 역시 나에게 아무런 호의가 없다는 것을 나는 안다. 그러므로 나는 당신을 위해서 아무런 노력도 하지 않을 것이다. 나는 단지 나 자신만을 위해서 일해야 한다. 보상에 대한 기대는 나를 실망시킬 것이며, 보상은 나로 하여금 헛되이 당신의 호의에 매달리게 한다는 것도 안다. 따라서 나는 당신이 혼자 일하도록 내버려 둘 것이며, 당신도 동일한 방식으로 나를 대할 것이다. 계절이 바뀌면 우리 모두는 상호신뢰와 보증의 결핍으로 인해 수확물을 잃게 될 것이다(Hume).

Putnam은 「번영하는 공동체: 사회자본과 공공생활」(유석춘, 장미혜, 정병은, 배영, 2003)이라는 논문에서 앞과 같은 Hume의 우화를 소개하면서 시작하였다. Hume의 우화에서 두 농부가 평소 알고 지내고(네트워크), 서로 믿으며(신뢰), 당신의 옥수수가 빨리 익으니 당신의 옥수수 수확을 내가 도와주고, 나의 옥수수 수확 때 당신이 나를 도와야 한다는 상호 간의 약속(규범)이 있었다면 옥수수가 들판에서 썩어 가진 않을 것이다. 이렇게 "네트워크, 규범[27] 그리고 신뢰와 같이 상호이익을 위한 협력과 조정을 용이하게 하는 사회조직적 특성"을 Putnam은 사회자본이라고 하였다.

다음과 같은 Portes의 정의[28]에서 김용학(2004)은 세 가지 사회자본의 실체 중 하나인 네트워크(연결망)가 사회자본의 핵심 개념이 된다고 하였다. 즉, Portes는 신뢰나 규범들을 네트워크의 부수적인 것으로 봄으로써 사회자본의 한계를 명확하게 하는 데 성공했다고 하였다.

> 네트워크(연결망)에 소속된 덕택으로 희소한 자원을 확보할 수 있게 된 개인의 능력이다. …… (사회 자본을) 획득할 수 있는 능력은 개인에게 내재하는 것이 아니라 개인이 갖고 있는

27) Putnam은 일반화된 호혜성 규범이라고 하였다. "나는 당신 또는 누군가가 나에게 이러한 호의를 되돌려줄 것이라는 기대 때문에 당신을 위해서 지금 이 일을 할 것"이라는 의미다.

28) Portes의 다음과 같은 구분은 깔끔하다. "경제자본이 개인의 은행계좌에, 인적자본이 개인의 두뇌 속에 있는 반면에 사회자본은 개인이 맺고 있는 관계의 구조에 본질이 있다."

다른 사람과의 관계에 내재한다. 사회자본은 사회적 관계 속에 자리 매김된(embeddedness) 산물이다(김용학, 2004, p. 126 재인용).

이러한 견해들을 볼 때, 사회자본의 개념을 정의하는 데 있어서 가장 핵심이 되는 것은 사람 간의 관계(네트워크)이며, 이를 통해 형성되는 신뢰, 이러한 신뢰와 네트워크를 통해서 공동의 문제를 해결할 수 있는 규범과 제제 등이 형성될 수 있다는 것이다.

지금까지 사회자본의 개념에 대해 살펴보았다. 이러한 사회자본이 지역사회 차원에서 가지는 의미를 검토해 보아야 할 것이다. Putnam(유석춘 외, 2003 재인용)은 이탈리아 남부의 시칠리아(Sicilia) 지역보다 북부의 투스카니아(Tuscania) 지역에 성가대, 문학서클, 라이온스클럽, 축구클럽 같은 활동적인 공동체 조직이 많으며, 이러한 공동체의 지도자들이 상대적으로 정직하고, 평등의 구현에 기여하고, 이들의 수평적 네트워크가 연대, 사회참여, 통합과 같은 가치를 지역에 부여했다고 하였다.

최근의 한 연구(김상민, 2005)에서는 주민(환경)운동이 사회자본을 누적적으로 증진시킨다는 사례를 제시하였다. 즉, 성미산배수지건설반대운동[29] (이하 성미산운동)에 참여했던 사람들을 생활공동체운동(공동육아조합과 두레생협운동)과 성미산운동의 참여자 집단(G1), 성미산운동에만 참여했던 집단(G2), 성미산운동에 참여하지 않았던 일반 지역주민(G3) 등의 세 집단으로 나누어 사회자본을 측정했다([그림 4-4] 참조).

29) 성미산배수지건설반대운동에 대해 간단히 설명하면 다음과 같다. 성미산 배수지 건설계획은 마포구 성산1동, 망원 1·2동, 서교동, 동교동, 합정동, 연남동 등의 7개 동을 전담하는 지역급수 배수지를 설치하려는 목적을 가진다. 1993년 서울시는 성미산 정상부(성미산의 1/3에 해당함)에 '성미산 배수지'를 만들겠다는 계획을 수립하고, 1997년 12월에 실시계획을 인가하였다. 배수지가 들어서면 산이 파괴되므로 성미산 남쪽 부지(배수지가 들어서지 않는)에 420세대의 아파트를 건설하겠다는 최종계획에 대해 주민과 의견 수렴을 하는 과정에서 지역주민의 반대운동에 부딪히게 되었다.

주민은 성미산이 아이들을 위한 교육의 장이고, 지역주민의 휴식 공간이므로 서울시의 계획에 반대하는 운동을 하기로 하고, '성미산을 지키는 주민연대모임'(이하 성지연)을 조직하였다. 이들은 서울시 계획을 재검토하여 대안을 제시하고, 전문가집단(환경정의시민연대, 생태보전시민모임 등)과 연대하여, 성미산의 가치를 알리는 홍보작업을 하였다. 주민의 반대에도 서울시가 2003년에 공사를 착공하려고 하자 '성미산 개발저지를 위한 대책위원회'를 조직하여 다른 지역의 시민조직과 협력하였다. 서울시가 기습적으로 성미산에 벌목을 하자 정상에서 천막농성을 시작했고, 매주 토요일에는 다양한 문화행사와 주민집회를 열었으며, 설날에는 차례도 성미산에서 지냈다. 서울시장, 마포구청장, 서울시상수도사업본부, 지역구 국회의원 등에 항의 전화를 하였고, 주민서명운동도 하였으며, 공사 중지를 위한 행정 요청과 고소·고발을 하였고, 시청 앞에서 주민규탄집회, 기자회견, 전문가 공청회 등을 연 결과, 서울시상수도사업본부장이 성미산 배수지 공사유보결정을 함으로써 성미산을 지켜냈다(김상민, 2005).

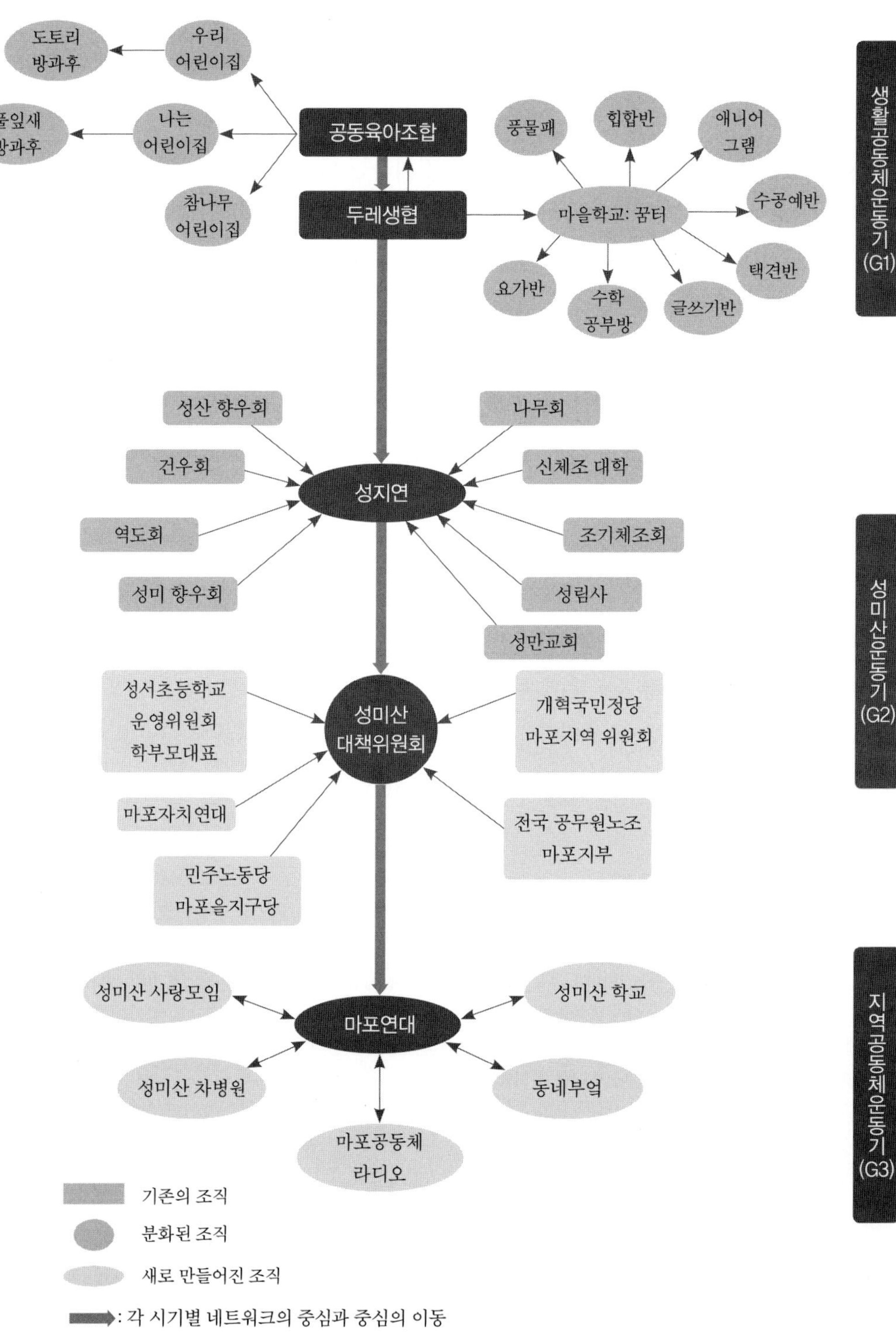

그림 4-4 성미산 주민환경운동 네트워크

출처: 김상민(2005), p. 77.

사회자본을 신뢰, 네트워크, 사회적 규범, 이타적 성향 및 포용력이라는 하위영역으로 나누어 조작적으로 정의하고 측정한 결과, 다섯 가지 영역 모두에서 G1>G2>G3의 순으로 나타남을 보여 주고 있다. 이러한 결과에 대해 연구자는 사회자본이 누적적으로 증진되기 위해서는 구성원 간의 신뢰와 네트워크의 상호작용을 활성화시키고, 이로 인한 사회적 규범을 형성해 가는 과정이 반복되어야 한다고 했다.

이러한 김상민(2005)의 연구는 지역사회복지실천에 시사하는 바가 크다. 요컨대, 주민조직화의 필요성을 단적으로 보여 준다. 주민조직화란 도시지역사회의 익명성을 완화하는 최선의 방법이라고 할 수 있다. 회복된 주민 간의 관계는 사회자본의 전제인 네트워크가 된다. 지역사회복지실천가가 주민조직화사업을 실행한다면 지역주민 간에 사회적 관계(네트워크)가 형성되고, 그 관계 구조에 의해 [그림 4-4]와 같은 육아조합, 생협, 마을학교, 동네부엌과 같은 다양한 참여 프로그램이 이루어질 수 있다. 또한 Putnam이 주장한 정치참여, 공식집단에의 참여, 종교참여, 직장에서의 연계, 비공식 사회집단의 연계사업이 이루어질 수 있다. Putnam은 주민참여가 구성원 간의 신뢰, 네트워크, 사회적 규범을 형성하는 가장 기초적인 요소가 된다고 주장하였다.

Portes에 따르면, 개인이 사회자본을 소유하기 위해서는 다른 사람들과 연결되어야 한다. Bourdier와 Coleman은 사회자본이 재생산되기 위해서는 끝없는 노력이 필요하다고 보았다. 즉, 지역사회복지실천가는 끝없는 노력의 주체가 되어야 한다. 빈곤한 도시지역사회에서의 일상적 삶은 대부분 같은 처지에 있는 친척이나 친구와의 상호작용에 의지한다. 문제는 그런 연결망이 거의 도시 내부를 벗어날 수 없기 때문에 특정한 도시에 거주하는 빈민은 다른 지역의 고용 기회에 관한 정보나 직장을 얻을 수 있는 방법마저도 박탈당한다는 사실이다. 이러한 상황이 극단적인 실업율 및 사회복지에 대한 의존을 심화시킨다. 이는 도시 빈곤층 밀집지역에 사회자본이 확대되어야 하는 이유다.

7. 사회학습이론

〈사례 1-1〉에서 4명의 조직가는 주민을 교육시키는 것에서부터 시작했음을 기억할 것이다. 거시 실천에서 실천가의 다양한 역할 중 하나가 교육가이며, 교육가는 다른 행동 체계에 정보를 제공하고 변화 기술을 가르친다. 효과적인 교육가가 되기 위해 실천가는 가르쳐야 할 주제에 관해 명확히 알아야 한다(Kirst-Ashman & Hull, 2001).

> 사회복지사는 주민을 모아서 교육시킨다. 이런 점에서 교육은 조직 결성의 계기라고 볼 수 있다. 실제로 우리가 관찰한 지역사회의 모든 조직은 교육으로부터 출발한다. 교육 초기에 참여자들은 편안한 마음으로 교육에 참여하여 주민조직에 대한 관심을 갖기 시작한다(안기덕, 박승희, 정솔, 2012, p. 13).

우리 사회는 인권 침해, 환경 파괴, 빈곤 등 여러 가지 문제와 과제를 안고 있지만 일상생활에서는 이런 것들을 의식하지 못하는 사람들이 많다. 자신이 생활하고 있는 지역과 지구상의 여러 곳에서 일어나고 있는 사회문제에 대해 생각하게 하고 행동하게 하는 효과적인 교육방법이 워크숍(workshop)이다. 강의형 학습보다 참가체험형 학습인 워크숍이 훨씬 효과적이다. 환경 워크숍, 인권 워크숍, '마을 만들기 워크숍' 등 다양하다. 워크숍은 다른 사람과의 의사소통하는 능력을 향상시키며 사회문제를 주체적이고 비판적으로 보는 안목을 길러 주는 학습방법이다. 학습을 통해 지역사회 구성원을 '사회를 변혁시키는 성과를 내거나 행동하는 사회지향적이고 능동적인 인간'으로 변화시켜야 한다.

사회학습이론의 기본적인 가정은 인간행동이 타인이나 사회환경과 상호작용하는 동안에 학습된다는 것이다. 학습이란 경험에 의한 비교적 영속적인 행동의 변화이며, 정신작용의 변화다. 학습에는 네 가지 중요한 기본 요건이 있다. 동기(motivation), 감지(notice), 반응(reponse), 강화(reinforcement)가 그것이다(정원식, 2005). 첫째, 학습자가 배우기를 원해야 학습할 수 있다는 것인데, 동기는 내적으로 마음먹기에 따라 유발되는 내인성 동기(intrinsic motivation)와 외적으로 주어지는 보상이나 인센티브에 의해서 유발되는 외인성 동기(extrinsic motivation)로 나뉜다. 둘째, 감지란 학습을 하기 위해서는 주변의 자극을 지각하거나, 무엇을 관찰하거나, 책을 보거나, 누구의 말을 듣거나, 무엇을 느끼거나 하는 일련의 감각적 지각과정을 거치게 된다는 의미다. 셋째, 학습이 이루어지기 위해서는 학습자가 어떤 형식이든 반응을 해야 한다. 동작적 · 언어적인 외적 반응도 있을 수 있고, 정신적 연상작용이라는 내적 반응도 있을 수 있다. 넷째, 강화란 대략 보상(reward)이라는 말로 대치될 수 있는데, 강화가 주어진다는 것은 학습자에게 일종의 만족감을 준다는 뜻에서 보상이라고 할 수 있다. Pavlov의 조건형성이론에 따르면, 학습된 반응에 대하여 강화가 주어지지 않으면 그 반응은 소멸된다. 또 Skinner의 조건형성이론을 강화이론이라고 하는 것도 행동을 끌어내는 데 있어서 강화가 결정적 작용을 한다고 보기 때문이다. 강화는 학습의 강도를 높여 주고, 학습의 방

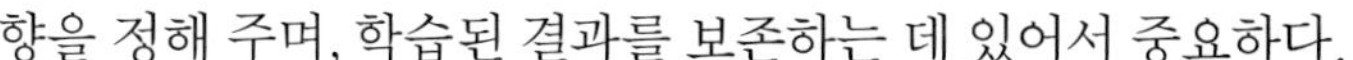
향을 정해 주며, 학습된 결과를 보존하는 데 있어서 중요하다.

요즈음 우리 지역사회에서 다양한 주민교육 프로그램이 시행되고 있다. 일례로, 한 기초자치단체에서 '광산복지학당'이라는 주민강좌를 열고 있다. 그 강좌를 처음 수강한 어떤 주민이 강사의 강의에 감명받고(감지), 강의 슬라이드에 나오는 멋진 마을에 반하여 자신이 살고 있는 동네를 살기 좋은 동네로 만들어야겠다는 생각을 하여 지속적으로 수강할 마음을 먹는다면(정신작용이라는 반응), 동기 형성이 된 것이라고 할 수 있다. 이 주민이 수차례의 강좌를 듣고, 지방자치단체가 마련한 견학 프로그램에 참여하여 강사가 소개한 실제 마을을 보고 와서 주민 활동가로 지속적인 활동을 하였고(행동의 변화라는 반응), 그 결과 수년에 걸쳐서 타인이 인정할 만큼 동네를 변화시켰을 때 지나가는 주민의 칭송과 격려, 자치단체장의 표창 등은 보상이 될 수 있다.

지금까지 학습이론을 소개한 이유는 지역사회복지실천에 유용하기 때문이다. 제5장에서 배우게 될 Rothmann의 지역사회개발 모델에 대해 Friedmann은 '사회학습'이라는 별칭을 부여하였다. 사회학습이론은 지역사회시민교육(제8장 참조)의 기초이론이 되며, 지역사회 중심의 실천, 특히 개인이나 집단의 행동을 이해하고 그 영향을 파악하는 데 유용하다. 역량 있는 주민조직 지도자와 조직 참여자를 길러 내고, 영향력 있는 사회행동 전략을 개발하는 과정에 있어서 사회학습의 개념과 원칙을 이해하고 활용하는 것이 도움이 된다.

사회학습이론의 자기효능감(self-efficacy)과 집단효능감(collective efficacy) 같은 개념은 지역사회실천가에게 유용한 개념이다. Pecukonis와 Wenocur(1994)에 따르면, 높은 자기효능감을 가진 사람, 자신의 삶이나 환경에 영향을 주는 중요한 결정을 성공적으로 수행한 사람은 보편적인 희망감(universal hopefulness)을 발달시킨다. 이들은 자신뿐만 아니라 다른 사람도 성공할 수 있다고 믿기 때문에 필요한 경우에 변화를 위해 기꺼이 행동을 하게 된다.

Pecukonis와 Wenocur(1994)는 효능(efficacy)의 개념을 집단 활동에 적용하여 집단효능이라는 용어를 사용하였다. 이는 집단구성원들이 자신의 목적을 달성할 수 있는 집단적인 능력을 가지고 있다는 인식(의식적으로든, 무의식적으로든)을 공유하는 것을 의미한다. 이것은 일종의 집단유대감이라는 개념과 유사하다. 긍정적인 집단효능감은 집단구성원들의 경험에 의해서 형성되며, 집단과 집단(그 외부환경으로서) 간의 상호작용에 의해서 형성된다. 집단구성원들이 사회행동에서 성공적인 '경험'을 하게 되는 경우, 개인적인 자존감을 강화하고 역량 강화가 된다(Hardcastle et al., 2004). 다음과 같은 유창복(2010)의 기술은 집단효능감의 사례가 될 것이다.

> 2003년 성미산 싸움을 극적으로 이겨 내자 온 마을엔 자신감, 흐뭇한 무용담이 넘쳐났다. 이 와중에 가장 바쁘게 돌아간 곳은 바로 생협이었다. 조합원들의 신규가입이 말 그대로 폭주했다. 하루에 100명 가까운 조합원이 신규로 가입한 적도 있다(p. 167).

수행 학습

- 체계라는 개념을 가지고 자신이 세상과 연결되어 있음을 논리적으로[특히, 지역사회의 어떤 요소들(친구, 이웃, 상점, 조직 등)과 연결되어 있는지] 자세히 기술해 보세요.
- 생태학적 관점에서 코로나(COVID-19) 상황을 분석해 보세요. 코로나 상황이란 코로나바이러스(자연환경체계)가 인간(미시체계)을 감염시킴으로써 그에 대응하기 위한 사회환경체계의 반응이라고 보시면 됩니다. 중앙정부의 방역대책(거시체계), 지역사회가 개인과 가족의 환경으로서 주민들에 대해 어떤 기회요인과 위험요인이었는지(외체계), 사회적 거리두기체계(중간체계의 축소), 주민 및 감염자들의 활동과 경험(미시체계)에 대해 생각해 보세요. 그리고 체계 간 교류도 생각해보세요. 신문기사 등을 참고하세요.
- 우리 사회의 심각한 문제인 '고독사'를 생태체계적 관점에서 생각해 보세요.
- 자신이 살고 있는 지역사회에서의 갈등 현상을 분석해 보세요. 갈등의 현황, 부합하는 개념, 원인, 전개과정, 해결 방안과 결과에 대해 기술해 보세요. 지역의 신문을 보면 많이 찾을 수 있습니다.
- 살고 있는 동네 혹은 다니고 있는 대학에서 어떤 네트워크에 속해 있다면, 그 네트워크에서의 규범과 사회 자본에 대해 생각해 보세요.

지역사회복지실천 모델

1. 지역사회복지실천 모델의 개요

앞 장에서 지역사회 및 지역사회복지를 설명하는 이론을 소개하였다. 이 장에서는 지역사회복지실천 모델을 살펴보고자 한다. 먼저, 모델(model)의 의미를 이해할 필요가 있다. 제2부의 총론에서 언급했듯이, 여기서 다루려는 '모델'은 지역사회의 현상, 특히 사회문제를 해결하는 바람직한 틀이라는 의미가 있다.

지역사회복지실천을 주민의 삶을 억압하는 사회문제가 있는 클라이언트 지역사회에 개입하여 살기 좋은 지역사회로 변화시키려는 노력이라고 정의할 때, 그 변화 노력은 역사적으로 지속되어 왔다. 1920년대에 사회사업기관이 설립되던 시기의 자선조직협회(COS)와 공동모금회 · 지역사회위원회(Community Chest and Council: CCC) 운동 시기에 '계획과 정책'은 중요했다(제3장 참조). 이 방식은 대공황을 해결하기 위한 정책개발과 프로그램 운영조직이 급격하게 증가한 뉴딜 시기 동안에 다시 전면으로 등장했다. 효율성과 정확한 평가, 비용 억제 이슈가 대두되었던 닉슨과 레이건 그리고 부시 대통령 재임기에는 정책과 프로그램이 다시 취소되거나 삭감되었다. '지역사회개발'은 주민 간의 상호작용에 의한 역량 강화가 본질인데, 이것은 전문가주의의 휴지기였던 1950년대에 유행했다. '사회행동'은 격동의 1960년대와 20세기 초반이 전성기였는데,

이 시기에 아동노동보호에 관한 법률, 산업재해보상, 주거 개선 등에서 상당한 진보를 이루었다. 이렇게 상이한 방식의 개입들이 상승하고 하락하는 것이 반복되는 순환은 후세대에도 의심할 여지없이 계속될 것이다.

많은 연구자가 이러한 역사적 경험들을 분석하였고, 특징과 변수를 추출하여 이념형적인 지역사회복지실천 모델을 제시하였다. 그들을 대표하는 사람이 Rothman (1995), Weil(1996, 2005), Weil과 Gamble(1995)이다. 지역사회복지실천 모델은 문제해결을 위한 실제 실천과정에서 변화를 위한 구체적 과정과 활동을 '안내하는 기능'을 담당한다(Weil, 1996). 그래서 모델은 사회복지사들을 위한 실천적 가이드다(Gamble & Weil, 2008). 요컨대, 지역사회복지실천 모델은 역사적 경험을 통해 얻어진 것이므로 특정 지역의 사회문제를 해결하는 가이드로서 모방할 가치가 있다.

Rothman(1995)은 지역사회실천 모델을 지역사회개발, 사회계획 및 정책, 사회행동으로 구분하였다.Weil과 Gamble(1995)은 근린지역사회조직 모델, 기능적 지역사회조직 모델, 지역사회 사회 · 경제 개발 모델, 사회계획 모델, 프로그램 개발과 지역사회 연계 모델, 연합 모델, 정치사회적 행동 모델, 진보적 변화를 위한 사회운동 모델을 제시하였다. 이 모델들은 이념형적인 모델(ideal types)일 뿐이며, 실천현장에서는 환경 변화에 따라 하나 이상의 모델을 사용하게 됨을 강조하였다(Rothman, 1995; Weil & Gamble, 1995; Weil, 2005).

Rothman(1995)은 '지역사회복지실천의 목적' '지역사회 구조와 문제 조건에 대한 가정' '기본적 변화 전략' '특징적인 변화 전략과 전술' '실천가의 역할' '변화의 매개물(수단)' 등 12개의 변수에 따라 모델 A(지역개발), 모델 B(사회계획/정책), 모델 C(사회행동)로 구분하였다(〈표 5-1〉 참조). Weil과 Gamble(1995)은 '추구하는 목표' '표적체계' '일차적 구성원' '관심영역' '실천가의 역할'이라는 다섯 가지 변수로 앞에서 열거한 여덟 가지 모델을 구성했다(〈표 5-2〉 참조).

이러한 변수들을 보면 지역사회복지실천 모델은 사회복지사가 개입해야 할 클라이언트 지역사회의 문제, 문제해결 전략, 전략이 추구해야 할 목표, 문제해결과정에서 실천가의 역할 등을 정확하게 이해해야 함을 강조한다고 할 수 있다.

2. Rothman 모델

Rothman은 1968년 '지역사회복지실천의 모델'이라는 논문을 출간하였다. 1995년 이 논문을 수정해서 세 가지 모델과 혼합 모델을 제시했다. 먼저 기본 모델을 살펴보고, 이어서 세 가지 변형 모델을 살펴보고자 한다(Rothman, 1995).

1) 기본 모델

Rothman(1995)은 논문의 '개인적 서언' 부분에서 수강생을 세 부류로 나누었다.

> 내 과목을 수강하는 학생들이 수업에 출석할 때, 이들은 단일 집단이 아니었다. 나는 학생들이 크게 세 가지 유형으로 분류되고, 각각의 유형은 수업에서 서로 다른 것들을 찾고 있다는 사실을 알게 되었다. 한 유형의 학생들은 기관 간의 조정, 취약계층의 다양한 욕구를 충족시키는 효과성, 여기에 더하여 더 나은 서비스를 전달하는 데 관심을 갖고 있었다. 이 학생들은 공동모금회(United way) 같은 조직의 사회계획이나 정책개발에 관심이 있었다. 또 다른 학생집단은 마음속에 평화봉사단(Peace Corps)이나 미국자원봉사서비스단(VISTA)을 두고 풀뿌리 지역 단위에서 일을 하는 데 초점을 두었다. 이 유형의 학생들은 토론을 통해 협력과 자조에 기반하고 힘을 합쳐서 스스로 지역문제를 해결할 수 있도록 하는 데 관심이 있었다. 세 번째 집단은 민권운동, 반전운동, 학생운동에 의해 영향을 받았고, 강력한 사회행동을 선호했다. 이들의 목적은 피억압자를 원조하고 사회정의를 증진하며 사회를 변화시키는 것이었다(p. 26).

이러한 학생들의 관심을 반영하여 대학들은 특별한 교육프로그램을 개발해 왔다. 모델 A, 즉 지역사회개발 프로그램은 미주리 대학교에서 강조되고 있다. 브랜다이스 대학교에 개설된 박사과정 교육과정은 모델 B, 사회계획에 관심 있는 학생들을 끌어들였고, 시러큐스 대학교는 모델 C인 사회행동 교육프로그램을 특화했다.

Rothman의 세 가지 모델에 대해 연구자들은 새로운 이름을 붙였다. Friedmann은 모델 A, B, C 각각에 대해 '사회학습' '정책분석' '사회적 동원'이라는 명칭을 부여했고, Lyon은 '자조' '기술지원' '갈등'이라는 이름을 붙였다(Rothman, 1995). Weil(1996)은 각각의 모델에 대해 '시민참여를 통한 민주적 접근' '합리성에 기반을 둔 접근' '보다 개혁적인 방향으로의 변화지향적 접근'이라는 별칭을 부여하였다.

독자들은 Rothman이 학생들을 세 부류로 나눈 것, 각 대학들이 특징적인 교육 프로그램을 강조한 것, 연구자들이 '모델'에 대해 별칭을 붙인 것을 보는 가운데 세 가지 모델의 특징에 대해 어렴풋이 이해했을 것이다. Rothman 모델에 대해 깊은 이해를 시도해야 한다.

Rothman은 모델을 구분하는 첫 번째 변수로 지역사회복지실천의 목적을 제시하면서 과업목적(task goal)과 과정목적(process goal)으로 구분하였다. 첫째, 과업목적은 지역사회가 당면한 문제를 해결하는 것과 같은 구체적인 과업을 달성하는 것을 의미한다. 둘째, 과정목적은 지역사회의 일에 대해 주민이 관심을 갖게 하고, 참여하도록 자극하고, 주민 간의 협력적인 태도와 행동을 촉진하며, 지역 중심의 리더십을 강화하여 지역사회 역량을 강화하는 등 지역의 문제해결 능력을 강화시키는 것을 의미한다. 모델에 따라 과정목적을 중시하기도 하고 과업목적을 중시하기도 하는데, 어떤 목적을 중시하는가에 따라 문제 상황 파악, 변화 전략, 전술 등에 차이가 있다. Rothman(1995)이 제시한 세 가지 모델의 구체적 내용은 다음과 같다.

(1) 모델 A: 지역개발(local/community development) 모델

지역개발 모델은 과정목적을 강조하며, 지역사회의 변화가 광범위한 주민의 참여를 통해 이루어져야 한다는 것을 전제로 한다. 그래서 지역개발 모델의 목적은 '자조(selp-help)'에 기반한 문제해결 능력을 키워 지역사회 역량을 향상시키고 사회통합을 이루는 것이다. 이 관점에 대해서 Henderson과 Thomas(2000)는 다음과 같이 기술했다.

> 전문가가 직면한 도전은 다음과 같다. 즉, 지역주민의 욕구를 충족시키기 위해 자신들이 단지 서비스를 전달하는 것에 그치지 않고 지역주민의 자율과 자기존중 그리고 상호협력에 의하여 일상적인 문제를 해결할 수 있는 역량을 강화시키는 방식으로 일을 해야 한다는 데 있다는 사실을 깨닫는 것이다(p. 21).

이 모델에서 지역사회문제는 무질서, 소외, 사람들 간의 관계 단절 등이라고 할 수 있다. 지역사회에서 사람들 간의 갈등에 의해 제각기 분열되어 있고, 사람들이 서로간의 관계에 대응하는 방법을 몰라 이웃과의 교류가 매우 미약하다는 것이다. 그래서 문제해결을 위한 기본 변화 전략도 '함께 모여서 문제를 논의해 보자(Let's all get and talk

this over)'로 표현된다. 이 전략의 핵심은 지역주민의 참여와 이들에 의한 의사결정이다. 다수의 지역주민이 문제를 결정하고 해결에 참여하는 과정을 중시하며, 이 과정에서 활동 방향이 결정되도록 하고, 리더십 역시 그 내부에서 형성되도록 한다. 그래서 지역사회문제에 대한 접근과 해결을 위한 주요 전술과 기법 역시 합의를 통해 이루어지도록 하고, 지역사회 집단 간 또는 이해관계자 간의 의사소통을 중시한다.

이 모델에서 실천가의 특징적인 역할은 '할 수 있게 하는 사람(enabler)'이나 '용기를 주는 사람(encourager)'이다. 이 역할에 대해서 Henderson과 Thomas(2000)의 견해를 다시 한 번 살펴보자.

> 기본적으로 지역개발은 사람들이 서로 협력하여 집단 혹은 네트워크 관계를 촉진하는 것이다. 지역개발은 사람의 능력을 개발하고 다른 사람들과의 연대행동의 중요성을 이해시켜서 이들의 사회적 안녕과 물질적 안녕을 향상시키기 위해 노력한다. 실천가가 변화를 위한 주요 수단으로 활용하는 것은 서로 협력하여 문제를 발견하고, 문제를 해결하는 기술을 습득할 수 있도록 소규모 과업중심의 집단을 만들어 내고 지도하는 것이다(p. 22).

이 모델은 지역사회의 모든 부분을 활동체계로 인정하기 때문에 지역의 기득권층도 지역사회의 개선을 위해 연합할 수 있는 세력으로 본다. 따라서 지역사회 자체를 클라이언트로 간주하고, 수혜체계의 범위를 전체 지역사회로 설정한다. 더 나아가 이 모델은 다원주의적 사회관, 인본주의에 기반하며, 지역사회 내의 성적, 인종적, 경제적, 사회문화적으로 상이한 집단 간의 갈등을 인정하면서도 이들은 지역사회의 상호이익을 위해 합의점에 도달할 수 있다고 본다. 이러한 다양한 집단 간에 상호 의견교환과 동의과정은 결국 협동적인 지역사회 능력을 구축하고 동시에 개별 주민의 주인의식을 고취하게 한다. 특히 이 모델은 주민을 교육하고 개인적인 발달을 도모하는 과정을 무엇보다도 중요시한다. 이 모델과 관련한 프로그램의 예로는 성인교육, 공공건강교육, 비공식적 자조 네트워크 활동, 소비자 협동조합, 시민연합 등을 들 수 있다.

제1장에 제시한 반사사, 희망세상의 활동(〈사례 1-1〉 참조)이 지역개발 모델의 전형적 사례다. 이 활동을 Rothman의 12개의 변수(〈표 5-1〉 참조)에 근거해 해석해 보면 다음과 같다. 즉, 고창권 씨를 비롯한 4명의 활동가가 지속적으로 활동하여 반사사, 희망세상이라는 주민조직을 만든 것은 '과정목적'을 달성한 것이다. 반송동은 영세민 밀집지역으로서 주차공간 부족으로 인해 주민 간에 갈등이 심한 지역이었고, 이 문제를

'민주적으로 해결할 능력이 부족한 지역사회'였으며, 주민의 문제해결 능력을 향상시키기 위해 '지역사회시민 교육'(제8장 참조)을 하면서 주민참여를 이끌었고, 이것을 '기본적 변화전략'으로 삼았다. 의사소통을 통한 합의가 이 지역사회의 '특징적인 변화 전략과 기술'이었다. 4명의 활동가는 능력 부여 촉진자로서, 마을을 위해 헌신하는 윤리적 지도자로서의 역할을 수행하였다. 주민참여가 활발해지면서 '푸른하늘 공부방' '함께 나눔반' '콩쥐팥쥐반' '나래반' '들꽃반' 등 다양한 '소집단'이 만들어졌고, 이것이 '변화 매개체'가 되었다. 주민은 반송동 사랑하기라는 '공동사업의 협조자'로서 지역사회(권력 구조)의 구성원이 되었으며, 반송동은 '수혜체계로서 지리적 공동체'가 되고 반송동 주민은 '수혜자'가 된다. 반송동 주민은 문제해결과정의 공동 참여자가 되었고, 지역사회 역량은 강화되었으며, 주민 개인의 자신감은 증진되었다.

Rothman은 지역개발 모델을 설명하면서 Selznick의 '도덕적 사회'라는 용어를 인용하였다. Selznick은 이 도덕적 사회의 특성을 상호성, 정체성(identity), 참여, 다양성, 자율성과 같은 말로 묘사했다. 요컨대, 지역개발 모델은 특정 지역사회가 도덕적 사회로 가기 위한 방법이라고 할 수 있다.

비록 지역사회복지실천 차원에서 전개된 활동은 아니었지만, 농촌지역사회개발도 지역개발 모델과 같은 맥락의 실천영역이다(Weil, 1996). 정부 지원하에 지역주민 스스로 주체가 되어 활동을 전개한 농촌지역사회개발은 자조(self-help), 시민교육(citizen education), 시민참여(citizen participation) 등을 강조하였다. 예컨대, '근면, 자조, 협동'이 새마을정신이고, 정부는 새마을연수원을 건립하여 주민의 태도와 정신을 변화시키려는 새마을교육을 하였는데, 금곡1리(이현정, 2012) 주민들의 참여는 모범적이었다.

이러한 새마을운동의 성과와 한계는 다음과 같이 정리된다(최일섭, 류진석, 1996). 즉, 목표 측면에서 볼 때 새마을운동은 과업중심의 목표가 지배적이었다고 볼 수 있다. 새마을운동은 지역주민의 태도(근면, 자조, 협동)와 행동에 있어서 변화보다는 가시적인 실제 효과에 더 치중하였다고 할 수 있다. 예를 들면, '우수 새마을'에 대한 평가를 하는데 있어서 정부는 어느 정도의 소득 증대가 있고, 얼마나 많은 주택이 신축 혹은 개축되었으며, 얼마나 많은 가임부부가 가족계획을 실천했는가 등을 그 평가기준으로 삼았다. 이러한 과업목표의 강조는 지역 단위의 역량 강화라는 과정목표를 소홀히 한 것이라고 평가된다. 즉, 정부의 권고 혹은 지시에 의해 1인 혹은 소수의 지도자에 의해 주도되어 마을 단위의 조직과 리더십 개발에 실패했다는 평이다. 이러한 한계는 있지만 새마을운동이 1970년대에 우리나라의 3만 개가 넘는 지역사회(마을)를 무력하게 했던 빈

곤이라는 사회문제를 해결하는 데 일조했다는 것이 중론이다.

(2) 모델 B: 사회계획/정책(social planning/policy) 모델

사회계획/정책 모델은 청소년 비행, 노인문제, 슬럼지역, 정신건강 문제와 같은 실제 사회문제의 해결에 초점을 둔 과업목적을 강조한다. 다음과 같은 Weyers(1992: Rothman, 1995 재인용)의 기술은 이 모델의 목적을 더욱 명확하게 이해하는 데 도움이 된다.

> 사회계획의 목적은 사회문제를 해결하는 것, 사회적 욕구를 충족시키는 것, 서비스를 조정하는 것 그리고 새로운 서비스를 개발하고 수행하는 것이다.

사회계획과 정책은 정신건강과 보건, 노령, 주거, 아동복지를 위한 계획을 준비하고 있는 다양한 중앙과 지방정부의 소관부서, 공동모금회, 지역사회복지협의회, 사회복지기관 등에 의해 수행된다. 정책이란 전문적 실천을 의미한다. 이 모델은 지역주민의 참여보다는 전문적 계획가의 역할을 강조한다. 문제해결 접근에서는 기술적·합리적 과정과 합법성을 중시하기 때문에 기본전략은 '사실을 파악하고 논리적으로 사고한다(Let's get the facts and think through the logical next)'로 표현된다. 사회문제해결을 위해 사실, 즉 사회문제의 실상을 확인하고 자료를 수집 및 분석하여 경험적으로 입증된 실현 가능한 사업이나 프로그램 등을 실행하도록 한다.

이 모델에서는 계획가, 실천가의 더 많은 기술적 역할과 전문적 역할을 강조한다. Weyers(1992: Rothman, 1995 재인용)는 계획가의 역할을 다음과 같이 제시하였다.

> 욕구와 활용 가능한 자원을 구체화하는 것과 관련된다. 이 같은 욕구의 특성과 범위는 주로 다양한 형식의 조사를 통해서 구체화되는 반면, 자원은 주로 공식적인 체계와 권한 구조에 관한 것이다. 필요로 하는 자원을 획득하기 위해서 사회복지사는 자신의 주장을 뒷받침하는 데 이용할 수 있는 자료를 활용해야 한다.

계획가, 실천가는 구체적으로 사실수집가, 분석가, 정책가, 프로그램 설계자, 수행자, 촉진자다. 실천가는 설문조사, 초점집단 방식, 델파이기법 등 자료 수집과 분석방법에 대해 잘 알아야 한다. 실천가가 활용하는 변화 수단은 자료 처리 결과와 공식 조직이다. 자료에 근거한 계획과 정책은 일관성 있는 지적 구조로 인해 확실한 설득력을 가진다. 또한 공식 기관들과의 협력을 촉진하여 서비스 중복과 누락을 방지하는 것이 계획의 목적 달성에 중요한 것으로 여긴다.

또한 이 모델은 법에 근거한 사업 실행과 실현 가능성을 중시하기 때문에 지역사회 의사결정 (권력)구조는 실천가에 대한 후원자나 고용주가 되고, 공공·민간의 복지조직은 변화 매개 수단이 된다. 이 모델에서 클라이언트, 수혜자는 지역사회 전체 혹은 일부 또는 기능적 하위집단이 된다. 그리고 사회계획/정책 모델은 지역사회의 이해관계에 특정한 관점을 가지기보다는 실용적이기 때문에 이해관계자 간의 마찰은 가정하지 않는다. 이 모델에서 수혜집단은 복지급여, 보건교육 등의 클라이언트, 소비자로 인식되는 경향이 강하다. 계획가가 클라이언트·소비자나 주민 대상으로 서비스 욕구와 선호에 대한 조사를 하는 과정을 통해 주민은 계획 설계에 참여하게 되는데, 이 과정이 주민의 역량 강화에 기여하게 된다고 본다.

Webber와 Rittel(1973)은 사회계획/정책 모델에 대해 다음과 같이 비판하였다. 즉, 오늘날의 사회문제는 본질적으로 사악하고(wicked), 다른 것들과 얽혀 있고, 끊임없이 변화하고 요동치는 사회환경에 놓여 있어 해결하기 어려운데도 전문가가 쉽게 문제를 정의하고 문제의 범위를 제한하며, 전문적 개입에 반응할 것이라고 가정한다는 것이다. 이 모델과 같은 전형적인 합리주의적 형태는 두 가지 중요한 요인에 의해서 제한점을 갖는다. 첫 번째 요인은 선거정치가 강화되고 있다는 것이다. 전문가, 계획가가 만들어 놓은 정책 혹은 계획이 선거 결과에 의해 논쟁과 변형의 대상이 된다는 점이다. 계획가, 정책전문가의 합리적 선택보다는 정치적 선택이 중요해진다는 의미다. 우리나라 현실에서 예를 들면 「사회보장급여법」 제35조에 의한 법정 계획인 지역사회보장계획은 지역사회보장협의체와 지역복지 전공교수와 같은 지역 전문가에 의해 수립되지만, 지방자치단체장의 선출 시기와 맞물리면서 선출된 지방자치단체장의 복지공약에 의해 변경되는 경우가 많다. 두 번째 요인은 재정적 한계로 인한 것이다. 국민은 복지프로그램의 확대를 바라면서도 증세는 반대하는 태도를 가진다. 또한 산업 쇠퇴와 경기 침체는 세수 감소를 초래하여 복지프로그램을 확대하려는 계획의 한계로 작용한다. 이와 같은 국민의 태도와 경제 구조는 국민을 최고로 만족시킬 수 있는 정책설계를 하게 하기보다는 최저한도만 만족시키는 사업으로 계획을 변경하도록 만든다. 요컨대, 지역 정치와 최저 수준의 복지프로그램은 자료에 근거하여 수립된 사회정책이나 계획에 의문을 갖게 한다.

이 모델의 사례로 〈사례 6-1〉의 '약물남용 청소년을 위한 강남지역협의회'를 제시할 수 있다. 약물남용 청소년이라는 표적집단의 '개인의 복지를 위협하는 사회문제'를 감소시키고 지역의 무질서를 감소시키는 과업목적을 성취하고자 하였다. 지역 청소년들의 약물실태를 조사하여 전국 평균보다 약물남용이 심각하다는 자료에 근거하여 '기본적 변화 전략'을 선택하였고, 지역의 10개 관련 기관이 '합의'하여 청소년의 약물예방, 치료, 재활을 위해 역할 분담을 하였다. 10개 기관이 합의하여 '강남지역협의회'라는 네트워크 조직을 공식화하였고, 각 기관에 소속되어 있는 10명의 실천가는 사실수집가, 분석가, 프로그램 수행자, 촉진자라는 특징적인 역할을 수행하였다. 이러한 역할수행에 의해 개입 지역은 '수혜체계'가 되어 지리적 경계 내 지역사회에 안정감이 증진되었고, 청소년의 약물남용은 감소하는 추세를 보였다. 지역사회 '하위요소'로서 술, 담배, 본드 등을 팔아 생계를 유지하는 마트나 철물점 주인은 이 사업과 갈등적 관계일 수 있지만, 지역이 슬럼화되는 것에 반대한다는 목적에 합의하였다. 일부 청소년은 약물남용에서 벗어나려는 굳은 의지로 야학에 참여하는 등 임파워먼트되는 모습도 보여 주었다.

(3) 모델 C: 사회행동 모델

사회행동 모델은 기업 조직이나 정부 정책의 변화를 추구하는 과업중심적 목적을 추구한다. 동시에 지역주민의 정치적 영향력 강화를 위해 과정중심의 목적도 중시한다. 다음과 같은 견해는 사회행동의 특징을 잘 드러낸다(Bobo, Kendall, & Max, 1991: Rothman, 1995 재인용).

> 사회행동에는 핵심적 원칙 세 가지가 있다. 첫째, 인간의 삶의 질 개선을 위해 실천적이고 직접적이며 확고할 것, 둘째, 사람들로 하여금 스스로의 힘을 자각하게 할 것, 셋째, 권력관계를 변화시킬 것이다.

사회행동 모델의 목적은 권력과 자원의 재분배를 통해서 소외집단이 의사결정에 참여할 수 있도록 지역사회를 근본적으로 변화시키는 것이다. 그래서 사회행동은 매우 옹호적이며, 사회정의를 추구한다.

이 모델에서는 지역사회가 특권과 권력의 피라미드로 구성되어 있다고 본다(제4장 지역사회 권력이론을 상기하시라). 정부, 대규모 법인, 성차별적 · 인종차별적 제도가 권력자다. 지역사회에는 권력자나 사회의 부조리로부터 착취당하고 고통받고 있는 다수의 박탈당한 사람들이 있다. 문제 상황은 사회적 약자가 이러한 고통을 지속적으로 받고 있다는 것이다. 그래서 지역사회 변화의 기본전략은 '우리의 억압자를 타도하기 위해 모이자(Let's organize to overpower our oppressor and change the system)'로 표현된다. 여기서 억압자는 부와 권력을 가진 조직이나 사람(기업가나 선출직 공무원)이다. 이 모델에서는 변화 대상을 억압자, 지역주민의 복지 증진을 해치는 자로 규정하기 때문에 앞의 모델들과 달리 도전적 옹호전략인 대결 전술과 직접 행동 등의 방법을 사용한다. 1960년대의 사회행동은 시위, 피케팅, 파업, 가두행진, 불매운동, 성토대회, 불복종 등의 대항 전략을 강조했다.

이 모델에서 실천가의 역할은 조직가, 교육가, 선동자, 옹호자, 협상자다. 다시 말하면, 사회적 취약집단이 자신의 이해를 위해 활동 가능하도록 조직화하고 안내하는 것 그리고 대중조직을 만들고 지도하며 정치과정에 영향을 주기 위해 노력하는 것이다. 이 모델에서 대중동원은 다음과 같은 이유 때문에 반드시 필요하다(Bobo, Kendall, & Max, 1991: Rothman, 1995 재인용).

> 힘은 대개 많은 돈과 많은 사람으로 구성된다. 시민조직은 돈이 아닌 사람으로 구성되는 경향이 있다. 그래서 우리가 승리할 수 있는 능력은 돈이 될 수도 있지만, 우리가 많은 사람과 함께할 수 있는지의 여부에 달려 있다.

실천가의 활동을 통해 지역주민이 의사결정과정에 참여할 수 있게 되고, 정부와 공식 조직의 정책에 영향력을 미칠 수 있는 객관적 권리와 수단을 획득하게 된다. 이러한 권리와 수단의 획득을 통해 지역주민을 임파워먼트시키는 것이 이 모델이 지향하는 주요 목표가 된다.

그러나 최근에는 대결적 방식보다는 정치적 선거전술과 같은 새로운 방식이 사용되고 있다. 과거에 비해 이념적 부분이 약화되고 중간계층이 캠페인 등의 방식으로 참여가 늘어나고 있다. 또한 사회행동 모델에서 집단 간에 분절이 커서 각 집단이 홀로 목적 달성을 할 만큼 그 힘이 충분하지 않기 때문에 연합(coalition)전술은 유용하다. 이러한 연합전술은 영속적이기보다는 새로운 이슈에 따라 형성된다.

휴먼 서비스 전문가들은 사회행동 영역에서 수년 동안 지속적으로 참여해 왔다. 즉, '개혁을 위한 지역사회조직협회(Association of Community Organizations for Reform Now:

ACORN)'와 같은 주요 지역조직의 책임자는 사회사업가들이다. 보스턴의 급진적 휴먼 서비스 노동조합(Union of Radical Human Service Worker)도 비슷한 전문가 집단이다.

사회행동 영역의 많지 않은 급여 때문에 많은 전문가의 참여가 장기간 이루어지지 못하고 있다. 그러나 근본적인 사회 변화에 관심을 가진 대학원생이 자신의 직업경력의 출발점에서 짧은 시간 동안 사회행동에 참여하고 있다. 억압받는 집단과 가난한 집단에게 용기를 주는 데 함께 참여하는 것, 풍부한 경험을 할 수 있는 것 그리고 중요하고 가치 있는 명분이 실현됨으로써 느끼는 성취감 등이 일시적인 물질적 손실을 보상할 수 있기 때문에 몇몇 전문가는 사회행동을 하고 있고, 전 생애 동안에 계속해서 사회행동에 헌신하는 사람도 있다.

지금까지 사회행동 모델에 대해 살펴보았는데, '반사사'라는 주민조직의 사회행동 사례를 봄으로써 사회행동 모델을 더 잘 이해할 수 있다(〈사례 5-1〉 참조).

사례 5-1 '반사사'의 산업폐기물 매립장 반대운동

가. 문제 상황

2001년 2월 15일 오전 11시 반송2동 주민자치위원회 대회의실에서 '건설 폐재류 분류처리시설 설치 및 매립에 관한 설명회'가 있었다. 이날 공청회에는 주민자치위원들과 마을 주민이 참가해 지난 2년 동안의 경과보고를 들었고, 사업주인 S산업이 사업설명회를 하였다.

인구 8만 명이 사는 반송마을에서 650m 떨어진, 도보 10분 거리인 고촌리 무등골(산65번지)에 총 규모 15만 4천여 평, 총 매립량은 960만 톤, 작업기간은 8년에 걸쳐 폐기물 매립장이 건립된다는 것이다. 매립물은 흙, 건축 폐재류(콘크리트, 벽돌, 블록), 연탄재 등이며, 시설 가동시간은 일출부터 일몰까지라고 사업주는 설명하였다. 시공사인 S산업은 지난 2년 동안 주민의 동의를 얻기 위해 많은 노력을 해 왔고, 이제 더 이상 공사를 미룰 수 없다면서 공사 강행 의사를 밝혀, 주민들이 강하게 반발해 공청회는 흐지부지 되었다.

참가한 마을 주민은 폐기물 매립장이 들어설 경우 환경파괴는 불을 보듯 뻔한 일이고 엄청난 교통체증과 콘크리트를 파쇄할 때 생기는 소음, 분진, 비산먼지(특히 1급 발암물질인 석면이 가장 위험), 하천 오염 등으로 주민에게 막대한 피해를 줄 것이라고 주장하였다. 이날 공청회는 1990년에 이미 같은 위치에 산업폐기물 매립장이 들어서는 것을 반대하며 국도를 일주일 동안 차단하고 반송주민 전체가 일어서 투쟁하였고, 부산시가 폐기물 매립장 허가를 취소함으로써 마무리된 사건이다. 주민들은 "반송 사람들이 얼마나 만만하게 보였으면 똑같은 문제를 10년 만에 또 다시 일으키는가"라는 분노로 가득 차 있었다.

이날 공청회에서 S산업의 사업주는 주민의 반대에도 불구하고 무조건 공사를 강행하겠다고 엄포를 놓았다.

나. 갈등의 주체: '반사사'와 사업자 S산업(부산시)

폐기물 매립장을 반대하는 주민과 폐기물 사업장 건립신청을 한 사업자 S산업(허가권자인 부산시청)이 갈등의 주체다. 폐기물 매립장 건립을 반대하는 주민의 핵심은 '반사사'이며, 반송 1, 2, 3동과 철마면 고촌마을, 안평마을 주민까지 참여하는 '주민대책위원회'가 구성되었다. 또 40여 명의 지역주민으로 구성된 가칭 '폐기물 매립장 반대 투쟁위원회'가 결성되었다.

다. 사회행동의 양상과 결과

'반사사'가 가장 먼저 한 일은 15만 4천여 평의 대규모 매립장 조성계획이 가지는 문제점에 대해 면밀히 조사한 것이었다. S산업에서 설명한 내용을 기초로 예상되는 공사내용을 분석한 결과, S산업이 예정된 매립장에 매립하겠다는 내용은 축소된 것이며, 실제로는 폐콘크리트와 폐토사 외에 연탄재 등 부산에서 발생하는 모든 산업폐기물을 매립하겠다는 것이고, 특히 건축물 폐기물에 있는 석면먼지의 위험성을 알게 된 것이다.

오래된 집을 부수면 1급 발암물질인 석면을 포함하여 150여 가지의 물질이 혼합 상태로 배출되는데, 이는 현실적으로 분리가 어렵다. 일단 포크레인으로 퍼담아 마을 인근 650m 옆에서 하루 3천 톤 정도를 분쇄한다면 마을 주민은 미세한 석면먼지에 완전히 노출될 수밖에 없다. 눈에 보이지 않는 미세한 석면먼지는 한 번 몸에 들어오면 절대 빠져나가지 않고 10~30년의 잠복기를 거쳐 암을 일으킨다. 따라서 석면에 대한 더 깊은 연구를 하였고, 정리된 내용을 2001년 3월 마을신문 '반송사람들'에 특집기사로 실어 집집마다 배포하였다.

2월 15일, 주민공청회 이후 주민조직인 '반사사'가 6월말까지 지속적인 반대운동을 주도하였다. 새벽에 출근하는 주민에게 매립장 반대 의지를 알리고, 반대서명도 받고, 아이들과 함께 주말마다 거리 집회를 하였다.

6월 21일, 반송 2동 새마을금고 3층 강당에서 고촌 폐기물 매립장 결사반대 투쟁위원회의 1차 확대간부회의가 열렸다. 집행부를 추대하고 30일 출범식과 평화행진을 만장일치로 결정하였다. 회의에서는 4인의 공동대표를 추대하고 9인의 고문단, 28인의 부위원장단, 총무단, 정책기획실, 섭외실, 홍보실, 대변인을 두었으며, 모든 단체회원을 투쟁위원으로 구성하였다. 산악자전거팀으로 이루어진 '기동 환경 감시단'도 만들어졌다. 그 외에도 출범식과 관련한 세부적인 내용까지 모두 완벽하게 준비하였다.

2001년 6월 30일 오후 4시 전체 주민을 대표하는 '고촌 산업폐기물 매립장 결사반대 투쟁위원회'(이하 투쟁위원회)의 공식 출범식이 반송 2동 공영주차장 앞에서 주민 1천여 명이 모여 성황리에 열렸다. 주민자치센터까지 약 20분 정도 평화행진을 하였다. 이날 출범식에는 고촌 · 안평 지역 연대 투쟁위원들, 반송 1, 2, 3동 구의원, 구청장과 국회의원까지 참가하여 반송 주민과 함께 반대 투쟁을 해 나갈 것을 결의하였다. 수많은 주민이 현수막과 구호판을 들고 구호를 외치며 마을 한가운데를 행진하였다. 이것으로 부산시와 S산업은 매립장 사업을 접었다. 반사사의 리더였던 고창권은 "단결된 주민의 힘을 이길 수 있는 것은 이 세상에 없다."고 말했다.

출처: 고창권(2005).

인구 8만 명이 사는 반송마을에서 10분 거리에 산업폐기물 매립장을 건설한다는 부산직할시와 S산업의 계획은 비민주적인 의사결정이고 사회적 부정의다. 1급 발암물질인 석면 등이 배출되는 산업폐기물 매립장을 주거지에서 650m 떨어진 곳에 건설한다는 것은 주민의 건강권 박탈이며, 반송동 주민의 '삶의 질을 저해하는 사회문제'다.

이 문제를 해결하기 위해 기존의 주민조직인 '반사사'를 중심으로 '주민대책위원회'와 '고촌 산업폐기물 매립장 결사반대 투쟁위원회'를 조직하였는데, 이것이 '변화매개체'(〈표 5-1〉 참조)가 된다. 오랜 기간에 걸쳐서 '반사사'라는 주민조직이 형성되어 있었지만, 새로운 사회문제의 대응 방안으로 '고촌 산업폐기물 매립장 결사반대 투쟁위원회'라는 새로운 변화매개체를 만들었으므로 과정목적을 달성한 것으로 볼 수 있다. '고촌 산업폐기물 매립장 결사반대 투쟁위원회'라는 주민조직이 중심이 되어 매립장 건립 계획의 문제점을 분석하고, 주민을 교육하였으며, 매립장 반대 홍보물을 주민들에게 배포하였다. 매립장 건립 반대서명을 받고, 반대집회와 평화행진을 하고, '기동 환경감시단'을 운영하고, 주민, 구의원, 구청장, 국회의원까지 반대세력에 포함시키는 직접행동, 대항행동을 하였다.

이러한 활동의 결과, 부산시는 산업폐기물 건립 계획을 포기함으로써 '고촌 산업폐기물 매립장 결사반대 투쟁위원회'의 과업목적도 달성하였다. 이러한 활동을 하는 가운데 '반사사'의 리더는 세력을 확대하는 조직가, 주민을 교육하는 교육자, 협상자, 옹호자의 역할을 수행하였다. 부산시장을 표적, 억압자로 규정하고, 시 당국의 정책을 변화시키려는 노력을 주도하였다. 반송동 8만 명의 주민은 부산시의 비민주적 의사결정의 희생자였으나, 탄탄한 주민조직의 사회행동으로 억압적 시 정책을 변화시키고, 반송동 지역

표 5-1 실천변수에 따른 세 가지 지역사회복지실천 모델

구분	모델 A(지역개발)	모델 B(사회계획/정책)	모델 C(사회행동)
지역사회개입의 목표	지역사회 역량 강화와 통합: 자조(과정목표)	실제 지역사회문제해결 (과업목표)	권력관계와 자원의 변화: 기본 제도의 변화 (과업/과정 목표)
지역사회 구조와 문제조건에 대한 가정	지역사회의 쇠퇴와 아노미: 주민 간의 관계 부족, 민주적 문제해결 능력의 부족, 정적인 전통 지역사회	실제적인 사회문제: 정신·신체 건강, 주거, 여가 등	억압받은 주민, 사회적 부정의, 박탈, 불평등
기본적 변화 전략	지역사회문제에 대한 결정과 해결에 광범위한 사람들의 참여	문제에 관한 자료 수집과 가장 논리적인 행동 과정에 의한 정책결정	쟁점을 세분화, 주민들을 조직하여 적대집단에 대한 대항행동
특징적인 변화 전략과 전술	합의; 지역사회 집단과 이익 간의 의사소통; 집단적 토론	합의나 갈등	갈등대항, 직접행동, 협상
실천가의 특징적 역할	능력 부여 촉진자, 조정자; 문제해결 기술과 윤리적 가치의 지도자	사실수집가와 분석가, 정책가, 프로그램 설계자, 수행자, 촉진자	적극적인 옹호; 조직가, 교육가, 선동자, 옹호자, 협상자
변화 매개체	소집단, 과업중심 집단 지도	공식 조직과 문제에 대한 자료 처리 지도	주민·대중 조직에 대한 정치과정 지도
권력구조에 대한 관점	권력구조의 구성원을 공동사업의 협조자로 봄	고용자와 지원자로서의 권력구조	행동의 외적 대상으로서의 권력구조, 강제되고 전복되어야 할 억압자로서의 권력구조
수혜체계의 경계	전체 지리적 지역사회	전체 지역사회나 지역사회 일부	지역사회 일부
지역사회 하위부분들의 이해관계에 관한 가정	공통의 이해관계이거나 조정 가능한 이해관계	조정 가능하거나 갈등적인 이해관계	쉽게 조정될 수 없는 갈등적 이해관계
수혜자의 개념	시민	소비자	희생자
수혜자의 역할	상호작용적 문제해결 과정의 참여자	소비자나 수혜자	고용주, 유권자, 구성원
임파워먼트의 사용	지역사회 역량 강화(협력적이면서 정보에 근거한 의사결정을 할 수 있는), 주민들의 주민의식 고취	클라이언트로서 서비스에 대한 자신의 욕구 확인, 소비자에게 서비스 선택을 위한 정보 제공	수혜체계의 권력 획득, 지역사회 의사결정에 영향을 미치는 권리와 수단, 참여자의 자신감 증진

출처: Rothman (1995), p. 44.

사회는 수혜체계가 되었다. 반송동 주민들은 이번 사회행동의 승리로 자기효능감과 집단효능감을 획득하고 임파워먼트됐다고 할 수 있다.

2) 변형 모델: 개발 · 행동 모형, 행동 · 계획 모형, 계획 · 개발 모형

Rothman(1995)은 이러한 세 가지 기본 모형이 제한점 또는 딜레마를 가질 수 있다고 설명하면서 혼합 모델을 제시하였다. 먼저, 개발 모델의 딜레마는 외부의 존재들, 예컨대 정부(우리나라의 새마을운동에서도 중앙정부가 마을 단위로 철근, 시멘트 등을 지원함), 혹은 국제기구(세계은행, WHO)로부터 후원을 받거나 재정적인 지원을 받는 것이다. 지역사회 개발은 지역사회체계가 풀뿌리 지역의 주도성, 자조, 친숙한 관계를 특징으로 하는 자급자족적 · 폐쇄체계적 지역사회를 강조한다는 가정에 어긋난다는 것이다.

사회계획/정책 모델의 제한점은 정책결정과 실행과정에 시민의 반발과 원활한 사업수행을 위해 지역개발 모델 요소인 주민참여를 수용한다는 것이다. 그리고 사회행동 모델은 더욱 다양한 제한점이 있다. 첫째, 새로운 운동 조직이 환경보호, 범죄예방, 이웃공동체의 회복과 같은 광범위하고 보편적인 이념을 받아들임으로써 계급적 경계를 초월하여 공동체를 수립하기 위한 지역사회 활동을 한다는 것이다. 둘째, 자신들의 이익을 위해 행동하는 경제적으로 억압된 조직뿐만 아니라 중산층의 억압받는 사람도 자신들의 권리보장과 세금감면, 낙태반대, 정부 정책결정의 번복 그리고 학교개혁 노력과 같은 우파 활동적 운동에 참여한다. 또한 이들은 전국의 풀뿌리 지역집단들과 연합하고 있다. 끝으로, 사회운동가가 사회계획/정책 모델 요소인 연구와 분석 자료를 근거로 지지 세력을 확보하고 보편적인 정치적 전략을 편다는 것이다. 요컨대, 사회행동의 본질적 요소들 이외의 방법 및 실천변수가 사회행동에 활용된다는 것이다.

이러한 각 모델의 제한점은 모델이 강조하는 기본 가치, 변화 전략, 실천과정을 둘러싼 복잡한 사회환경과의 관계에서 발생할 수 있다. 이런 상황에서 무엇보다 중요한 것은 지역사회복지실천가가 보다 유연하고 창의적인 접근을 새롭게 설계할 수 있어야 한다는 것이다. 지역사회의 변화과정 각 단계에서 서로 다른 모형의 특징적인 모습을 혼합하는 방법(mixing)을 사용할 필요가 있다. Rothman(1995)은 앞에서 설명한 기본모형을 두 가지씩 결합시켜서 ① 개발 · 행동 모형, ② 행동 · 계획 모형, ③ 계획 · 개발 모형의 새로운 변용 모형을 제시하면서 경험적 사례를 예시하였다.

(1) 개발 · 행동(development · action) 모형의 예

Rothman은 개발모델 변수와 행동모델 변수가 결합된 예로 페미니스트 조직과 Paulo Freire 방식의 풀뿌리 지역사업을 제시하였다. 페미니스트 조직 활동은 민주적 과정, 참여, 의식 개선 활동과 같은 지역사회 개발 모형에 기반을 두며, 동시에 가부장적 사회의 억압적 수단과 특권 폐지와 같은 근본적인 정치적 · 문화적 변화에 관심을 갖는 사회행동적 방식과 결합되어 있다.

Freire는 브라질과 칠레의 가난한 농부에 대한 교육적 접근을 통해 자신을 억압하는 권력에 대항하게 함으로써 지역사회 변화를 추구했는데, 이것은 개발모형과 행동모형의 혼합이라고 할 수 있다. 그는 '교육이 자유의 실천'이라고 생각했고, 종합적 · 합법적 방식인 의식화를 통해서 문맹자가 자신의 객관적인 상황을 명확하고 현실적으로 볼 수 있을 것이라고 생각했다. 이러한 접근에 의해 가난한 농부는 자신을 억압하는 폐쇄적이고 부조리한 사회를 변화시키는 데 필요한 동인을 얻게 된다. 즉, 지역개발의 수단과 사회행동의 목표 간의 결합임을 알 수 있다. 페미니스트 조직과 Freire 방식의 지역사업은 모두 개발적 요소인 학습을 통한 인간의 변화와 행동적 요소인 개혁지향적 접근이 혼합되었음을 알 수 있다.

(2) 행동 · 계획(action · planning) 모형의 예

Rothman은 시민단체의 소비자보호 프로그램, 아동보호기금 사업 그리고 민주사회주의 연합의 활동을 행동 · 계획 모형의 예로 제시하였다. 소비자보호 프로그램에는 변화 대상인 생산자집단 활동에 대한 감시, 거부, 저항운동 및 피해자를 위한 옹호 등의 활동이 있는데, 이것은 사회행동 모델에서 강조하는 투쟁적 과정 요소를 반영한다. 그리고 사실 기반의 실증적 조사, 정확한 분석 및 대안 개발과 제시 같은 활동은 합리성과 전문적 역량을 기반으로 변화 활동을 모색하는 사회계획 모형적 요소를 반영하는 것이다. 조사연구를 근거로 아동의 삶을 옹호하고 아동을 둘러싼 사회구조를 변화시키려는 아동보호기금(children's defense fund) 사업도 행동 · 계획 모형의 예가 될 수 있다.

미국 내 민주사회주의자들의 두뇌집단인 민주사회주의 연합(the institute for democratic socialism)의 활동도 행동 · 계획 모형의 사례가 된다. 이 단체가 설계한 정책의 청사진에는 근본적인 조세 개혁, 많은 저소득층의 주거 개선 그리고 독신세대에 대한 정부지원과 의료 서비스 강화 등이 포함되어 있다. 이렇게 사회 변화를 주장하는 근거는 자료에 근거한 정책보고서다.

이러한 예들은 지역사회복지실천 과정에서 사회행동 모델과 사회계획 모형의 기본 요소들이 혼합되어 있음을 보여 준다.

(3) 계획 · 개발(planning · development) 모형의 예

Rothman은 지역사회 계획을 통하여 지역사회 개발 활동을 전개하는 미국의 지역공동모금회의 활동을 계획 · 개발 모형의 모범적 예로 제시하였다.

미국의 지역공동모금회는 지역사회 수준에서 예산 수립과 모금 활동, 서비스 조정 등 체계적인 복지를 위해 노력한다. 이러한 활동은 사실 기반의 실증적 조사, 객관적이고 정확한 분석, 지역사회 발전을 위한 전문가의 방향 제시 등 사회계획 모형의 기본요소들에 근거한다. 또한 매년 모금 행사를 기획하고 기관에 재정자원을 분배하는 활동 과정에 시민의 참여를 상당히 강조한다. 모금회 에너지의 상당 부분은 지역사회의 참여자를 새롭게 모집하고, 지도자를 훈련시키며, 워크숍을 개최하고, 다양한 종류의 모임과 회의를 개최하는 일에 투입된다. 이러한 활동은 개발적 요소들이다. 지역공동모금회의 활동에는 계획과 개발 요소가 밀접하게 서로 혼합되어 있다. 요컨대, 지역공동모금회의 노력은 거시적 관점에서 지역사회 계획을 기반으로 시민참여를 통해 지역사회 문제를 해결하고자 하는 계획 · 개발 모형이라고 할 수 있다.

3. Weil과 Gamble 모델

Weil과 Gamble(1995)은 추구하는 목표, 변화 표적체계, 일차적 구성원, 관심 영역, 사회복지사와 실천가의 역할 등을 중심으로 지역사회복지실천 모델을 여덟 가지 유형으로 구분하였다. Weil과 Gamble의 모델은 〈표 5-2〉와 같으며, 각 모델에 대해 자세히 살펴보고자 한다(심선경, 2010; Weil & Gamble, 2008).

표 5-2 Weil과 Gamble의 지역사회실천 모델

모델	추구하는 목표	변화 표적체계	일차적 구성원	관심 영역	지역사회 실천가의 역할
근린지역사회 조직화	(지역 계획과 외부 개발에 직접 영향을 미치기 위한)조직화를 위한 구성원의 능력 개발	지방정부; 외부 개발자; 지역 리더십	지역주민, 농촌 지역사회, 마을	지리적 지역주민의 삶 증진, 토착 지도자의 능력 개발, 사회 · 경제 · 환경적 여건 개선	조직가, 촉진자, 교육자, 코치, 훈련자, 연결자
기능적 지역사회 조직화	옹호와 변화지향적 행동과 태도에 초점을 둔 정의로운 행동	일반 대중; 정부 기관	지역사회, 지방, 국가, 세계와 마음으로 연결된 사람들	특정 인구집단이나 이슈를 위한 옹호	조직가, 옹호자, 정보전달자, 촉진자
지역사회의 사회경제적 개발	환경 피해가 없도록, 사회경제적 자원을 주민이 이용가능하도록 준비	은행; 재단; 외부 개발자; 개선된 부를 통제할 수 있는 법규	지역사회의 저소득 계층, 주변 계층, 불이익 계층	사회적,경제적,환경적 웰빙 개선	협상가, 증진자, 교육자, 계획 · 관리자, 조사자, 평가자
프로그램 개발과 지역사회 연결	서비스의 효과성을 증진시키기 위해 기관 프로그램의 확대와 수정; 새로운 서비스의 조직화	기관 프로그램의 재정기부자와 자원봉사자; 기관 서비스의 수혜자	기관이사회와 관리자; 지역사회 대표자, 서비스 이용자	특정 대상자를 위한 서비스 개발(아동들의 의료서비스 접근)	대변인, 계획가, 평가자, 관리자, 작성자(프로포절)
사회계획	지역사회 집단, 선거로 선출된 리더가 있는 기관, 계획협의회 등이 제안한 계획행동	근린지도자, 선출된 관리, 휴먼 서비스 지도자 등의 관점	근린집단, 선출직 리더, 사회기관과 기관들의 연합조직	근린 차원의 계획, 공공계획 영역에서 사회 · 경제 · 환경적 욕구의 통합, 휴먼 서비스 연결	조사자, 작성자(프로포절), 정보소통자, 기획자, 관리자, 평가자
연합	특정 기준을 제시하고 프로그램의 방향과 자원에 영향을 미칠 수 있는 다조직적인 권력 기반 형성	선출된 공무원; 재단; 정부정책과 서비스 기관	특정 이슈에 이해관계가 있는 조직과 시민	사회, 경제, 환경적 여건 개선과 인권 증진을 위한 협력관계를 형성할 수 있는 조직 수준의 파트너	중개자, 협상가, 대변인
정치사회적 행동	정책과 정책수립자의 변화에 초점을 둔 사회정의를 위한 행동	선거권자; 선출된 공무원; 논쟁적인 공적 영역과 선거에 무관심하거나 잠재적 참여자	특정한 정치적 권한을 가진 시민	정치 활동의 참여수준 높이기; 부에 의해 통제되지 않는 공정한 선거 보장하기	옹호자, 조직가, 조사자, 지도자

진보적 변화를 위한 사회운동	사람들의 건강한 발전을 위한, 새로운 패러다임을 제공하기 위한, 사회적 · 경제적 그리고 환경적 정의를 위한 행동	억압적이고 파괴적인 일반; 대중 · 정치 · 사회 · 경제 체제	새로운 비전과 사회구조를 창출할 수 있는 지도자들, 시민 그리고 조직	사회적, 경제적, 그리고 환경적 정의	옹호자, 촉진자, 지도자

출처: Gamble & Weil (2008), p. 357.

1) 근린지역사회조직 모델

근린지역사회조직 모델은 지역사회 내에서 대면 접촉이 이루어지는 가까운 지리적 지역사회에 초점을 둔다. 이 모델의 목표는 지역주민의 능력 개발과 과제 달성이다. 지역주민이 조직 활동에 참여함으로써 문제를 분석하며 리더십을 발전시키는 과정을 통해 주민의 능력을 개발한다. 동시에 지역사회의 사회경제적 상황을 개선하기 위한 지방정부 활동이나 사회계획에 영향을 미쳐서 지역주민의 삶의 질을 향상시키고자 한다.

이 모델에서 사회복지사의 역할은 조직가, 촉진자, 교육자, 코치, 훈련자이다. 조직가로서 실천가는 조직이나 집단을 만들기 위해 근린지역 주민과 일하고 조직과정과 조직화 기술 개발에 도움을 제공하는 역할을 한다. 그러나 공식적 리더십이 주민조직 내에 형성되면 사회복지사는 지도자를 돕는 참모 역할을 수행하게 된다. 즉, 실천가는 주민모임을 계획하고 목표를 설정하며 자원을 나누고, 전략을 수립하고 이행하며, 과제를 평가한다. 주민조직의 발전과정에서 중요한 것은 조직 지도자로서의 역할과 스태프로서의 역할을 구분하는 것이다. 사회복지사가 때로는 지도자 역할을 하기보다는 주민조직 내에서 지도자를 발굴하고 리더십이 개발될 수 있도록 지원하는 것이 필요하다. 주민조직에 있어서 사회복지사는 주민조직이 활동할 수 있도록 지역의 현안 문제를 규명해 주고, 조직 구성원을 모집하기 위한 전략을 개발하도록 지원하고, 현안의 배경조사와 욕구사정 기술을 가르치며, 행동전략을 계획하는 것을 지원하는 교육자와 교사로서의 역할을 한다.

사례 5-2 근린지역사회조직의 예(방화11 종합사회복지관의 마을 만들기)

가. 문제 상황

방화 11지역은 강서구 방화동의 영구임대아파트 지역으로 총 1,016세대로 구성되어 있으며, 이중 국민기초생활보장 수급자는 377세대, 비수급자 가구는 639세대다. 다른 지역과 비교하여 극빈층의 거주 비율이 매우 높고, 장애인 세대가 125세대로 그 구성비가 매우 높다. 입주 세대 중 약 37%가 관리비를 연체하고 있으며, 1인, 2인 가구가 전체의 70%에 이른다. 나중에 임대아파트 단지 길 건너에 중산층이 거주하는 일반 아파트가 들어섰다. 장애인은 집 밖으로 나서지 않고 고립된 상태의 생활을 하거나, 또는 지역사회로 나와도 아파트 주민과 조화로운 일상을 경험하기보다는 갈등이 빚어지는 등의 사건을 만나기도 하였다. 취업의 의지도 낮고, 취업의 기회도 높지 않았으며, 전반적으로 지역사회에서 적응하고 정상화되기 어려운 상황에 있었다.

특히 영구임대아파트 거주 장애인에 대해 일부 주민은 부정적으로 인식하고 있었다. 지역 장애인이 으슥한 곳에서 술을 마시며 고성방가를 하고 싸우는 모습은 아동의 우리 마을 그리기에서 부정적인 모습으로 표현되기도 하였다. 2006년에 인터넷에 집 앞 놀이터에 불량학생으로 인한 소음과 불쾌함을 호소하는 내용을 올리기도 하고, 밤에 위험하다는 주민의 공감하는 글도 올라와 있었다. 이러한 문제를 해결하기 위해 사회복지관 주민조직팀은 다음과 같은 노력을 하였다.

나. 주민조직팀의 개입

주민조직팀은 장애인과 비장애인을 통합시키기 위한 사업을 수행하였다. 구체적으로 방화종합사회복지관의 지역조직팀이 운영하는 '지역 장애인 임파워먼트 사업'과 '지역사회 통합지원 사업'이다. 지역 장애인 임파워먼트 사업은 장애인 자조모임단체와 비인가 시설들을 지원하는 사업이다. 사회복지관이 사업을 통해 달성하고자 하는 목표는 장애인 단체와 모임들이 파트너 관계를 형성하여 스스로 성장할 수 있도록 임파워먼트적인 접근을 하는 것이었다. 세부사업으로는 활짝웃는 세상만들기 장애인 연합회 활동 지원, 장애인 휠체어스쿠터 정비사업단 운영, 지역장애인 비전워크숍, 장애인조직 지역사회 공헌 활동 등이 있다. 활짝웃는 세상만들기 장애인 연합회는 지역의 장애인이 참여 · 운영하는 장애인 조직으로, 장애인 복지활동과 장애인의 지역사회 봉사를 주도하였다. 이러한 활동이 계기가 되어 장애인 조직화를 추진하게 되었다. 장애인 연합회는 전체 장애인이 회원으로 참여할 수 있는 장애인 자조조직일뿐 아니라, 지역장애인이 운영하는 여타 조직을 지원하기도 한다. 예를 들어, 장애인 일자리사업이자 사회봉사조직인 장애인 휠체어스쿠터 정비사업단도 지원한다. 이 밖에 시각장애인을 위한 별도의 조직도 운영 중이다. 예를 들어, 자조모임 나들이, 방화마을 행복공동체 '정가든'의 지역 공동체 화폐를 활용한 품앗이 활동, 장애인과 비장애인이 공동으로 마을의 공간에서 장애환경(barrier)을 조사하고 제거하는 마을 만들기 사업 그리고 자원봉사자 관련 사업으로 봉사자 교육, 전문자원봉사자 양성 등이 앞의 두 개의 사업과 상시 결합 · 연계하여 진행되고 있다.

지역사회 통합지원 사업은 장애인과 비장애인이 함께 활동하는 지역단체 조직을 통해 매월 간담회 및 다양한 지역사회 공헌 활동을 진행하여 장애인 인식 개선과 지역사회 통합을 도모하는 사업이다. 세부사업으로는 활짝 웃는 연합봉사대 활동 지원, 지역사회 공헌 활동, 일일찻집 & 호프 등이 있다. 활짝 웃는 연합봉사대는 지역사회 단체의 연합조직으로 소속 단체의 수가 약 30여 개로 그 규모가 매우 큰 조직인데, 일부 조직은 그 자체 규모가 큰 조직이기도 하다. 구체적으로 설명하면 다음과 같다. 참여하는 적십자 조직은 회원이 350명이고, 동 단위로 회원관리가 되고 있으며, 부회장과 총무 등이 있어 자체적으로 조직운영이 견고한 상태다. 자원봉사단, 장애인연합회, 경로당, 부녀회, 적십자사강서지회, 사랑의 열매, 민간시설이 참여하고 있고, 후원고문이나 고문으로 농협조합, 지역상공모임, 지역유지, 지구대, 동사무소 전 구의원, 주민자치위원회 등이 참여하도록 하고 있다. 복지관 관장도 주민자치위원회에 당연직으로 참여하면서 지역사회의 주요 단체 및 조직 간의 연계가 유기적으로 구축되어 있다. 연합봉사대는 각종 주민행사에 참여하여 중요한 역할을 하는데, 구체적인 행사의 준비과정에는 봉사대의 참여가 매우 중요하다. 예를 들어, 먹을거리를 준비하고 각종 행사품을 준비하는 등 구체적인 사업 준비를 봉사대 참여자들이 각자 자발적으로 회의과정에서 나누어 분담하고 진행한다. 각 사업의 준비과정에서 봉사대 공동대표인 장애인과 비장애인 대표가 함께 논의하는 구조다.

다. 개입 결과

복지관 지역조직팀의 장애인 조직화 사업은 장애인 당사자와 지역사회에 다음과 같은 긍정적 변화를 가져왔다. 조직화 사업 이후 주민의 장애인에 대한 인식이 과거보다 긍정적으로 변화되었는데, 이러한 변화는 장애인의 변화에서 비롯된 것으로 볼 수 있다. 장애인 조직화 이후 장애인 스스로 일반 주민과의 생활을 공유하기 위한 노력을 하였다. 예를 들어, 장애인이 공공장소에서 좋지 않은 행태를 보이는 경우에 장애인이 서로 주의를 주고 자정하도록 노력을 한 것이다. 또한 장애인은 조직화 이후 지역사회 활동에 참여하여 일반 주민의 공감을 얻고 봉사를 통하여 긍정적 이미지를 강화하였다. 지역사회로 나와 활동하는 장애인의 수와 활동이 증가하였고, 비장애인과의 여행, 봉사 활동을 공유하면서 주민과 공동체 의식도 높아졌다. 이러한 활동은 장애인의 자존감을 높이고 무기력을 완화시키며 적극적인 취업이나 봉사 활동에 참여하게 되었고, 결과적으로 역량이 강화되는 긍정적 효과를 가져왔다. 이러한 장애인의 태도 변화는 장애인 조직의 정기모임 등에서 자신의 생각과 의견을 피력하는 빈도가 높아졌으며, 관련된 안건에 대하여 장애인 스스로 결정하는 경향이 강해진 것에서도 발견할 수 있었다.

이 밖에 지역사회에서 활동하는 관계자, 관련 단체 대표, 공공조직의 일선 담당자 등도 지역의 장애인에 대해 긍정적 이미지를 가지게 되었다. 이들도 주민조직에 참여할 기회를 갖게 되면서 지역에 대한 관심이 높아졌고, 주민과 수평적 의사소통을 하게 될 기반이 강화된 듯하다.

출처: 홍현미라 외(2012).

2) 기능적 지역사회조직 모델

기능적 지역사회조직 모델의 특징은 지리적 지역사회보다 기능적 지역사회에 더 관심을 둔다. 기능적 지역사회는 지리적 의미의 지역사회가 아닌 정체성이나 이해관계를 공유한 특정 집단을 의미한다. 이 지역사회의 사람들은 서로 가까운 거리에 살 수도 있고 그렇지 않을 수도 있다. 필자는 사이버 공동체가 기능적 지역사회조직에 매우 유용하다고 본다. 이 모델은 커뮤니케이션 기술의 발전과 더불어 확대되었다. 기능적 지역사회조직 모델은 특정 집단의 문제를 해결하는 데 초점을 두는 모형이다. 기능적 지역사회조직 모델의 사례로는 '학교폭력 추방을 위한 학부모 모임' '치매가족회' '장애인 부모연대' '발달장애인협회'와 같은 단체가 있으며, 여성단체, 환경단체 등이 있다. 이러한 조직들의 목적은 특정 집단을 옹호하고, 정책 수립을 촉구하며, 그 집단의 현재 문제에 대한 태도를 변화시키는 데 초점을 두는 등 사회적 불의를 불식시키는 것이다.

기능적 지역사회가 조직되면서 구성원은 자신들이 생각하는 이슈에 대한 지식을 축적하는 등 확고한 역량을 갖추어야 하고 리더십을 개발하게 된다. 기능적 지역사회의 새로운 구성원은 처음에는 지지집단의 수준이었다가 지식과 기술이 축적되면서 조직활동, 사례 옹호 활동, 정치적 옹호 활동을 하는 단계로 발전하기도 한다. 특히 조직의 지도자는 조직의 의사가 공공기관이나 정부 언론매체에 명확히 전달되도록 하는 데 많은 노력을 기울여야 한다.

이 모델에서 중요하게 여기는 전략은 교육과 옹호 활동이다. 기능적 지역사회 구성원을 교육시키고, 그들 스스로 문제에 대처하도록 역량을 강화함으로써 이들과 함께 기능적 지역사회를 옹호한다. 이 모델의 전략을 적절하게 수행하기 위해서는 새로운 회원을 모집하고, 조직화와 옹호 활동 등의 기술을 사용할 수 있어야 하고, 의사소통 기술, 자료 조사 및 처리 기술 등이 있어야 한다.

이 모형의 일차적 구성원은 지역사회, 국가 또는 세계에 걸쳐 뜻을 같이하는 사람, 문제를 공유하는 사람이 된다. 표적집단은 기능적 지역사회의 삶과 관련된 일반 대중이 될 수도 있고, 정책을 결정하고 집행하는 정부기관이 될 수도 있다.

이 모델에서 사회복지사의 역할은 구성원을 모집하는 조직가, 옹호자, 의사소통자(이해관계자들이 지리적으로 흩어져 있기 때문에 주로 활용되는 방법인 뉴스, 전화, 인터넷 소식지, 보고서 등이 기본적인 의사소통의 수단이 됨), 촉진자, 교육자의 역할을 수행할 수 있어야 한다.

3) 지역사회 사회경제 개발 모델

지역사회 사회경제 개발 모델의 일차적 관심사는 빈곤이다. 빈곤은 유아 사망, 아동・노인 학대와 방임, 노숙인, 알코올같은 약물남용, 폭력, 인종차별, 10대 임신과 같은 많은 문제의 핵심 원인이다. 이 모델의 목표는 저소득층이나 불이익에 처한 지역주민의 삶의 질을 향상시키는 것이고, 기회를 확대하는 것이다. 개발 노력이 효과적이기 위해서는 사회개발(social development)이 경제개발(economic development)과 함께 이루어져야 함을 강조한다. 여기에 지속가능한 개발(sustainable development)과 인간 개발(human development)이 더해져 4개 항목의 개발이 구성된다(Weil, 2005). 지역사회 사회경제 개발 모델은 이중초점을 갖는다. 하나는 지역사회와 주민을 위한 사회개발과 경제개발 계획을 수립하고 실행하는 능력을 강화시키는 것이고, 다른 하나는 자원을 개발하여 지방정부, 은행, 재단, 외부 개발자를 포괄하는 자원을 목록화하는 것이다. 특히 지역사회 사회경제 개발에서 시민참여를 결정적 요소로 보고, 시민참여 없이는 사회경제 개발 프로젝트에서 지역사회를 지속적으로 지원하는 것이 가능하지 않다고 본다.

이 모델의 일차적 구성원, 즉 지지집단은 도시나 농촌 지역의 저소득층이다. 변화를 위한 표적체계는 지역사회 개발에 자원을 투자할 수 있는 지방정부, 은행, 기부자, 외부 개발자 등과 같은 자원 보유자다.

주요 관심 영역은 지역주민의 삶의 질 향상을 위해 사회경제적 영역에서 균형적 투자를 이루는 것이다. 동시에 지역주민이 자원을 활용하고 이용할 수 있도록 하는 관리 기술 및 리더십 증진을 위한 교육 등에도 관심을 기울인다. 먼저, 지역의 경제개발 프로젝트를 통해 참여자인 개인과 집단의 소득 향상을 추구한다. 그리고 자급자족이 가능한 지역사회를 만들기 위해 지역사회에 기반한 소규모 사업이나 조합을 중시하며 사회적 자원의 활성화에 관심을 기울인다. 그래서 직업훈련기관, 주택 정책기관, 보육시설, 일자리 창출기관, 경제발전 지원기구와 같은 기구들을 지역사회의 사회경제 개발을 위한 중요한 협력조직으로 본다.

이 모델에서 실천가는 협상가, 가교자, 계획가, 교육자의 역할을 요구받으며, 초기 조직단계에서는 기구의 직원과 같은 역할을 한다. 이를 위해 실천가는 명확한 개발 목표를 설정하기 위한 조사 및 욕구사정 기술, 조직화 및 리더십 개발 기술 등이 요구되며, 계획, 관리, 협상의 기술도 필요하다.

미국은 정부가 거대도시의 다양한 사회문제에 대응했음에도 도시가 훌륭한 삶의 기반이 되지 못함에 따라 정부와 지역사회는 수백만 달러의 돈을 투자하여 계획적으로 새로운 도시(new town)를 건설하거나 인간적인 지역사회로 재생시키려는 노력을 시도했다. 그 하나의 예가 소울시티 사업이다(〈사례 5-3〉 참조).

사례 5-3 소울 시티(soul city)

뉴타운 사업은 보다 낮은 소득의 가정에 약간의 관심을 기울인 반면, 매우 가난한 사람에 대해서는 아무런 관심도 기울이지 않았다는 것이 공정한 관찰이다. 그런데 소울시티는 예외다. 소울시티는 가장 가난한 군(county) 중의 하나로서 5,000에이커의 경작지에 위치하고 있다. 북 캐롤라이나의 와렌군은 전국 평균 소득 3,119달러와 비교하여 1인당 1,638달러의 소득을 갖고 있다. 60%가 흑인인 이 도시는 대부분의 도시지역에 있는 상하수도와 같은 서비스가 없다. 이러한 빈곤과 불이익에 대응하기 위해 전직 인권운동지도자인 Floyd Mckissick은 강력한 리더십으로 소울시티에 소울테크공단을 유치하려는 엄청난 도전을 하였다. 그는 소울테크공단에 40,000평방 피트의 대규모 제조업 및 가공업 공간과 12,000피트의 사무실 공간을 확보해서 그 지역 거주자들에게 취업 기회를 제공하려는 구상을 했다. 소울시티가 미국의 저소득 흑인의 욕구를 충족시킬 수 없다면 어떤 신도시가 이 같은 모험을 감행할 수 있을지 의문스럽다.

출처: Wilson & Schulz (1991), pp. 426-432.

소울시티는 전형적인 빈곤지역인 클라이언트 지역사회이므로 실천가의 개입대상 지역이다. 플로이드 맥키식의 구상대로 소울시티에 공단이 들어서기 위해서는 다른 지역보다 공단 조성을 위한 지가를 저렴하게 내놓도록 주민을 설득해야 할 것이다. 맥키식과 파트너가 되는 지역사회복지실천가는 지역의 빈곤 실태와 상하수도가 없음으로써 겪는 주민의 고통을 조사 분석해서 주민을 설득하고 교육하는 자료로 사용해야 할 것이며, 주민이 합의하여 토지가격을 저렴하게 내놓고(시민참여), 지역의 은행과 사업자, 지방정부와 협상을 해야 할 것이다. 주민과 실천가의 노력으로 공단이 건설되고 기업체가 들어오면 지역주민은 일자리를 얻고 소득이 개선되어 삶의 질이 개선될 것이다.

4) 사회계획 모델

사회계획이란 서비스나 정책을 개발, 확장, 조정하려는 실천방법을 의미하는데, 지역사회문제에 대한 합리적 해결과정이자 실천방법이다. 사회계획은 좁게는 근린지역사회로부터 지역적 수준, 국가적 수준 그리고 국제적 수준에 이르기까지 광범위하게 실행되고 있다. 계획 노력은 취약계층, 빈곤층, 낙인찍힌 계층 등에게 기회를 제공함으로써 삶의 질을 개선하는 데 초점을 두고 있고, 이들을 위한 프로그램이나 서비스를 개발하는 데 관심을 기울인다. 이러한 지역사회실천 모델은 비영리기관과 공공기관에 의해 실행되고 있다. 지역사회실천 문헌에서 사회계획 모델은 전문가에 의해 수행되고 합리성을 추구하는 '기술적(technical)' 모델로 묘사되고 있지만, 점차로 주민, 시민조직 등 지역사회의 광범위한 목소리를 반영하는 모델이 나타나고 있다(Weil, 2005).

사회계획은 자선조직협회의 초기 노력에서부터 최근의 지역공동모금회(community chest and united way)가 주도하는 다양한 서비스 체계 간 통합 노력에 이르기까지 역사적으로 지속되는 활동이다. 여기서 계획가는 자원을 더 잘 활용하고 욕구가 있는 사람에게 적절한 서비스를 제공하도록 하는 것이다. 또한 특정 지역의 사회경제적 이슈와 같이 광범위한 문제에 대한 전문적인 휴먼 서비스의 네트워크를 형성하고, 사회적 욕구를 공공영역의 지역계획에 반영시키는 것 등이다.

이 모델의 기본 구성원은 선거로 선출된 공무원, 사회기관의 지도자, 네트워크조직[1] 혹은 연합조직(interagency organizations)이다. 변화 표적체계는 지역사회 지도자의 관점, 휴먼 서비스 지도자의 관점이 된다. 그리고 이 모델에서도 계획과정에 수혜자 집단과 지역사회의 참여를 강조하며 그 과정을 개방하기도 한다. 이 모델에서 실천가들은 계획가의 역할을 담당한다. 계획가로서 사회복지사는 조사, 욕구사정, 평가, 계획서(proposal) 작성, 분석에 대한 전문 기술이 필요하다.

1) 네트워크조직의 전형적인 사례가 지역사회보장협의체(제10장 참조)다. 대표협의체, 실무협의체, 실무분과 모두가 네트워크조직이다. 지역사회보장협의체가 지역사회보장계획(제11장 참조)을 수립한다. 지역사회보장계획은 사회계획모델의 사례가 될 수 있다.

5) 프로그램 개발과 지역사회 연계 모델

21세기에 프로그램을 개발하는 데 있어서 다음과 같은 인식이 점증하고 있고, 또한 이러한 인식에 대해 합의가 되어 가고 있다. 즉, 프로그램을 기획하고 실행하는 데 있어서 서비스 수혜집단과 지역주민을 관여시키고, 적극적으로 참여시키려는 노력이 없는 빈약한 실천을 했으며, 이것은 잘못된 방향 설정이었고, 윤리적으로 문제가 있다(Weil, 2005). 이러한 비판에 대한 대안으로 프로그램 개발과 지역사회 연계(program development & community liaison) 모델이 만들어졌다고 볼 수 있다.

이 모델의 특징은 프로그램 개발을 위해 지역사회, 즉 잠재적 클라이언트인 지역주민, 지역의 사회복지기관과 관련 기관들이 연계한다는 것이다. Kemp(1998)는 이 모델에 대해 매우 의미 있는 모델이라고 하였다. 서비스가 충분하지 못한 대상자에게 기관이나 조직을 연결함으로써 서비스의 확장을 가져올 수 있다고 보았기 때문이다. 독자들은 〈사례 6-1〉에서 특정 지역의 약물청소년 문제를 해결하는 데 단일 기관으로는 한계가 있기 때문에 지역의 의료기관 2개와 사회복지관 6개가 협의체를 구성하여 프로그램 수행의 주체가 되고, 보건소, 경찰서, 보호관찰소 등의 협력기관, 사회복지관 이용주민(〈사례 6-1〉에서 보면 복지관 이용주민들은 약물청소년들의 폭력 행동을 막기 위해서 야간에 아파트 주변을 순찰했다), 교회 전도사 등을 참여시키고 있음을 보았을 것이다.

이 모델의 목적은 지역주민에게 필요한 서비스를 개발 및 제공하는 것이다. 또한 지역사회 프로그램의 효과성을 높이기 위한 기관 프로그램의 확장 또는 방향 전환도 하나의 목적으로 본다. 이 모델이 추구하는 사회복지사 간 또는 조직 간의 연계협력은 서비스 확장과 재개입 그리고 예방을 위한 옹호와 공공 교육 활동 등과 같은 포괄적 서비스 제공을 가능하게 한다(Gamble & Weil, 2008). 이 모델은 거리의 청소년, 10대 노숙자, 에이즈 환자와 그 가족 등과 같이 심각한 사회문제들에 주로 적용된다.

이 모델에서 변화를 위한 표적은 휴먼 서비스 기관의 수혜자와 기관의 후원자들이다. 프로그램 개발은 휴먼 서비스 기관 담당자들만의 직무라는 생각을 바꾸고, 잠재적 수혜자인 주민이 자신들의 욕구 표출에 적극적으로 참여하는 변화가 있어야 한다는 것이다. 또한 후원자인 기관운영위원회가 주민참여를 긍정적으로 바라보고 지역의 기관들이 상호연계하는 것에 대해 바람직하다고 보는 시각의 변화가 있어야 한다.

이 모델에서 지역과 서비스 프로그램 간의 상호작용은 프로그램 개발과 확장에 주요한 자원이다. 그래서 시민, 잠재적 클라이언트, 기관 직원들 간의 상호작용은 매우 중

요하며, 이들 간의 상호작용을 다양한 방식으로 강화해야 한다. 예를 들어, 욕구사정에서 잠재적 서비스 대상자, 주민을 참여시키는 것이 상호작용방법이고, 프로그램 개발을 위해 잠재적 서비스 대상자와 관련 기관의 직원들을 초점집단(focus group)으로 이용하는 것이다. 지역의 관련 기관을 자문기관으로 참여시키거나 의사결정위원회에 지역사회 지도자나 잠재적 대상자들을 참여시키는 것도 상호작용을 증진시키는 방법이다. 그리고 프로그램 실행 후 표적집단을 통한 피드백도 새로운 프로그램을 만드는 데 귀중한 자료가 된다.

이 모델에서 사회복지사는 외부의 참여자, 지지자, 조직들과 상호작용과정 속에서 프로포절(proposal) 작성자, 대변자, 중재자, 촉진자가 되어야 한다. 사회복지사는 사업이 실행되면 프로그램이 정해진 항로를 따라 가고 있는지, 프로그램이 추구하는 목표가 달성되고 있는지, 지역사회 환경 변화에 프로그램이 민감한지를 확인하는 관리자, 감독자, 평가자의 역할을 담당해야 한다. 그래서 계획가로서 사회복지사는 조사, 욕구사정, 평가, 계획서 작성, 분석에 대한 전문기술이 필요하다. 또한 다양한 개인 및 집단과 접촉해야 하기 때문에 의사소통 기술이 중요하다.

6) 정치사회적 행동 모델

정치사회적 행동 모델의 초점은 정책이나 정책결정자들을 변화시키고, 주민에게 불이익을 초래하는 공식 조직(기업체나 정부)을 변화시켜서 사회정의를 구현하는 것이다. 기회를 제한하는 불평등에 도전하고, 지역사회 욕구를 무시하는 정책결정자에 대항하며, 부당한 결정과 맞서 싸우려는 것인데, 이것의 기초는 주민들이 자신의 능력을 믿고, 부당한 조건을 변화하는 기술을 향상시켜서 스스로 역량을 강화하는 데 있다. 정치사회적 행동 모델의 목표는 권력의 균형을 이루는 것이며, 이를 통해 의사결정과정에서 배제된 사람이 결정과정에 참여할 수 있게 하는 것이다. 결국은 참여민주주의와 사회정의를 추구하는 것이다. 이를 위해 구체적으로 조사작업, 억압적인 정책이나 제도를 변화시키기 위한 정치적 캠페인, 옹호, 증언, 집단소송, 로비 등의 활동을 벌인다.

이 모델의 일차적 구성원은 특정 이슈와 관련된 지역주민, 시민이 된다. 변화를 위한 첫 번째 표적은 정치사회적 변화 노력에 참여할 잠재적 참여자다. 사회행동을 하는 조직은 지역 이슈에 대해 지역주민이나 지지집단을 교육시키고, 다양한 역할을 수행할 수 있는 구성원을 모집하며, 직접행동을 할 수 있게 해야 한다. 또 하나의 표적은 지방자치단체장과 같은 선출직 공무원이지만 지역사회에 손상을 입히는 기업 등도 변화를 위한 표적체계가 된다.

이 모델에서 실천가의 역할은 조직가, 옹호자, 교육자, 조사자의 역할이다. 내부적으로 조직가의 역할은 집단 내부의 리더십을 육성하고 의사결정 기술 등을 향상시켜서 집단의 역량을 강화해 가는 것이다. 외부적으로는 직접행동을 하고, 언론과의 관계 형성에 힘써야 하며, 심층적인 조사작업 등도 수행해야 한다. 실천가는 직접 옹호도 하지만 더 중요한 것은 집단의 이해를 스스로 옹호할 수 있도록 집단구성원들을 지원하는 역할을 하는 것이다.

7) 연합 모델

아주 단순하게 말하면 연합(coalition)이란 특별한 이슈나 관심 혹은 해결되어야 할 문제 주위로 집단을 끌어 모으는 것이다(Weil, 1996). 지역사회복지실천에서 연합은 정치적 결정이나 환경 변화, 필요한 자원 확보 등에 영향을 미칠 수 있는 힘을 형성하기 위해 장기적 또는 일시적으로 공통의 사회적 · 시민적 · 경제적 · 환경적 · 정치적인 이해를 가진 조직들이 함께 일하는 것을 말한다(Gamble & Weil, 2008). 즉, 분리되어 있는 집단이나 조직을 집합행동에 동참시켜서 사회를 변화시키려는 노력이다. 또 다른 목적은 사회적 프로그램의 방향에 영향을 미칠 수 있는 다조직적(multiorganizational) 권력 기반을 구축하는 것이다.

연합은 여러 조직의 참여로 이루어지는 것이기 때문에 조직들 간의 관계, 각 조직이 가진 자원과 능력 그리고 그들 각자의 기여 등이 주요하게 고려되어야 한다(Mizrahi & Rosenthal, 2001).

이 모델의 일차적 구성원은 특정 이슈에 이해관계가 있는 조직들이며, 주요 관심 영역은 연합한 집단과 조직들이 지지하는 구체적인 이슈들이다. 연합 모델의 예로, 아동 옹호, 고령자를 위한 사회적 프로그램, 환경적으로 안전한 경제정책 등을 들 수 있다. 이 모델에서 변화를 위한 표적체계는 선거로 선출된 공직자이며, 서비스의 신설과 확대에 자금을 제공하는 재단 그리고 특정 사회적 관심에 대응할 수 있는 권위를 지녔지만 준비가 되지 않은 정부 당국 등이다.

이 모델에서 실천가는 연합조직에서의 지도자와 대변인이 된다. 연합조직을 형성하고 유지하는 데 있어서 실천가에게 중요한 기술은 중재와 협상이다. 이슈를 해결하기

위해 함께 일하는 능력, 이슈에 대해 다양한 조직의 몰입을 끌어내는 능력이 필요하다. 또한 리더십 개발, 조직 간 관계, 계획 기술이 필요하다. 이러한 연합 모델을 실행하기 위해서 사회 변화, 조직 간 갈등 관리, 연합, 사회운동, 협력, 임파워먼트와 같은 개념을 이해하는 것이 필요하다. 그리고 실천가는 사회정의와 인권을 실현하기 위해 연합 형성을 도와야 하기 때문에 사회정의, 인권에 대한 개념과 가치에 대한 올바른 이해가 선행되어야 한다.

8) 진보적 사회 변화를 위한 사회운동 모델

사회운동 모델의 목적은 진보적 사회 변화를 위한 행동을 자극하고 촉진하기 위해 특정 인구집단이나 사회적 이슈에 대응하는 조직에게 새로운 패러다임을 제공하는 것이다. 여기서 사회적 이슈란 생태환경, 반전, 반핵, 인권운동, 여성운동 등 지역 차원부터 세계적 차원에 이르기까지 광범위하다.

이 모델의 일차적 구성원은 새로운 비전을 창출할 수 있는 지도자와 조직이다. 표적체계는 일반 대중과 정치적 체계가 된다. 사회운동은 보통 억압의 결과로서 저항이 발생하거나 정치 · 사회 체계 내에 거대한 변화가 일어났을 때 발생한다. 특정 지역에서의 저항이 폭넓은 지지와 대중적 공감대를 확보함으로써 사회운동은 발생하고 성장한다. 사회운동이 지속적인 추진력을 확보해 갈 때 거대한 변화를 달성할 수 있다. 남아프리카공화국의 넬슨 만델라(Nelson Mandela) 대통령이 이끄는 사회운동은 인종차별을 종식시켰으며, 모든 남아프리카 사람을 위한 시민권과 사회권을 확립하는 성과를 낳았다.

보통 사회복지실천 활동이 사회운동을 이끌어 내지는 않지만 사회복지사의 활동은 현재 진행되는 사회운동에 영향을 받는다. 사회복지사가 민주주의, 개인의 존엄성, 소수인종의 권리, 빈민의 욕구, 지속적인 개발 그리고 인간 개발과 해방이라는 원대한 목적을 추구하는 활동은 사회복지사 자신의 전문성이라는 가치를 유지시키는 행동과 맥을 같이하는 활동이다.

일반적으로 이 모델에서 사회복지사는 사회운동의 지도자가 아니라 옹호자, 촉진자의 역할을 하게 된다. 인권이나 여권, 아동보호, 식생활 안전 등과 관련한 운동이 벌어진다면 사회복지실천가들은 학제적인 조사, 연구작업 등을 통해 개입이 가능하다.

4. 지역사회복지실천에서의 모델 선택

지금까지 Rothman(1995), Weil과 Gamble(1995)의 지역사회복지실천 모델을 살펴보았다. 각각의 연구자들은 제시한 모델들이 현실적 적용에서 제한점을 가질 수 있다고 했다. 모델이 만들어진 미국의 실천현장과 우리나라의 실천현장이 다르고, 급격하게 변하고 있는 우리나라 지역사회 환경을 볼 때, 개입할 지역사회에 어떠한 모델을 적용해서 '안내'를 받아야 할지 선택의 문제에 마주치게 된다. Rothman(1995)은 "세상은 예측 불가능한 공간이므로 어떤 만병통치약도 존재하지 않는다."고 하면서 다음과 같이 함으로써 모델 사용의 적합성을 높일 수 있다고 하였다. 먼저, Weil의 여덟 가지 모델도 조직화(organization: 근린지역사회조직 모델, 기능적 지역사회조직 모델), 계획(planning: 프로그램 개발과 지역사회 연계 모델, 사회계획 모델), 사회 변화(social change: 정치사회적 행동 모델, 연합 모델, 사회운동 모델)의 세 가지로 묶어(Weil, 1996) Rothman의 것과 유사함을 전제했다.

주민이 동질적이거나 다양한 지역사회의 하위부분이거나 이해관계자 간에 자발적인 변화가 존재할 경우, 지역개발을 활용하는 것이 유용할 수 있다. 문제가 명백하고 지역사회가 동의하며 지역주민 스스로가 사실적인 정보 이용을 통해 해결책이 프로그램화될 수 있다면 사회계획이나 정책적 접근이 실행가능한 방법이 될 수 있다. 마지막으로, 하위집단이 전투적이고, 이해관계가 토론이나 협상 방법을 통해서 조화를 이룰 수 없다면 사회행동을 실행하는 것이 바람직하다.

그러나 이러한 지역사회 상황은 존재하지 않을 수도 있고, 존재한다고 하더라도 각 모델별 실천변수가 혼합되어 있을 수 있다. 한 가지 이상의 개입 형식이 적절한지 혹은 부적절한지를 평가함으로써 실천가는 분석적 · 문제해결적 입장을 취해야 한다. 결과적으로 실천가는 다양한 변화 전략의 조화를 탐색해야 한다. 또한 전문화되고 유연한 방식으로 이 접근들을 사용할 수 있도록 지식과 기술을 습득해야 한다.

실천가는 기존의 것들을 따르는 것에서 나아가 특수한 문제를 해결하기 위해 새로운 행동 양식을 창조해야 하며, 그러기 위해 해야 할 첫 번째 일은 지역사회 상황을 분석하는 것이다. 이에 대해 Rothman은 다음과 같은 Gurin의 주장을 인용하였다.

우리가 풀어야 할 문제는 한 가지 이상의 실천 형태 혹은 상이한 형태의 실천이 어떤 특별한 조건에서 적합한지를 명확하게 정의하는 것이다. 실천가로서 우리에게 필요한

기술은 상황진단과 상황분석 기술인데, 이는 과업 달성에 가장 적합한 방법들을 선택할 수 있도록 하기 때문이다(Rothman, 1995 재인용).

두 번째로는 모델을 선택하고 혼합하는 것을 단계적으로(phasing) 해야 한다. 실천가의 과업이 한꺼번에 성취되지 않듯이, 모델도 단계적으로 적용하려는 시도가 필요하다. 예를 들어, 사회행동조직이 성공적으로 자원을 획득했다면 그 다음은 자원배분을 위한 사회계획이 필요할 것이다. 노동조합운동이 성숙해짐에 따라 조직이 더욱 관료화되고 보다 기술적으로 운영되는 것은 사회정책과 행정적 요인들이 부각됨을 보여 주는 것이다. 실천가들이 자신의 전문적인 경험을 활용해서 단계적으로 실행할 경우, 반드시 한 가지 이상의 모델이 강조될 것이다. 이러한 이유 때문에 실천가는 전반적인 능력을 갖추어야 하는 것이다.

세 번째는 가치에 근거해 모델을 선택해야 한다. 계획가나 정책전문가가 합리성이라는 가치를 우선하고, 사회행동가가 사회정의를 실현하기 위해서 헌신한다고 하면 지역개발실천가는 인간사의 조화와 의사소통을 강조하는 박애의 가치를 소중히 한다. 한 가지 이상의 가치가 혼합되기도 한다. 지역사회의 긍정적 변화와 인간의 삶의 질을 개선하기 위해서 실천가는 다양한 가치를 조합하고, 그에 근거해 모델을 혼합할 수 있을 것이다. 실천가는 각 개입 형식이 본질적으로 기능적 한계가 있음을 명심해야 한다. 구체적으로 보면 다음과 같다. 즉, 계획과 정책 주도는 지역사회를 위한 가치 있는 프로그램을 만들 수 있지만 부와 권력의 재분배나 가지지 못한 사람들의 희생을 예방하지는 못한다. 지역개발은 특정 지역의 소외와 비인간화를 해소하는 데 성공했지만 부정의와 불평등을 지속적으로 양산하는 사회적 여건을 제거하지는 못했다. 사회행동은 지역 수준에서 권력과 경제적 불평등에 일정 부분 대항해 왔지만 더 큰 국가권력에 저항하는 힘을 가지지는 못했다. 요컨대, 한 가지 모델만으로는 장애물에 직면하게 된다.

따라서 실천가는 지역사회를 변화시키기 위해서 지역사회 상황을 분석하고, 모델을 단계적으로 적용하고, 가치에 근거해 모델을 조합하려는 노력을 해야 한다.

지역사회복지실천 과정

지역사회복지실천 과정이란 지역사회문제를 해결해 가는 과정을 의미한다. 일반적인 사회복지실천의 문제해결 전략은 문제를 찾아내는 것에서 시작되는 계획된 변화과정이다. 그리고 변화시키려는 노력을 평가함으로써 그 과정이 종료된다(Compton & Galaway, 1999, pp. 83-100). 지역사회복지실천 과정은 일반적인 사회복지실천 과정과 유사하지만 거시체계인 지역사회를 클라이언트로 다루기 때문에 과정마다의 세부사항은 많이 다르다. 실천과정에 세부사항을 드러내는 학자들과 보통의 일반주의 실천에 준하는 연구자들로 대별해 볼 수 있다. 구체적 실천과정을 제시하는 학자로 Perlman과 Gurin(1972, pp. 61-74)은 ① 문제 정의, ② 문제 확인 구조와 소통체계 구축, ③ 정책대안 분석과 채택, ④ 사업계획의 개발과 실시, ⑤ 모니터링과 피드백 단계로 구분하였다. Kettner, Daley와 Nichols(1985)는 ① 변화 기회 확인, ② 변화 기회 분석, ③ 목적과 목표의 설정, ④ 변화 노력의 설계와 구조화, ⑤ 자원계획, ⑥ 변화 노력 실행, ⑦ 변화 노력 모니터링, ⑧ 변화 노력 평가, ⑨ 상황에 대한 재사정과 변화 노력 안정화로 세분하였다. 반면에 일반주의 실천과정을 따라 감정기, 백종만, 김찬우(2005)는 지역사회복지실천 과정을 ① 문제 확인, ② 지역사회 욕구사정, ③ 계획 수립 및 실행, ④ 평가로 제시하였는데, 최일섭과 류진석(1996)의 견해, Hardina(2002)의 견해 등도 유사하다.

이 책에서도 지역사회복지실천에 문제해결 모델을 적용하고, 실천과정을 ① 사정:

문제 · 욕구와 자원, ② 개입 계획 수립, ③ 실행, ④ 평가 단계로 구분하고, 각 과정별 주요 사항들을 살펴보고자 한다. 〈사례 6-1〉을 읽어 보고 과정을 공부하면 이해하기가 쉽다.

사례 6-1 약물남용 청소년을 위한 강남지역협의회[1]

가. 문제 확인

- 본 사업의 주 대상 지역인 강남구 B지역은 1992년부터 조성된 대단위 영세민 영구임대아파트 단지로서 지역주민 대부분이 경제적인 빈곤층이다. 뿐만 아니라 결손가정, 가정폭력, 알코올 의존, 청소년 약물남용, 학교중단 청소년, 만성정신장애인 등의 지역사회문제가 더욱 심화되고 있는 지역이다. 지역의 중학생 1명이 부탄가스를 흡입하는 과정에서 가스가 폭발하여 전신화상을 입게 되었고, 지역의 사회복지사들이 약물 사용 실태를 정확하게 파악할 필요가 있다는 인식하에 조사를 하였으며, 결과는 다음과 같다.
- 1996년 본 협의회가 B지역 초중고교생 1,211명을 대상으로 실시한 약물 사용 실태는 다음과 같다.
  - 응답자의 6.2%가 담배, 29.1%가 알코올, 1.1%가 본드 및 부탄가스를 사용하고 있어 본 조사대상 청소년들의 약물 사용률이 전국적인 평균보다 더 높은 것으로 나타났다.
  - 또한 약물 사용에 대해서는 매우 허용적이고, 약물 사용에 대한 처벌에는 반대하는 것으로 나타났다. 이들은 또한 약물문제로 학교에서 퇴학 · 정학 처분을 받거나 각종 사유로 인하여 학교를 중도에 포기하고 가출을 하여 지역사회에서 배회하고 폭력행동을 하는 경우도 종종 있다.
  - 이들의 학교생활에 관한 조사에서 응답자의 55.1%가 학교생활에 그다지 만족하지 못하고 있었고, 응답자의 7.7%가 무단결석 경험이 있으며, 4.2%가 가출 경험이 있다는 응답을 하여 약물남용과 학교 부적응이 관계가 있을 것으로 추정된다.
  - 약물 사용을 권유받은 경험은 교육경험이 많을수록 증가하였고(초등학교 8.8%, 중학교 21.8%, 고등학교 53.1%), 약물을 처음 사용한 나이는 평균 13세로 나타났다.

1) 이 사례는 약물남용 청소년을 위한 강남지역협의회(이하 약청협)의 각 연도별 '약청협보고서'를 인용하였음을 명시한다. 일부는 교육용 사례를 만들기 위해 인용자가 재구성하거나 수정하였다. '약청협보고서'에서는 '형성 · 과정 평가' '목표달성평가'라는 용어가 사용되지 않았으며, '현장인터뷰'와 '목표달성평가' 부분도 필자가 삽입했음을 밝힌다. '계획'에 평가계획이 있어야 하는데 그렇지 못했지만, '약청협'의 사례는 매우 모범적임에 틀림없다. 국가청소년위원회는 이 사업을 전국적으로 확대했다. 이 사례는 Rothman의 사회계획 모델, Weil과 Gamble의 프로그램 개발과 지역사회 연계 모델의 좋은 사례다. 그리고 '약청협'은 지역에서 생겨날 자발적 네트워크이지만, '지역사회보장협의체'는 법에 근거한 강제적 네트워크이다.

– 응답자 중 약물에 관한 교육을 받은 청소년은 30.7%에 불과했는데, 응답자들이 약물을 처음 사용하는 13세 이전에 적절한 약물예방교육이 필요함을 보여 주는 증거로 볼 수 있다.

– 지역사회복지기관의 아동 · 청소년 프로그램 담당자들에 따르면, 이 지역의 청소년 문제는 이러한 조사 결과에 비해 더욱 심각하다.

• 이 지역 청소년들의 약물남용 원인을 환경적인 요인을 중심으로 살펴보면 다음과 같다. 첫째, 가족 지지망의 결여를 들 수 있다. 이 지역의 청소년들은 편부모 가정, 소년소녀 가장 세대 등 가족구조가 결여되어 있는 경우가 많으며, 대부분이 빈곤층(모 중학교의 경우, 전체 학생의 41%가 국민기초생활보호대상자임)이므로 부모로부터의 경제적 · 정서적 지지를 받지 못하고 있다. 둘째, 부모 동일시를 하나의 원인으로 제시할 수 있다. 이 지역에서는 청소년 약물문제 못지않게 성인의 알코올 문제도 심각한 사회문제로서 나타나고 있다. 부모를 알코올 의존자 또는 상습 음주자로 둔 청소년은 이러한 부모의 음주행위를 보면서 자연스럽게 학습하게 된다고 볼 수 있다. 셋째, 집단 하위문화가 있다. 이 지역의 청소년들은 아파트 단지별 또는 학교별로 집단을 구성하고 있으며, 이들은 위계를 가지고 문제행동을 공유하고 있다. 따라서 약물문제도 이러한 문화 속에서 자연스럽게 받아들이고 지속하게 되는 것으로 보인다. 끝으로, 조직적 · 체계적인 서비스의 결여가 청소년 약물남용 문제를 심화시키고 확대시킨 원인으로 추정된다. 약물에 노출된 청소년 사례의 발견부터 치료 및 재활에 이르기까지 일련의 서비스 과정에 대해 지역주민, 사회복지기관을 비롯한 관련 기관들이 힘을 합쳐서 개입하는 노력이 미흡했다.

나. 개입 계획: 목적, 목표, 사업, 서비스 대상, 사업 주체 · 수행체계 · 재원, 평가

가) 목적

다양한 약물 프로그램(예방, 치료, 재활)을 통하여 지역 청소년에게 약물에 대한 경각심을 높이고, 약물에 대한 노출과 중독을 감소시키며, 약물 청소년의 자아존중감을 높이고, 사회적응능력을 향상시키며, 지역의 사회적 안정감을 높인다.

나) 목표

• 약물예방교육을 통하여 약물에 대한 경계심을 높인다.
• 약물청소년을 다양한 프로그램에 참여시켜 자아존중감을 높인다.
• 약물청소년의 지역사회 배회와 폭력행동을 감소시켜 동네 안정감을 증진시킨다(무질서 의식 감소).

다) 사업

<table>
<tr><th colspan="2">기능</th><th>내용</th><th>주관 기관</th></tr>
<tr><td rowspan="3">예방</td><td>교육</td><td>1. 실무자 대상의 약물교육
2. 지역주민 대상의 약물교육
3. 청소년 대상의 약물교육
일반 청소년 대상/고위험 청소년 대상</td><td rowspan="6">1차: 지역사회 내 약물 사용 청소년을 위한 통합조직(예: 학교, 지역사회복지관, 보건소, 정신건강복지센터, 병원, 동주민센터, 경찰서 등으로 구성된 조직)
2차: 통합조직에 속해 있지는 않지만 통합조직에 의해서 인식된 지역사회 내 유관기관, 종교단체, 조직
3차: 지역사회 주민</td></tr>
<tr><td>사례 발견</td><td>1. 사례 발견</td></tr>
<tr><td>사정</td><td>1. 사정 및 치료기관으로 의뢰
2. 사정 및 결과에 따라 적절한 치료 및 처벌 기관으로 의뢰</td></tr>
<tr><td rowspan="2">치료</td><td>치료</td><td>1. 병원 입원 및 외래치료 서비스
2. 개별상담 및 가족상담
3. 집단프로그램
금연 프로그램/학교 부적응 학생 집단지도
4. 중간 거주시설</td></tr>
<tr><td>형사 처벌</td><td>1. 법적 처분
보호관찰 프로그램</td></tr>
<tr><td>재활</td><td>사후 관리</td><td>1. 재발방지 프로그램
2. 지역사회 내 지지망 형성
3. 중간 거주시설
4. 대안적 회복 프로그램
자조집단/학업대안 프로그램
(예: 검정고시)
취미프로그램/직업준비프로그램/동아리</td></tr>
</table>

라) 서비스 대상

- 서비스 지역: 서울시 강남구 B · C동
- 서비스 대상: B중학교생
- 선정 기준 및 방법: 앞의 '사업'에 제시된 예방, 치료, 재활의 각 프로그램 선정 기준에 따름
- 실인원: 앞의 선정 기준에 따라 약물예방교육 100명, 수강명령 회기당 10명, 집단금연프로그램 회기당 10명, 입원치료 10명

마) 사업 주체, 수행체계, 재원

① 사업 주체: 약물남용 청소년을 위한 강남지역협의회

지역협의회(기관장 회의)									
지역협의회장 강남종합 사회복지 관장	태화기독교 사회복지 관장	수서종합 사회복지 관장	서울시 강남 정신건강복지 센터장	수서명화 종합 사회복지 관장	대청종합 사회복지 관장	동두천 동원 정신병원장	능인종합 사회복지 관장	서울시립 수서청소년 수련관장	

↕

실무자협의회									
실무자 협의회장 이○○ 태화기독교 사회복지관 사회복지사	류○○ 강남종합 사회복지관 사회복지사	이○○ 수서 복지관 사회복지사	이○○ 강남 정신건강 복지센터 사회복지사	한○○ 수서 명화종합복 지관 사회복지사	권○○ 대청종합 사회복지관 사회복지사	조○○ 동원 정신병원 사회복지사	오○○ 태화 기독교 사회복지관 사회복지사	이○○ 능인 종합 사회복지관 사회복지사	장○○ 청소년 수련관 사회복지사

- 강남구 B지역에는 지역적 특성이 반영되어 사회복지관 6곳, 정신건강복지센터 1곳, 동주민센터 3곳이 있다. 1993년부터 ○○지역 청소년 약물문제에 접근하여 각 복지관별로 집단 프로그램이 시행되었으나, 이 지역의 약물남용 청소년 문제의 심각성에 비추어 볼 때 어느 한 기관이나 하나의 전문가 집단만의 능력과 의지로는 한계가 있다는 인식을 하게 되었다. 수서종합사회복지관, 태화기독교사회복지관, 서울시 강남정신건강복지센터 3개 기관이 발의를 하였고, 상기 조직도에 있는 기관들이 참여해 지역사회 협력체계망 형성을 통한 통합적인 접근을 하기로 하였다. 1995년 12월 5일에 제1차 B · C 지역 복지 관련 기관장 회의(지역협의회장은 1년씩 순환한다)를 하였고, 'B · C 지역 약물남용 청소년을 위한 지역협의회' 구성에 합의하였으며, 네트워크 조직이 탄생하였다. 1997년 4월 22일에 협의회 부설 약물상담실을 개소하였고, 협의회 명칭을 '약물남용 청소년을 위한 강남지역협의회'로 변경하였다. 초기에는 강남구 B · C 지역의 약물남용 청소년에 국한하여 사업을 전개하였으나, 1997년부터 청소년 약물문제에 관한 사례 발견부터 예방, 치료, 재활에 이르는 전 과정을 포괄하는 프로그램을 설정해야 보다 실질적인 약물오남용 대책이 될 것이라고 판단하였고, 대상 지역도 강남구 전역과 기타 지역으로 확대하였다.
- 상기 조직도의 실무자들이 논의하고, 기관장들이 합의하여 기관별 담당 프로그램을 다음과 같이 하였다.
  - 수서명화종합사회복지관: 밀레니엄 드림 캠프
  - 강남종합사회복지관: 청소년 금연학교, 고위험군 선별검사에 의한 약물예방교육
  - 태화기독교사회복지관: 보호관찰 수강명령과 사회봉사명령 프로그램 · 화이트교실
  - 강남정신건강복지센터: 약물청소년에 대한 정신적 사정

–동두천 동원정신병원: 약물중독 청소년 입원치료

–수서종합사회복지관: 청소년 집단프로그램

–능인종합사회복지관: 청소년 축구단프로그램

–서울시립수서청소년수련관: 금연집단상담프로그램

–대청종합사회복지관: 보호관찰 · 사회봉사명령처분 청소년의 상담

–협의회 부설 약물상담실(위치: 태화기독교사회복지관): 약물상담 실적 관리

–또한 프로그램의 크기에 따라 다양한 기관이 협력한다.

② 프로그램 수행체계

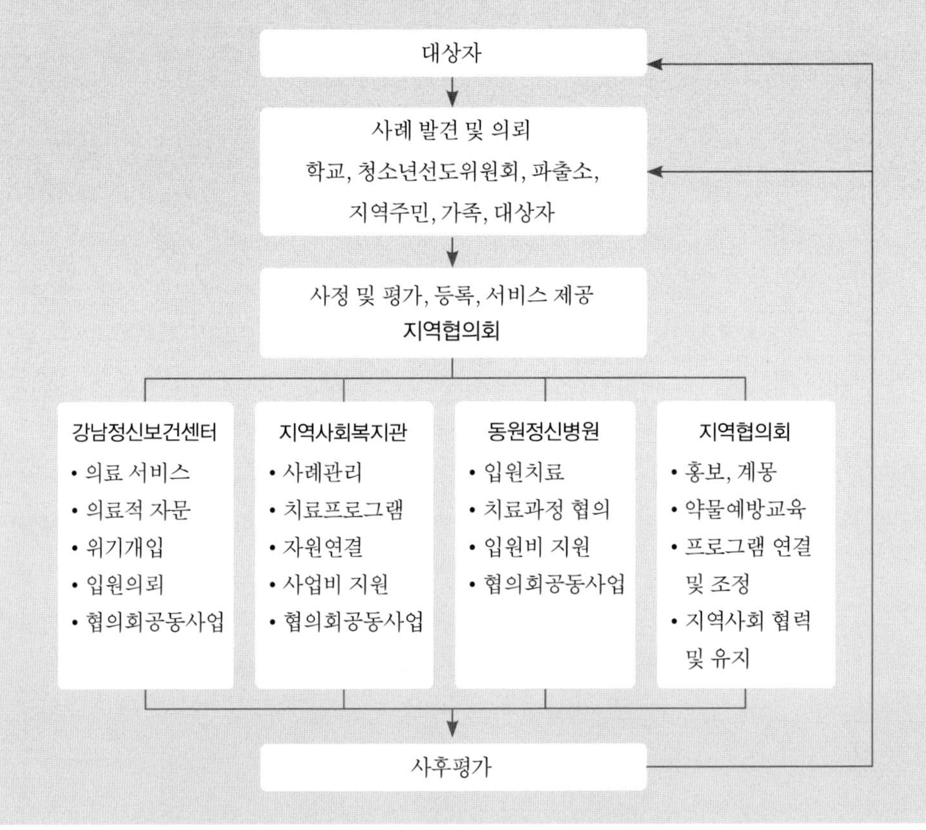

③ 재원(연도별 예산과 부담기관)

	1996년	1997년	1998년	1999년	2000년
협의회의 재정 (외부 후원금 및 병원비 감면액 제외)	20,000,000	85,000,000	86,000,000	41,000,000	41,000,000
	협의회 부담 20,000,000	강남구 65,000,000 협의회 부담 20,000,000	강남구 54,000,000 삼성복지재단 12,000,000 협의회 부담 20,000,000	사회복지공동모금회 15,000,000 삼성복지재단 6,000,000 협의회 부담 20,000,000	사회복지공동모금회 15,000,000 협의회 부담 26,000,000

바) 평가

- 1차, 2차, 3차 주관 기관(학교, 경찰서, 지역주민, 사회복지관 등)의 회의참여도(사업 초기에 수행)
- 10개 기관의 협력 정도(회의 참여, 기관 간 의사소통의 원활함, 프로그램 실행에 적극성)
- 프로그램 담당자와 클라이언트(약물청소년)의 라포 형성 정도 등
- 프로그램 참여자의 참여도, 탈락률, 만족도, 변화 정도
- 약물 관련 비행으로 경찰서와 보호관찰소로부터 처분받은 청소년 수의 감소 여부
- 지역사회 안정에 대한 주민의 평판과 동네 무질서 의식의 감소

다. 실행: 사업실적

기능	접근방법	사업명	사업내용	실적	대상	주관	자원동원	비고
예방	집단적 접근	사회심리극을 통한 청소년 약물 오남용 예방교육	학교, 공공기관 등의 장소에서 약물오남용 예방을 주제로 한 사회심리극을 공연한 후 전문가의 약물예방 강의, 주제 토론, 역할극 시행	49회/25,000명	강남지역 초중고 및 타 지역 관련 기관	협의회 공동	각급 학교	참여 극단: 진태원의원/청동/에포케/삼육대
		학교방송, 교육을 통한 청소년 약물예방 교육	각 학교 및 외부기관을 방문하여 청소년에게 약물예방교육 실시	20개 기관/115회	강남지역 초중고 및 기타 지역/서울보호관찰소/강남구 청소년 쉼터/기타 관련 기관	협의회 공동	각급 학교, 외부 약물 관련 기관	강사: 이○○ (실무자 협의회장)
		약물 고위험군 선별검사	학교를 방문하여 일반 청소년에게 약물예방교육 실시	7개교/4,300명	강남지역 초중고	강남/수서 복지관	각급 학교	
	사회조사 및 연구	약물사업 보고서 제작 및 실태조사	1996~1999년의 사업 수행 실적을 토대로 약물 관련 자료를 정리하여 관련 기관 실무자들과 공유하고 프로그램 보급	4회	실태조사: 4,200명/자료집: 10,000부	태화 사회 복지 연구소		

치료 및 재활	개별적 접근	약물 상담실 운영	전화 및 내소 상담/사례관리/가정방문/위기개입/자원발굴 및 연결/사업홍보/홍보책자 발간/가족상담/약물청소년의 입원 및 퇴원	병원 의뢰 36명/ 전화 상담 215회	강남지역 약물 청소년 및 가족	협의회 · 약물 상담실	병원/ 지역 내 청소년 기관	입퇴원 관리: 동원정신 병원
	집단적 접근	보호관찰 프로그램	약물문제로 법적 처분을 받은 청소년을 대상으로 집단지도 실시	8기/ 120명	수강명령 의뢰 청소년	태화 · 수서 청소년 수련관	서울 보호 관찰소	
				158명	사회봉사명령 의뢰 청소년	태화 기독교 사회 복지관	서울 보호 관찰소	
		학교 부적응 학생 집단지도	약물 사용 및 학교 내 문제행동으로 인해 학교에서 징계 대상이 된 청소년을 대상으로 집단지도 및 캠프 동아리 활동 실시	집단15회, 캠프2회, 동아리 3기	학교 징계대상 청소년	명화/ 대청/ 능인 종합사회 복지관		
		금연 프로그램	흡연을 하는 지역 내 청소년을 대상으로 금연 프로그램 실시 및 금연침 시술, 금연패치 부착	4회/ 1,580명	흡연 청소년	강남/ 태화 종합사회 복지관	강남구 한의사회	
	교육 및 후원 사업	실무자 교육	향정신성의약품/관련 법규/청소년에 대한 이해/약물오남용에 관한 전문직/치료기술/위기개입/자원연결/기타 대처방법에 관한 전문가의 교육 실시	2회	협의회 실무자	협의회 공동	협의회내 각 기관	
		후원 음악회	청소년 약물오남용 문제에 대해 협의회 공동사업으로 후원음악회 실시	1회	약물 사업 관련 기관 및 일반인	협의회 공동	협의회내 각 기관	후원음악회 1999. 11. 4 예술의전당
		약물예방 포스터 전시회	청소년 약물오남용 문제에 청소년의 자발적인 참여를 유도하기 위한 포스터 공모 및 전시회	1회	강남구 내 중학교	협의회 공동	태화 기독교 사회 복지관 갤러리	포스터공모 1999. 9~11 전시회 1999. 11. 16

라. 평가

가) 형성 · 과정 평가

- 이 사례의 기본 전략은 '문제해결'을 위한 '협력'이다(〈표 6-2〉 참조). 이러한 사업의 경우, 사업 초기에 이루어져야 하는 형성평가(모니터링)에서 눈여겨봐야 할 부분은 행동체계들 간의 협력이다. 이 사업의 실행 주체는 '약청협'이다. '약청협'이라는 변화주도체계는 네트워크조직으로 작동되기 어렵다(네트워크조직은 원활한 작동이 어렵다는 의미임). 2~3년이 지나면서 실무자협의회가 기관장 협의회에 사업보고를 하고 슈퍼비전을 받는 것이 반기별로 이루어졌다. 사업 초기에는 실무자회의, 기관장회의, 기관장과 실무자의 연석회의가 월 1회씩 있었다. 또 학교와 경찰서, 지역주민이 참여하는 '유관기관협력회의'가 잘 진행되는지도 평가되었다.

- 주민(통장, 마트와 철물점 주인 등), 학교교사, 경찰, 교회의 전도사 등 1, 2, 3차 협력기관들의 참여 협조를 받아 사업계획서에 대해 '약청협' 실무협의회장의 설명 후에 주민의 협조도 좋아졌다. "주민들은 지역이 슬럼화될 것을 우려하여 이 사업에 협조적이었다." 특히 이해 당사자들인 마트(술과 담배 판매) 주인, 철물점(본드와 부탄가스 판매) 주인 등의 반발이 있을 것으로 예상되었으나, 갈등전략(술, 담배, 본드, 부탄가스 등을 팔지 못하게 하는)을 사용하지는 않았다. 동네에서 안 팔아도 조금 벗어나면 살 수 있으니 다만 신분증 확인을 철저하게 해 달라는 협조 요청에 대해 수용적이었다.
- 경찰서의 초기 협조도 어려웠으나, 보호관찰소와 태화복지관(협의회장)의 업무협약식에 경찰이 참석한 후 경찰의 협조도 좋아졌다.
- 보고서는 '약청협' 실무자들 간 협력의 어려움에 대해 다음과 같이 기술하였다. "기관장 협의회에는 담당 실무자만이 참가한다. 그러다 보니 각 실무자의 선임 사회복지사가 협의회 사업의 필요성에 대해 이해하지 못해 어려움이 있다. 일선 업무에서의 사업진행은 선임 사회복지사의 의견이 많은 부분을 차지하므로 선임 사회복지사와의 의견 조율이 매우 중요하며 동료 사회복지사와의 의견 조율도 중요하다." 이러한 진술은 실무자의 소속기관장이 '약청협' 사업의 중요성과 해당 기관의 역할에 대해 직원 모두에게 명확하게 인식시키지 못했기 때문인 것으로 보인다.
- '약청협' 사업의 표적집단은 학생청소년이다. 따라서 학생들의 참여가 중요하다. 지역의 교사들에게 사업을 설명하고 협조를 받기 위해 실무자협의회와 교사들의 합동회의를 시도했으나 "학교교사들의 참여가 낮아 회의에 어려움이 있었다." 월 1회씩 있었던 기관장회의를 통해 슈퍼비전을 받았다. 실무자들은 강남구 보건소의 협조를 받아 교육청을 통하여 각 중학교로 공문을 발송하였음에도 불구하고 많은 교사가 참석하지 못한 점을 아쉬워했다. 학교교사들의 참여 유도방법을 지속적으로 고민하다가 기관장회의에 슈퍼비전을 안건으로 올렸다. 2005년 3차 기관장회의에서 '유관기관협력회'의 교사들의 참여율 저조문제를 해결하기 위해 공문 발송 기관을 '약청협'으로 하지 말고, 참여 기관 중에 공공기관인 강남구 보건소로 하여 공문을 발송하는 것이 바람직하겠다는 의견이 있었다. 강남구 보건소는 강남구 교육청을 통하여 학교로 공문을 발송하여 교사들의 참여를 독려하였는데, 상당 부분 효과적이었다.
- 당시 실무자의 진술에 따르면, "지역 청소년들의 약물의 심각성을 익히 잘 알고 있었던 실무자들은 매우 적극적이었다. 개별기관의 이익보다는 지역 약물청소년들에 대한 애착이 많아서 처음부터 협조가 잘되었다. 사회복지사들은 퇴근 후에도 약물청소년들과 관계를 지속하려고 노력했고, 사회복지사들의 진심 어린 노력으로 청소년들과 사회복지사들이 라포를 형성하는 데 어려움이 없었다."고 한다.
- 몇 가지 개별프로그램에 대해 실무자들은 다음과 같이 기록하고 있다.

- '약물예방단 발대식'의 경우 심리극과 발대식을 함께하는 부분은 만족스러우며, 협의회의 역사성도 찾을 수 있었다. 청소년들에게 청소년지킴이로서의 자긍심을 심어 준다. 반면, 창의적이지 못하며, 일부 청소년의 경우에 자원봉사 시간으로 보상받음으로써 참여 욕구가 발생하는 아쉬움이 있다. "2006년에는 동일하게 유지하되, 청소년이 흥미를 가질 수 있도록 청소년이 참여할 수 있는 사전행사(청소년지킴이로서의 각오, 소감, 약물의 폐해 알기 등)를 확대하는 것이 필요하다."
- '약물예방캠페인'의 경우 가시적인 측면의 홍보효과가 있다. 그러나 "전시행정 같은 느낌이 들며, 소요되는 노력은 많으나 노력에 비해 효과는 없다. 장소 선정 및 참여자의 시간 조정이 어렵다. 약물예방단의 활동 시기가 각 학교별로 다르기 때문에 인원 동원의 어려움이 있다." 이러한 문제를 해결하기 위해 "지역사회의 축제와 연계하여 진행했으면 하고, 하반기 사업의 마무리 단계로 지역사회 청소년축제의 장을 만들었으면 한다."라는 개선안을 제시하였다.
- 보고서는 1차 금연프로그램 참가자 만족도를 조사하였고, 보호관찰 및 수강명령 처분을 받은 청소년 대상의 '화이트교실' 프로그램 후 참가 대상자의 자아존중감 사전 · 사후 조사도 하였다.

나) 현장 인터뷰

Hardina(2002)는 지역사회복지실천 평가방법의 하나로 현장 인터뷰를 제시하였다. 지역주민(통장, 복지관 이용자, 교회 전도사 등)을 대상으로 인터뷰를 한 결과, 다음과 같은 진술을 들을 수 있었다. "우리가 복지관을 많이 이용하잖아요. 복지관은 주민들한테 고마운 곳이지요. 복지관에서 방범순찰단을 운영해 달라는 요청이 있었어요. 밤에 지나다니다 보면 어린 학생들이 으슥한 곳에서 담배 피고 술 먹는 것 보기 싫었어요." "친구랑 같이 순찰 활동에 참여하고 있어요. 학생들이 우리 말을 잘 들어주는 것 같아요. 순찰하는 엄마들 중에 친구나 선배 엄마들이 있는 경우도 있어요. 아는 사람들이 술 먹지 말라고 하니 고분고분해요." "부탄가스가 터져 전신화상 입은 애는 내가 아는 앤데 안 됐어요. 통장들이나 교회의 전도사들이 배회하는 청소년들이나 학교중단 청소년들에 대한 정보를 공유하고 있어요. 청소년들이 5~6명씩 집단으로 몰려다녔고, 그중에는 가출한 청소년도 있다고 들었어요. 우리가 순찰 돌고나서 아파트 옥상이나 해진 후 으슥한 곳에서 담배 피고, 술 먹고 싸우는 것이 확 줄었어요." "다른 지역에서 담배 피우고, 술 먹고 싸우는지는 모르겠지만, 순찰 활동 후 청소년들이 몰려다니며 술 먹고, 담배 피우고 싸움질하는 것은 확연히 감소했어요." 지역주민들로 구성된 방법순찰단 활동이 효과가 있었다고 한다. 지역 청소년들의 배회, 폭력행동에 대해 잘 알고 있었던 주민의 협조는 매우 적극적이었고, 동네 무질서를 해소하는 데 긍정적 기여를 했다고 볼 수 있다.

다) 목표 달성 평가

- 약물로 인한 보호관찰 처분을 받은 학생들의 수가 1년쯤 후부터 감소하는 것으로 나타나고 있다.
- '동네 무질서 의식 척도'를 사용하여 1년 후 조사한 결과, 사후 점수가 유의미하게 감소한 것으로 나타났다. '현장 인터뷰'에 나타난 주민들의 진술을 뒷받침하는 통계 수치다.

1. 사정: 사회문제와 욕구 그리고 자원

지역사회복지실천가는 지역사회와 그 지역사회가 가지고 있는 사회문제를 개념화하고 체계적으로 이해할 필요성이 있다. 제4장 '생태학이론'에서 보았듯이, 환경 속의 인간이라는 관점은 전문적인 사회복지실천의 기본 시각이다. 우리가 살고 있는 지역사회에는 삶이 어려운 사람이 있고, 삶을 어렵게 하는 문제가 있으며 그리고 이 문제들을 해결하기 위해 사용할 수 있는 자원들이 있다(Netting, Kettner, & McMurtry, 1993, pp. 67-69). 지역사회복지실천을 위한 첫 단계에서 사회문제를 개념화하는 것, 사회문제로 인해 발생하는 주민의 사회적 욕구를 사정하는 것 그리고 문제해결과 욕구 충족의 수단으로서 자원에 대해 사정하는 것이 필요하다.

1) 사회문제와 욕구

앞에서 필자는 현실의 지역사회를 클라이언트 지역사회라고 하고, 사회문제가 많아 살기 나쁜 곳이라고 했다. 제2장에서는 사회문제를 ① 사회 또는 개인에게 해로운 조건으로서, ② 영향력 있는 집단을 사회문제라고 규정하고, ③ 집합적 행동을 통해 해결되어야 한다고 생각하는 사회적 조건이라고 정의했다. 이렇게 정의되는 사회문제를 '개인의 복지를 위협하는 문제(알코올 · 약물 남용, 성적 문제, 범죄, 폭력)' '사회적 평등을 위협하는 문제(인종문제, 빈곤, 성차별)' '사회제도를 위협하는 문제(가족문제, 교육문제, 기업과 노동문제, 보건의료문제)' 그리고 '삶의 질을 위협하는 문제(도시문제, 인구 · 환경 문제)'로 구분하는 Parrillo, Stimson과 Stimson(1999: 원석조, 2002 재인용)의 견해도 제시하였다. 이러한 분류 외에 Sullivan(2000)은 기업과 정부의 권력 증대를, Eitzen과 Zinn(2000: 원석조, 2002 재인용)은 부와 권력의 집중, 정경유착 등과 같은 체제 문제(the bias of the system)를, Mooney, Knox와 Schacht(2002: 원석조, 2002 재인용)는 불평등과 권력의 문제를 사회문제로 보았다.

이러한 사회문제들이 국가적 단위에서 발생하는 측면도 있지만, 발생 빈도로 보면 그 하위체계인 지역사회 단위에서 발생하고, 지역사회 구성원의 삶을 억압하는 환경이 된다. 국가적 차원의 사회문제는 중앙정부의 정책 대상이 될 것이고, 지역적 차원의 문제는 지방자치단체 혹은 지역의 복지조직이 개입해야 할 대상이 될 것이다. 우리의 관심은 지역적 차원의 사회문제다.

안산시는 외국인 근로자가 많이 거주하는 지역사회이므로 인종차별 문제가 발생할 가능성이 높다. '삶의 질을 위협하는 문제'인 환경문제 또한 지방정부에 의해 반송동 지역사회에서 발생할 뻔했다(〈사례 5-1〉 참조). 우리 사회의 열악한 대기질, 미세먼지는 국가적 개입이 필요하지만, 인천시 서구 왕길동 사월마을의 쇳가루 먼지는 지역적 문제다. 주택가 코앞 건설폐기물처리장에 쌓여 있는 1,500만 톤의 건설폐기물과 30여 개의 폐기물업체에서 날리는 쇳가루 먼지로 인해 마을주민 150명 중 70%인 120명이 갑상선 질환을 알고 있으며, 암으로 사망한 주민만 12명이 되며, 현재 56명이 암에 걸려 있고, 거의 모든 주민이 우울증과 불면증을 호소하고 있다(Daum 뉴스 new1, 2018. 4. 18.).

요컨대, 사회문제는 대부분 지역사회에서 발생한다는 것이다. 다음과 같은 세 가지 조건에 부합한다면 특정 지역의 문제를 사회문제로 규정할 수 있다. 첫째, 특정 지리적 경계 내에 거주하는 주민의 삶을 억압하고 사회적 욕구를 발생시키는 사회적 조건이다. 둘째, 지역주민 혹은 영향력 있는 집단이 바람직하지 않다는 시각을 가지고 있고, 주민의 이해관계에 어긋나므로 해결하고자 하는 의지가 있다. 셋째, 집단적 · 협력적 · 조직적 개입으로 해결이 가능하다.

이러한 지역사회문제는 사회적 욕구를 발생시킨다. 인간의 기본욕구가 사회문제 때문에 충족되지 못할 때 기본욕구는 사회적 욕구로 전환된다. 빈곤이라는 사회문제에 의해 소득욕구가 발생하며, 환경오염으로 인한 질병은 의료욕구를 발생시키고, 경기침체에 의한 실업이라는 사회문제는 고용욕구를 발생시킨다. 기본욕구는 의식주, 의료, 교육 등이 될 수 있는데, Harvey(남세진, 조홍식, 1995 재인용)는 음식, 주택, 의료, 교육, 사회 및 환경, 소비재, 레크리에이션, 이웃의 분위기, 대중교통 등과 같은 아홉 가지 욕구를 사회적 욕구로 제시하였다. 사회적 욕구를 충족시키기 위한 노력은 사회적 · 집합적 · 협동적 · 조직적 노력이 필요하다.

지금까지 사회문제와 사회적 욕구에 대해 살펴보았다. 지역주민 중에 사회문제로 인해 행복하고 안락한 삶을 누리지 못해 사회적 욕구를 가지고 있는 사람에 대한 검토가 필요하다. 이들은 표적집단일 가능성이 높다. 표적집단은 문제를 겪거나 욕구가 있는 개인, 가족, 집단을 의미하며, 이들을 위한 개입은 지역사회의 변화를 가져오는 것을 의미한다. 지역사회복지실천의 목적을 달성하기 위해서는 표적집단을 명확히 해야 한다. 그 기준을 세 가지로 설정할 수 있다. 즉, 지리적 경계, 사회적 가치 그리고 영향력 있는 집단이다.

첫째, 지리적 경계로 표적집단을 한정해야 한다. 〈사례 6-1〉에서 서울시 A구 B지역이라는 지리적 경계 내에서 전체 인구의 40%가 국민기초생활보장 대상자이고, 이들 중에는 빈곤, 청소년 약물남용, 근린지역 무질서(일부 빈곤층 밀집지역에서 대낮부터 음주를 통한 무질서한 행동이 있음은 이미 잘 알려져 있음), 우울과 자살, 가정폭력과 같은 사회문제를 경험한다. 지리적 경계 내에서 사회문제를 경험하는 표적집단을 명확하게 정의하는 것은 세 가지 점에서 도움을 준다. 먼저, 표적집단이 경험하는 어려움을 평가할 수 있게 해 준다. 다음으로, 개입 주체의 경계를 설정하게 한다. B지역의 약물남용 청소년이라는 표적집단에 개입하기 위해 지리적 경계 내에 있는 사회복지관, 보건소, 정신건강복지센터, 학교, 보호관찰소, 교회, 지역주민이 개입 주체를 구성하게 된다. 마지막으로, 개입 주체들의 전략과 전술을 선택하게 한다. 경계 지워진 표적집단이 변화주도 및 행동체계에 협력 가능성, 목표에 대한 합의 가능성에 따라 협력전략을 사용할 수도 있고 갈등전략을 사용할 수도 있다.

둘째, 가치란 좋고 나쁘고(good and bad), 옳고 그르고(right and wrong), 바람직하고 바람직하지 않고(desirable and undesirable)에 관한 사회적 동의(social agreements)를 말하는데, 이것은 표적집단을 규정하는 기준이 된다. 가치에는 집단이익(group interests)이 반영된다. 앞서 언급했듯이, 가치는 어떤 사회적 조건이 사회문제가 되는지를 판정하는 기준이 된다. 사회적 조건이 사회구성원의 가치와 양립할 수 없거나 모순될 경우에 사회문제로 간주된다. 예를 들어, 빈곤과 노숙자 문제는 인간의 복지적 가치를 해치고, 범죄는 정직, 사유재산, 비폭력의 가치를 파괴하며, 인종차별주의, 성차별주의, 이성애주의(동성애 부정)는 평등과 공평(fairness)의 가치에 해를 주기 때문에 사회문제가 된다(Moony, Knox, & Schacht, 2002, p. 6: 원석조, 2002 재인용). 또한 서비스를 배분하는 기준으로 가치가 중요하다.

Jansson(1988: Netting, Kettner, & McMurtry, 1993, pp. 77-78 재인용)에 따르면, 지역사회의 표적집단에 가치를 적용할 때 다음과 같은 질문이 가능하다. 첫째, 표적집단은 서비스를 받아야 하는가, 서비스를 받는다면 기간은 얼마나 되는가, 둘째, 지역사회가 책임져야 하는 욕구와 문제는 무엇인가, 어떠한 욕구나 문제에 우선순위가 있는가, 셋째, 구체적인 표적집단의 문제를 위하여 어떤 전략이 사용되어야 하는가, 넷째, 지역사회는 어느 표적집단에게 우선적인 원조나 개입을 해야 하는가, 다섯째, 지역사회는 표적집단의 욕구를 위하여 어떤 자원을 사용해야 하는가 등이다. 이와 같은 질문이 의미하는 바는 지역사회 내의 일부 사람들은 다른 사람들에 비하여 보다 많은 도움을 받을 자격이 있다는 것이며, 이러한 가치 판단에 기초하여 개입의 대상이 결정된다는 것이다. 요컨대, 사회적 가치는 표적집단을 경계 짓고, 표적집단에 서비스를 배분하는 기준이 된다.

끝으로, 표적집단은 '영향력 있는 집단'이 결정한다. 영향력 있는 집단은 사회복지사 집단[2)]일 수도 있고, 지역사회 주민과 주민조직이 될 수도 있다. 지역사회실천가는 다음과 같은 의문을 가져야 한다. 즉, 표적집단에 관심을 가진 주요한 지역사회 리더는 누구인가, 표적집단에 부정적인 중요한 지역사회 리더는 누구인가, 표적집단의 욕구 충족에 이용가능한 공적 · 사적 자원은 무엇이며, 이 자원을 통제하는 리더나 개인은 누구인가 등이다. 이러한 질문을 통해 '영향력 있는 집단'을 구별해 낼 수 있다.

2) 자원

지금까지 살펴본 지역의 사회문제 해결과 주민의 욕구 충족 수단이 자원이며, 지역사회가 그것을 제공할 수 있다. 자원이란 "사회적 욕구(social needs)를 충족시키기 위해 동원된 시설 · 설비, 자금, 물자 그리고 집단이나 개인이 가지고 있는 지식이나 기능"이다. 이 중 집단은 사회문제를 규정하는 '사회적으로 영향력 있는 집단'이기도 하다. Thomas는 지역사회 자원을 ① 물질(산업이나 학교), ② 상업적 서비스(상점이나 극장), ③ 조직적 지원(종교기관이나 복지기관), ④ 내적인 지원(가족, 친구, 이웃이 비공식 자원)으로 범주화하였다(白澤政和, 2000 재인용). Pincus와 Minahan(1973, p. 39)은 "자원은 지역사회에서 활용할 수 있는 물질적 · 정서적 · 심리적 자원을 포함하는 서비스와 기회"라고 규정하였다.

---

2) 지역의 사회복지사 집단은 영향력 있는 집단이 되어야 한다. 지역에서 삶이 힘든 주민들의 생활문제와 욕구를 가장 잘 아는 전문가들이 사회복지사 집단이기 때문이다. 대부분의 공식적인 사회복지사 집단(광역단위 사회복지사협회)은 현실의 권력구조에 매우 순치되어 있다. 관료조직에 협조적이며(바람직한 측면도 있다), 복지조직에 의한 클라이언트에 대한 폭력에는 눈을 감는다. 수십 년 전의 '도가니 사건'과 같은 유사한 사건이 아직도 곳곳의 지역에서 발생하고 있다. 폭력을 당한 클라이언트를 옹호하는 공식적 사회복지사 집단의 활동을 보도하는 기사를 접하기는 대단히 어렵다. 사회복지사의 기본적인 의무가 클라이언트 옹호이고, 사회정의 실현임을 망각해서는 안 된다.

그런데 클라이언트 옹호에 더 적극적인 사회복지사 집단이 있다. '우리복지시민연합' '광주복지공감플러스' 등이다(필자가 모르는 조직도 있을 것이다). 이들은 클라이언트에게 폭력을 가한 복지법인의 압수수색을 요구하며 법원 앞에서 시위도 하고 시청 앞에서 기자회견도 한다. 관청이 중앙정부의 새로운 복지정책에 대해 선출직 공무원이 관심 없다는 이유로, 일거리가 많아진다는 이유로 시행을 뒤로 미룰 때 그 정책에 관심 있는 의원과 연합하여 토론회를 열고, 기사화하여 행정관청에 압력을 가하고 실행되게 한다.

예전에는 지역사회를 이해하기 위해서는 문제, 욕구, 결핍에 대한 사정을 강조 했다면, 지금은 자산, 역량, 문제해결을 위한 강점에 대한 사정을 강조하고 있다(Hardcastle, Powers, & Wenocur, 2004; Delgado & Humm-Delgado, 2013). 대부분의 사람은 지역사회 역량이나 자산을 곰곰이 생각해 보는 데 익숙하지 않다. 사회복지사는 민속학자나 미술품 수집가만큼이나 어떤 마을, 지역, 도시의 장점을 알아보는 힘을 가지고 있다. Delgado와 Humm-Delgado(2013)는 『자산 사정과 지역사회사업실천』에서 다음과 같이 기술하였다.

> 지역사회 자산이라는 주제는 사회과학이나 휴먼 서비스 영역에서 새로운 것이 아니다. Ross(1976)는 사회행동을 하기 위해 (내적 그리고 외적) 지역사회 자원(community's resource)을 구체화(identifying)하는 것이 중요하다고 설명했다. 그리고 30년이 지나 Specht와 Courtney(1994)는 『성실하지 않은 천사들』이라는 책에서 사회복지사들에게 중요한 것은 지역사회 자원을 개발 · 육성하는 것(strengthening)이라고 설파했다. …… 지역사회사업실천가의 역할은 지역사회가 가지고 있는 자산(asset)을 찾아내어 구체화하고, 자산과 함께 지역사회를 돕는 것이다(p. 6).

Delgado는 지역사회 자산을 사회적 · 인적 · 경제적 · 물리적 · 문화적 · 정치적 · 무형의 자본 등 일곱 가지로 구체화하고, 욕구기반 사정과 자원기반 사정을 〈표 6-1〉과 같이 대비시켰다.

표 6-1 욕구기반 사정과 자산기반 사정의 비교

구분	욕구기반	자산기반
주민의 특성	클라이언트로서 주민 (의존성이 길러질 수 있음)	능력을 가진 주민 (토착적 리더십이 육성될 수 있음)
변화의 목표/수단	변화의 목표로서 개인	변화의 수단으로서 지역사회
전망	비관주의	낙관주의/희망/열망
개입 방안	파편화된 개입	협력적/파트너십/교육적 개입
임파워먼트	디스임파워먼트된 클라이언트	임파워먼트된 지역사회
초점	결핍에 초점	능력에 초점
추진 주체	기관 중심 추진	주민 중심 추진

출처: Delgado & Humm-Delgado (2013), p. 67에서 발췌하여 수정함.

〈사례 6-1〉에서 '약물남용 청소년을 위한 강남지역협의회' 소속 사회복지사들은 자원 사정을 하지 못했다. 그러나 청소년의 금연을 돕기 위해 강남구 한의사회로부터 '금연침'을 지원받고, 약물남용이 심각한 청소년들의 병원 입원비 마련을 위해 '예술의 전당'의 협조를 받아 후원음악회를 열었다. 자원 발굴을 위한 열정적인 노력을 한 것이다. 사회복지관장들은 A구청장을 만나고, 의회의원들을 설득하여 6,500만 원의 지원을 받았고, 그 이후 'A청소년복지회'로 명칭을 변경하여 국가청소년위원회로부터 매년 1억 원씩 지원을 받았다. 〈사례 1-1〉의 '반사사'와 '성미산 주민연대'(김상민, 2005)는 이 지역사회에서 가장 강력한 자원인 주민조직이다.

지역사회 문제 · 욕구와 자원을 사정한 후 이어지는 과정은 개입 계획을 수립하는 것이다.

2. 계획 수립

사회복지실천은 '계획된 변화 노력'이다. 개인과 가족을 개입 대상으로 삼고 있는 사례관리에서 서비스 계획 수립이 중요하듯이, 지역사회복지실천에서도 개입 계획 수립이 중요하다. 개입 계획에는 목적 및 목표가 명시된다. Netting 등(1993)은 목표 달성에 필요한 구체적 수단들(specific steps)을 전략과 전술이라고 하였다. 지역사회실천가가 전략과 전술을 효과적으로 사용하기 위해서는 실천 모델, 전략, 전술 그리고 목표 등을 연결시켜서 개입 계획을 수립하는 것이 필요하다. 실천가가 모델을 선택하는 데 있어서 특별한 상황, 가치, 활동 목표, 이용 가능한 자원들, 당면한 이슈의 심각성 그리고 시간 압박 등을 고려해야 한다(Hardina, 2002; Rothman, 1995). 또한 계획 실행을 위해 사용된 전략과 전술은 당면한 상황에 적절한 실천 모델과 연결되어야 한다(Hardina, 2002). 이 절에서는 실천 계획 수립에서 중요한 개념인 전략 및 전술, 표적 및 행동체계에 대해 살펴본 후, 이 네 가지 개념을 Rothman의 세 가지 모델과 연결시킨 Hardina(2002)의 견해를 살펴보고자 한다.

1) 개입의 전략과 전술

지역사회복지실천을 위한 계획 수립에 필수적인 개념은 전략(strategy)과 전술(tactic)이다. 지역사회실천은 지역사회 내에 다양한 개인과 집단의 상호작용에 의해 이루어지며, 전략과 전술은 이러한 개인과 집단 사이의 상호작용을 설명하는 맥락에서 사용된다. 실천가는 원하는 지역사회 변화를 위해 두 가지 개념을 실천 모델에 맞추어 선택하고 실행해 나가야 한다. 전략은 특정한 사회문제를 해결하기 위한 장기적 행동 계획으로 볼 수 있다. 반면, 전술은 변화를 추구하는 전략의 일부분으로서 채택된 단기적 행위로 여긴다. 첨언하면 장기적 목표는 사회문제해결이나 이상적 상태의 성취에 초점을 둔다. 단기적 목표는 장기적 목표 달성을 위한 수단들이다.

(1) 전략의 유형

Warren(1971)은 변화를 위한 세 가지 주요 전략을 협력(collaboration), 캠페인, 경쟁 또는 대항(contest)으로 제시하였다. 첫째, 협력은 집단 간의 공동 행동이 필요할 때 취할 수 있는 전략으로, 이러한 경우에는 집단 간 동의가 이뤄진 상태이다. 새마을운동 당시 동네 사람들은 "우리도 한번 잘 살아보세."라고 외쳤고, 〈사례 6-1〉에서 B지역 사람들은 "동네가 슬럼화되는 것을 막자."라는 데 동의하고 사회복지관에 협력했다. 둘째, 캠페인 전략은 협상회의에 상대 진영이 나올 수밖에 없도록 지속적 호소를 하는 경우에 사용된다. 셋째, 경쟁 또는 대항 전략은 특정 정책을 결정하도록 의사결정자에게 압력을 가할 때 사용된다. 〈사례 5-1〉의 반송동 사람들은 '반사사'라는 주민조직을 만들고 구의원, 시의원, 국회의원, 시장을 압박하여 주민들의 환경권(「헌법」 제35조)을 지켰다. 이 세 가지 전략의 지역사회복지실천 모델과의 연관성을 살펴보면 집단 간 합의를 주요 목표로 삼는 지역사회개발 모델은 협력 전략을, 갈등이론적 관점에서 소수자나 억압받는 집단의 권익 옹호를 강조하는 사회행동 모델은 경쟁 또는 대항 전략을 주로 활용한다. 캠페인 전략의 경우에는 두 모델 모두에 활용될 수 있다.

(2) 전술의 유형

지역사회복지실천에 활용되는 전술로는 다음과 같은 것들이 있다. 즉, 협조(cooperation), 협상(negotiation), 대중교육(public education), 설득(persuasion), 대중매체 활용, 로비 활동, 대중호소, 대중집회, 보이콧, 파업 및 시민 불복종 등이 있다. 앞에서 언급한 세 가지 유형의 전략에 맞추어 전술들을 설명하면 다음과 같다.

협력 전술은 지역사회 내의 여러 집단 또는 개인 간의 차이나 이견을 최소화하기 위해 공통의 관심사를 찾거나, 자원을 공유하거나, 공동 계획을 제안하거나, 최우선적으로 해결해야 할 문제에 대해 협력하는 방법을 활용하는 경우다. 구체적 협력 전술로는 합의 도출, 협조, 문제해결, 대중교육, 설득 등이 있다.

캠페인 전술은 집단 간 차이를 최소화하거나 상대 진영들의 동의를 구하기 위해 사용되는데, Hardina(2002)는 캠페인 전술의 중요 목적을 다음의 세 가지로 정리하였다.

첫째, 문제나 이슈와 관련된 대화에 상대 진영의 참여를 불가피하도록 만드는 것이다. 단순히 참여를 권고하거나 요청하는 것 이상이다. 만약 참여하지 않으면 문제에 대해 회피하고 있다는 인식을 상대 진영이나 중립 진영(또는 대중)에게 심어 줄 수 있어야 한다. 둘째, 양 진영이 동의에 이르게 하는 것이다. 캠페인 전술의 궁극적 목적은 대항이나 갈등이 아니라 타협점을 찾는 것이다. 셋째, 양 진영 또는 대중이 명백한 결과 도출을 할 수 있는 의사결정과정에 참여하도록 하는 데 있다. 캠페인 전술은 어느 한 쪽의 배제를 위한 전술은 아니다. 따라서 캠페인 전술로 어느 정도 양자 간의 의견 차이가 줄어들어 동의(agreement)의 가능성이 보이면 그때 협력 전술을 구사하여 합의(consensus)를 이루도록 할 수도 있다.

경쟁 또는 대항 전술은 양 진영 간의 동의 가능성이 상당히 낮아 구체적 갈등 행동을 취해야만 할 때 사용된다. 이 전술에는 상대 진영과의 대면회동, 토론의 거부나 제한적 토론(limiting debate), 상대 진영의 부정적 측면을 강조하여 유포하기, 의사결정에서 상대 진영의 배제와 같은 소극적 수준에서 시위나 피케팅 또는 파업 등의 적극적 수준의 행동들까지 포함된다.

2) 행동체계와 표적체계

지역사회복지실천 계획과 관련하여 알아 두어야 할 또 다른 개념으로 행동체계와 표적체계가 있다. 지역사회 변화과정에 대한 참여를 기술하기 위해 실천가들은 이 두 개념을 사용한다. 행동체계와 표적체계와의 관계를 규정하는 것은 전략과 전술을 선택하는 것에 우선한다.

행동체계(action system)는 사회 변화를 추구하는 집단의 구성원을 의미한다. 조직가, 선거권자, 지역주민 전체, 실천가, 특정 이슈에 관심이 높은 시민 및 미래의 수혜자 집

단들이 이 체계에 속한다.

표적체계(target system)는 일반적으로 정책에 영향을 끼치는 집단이나 개인을 의미하며, 선거에 의해 선출된 관리, 정부관료 또는 지역기관의 대표, 악덕 기업 등이 해당된다. 사회행동과 관련된 전략들에서는 상대 진영이 표적체계로 명확히 구분된다. 캠페인 전략의 경우에는 주요 의사결정자와 대중 전체가 표적이 될 수 있다. 양자 간 합의를 강조하는 협력 전략은 표적체계가 동시에 변화를 바라는 집단일 가능성이 높다. 제5장의 사회행동 모델의 사례로 제시했던 '반사사' 주도의 '산업폐기물 매립장 결사반대 투쟁위원회'(〈사례 5-1〉 참조)가 행동체계가 되며, 부산시와 S산업이 표적체계가 된다.

이 체계 개념들을 앞서 언급한 세 가지 전략과 대비하여 비교해 보면 [그림 6-1]과 같다. 협력 전략에서는 표적체계가 행동체계에 포함된다. 즉, 협력 전략은 집단 간 합의를 목표로 하기 때문에 구조적으로 사회 변화를 찾고 있는 집단인 행동체계 안의 주요 표적체계를 포함한다. 캠페인 전략의 경우에는 표적체계가 반드시 행동체계와 일치하지 않을 수도 있으나 주요 의사결정자나 표적체계 일부가 사회 변화를 추구하는 집단에 포함될 수도 있어 약간의 중복이 생길 수 있다. 마지막으로, 경쟁 또는 대항 전략의 경우에는 목표 달성이 한 진영의 권력 획득이므로 양 진영 간의 확실한 구분이 이루어진다. 즉, 기득권층과 억압받는 집단의 관계와 같이 표적체계와 행동체계 간의 공통부분은 거의 없다.

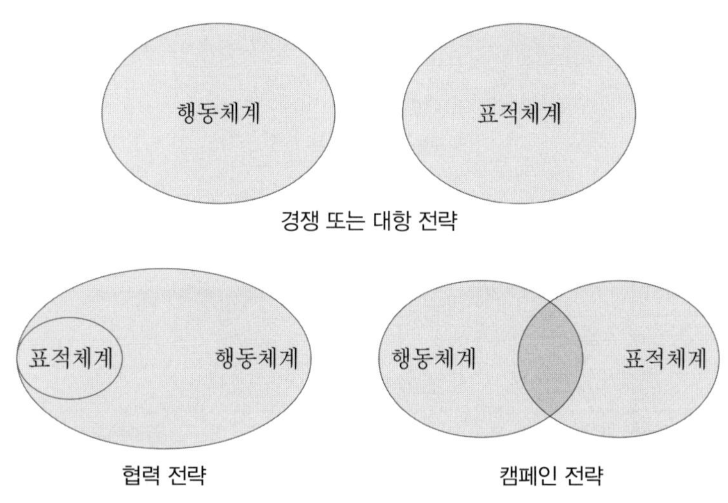

그림 6-1 행동 및 표적 체계와의 관계와 이에 따른 전략의 선택

출처: Hardina (2002), p. 230.

3) 개입 모델과 전략, 전술과의 연계

지금까지 전략 또는 전술을 실천 모델과 연결지어 논의하였는데, 이를 정리하면 〈표 6-2〉와 같다. 그러나 지역사회복지실천가들에게 실천 모델과 전략, 전술을 실제로 연결시키는 과제는 쉬운 일은 아니다. Hardina(2002)는 자신의 연구에서 지역사회조직 전문가들이 가장 '선호'하는 실천 모델은 사회행동 모델이지만, 실제 주로 '활용'하려는 전략, 전술은 협력(collaboration)이라는 것을 밝혔다. Mondros와 Wilson(1994)도 실천가들이 실천 모델과 전략, 전술을 선택하거나 사용하는 데 있어 개념적 준거틀보다 실천가들의 개인적 가치나 익숙함의 정도를 더 중요한 기준으로 삼는다고 보면서

표 6-2 지역사회복지실천 모델과 전략, 전술, 행동 및 표적체계 간의 연관성

실천모델	지역개발	사회행동	사회계획
기본전략	협력	경쟁/캠페인	문제해결
전술	역량 구축 합의 구축 교육 공동 기획/행동 서한 발송 설득 청원 문제해결 자아 임파워먼트	중재적 협상 보이콧 시민 불복종 대치 시위 행동 실행 언론 이용 서한 발송 로비 온건한 압력 동원 협상 청원 피케팅 정치적 캠페인 대중 교육 파업 노조 결성	자료 분석 정보 수집 로비 설득적 협상 계획과정에 주민참여 증진 공동노력, 캠페인 또는 경쟁 (계획 선택을 위한)
행동체계	지역주민, 지역 내 핵심 기관 및 조직	사회적 피억압 집단	급여 대상자, 기획 기관, 협력 파트너
표적체계	공동참여자, 지역사회 주민	억압기관의 대표(정부 정책결정자, 기업 대표, 엘리트 계층)	역기능적 지역사회, 사회 변화와 관련된 정책결정자들

출처: Hardina (2002), pp. 227-228에서 발췌하여 수정함.

몇몇 실천가는 동일한 전략과 전술을 반복해서 사용한다고 하였다. 때때로 사회복지사들이 대립은 윤리 규범에 맞지 않거나 저촉된다는 느낌을 갖는다고 한다. 이에 대해 Hardcastle 등(2004)은 지역사회 조직에 참여하는 사회복지사들은 주장 훈련이 필요할 수도 있다고 하였다. 그리고 실천가들이 사회행동 모델을 멀리하는 것은 사회문제 분석에 있어서 사회계급적 시각에 눈 감는 것을 의미한다(Burghardt, 1987).

4) 적합한 전술의 선택

그렇다면 지역사회복지실천에 있어서 전술의 구체적 선택 기준은 무엇인가? 실제로 지역사회복지실천과 관련된 많은 문헌 중에서 뚜렷한 선택 기준에 대해서는 많이 논의되지 못하고 있다. Hardina(2002)는 이와 관련하여 Warren(1979)에 의해 개발되고, Brager 등(1987)에 의해 보완된 세 가지 주요 기준에 대해 다음과 같이 제시하였다.

- 지역사회 변화의 궁극적 목표와 관련된 참여집단들 간의 합의 정도
- 표적체계와 행동체계의 관계
- 기존의 권력구조에서 목표가 달성될 수 있는가 하는 문제

모든 당사자가 원하는 개입 결과에 합의하고 모든 참여집단이 동일한 체계의 구성원들일 때, 협력 전술이 사용될 수 있다. 참여집단들이 자신들의 문제 인식에서 서로 다르고 집단들 사이의 소통이 거의 없을 때, 경쟁(대항) 전술이 사용된다. 캠페인 전술은 목표체계와 행동체계 사이에 중복이 존재하는 상황에서 사용되고, 두 집단 사이의 소통이 가능할 때 사용될 수 있다.

Brager 등(1987)은 전술 선택을 위한 추가 기준을 다음과 같이 제시하였다. 첫째, 이슈의 중대함(이슈가 해결되지 않을 경우, 사람들이 피해를 입을 것인가?), 둘째, 대중이 인식하고 있는 의사결정자의 정당성, 셋째, 변화 주도자의 가용 자원이다. 예를 들어, 〈사례 5-1〉에서 부산시가 주민들이 사는 650m 지점에 산업폐기물 매립장을 만들어 '15년 동안 매일 대형 덤프트럭이 산업폐기물을 실어 나른다면 먼지로 인해 창문도 열 수 없고 빨래도 널 수 없다면' 주민들의 생활에 중대한 타격을 미친다고 생각하여 매우 중요한 이슈라고 생각할 수 있다. 약 10년 전에도 부산시가 동일한 장소에 똑같은 폐기물 매립장을 건립한다고 하여 경부고속도로 양산시 인근의 4차선에 주민들이 드러누워 차량

통행을 막아 부산시가 철회하겠다고 약속하였다. "그런데 10년이 지난 지금 또 그 사업을 하겠다고 하는 것은 부산시가 반송동 사람들이 없이 산다고 매우 무시하는 처사다. 도저히 참을 수 없다."(고창권, 2005) 반사사 리더와 반송동 주민들은 부산시의 의사결정을 정당하지 않다고 본 것이다. 그리고 반사사 리더들은 10년 전에 부산시와 싸워 이긴 경험과 반송동 사람들의 적극적인 참여를 자원으로 본 것이다.

5) 계획의 실제

이해를 돕기 위해 지금까지 학습한 모델, 전략 · 전술, 행동 · 표적 체계 등의 개념을 〈사례 6-1〉의 '약물남용 청소년을 위한 강남지역협의회'에 적용해 보자.

B지역사회의 '청소년 약물남용' 문제에 대해 지역사회복지관의 전문가들은 매우 심각하게 생각하고 있으며, 주민들도 상당 부분 동의를 하고 있다. 전문가들은 이 문제를 해결하기 위해 〈표 6-3〉과 같은 계획을 수립했다.

지역사회 내 약물 청소년들의 수를 줄이고, 이들의 배회나 폭력행동을 감소시켜서 동네 안정감을 증가시킨다는 장기적 목표(goal) 아래 여러 가지 구체적 세부목표(단기목표: objective)[3]를 세운다. 이 세부목표는 실제적 약물 행위의 감소와 직결되는 비교적 단기간의 과업들로 구성될 필요가 있다. 〈사례 6-1〉에서 보듯이, 약물남용 청소년에 대한 다양한 개입 프로그램으로 약물의 위험성을 알리는 약물예방교육, 약물고위험군 검사, 약물상태가 심각한 청소년에 대한 병원치료, 퇴원 청소년에 대한 검정고시반 등 대안적 교육프로그램을 운영한다. 지역의 마트, 담배가게, 철물점 주인들로 하여금 청소년에게 약물을 판매하지 않도록 교육과 협조 요청을 한다. 지역주민인 사회복지관 프로그램 이용자나 약물 프로그램 이용 청소년 자모들로 하여금 순찰 활동을 하도록 한다. 청소년의 폭력행동에 대해 경찰로 하여금 신속한 대응이 이루어지도록 한다. 그리고 여러 기관 간의 협력 사업이므로 원활한 협력체계를 구축하는 것이 매우 중요하다.

개입 계획 수립 시 평가 계획을 세우는 것이 바람직하다. 그렇지 않은 경우, 전반적 실천에 대한 평가 기준이 분명하지 않아 향후 개입에 대하여 효과적으로 피드백을 기

3) 이 책에서는 'goal(long-term goal)'을 장기목표 또는 목표로, 'objective'를 하위목표로 번역하여 사용하였다. 구체적으로 ① 목적(goals)은 더 광범위하고, 더 객관적인 의미를 갖는다. ② 하위목표(세부목표, objectives)는 (상위)목표에 다다르는 한 단계를 의미하며, 구체적이고, 측정이 가능하고, 받아들일 수 있고, 현실적이고, 결과중심적이며, 시간의 제약성을 갖는다(Hardcastle et al., 2004, pp. 12-13).

표 6-3 약물남용 청소년 감소와 동네 안정감 증진을 위한 지역사회복지실천 계획
(장기적 목표: A지역사회의 약물 청소년 감소, 동네 안정감 향상)

단기/하위목표	행동체계	표적체계	실천 모델	전략	전술	평가 기준
청소년에게 약물 (술, 담배, 본드 등) 판매 안 하기	기관장, 실무자, 약물전문가, 경찰	지역사회의 마트, 담배가게, 철물점 주인, 판매자	지역개발	캠페인	교육, 기관장의 협조 요청	참여 업체 수와 참여 정도
약물청소년에 대한 다양한 개입	약물전문가 등 (의사, 간호사, 사회복지사 등)	약물 노출 청소년	사회계획	협력적 문제 해결	예방, 치료, 재활	참여 청소년의 변화: 치료후 회복, 학교복귀, 대안교육 프로그램 참여
복지관 이용자와 청소년 자모들의 지역 순찰 강화	청소년 자모와 경찰	배회 청소년	지역사회 개발	협력 캠페인	설득과 동기 부여	순찰의무 수행 여부, 지역사회 안정감
청소년폭력신고에 대한 경찰, 순찰대의 도착 시간 (10분 감소)	주민, 경찰	경찰, 순찰대	지역사회 개발	협력	문제해결, 미디어 홍보	도착 시간, 동네 무질서 의식
지역 관련 기관 간의 협력체계 구축	약청협, 학교, 경찰, 보호관찰소	예방, 치료, 재활을 위한 관련 기관들	지역개발	협력	기관 간에 협력 MOU 체결, 실무자 간에 개인적 친분 쌓기	회의 참여도, 기관별 담당 역할 수행 정도, 참여자 간 신뢰도

대하기 어렵다. 평가 기준은 목표 달성의 정도를 쉽게 알 수 있도록 양적으로 구성되는 것이 바람직하며, 양적 기준의 적용이 어려운 경우(예: 모임 결과나 관계 개선)에는 평가에 대한 참여자들의 질적 정보도 수집·분석해야 한다.

3. 실행

앞서 살펴보았듯이, 모델, 전략과 전술이 결합된 개입 계획이 수립되었으면 다음 단계는 그 계획을 실행해야 한다. 실행(implementation)이란 계획을 실천하는 활동이다. 자원도 개발해야 하고 직원도 모집해야 한다. Hasenfeld는 실천가가 프로그램을 효과적으로 수행하기 위해서 할 일을 다음과 같이 제시하였다(Hardina, 2002 재인용).

첫째, 지속적으로 후원해 줄 수 있는 재정자원을 발굴해야 하고, 프로그램 운영에 필요한 적절한 자원을 획득해야 하며, 프로그램에 대해 공공의 지원이 가능하도록 정당성을 확보해야 한다. 〈사례 6-1〉에서 '약물남용 청소년을 위한 강남지역협의회'의 소속기관 10개 기관이 연합 사업으로 시작할 때에는 기관당 200만 원씩 갹출을 하였지만 2, 3년 차에 접어들면서 강남구청이라는 공공기관의 지원을 받았고, 삼성복지재단, 사회복지공동모금회 등에서도 사업비를 지원받았다. 이것은 '재정자원의 발굴'이라는 의미를 갖는다. 청소년의 흡연이라는 질병 치료를 위해 '강남구 한의사회장'을, 치료프로그램으로서 사회심리극을 하기 위해 극단 '에포케'를, 병원에 입원해야 하는 약물청소년의 입원비 지원을 위해 '예술의 전당'에서 후원음악회를 연 것도 매우 훌륭한 자원 개발 노력이다.

둘째, 서비스 수혜자를 발굴하고, 서비스 이용 조건과 서비스 수준을 설정해야 한다. 〈사례 6-1〉에서 학교, 경찰서, 지역주민 등 1·2·3차 주관기관들과 협력하여 프로그램 참여자를 확보한 것은 서비스 수혜자 발굴을 위한 노력이다.

셋째, 협력과 조정을 위한 프로그램 수행조직을 명확히 해야 한다. 〈사례 6-1〉에서 실무자협의회와 기관장협의회[4]라는 네트워크 조직을 구성하여 협력과 조정의 역할 구조를 명확히 했다. 프로그램을 실제로 운영하는 사람들은 실무자들이지만, 이들을 지지하고 슈퍼비전을 주며 자원을 지원하는 역할은 기관장협의회다. 참여기관의 기관장이 실무자들을 지지하지 않으면 네트워크 조직의 작동이 원활하지 않다.

넷째, 직원(staff)들에게 적절한 역할을 부여하고, 권한과 책임을 명확하게 제시해야 한다. 또한 직원들이 자신의 일을 적절히 수행할 수 있도록 보장해 주어야 한다. 〈사례 6-1〉에서 사업 수행 내용과 수행 체계도를 보면 각 참여기관들의 역할이 명시되어 있다. 또한 '예방' '치료' '재활'이라는 목표 달성을 위한 1차 역할 담당자로, 학교, 지역사회복지관, 정신건강복지센터, 병원, 동주민센터, 경찰서로 명시하고 있으며, 핵심적인 역할을 하는 사회복지관은 기관별로 별도로 역할 분담을 하였다. 2차 역할 담당자로 지역

4) 지역사회보장협의체에서 대표협의체, 실무협의체와 유사하다. 그러나 〈사례 6-1〉의 조직은 지역사회보장협의체보다 8년 정도 선행했다.

사회 내 종교단체와 같은 유관기관들을 명시하고 있으며, 3차 역할 담당자는 지역주민이다.

끝으로, 서비스 전달을 위한 활동 계획표를 만들어야 하고, 프로그램 모니터링, 평가, 피드백 체계를 구축해야 한다. 활동 계획표의 예로 GANT 차트, PERT 차트 등이 참고된다(최성재, 남기민, 2016).

Rein(Hardina, 2002 재인용)의 다음과 같은 주장은 실행과정의 참여자들에게 계획 실행을 위한 활동 방향을 제시하는 의미를 가진다. 즉, 대부분의 조직에는 급여의 최대화(서비스를 필요로 하는 사람들에게 최대한의 자원을 제공해야 한다는 의미)와 비용의 최소화(조직의 유지를 위해 자원 고갈을 최대한 방지해야 한다는 의미) 사이에 긴장이 존재한다. 따라서 프로그램을 기획하고 집행하는 사람들에게 최대 이슈는 서비스 접근성을 어떻게 하면 최대한 확보할 수 있는가 하는 것이고, 의사결정과정에 어떻게 하면 최대한 클라이언트, 소비자를 참여시킬 수 있는가 하는 것이다. 지역사회복지실천가는 계획을 실행하는 가운데 적절성(adequacy), 임파워먼트 그리고 평등성 등을 실현하려는 노력을 해야 한다.

이러한 실행과정에서 이루어진 활동은 '실적'이라는 명목으로 문서화된다(〈사례 6-1〉의 '다. 실행: 사업실적' 참조).

4. 평가

실행은 평가되어야 한다. 평가에 앞서 지역사회복지실천은 긴 시간을 요구하며 복잡하고 가변적이어서 단기간에 가시적인 성과를 드러내기가 어렵다는 인식이 필요하다.

지역사회복지실천 개입에 대한 평가는 지역사회의 변화를 위해 활용된 전략 및 전술의 실행이 개입 결과나 과정에 나타나는 정도에 대한 평가라는 점에서 프로그램 평가와는 구분이 된다(Hardina, 2002). 평가방법으로서 형성평가와 총괄평가에 대해 예비지식으로 이해하고, 지역사회개입 평가방법에 대해 살펴보고자 한다.

Perlman과 Gurin(1972, pp. 74-75)은 지역사회문제 해결과정의 마지막 단계인 평가는 두 가지 목적을 갖는다고 하였다. 첫째, 프로그램의 수행과정을 모니터링해서 수집된 정보를 실행에 반영하여(feedback) 실행의 궤도를 수정하기 위한 것이다. 이러한 의미의 평가는 문제해결과정의 마지막 단계라기보다는 문제 설정, 목표 수립, 프로그램의 개발과 실행이라는 전 과정에 영향을 주는 계속적인 활동이다. 둘째, 문제해결의 전 과정이 이룩한 결과와 최종산물을 평가하는 것이다. 이러한 평가는 일반적으로 프로그램을 통해서 성취하고자 하는 목표가 어느 정도 달성되었는지, 즉 프로그램의 효과성과 영향(impact)을 측정하는 것이다.

Rossi와 Freeman(1985)은 평가를 프로그램이 설정한 목표 달성에 효과적인지를 정확하게 평가하는 총괄평가(summative evaluation)와 프로그램 과정을 검토하기 위한 형성평가(formative evaluation)로 구분하였다. Perlman과 Gurin(1972)이 제시한 평가목적에서 전자는 형성평가에 해당하고, 후자는 총괄평가에 해당한다. 총괄평가는 기획가, 행정가, 자금 조달자(funders)로 하여금 그 계획을 계속할 것인지 아니면 종결할 것인지를 결정하는 데 도움을 준다. 형성평가는 기획가로 하여금 계획을 실행하거나 수정하는 데 도움을 준다.

1) 형성평가와 총괄평가

형성평가는 그 평가 대상이 최종 성과물이 아니라 개입 그 자체라는 점에서 과정평가(process evaluation)와 유사하게 쓰인다. 과정평가와 다른 점은 과정평가는 프로그램의 실천 기간 중 어느 때나 실행될 수 있으나, 형성평가는 주로 초기 단계에 수행되는 경우가 많다는 점이다(Royse, Thyer, Padgett, & Logan, 2001). Rossi와 Freeman(1985)은 과정평가도 형성평가로 보았다.

형성평가의 대표적 접근방법으로 Rosye 등(2001)은 다음의 세 가지 방법을 고려할 수 있다고 주장하였다. 첫째, 참고가 될 수 있는 기존의 모델 사업이나 프로그램을 찾아 유사한 시기에 문제점들을 어떻게 수정해 나갔는가를 살펴보는 방법이다. 이러한 모델 프로그램 속에는 '표준'에 대한 논의나 언급이 있을 것으로 가정하고, 그 표준에 맞추어 해당 프로그램이 어느 정도 문제가 되는지를 평가해 볼 수 있다. 둘째, 전문가로부터 자문을 구하는 방식이다. 이 전문가는 이전에 유사한 프로그램들을 실행하여 얻은 경험과 지식을 축적하고 있을 것이다. 전문가는 현장 방문을 통해 실행 지침이나 과정을 검토하거나 지역주민, 직원 또는 이사들과 인터뷰를 가지기도 한다. 이들은 이렇게 수집되거나 관찰된 정보를 통해 기존의 프로그램들과 체계적으로 비교해 나가며 평가를 수행한다. 셋째, 특별평가위원회(adhoc evaluation committee)를 구성하는 방법이 있다. 지역사회 내의 관련 전문가 또는 관련자들을 다양하게 참가시켜서 지역사회

복지실천 개입의 초기에 다양한 목소리를 수렴해 평가해 나가는 방법이다.

형성평가에서 중요한 것은 실천가나 프로그램 제공자가 이러한 초기의 평가를 신속하고 안정적으로 전체 프로그램 과정에 적용시켜 나가는 것이다. 수정 · 보완에 따른 비용과 시간도 물론 충분히 고려되어야 하지만, 수정 · 보완 없이 진행될 경우에 발생할 수 있는 결과를 예상하기 위해서라도 형성평가가 체계적으로 실행되어야 한다.

앞에서도 언급했듯이, 형성평가가 개입 초기에 진행되는 것이라면, 과정평가는 프로그램의 수행방법이나 프로그램의 의문점에 관한 정보가 수집될 필요가 있을 때 하는 것이다. 과정평가는 일차적으로 실행과정을 살펴보려는 의도를 가진다. 프로그램이 실제로 의도한 방법으로 실행되고 있는지, 만약 실행 활동이 계획서에 기술된 대로 이루어지지 않고 있다면 왜 그런지, 성공적 실행을 저해하는 어떠한 방해물이 있는지, 현재 확보된 자원(재정, 직원, 클라이언트, 시설)이 그 계획을 실행하는 데 적절한지에 대한 답을 구하기 위한 평가다(Hardina, 2002, pp. 337-338).

조직이 프로그램을 수행한 방법을 살펴보는 데에는 과정분석(process analysis)이 유용하다. 과정분석은 투입(input), 전환(throughput), 산출(output), 결과(outcome)에서 전환과정에 대해 검토하는 것으로서 다음과 같은 내용이 포함된다. 즉, 프로그램을 수행한 직원의 노력, 프로그램 슈퍼바이저와 사회복지사 간의 상호작용, 사회복지사 간의 상호작용, 사회복지사와 클라이언트 · 서비스 소비자 간의 상호작용 등이다. 특히 지역사회복지실천의 경우, 실천가와 지역주민 사이의 상호작용, 수혜자와 의사결정자의 상호작용, 프로그램에 사용된 자원들, 개입이 실제로 수행된 정도, 클라이언트 · 소비자 혹은 특정 수혜집단의 프로그램에 대한 접근성, 다른 조직과 협력한 경우에 프로그램을 조정하고 자원을 공유하는 능력, 프로그램과 의도한 결과 간의 적합성 등도 검토되어야 한다.

그 외에 과정분석에는 프로그램 모니터링이 추가될 수 있다. 개입 계획이나 프로그램이 운영되기 위해서는 자원의 문제점과 수혜자 집단의 문제점이 해결되어야 하는데, 이에 관한 정보를 확보하는 방법이 프로그램 모니터링이다. 프로그램 모니터링에서 확보될 수 있는 정보 유형에는 다음과 같은 것들이 있다. 즉, 예산 · 자원의 활용, 직원의 질 관리(staff qualifications), 클라이언트 모집, 서비스를 받고 있는 자 중 서비스 수급 유자격자와 무자격자의 수, 프로그램 탈락자, 법이나 법적요건의 준수 등이다(Rossi & Freeman, 1985). 이러한 많은 정보가 프로그램 수행기관의 파일 속에 있어야 한다(컴퓨터를 이용해서 정보체계를 만들어 뒀다면 이러한 데이터는 쉽게 찾을 수 있다). 만약 이러한 형성평가와 과정평가를 통해 프로그램 평가자가 프로그램이 적절하게 기능하지 못하고 있다는 의견을 제시하면 의도한 목적을 달성하기 위해 프로그램이 수정될 수도 있다.

반면, 총괄평가는 프로그램이 궁극적으로 달성하고자 했던 목표를 어느 정도 달성했는가를 프로그램 종료 후에 살펴보는 것이다. 총괄평가의 대상은 프로그램의 결과 또는 성과이기 때문에 결과물 평가(outcome evaluation)로 부르기도 한다. 총괄평가는 제공된 서비스의 결과를 측정하므로 통상 개입이 끝난 후에 행해지며, 표적인구 집단에 일어난 변화에 초점을 둔다. 즉, 특정 프로그램이 의도한 바에 따라 목표를 달성하였는지 등을 평가한다. 프로그램 후원자나 입법가는 프로그램이 의도한 성과를 달성하였는가에 관심을 가지게 되는데, 총괄평가 결과는 특정 프로그램이 지속될 것인지, 아니면 중단될지를 판단하는 중요한 근거가 된다. Rosye 등(2001)은 총괄평가에서 성과물의 실증적 검증의 중요성을 강조하였으며, 이를 위해 사전 · 사후 설계나 다중 기초선 방식의 체계적 평가연구 설계가 필요하다고 주장하였다. 지역사회복지실천에서 총괄평가의 지표로는 지역사회 공동체의식 척도, 지역사회 응집력 척도, 정주의식 척도, 무질서의식 척도 등이 있다.

Dunham(1970)은 평가 후의 다음 단계(next steps)는 다음과 같이 다섯 가지 경우라고 하였다. 즉, ① 취했던 조치가 원래의 문제를 해결한 것으로 받아들이는 경우, ② 문제를 재설정해야 하는 경우, ③ 새로운 문제를 발견하는 경우, ④ 변경을 하지 않거나 수정하여 개입을 계속하기로 결정하는 경우, ⑤ 최소한 당분간은 그 문제를 해결하려는 노력을 포기해 버리는 경우다. 그런데 ②와 ③의 경우에는 새로운 문제가 발생했기 때문에 지역사회복지실천 과정, 즉 지금까지 논의한 지역사회 문제해결과정을 다시 시작해야 하는 경우라고 말할 수 있다.

총괄평가가 객관적 또는 계량적 측정치를 주요 기준으로 삼는 데 비해, 형성평가는 변화 노력에 대한 클라이언트나 사회복지사의 판단과 같은 다분히 주관적인 측정에 초점을 둘 수 있다.

총괄평가는 양적 평가다. 프로그램의 산물(the program produced)이 바람직한 지역사회 변화를 가져왔는지를 결정하는 데 사용된다. 다시 말하면, 프로그램과 그 결과물(outcome) 사이에 인과관계가 있는지를 규명하는 것이다. 또한 형성평가도 양적일 수 있다. 계획(program)이 일정 유형의 의도한 산출물(outputs)을 내고 있는지를 모니터링한다는 면에서 적절한 자격기준을 충족한 클라이언트에게 서비스를 하는지, 적절한 수

입과 지출을 유지하는지, 수치화될 수 있는 구체적인 활동(activities)을 산출하는지 등이 평가되어야 한다. 형성평가는 질적일 수도 있다. 즉, 프로그램 과정을 검토한다는 의미에서 프로그램 활동이 어떻게 수행되는가, 프로그램 수행자들 가운데 어떠한 상호작용이 생겨나는가 그리고 수행자와 소비자 가운데 어떠한 상호작용이 생겨나는가 등이 검토되어야 한다. 결과적으로 효과적인 평가란 피드백 통로를 만드는 것이다.

지역사회의 변화에는 대략 4년(1회기의 지역사회보장계획기간)에서 8년이라는 매우 장기간의 시간과 개입이 필요하므로 개입과정 마다의 피드백은 절대적으로 중요하다.

2) 지역사회복지실천 평가방법

Hardina(2002)는 지역사회복지실천 개입에 대한 평가방법이 프로그램 평가방법만큼 체계적으로 정리되지 못해 왔다는 점을 주장하면서 평가기준의 유형별로 목표 달성 평가, 사회지표 분석 평가, 현장 인터뷰 그리고 주요 사건 분석으로 나누어 제시하였다.

(1) 목표 달성 평가

개입에 대한 평가는 기본적으로 실천 계획 수립 단계에서 세웠던 목적, 목표들이 어느 정도 달성되었는가에 대한 사정으로 볼 수 있다(Hardina, 2002). 예를 들어, 〈사례 6-1〉에서 약물남용으로 인해 경찰서로부터 보호관찰 처분을 받은 청소년의 수가 연차적으로 감소했다면, 또한 조사 결과 지역 차원의 변화로 주민이 느끼는 동네의 무질서감이 감소했다면 목표가 달성되었다고 평가할 수 있다. 목표 달성 평가는 앞에서 설명한 총괄평가와 관련된다. 평가자와 프로그램 참가자들은 프로그램을 통해 해결될 욕구들이 프로그램의 배경 이론들과 어떠한 관련성이 있는가를 충분히 이해할 필요가 있다. 평가자는 또한 프로그램 실행과 관련된 논리에 대한 명확한 이해를 해야 한다. 특정 프로그램에 필요한 일련의 활동들은 평가 관련 결과물들과 반드시 연결되어야 한다. 즉, 평가자는 프로그램 실행 동안에 나타나는 세부 활동들에 대해 명확히 기술할 수 있어야 하며, 이러한 활동들과 프로그램 실행을 통해 발생하는 장단기적 결과물의 연결 구조를 파악해야 한다. 실천 개입 또는 프로그램(독립변수)과 결과물(종속변수)의 관계가 명확해야 한다. 이러한 관련성에 대한 정보들은 이론적 · 실증적 · 실천적 문헌을 통해 확보되어야 한다.

목표 달성 평가에서는 우선 단기 하위목표(immediate objective), 중간 하위목표

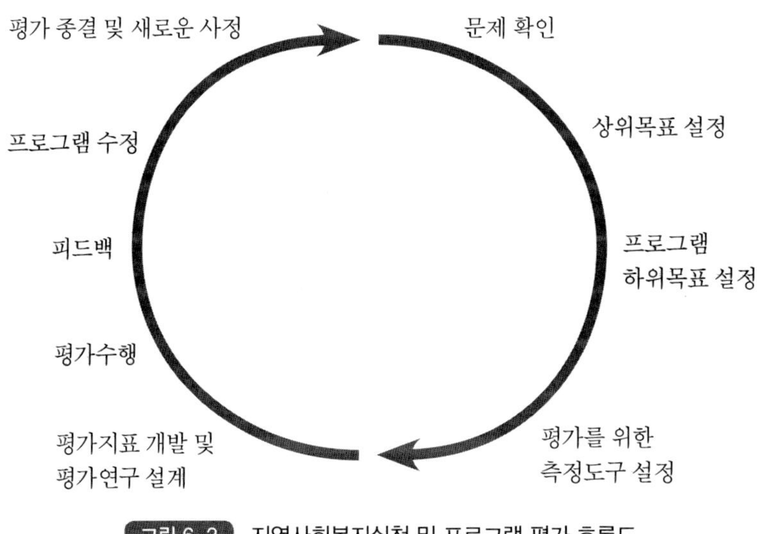

그림 6-2 지역사회복지실천 및 프로그램 평가 흐름도

출처: Hardina (2002), p. 333.

(intermediate objective), 궁극적 상위목표(ultimate goal)에 대한 단계별 설정 작업들을 필요로 한다. 다음으로, 이 목적 및 목표가 얼마나 달성되었는가를 살펴보는 것이다. 이러한 것은 평가기준과 명확히 연결되어야 하며, 평가기준은 확인된 문제와 연결되어야 한다(Patton, 1997). 단기 하위목표는 프로그램 실시 초기나 준비기간에 달성이 가능한 목적이며, 중간 하위목표는 프로그램 실행 후 일정한 기간(6개월이나 1년) 안에 달성될 수 있는 목표이며, 궁극적 상위목표는 실천 계획 수립 시나 프로그램 제안서에서 다루어진 프로그램의 최종 결과물로 볼 수 있다(Lauffer, 1984: 감정기 외, 2005 재인용). 이러한 실천 목표 달성 평가와 관련하여 Hardina(2002)는 전반적인 실천과정에서의 문제, 결과물, 평가 과정의 흐름을 [그림 6-2]와 같이 나타냈다.

(2) 사회지표 분석 평가

목표 달성 평가가 사업계획서(프로포절)나 프로그램 제안서에 설정된 여러 수준의 목표 달성 정도를 평가하는 데 초점을 두는 반면, 사회지표 분석(social indicator analysis) 평가에서는 평가의 주요 기준으로 사회지표를 고려한다. 예를 들어, 많은 경우 지역사회의 보건복지 관련 지표들(예: 건강, 안전, 실업, 범죄, 경제, 인구이동)과 관련된 2차 자료를 수집 · 분석하거나 발표된 통계치들을 중요한 기준으로 삼을 수 있다. 특히 개입 전과 그 후 일정 기간 동안에 동일한 지표에 대해 꾸준히 시계열 관찰을 하는 것은 중요한 평가방법이 될 수 있다. 이 경우에는 평가자가 평가의 지표를 구성하여 평가하는 것이 아니라 일반적 지표를 활용하여 평가한다는 점에서 다른 유형의 프로그램 평가들과는 차이가 있다.

(3) 현장 인터뷰

MacNair는 지역사회 조직이나 실천과정에 대한 정보를 수집하는 방법으로 현장 인터뷰(field interview)와 주요 사건 분석을 제시하였다(감정기 외, 2005; Hardina, 2002). 현장 인터뷰는 참여자가 조직이나 실천과정에 대해 어떠한 견해를 갖고 있는지에 대한 정보를 수집하는 데 활용된다. 즉, 이 평가방식은 참여자들이 그들의 경험, 활동 그리고 도출된 결과에 어떠한 의미를 부여하고 느끼는지에 대한 구체적이고 심도 있는 정보를 통해 해당 실천에 대한 평가를 내리는 방법이다.

이러한 인터뷰 중심의 평가방식은 실천을 통해 확보한 참여자들의 중요한 경험과 실천 지식들을 앞으로의 실천에 다시 활용하려는 것을 주요 목적으로 하고 있다. 이러한 방식에서는 인터뷰 대상자들이 특히 중요하다. 평가자는 실천이나 조직과정에 깊이 관여한 지역 지도자와 인터뷰를 행할 수 있다. 또한 특정한 이슈에 대해 알고 있고 꾸준히 관찰하고 있는 주요 정보제공자도 중요한 인터뷰 대상이다. 이러한 대상으로는 지역 언론인, 경험 많은 지역사회 활동가, 지역 종교인, 정치가 또는 경제인을 들 수 있다. 지역사회주민이나 실천의 주요 수혜자의 생각도 충분히 평가되어야 한다.

(4) 주요 사건 분석

주요 사건 분석(critical incident analysis)은 지역사회복지실천 중 특히 사회 변화와 관련된 성과, 특히 주요 사건(갈등, 대치 또는 특별 사건)에 대해 평가의 관점에서 분석해 보는 것이다(MacNair, 1996: 감정기 외, 2005 재인용). 특히 사회행동 관련 개입들에서 관련 집단 간의 의견 충돌이나 협상과정에 중점을 둔다. 이러한 사건 속에서 평가될 수 있는 사항들로는 전술이나 전략에 대한 집단들의 반응, 참가자들에 의해 표출된 감정이나 가치, 집단행동, 지도자의 질, 협력적 관계의 강점, 주민의 의사표현 정도 등이 포함된다. 이러한 평가에서는 실천가나 평가자의 현장노트가 활용된다. 현장노트에는 비언어적 행동에 대한 관찰, 인간행동의 결과물이나 잔재 그리고 현장에서 보고 들은 것에 대한 관찰자의 기록 등이 담겨 있어야 한다(감정기 외, 2005; Hardina, 2002).

수행 학습

포털사이트에서 '국가가 버린 주민들'이라는 기사를 검색하세요. 우리가 살고 있는 지역사회에는 충북 청주시 북이면 '쓰레기 소각장으로 인해 주민 —60명이 암으로 사망— 분노', 강원 동해시 송정동 '동해항에서 나오는 오염물질과 소음', 인천 서구 왕길동 사월마을 '쇳가루 마을', 전북 익산시 장점마을 '마을 인근 공장의 발암물질 배출' 등 환경오염으로 인해 살기 나쁜 곳이 군데군데 있습니다. 제5장에서 배운 '실천 모델'과 제6장에서 학습한 '실천 과정'을 적용하여 살기 좋은 지역사회로 변화시킬 개입과정을 구체화해 보세요(조별로 하면 좋겠습니다). 그리고 반송동 주민들이라면 어떻게 했을까요?

제 3 부

지역사회복지실천: 기술

제3부 총론은 제2부(제4장 이론, 제5장 모델, 제6장 과정)와 다양한 지역사회복지실천 기술(제3부)을 연결하여 이해하려는 노력이다.

앞의 제2부, 특히 제6장 '지역사회 실천 과정'에서 보았듯이, 지역사회복지실천은 사회문제가 많은 클라이언트 지역사회를 역량 있고 살기 좋은 지역사회로 변화시키려는 사회적 노력이고, 이를 위해 문제해결과정을 적용한다. 문제해결과정은 사정, 계획, 실행, 평가로 구성되는데, 이 과정에서 다양한 이론 및 모델과 실천 기술이 활용되므로 이를 체계적으로 이해하려는 노력이 필요하다.

첫째, 활용해야 하는 기술은 지역사회사정이다(제7장). 문제해결과정에서 첫 번째 과업이 '사정'이기 때문이다. 지역사회문제 때문에 생겨나는 욕구가 무엇이고, 이를 해결하기 위한 자원은 어떤 것이 있는가를 사정하는 것이다. 욕구 확인과 사정을 위한 다양한 기술이 사용된다. 자원 개발(제8장) 기술이 중요하다. 자원이란 문제 혹은 미충족 욕구를 해결하기 위해 사용되는 것이며, 인적자원과 물적자원으로 대별된다. 인적자원은 '시민'으로 변화된 주민이며, 변화를 위해서는 지역사회시민교육이 필요하다. 이는 Friedman이 '사회학습'이라는 명칭을 부여했던 Rothman(1995)의 지역개발 모델을 적용하는 것이다. 주민이 시민으로 변화되었을 때 물적자원 확보도 용이하다고 할 수 있다. 주민조직화(제9장)의 중요성은 아무리 강조해도 지나치지 않다. 주민조직은 지역사회의 가장 강력한 자원이다. 주민조직은 마을 만들기의 주체가 되어야 하지만, 지역에 다수의 주민이 참여하는 조직이 만들어져 있다면 그곳은 이미 마을이다. 그 마을은 이미 역량 있는 지역사회이고, 살기 좋은 지역사회다. 그리고 주민조직이 있어야 Rothman의 사회행동 모델을 사용할 수 있다. 법제화된 네트워크인 지역사회보장협의체(제10장)(이하 '협의체')를 잘 이해하는 것은 매우 중요하다. 협력 실천의 도구인 '협의체'의 참여자는 '공공기관' '민간기관' '주민' 셋이다. 지역단위 행위자들을 포괄하고 있으므로 바람직하다. 우리나라의 현실에서 지역사회보장계획 수립의 주체는 '협의체'이며(물론 법적 책임 주체는 시 · 군 · 구청장임), 사례관리 운영체계는 '협의체' 실무분과에 기반을 두는 것이 필요하다.

지역단위 복지정책인 지역사회보장계획(제11장)(이하 '계획')을 수립하는 것이 필요하다. 지역사회보장계획은 Rothman(1995)의 사회계획모델의 예가 된다. 지역단위에서 사례관리(제12장)는 지역사회 통합돌봄의 핵심 기제다. 사례관리는 지역사회보장계획과도 밀접하게 관련된다. '계획'은 지역의 복지정책으로서 지역사회의 가장 하위체계인 개인과 가족을 위한 복지자원의 공급 계획적 성격을 가진다. '계획'에 의해 지역사회에 개인과 가족을 위한 복지조직들이 설립·운영되지만, 이에 대한 인지·이용 능력이 부족한 개인과 가족을 위한 서비스 접근성 개선을 위한 노력이라는 특성을 가지는 것이 사례관리다. 옹호와 사회행동(제13장)은 매우 중요한 지역사회복지실천 기술이다. 제2장 지역사회를 이해하는 부분에서 Rubin과 Rubin의 '이익추구형 지역사회'에 대해 학습하였다. 많은 지역사회가 특정한 이해관계에 기초하여 통합될 수도 있고 갈등에 직면할 수도 있다. 국가나 지방자치단체가 지역주민들의 공통의 이해관계와 상충하는 정책을 결정하거나, 기업들이 주민들의 복지를 저해하는 이윤 추구 행위를 하는 경우, '사회행동'은 공동체의 이익을 지키고 살기 좋은 지역사회를 만드는 지역사회복지실천 기술이다. 대부분의 지역사회복지실천 기술이 협력적 행동이지만, 사회행동은 갈등적 행동이다.

끝으로, 지역사회사정을 하고 '계획'을 수립·실행하여 추구하는 바는 '살기 좋은 지역사회' 혹은 '역량 있는 지역사회'다. 이는 지역사회 임파워먼트 결과이다(제14장). 역량이 강화된 지역사회는 주민 스스로 자원이 되어 지역의 사회문제를 해결하여 살기 좋은 지역사회를 만든다.

지역사회사정:
욕구와 자원

이 장에서는 지역사회복지실천의 가장 기초가 되는 지역사회사정하기에 대해 학습하고자 한다. kemp(1998)에 따르면, 사정하기는 어떠한 분야에 종사하는 사회복지사에게나 필요한 핵심 기술이다. 지역사회개입은 사정의 결과에 기초해서 이루어져야 한다. 미시적 실천에서 클라이언트인 개인이나 가족에 대해 사정을 하듯이, 거시적 실천에서 클라이언트 지역사회에 대해 사정을 해야 한다. Siegel 등의 다음과 같은 지적은 유념해야 될 것이다(Siegel, Attkisson, & carson, 2001).

> 욕구사정(need assessment)은 휴먼 서비스 프로그램 기획에서 무시되고 오해되는 측면이다. 사회복지 및 보건 프로그램 · 정책은 인구집단의 특정 서비스에 대한 과학적인 욕구사정 노력에 근거해서 수립되는 것이 가장 바람직하다. 그러나 실제로 정책 · 프로그램은 이해관계, 사회서비스 이데올로기, 서비스에 대한 욕구 및 자원에 대한 접근 경쟁과 같은 정치적 맥락에서 나타난다. 그 결과, 우리 지역사회에는 중복된 서비스, 빈약한 자원 속에서 경쟁하며 조정되지 않고 느슨하게 통합된 프로그램으로 가득 차 있다. 서비스 욕구에 대한 적절한 사정이 없다면, 불충분한 모니터링과 조정되지 않는 상황은 지속되고 악화될 것이다.

미국의 복지부(Department of Health/Education and Welfare)에 제출된 보고서(1989, p. 59; 서인해, 공계순, 2004, p. 25 재인용)에 따르면 "인간의 욕구는 보통 사회, 경제 또는 건강과 관련된 용어로 표현되고, 이러한 욕구는 서술적 언급으로 나타나지만 측정 가능한 형태로 욕구가 파악될 때 보다 정확한 서비스 전달과정의 향상을 꾀할 수 있다. 우리나라의 '사회복지관 운영규정' 제1장 4조(보건복지부, 1998)에도 "사회복지관은 지역사회의 특성과 지역주민의 문제나 욕구를 신속하게 파악 · 반영하여 지역사회의 문제를 해결하고, 이에 다른 서비스를 제공해야 하며……"라고 명시하고 있다.

개인이나 가족을 사정할 때에는 강점 관점을 강조하면서 지역사회를 사정하는 경우에 문제만 강조하는 것은 논리적으로 일관성이 떨어진다. 따라서 지역사회사정하기에 자원사정하기도 반드시 필요하다. 지역사회복지실천에서 자원사정하기는 점점 강조되고 있다(Delgado & Humm-Delgado, 2013; Johnson & Yanca, 2001).

다음에서 지역사회사정의 의미와 유형, 욕구확인과 욕구사정, 자원사정 그리고 사정을 위한 조사방법 등에 대해 살펴보고자 한다.

1. 지역사회사정의 개념과 의의, 유형

1) 지역사회사정의 개념과 의의

지역사회사정하기의 좋은 예로 실화를 소재로 한 영화 〈에린 브로코비치〉에서 에린의 행동을 소개하고자 한다. 에린은 통장의 잔고가 70달러 밖에 안 되었고, 일자리를 구해야 하는 절박한 상황에 처해 있었다. 이혼녀인 그녀는 홀로 아이 셋을 키우고 있었다. 설상가상으로 교통사고까지 당해 생활은 더 궁핍해졌다. 그런데 교통사고 해결을 위해 찾았던 변호사에게서 일자리를 얻었다. 에린은 고졸이었기 때문에 신입사원이나 할 서류 정리 업무를 맡게 되었다. 가까스로 로펌에 취직하게 된 에린은 호기심이 넘치고 생각할 줄 아는 사람이었다. 어느 날 일을 하던 중에 그녀의 눈에 이상한 점이 발견되었다. 무언가 석연치 않은 사건이었는데, 처음에는 서류 정리가 잘못된 것이라고 생각했다. 에린은 이 점을 스스로 알아보기로 했다. 상사에게 말하지 않고 사무실을 나와 차를 몰고 모하비 사막으로 향했다. 그리고 해당 사건의 가족을 만나 직접 이야기를 나누었다. 젊은 아기엄마가 5번이나 유산을 하고, 10대 소녀가 척추 이상으로 일어서지

못하고 누워만 있고, 유방암에 걸린 주부가 많은 것을 이상하게 생각했다. 그리고 인근에 위치한 한 회사를 의심했다. 에린은 마을 주민 중 몇몇 가족만을 만났을 때 문제가 빙산의 일각일 수도 있다는 사실을 깨달았다. 문제를 바라보던 그녀의 시각은 미시적 관점에서 거시적 관점으로 옮겨졌다. 그래서 단순한 사회복지 차원을 넘어 진상조사에 나섰다. 처음 생각했던 것과 달리, 이 지역사회 전체에 문제가 있다는 생각이 들었다. 에린은 1,000명의 주민이 살고 있던 캘리포니아주 힝클리(Hinkley)와 이곳에 소재한 기업 PG&E에 대한 진상조사에 나섰다. 먼저, 주민들에게 자신을 소개하고 주민 한 명 한 명과 만나 그들의 이야기를 듣고 꼼꼼하게 기록했다. 함께 나들이도 가고 집을 찾아가 이야기를 나누면서 주민들과 친해졌다. 이렇게 증거를 수집하면서 그녀는 마을 주민의 강인함을 느낄 수 있었다. 에린은 도와주겠다는 제안을 하기 전에 서로 같은 편이 되어야 한다는 것을 알았기 때문에 먼저 '신뢰'를 쌓아 갔다. 팔을 걷어붙이고 사건에 본격적으로 파고들었다. 그런 노력은 주민의 마음을 사는 데 성공했고, 공장에서 일하던 주민은 그녀에게 기밀문서를 슬쩍 건네기도 했다. 에린은 법을 정식으로 공부해 본 적이 없는 사람이다. 그러나 법률 기록으로 가득 찬 문서를 보아도 겁먹지 않았다. 그녀는 늘 당당한 사람이었고, '시민'(제8장 참조)이었다. 관련이 있다고 생각되는 기록을 모두 복사했다. 기록의 공개와 사용할 권리를 주장했고, 토양과 물 등의 시료를 수집했다. 로펌의 일개 사무직원에 불과했던 그녀는 식수가 6가크롬에 오염되면서 지역주민의 건강을 해쳤다는 사실을 밝혀 낼 수 있었다.

그런데 PG&E는 주민들에게 크롬의 좋은 점에 대해서만 알려 줬다. 에린은 인근 대학의 독성학 교수를 찾아가 크롬에 대해 물어보고, 크롬에는 좋은 크롬도 있지만 사람을 병들게 하는 중금속 크롬이 있다는 것을 알게 되었다. 에린이 일하던 법률사무소의 도움으로 마을 주민 600여 명은 PG&E를 상대로 소송을 시작했고, 에린의 조사 덕분에 3억 3,300만 달러의 합의금을 받아낼 수 있었다. 이 모든 것이 에린이 지역사회를 사정하고 지원했기 때문에 가능했다. 마을 주민들을 위해 정의를 실현하겠다는 에린의 의지는 줄리아 로버츠 주연의 영화로 만들어졌다. 에린의 일화는 지역사회 사정을 실시할 때 지역사회라는 분야에 대한 방대한 검토나 조사가 수반될 수 있다는 사실을 잘 보여 준다. 지금까지 간단히 소개한 영화 〈에린 브로코비치〉에서 지역사회사정하기에 대해 대략적으로 이해했을 것이다.

Hardcastle 등(2004)은 "지역사회사정하기란 특정 지역사회가 처한 상황을 이해하기 위한 과정으로서 포괄적인 의미를 갖는다. 지역적으로 광범위할 수도 있고 혹은 협소

할 수도 있으며, 일반 지역주민 대상일 수도 있고 혹은 특정 인구집단에 초점을 맞출 수도 있다."라고 하였다. 지역사회사정하기에 대해 공부하기에 앞서 사회복지실천론에서 배운 사정하기에 대해 간단히 복습할 필요가 있다. Siporin은 "사정이란 개입의 근거를 이해하는 과정이고 산물이다."(Johnson & Yanca, 2001, p. 260 재인용)라고 간결하게 정리했는데, Johnson과 Yanca(2001)의 설명을 좀 더 살펴보면 다음과 같다.

"일반주의 사회복지실천과정은 사정, 계획, 실행, 종결로 구성된다. 첫 번째 단계는 사정(assessment)이다. 사정은 개입과정의 핵심에 속하는 복합적인 과정이다. 사정단계에는 사회복지실천과정을 고전적으로 표현하던 '연구' '진단' '개입' 모두를 포함한다. 사정단계는 분석이라는 용어가 사용되면서 시작된다. 개인, 가족, 소집단, 조직(기관) 그리고 지역사회에 관한 이해를 심화시켜 가는 것이 사정의 중요한 측면이다. 사정은 클라이언트가 가지고 있고, 클라이언트의 환경체계가 가지고 있는 강점과 자원을 명확하게 하는 것이고, 이러한 생태체계 내에서의 개인과 환경 간의 상호교류를 규명하는 것이다. 그런 면에서 사정은 사회 연구(social study)다. 사정은 인간을 개별화하고 사회체계를 개별화하기 위해 사용되는데, 본질적으로 합성물(ingredient)이다."

사정이란 정보를 수집·분석하는 것이고, 사실들의 의미를 이용 가능하게 짜맞추는 것인데, '사정'에 '실행'을 위한 '계획'이 포함되지는 않는다. 지역사회사정에서 정보는 개인과 관련 체계에 관한 것이어야 하며, 개인의 환경인 지역사회에 관한 것이어야 한다. 지역사회체계의 강점, 해결해야 할 과제, 변화의 동기와 장애물이 무엇인지를 확인하는 것도 중요하다. 당연히 지역사회체계 내의 인구적 특성에 관한 정보와 관련 상황에 대한 정보를 수집하는 것도 중요하다. 또한 사회복지전달체계 내 기관들 간의 상호관계 및 협력에 관한 정보를 수집하는 것도 중요하다. 자원조달(funding)과 이용 가능한 자원(resources) 그리고 지역주민의 태도나 가치관, 문화적 요소에 관한 정보도 개입에 영향을 미친다.

영국의 Jeffries(1996, p. 106)는 지역사회사정에서 다음과 같은 것을 파악해야 한다고 주장하였다. 즉, 특정 지역에서 변화가 어느 정도 필요한가, 해당 지역사회에서 사용할 수 있는 자원으로 변화가 이루어질 수 있는 가능성이 있는가, 해당 지역사회와 영향력 있는 인사들이 변화를 거부하거나 지지할 가능성이 있는가 그리고 해당 지역사회에 이러한 변화를 실현하기 위해 체계적인 의사결정과정이 있는가를 파악해야 한다.

지금까지의 검토를 바탕으로 지역사회사정이란 지역사회의 사회문제·욕구와 자원을 사정하여 개입 계획의 근거를 마련하는 것이라고 정리할 수 있다.

2) 지역사회사정의 유형

Spradley(1990, p. 388)는 사정의 범위를 기준으로 포괄적 사정, 친숙화 사정, 문제 중심 사정, 하부체계 사정으로 구분하였는데, 이를 살펴보면 다음과 같다.

(1) 포괄적 사정

포괄적 사정은 지역사회 전체를 아우르고, 철저한 방법을 사용하며, 원천 자료를 생성해 내기 위한 것이다. Martinez-Brawley(1995, p. 23: Hardcastle et al., 2004, p. 177 재인용)는 지역사회사정은 '지역사회 구성원 간의 유대감, 구성원들의 사회참여, 상호의존성 면에서 어떠한가'와 같은 고차원적이고 추상적인 질문에서부터 시작해야 한다고 하였다. 이러한 질문에 대한 답을 얻기 위해서는 심층적인 분석이 필요하다. 보통 포괄적 사정을 하는 경우, 기획 또는 개발 사업이 수반된다. 우리나라에서 시군구 지역사회보장계획이나 시도 지역사회보장계획을 수립하기 위하여 4년에 한 번씩 시군구 단위 혹은 시도 단위로 복지욕구조사와 자원조사가 실시되고 있음을 상기할 필요가 있다. 역사적으로 최초로 전 도시에 대해 사정을 한 예는 피츠버그 사회조사(1909~1911년)를 들 수 있다.

> 미네소타주 세인트 폴(Saint Paul)의 획기적인 연구로 '휴먼 서비스를 위한 지역사회계획'이 있다. 여기서는 지역사회 내에 있는 모든 기관이 의존, 만성 질병, …… 그리고 …… 어려움이 있는 사람들이 어떻게 살아가고 있는지에 대해 조사한 연구였다. 미국의 많은 지역에서 욕구사정이 이루어졌는데, 이것의 동력은 연방정부의 기금지원이었다(Tropman, 1995).

(2) 친숙화 사정

친숙화 사정은 지역사회 전체를 다소 간략하게 살펴보고 총괄적으로 이해하는 것을 목표로 한다. 앞에서 에린은 "주민들에게 자신을 소개하고 주민 한 명 한 명과 만나 그들의 이야기를 듣고 꼼꼼하게 기록했다. 함께 나들이도 가고 집을 찾아가 이야기를 나누면서 주민과 친해졌고, 신뢰를 쌓아 갔다. 이렇게 증거를 수집해 갔다."라는 부분이 있는데, 이를 친숙화 사정이라고 볼 수 있다. 지역사회와 클라이언트의 관심사를 숙지하는 것으로 친숙화 사정을 시작한다. 예를 들어, 지역사회실천가가 발달장애인 자녀를 돌보는 부모들을 한 자리에 모이게 하여 서로 이야기를 나눠 보도록 함으로써 주민과 친숙해질 수 있는데, 이것은 지역사회를 사정하는 데 기초가 될 수 있다. 케이스 워커가 클라이언트와 라포 형성을 위해 친해져야 하듯이, 지역사회실천가는 지역사회 주민과 친숙해짐으로써 지역사회를 더 잘 알 수 있다. 주민과 이야기를 하다 보면 장애자녀를 둔 부모에게 무엇이 필요하고 어떠한 고충이 있는지를 공감할 수 있을 것이고, 이들을 도울 자원을 찾을 단초를 찾을 수 있을 것이다. 또한 이들의 상황을 바탕으로 거주지역에서 제공하는 지원이 적절한지 여부도 구체적으로 파악할 수 있을 것이다.

(3) 문제중심 사정

문제중심 사정은 지역사회의 특정 사회문제를 중점적으로 다루는 사정이다. 〈사례 6-1〉에서 약물남용 청소년 문제에 대한 사실을 기술하였는데, 이것이 문제중심 사정의 예가 될 수 있다. 캐나다의 콘 리버(Conne River)라는 마을에서는 가정폭력에 대한 사정을 실시했다(Durst, MacDonald, & Parsons, 1999). Kettner, Moroney와 Martin(1990; Hardcastle et al., 2004 재인용)은 문제중심 사정을 하는 경우, "정치적 환경에 대한 분석, 문제를 다룰 수 있는 지역사회의 준비 정도, 지역사회가 문제해결에 투입할 자원" (p. 41)까지 포함해서 사정을 해야 한다고 하였다.

(4) 하위체계 사정

하위체계를 사정한다는 것은 지역사회 생활의 한 단면을 분석하는 것이다(Spradley, 1990, p. 388). 사회체계이론에서 지역사회는 정치 · 경제 · 교육 · 자발적 결사 · 보건복지 체계라는 하위체계로 구성됨을 확인하였다. 전체 사회복지체계는 기준에 따라 다양한 하위체계로 분류될 수 있다. 다양한 클라이언트 개인을 개입 대상을 기준으로 한다면 아동복지체계, 노인복지체계, 장애인복지체계 등으로 구분할 수 있고, 실천방법을 기준으로 대별한다면 직접실천체계와 간접실천체계로 구분된다. 사례관리체계를 하나의 전체 체계로 보고 '하부체계 사정'에 대해 설명해 볼 수 있다. 전체 사례관리체계를 사례발굴체계와 사례관리운영체계로 대분할 수도 있다. 조미숙(2012)은 사례관리운영체계를 사례관리자, 사례관리팀, 통합사례관리팀(민관협력사례관리팀), 전문 슈퍼바이저, 솔루션위원회, 통합사례관리지원단, 사례관리지원망이라는 하부체계로 구성된다고 하였다. 지역사회사정하기에서 하위체계 사정은 이러한 다양한 하위복지체계에 대한 사정을 의미한다고 볼 수 있다. 특정 지역에서 사례관리운영체계가 기능적이라면, 사례발굴체계가 기능적인가에 대한 사정이 필요하다. 예를 들어, 복지사각지대

라는 용어는 사례발굴체계가 기능적이지 않음을 나타낸다고 볼 수 있다. 또한 사례관리를 위한 민관협력체계도 하위체계 사정의 대상이 될 수 있다.

Siegel 등(2001, pp. 223-224)은 전반적인 서비스 전달체계의 효과성, 적절성과 관련하여 다음과 같은 다섯 가지 상이한 이슈에 초점을 맞춰 사정해야 한다고 했다.

- 인구 특성과 사회적 영역의 욕구 상태와 관련된 서비스 가용성(availability)
- 인구의 욕구 상태, 환경적 특성 및 서비스 자원의 분포와 관련된 서비스의 접근성(accessibility)
- 서비스를 이용할 수 있는 기회에 대한 주민들의 인식(awareness)
- 개인의 복합적인 문제 및 서비스 네트워크 연결의 가용성과 대비되는 서비스의 통합성(integration) 및 연속성(continuity)의 수준
- 사회적 영역에서 욕구 상태에 대비되는 자원의 수준과 가용 자원의 분배

2. 사정: 욕구확인과 욕구사정 그리고 자원

욕구확인과 욕구사정에 대해서 학습하고, 사정과 혼동되는 프로그램 평가를 구분해서 이해하는 것이 필요하다. 욕구해결의 수단인 자원사정에 대해서도 학습해야 한다.

1) 욕구확인과 욕구사정의 개념과 중요성

Siegel 등(2001)은 「지역사회 맥락에서 욕구확인과 프로그램 기획」이라는 논문에서 욕구확인과 욕구사정에 대해 다음과 같이 기술하였다. 즉, "서비스 기획이나 프로그램 개발에서 욕구확인과 욕구사정은 통합된 측면이다. 구분해서 이해하는 것이 필요하다. 욕구확인(need identification)은 특정 지역에서 보건 및 복지 서비스, 즉 사회적 측면에서 필요한 것(requirements)을 기술적으로 설명하는 것인 반면, 욕구사정(need assessment)은 서비스 기획이나 프로그램 개발을 위해 확인된 욕구의 상대적 중요성을 판단하는 과정이다." 욕구확인과 욕구사정은 두 단계로 나누어 실행된다. 첫 단계가 욕구확인인데, 이는 측정 도구를 사용하여 사회적 욕구를 측정하는 것이다. 측정 후 이어지는 두 번째 단계가 욕구사정인데, 이는 이용 가능한 자원 등을 고려하여 확인된 욕구

에 우선순위를 부여하는 과정이다(Siegel et al., 2001).

(1) 욕구의 개념

욕구확인과 사정을 위해서는 욕구개념을 잘 이해하는 것이 중요하다.

Siegel 등(2001)은 욕구를 욕구 결정에 책임이 있는 사람들이 필요한 수준이나 조건으로 간주하는 것과 실제로 존재하는 것 사이의 간극으로 정의하였다. 이는 Bradshaw(1977)의 규범적 욕구와 유사한 개념이다. Siegel 등(2001)은 Nguyen, Attkisson 그리고 Bottino의 **미충족 욕구** 개념을 인용하였다. '미충족 욕구(an unmet need)'란 삶의 문제, 나쁜 건강 또는 심리적 상태, 또는 바람직하지 않은 삶을 살고 있다고 인식될 때 존재하며, 만족스러운 해결책으로는 추가적인 자원 동원 또는 기존 자원의 재할당이 있다. 이러한 정의의 핵심적 요소는 다음과 같은 세 가지다.

- 문제의 인식, 나쁜 건강이나 심리적 상태, 또는 바람직하지 않은 삶
- 만족스러운 해결책이 지역사회에 존재하지 않거나, 접근할 수 없거나, 현재 적절하지 않다는 판단
- 기존 자원을 재할당하거나 적절히 사용해야 할 필요성

이러한 '미충족 욕구'의 정의는 다음과 같은 중요한 의미를 갖는다.

- 문제의 '개념'은 다음과 같은 의미를 갖는다. 즉, ㉠ 현재 상태에 대해 인식하고, ㉡ 비교 수준을 설정하여, 즉 바람직한 것이 무엇인지, ㉢ 현재 상태와 바람직한 것의 불일치 범위와 특징을 평가한 것이다.
- 문제의 '인식'이란 존재하는 것과 바람직하거나 필요하다고 판단되는 것 사이의 불일치를 결정하는 과정을 말한다. 이 과정에는 복지 및 건강 관련 전문가뿐만 아니라 관련 시민, 이익 및 정치 단체, 보건 및 복지 서비스의 소비자, 자금 제공자, 프로그램 기획자, 서비스 제공자가 참여해야 한다.
- 만족스러운 '해결책'은 실제로 존재하는 것과 바람직하거나 필요하다고 여기는 것 사이의 격차를 줄일 수 있는 것으로 간주되는 활동, 프로그램 또는 서비스를 의미한다.
- 문제 확인과 해결책을 결정하는 과정은 참여자들의 가치관과 태도, 관점 안에서

이루어진다.

- 문제(참여자의 가치와 태도에 따라 다르게 정의될 수 있는)에 대한 해결책에는 재정 지출이나 자원 동원이 필요하기 때문에 자원 사정은 중요한 과정인데, 이를 위해서는 미충족 욕구들 사이의 상대적 우선순위에 대한 합의에 도달해야 한다는 의미다.
- 마지막으로, 욕구사정을 위해서는 모든 수준의 사회조직(개인, 가족 또는 그룹, 조직 또는 소셜 네트워크, 제도체계, 지역사회 및 사회와 같은)에 적절하게 초점을 맞추어야 한다. 문제의 본질은 그것이 발견되는 사회조직의 수준에 따라 달라지고, 해결책의 본질 또한 문제에 대응하기 위한 행동이나 프로그램을 수행하는 사회조직의 수준에 따라 달라지기 때문이다.

이러한 의미의 미충족 욕구 개념을 Harvey가 제시한 음식, 주택, 의료, 교육, 사회 및 환경, 소비재, 레크리에이션, 이웃의 분위기, 대중교통 등과 같은 사회적 욕구에 적용할 수 있다. 지역사회에서 살아가고 있는 주민 다수가 Harvey가 제시한 영역의 욕구가 충족되지 않는다고 생각하면 그 지역사회는 클라이언트 지역사회라고 할 수 있다.

요컨대, 사정은 사회적 영역에서의 미충족 욕구에 초점을 맞춘 연구조사 및 기획 활동이다.

욕구확인을 위한 양적 · 질적 데이터를 확보하기 위해서는 다음과 같은 네 가지 요소가 고려되어야 한다.

① 정보

어떤 사정(assessment) 데이터가 해당 지역 프로그램과 가장 관련성이 높은가? 원하는 데이터를 얼마나 쉽게 얻을 수 있는가? 데이터의 정확성과 유용성은 어떠한가? 지역 단위에서 현장실무자들은 소속기관 외의 프로그램에 대해서 잘 모르는 경향이 있다. 지역에서 이루어지는 전체적인 프로그램 데이터를 모으는 것이 중요하다.

② 사용 가능한 자원

사정 작업에 투입될 수 있는 인력 및 재정 자원은 어느 정도나 되는가? 이러한 데이터를 수집하는 데 드는 비용은 얼마인가? 데이터로부터 예상되는 이익이 비용보다 더 큰가? 이 자원들로부터 원하는 정보를 충분히 얻을 수 있는가? 우리의 현실에서 4년에 한 번 씩 이루어지는 시군구 지역사회보장계획 수립을 위한 욕구조사 비용을 중앙정부에서 지원하거나 광역자치단체에서 지원하고 있다.

③ 프로그램 (개발) 현황

서비스 시스템이 새로 구축되어야[1] 하는가, 아니면 프로그램 기획 초기단계의 수준인가? 현재 이용 가능한 서비스의 범위가 얼마나 넓은가? 서비스 시스템 조직 네트워크가 있는가? 지역 정보 수집 시스템의 역할을 하기 위해서는 협력 네트워크(collaborative networks)가 형성되어야 한다. 우리나라에서 협력 네트워크는 지역사회보장협의체다. 지역 수준에서 지역사회보장협의체는 현장 조사를 수행하고 적절한 정보가 지역사회 수준으로 전달될 수 있는 통로 역할을 한다.

④ 지역사회의 태도

설문조사, 커뮤니티 포럼 및 기타 다양한 사정 접근법에 대해 지역사회가 얼마나 수용적인가? 지역사회보장계획 수립에 있어서 가장 어려운 것은 지역주민들을 대상으로 수행해야 하는 설문조사일 것이다. 도심지역 아파트의 경우에 비밀번호를 입력해야 하므로 출입조차 어렵다. 설문조사 대상 주민을 만날 수 없는 것이다. 부천시의 경우에는 시청 담당과장-동장, 통장, 아파트관리소장 등으로 이어지는 행정라인의 협조를 받아 설문조사를 수행했다(함철호 외, 2012).

지금까지 욕구의 개념, 욕구확인—욕구 관련 데이터 수집을 위한—을 위한 요소 등을 살펴보았다. 이어서 욕구사정 방법으로서 수렴 분석에 대해 살펴보겠다.

(2) 욕구사정: 수렴 분석

욕구사정은 앞에서 살펴본 욕구확인에 이어지는 단계다. 욕구사정에는 수렴 분석(convergent analysis) 방법이 적용된다.

다양한 욕구확인 방법에 의해 수집된 정보를 체계적이고 순차적으로 배열하여 지역사회의 욕구를 정확하게 확인하고, 확인된 욕구 중 상대적 우선순위를 사정해 낸다는

1) 1974년 제정된 미국의 「국민건강계획 및 자원개발법(Public Law 94-63)」은 모든 새로운 의료 서비스가 기존 서비스와 조정되고 통합되어야 한다고 규정하고 있다. 이 법은 기존 서비스가 적절하게 사용되어야 하며, 새로 제안된 서비스와 통합되어야 한다고 강조하고 있다. 이를 위해 지역 내 서비스 네트워크들의 협력에 의한 욕구사정이 이루어져야 한다(Siegel et al., 2001). 부천시 지역사회복지협의체라는 네트워크는 '서비스 중복을 극복하기 위해' 지역주민 욕구조사 보고회를 했다(함철호 외, 2012).

의미에서 '수렴 분석'이라는 용어를 사용한다. 이 용어는 좀 낯설다. 그러나 이미 해 오고 있다. 복지부 · 한국보건사회연구원(2022)의 '5기 지역사회보장계획 수립 매뉴얼'에서는 "지역 전체의 의견 수렴이 다각도로 이루어져야 한다."고 했다. 지역에서는 다음과 같은 다양한 방법으로 수렴 분석을 하고 있다. 즉, '대 주민욕구조사 보고회' '욕구조사 결과에 대한 자문단과 의견수렴지원단의 검토와 의견 취합' '실무분과별 우선순위사업 제안' '실무분과 제안사업에 대한 실무협의체 검토' '최종안 주민공청회와 의견 수렴과 수정' '홈페이지 공고와 주민의견 수렴' 등이 그것이다.

이러한 맥락에서 '수렴'이라는 용어는 몇 가지 의미를 가진다.

첫째, 다양한 출처, 예컨대 시민, 소비자, 서비스 제공자 및 의회의원 혹은 선출직 공무원의 반영 요구 등에서 얻는 다양한 정보를 수렴하는 것이다. 관련하여 Innes와 Heflinger(1989)는 욕구사정을 할 때에는 이해관계 당사자들이 모두 참여해야 한다고 하였다. 욕구사정 이해관계 당사자란 계획되고 평가되는 프로그램이나 서비스에 의해 영향을 받게 되는 사람으로 정의되며, ① 프로그램이나 재원에 관한 결정을 하는 사람, ② 서비스를 제공하는 사람, ③ 서비스를 받는 사람, ④ 프로그램으로 인해 일반적으로 혜택을 받는 지역사회 그리고 ⑤ 방법과 적용한 지식을 개발하는 데 개입된 사회과학 연구단체를 포함한다.

이러한 이해관계 당사자를 「사회보장급여법」 제35조에 근거한 지역사회보장계획의 수립과 관련시켜 이해하면 다음과 같다. '재원을 결정하는 사람'이란 시도나 시 · 군 · 구청의 재정 업무를 담당하는 총무과장이다. 민간 복지기관의 전문가들은 주민들의 욕구를 반영한 다양한 신규 사업을 하고자 하나 총무과장은 재정 형편을 들어 신규 사업에 반대 의견을 낸다. '서비스를 제공하는 사람'은 복지기관의 사회복지사들이고, '서비스를 받는 사람'은 클라이언트 혹은 일반 주민이 된다.

둘째, 일부 중복되지만 고유한 정보를 가지고 있는 상이한 사정 전략을 수렴시키는 것이다. 장애인들의 욕구사정을 하는 경우에 일차적으로 설문조사를 하고, 서비스 제공자 대상의 초점집단 인터뷰(Focus Group Interview: FGI)를 하며, 장애인부모회 구성원을 대상으로 개별 인터뷰나 FGI를 통한 정보를 수집하고 우선순위를 설정해 가는 전략을 취할 수 있다. 설문조사, FGI, 개별 인터뷰 등과 같은 사정 전략을 통해 장애인 집단의 욕구정보를 수렴할 수 있다.

셋째, 수렴은 시간이라는 변수로 바라본 바람직한 사정 절차의 누적 특성을 설명한다. 서로 다른(순차적이기는 하지만) 시점에 수집된 정보(다양한 범위의 데이터 수집 방법 및 관점에서의 정보)는 특정 사회 영역의 서비스 요구를 정확하게 묘사하기 위해 지속적으로 모을(pooled) 수 있는 범위까지 수렴된다. 4년 단위의 '시군구 지역사회보장계획'이 제5기째 수립됨을 볼 때, 지역사회보장계획은 20년간의 시간 변수가 반영된 욕구 데이터에 기반을 둔 것이라고 볼 수 있다.

앞의 세 가지 수렴 분석 개념은 정보가 단계적으로 증가할 때마다 지역사회 영역에 대해 한층 더 근사하게 효과적으로 설명한다는 것을 의미한다. 즉, 수렴 분석은 사회적 영역에서 욕구에 대해 수렴적이고 차별적인 타당화에 도달하기 위한 동적 프로세스다(Campbell & Fiske, 1959: Siegel et al., 2001 재인용). 수렴의 마지막 의미는 사정 정보가 전달되어야 하는 조직 수준에서 찾을 수 있다. 중앙정부 및 지방정부로부터의 정보는 지역사회 수준에서 서비스 프로그램 네트워크에 '수렴'된다. 시도, 시군구, 읍면동이라는 다층적 지역 수준에서 생성된 '욕구' 데이터와 통합될 때, 이 정보는 보다 체계적인 프로그램 기획을 가능하게 한다.

수렴 분석은 일반적으로 법률 및 상위계획(시군구 계획은 시도 계획과 복지부의 사회보장기본계획), 과거의 서비스 전달 트랜드, 클라이언트 이용 정보와 같은 서비스 시스템상 데이터에서 시작된다. 수렴 분석 초기 단계에 투입되는 요인으로는 계획 수립자와 서비스 제공자들의 지향성 및 관심사, 자문위원회 등의 관점이 있다. 그런 다음 지역사회의 여건에 대한 광범위한 인식을 포착하도록 설계된 기술 네트워크를 통해 특정한 사회적 영역 또는 표적이 되는 지역사회에 대해 수집된 정보를 통합한다.

요약하면 욕구사정 방법으로서 수렴 분석은 단계적 · 다층적 · 다양한 기법을 전략적으로 사용한다. 각 기법(예: 공식 및 비공식 조사, 사회 인구 통계 분석 및 커뮤니티 포럼)을 적절한 정보 제공자 그룹(서비스 이용자, 주민, 전문직 종사자, 정치인, 연구자 등)을 대상으로 사용한다. 수렴 분석의 결과는 합리적인 기획과정에 반드시 필요한 욕구 정보에 대한 통합적이고 최대한 검증된 설명이다. 수렴 분석이란 결과적으로 합리적 서비스 기획과정에 최대한 타당성이 검증된 욕구 정보를 투입하는 것이다.

(3) 욕구사정의 성격: 프로그램 평가와 차이

지금까지 욕구사정에 대해서 학습하였는데, 욕구사정과 프로그램 평가를 절대 혼동하지 않도록 주의해야 한다(Siegel et al., 2001). 프로그램 평가와 욕구사정, 둘 다 더 커다란 프로그램 기획-실행-평가라는 사이클의 일부이지만, 욕구사정과 프로그램 평가는 다르다. 욕구사정은 인구 특성, 환경 특성, 개별 시민들의 욕구 상태와 관련된 이

슈에 초점을 맞추는 인간의 환경을 모니터링하는 시스템(an environmental monitoring system)이지만, 후자는 프로그램의 노력성, 효과성 및 효율성과 같은 프로그램의 성취도를 평가하는 내부 모니터링 시스템이다. 욕구사정과 프로그램 평가는 개념적으로 분리되고 조작적으로 달라서 양자가 비교되고 대조될 수 있다. 좀 더 자세히 살펴보아야 한다.

Attkisson과 Broskowski에 의하면, 프로그램 평가는 다음과 같은 속성을 가진다.

① 프로그램 노력, 효과, 효율성 및 적정성에 대한 합리적인 판단 과정이다.
② 체계적인 자료 수집 및 분석에 기초한다.
③ 프로그램 관리, 외부적 책임성 및 미래 기획에 사용할 수 있도록 설계된다.
④ 접근성, 수용성, 인식, 가용성, 포괄성, 연속성, 통합성 및 서비스 비용에 특별히 중점을 둔다.

반면에 욕구사정은 환경 모니터링 시스템으로서 다음과 같은 속성을 가진다.

① 프로그램 관련성(relevance), 적절성(adequacy) 및 타당성(appropriateness)을 측정하고 판단하기 위해 설계된다.
② 체계적인 정보 수집 및 분석에 기초한다.
③ 보건 욕구 및 복지 서비스 욕구에 관련된다.
④ 다양한 측정방법을 통해 생성된 데이터를 다층적 수준(multiple levels)의 사회적 관점을 통해 걸러낸 것이다.

다르게 표현하면 욕구사정 데이터는 변화하는 지역사회 욕구에 대한 지속적인 평가를 기반으로 프로그램 기획 및 수정을 위한 기본적인 탐색 시스템을 제공한다. 한편, 프로그램 평가에 의한 정보는 프로그램의 목표와 미션이라는 측면에서 프로그램의 성취도를 평가하는 내부 모니터링 시스템으로서 프로그램 관리를 위한 피드백에 사용된다.

좀 더 나은 이해를 위해 욕구사정과 프로그램 평가의 구분에 대한 Tropman (1995)의 견해를 추가하면 다음과 같다. 즉, 욕구조사는 적절한 표적을 향하도록 프로그램을 이끄는 반면, 프로그램 평가는 표적이 맞았는지를 결정한다. 욕구사정에 있어 어떠한 조건이 존재하는가 하는 물음은 이 조건에서 욕구 충족을 위해 무엇이 되어야 하는가라는 더 큰 문제로 이어진다. 한편, 프로그램 평가에 있어서 문제는 무엇이 행하여졌는지 그리고 이 행해진 것이 효과적이었는지, 효율적이었는지에 관한 것이다. 이 관점에서 욕구사정과 평가는 지역사회문제와 욕구를 해결해서 주민들의 삶의 질을 향상시켜 가는 전체 과정의 일부분이라는 점이다. 따라서 사정-계획-실행-평가라는 개입과정상의 욕구사정을 위한 조사와 프로그램 평가를 위한 조사를 연결시키는 것을 강조한다.

Siegel 등(2001)도 보건 및 복지 서비스 프로그램에서는 욕구사정 데이터 수집 및 분석 시스템과 프로그램 평가 데이터 수집 및 분석 시스템 사이에 명확하고 개방적인 공유면(interface)이 있어야 한다고 주장했다. 이 공유면은 두 프로그램 기획 시스템의 구체적인 협업과 통합을 요구하는데, 이는 특히 데이터 수집과 분석이 명확하게 중복되는 영역에서 이를 피하기 위한 것이다.

요컨대, 프로그램 평가와 욕구사정은 결과적으로 상당히 상호의존적인 과정이다. 각각의 프로세스는 서로의 정보를 소비하며, 프로그램 기획에 필수적인 정보를 제공하는 기반이 된다. 계획 수립자는 두 가지 정보 세트를 모두 필요로 하며, 욕구에 대한 정보와 프로그램 평가 데이터를 동시에 이용할 수 있어야만 완성도 높은 계획이 수립될 수 있다.

(4) 욕구사정에서의 주요 고려사항

욕구사정하기를 할 때, 다음과 같은 사항에 유의해야 한다(Sheafor, Horejsi, & Horejsi, 1997, pp. 407-408).

첫째, 사회복지사는 의사결정자가 욕구사정을 함으로써 어떤 문제에 개입하고자 하는지, 정책 의도가 무엇인지를 명확하게 이해하고 있어야 한다.

둘째, 자료 수집과 분석의 적절한 기법을 선정하기 전에 욕구사정의 목적과 목표를 분명히 해야 한다. 욕구사정을 기획하는 단계에서 새로운 서비스를 개발하려는 것인지, 아니면 기존 서비스를 개선하려는지를 명확히 한 다음에 조사대상자들에게 어떠한 질문을 할 것인지를 고민해야 한다.

셋째, 욕구조사를 하는 데 있어서 타 지역 혹은 타 기관의 것을 참고할 수는 있지만, 목적이나 방법을 차용할 때에는 철저하게 지역사회와 주민의 입장에서 검토하고 결정해야 한다. 특정 이해관계자나 기관에 의해 결정되어서는 안 된다.

넷째, 욕구사정을 기획하는 단계에서 미충족 욕구가 생겨나는 상황이 존재하는 이유를 예측해 보는 것은 중요하다. 다음과 같은 이유가 있을 수 있다. 지역사회 내에 사용 가능한 서비스가 없을 수도 있으며(예: 경남 H군의 주민들은 노인복지관이나 사회복지관 서비

스를 이용하고 싶으나 H군에는 그러한 기관이 없다), 욕구가 있는 사람이 서비스의 존재를 모를 수도 있고(예: 정보 접근성이 떨어지는 시각장애인이 그럴 가능성이 높다), 교통문제나 수급자격 기준 등의 이유로 기존 서비스에 접근이 어려울 수 있으며, 현존 서비스가 여러 가지 문제가 있는 개인과 가족에게 통합적으로 제공되지 않을 수 있다(사례관리의 문제).

다섯째, 욕구사정은 단지 충족되지 않은 서비스 욕구를 확인하는 것만이 아니라 기존 서비스의 양과 질, 방향에도 관심을 두어야 한다. 먼저, 양적인 측면에서 서비스 수준이 욕구를 충족하기에 충분한가, 질적인 측면에서 서비스가 효과적인가, 의도하는 것을 달성하는가, 제대로 작용하는가 그리고 방향 측면에서 현재 프로그램의 기초가 되는 가치 혹은 철학이 그 분야의 전문가들이 수용하는 가치 혹은 철학에 부합하는가 등을 살펴보아야 한다. 예를 들어, 「국민기초생활 보장법」에 근거한 자활사업이 참여자들의 자립 능력 향상이라는 가치를 실현하고자 하는 데 오히려 참여자들의 의존성을 심화시킨다면 방향 측면에서 적절하지 않다고 볼 수 있다.

여섯째, 지역사회복지실천에서의 임파워먼트 접근이나 강점 모델들은 욕구조사자가 욕구사정을 하는 데 있어서 지역사회 내의 다양한 집단(특히, 저소득층이나 소외계층)의 견해가 충분히 반영될 수 있도록 해야 한다(Durst, MacDonald, & Parsons, 1999).

끝으로, 여러 학자가 협력 사정을 강조하고 있다. Rothman(1984, p. 8)은 "사정은 상당히 기술적이고, 인쇄한 자료와 그 지역의 지도가 여기저기 어지럽게 흩어져 있는 사무실에서 홀로 외롭게 씨름해야 하는 일이 될 수도 있다. 반대로 협업을 바탕으로 그 지역의 동호회나 주민회관에서 전문가와 마을 주민이 파트너로서 공동의 책임을 다하는 활동이 될 수도 있다."라고 하였다. 전문가뿐만 아니라 시민도 문제와 우선순위에 대해 서로 논의하고 다른 의견을 표출하는 법을 배워야 한다. "함께하려고 하지 않는 사람들은 함께 행동할 수도 없다." Netting 등(1993)은 기관들이 서로 협력하는지를 알아야 하고, "협력하는 기관들이 진정으로 다양한 욕구를 해결할 수 있는 체계를 구성하고 있는지를 파악해야 한다."고 하였다.

2) 자원사정

사회복지사가 특정 문제해결에 사용될 수 있는 자원을 사정할 때 처음 하는 일은 중요 기관 및 관련 기관의 전화번호, 지역사회에서 활용 가능한 자원을 파악하는 것이다. 이러한 것들은 해당 지방자치단체 홈페이지 혹은 광역자치단체 사회복지협의회에서

표 7-1 자원의 종류

비공식 자원	중개 자원	공식 자원
–가구원 –이웃/집단	–자조집단 –자원단체(자발적 결사체)	–공공기관 –비영리기관 –영리기관

출처: Netting, Kettner, McMurtry (1993), p. 102에서 발췌하여 수정함.

찾을 수 있다. 각 기관의 홈페이지에서 조직의 미션과 사업, 이러한 자원들이 주민의 욕구 충족에 도움이 되는 속성과 예측되는 효과 등을 이해하기 위함이다. Kettner 등(1993, pp. 61-64: 지은구, 조성숙, 2010, p. 178 재인용)은 특정 클라이언트나 계층에 적용할 자원 목록을 개발하라고 하였다. 사회복지사는 "다른 서비스 제공자를 조사하여 어떠한 서비스가 실제로 이용 가능한지, 어떠한 서비스가 가장 많이 활용되고 그 이유는 무엇인지(위치, 품질, 직원의 태도)" 등을 확인해 보아야 한다.

Netting 등(1993)은 보건복지 서비스 전달체계 내의 자원을 〈표 7-1〉과 같은 틀로 분류하였다. 어떤 지역사회나 비공식 자원(informal units), 중개 자원(mediating units), 공식 자원(formal units)이 있으며, 실천가는 이러한 자원들을 주의 깊게 사정해야 한다.

비공식 자원은 가구원이나 이웃/집단으로 구성되는데, 이들은 특정 지역에 거주하면서 다양한 유형의 상호부조체계와 사회적 네트워크를 구성하고 있음에도 중요성이 인식되지 못하였다. OECD 조사에 따르면, 우리나라는 이러한 자원의 기능이 매우 약하며, 이것은 사각지대의 문제가 근원적으로 해결되지 않은 원인이 된다. 사회적 네트워크의 중요성은 다음과 같이 설명된다.

> 친족, 친구, 이웃 그리고 동료 직원과 같은 사회적 네트워크는 특히 위기 상황에서 중요한 도움의 도구로서 기능하는 지지적 환경자원이다. 사회적 네트워크는 인간관계의 욕구를 해결하기 위한 정서적 자원과 힘(strength)을 제공한다. 또한 돈, 정서적 지지, 주거, 아이 돌보기와 같은 자원을 교환하는 상호부조체계로서 기능한다. 잘 발달된 사회적 네트워크는 위기가정을 도와서 제도화된 공공과 민간 복지기관들로부터의 도움을 불필요하게 한다(Netting, Kettner, & McMurtry, 1993, pp. 103–107).

이러한 자원 혹은 자산은 지역 단위에서 사정되어야 한다. 또한 자조집단이 지역사

회 내의 표적집단을 돕고 있는지, 표적집단이 어떠한 자조집단을 이용할 수 있는지도 사정되어야 한다. 그리고 자원단체들이 어떠한 구성원들로 이루어져 있고, 자원단체들이 지역사회 내의 표적집단에 대해 관심을 갖고 있는지도 사정되어야 한다. 자조집단이란 유사한 상황이거나 같은 관심사를 가진 사람들이 조직한 집단으로 구성원들에게 정보를 보급하는 기능을 하며, 구성원을 지지하고 옹호하는 기능을 한다.

자원단체(voluntary associations)는 "일종의 구조화된 집단으로 구성원들은 이익을 얻기 위하여, 어떤 사회적 목적을 달성하기 위하여 통합되어 있다. 이들은 더 나은 사회라는 스스로 선택한 명확한 목표를 가지고 있다."(Netting, Kettner, & McMurtry, 1993, pp. 104-105) 자원단체들은 휴먼 서비스 체계 내에서 비공식적 요소와 공식적 요소 사이에서 가교 역할을 할 수 있다.

'제2기 수원시 지역사회복지계획(2011~2014)'(pp. 44-47)에는 주민자치조직(보통 자생단체 혹은 관변단체로 통칭됨)의 유형별 현황과 분야별 서비스 제공 현황이 제시되어 있는데, 이를 간단히 소개하면 다음과 같다. 주민자치회 41개, 통장협의회 40개, 새마을협의회 24개, 새마을금고 46개, 바르게살기위원회 32개, 새마을부녀회 38개 등 총 304개의 자치조직이 복지, 보건, 고용, 교육, 문화, 주거, 체육, 관광 등 8대 분야의 다양한 서비스를 제공하고 있다. 가장 많이 제공하고 있는 서비스는 복지 분야로 212개 조직(40.5%), 그다음이 주거환경개선(84개 조직, 16.2%), 교육(70개 조직, 13.4%)의 순으로 나타났다. 복지 분야의 세부 서비스 내용을 보면 경로잔치 및 독거노인 돕기(반찬 배달, 중식 제공, 생일상 차려 드리기, 이미용 봉사), 모금 활동(일일찻집, 동전 모으기, 바자회, 지역발전기금 후원 등), 취약계층 돕기(소년소녀가장, 국가유공자, 한부모 가정 등) 등이 있다. 주거환경개선 분야에서는 저소득 가정의 사랑의 집 고쳐 주기 등이 있고, 교육 영역에서는 장학금 지급, 공부방 운영, 새마을문고 운영, 주민자치센터 교육프로그램 운영 등이 있다. 경로당 효도 관광 나들이, 야유회 등의 관광 서비스도 있다. 지원단체의 이러한 서비스는 주민의 욕구 충족에 많은 도움이 된다.

공식 조직으로는 공공기관(시 · 군 · 구청의 희망복지지원단 등의 사회복지 관련 부서와 읍면동), 사회복지관, 노인복지관, 장애인복지관 등의 비영리기관, 영리기관(바우처 기관, 장기요양기관)으로 나눌 수 있다. McNeil, Wesley와 King(1984: Netting, Kettner, & McMurtry, 1993 재인용)은 지역사회사정을 위한 가이드라인을 제시하면서 보건자원, 복지자원, 교육자원, 주거자원, 레크리에이션 시설, 기타 자원 등에 대한 사정이 필요하다고 하였다(〈표 7-2〉 참조).

표 7-2 지역사회사정에 포함되어야 할 공식 자원

구분	세부 사항
보건자원 (병원, 공중보건센터, 정신건강복지센터, 치과 등 다양한 클리닉)	-서비스 정책과 실제 -이용 요건과 대기자 목록 -접근성(지역사회로부터 거리)
복지자원 (노인센터 등 다양한 휴먼 서비스 기관)	-서비스 정책과 실제 -이용 요건과 대기자 목록 -접수 시 탈락율
교육자원 (공립학교 등 다양한 교육시설)	-입학 정책과 실제 -등록금과 납입 절차 -개설 과목, 프로그램
주거자원 (공공, 민간)	-주택 입주 조건과 이용 가능성 -노인을 위한 공공주택정책 -주택정책결정에의 세입자 참여
레크레이션 시설 (공공, 민간)	-시니어 센터 -공원, 클럽, 스포츠센터 -노인을 위한 특별 서비스
기타 자원	-법정과 형법체계 -소비자 보호기관

출처: Netting, Kettner, & McMurtry (1993), p. 86에서 발췌하여 수정함.

3. 사정의 방법: 양적 · 질적 접근을 활용한 다양한 방법

앞에서 살펴보았듯이, 사정은 특정한 사회적 영역에 초점을 맞춘 연구조사 및 기획 활동이다. 사회적 영역 내에서 욕구사정 전략은 계획 수립자에게 지역사회에 존재하는 욕구의 범위와 종류를 결정할 수 있는 근거가 되는 데이터가 제공되도록 설계되어야 한다. 그다음에 기존 서비스 자원을 체계적으로 평가할 수 있는 데이터가 제공되도록 설계되어야 하며, 지역사회의 욕구와 서비스 패턴을 고려하여 새로운 서비스 프로그램을 계획할 수 있는 데이터가 제공되도록 설계되어야 한다(Siegel, Attkisson, & Carson, 2001).

사정방법을 소개하기에 앞서 Harlow와 Turner(1993)의 욕구조사 모델을 살펴볼 필요가 있다. 그들은 미국 노인복지 관련 기관에서 수행되는 욕구조사 활동을 분석하여 [그림 7-1]과 같은 모델을 제시하였다.

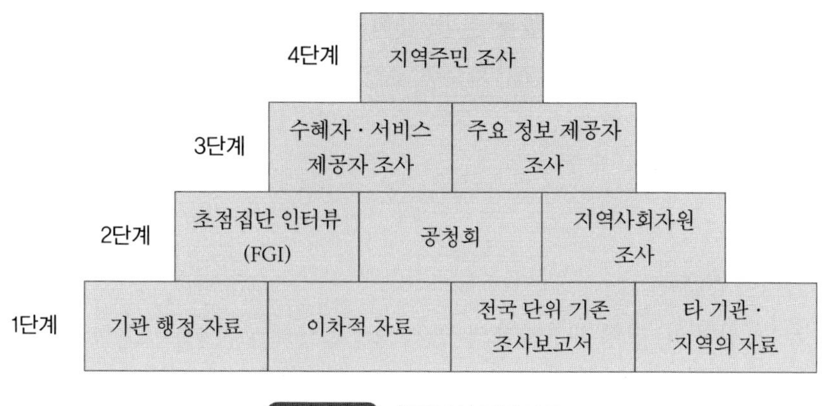

그림 7-1 욕구조사 피라미드

출처: Harlow & Turner (1993), p. 199.

이 모델은 욕구조사를 하는 데 4단계의 과정이 필요함을 나타낸다. 1단계의 욕구조사는 손쉽게 구할 수 있는 이차적 · 행정적 자료에서부터 시작하며, 2단계는 초점집단 인터뷰, 공청회, 지역사회자원 조사, 3단계는 수혜자와 서비스 제공자 조사, 주요 정보 제공자 조사 그리고 마지막 4단계는 지역주민 조사를 한다. 이 단계에서는 1~3단계에서 수집된 자료를 바탕으로 지역 전체의 욕구실태를 파악하기 위해 무작위 표본추출을 이용한 조사를 한다. 그리고 지역욕구조사에서 각 단계별로 실시하는 주기는 1~2단계인 경우에는 1년에 한 번, 3단계인 경우에는 3~4년에 한 번, 마지막 4단계는 5년에 한 번씩 하는 것이 비용 면에서 효율적일 뿐 아니라, 지역의 욕구를 파악한다는 내용 면에서도 효과적이라고 주장했다.

Burch에 의하면, 전형적인 욕구사정은 지역주민, 서비스 전문가, 리더 그리고 주요 정보 제공자의 인식(perception)에 초점을 맞추는 것이다(Hardina, 2002, p. 112). 인식은 말 또는 설문지에 의한 응답으로 표현된다. 인식을 탐구하는 방법은 질적 접근과 양적 접근으로 구분된다. 질적 접근방법은 필요한 정보 수집에 사용된 주요 의사소통 방식을 근거로 크게 대화(conversation/dialogue)를 중심으로 한 방법과 조사자의 의도에 특별히 고안된 정형화된 양식(structured form)을 이용하는 경우로 나눌 수 있다.

양적 접근으로는 수량화된 정보를 수집하는 서베이나 이미 발표된 통계자료를 활용하는 사회지표, 시계열 분석 등이 있다. 그러나 이러한 질적 또는 양적 구분은 욕구조사에서 혼용되어 쓰이는 경우가 많고, 질적 기법도 양적 정보를 활용하여 이용되는 경우가 많아 이 책에서는 특별한 구분 없이 공통적으로 다루도록 하겠다. 다음에서는 대화 활용 기법, 지역사회 포럼, 집단활용 기법, 양적 자료분석 기법으로 구분하여 소개하고자 한다(감정기, 백종만, 김찬우, 2005; 지은구, 조성숙, 2010; Hardina, 2002, pp. 114-144).

1) 대화활용 기법

(1) 비공식적 인터뷰

인터뷰는 질문의 정형화, 면접의 공식성, 조사대상자의 전문적 지식(expert knowledge) 등의 정도에 따라 비공식적·공식적 인터뷰로 구분할 수 있다(Hardina, 2002). 비공식적 인터뷰는 지역조사자가 지역주민이나 유지들과의 자연스러운 만남을 통해 향후 전개될 조사의 방향이나 기본 요소들을 인식할 수 있는 지역욕구 사정의 첫 번째 단계로 볼 수 있다. 앞에서 에린이 힝클리 지역주민을 만나고 기록했던 것이 그 예가 될 수 있다. Rubin과 Barbie(1997, p. 338: 감정기 외, 2005 재인용)는 비공식적 인터뷰를 "지역현장 관찰 동안에 면접자와 조사대상자 간의 자연스러운 만남에서 특별한 계획 없이 발생하는 우연적 상호작용"으로 정의하였다. 비공식적 인터뷰는 특별히 준비된 질문을 체계적 순서로 묻는 것이 아니므로 조사대상자가 인터뷰에 응하는 것이 아니라 단지 대화에 참여한다고 인식하는 경우도 있다. 따라서 자연스럽게 의견 교환이 일어날 수 있고, 조사대상자의 특정한 입장에 상관없이 정보를 수집할 수 있다. 지역욕구사정을 하는 지역사회복지실천가가 여러 대상자로부터 공통적 반응의 양상을 발견하면 지역사회 내의 중요 쟁점을 파악하여 문제를 확정할 수 있으며, 그 문제와 관련된 인적 자원을 서로 연결해 갈 수 있다. Meenaghan 등(1982)은 지역사회복지실천가가 비공식적 인터뷰의 결과로 확인된 문제에 대응하기 위해 인원이나 조직을 추가적으로 동원하는 것과 같은 일은 비공식적 인터뷰가 욕구조사 차원을 넘어서 지역사회복지실천의 첫 단계와 같은 의미를 갖는다고 주장하였다.

(2) 공식적 인터뷰

공식적 인터뷰는 지역사회의 여러 쟁점에 관한 전문적 지식을 갖고 있다고 여기는 주요 정보제공자와 사전에 계획된 대면이나 전화면접 등을 통해 이뤄진다. 지역욕구사정을 위한 공식적 인터뷰와 관련하여 두 가지 특성이 강조된다.

첫째, 정보제공자들의 구성과 관련된 문제로서 조사대상자의 선택은 비확률적 샘플링 기법이 많이 쓰인다. 인터뷰 대상 선정을 위한 샘플링 기법으로는 기존 정보로 확보

된 적은 수의 정보제공자들을 효과적으로 활용하여 점차 대상을 확대해 갈 수 있는 편의 표집이나 눈덩이 표집 같은 방법이 이용된다. 지역주민의 사회계층, 출신 지역 및 문화적으로 이질적인 집단으로 구성된 경우에는 구성 자체를 이 요소들의 일정 비율로 선택하는 쿼터(quota) 샘플링을 사용하기도 한다.

포괄적 욕구사정을 위해서는 이 인터뷰에 참여하는 정보제공자들이 지역의 다양한 욕구를 표출할 수 있도록 지역사회 내의 다양한 집단(예: 지역주민, 상인, 지역의원, 복지서비스 제공자, 시민단체 및 담당지역 공무원)으로 구성되어야 한다는 점이 무엇보다 중요하다(Chambers, Wedel, & Rodwell, 1992). 그러나 특별한 표적집단을 위해서는 정보제공자들을 그 표적집단 관련자들로 구성할 필요가 있다. 예를 들면, 노년층을 대상으로 하는 욕구조사에서는 이들의 욕구를 표출할 정보제공자들이 필요하다. 노인의 문제와 욕구를 사정하기 위해서는 노인복지관이나 노인보호전문기관의 담당자가 정보제공자가 된다.

둘째, 조사에 사용되는 질문 형식과 관련되는데, 조사대상자가 대답을 보다 자세하게 기록할 수 있도록 개방형(openended)으로 구성하는 것이 바람직하다. 보다 체계적인 조사가 되기 위해서는 사전에 인터뷰 전반에 대한 요약적 인터뷰 가이드를 작성해서 이용할 수 있다. 질문은 지역사회사정이라는 목적에 맞게 지역조사자가 고안하는 경우가 많지만, 자료 수집의 신뢰도와 일관성을 향상시키기 위해서는 표준화된 도구들을 이용하기도 한다. 표준화된 도구 사용과 질적 자료분석 기법 등의 구체적인 논의는 사회복지 조사방법론 문헌들의 질적 조사방법론 관련 부분에 상세히 서술되어 있다.

(3) 민속지적 조사

질적 조사와 관련된 보다 전문적이고 심도 깊은 인터뷰 형태의 지역조사 방식으로 민속지적 접근(ethnography research)이라는 심층적 방법이 있다. 민속지적 접근은 심층적 면접(in-depth interview)과 조사자의 현지 관찰을 근거로 조사대상 지역주민의 삶의 방식, 행동, 문화, 가치와 믿음 등을 이해하기 위해 사회과학의 여러 분야에서 이용되는 조사방법이다(Berg, 1998: 감정기 외, 2005 재인용). 사회복지조사와 관련하여서는 도시빈민 문화(Anderson, 1990), 갱(gang) 문화(Deck & VanWinkle, 1998: 감정기 외, 2005 재인용), 저소득층 주민의 경제적 생활(Wagner, 1994: 감정기 외, 2005 재인용), 시설보호노인의 삶(Kauffman, 1984: 감정기 외, 2005 재인용)의 이해 등에 이용되었다. Kirby와 McKenna(1989: 감정기 외, 2005 재인용)는 잠재적 조사 대상 집단 내의 사회망으로의 접근과 이에 따른 대상과의 적절한 접촉을 민속지적 접근에서 조사자의 선결과제로 지적했다.

미국의 경우, 최근 다문화 조직(multicultural organization)의 개념이 지역사회복지실천에서 강조됨에 따라 참여실행조사(participatory action research)의 형태로 민속지적 접근이 강하게 이용되고 있다(Royse et al., 2001: 감정기 외, 2005 재인용).

2) 지역사회 포럼

지역사회 욕구조사 방법은 욕구 관련 정보 수집 이외에도 지역문제에 대해 주민이 공유한 지역 정서 파악이라는 목적을 갖고 있다. 이러한 목적을 위해 쉽게 사용할 수 있는 것이 지역사회 포럼(community forum) 방법이다. Chambers 등(1992)은 지역사회 포럼이 정부추진 사업이나 계획 등에 대해 주민의 의견을 청취하는 지역공청회(public hearing)와는 구별되어야 한다고 주장하였다(Hardina, 2002 재인용). 지역공청회는 정부의 특정 사업 전에 주민에게 의견을 들어 보는 데 초점을 맞춘다. 이때 정부당국은 회의 주체 및 회의록에 근거한 욕구사정을 하게 되고, 이 자료의 배포를 책임진다. 지역공청회의 경우, 일부 개인이나 이익집단이 의사진행을 방해하거나 회의진행을 주도해 통제가 힘들고(Chambers et al., 1992), 그들이 실제로 지역 전체를 대표하는가라는 의문에 취약한 단점이 있다. 이러한 지역공청회와는 달리 지역사회 포럼은 지역주민이 지역문제에 대해 공유한 생각들을 문서화하는 것을 주된 목적으로 지역사회복지실천가나 조사자가 전체 주민이나 몇몇 지역의 대표집단을 초대하여 실시한다(Hardina, 2002). 이 지역사회 포럼을 통해 지역문제들의 명확화나 우선순위 설정, 해결책 등을 현장에서 바로 살펴볼 수 있다. 포럼에서 필요한 정보 수집 및 분석을 위해 사용되는 기법으로 다음에 살펴볼 집단 간 대화 기법, 명목집단 기법, 초점집단 기법 등이 있다.

3) 집단활용 기법

(1) 지역사회문제 파악을 위한 집단 간 대화 기법

집단 간 대화 기법은 서로 다른 집단 간에 문화와 가치 등을 이해하기 위해 일정 기간 동안 구성원 간에 상호작용이 진행 중인 그룹을 활용하는 것으로, 특정한 목적으로 단기간 지속되는 포커스 그룹이나 과업집단(task force)과는 다르다. 이 기법은 문제의 단기적

해결보다는 대화 기법을 통해 장기적 상호작용 증진에 따른 협조적 업무환경의 형성에 초점을 둔다(Meenaghan et al., 1982). 욕구사정과 관련하여 집단 간 대화 기법을 활용하는 데에는 다음과 같은 배경이 있다. 즉, 지역사회 동질성이 점차 미약해지고 도시지역 거주자가 점차 다양한 문화적 특성을 갖게 되면서 지역문제 해결이나 지역복지 증진에 참여하는 기회가 차별적으로 부여되어 배제되는 집단이 있을 수 있다. 또한 의사결정자 및 개입실행자와 개입으로 혜택을 받을 수 있는 대상 간의 문화가 달라 실제 의도했던 개입 결과를 기대하기 힘들다는 점도 있다.

이러한 문제점을 극복하기 위한 방법으로 집단 간 대화 기법이 주목받게 되었다. 집단 간 대화 기법은 지역사회 문제의 근본 이유를 파악할 때 여러 계층의 관점을 반영할 수 있다는 중요한 장점을 갖고 있다. 또한 이 기법을 통해 파악된 문제들에 대한 해결책을 찾고, 이 해결책들이 다양한 계층의 입장을 반영할 수 있는가에 초점을 둔다. 집단 간 대화 기법은 지역 임파워먼트(community empowerment) 관점의 접근에서 비롯된 기법으로 볼 수 있다. 전통적 지역사회의 권력구조는 한 집단으로 수렴하는 권력(power to)이 다른 집단을 통제하려는 권력(power over)에 기반하고 있어 다양한 집단 간의 상호평등관계에 장애 요인이 되어 왔다. 임파워먼트 관점에서는 지역문제의 근본 원인이 이러한 권력구조에서 기인하는 것으로 파악한다. 이 관점에 따르면, 집단 간 대화 기법은 서로가 공유하는 힘(power with)을 바탕으로 상호평등한 계층 간 관계를 형성하는 데 필요한 기법 중 하나다. 집단 간 대화 기법은 서로 다른 계층들이 무엇을 갖고 있고 혹은 갖고 있지 못한지, 왜 특정 계층에는 계속 혜택이 돌아가지 못하는지, 소외계층에게 실질적 혜택이 돌아가려면 어떻게 해야 하는가에 관한 해답을 찾는 데 그 의의가 있다. 즉, 특정 계층으로부터 집단이 구성되어야 함을 전제한다.

(2) 명목집단 기법

장기적이고 지속적인 회동을 통한 집단 간 대화 기법과 달리, 명목집단 기법(Normal Group Technique: NGT)은 비교적 빠른 시간 안에 다양한 배경을 가진 집단의 이해관계를 수렴하여 욕구조사와 우선순위(priority setting) 결정까지 하도록 고안된 욕구조사 방법이다. 집단을 이용한 여러 방법 중 NGT의 최대 장점은 참여한 이들 모두의 의사가 고루 반영될 수 있고, 집단사고(group think, 소수 엘리트집단의 독단에 의한 의사결정 모형)의 가능성을 최소화할 수 있다는 데 있다(Lauffer, 1984: 감정기 외, 2005 재인용). NGT는 다음의 과정을 거쳐 실행된다.

표 7-3 명목집단 기법을 이용한 지역욕구조사 및 우선순위 결정

문제/쟁점	갑	을	병	정	무	평균	최종 순위
가정폭력	4	1	3	5	3	3.2	3
독거노인	1	3	2	2	1	1.8	1
마약	3	2	1	4	5	3.0	2
노숙 증가	2	4	5	3	4	3.6	5
실업	5	5	4	1	3	3.4	4

주: 1=최우선 순위, 5=상대적 최하 순위
출처: 감정기 외(2005).

- 1단계: 진행자는 각 참여자들이 지역 내 문제나 쟁점을 열거하게 한다.
- 2단계: 차트에 각자의 생각을 간결한 용어로 적는다(단, 중복된 것들은 간추려 각기 다른 문제들을 차트에 적도록 한다).
- 3단계: 열거된 각각의 문제에 대한 중요성을 부각하기 위해 참여자들이 짧게 논의나 발표에 참여할 시간을 갖는다.
- 4단계: 우선순위 결정을 위해 각 참여자로 하여금 열거된 문제에 대해 순위를 매기게 한다.
- 5단계: 진행자는 각 참여자가 매긴 순위를 기준으로 평균 점수와 최종 우선순위를 정한다(〈표 7-3〉 참조).
- 6단계: 만약 최우선 순위나 다음 순위의 최종 결정에 전혀 동의가 이뤄지지 못한 경우, 진행자는 4, 5단계를 한 번 더 실시한다. 이때 진행자가 문제를 34개 정도로 압축해 진행한다.

(3) 초점집단 기법

집단 간 대화 기법이나 명목집단 기법(NGT)을 실시하기 어렵고, 지역사회에서 발생하는 사건들의 맥락을 통해서 지역사회 욕구를 조사하고 싶은 경우에는 초점집단(focus group) 기법이 쓰인다. 이 방법에서도 다른 기법들처럼 다양한 집단을 대표할 집단원의 구성이 우선적으로 요구된다. 지역사회 포럼의 한 형태로 실시될 수도 있고, 독자적 자료 수집 방법으로 이용할 수도 있으며, 사안에 따라 여러 집단을 독립적으로 이용하기도 한다. 이 방법을 사용할 때 가장 중요한 사항으로 Royse와 Thyer(2001)는 집단구성원이 자유롭게 첨예한 문제들을 토론할 수 있는 편안한 분위기를 지적했다. 이

러한 분위기가 보장되어야 조사자는 자신이 던진 질문에 대해 종합적 논의를 거친 답변을 얻을 수 있다는 것이다. Berg(1998: 감정기 외, 2005 재인용)도 조사 목적에 최대한 부합하기 위해서는 초점집단이 집단구성원의 적극적 토론을 권장하는 상호작용이 허용되어야 한다고 지적했다. 비록 동의를 얻어 각자의 의견이 기록되거나 녹취되지만, 조사자는 상호합의된 답변을 얻는 것을 최우선 과제로 삼아야 한다.

명목집단 기법(NGT)이 지역사회 및 서비스 전문가를 대상으로 많이 실시되는 반면, 초점집단 기법은 클라이언트나 일선업무 담당자를 대상으로 실행하는 경우가 많은데 (Lauffer, 1984: 감정기 외, 2005 재인용), 이 경우 집단구성원 간의 심도 있는 논의를 통해 복지서비스의 수혜 경험이나 복지정책과 현장 업무의 괴리 등을 살펴볼 수 있는 장점이 있다. 또 명목집단 기법(NGT)이 욕구내용('what')의 결정에 초점을 두는 반면, 초점집단 기법은 욕구의 배경이나 결정과정('why'나 'how') 등의 문제에 대한 답변을 살펴보는 데 목적이 있다. 마지막으로, 지역사회 내의 주류적 견해뿐 아니라 소수 의견도 논의에 포함함으로써 다양한 목소리를 참조하는 욕구조사를 수행할 수 있다.

(4) 델파이 기법

델파이(Delphi) 기법은 필요한 정보를 갖고 있다고 여기는 전문가들로부터 몇 차례 우편조사를 사용해 자료를 수집하여 욕구조사를 실행하는 방법이다. 델파이라는 명칭은 고대 그리스의 도시 이름에서 유래된 것으로, 전쟁에 나가는 군주는 이곳에서 신탁(神託)을 받아 의사결정이 이루어졌다고 한다. 이 기법은 여러 전문가를 모아 토론하는 데에서 오는 비효율성을 줄이고, 토론 중 소수자의 영향력을 줄이고, 자유로운 반대의사 표출의 환경을 만들어 주기 때문에 효과적 집단의사결정 기법으로 많이 활용되고 있다. 특히 최근 전자우편이나 인터넷 사용이 폭발적으로 증가함에 따라 첨단기술을 이용한 방법들이 델파이 기법에 응용되고 있다.

지역사회 욕구사정에서 전문가 집단에는 단지 학계뿐 아니라 지역 내 여러 가지 쟁점이나 문제점을 파악하기 용이하다고 여기는 지역 지도자, 지역경제인, 시민단체나 복지 업무 종사자, 장기 거주자 및 공무원 등이 두루 포함될 수 있다. 델파이 기법에서는 조사 대상을 패널리스트(panelist)로 지칭한다. 기본적 절차로는 조사팀이 전문가들에게 몇 개의 개방형으로 이루어진 질문지를 보낸 후 1차 답변을 얻는다. 조사팀이 이를 주제별로 다시 요약 · 정리한다. 이렇게 정리된 답변들을 통해 구성된 새로운 질문을 다시 동일한 전문가들에게 보낸다. 이런 과정을 몇 차례 거치면서 초기에 상당한 이견을 보인 쟁점에 대해 최대한의 합의를 얻는 방식이다.

Lauffer(1984: 감정기 외, 2005 재인용)는 구체적 방식을 다음의 4단계로 요약했다.

- 1단계: 지역 문제나 특정 쟁점에 대한 여러 가지 의견이 모아질 수 있도록 질문을 보낼 대상을 선정한다.
- 2단계: 구체적 개별 주제에 대해 조사 대상들의 동의 정도를 평가한다.
- 3단계: 문제 파악의 명확성을 위해 조사 대상 간에 견해가 다른 이유를 살펴본다.
- 4단계: 정보를 분석·요약한 후 피드백을 받기 위해 수정된 주제를 재발송한다. 이러한 단계를 비용과 시간의 조건에 맞추어 되풀이한다.

Lauffer(1984)에 의하면, 조사 목적이나 방식으로만 보면 델파이 기법은 명목집단 기법과 유사하나, 두 방법의 출발은 서로 다르다. 명목집단 기법은 집단 간 동학(group dynamics)에서 나온 방식이며, 델파이 기법은 미래학에서 미래 예측 기법으로 사용되었던 방식이다. 집단 간 대화 기법, 명목집단 기법, 초점집단 기법과 비교했을 때, 델파이 기법의 장점은 크게 수집방식의 효율성과 익명성 보장에 있다. 델파이 기법은 조사 대상 간의 직접적 회동을 요구하지 않아 토론자들이 동일한 시간에, 동일한 공간에 있을 필요가 없다. 또 서로 간의 직접적 의사소통 방식으로 합의를 찾는 명목집단 기법과 달리 델파이 기법은 답변의 익명성이 보장된다.

Lauffer(1984)는 델파이 기법을 구체적으로 정책(policy) 델파이와 예측(predilative or projective) 델파이로 나누었다. 정책 델파이는 쟁점이 된 정책이나 서비스를 제시하고 이를 비용, 선호성(desirability)이나 타당성(feasibility) 등의 몇 가지 기준에 의거해 토론자들의 평가를 의뢰하는 것이다. 예를 들면, '재활시설에 입소한 클라이언트는 퇴소 후 돌아갈 지역사회복지관에서 담당 사례관리자를 확정하기 전까지는 퇴소할 수 없다.' 또는 '복지관의 관할구역이 너무 넓은 지역의 경우, 초기사정은 클라이언트 거주지 주변의 학교나 공공시설을 이용한다.'와 같은 명목적 문장을 작성한 후 토론자들이 제시한 몇 가지 기준(비용, 선호성이나 타당성 등)으로 평가하는 것이다. 한 주제가 여러 기준에 합의가 쉽게 이루어진다면 그 주제를 그대로 채택하면 되나, 지역조사의 경우 기준에 따라 평가 견해가 큰 차이를 보이는 경우가 많다. 예를 들면, '정책 A는 바람직하나 실제 타당성이 없다.' 또는 '비용이 너무 많이 든다.' 등의 견해 차이가 토론자 간에 보일 수 있다. Lauffer(1984)에 의하면, 주제에 대한 의견에 대해 상호합의를 얻어 가는 방

식이 중요 목적인 델파이 기법의 효과적 수행을 위해서는 좋은 질문지가 필요하다. 이를 위해 토론자들이 내린 평가의 이유와 대안 제시 등을 자연스럽게 질문지에 담아낼 수 있어야 한다. 또 이견을 보이는 쟁점에 대해 최대한의 합의를 이끌어 내기 위해 델파이 기법은 대략 35차례 실시되어야 한다.

정책 델파이와 달리 예측 델파이는 미래 가능 자원, 클라이언트 수요 또는 지역 쟁점 등의 추후 경향을 보다 체계적으로 예측하기 위해 고안되었다. 토론자들도 정확한 예측을 할 가능성이 높은 전문가로 구성된다. 이런 경우에는 질문도 토론자의 평가보다는 예측에 초점을 둔다. 예를 들어, '지역 내 장기요양 서비스를 필요로 하는 75세 이상의 노인이 10년 안에 두 배 정도로 늘 것 같다.'는 문장을 제시한 후 이를 5단계(1은 매우 그렇다, 5는 전혀 그렇지 않다)로 의견을 예측하고 그 근거를 제시하게 하는 것이다.

4) 양적 자료분석 기법

(1) 서베이

지역사회와 관련된 표준화된 정보 수집을 위해 구조화 · 반구조화된 질문지를 사용하여 자료를 수집하는 방법으로 지역사회복지실천가들이 욕구조사에서 가장 많이 사용하는 방법이다. 특히 구조화된 서베이(survey)는 조사대상자들이 조사자에 의해 정해진 항목들에 대해서만 답변할 수밖에 없기 때문에 다양한 의견 취합에는 난점이 있지만, 답변으로부터 표준화된 양적 정보를 확보할 수 있다는 점이 큰 장점으로 꼽힌다.

구조화된 서베이의 또 다른 장점으로는 수집된 자료를 다양한 연구 사회집단 간에 비교 · 분석이 가능하다는 점이다. 지역사회문제에 관한 의견을 지역사회 구성원의 여러 특성에 맞추어 비교 · 분석하여 욕구를 파악해 갈 수 있으며, 앞서 언급한 여러 기법과 달리 샘플링 방법에 따라 대표성을 상당히 갖출 수 있다. 그러나 지역사회 구성원에 따라 지역사회문제 및 해결방법에 큰 이견이 생겼을 경우에는 서베이만으로는 충분한 욕구조사가 이뤄지기 어렵다는 한계가 있다. 또 우편이나 전화를 이용한 서베이의 경우에는 설문에서 질문하는 언어나 문장 형식에 따라 조사대상자의 이해 정도가 달라 답변에 영향을 끼칠 수 있다는 단점이 있다.

(2) 사회지표 분석 및 기타 2차 통계자료를 이용한 분석

사회지표 분석은 통계청이나 보건 및 복지 관련 기관이 이미 발표한 자료들을 활용

하여 욕구조사를 실행하는 방법이다. 우리나라의 경우, 통계청에서 발행하는 인구센서스 및 각종 통계자료, 보건복지부 및 지방자치단체의 보건복지 관련 자료, 한국보건사회연구원이나 한국노동연구원 등의 연구기관에서 수행하는 전국실태조사 등이 주요 자료로 활용된다.

지역사회 욕구조사를 위해서는 2차 통계자료를 수집하여 해당 지역의 관련 정보를 추출하고, 이를 타 지역이나 전국의 지표와 비교하는 작업이 필요하다. 또한 보다 객관적이고 체계적인 분석을 위해서는 지역사회 내에서 기존에 실시된 서베이 등을 통해 관련 정보가 있는 경우에는 다양한 자료를 비교・제시할 필요가 있다. 2차 통계자료를 활용하는 기법은 지역사회 여건을 대략적으로 파악하거나 문제의 우선순위를 결정하는 데 사용되기도 하지만, 보다 심도 있는 문제를 선정하거나 욕구의 맥락을 파악하는 데에는 한계가 있을 수 있다.

사회적 지표는 아니지만 보건이나 복지서비스 이용자의 실태에 대한 자료도 욕구의 지표로 활용된다. 지난 수년 동안 사회복지관을 이용한 이들에 관한 자료나 대기자 수의 변화는 지역사회욕구 파악을 위해 중요한 자료로 활용될 수 있다. 따라서 지역사회 복지실천가는 장기적 지역사회 정보 관리 차원에서 서비스 이용자에 대한 자료들을 체계적, 지속적으로 수집・관리해야 할 필요가 있다.

(3) 시계열분석

시계열분석(time series analysis)은 미래의 추세(trend)를 예측하는 데 사용되기도 하지만, 사회프로그램이 문제에 어떠한 영향을 미쳤는지를 조사하는 데에도 사용되는 기법이다. 시계열분석은 조사자가 인구의 변화, 프로그램 참여자의 변화 등을 조사하기 위해 그래프 위에 인구센서스나 각종 통계자료를 바탕으로 점을 이용해 곡선을 그리는 것을 말한다. 시계열분석은 자료가 그래프 위에 주기적인 시간을 나타내면서 점을 표시해야 하기 때문에 일 년, 한 달 단위 등으로 주기적으로 취합되어야 한다. 문제를 겪고 있는 지역주민의 숫자나 인구에 관한 정보 등은 수직축에, 시간이나 기간은 수평축에 그린다. 시계열분석에는 문제가 증가하는지 또는 감소하는지에 대한 명백한 유형이 필요하다.

그러나 시계열분석은 문제의 증감을 알 수 있지만, 문제 증감의 원인과 결과의 인과관계를 밝힐 수 없는 한계를 가지고 있다. 따라서 이를 극복하기 위해 기대하지 않은 사건들이 시계열분석에 나타난 유형을 설명하는 데 사용될 수 있다(Rubin & Babbie,

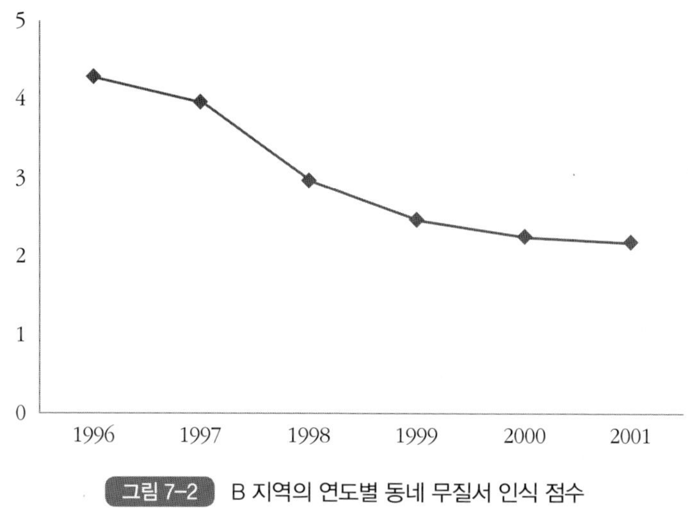

그림 7-2 B 지역의 연도별 동네 무질서 인식 점수

1997: 지은구, 조성숙, 2010, p. 193 재인용). 예를 들어, 시계열분석 결과 1990년대에 자살률이 증가했다면, 이를 설명하기 위해 생명 경시 풍조의 만연, 우울증의 증가 등을 제시하게 된다.

예기치 못한 사건들이 시계열 자료에 의해서 측정된 유형에 영향을 미치며, 예측할 수 있는 사건이나 행동들도 시계열상에 나타나는 유형에 영향을 미친다. 예를 들어, 고용은 계절을 타는 경우가 있는데, 건설현장의 노동은 봄, 여름, 가을 등에 증가하고 겨울에는 감소하는 유형화된 패턴을 가지고 있다. 따라서 고용 동향에 대한 시계열분석은 계절에 많은 영향을 받을 수 있다. 계절 외에도 시계열분석은 경향이나 주기(cycle) 그리고 추측변동(stochastic fluctuation)과 같은 구성요인에 영향을 받는다. 경향은 시계열에서 장기간의 증가나 감소를 말하며, 주기는 몇 년 동안의 기간에 유형이 반복되는 것을 나타낸다. 경향과 주기는 계절과는 다른 점을 가지고 있다. 즉, 계절은 매년 발생하고, 짧은 기간에 일어난다는 점에서 다르다. 추측변동은 어떤 명확한 유형을 가지지 않는 우연히 일어날 수 있는 자료의 변화를 나타낸다. 이 변동효과를 무작위 에러(random error)라고도 부르며, 변동은 계절, 경향, 주기 등이 모두 제거된 이후에 나타나는 어떤 변화를 표시한다(지은구, 조성숙, 2010; Hardina, 2002, pp. 139-142). [그림 7-2]는 〈사례 6-1〉에서 '약청협'의 개입으로 동네 무질서(곽현근, 노병일, 2003; 리커트 5점 척도)가 감소하고 있음을 보여 주는 시계열분석표다(교육용 가상의 사례임).

(4) 공간 분석: 지역 지도그리기

지역사회를 둘러싸고 있는 공간적 · 물리적 조건은 때때로 지역사회의 특성을 이해하고 그 지역사회가 가지고 있는 문제를 해결하는 데 필요한 유용한 자원으로 사용된다. 사회복지사가 지역에서 건물들이 어떻게 사용되고 있는지, 공원이 주민들의 여가를 위해 사용되고 있는지, 어떤 공간이 주민을 위해 필요한 것은 아닌지 그리고 지리적 경계들이 지역에 진입하고 진출하는 것을 방해하는 것은 아닌지 등을 파악하는 것은 특정 지역이 안고 있는 문제를 이해하는 데 도움을 주기도 한다. 따라서 실천가들은 지리적 · 물리적 공간이 지역사회문제에 어떻게 영향을 미치는지를 알기 위하여 다양한 기법을 사용하게 되는데, 대표적인 기법이 지역 지도그리기다(지은구, 조성숙, 2010; Hardina, 2002, pp. 143-144).

지역 지도그리기(community mapping)는 지역 근린시설이나 공원, 건물의 위치 등 특정 지역의 공간 활용을 파악하기 위하여 지도를 이용하는 것이다. 지도를 그리는 것은 지역사회의 자원 접근과 관련해서 문제를 확인할 수 있는 중요한 수단이다. 또한 지도를 그림으로써 지역사회 안에서 문제가 되는 위치를 손쉽게 파악할 수 있다. 색(color)이나 핀을 사용해서 지역의 특징을 구분할 수 있는데, 이러한 도구들은 지역사회의 공간적 특징을 보다 정확하게 구분하고 확인하는 데에도 유용하게 사용될 수 있다(지은구, 2010). 예를 들어, 지역 지도그리기를 통해서 범죄가 자주 일어나는 지역의 근린 상황을 쉽게 알 수 있으며, 주변의 시설 등을 확인할 수 있다.

지역주민은 지역 지도그리기에 참여할 수 있으며, 참여를 통해 주민은 지역의 발전을 위해 사용할 수 있는 공간이나 시설 등을 확인할 수 있다. Delgado(2000)는 지역 지도그리기가 지역에 필요한 다양한 시설을 확보할 수 있는 공간을 찾는 데 도움이 된다고 하였다. 또한 지역 지도그리기는 지역에서 실행되는 다양한 프로그램, 또는 시설들이 욕구를 가지고 있는 집단이 거주하는 공간에 적절하게 설립되어 있는지 등을 확인하는, 즉 지역자산평가를 수행하는 데 도움이 된다. 지역 지도그리기를 통해 특정 인구집단이 어디에 주로 거주하고 있고, 그 거주지역은 어떠한 공간적 특징을 가지고 있는지 그리고 그 거주지역에 어떠한 시설들이 있는지 등을 확인하여 거주지역의 인구집단 구성원들이 가질 수 있는 욕구를 간접적으로 사정하는 데에도 도움을 받을 수 있다. 특히 지역 지도를 그리는 과정을 통해서 사회복지사들은 지역자원의 접근성(accessibility)에 관련된 이슈들을 살펴볼 수 있다. 예를 들어, 지역주민이 지역 안에서 시설이나 서비스에 접근이 가능한가 등을 확인할 수 있다. 또한 접근성과 관련하여 근처 병원을 방

문하는 것이 얼마나 쉽게 이루어질 수 있는가, 대중교통을 사용할 수 있는가, 대중교통을 이용해서 공공시설에 접근하기가 용이한가 등을 확인할 수 있다. 그리고 지역주민은 지역 지도를 통해서 또는 지역 지도를 그리는 과정에 참여함으로써 자신의 삶에 영향을 끼치는 장벽들이나 문제가 발생할 수 있는 잠재적 위험지역 등을 확인할 수 있다(지은구, 조성숙, 2010; Hardina, 2002).

수행 학습

- 영화 <에린 브로코비치>를 감상하고, 한 사람의 노력이 지역주민의 삶을 얼마나 변화시켰는지 기술해 보세요. 혹시 연세가 있으신 분이라면 <하이눈>(상영시간 약 80분 정도)이라는 영화를 보고 게리 쿠퍼와 그레이스 켈리가 신혼여행을 가다가 마을로 돌아온 이유를 생각해 보세요.
- 노인인구 밀집지역, 원룸 밀집지역, 빈곤층 밀집지역, 환경오염이 심각한 지역(앞에서 열거한 '북이면' '송정동' '사월마을' '장점마을') 등 살고 있는 지역사회의 특징을 규정할 수 있다면, 그 지역사회를 '사정'할 '계획'을 '설계'(양적 · 질적 조사방법)해 보세요.

자원 개발: 지역사회시민교육과 모금

지역사회문제를 해결하고 주민의 욕구 충족 수단이 되는 자원은 인적 자원과 물적 자원으로 대별된다. 인적 자원은 지역사회 주민 중에 '시민'이다. 물적 자원은 '시민' 마음의 물질적 표현이다. 인간 클라이언트의 변화 잠재력은 내적 자원에 있듯이, 클라이언트 지역사회의 변화 잠재력은 주민이 시민으로 바뀌는 데 있다. 지역사회에 시민이 많아지면 물적 자원은 풍부해진다. 그리고 인적 자원은 물적 자원에 우선한다.

이 장에서는 인적 자원 개발방법으로 지역사회시민교육, 물적 자원 개발방법으로 모금을 살펴보고자 한다.

1. 인적 자원 개발: 지역사회시민교육

1) 지역사회 주민: 시민 혹은 국민

사회학자 송호근(2013, 2015)은 국민과 시민을 구분하였다. 그 개념과 특성에 근거하여 신문지상에 보도된 사례를 더하여 〈표 8-1〉과 같이 작성하였다. 〈표 8-1〉의 '사례'는 우리 지역사회 어디에서나 발생하는 장면이다. 우리 모두 '시민'이라고 확신할 수 있

표 8-1 국민과 시민

구분	국민	시민
개념	–국가명분(국민총화, 국민단결, 국민체조, 국민교육헌장)에 수직적으로 동원된 원자화된 개체 –정권의 동원 대상	–자신의 자유를 중시하며, 사회의 공적 이익을 위해 희생하고 참여하는 존재 –사회를 구성하는 주권적 개인: 국가의 부당한 권력에 저항하는 개인
특성	–이기주의, 사익 추구에 몰두 –공동체를 위한 활동에 참여 안 함 –공익에 무관심 –수직적 관계에 의한 위계의식 –물질주의	–우애, 타인에 대한 배려, 양보, 자제 –공동체 활동에 참여, 공익에 관심과 참여 –수평적 관계에 의한 평등의식 –인본주의
사례	–침몰하는 배를 남겨 두고 혼자 탈출하는 선장 –경비원들을 해고하고 폭행하는 서울 강남구 A동 B아파트 주민 –강서특수학교를 비롯해서 15년간 공립 특수학교를 한 곳도 짓지 못하게 한 서울 거주인 –특수학교 건립 예정 부지에 국립한방병원을 짓겠다며 설명회를 열어 주민 갈등을 발생시킨 국회의원과 자신의 권력을 이용해 비서관을 공기업에 취업시키는 국회의원 –결혼이주여성의 자녀를 '야! 다문화'라고 부르는 교사 –클라이언트를 실적의 대상으로 보는 사회복지사	–침몰하는 배에 남아 학생들을 보살피는 교사 –커피 한 잔 값인 3,500원씩 관리비를 인상해 경비원을 유지하고 월급을 올려 준 강북구 번동 해모로 아파트 주민 –공립 특수학교 건립 '기본계획'에 따라 모두 건립한 인천시민 –마을공동체를 위해 월 회비 1만 원씩 내는 해운대구 반송동 '희망세상' 회원 700명

는가에 대해 생각해 보자. 송호근은 국민을 다음과 같이 기술하였다.

> 국민은 전쟁, 재난과 같은 특별한 상황에서 애국심을 고취하기 위해 사용되는 호칭이다. 식민지 시기와 전쟁 때문에 전통적 지배층이 와해된 빈 공간을 차지하려는 선점 경쟁이 발생하였고, 산업화 시대에 더욱 가열된 출세경쟁('억울하면 출세하라'라는 대중가요가 상당한 인기를 끌었다)이 '시민성(citizenship)'보다는 '남다른 능력'을 강조하였다. 이 남다른 능력이라는 명세서에 '공존과 공익' '타인에 대한 배려'가 사라졌다. 문화와 예술 같은 교양시민의 필수 덕목도 없고, 오직 고급아파트와 자동차(물질주의), 그리고 권리 사수를 위한 소송의욕만 가득하다

(무고와 모함이 일본의 10배). 국가 명분에 수직적으로 동원된 원자화된 개체로서 사익 추구에 몰두하고 수직적 관계에 의한 위계의식이 강하다.

이러한 위계의식은 일상에 파고든 '갑질'로 인해 우리 사회의 품격이 무너지고 있다. 갑질은 양자 간의 행위관계에서 성립하는 권력행위다. 우리 사회의 장유유서, 관존민비라는 전통적·인습적 문화가 시장에서 갑질로 나타나고 있다. 대기업이 갑이고 중소기업이 을이며, 고객이 갑이고 종업원이 을이다. 병원과 같은 직장, 조직에서 '태움'이라는 병폐적·반민주적 문화로 인격적 모욕과 신체적 폭행으로 인해 간호사의 생명을 뺏고 있다. 대학에서조차 나이, 학번, 군번으로 학생들 간에 위계 서열이 만들어지고, 나이가 같아도 빠른 연생으로 상위에서 권력을 행사한다. 갑질을 일상적으로 일삼는 사람은 국민이다. 우리 사회는 많은 투쟁과 희생을 통해 어렵게 민주화를 이룩하였고, 그 결과 절차적 민주주의도 어느 정도 정착되었으나, 여전히 정치·경제·사회·문화 영역 등 지역사회의 일상생활에서는 아직까지 실질적 민주화에 이루고 있지 못하고 있다(최장집, 2010)는 주장의 예로 볼 수 있다. 민주주의는 정치 원리 이전에 생활 원리이고 행동기준인 것이다.

지금까지 우리 사회의 제도적·정치적 민주주의를 이루기 위해서 시민과 국가의 역할이 중요했지만, 생활 속의 민주주의를 실현해 가는 데 있어서는 시민, 개인의 시민적 자질이 중요하다. '공동체가 갑질 예방 매뉴얼'을 만드는 것도 방법이겠으나, 공동체의 구성원에게 인간의 존엄성, 자유와 평등, 정의와 같은 시민교육을 제공하는 것이 더 바람직하다.

구직자들이 스타트업[1)]에 취업하고 싶은 이유로 '수평적이고 자유로운 조직문화가 좋아서(54%)'라는 응답이 가장 많았다. 스타트업들은 자유로운 분위기를 강조하는 만큼 책임감도 강조한다. 국내 최대 배달 애플리케이션 '배달의 민족'을 운영하는 '우아한 형제들' 사무실 곳곳에는 '책임은 실행한 사람이 아닌 결정한 사람이 진다' '실행은 수직적! 문화는 수평적' 등과 같은 업무철학이 적혀 있다(중앙일보, 2018. 8. 4.). 우아한형제들의 상급 지위에 있는 사람들은 하급 지위자를 인간으로서 존중하고 평등의 가치를 실현하면서 직장 민주주의를 구현하고 있다고 볼 수 있다. 송호근(2015)은 다음과 같이 주장했다.

1) 신생 창업기업을 의미한다. 기업가치가 10억 달러 이상인 비상장 스타트업 기업을 유니콘 기업이라고 부른다.

> 시민이란 사회를 구성하는 주권적 · 주체적 개인으로서 자신의 고유한 자유를 중시하면서(즉, 사익에 충실하면서) 공익과 사익 간에 균형을 취할 수 있는 공공 정신과 도덕을 내면화한 사람이다. 사회의 공적 이익을 위해 참여하는 존재이고, 국가의 부당한 권력에 저항하는 자율적 행위자다. 시민은 인본주의 시각에서 이웃에 대해 관심을 갖고 타인에 대해 배려하고 양보하며 수평적 관계에 의한 평등의식을 중시한다(pp. 336-376).

시민교육 관점에서 "시민은 형식적 지위에 걸맞은 자질, 능력, 태도, 정신 등의 내용성을 내포하고 있는 개념"(김영인, 설규주, 2017)이다. 이러한 시민 개념에 의거하여 〈표 8-1〉의 사례를 이해해 보자.

선장이라는 지위는 침몰하는 배에 있는 승객의 안전을 보살피는 것이 선장으로서의 시민적 행동이고, 혼자 탈출하는 행위는 자신의 생명만 소중하게 여기는 사익 추구 행위이고 국민적 행동이다. 경비원들을 폭행하고 해고한 서울 강남구 A동 B아파트 주민들의 행위는 민주주의의 가장 근본이념인 인간의 존엄성을 훼손한 국민적 행동이다. 존엄한 존재로서 인간은 다른 사람에게 예속되거나 다른 사람을 위한 수단으로 이용되어서는 안 된다. 아파트 주민들은 경비원을 자신들의 삶의 도구로서만 보았지 같은 땅을 밟고 살아가는 공동체의 구성원으로 보지 않은 것이다.

반면, 서울시 강북구 번동 해모로 아파트 주민들은 경비원 6명의 고용을 유지하기 위해 커피 한 잔 값인 3,500원씩 관리비를 인상했다. 주민투표는 하지 않았다. 경비원과 주민이 상생할 수 있는 길을 찾던 주민대표가 이렇게 결정했다. 이 아파트 430세대가 한 달에 3,500원씩 더 내면 150만 5,000원이 모인다. 이를 6명에게 나눠 주면 1인당 25만 원 정도의 월급을 올려 줄 수 있다. 아파트 관리소 측은 "커피 한 잔 값을 아껴 경비원 고용을 유지하자는 주민들의 공감대가 있어 별문제 없이 최저임금을 올릴 수 있었다."(중앙일보, 2018. 2. 6.)고 말했다. 해모로 아파트 주민들은 시민이지만, A동 B아파트 주민들은 국민이다. 「헌법」 제10조에는 "모든 국민은 인간으로서의 존엄과 가치를 가지며, 행복을 추구할 권리를 가진다. 국가는 개인이 가지는 불가침의 기본적 인권을 확인하고 이를 보장할 의무를 진다."라고 규정하고 있다.

[그림 8-1]은 장애인 특수학교 건립을 호소하는 부모들이 무릎 꿇은 모습이다. 우리 사회에 큰 충격을 준 사진 한 장이다. 장애인 특수학교 건립을 반대하는 서울 ○○구 주민들은 존엄성을 가진 인간으로서 장애인들의 학습권을 침해했다는 면에서 시민이 아니고, 15년간 공립 특수학교를 한 곳도 짓지 못하게 반대한 서울시 25개구 구민 역시 시

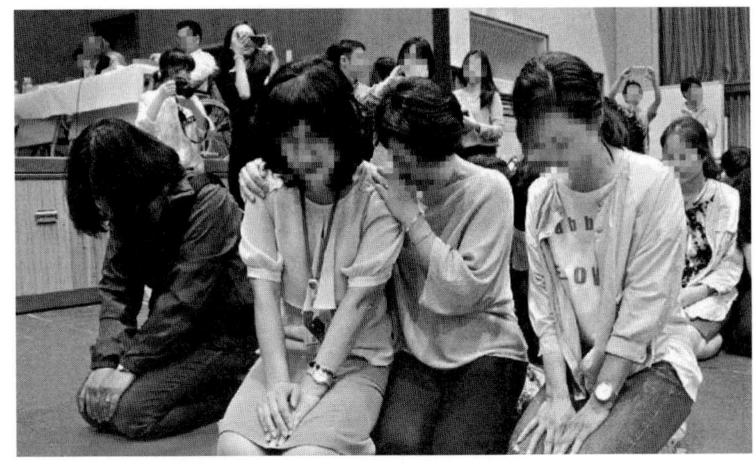

그림 8-1 특수학교 건립을 호소하는 부모들

출처: 동아일보(2018. 9. 8.).

민이 아니다. 반면, 서울 강서특수학교와 비슷한 시기에 공립 특수학교 3개를 건립한 인천 남구와 남동구 주민들은 시민이다. 2017년 3월 남동구에 청선학교가 개교했고, 2018년 3월 남구 도화지구에 청인학교가 추가로 문을 열었다. 2020년 3월 서희학교(가칭)까지 들어서면 2014년에 수립한 기본계획은 마무리된다.[2)] 서울시에 거주하는 주민들은 시민이라기보다는 국민이고, 인천시에 거주하는 주민들은 분명히 시민이다. 인천에서도 특수학교 설립을 반대하는 주민들의 목소리가 만만치 않았지만 침묵하던 주민 다수가 나섰다. 청선학교 주변 아파트 주민들은 반대 주민을 설득해 아파트 입주자 대표회의 안건 상정을 직접 막았다. 청인학교 주변에서 부동산중개업소를 하는 한 주민은 작년 겨울 주민 몇몇이 반대하자 "어디든 들어가야 장애인 아이들이 공부할 것 아니냐."며 설득했다. 그는 "초기에 잠재워야 할 것 같아 나서게 됐다."고 했다. 청선학교와 청인학교 주변에서 만난 주민들의 목소리는 한결같았다. "장애를 원해 태어난 사람이 있나." "같이 더불어 살아야 하는 세상이다." "내가 아니라 우리 자식이, 친척이 겪을 수 있는 일이다." 등 한목소리였다. 성숙한 시민의식을 보여 준 인천시민에게 네티즌도 "인천시민들 훌륭합니다." 등의 응원 메시지를 보내고 있다(매일경제신문, 2017. 9. 17.).

2) 인천광역시 소래포구에 '마중물(샘)'이라는 협동조합 형태의 시민교육 · 시민운동 기관이 있다. 약 10년 전부터 활동을 하고 있는 기관인데, 이러한 결과가 이 기관의 영향이라고 분명히 말할 수는 없으나 인천 시민은 시민성이 뛰어나다. 인천 시민은 인천시장의 판공비 공개운동을 벌였고, 결국 인천시는 이를 공개했다.

인천시민은 서울시민보다 Johnston(2004: 김민호, 2011 재인용)의 용어로 '통합적 시민성'이 우수하다고 할 수 있다. 경비원의 월급을 올려 주기 위해 3,500원씩 관리비를 인상한 주민대표와 특수학교 설립을 반대하는 주민들을 설득한 인천시 청인학교 주변 부동산 중개인은 '행동적 시민성'을 가진 시민이다.

한편, 청년실업률이 외환위기 이후 최고치를 기록하고 있는 상황에서 국회 법사위원장이었던 A국회의원은 자신의 비서관이던 2명을 공기업에 취업을 시켰다. 국회 법사위원장은 누구보다 엄격하게 법을 준수하고 업무를 공정하게 처리해야 할 책임이 있는 사회적 지위를 갖고 있다. 특권층이 청년층의 상대적인 박탈감을 가중시키고 공정이라는 사회정의를 훼손시키는 국회의원은 국민이지 시민이 아니다. 국회의원이라는 '형식적 지위에 걸맞은 자질, 능력, 태도, 정신' 등을 갖추지 못했기 때문이다.

중학교 국어담당 A교사는 교실 문을 열고 들어오면서 베트남 출신 어머니를 둔 학생의 이름을 부르지 않고 "야, 다문화!"라고 부른다. 학부모에게 보내는 가정통신문은 한글로만 쓰여 한국어가 서툰 외국인 학부모가 이해하지 못하는 경우가 흔하다. 교사가 다문화 가정 아이들을 배려하는 차원에서 학생 어머니의 출신 국가를 공개하며 "서로 사이좋게 지내라."고 했다가 오히려 학생을 놀림감으로 만들어 버리는 경우도 많다. 이러한 교사들로 인해 인종차별이 가장 많이 발생하는 장소는 '학교 등 교육시설'이다(서울신문, 2018. 7. 30.). 이러한 교사는 교사일지언정 '통합적 시민성'을 갖춘 시민도 아니고, 성찰적 시민성도 갖추지 못하였다.

송호근(2015)에 따르면, 영국 대학생의 70%가 시민단체에 가입해 있고, 성인의 80%가 주민운동이나 시민단체에 가입해 있다. 그래서 영국은 시민사회다. 시민이 되려면 시민단체(NGO) 회원권이 적어도 1개 이상은 필수적이다. 시민 한 사람당 평균 23개의 회원권을 보유하고 있다. 2018년 영국 총리 테리사 메이는 내각에 '체육 · 시민사회' 장관직을 두었다. 우리나라의 경우, 성인 남녀의 10% 미만이 시민단체에 참여하고 있다. 따라서 우리나라는 국민사회다. 김종영 교수는 "시민은 국민보다 능동적이고 사회의 주체라는 의식이 강하며, 민주주의가 성숙된 사회일수록 국민보다 시민이란 개념을 더욱 선호한다."(중앙일보, 2017. 6. 23.)라고 하였다.

영국 자선지원재단(CAF)이 발표한 2016년 세계 기부지수 보고서에서 미얀마는 조사대상 140개국 중 1위였고, 한국은 75위였다(중앙일보, 2016. 5. 1.). '2017 한국 사회지표'(통계청)에 따르면, 지난 1년간 기부 경험이 있는 사람은 26.7%에 불과했다. 2011년에는 36.4%였던 비율이 매년 줄고 있는 추세다. 기부하지 않는 가장 큰 이유는 '경제적 여유

가 없어서'(57.3%)였고, '기부에 관심이 없어서'라고 답변한 사람이 2년 사이 8% 포인트 증가한 23.2%였다. 지난 1년간 자원봉사 활동에 참여한 경험이 있다는 사람은 17.8%에 불과했다. 흥사단 투명사회운동본부 윤리연구센터가 2015년 말 전국 초중고교생 1만 1,000명을 대상으로 조사한 결과에 따르면, '공존이나 공생의 가치에 대한 의식 역시 더 둔감해졌다.' '이웃의 어려움과 관계없이 나만 잘살면 된다.'는 답을 한 초중고교생이 각각 전체의 19%, 30%, 45%에 달했다(헤럴드경제, 2016. 7. 17.).

이렇게 우리 지역사회의 주민은 타인의 인권을 침해하고, 공동체 의식과 평등의식이 없는 국민이다. 물론 모든 주민이 그렇지는 않다. 사회적 약자에 대한 배려도 없고 정의감도 없는 국회의원은 국민이다. 이들은 시민단체 활동, 기부 활동, 자원봉사 활동, 주민운동(예: 서울시 마을공동체지원센터 교육담당자가 S구청의 주민교육에 와서는 "6,000명 만나서 마을 활동에 참여할 사람 1명 만났다."고 했다)에 참여하지 않는다. 따라서 "한국 사회가 시민의 시대에 진입해 있다고 판단하기는 어려우며"(김영인, 설규주, 2017), 우리 시민사회의 특징은 '참여 부족' '공적 인간의 소멸'이다.[3)]

나는, 우리는, 시민인가?

Gamble과 Weil(1995)은 사회복지실천과 관련하여 시민참여의 중요성을 다음과 같이 강조하였다.

> 시민참여(citizen participation)는 사회복지실천과 관련되는 것으로, 인간 삶의 질에 영향을 미치는 문제적 조건을 변화시키고, 정책과 프로그램에 영향을 미치기 위해 개인과 집단이 능동적으로 참여하는 것이다. 시민참여는 민주사회의 상징이다. 지역사회복지실천에서 시민참여가 1차적 수단이 되어 지역사회 경제 개발, 조직화, 계획 수립, 옹호와 같은 사회 변화 노력이 가능하다(p. 483).

---

3) 1960~1970년대 우리의 시민교육은 국가에 대한 국민의 통합성과 충성심을 제고시키는 차원에서 추진해 왔을 뿐, 시민의 주체적 자각, 비판적 안목 형성과는 무관하게 진행했다. 학교에서는 도덕, 국민윤리, 사회 과목 등을 통해 반공 이데올로기를 주입하는 데 치중했고, 정권의 논리를 주입하고, 국가에 대한 충성심 함양을 주요 목적으로 삼았다. 학생을 민주시민으로 훈련하기 위한 구체적인 계획은 세우지 못했다. 학교 밖에서도 민주시민 육성은 미미했다. 군대, 예비군, 민방위대 등은 국가관 함양교육에 주력했고, 반공연맹, 새마을운동본부 등의 관변단체 역시 정부의 위탁을 받아 각종 반공교육과 주민교육을 실시했다. 요컨대, 권위주의 체제에 충성하는 '국민'교육(nation building)에 치중했다고 볼 수 있다(김민호, 2011).

그동안 지역사회복지 발전을 위해 주민참여가 강조되었다(박태영, 2003; 박태영, 채현탁, 2014). 올바른 주장이지만 주민이 참여하지 않았던 것은 자신들이 살고 있는 동네, 마을, 지역사회의 발전이라는 공익에 대한 인식과 관심이 매우 부족한 국민이고 참여하는 시민이 아니었기 때문이다.

요컨대, 지역사회복지실천 차원에서 지역사회 주민이 시민으로 변화되지 않는 한 지역단위의 인적 자원 확보도 극히 어렵고, 물적 자원 개발도 매우 어렵다.

2) 시민과 시민사회 그리고 시민성[4)]

앞에서 살펴본 사례에서 우리 지역사회의 주민은 시민이 아닌 국민임을 알게 되었다. 모두 다는 아니지만 다수가 그럴 것이다. 이러한 국민적 특성을 지닌 지역사회 주민을 시민으로 변화시켜야만 주민이 지역사회 변화의 주체가 될 수 있고, 지역사회 자원이 된다. 따라서 시민에 대한 좀 더 많은 이해가 필요하다.

(1) 시민: 탄생 과정과 유형

사례를 읽은 독자 중 일부는 자신이 서울시에 혹은 인천시에 살고 있는데, 왜 시민이 아닐까라는 생각을 할 수도 있다. 이러한 생각이 의미하는 시민은 말 그대로 도시의 구성원을 뜻한다. 그러나 시민(市民, citizen)은 그 이상의 의미를 가지고 있다. 사전적인 의미로 시민을 도시 또는 국가의 구성원이라고 답한다고 해서 완전히 틀렸다고 말할 수는 없다. 그렇지만 지역사회 주민을 변화시키기 위한 방법으로서 시민교육 관점에서 시민의 의미로는 매우 부족하다. 앞에서도 언급했듯이, 시민교육에서 '시민은 형식적 지위에 걸맞은 자질, 능력, 태도, 정신 등의 내용을 내포'하고 있는 개념이다. 이러한 시민교육에서의 시민 개념을 이해하려면 시민의 등장과 성장에 대한 역사적 과정에 대해 이해할 필요가 있다.

시민은 서구 민주주의 발달과정에서 등장한 개념이자 실체다. 민주주의는 고대 그리스의 도시국가 아테네에서 등장하였다. 아테네에서 왕이나 소수 귀족의 통치가 아닌, 다수의 도시국가 구성원의 통치인 민주정이 나타남에 따라 민주정의 주체로서 시민 개념이 형성되었다. 당시의 데모스(demos)라고 하는 사람들이 민회, 평의회, 재판소에 참

---

4) 이 부분은 명확하게 인용 표시가 된 부분을 제외하면 김영인과 설규주(2017)의 문헌에서 발췌하였다.

여하여 의결 · 행정 · 재판 기능과 같은 통치, 즉 **공적인 일**을 수행하였는데, 이들이 오늘날 시민의 기원이다. 데모스는 아테네 도시국가의 성년 자유민으로서 통치 기능에 참여하는 데 있어서 평등하였다. 여자, 노예, 외국인 등은 데모스가 될 수 없어 오늘날의 민주주의와 달랐다. 그렇지만 왕이자 귀족이 아닌 다수의 데모스의 평등한 참여에 의한 민주정을 실현했다는 점에서 큰 의의를 지닌다. 당시의 데모스는 도시국가의 공적인 일에 참여하는 것을 당연한 책무로 여겼다. 아테네 민주정치의 기초를 마련하고 최전성기를 이룩한 고대 아테네의 정치가이자 군인인 페리클레스(Perikles)의 연설문에는 다음과 같은 구절이 있다.

> 우리는 사적인 이익을 추구하지만, 그것은 공적인 이익에 관심을 높이기 위해서다. 사익 추구를 목적으로 하는 사람들이 발휘한 능력을 공적 사업에도 응용할 수 있다고 믿기 때문이다. 이곳 아테네에서는 정치에 무관심한 시민은 조용함을 즐기는 자로 여기지 않고, 무의미한 인간으로 간주된다.

아테네의 민주주의와 시민은 암흑기로 불리는 서구의 중세기 동안에 사라졌다가 근대에 들어서 부활했다. 근대에 들어 상공업이 발달하면서 기존의 왕, 귀족, 평민 등과는 다른 새로운 집단인 상공업 계층이 도시를 중심으로 나타났다. 당시의 도시는 성곽(bourg)으로 둘러싸여 있어서 이 새로운 상공업 계층을 도시의 성 안에 사는 사람들이란 뜻으로 부르주아(bourgeois)라고 불렀는데, 이들이 시민이다. 부르주아는 상공업을 중심으로 부를 축적하였으며, 이것을 바탕으로 경제 활동 및 재산 소유의 자유, 평등, 봉건적 특권의 폐지, 정치사회적 개혁 등을 요구하면서 봉건체제에 맞섰고, 노동자와 농민 등이 가세함으로써 시민혁명으로 불리는 부르주아 혁명을 성공시켰다. 이로 인해 봉건체제는 막을 내리고 아테네의 민주주의는 근대 민주주의로 부활하게 되었다. 근대 민주주의에서는 기존의 봉건 영주나 부르주아처럼 재력을 가진 자들만이 투표권과 참정권 등과 같은 시민권을 가질 수 있었고, 여성, 노동자, 농민 등과 같은 빈민층에게는 투표권, 피선거권 등과 같은 시민권이 주어지지 않았다. 따라서 근대 민주주의에서 시민의 범주는 오늘날처럼 넓지 못하였고 부르주아를 의미하였다.

시민권을 갖지 못해 국정에 참여할 수 없었던 여성, 노동자, 농민, 진보적 지식인들은 시민권을 획득하기 위해 오랫동안 노력하였다. 이들의 노력에 의해 20세기 들어 국가의 구성원 모두에게 법이 정하는 바에 따라 시민 지위와 시민권이 평등하게 부여되기

시작하였다. 이 결과 오늘날 시민은 형식적으로는 국가의 구성원을 의미하게 되었다.

이러한 역사적 과정을 살펴보면 시민 개념은 시민정신과 권리의식, 참여 자세와 책임성 등을 지닌 사람들의 노력에 의해서 등장하고 성장해 온 것이라고 할 수 있다. 형식적으로 시민은 국가 구성원으로서 지위와 국정운영에 참여할 수 있는 시민권을 지닌 자를 의미하지만, 이와 같은 형식적 의미에는 **시민참여, 시민정신, 시민으로서의 책무** 등과 같은 내용이 수반된다. 이런 내용을 '시민적 자질' 또는 '시민성'이라고 한다.

지금까지의 논의를 정리하면 시민이라는 개념에는 시민 지위, 시민권, 시민성이라는 요소가 내포되어 있다. 이 시민 개념의 세 요소는 [그림 8-2]와 같이 표현된다.

오늘날 일반적으로 시민적 지위는 국가의 법이 정하는 바에 따라 주어진다. 시민으로서 지위가 획득되면 특별한 사유가 없는 한 시민권, 즉 시민으로서의 권리와 의무가 주어진다. 여기서 필자는 '시민으로서 권리가 주어진 것'에 대해 첨언하고자 한다. 우리 사회에서 시민이거나 국민이 누리고 있는 자유권, 평등권, 참정권 등의 시민권은 유럽 시민의 탄생과정에서 엄청난 목숨의 대가를 통해 얻은 것이 아니라는 인식을 해야만 한다. 인류의 보편적 가치로서 자유주의와 민주주의 그리고 자유민주주의는 구체적 경험 없이 공허한 정치이념으로 수입되었다. 물론 독재정권 시절에 자유권을 확보하기 위해 흘린 피는 고귀하고 무한한 가치를 지닌다. 인권을 유린당하며 살아가던 수많은 여성이 참정권을 획득하기 위해 목숨을 바쳤다(영화 〈서프러제트〉를 보라). 영화 속에서 에밀리는 '미래 세대를 위해, 미래에 태어나는 여자들에게 권리를 쥐어 주기 위해' 질주하는 국왕 조지 5세의 경주마에 몸을 던져 사흘만에 사망했다. 수많은 에밀리가 목숨을 바쳐서 후세대인 우리에게 인간으로서의 존엄함, 자유, 평등, 참정권 등의 시민권을

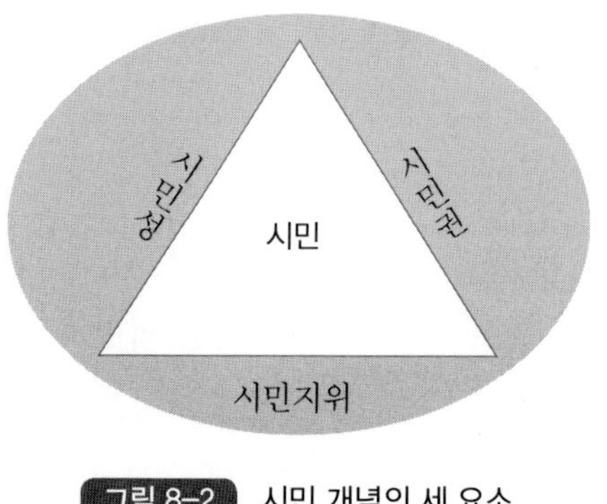

그림 8-2 시민 개념의 세 요소

출처: 김영인, 설규주(2017).

주었다. 우리가 그것을 누리며 살기 위해서는 '시민'이 되어야 한다.

(2) 시민의 유형

미국의 사회과학교육연합(Social Science Education Consortium)은 민주시민을 ① 식견을 갖춘 사람, ② 민주주의적 가치에 헌신하는 사람, ③ 자유 사회의 제반과정과 절차에 숙달된 사람, ④ 사회문제에 적극적으로 참여해야 할 책무를 느끼고 실제로 참여하는 사람 등으로 정의하였다(김동춘, 2000, p. 160 재인용).

김영인과 설규주(2017)는 시민의 유형을 [그림 8-3]과 같이 제시하였다.

활동의 지향성에 따라 사적 시민(private citizen)과 공적 시민(public citizen)으로 분류하였다. 사적 시민은 주로 개인적 권리와 이익 실현에 관심을 가지고 이를 위해 공적 영역에 참여하여 활동하는 시민 유형이다. 예를 들어, 자신이 소유한 건물 주변을 '문화의 거리'로 지정해 건물 가격을 올리는 파렴치한 구청장이다. 반면, 공적 시민은 주로 사회 전체의 공공선 실현과 민주주의 가치 실현에 관심을 가지고 이를 위해 공적 영역에 참여하여 활동하는 시민 유형이다. '경실연(경제정의실천시민연합)' '참여연대' 등 시민단체 활동가와 이 단체들의 후원 회원을 이 유형의 시민으로 볼 수 있다. 오늘날 시민교육에서 주로 관심을 두는 것은 공적 시민을 기르는 것이다. 또한 활동의 자발성과 적극성의 정도(수동성/능동성), 활동의 지향성 정도(사적 영역, 사익/공적 영역, 공익)에 따라서 [그림 8-3]처럼 'I: 참여적 시민(참여형)' 'II: 추종적 시민(추종형)' 'III: 도피적 시민(도피형 · 무관심형)' 'IV: 주장적 시민(주장형)'으로 나누고 있다.

참여적 시민(I)은 자발적이고 적극적으로 참여하는 능동성을 지니며, 참여 활동은

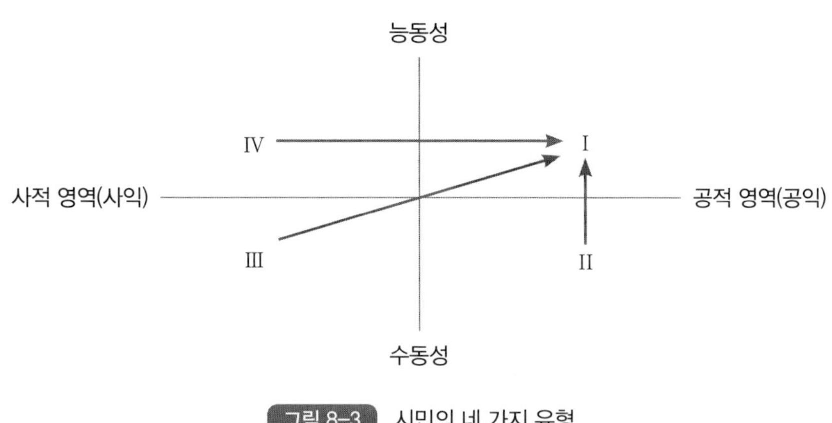

그림 8-3 시민의 네 가지 유형

출처: 김영인, 설규주(2017).

공적 영역과 공익을 지향한다. 추종적 시민(II)은 공적 영역과 공익을 지향하기는 하지만 이를 위해서 자발적, 적극적으로 참여하지 않고 타인의 권유나 동원에 의하는 수동성을 지닌다. 도피적 시민(III)은 사적 영역과 사익에만 관심이 있고, 공적 영역이나 공익에는 관심이 없는 무관심형 또는 현실도피형이다. 주장적 시민(IV)은 사적 영역과 사익에 관심을 가지고, 이를 실현하기 위해서 자발성과 적극성을 가지고 능동적으로 참여한다. 오늘날 우리 지역사회 주민 대부분은 도피적이거나 주장적 시민일 수 있으며, 참여적 시민은 매우 희귀하다. '식견을 갖추고' '민주주의 가치에 헌신하며' 지역사회 문제해결에 적극 참여하는 '공적 인간의 소멸'이라고 할 수 있다.

(3) 시민사회

시민사회의 핵심은 시민이다. 시민사회는 시민의 연대와 활동의 장이며, 시민정신이 발현되는 공적 영역이다.

오늘날 우리는 시민사회라는 말을 자주 하고 듣는다. 그렇지만 "시민사회가 무엇인가?"라는 질문에 대한 답을 하기는 쉽지 않다. 이 질문에 대해서는 관점에 따라 다양한 대답이 가능하다. 일반적인 견해에 따르면 시민사회는 비국가(비정부), 비시장(비기업), 비가족 공간으로서 독립성, 자발성, 공공성을 그 특징으로 하는 다양한 중간매개 결사체의 영역이며, 시민이 주체가 되는 사회라고 할 수 있다. 강대현(2001)은 시민사회의 설명을 위해 [그림 8-4]를 제시하였다.

시민사회는 국가권력의 주체가 아니고 국가의 정책을 직접 결정하지도 않으며, 국가와 시민을 연결하는 매개적 기능을 통해 국가권력을 견제하고 시민의 요구를 정치과정

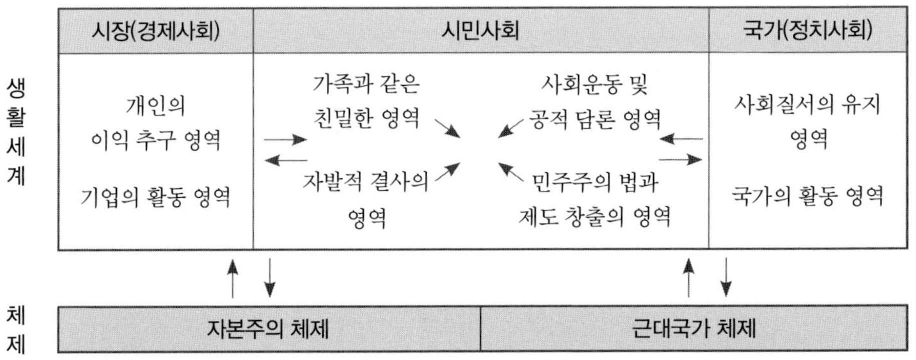

그림 8-4 1990년대 이후 한국 시민사회의 성격 변화: 전환기 시민사회의 등장

출처: 강대현(2001), p. 103.

에 반영한다는 점에서 국가와 구분된다. 또한 시민사회는 자본의 논리를 바탕으로 하는 이윤을 추구하지 않고 공동체 전체의 공공선을 추구하면서 자본의 횡포를 견제한다는 점에서 시장(기업)과도 구분된다. 더 나아가 시민사회는 혈연을 매개로 하는 사적 공간이 아니라 공적 목표를 추구하는 결사체들의 공적 활동 공간이라는 점에서 가족과도 구분된다. 오늘날 사회는 가족과 같은 사적 영역을 제외하면 국가, 시장, 시민사회라는 세 부분으로 구성된다(강대현, 2001).

시민사회는 정부실패와 시장실패를 보완하기 위한 대안을 모색하는 과정에서 등장하였다. 근대국가에서는 시장의 자율적인 수요공급 원리에 의해 인간의 욕구와 관련된 제반 사회문제와 현안이 해결될 것으로 기대하여 시장에 전적인 자율성을 부여하였다. 하지만 시장은 효율성을 증진하는 데에는 유용하였지만 자본의 집중과 횡포, 실업, 빈부격차, 환경오염, 경제공황 등과 같은 많은 문제를 파생시켰다. 이와 같은 시장실패를 해결하기 위한 대안으로 현대에 들어 복지국가가 등장하였다. 복지국가는 인간의 복지증진에 상당한 기여를 하였지만 정부 관료조직의 경직성과 비효율성, 권력 남용 등의 새로운 문제를 야기했다. 정부가 인간 사회의 문제를 해결해 줄 것으로 기대했지만 이러한 기대에 부응하지 못하는 정부실패 현상이 나타난 것이다.

시민사회는 이와 같은 시장실패와 정부실패를 보완하고 권력과 자본의 횡포를 견제하려는 시민의 주체적인 노력에 의해 등장한 것이다. 앞에서도 설명했듯이, 성미산 주민들은 서울시장이라는 권력에 대항했고, 반송동 주민들은 부산시장의 권력에 저항했다. 앞에서 살펴본 송호근의 설명에 따르면, 성미산 주민들과 반송동 주민들은 '국가의 부당한 권력에 저항한' 시민이다. 예기치 못한 질병, 노후 대비를 위해 국민 대부분이 가입하는 실손보험 가입자들에 대해 보험사가 보험금을 청구한 가입자를 상대로 악의적 소송을 제기해 피해자가 속출하고 있다. 힘없는 서민들에게 소송을 남용하는 보험사(KBS 1TV '똑똑한 소비자 리포트' 2018. 3. 23. 방영)는 자본으로서 시민에게 횡포를 부리는 것이다. 1,337명(6,072명 피해 접수, 접수자의 10%인 607명 피해 인정)의 목숨을 앗아간 가습기 살균제 사건을 일으킨 다국적 회사와 국내의 두 대기업은 수많은 사람의 생명권을 침해했음에도 소비자 단체와 피해자들의 요구에 반응이 없다. 민주주의 · 법치주의 국가에서 법이 작동하지 않는 것이다. 시민교육을 통해 시민의 '비판적 사고력' '의사소통능력' '행동적 시민성'을 강화하고, 시민을 세력화하여 자본의 횡포에 대응하고 법이 작동하게 해야 한다.

인간의 생명권과 자유, 평등은 복지에 의한 삶의 질에 우선한다. Loewenberg와

Dolgoff(2000)는 사회복지실천의 윤리에서 가치가 상충할 때 더 중요한 가치와 덜 중요한 가치를 서열화하는 것이 필요하다고 했다. 이들은 가장 중요한 윤리원칙 1이 '생명보호의 원칙', 윤리원칙 2가 '평등과 불평등의 원칙', 윤리원칙 3이 '자율과 자유의 원칙', 윤리원칙 4가 '최소손실의 원칙'이며, '삶의 질 원칙'은 윤리원칙 5라고 하였다. Marshall(1972, p. 15)은 '복지자본주의의 가치문제'를 논하면서 '복지자본주의' 앞에 '민주주의'라는 용어가 독립적 지위를 가지면서 하이픈으로 연결하는 '민주주의적-복지-자본주의(democratic-welfare-capitalism)'로 표현되는 것이 당연하다고 주장하였다. 그러한 주장의 요지는 다음과 같다.

> 자본주의 혹은 시장은 그것이 작동하는 힘인 불평등에 의존하고 인지하며 보상한다. 민주주의는 누진과세와 같은 제도로 윤리적 수준에서 불평등을 감소시키고 정당화한다. 복지서비스의 목적은 비슷한 처치에 있는 사람들에게 평등한 서비스를 제공하는 것이다. 민주주의는 시민권의 평등을 나타낸다(p. 29).

민주주의는 시민에 의해 지켜진다. 다시 시민사회에 대한 설명으로 돌아가자.

앞서 언급하였듯이, 시민사회는 독립성, 자발성, 공공성을 가장 큰 특징으로 한다. 첫째, '독립성'은 시민사회가 국가의 권력이나 시장의 자본에 예속되지 않고 자율성을 가짐을 의미한다. 시민사회는 자율적으로 조직을 구성・운영하고 활동한다. 시민 스스로의 판단이나 결정 외에는 어떤 외부적인 간섭이나 통제도 받지 않는다. 독립성은 시민의 정의 편에 서서 권력과 자본을 견제하기 위해 필요한 최소한의 요건이다. 특히 정부로부터의 독립성을 강조하여 시민사회의 결사체를 비정부 기구(NGO)라고 하기도 한다. 둘째, '자발성'은 시민사회가 시민의 능동적・주체적인 의사와 참여에 의해 꾸려지는 것을 의미한다. 시민은 스스로의 판단과 결정에 의해 시민사회에 참여하며, 이러한 참여는 시민사회를 이끄는 원동력이 된다. 시민사회도 스스로의 판단과 결정에 의해 활동을 하게 된다. 셋째, '공공성'은 시민사회가 사적인 영리를 추구하지 않고 공익을 추구하는 것을 의미한다. 이런 시민사회의 비영리성과 공공성을 강조하여 시민사회 내의 결사체를 비영리단체(NPO)라고 하기도 한다. 엄격한 의미에서 시민사회는 시민사회 구성원의 이익보다는 사회 전체의 불특정 다수의 이익을 지향한다.

이러한 공익정신을 가지고 참여하는 시민이 시민사회의 주체이자 원동력이다. 권력과 자본의 견제에서 더 나아가 다양한 대안을 만들고 시민들의 요구를 수렴하여 정책

과정에 투입하면서 국가와 파트너십을 형성하기도 한다. 또한 공론의 장을 활성화시키고 시민정신을 보급시켜서 시민문화를 형성 및 발전시킨다. 시민은 시민사회에서 연대와 배려, 상호존중과 박애정신 등을 학습하고 민주주의 가치를 내면화한다. 우리 국민은 영국 시민처럼 다양한 시민단체('경제정의실천시민연합' '참여연대' '환경운동연합' 등과 같은 시민단체도 있고, 사회복지사들이 복지시민운동을 하는 '우리복지시민연합' '부산복지시민연대' '광주복지공감플러스' 등)에 가입하고, 활동해야 한다.

필자는 시민사회와 NGO의 관계는 지역사회와 주민조직의 관계와 같다고 생각한다. NGO가 활성화되어야 시민사회가 강성해지듯이, 주민조직이 형성되어야 지역사회 역량이 강화된다. 주민조직의 구성원들은 NGO에 가입하고 협력해야 건강한 시민사회가 형성될 수 있고, 국가와 자본이 시민과 소비자의 권리를 침해하는 경우에는 대항해야 한다.

(4) 시민성과 시민교육

① 시민성과 지역시민성

시민성을 뜻하는 'citizenship'은 시민이라는 뜻의 'citizen'과 자질 및 조건을 의미하는 'ship'을 합친 용어로서(김왕근, 1995) '바람직한 시민의 자질 혹은 역량'을 의미한다. 시민성은 [그림 8-5]에서 보는 것처럼, 공간, 영역, 능력과 같은 다원적인 차원을 가진다(Heater, 1990, 2004: 김민호, 2011 재인용).

시민은 직장, 지역사회, 국가, 세계 등과 같은 다양한 공간에 소속되어 구성원의 지위를 가진다. 직장, 지역사회, 국가, 세계의 구성원 지위에 수반되는 권리와 의무가 다르고, 각각 요구되는 자질 또한 다르다. 시민이 각 공간 차원과 영역 차원에서 갖추어야 할 능력은 덕목, 지식, 태도, 기능 등으로 세분화된다. 특히 이 능력은 시민성의 내용을 이루는 것으로서 시민교육과 관련하여 중요하다.

바람직한 시민상과 관련하여 Westheimer와 Kahne(2004: 우현정, 2016 재인용)은 시민의 유형을 '개인적 책임감이 있는(personally responsible) 시민' '참여적(participatory) 시민' '정의지향적(justice oriented) 시민'으로 구분하였다.

첫째, '개인적 책임감이 있는 시민'은 자신이 속한 공동체 내에서 책임 있는 행동을 하는 사람으로, 쓰레기 재활용, 헌혈, 봉사하기 등 좋은 습관을 가지고 있으며, 법에 복종하며, 애국심(애국심 측면에서 국민은 중요한 의미를 가짐)을 가지고 있다. 이 유형은 보수

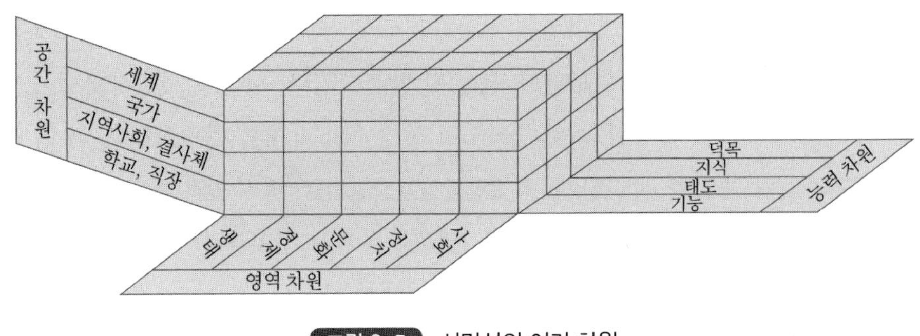

그림 8-5 시민성의 여러 차원

출처: Heater (2004), p. 326: 김민호(2011), p. 209 재인용.

주의적 · 개인주의적인 성격을 가지고, 도덕적 차원의 시민적 자질에 주안점을 둔다. 둘째, '참여적 시민'은 지역이나 국가 수준의 공동체에서 나타나는 시민적 문제와 사회적 삶에 능동적으로 참여하는 사람을 의미한다. 이 유형의 시민은 정부나 지역 기반의 조직이 어떻게 활동하는지에 관한 기본적인 지식을 가지고 있으며, 이들의 활동 및 역할과 관계된 기능을 중시하여 실제에서도 행동한다. 전자와 비교했을 때 이 유형은 공동체적(사회적) 차원을 중시하며, 지식과 관련된 인지적 차원 및 조직적 참여행위와 관련된 행동적 차원을 시민성의 주요 요소로 간주한다. 셋째, '정의지향적 시민'은 사회적 · 정치적 · 경제적 힘의 상호작용을 분석하고 이해하여 구조적 비판 및 사회문제에 대응하는 사람을 의미한다. 이 유형의 시민은 참여적 시민과 비교했을 때, 사회적 삶과 관련된 집단적 활동에 강조점을 두고 공통점을 가지지만 그 초점을 달리한다. 즉, 참여적 시민이 대중적 차원의 활동을 강조하는 반면, 정의지향적 시민은 사회적 쟁점과 부정의를 비판적으로 분석하여 문제의 근원적 원인을 찾아 그에 따라 사회적 운동 및 체계 변화를 이끄는 방법을 모색하고 행동한다. 이 유형은 사회적 차원을 중시하며, 기능과 관련된 인지적 차원 및 근본적 해결을 위한 행동적 차원을 시민성의 핵심적 요소로 여긴다.

Johnston(1999, 2004: 김민호, 2011 재인용)은 시민성을 네 가지로 제시하였다. 첫째, 통합적(포용적) 시민성(inclusive citizenship)이다. Johnston은 경제적으로나 사회적으로 배타성을 지닌 사회를 Beck(1986, 1997: 김민호, 2011 재인용)의 개념을 빌어 '위험사회(risk society)'라고 명명하였다. 이러한 배타적인 위험사회에서 시민에게 필요한 자질은 바로 사회적 통합(social cohesion)의 가치를 내면화하는 것이다. 통합적 시민성을 기르기 위해서는 경제적 · 인종적 · 문화적 차이에 관계없이 누구나 공통의 이해관계를 지니고 있다는 것을 인정하고 포용하는 교육과 훈련이 필요하다. 앞서 살펴본 사례에서,

부자 동네인 A아파트 주민들이 경비원을 머슴이라고 부르고 자신들이 주인 행세하며 폭행하고 해고한 것은 경제적 차이를 드러내고 사회적 통합을 외면한 것이다.

둘째, 다원적 시민성(pluralistic citizenship)이다. 다원적 시민성은 통합적 시민성에 기초하지만 그 포용성을 넘어서는 시민성이다. 인간의 보편적인 권리를 중시하는 근대적인 시민성에 기초하지만 '똑같음'만을 강조하는 시민성에서 다양성과 문화적 복합성을 수용할 줄 아는 시민성인 것이다. 다원적 시민성은 문화 간의 대화를 강조하며, '다양성 속의 연대'를 발전시킨다. 베트남 이주가족 학생을 '다문화'라고 부르는 교사는 다원적 시민성이 부족하다고 할 수 있다.

셋째, 성찰적 시민성(reflexive citizenship)이다. 반성적이고 자기비판적이며, 역동적인 시민성을 말한다. 위험사회의 복잡성, 불확실성, 다양성을 인식하고 성찰할 줄 아는 시민의 자질이라고 할 수 있다. 성찰적 시민성은 Freire가 주장한 의식화(conscientization) 교육의 지향점과 상통한다. 시민의 권리뿐만 아니라 시민의 책임에 대해서도 적극적, 비판적으로 성찰할 수 있는 시민을 위한 교육이 필요하다. 국회의원의 지위에서 특수학교 건립 부지에 국립한방병원을 짓겠다고 해서 시민 간에 갈등을 유발하는 국회의원은 국회의원으로서 책무를 저버리는 성찰적 시민성이 부족하다고 볼 수 있다.

넷째, 행동적 시민성(active citizenship)이다. 행동적 시민성은 앞에 제시한 통합적 · 다원적 · 성찰적 시민성을 통합한 개념이라고 볼 수 있다. 행동적 시민성은 주변의 부조리나 불평등 현상에 대한 인식에 그치지 않고, 이를 해소하기 위한 적극적인 행동에 관심을 갖는다. 이 행동적 시민성이 시민성의 핵심인 참여로 나타난다.

지금까지 Johnston이 설명한 시민성에 대해 자세히 살펴보았다. 다양한 학자의 견해를 간략히 요약하면 〈표 8-2〉와 같다.

〈표 8-2〉에서 Butts(1988: 우현정, 2016 재인용)가 제시한 "자유, 평등, 정의, 진실, 애국주의"와 같은 시민성은 인류의 보편적 가치라고 볼 수 있다. 〈표 8-2〉에서 여러 학자가 제시한 시민적 자질 중에 가장 빈도가 높은 것은 '참여'다. '능동적 참여 능력'(Savage & Amstrong, 1987), '지역사회에의 참여'(Dynneson, 1992), '사회참여와 자원봉사'(Crick, 1998), '공적 문제에 관한 관심과 참여'(Cogan, 2000) 등으로 제시되어 있다.

Poster와 Kruger(1990, p. 5: 이남섭, 2008 재인용)는 "시민성은 공허한 지식과는 무관하다. 또는 조직이나 지도자의 자리를 차지하는 것과도 무관하다. 그것은 단지 참여와 관련 있을 뿐이다."라고 함으로써 참여와 시민성의 관계를 단적으로 강조하였다. 참여

표 8-2 바람직한 민주 시민의 구체적인 자질(역량)

학자	시민의 자질
Savage & Amstrong(1987)	민주적 의사결정력, 비판적 사고력, 능동적인 참여 능력
Butts(1988)	자유, 평등, 정의, 권위, 참여, 진실, 애국주의, 다양성, 사생활 보호, 적법 절차, 재산권, 인권
Dynneson(1992)	현재의 사회문제에 대한 올바른 인식, 학교나 지역사회에의 참여, 책임의 수용, 타인에 대한 배려, 도덕적 행동, 권위에 대한 인정, (비판적) 문제 제기 능력, 합리적 의사결정력, 정부에 대한 지식, 애국심
Crick(1998)	사회적 · 도덕적 책임감(타인에 대한 배려, 타인에게 미칠 영향에 대한 판단, 결과에 대한 이해와 관심), 평화롭고 책임 있는 방식의 참여를 위한 기능, 사회참여와 자원봉사, 정치적 문해
Cogan(2000)	정체성, 권리의 향유와 그에 상응하는 의무 이해, 공적 문제에 관한 관심과 참여, 기본적인 사회적 가치의 수용
강대현(2007)	합리성, 정의, 참여, 배려, 관용, 연대
박상준(2012)	의사소통능력, 비판적 사고력, 공동체적 가치와 공동체 의식

출처: 우현정(2016)에서 발췌하여 수정함.

에는 다음의 여섯 가지 형태가 존재한다(Longo, 2007, p. 14: 김민호, 2011 재인용). 첫째, 공적 가치를 지닌 프로젝트에 참여하기(public work), 둘째, 지역사회 내의 집단구성원이 되어 지역사회에 봉사하기(community involvement), 셋째, 유세하기, 반대하기, 권력관계 형성하기 등을 통해 지역사회를 조직하기(community organizing), 넷째, 정부의 정책과정을 이해하고, 공적인 참여를 위해 시민으로서의 지식을 갖추기(civic knowledge), 다섯째, 투표, 캠페인, 입법을 위한 주장하기 등의 전통적인 의미의 정치적 행위하기(conventional political action), 여섯째, 공적 이슈에 대해 의도적, 공적으로 대화하기(public dialogue) 등이다.

참여란 사전적 의미로 '다른 사람과 함께 어떤 일이나 활동의 일부분을 떠맡는 것'이다. 일반적인 의미에서 참여는 사람들이 무엇인가를 하면서 다른 사람과 행동을 공유하는 것이며, 다른 사람과 함께 행동하는 것을 말한다. 오늘날 일반적으로 이해되고 있는 참여는 법으로 규정되어 있는 참정권 이상의 것을 가리킨다. 선거와 투표를 비롯하여 정당 활동에의 참여, 의사결정과정에의 참여, 여론 형성에의 참여, 사회운동에의 참여 등 다양한 형태의 참여를 가리키고 있다. 과거에는 사회참여를 주로 정치적 성향이

강한 정치참여라는 의미에서 사용하였으나, 최근에는 환경문제, 여성문제, 인권문제 등 여러 가지 사회문제나 생활양식, 가치의 문제까지 참여의 범위가 확대되고 있다. 그 이유는 사회적 삶의 정치적 영역과 비정치적 영역이 융합되고, '사적인' 도덕적 · 경제적 관심과 행위 양식이 '정치적'인 것을 구분해 주던 경계선이 점차 모호해지기 때문이다(Offe, 1985: 이남섭, 2008 재인용). 그리하여 사회참여는 공적 영역뿐만 아니라 공적이지도 사적이지도 않은 비제도적 정치 유형의 이슈에 대한 참여 모두를 의미하게 되었다.

이러한 시민성과 지역시민성은 구분해서 이해해야 한다(김민호, 2011; 설규주, 2000; 이남섭, 2008; 이은미, 진성미, 2014). 설규주(2000)는 자신이 거주하고 있는 지역사회 속에서 그 지역사회의 주체로서 지역사회문제에 관심을 갖고 참여하며 적극적으로 해결하고자 하는 시민성을 지역시민성이라고 규정하였다. 김민호(2011)는 자신의 삶의 터전인 지역공동체의 유지와 발전을 위해서 지역공동체 사람들과 소통하는 가운데 지역사회의 문제를 스스로 찾아 해결하고자 하는 과정에 적극적이고 능동적으로 참여하여 지역 발전에 기여할 수 있는 시민성을 지역시민성이라고 규정하였다.

이은미와 진성미(2014)는 Johnston(1999)의 네 가지 시민성 유형과 김민호(2011)의 지역시민성 개념에 근거하여 〈표 8-3〉과 같이 지역시민성의 하위요소를 제시하였다.

지역주민이 정직성, 정의감, 협동심 같은 덕목을 시민교육에서 학습함으로써 지역사회 내의 사회적 자본을 형성하지만(김영인, 설규주, 2017), 정직성은 인간관계 형성의 바

표 8-3 시민성의 유형

구분	지역시민성	
행동적 시민성	참여, 헌신	지역사회에의 참여
		공익을 위한 사익의 희생
성찰적 시민성	주체성과 성찰	지역주민으로서의 권리와 의무의 이해
		반성적, 자기비판적
다원적 시민성	지역정체성, 특수성	지역사회의 다양한 삶, 집단에 대한 이해와 존중
		지역주민으로서의 정체성(지역적 정체성) 정립
		지역사회에 대한 관심과 지식
통합적 시민성	소속감, 연대성	이웃과의 관계 형성
		생활세계에서의 의사소통
		정직성, 정의감, 협동심

출처: 이은미, 진성미(2014)에서 발췌하여 수정함.

탕이어서 거짓말쟁이와는 신뢰관계 형성이 안 되고, 의사소통도 어려우며, 협동은 불가능하다. 정의감도 정직성과 더불어 인간이 갖추어야 할 도덕성이다. 예를 들어, 전라북도 임실지역에서 치즈산업을 일으킨 지정환 신부는 독재정권 시절에 반독재 민주화 투쟁을 하느라 서울까지 와서 시위를 했다. 지정환 신부[5]는 당시 경찰들에게 "자신의 이름을 가지고 '정'의가 '환'하게 빛날 때까지 '지'랄하겠다."(경향신문, 2018. 8. 25.)고 했다.

② 시민교육의 목표

시민을 대상으로 지금까지 학습한 시민성, 시민으로서의 자질을 함양하기 위한 교육이 교과서적인 시민교육(civic education, citizenship education)의 개념이다. 지역사회 주민이 대부분 국민이므로 국민을 시민으로 변화시키는 교육을 시민교육으로 볼 수 있다. 1942년에 옥스퍼드 대학교에서 시작된 국제 자선단체인 옥스팜(Oxfam)의 시민교육에서 강조된 지식, 기술, 가치와 태도는 〈표 8-4〉와 같다(한국민주주의연구소, 2016).

표 8-4 옥스팜의 시민교육 핵심 요소

지식/이해	–사회정의와 공평 –다양성 –세계화와 상호의존성 –평화와 갈등
기술	–비판적 사고 –효과적으로 논증하는 능력 –부정의와 불평등에 대해 도전하는 능력 –사람과 사물에 대한 존중 –협동과 갈등 해결
가치와 태도	–정체성과 자기존중 –공감 –사회정의와 공평에 대한 헌신 –다양성의 가치를 알고 존중 –환경에 대한 관심과 지속가능한 발전에 대한 약속 –사람이 변화를 가져올 수 있다는 믿음

출처: 한국민주주의연구소(2016), p. 180에서 발췌하여 수정함.

5) 87세의 노신부 디디에 세스테벤스는 벨기에 브뤼셀에서 태어나 1959년 한국 땅을 밟아 60년간 '지정환'이라는 이름으로 살다가 2019년 4월에 선종하셨다.

한국민주주의연구소(2016)에 따르면, 영국, 독일, 프랑스, 스웨덴, 미국 등의 선진국이 시민교육을 하고 있다. 영국의 경우, 영국 청년들 사이에 만연했던 공동체 및 사회문제에 대한 무관심, 국가 정체성 혼란, 도덕 개념의 퇴화 등의 문제를 지적하며, 이 문제를 해결할 교육적 방안이 부재하다는 비판이 있었다. 1997년 집권한 영국 노동당 정부는 이런 문제를 해결하는 방안 중 하나로서 개인의 시민적 책무성, 차이의 존중, 다른 관점에 대한 배려, 사회적 책임, 사회에의 긍정적 기여 등을 강조하는 교육개혁을 단행하였다(박선영, 2012, p. 327). 이때 이루어진 블레어 정부의 교육정책은 오늘날 영국 시민교육의 토대를 형성했다. 블레어 정부는 '교육, 교육, 교육(education, education, education)'이라는 슬로건을 앞세워 교육정책을 정부의 핵심과제로 추진하였다.[6] 1998년에 발표된 'Crick 보고서'는 영국 사회에 만연한 정치적 무관심과 참여 부족이라는 문제를 해결하기 위하여 시민교육에서 '적극적 시민'을 강조하였다. '적극적 시민'은 사회 변화에 따라 우리가 어떻게 변화해야 하는지 그리고 옳지 않은 방향으로의 변화에 어떻게 저항해야 하는지에 대해 일종의 안목을 갖춘 사람을 의미한다. 'Crick 보고서'의 시민교육 프로그램은 다음과 같은 내용을 포함한다. '타인의 관점과 신념, 흥미를 이해하고, 인식할 수 있으며, 공감할 수 있는 능력과 태도' '문제에 대해 추론 기술을 적용하고 특정 의견을 지지하거나 형성하는 데 있어서 가치 판단을 할 수 있는 능력과 태도' '의사결정에의 참여, 대안 중 선택, 자유나 공정에 대한 가치 판단과 의사결정을 할 수 있는 능력과 태도' 등이다(〈표 8-5〉 참조). 영국은 다문화 사회로 변화해 감에 따라 시민교육을 위한 'Parekh 보고서'를 발간하였다(정철민, 유재봉, 2017).

시민교육의 목표는 민주주의 가치 실현에 헌신적이며 공적 영역의 문제해결에 공익 정신을 가지고 적극적으로 참여하는 역량 있는 시민 양성이라고 할 수 있다. 이를 구체

---

6) 시민교육 정책을 강화하려는 영국의 블레어 정부와 반대되는 정부도 있다. 현 정부의 교육부는 민주시민교육과를 직제에서 없애고 인성체육예술교육과를 신설했다. 경기도 교육청도 최근 민주시민교육과를 미래인성교육과로 이름을 바꿨다. 교육계에서는 '민주시민교육과'가 가졌던 위상과 상징성이 사라지면서 아직 무르익지 않은 민주시민교육에 다시 제동이 걸릴 것이라는 우려가 나온다. 민주시민교육은 타인의 권리를 존중하고 다양성을 인정하면서 대화와 토론으로 문제를 해결할 수 있는 능력을 갖춘 민주시민을 길러내기 위한 교육인데, 이를 위해서는 사회 · 정치적으로 민감한 문제도 교실 안에서 토의 · 토론할 수 있어야 한다. 하지만 교실의 정치화에 대한 과도한 우려, 입시 위주의 교육 등이 복합적으로 작용해 민주시민교육은 여전히 걸음마 단계에 머물러 있다. 김성천 한국교원대 교수(교육정책학)는 "(양과의) 이번 통합에는 민주시민교육을 좌파교육의 산물로 보는 보수의 인식이 반영된 것 같다."며 "교육부까지 민주시민교육을 금기어처럼 여기면 학교 현장은 더 위축될 수밖에 없다."고 말했다(한겨레신문 2022. 9. 22.).

표 8-5 영국 시민교육을 위한 'Crick 보고서'와 'Parekh 보고서'의 비교

구분	Crick 보고서	Parekh 보고서
배경	-정치적 무관심의 만연	-다문화 사회로의 전환
목적	-적극적 정치 참여 유도 -적극적 시민 양성	-다문화 사회에서 영국의 공동체 의식 확립 -영국인다운 영국인의 양성
내용	-시민의 참여 -사회적 · 도덕적 책임 -정치적 문해력	-소수민족과의 공존 -정치적 공동체의 개념 확립 -공동체 의식의 조성
차원	-국가시민성	-세계시민성

출처: 정철민, 유재봉(2017), p. 221.

화하면 다음과 같다(김영인, 설규주, 2017).

첫째, 시민교육은 민주주의의 가치를 내면화하고 생활화함으로써 가치 실현에 헌신적인 시민 양성을 지향한다. 시민과 민주주의, 시민교육은 불가분의 관계를 가지고 있으며, 시민 없이는 민주주의는 허울 좋은 이념과 제도만 남아 빈껍데기가 되기 쉽기 때문이다. 박수명(2005)은 현대 사회의 많은 사람이 사적인 문제에만 관심을 가질 뿐 공적인 문제에 대해서는 일부 전문가에게 미루어 버리는 경향이 있는데, 이러한 경향이 민주주의 자체에 대한 위협이 되고 있다고 지적하였다.

둘째, 시민교육은 공익정신을 가진 시민 양성을 지향한다. 일반적으로 사익에 대한 관심과 노력은 본능적인 것이어서 굳이 교육을 통하지 않고서도 자연스럽게 길러진다. 사익에 대한 관심은 자연스러운 과정이지만 공동체 구성원들이 사익만을 생각하고 추구한다면, 사회에는 Hobbes의 '만인에 대한 만인의 투쟁 상태'나 Hardin의 '공유지의 비극'이 초래될 가능성이 높다. 이를 막기 위해서는 사익은 적절히 절제되어야 하고, 사익 추구의 한계가 설정될 필요가 있다. 사익 추구의 한계선은 공익이라고 할 수 있다. 공익을 침해하면서 사익을 추구할 권리는 누구에게도 없다. 또한 공동체의 발전 없이는 개인의 이익도 장기적으로 보장되기 어렵다. 아울러 민주사회에서 시민은 개인을 넘어서는 존재이기도 하다. 이런 점에서 시민은 공익정신을 가질 필요가 있고, 시민교육은 시민에게 공익정신을 습득시켜야 한다.

셋째, 시민교육은 문제해결에 적극적으로 참여하는 시민 양성을 지향한다. 민주주의에서 공동체의 주인은 시민이다. 주인인 시민이 사회나 국가의 문제해결이나 의사결정

에 참여해야 하는 것은 당연하다. 시민교육에서 이러한 참여 자세와 능력을 습득시켜야 한다.

넷째, 시민교육은 역량 있는 시민 양성을 지향한다. 판단 능력, 대안창출 능력 등과 같은 시민으로서의 역량이 없으면 자칫 우중(愚衆)으로 전락하기 쉽다. 다시 말해 비록 소수자가 진리를 주장할지라도 민주주의 정신에 대한 기본적인 이해가 없는 '시민성 없는 껍데기 시민'이 다수결이라는 원칙에 따라 그 의견을 묵살해 버리고 민주주의가 후퇴하는 방향으로 사회를 이끌 수도 있다는 것이다.

(5) 지역사회시민교육

지금까지 살펴보았듯이, 시민성의 핵심은 참여다. 참여는 사람의 일상생활 터전인 지역사회에서 가장 활발하게 일어난다. 지역적 차원의 시민성이 중요한 이유는 실제적 생활의 터전에 구현되지 못하는 민주적 시민 자질은 아무런 의미가 없기 때문이다(Lowndes, 1995: 설규주, 2000 재인용). 지역사회는 그러한 참여를 실천할 수 있는 장일뿐만 아니라 참여 유발이 용이한 장이기 때문에 참여를 위한 유용한 시민교육의 장이 되는 것이다(이승종, 2001).

오늘날 우리 사회가 기대하는 좋은 시민이란 '민주시민'이고 '참여하는 시민'일 뿐만 아니라 '지역사회시민'임을 강조한다. "지역사회를 자신의 삶의 터전으로 여기고 지역사회 안에서 지역주민들과 소통하는 가운데 지역사회 발전의 비전을 지니고 지역사회의 문제를 스스로 찾아 해결할 역량을 지닌 시민"을 양성하기 위해 "시민교육의 지역화"(김민호, 2011)를 주장한다.

지역사회는 모든 시민의 지근거리에 있는 삶의 장으로서 다양한 구성원 간의 직접적인 상호작용에 의해 공동체가 구성되는 장이다. Arendt(1963: 이남섭, 2008 재인용)는 지역사회가 시민에게 상호접촉을 통하여 집단적 담론 및 의사결정의 체험을 할 수 있는 기회를 부여하는 효과적인 '공공학습'의 영역이며, 각 시민이 정치공동체 안에서의 생활에 관한 이슈를 민주적으로 공동 해결하는 대표적인 '공공영역'이라고 강조하였다. 지역사회는 중앙 단위에서 공식적 참여의 기회가 적은 소외계층이 보다 효과적으로 참여할 수 있기 때문에 사회정의 실현의 장으로서도 중시되어야 한다.

Armstrong(1981)에 의하면, "지역사회는 개인과 폭넓은 전체 사회 사이에 존재하는 학습 단위"(p. 101)이고, "지역사회 교육의 목표는 지역사회 그리고 그 지역사회와 관련된 문제(잠재적이거나 진행 중인)에 대해 잘 알고 있고, 이러한 문제를 어떻게 해결해야 하는지를 인식하고 있으며, 그 문제를 해결하고자 하는 의욕이 강한 시민들을 만들어 내는 것이다."(Ghazzali, 1973: Armstrong, 1981, pp. 100-101 재인용) 국내 연구자들도 유사한 개념을 제시하였다. 오혁진(2006)은 지역사회 교육을 "일정한 지역을 중심으로 지역주민들이 주도적으로 지역문제 해결, 지역정체성 확립, 공동체 의식 함양 등을 추구하는 평생교육"이라고 했다.

Armstrong(1981)은 지역사회시민교육의 목표로 네 가지를 제시하였다. 첫째, 참여다. 참여(participation)란 주민의 삶에 영향을 미치는 정치 및 경제 구조에서의 주민의 적극적인 관여(involvement)를 의미한다. 둘째, 지역사회행동 역량을 강화하기 위한 것이다. "지역사회행동(community action)은 지역주민들에게 영향을 미치는 결정에 대해 좀 더 직접적인 발언권을 가지려는 지역주민들의 노력으로 …… 이러한 활동의 목표는 어떠한 결정이 실행되는 것을 방지하거나 등한시되어 온 어떤 것을 제공하도록 요구하기 위해 당국에 압력을 가하는 것이다." 셋째, '공익(general good)'을 위한 대중교육이다. 사회 또는 지역사회 전체에 유익하다고 여기는 결과를 가져오기 위한 것이다. 이러한 교육이 상업광고와 구별되는 점은 "누구에게 그 혜택이 돌아가는가?"라는 질문에 특정 집단을 위한 금전상의 이익을 높이기 위한 것이 아니라 '공익'을 위한 것이어야 한다. 환경보호교육이 예가 된다. 넷째, 지역사회 관계(community relations) 개선을 위해 교육이 필요하다. 이것은 다양한 소수민족 집단으로 구성된 지역사회와 관련된다. 이러한 소수민족 집단의 존재는 정주민과 이민자 모두에게 문제를 초래한다. 영국에서 지역사회 관계라는 용어를 사용하는 것은 이러한 문제를 방지하거나 해결하기 위한 시도다. 이민집단은 다른 문화를 가지고 있으며, 종종 영어를 효율적으로 사용하지 못하고 어느 정도의 사회적 박탈을 일반적으로 경험한다. 민족집단 간의 문화적 간격을 줄이고, 언어 능력 향상을 촉진하며, 상호이해를 장려하는 것은 명백하게 교육 분야의 활동이다. 지역사회 교육은 소수민족 내부 관계와 집단의 힘을 발전시키고, 한 국가 내에서 소수민족 집단에 대한 이해를 높이며, 소수민족 상호 간의 이해를 높일 것이다.

지금까지 살펴본 Armstrong(1981)의 지역사회시민교육의 목표는 앞에서 살펴본 시민교육이 참여와 지역주민의 공익을 강조한다는 면에서 같지만, 지역주민의 사회행동 역량 강화와 지역사회 관계 개선을 강조한다는 면에서 차이가 있다. 사회행동 역량은 지역 단위의 공익을 수호하고, 사회정의를 실현하며, '지역의 민주화'에 반드시 필요하다. 지역사회 관계 개선은 앞에서 언급한 'Parekh 보고서'가 강조한 다문화사회의 규범을 강조한 것으로 볼 수 있는데, 지역사회시민교육에서도 반드시 반영되어야 할 것이다.

행정안전부가 발표한 '2021년 외국인 주민현황'에 따르면, 한국에 거주하는 외국인은 213만 명이다. 각국 사회과학 연구자들로 구성된 세계가치관조사협회(world values survey)가 2010~2014년에 조사한 결과를 보면, 한국은 타 인종에 대한 수용성이 전체 59개국 중 51위다. 한국 사회는 문화적, 민족적, 인종적으로 다양한 사람과 어울려 살아온 경험이 없기 때문에 이주민과 공존하는 법에 서투르다. 외국인 노동자와 관련해서는 인권침해나 노동착취, 차별 등의 문제가 제기됐고, 국제결혼 이주 여성들에 대한 학대와 가정폭력, 인권침해 문제, 국제결혼 이주 가정에서 태어난 자녀들의 학교부적응, 언어능력 부진, 정체성 혼란 문제 등 다양한 문제가 부각되고 있다(한국경제매거진, 2015, p. 105). 지역사회 관계 개선을 위한 노력으로 지역사회시민교육이 반드시 필요함을 보여 주고 있다. 지역사회시민교육의 사례로 경기도 시흥시의 사례를 소개하고자 한다(이은미, 2015).

시흥시는 지역주민을 대상으로 지역사회가 가진 자원을 활용한 환경교육을 실시하고 있다. 지역주민은 환경교육을 통해 서로 간의 관계를 형성하고 있을 뿐만 아니라 자신들이 살고 있는 지역에 대한 다양한 지식을 얻고 있다. 이를 통해 지역사회시민으로서의 소속감과 주체성을 가지게 된 시민은 지역사회문제를 성찰하고 해결하는 데 있어서 적극적, 능동적으로 참여하게 될 것이다. 또한 시흥시는 마을만들기 사업을 통해 생활의 기반인 지역사회 내에서 주민 간의 협력적 생활태도와 연대감을 형성하고 있을 뿐만 아니라, 주민의 자발적 참여를 통해 높은 자치능력으로 지역사회의 진흥을 도모하고 있다(양병찬, 2012: 이은미, 진성미, 2014 재인용).

시흥시 평생학습도시 제2차 종합발전계획 수립 연구를 위해 시흥시에 소재하고 있는 평생교육기관 및 연계 기관들을 대상으로 실시한 설문조사 결과에 따르면, 설문조사에 응답한 95개 기관 중 32.6%에 해당하는 31개의 기관이 '시민참여교육' 영역을 꼽았다(이은미, 2015). 시흥시는 맑고푸른시흥21실천협의회, 목감종합사회복지관, 시흥시건강가정지원센터, 시흥시민대학, 시흥희망의료복지 사회적협동조합 등 10개 기관이 지역사회 기반 시민교육을 실시하였다. 목감종합사회복지관은 「사회복지사업법」에 근거하여 다양한 서비스를 제공하고 있지만, 사회복지서비스를 전달하는 매개로서 평생학습을 적극 활용하고 있다. 복지관의 1차 서비스 대상은 저소득층 주민과 같은 사회적 소외계층이지만, 이 소외계층이 궁극적으로 지역에서 덜 소외가 되도록 하기 위해서는 함께 살아가는 지역주민의 시민의식이 중요하다는 인식을 가지고 지역주민을 대상으로 다양한 교육사업을 진행하고 있다. 목감종합사회복지관의 이러한 지향점은 지역주민이 저소득층과 같은 소외계층을 포함할 수 있는 통합적 시민성을 반영한다고 할 수 있다. 이은미(2015)는 이러한 기관들의 시민교육 담당자들을 인터뷰하여 '통합적 시민성' '다원적 시민성' '행동적 시민성'이 나타났음을 제시하였다.

지역사회시민교육을 통하여 의사소통능력이 증진되고 네트워크가 형성되어 사회적 통합이 이루어짐으로써 지역사회 내에 연대감이 형성된 것은 통합적 시민성이 형성된 것이다. 지역사회시민교육을 통해 지역의 특수성에 대한 이해가 증진되고 지역공동체의 중요성을 인식하면서 정주의식도 생겨나는 등 지역사회에 대한 관심과 이해가 깊어진 것은 다원적 시민성이 생겨난 것이다. 그리고 지역사회시민교육은 더 살기 좋은 지역사회를 만들기 위해 지역사회에 참여하는 행동적 시민성도 생성되게 했다(이은미, 2015).

지금까지 기존의 교과서에서 다루지 않았던 '지역사회시민교육'이라는 주제에 대해 학습하였다. 앞서 Rothman(1995)의 지역사회 개입 모델에서 지역개발 모델(모델 A)에 대해서 '학습 모델'이라고 하였음을 기억한다면, 완전히 새로운 주제가 아님을 알 수 있을 것이다.

필자는 지역사회실천에서 인적 자원 개발하기의 도구로서 지역사회시민교육이 최선이라고 본다. 그 이유로 우리나라 지역사회의 주민은 '참여'라고 하는 시민적 자질이 매우 부족하다고 보기 때문이다. 대부분의 연구자들과 독자들도 동의할 것이다. '국민'인 지역사회 주민은 자신이 살고 있는 지역사회를 공동체로 변화시킨다는 공익에 대한 그리고 공동체적 삶에 대한 관심이 부족하고 사적 이익 확보를 위해 무한한 노력을 기울인다. 이러한 문제를 해결하기 위해 다음과 같은 노력이 필요하다.

첫째, 지역의 복지기관들이 지역사회시민교육의 주체가 되어야 한다. 앞서 시흥시 목감종합사회복지관이 시민교육을 하였음을 보았다. 복지기관의 이용자 혹은 지역주민을 대상으로 자유와 평등, 정의, 공적인 가치 등에 대해 교육함으로써 교육을 받은 주민들이 변화하여 자원봉사자로서, 물적 기부자로서, 마을 일꾼으로서 참여할 것이다. "지역사회에서 성인들이 시민으로서의 자질을 습득하고 이에 걸맞은 표양을 보여주지 않은 채, 단지 학교에서 나이 어린 학생들에게 시민으로서의 자질을 갖출 것을 요구하는 것은 자기기만이므로 지역사회 성인에 초점을 두고 시민교육을 해야 한다."(김민호, 2011)는 주장에 동의한다. 복지기관을 이용하는 다수의 주민, 청소년문화의집 같은 청소년 기관을 이용하는 청소년에게 시민교육을 해야 한다. 사회복지관, 노인복지관, 장애인복지관과 같은 지역의 사회복지기관이 시민교육의 주체가 된다면, 시민사

회 단체들이 단체의 목적이나 취지를 홍보하는 데 치중했다는 문제점(신미식, 2011)에 대한 대안이 될 수 있다. 사회복지기관은 노인, 장애인, 지역주민의 삶의 질 증진이라는 본질적 목표가 있기때문에 단체 홍보를 할 필요가 없고, 지역사회시민교육을 할 수 있다.

둘째, 한국사회복지관협회와 같은 직능 단체는 적절한 시민교육과정을 개발하여 소속기관에 배포하고 운영함으로써 지역사회시민교육을 지원해야 할 것이다. 예를 들어, 한국노인종합복지관협회는 이미 시민교육 · 운동 기관인 협동조합 '마중물(샘)'과 협력하여 노인을 '선배시민'이라고 호칭하고 '선배시민대학' 강좌를 시행하고 있다. 이러한 방안은 시민교육이 '국가 주도에 의해 이루어짐으로써 정권 유지나 정권의 정당성을 표방하는 수단으로 이용되는 것'(박수명, 2005)을 방지할 수 있다.

셋째, 보건복지부는 '사회복지관 사업안내'에 주요 사업으로 '시민교육'을 추가하여야 한다. 직접 서비스는 클라이언트의 의존성이 강화되는 것을 막을 수 없다. 이와 관련하여 Gamble과 Weil(1995)의 다음과 같은 주장을 유념해야 한다.

> 시민참여는 빈곤계층(the dispossessed)의 역량을 강화하고 인간을 해방(human liberation)한다는 기본적인 사회복지실천의 가치를 구현하는 것이다. 사회복지사가 온정주의적 실천 틀이 아닌 인간 해방적(liberating) 실천 틀을 짜는 데 있어서 결정적으로 중요한 것은 클라이언트를 '시민'으로 개념화하는 것(the conceptualization of clients as citizens)이다. 매일매일 사회복지사는 클라이언트에게 서비스 소비자로서의 권리에 관한 정보를 알려 주고, 스스로 의사결정할 수 있도록 돕고, 자신의 결정에 책임지게 하고, 사회 변화를 위한 조직화 기술을 가르침으로써 클라이언트들이 민주주의 과정(democratic processes)에 관여할 수 있도록 역량 강화를 해야 한다. 사회복지사의 이러한 실천 행동은 인간 개개인의 존엄성과 가치에 대한 신뢰를 나타내는 것이다(p. 483).

Gamble과 Weil(1995)은 시민참여를 활성화하기 위한 사회복지실천의 역할을 〈표 8-6〉과 같이 제시하였다. 사회복지관의 새로운 사업으로 '시민교육'을 한다면 복지관 이용자 혹은 지역사회 주민은 자신의 자유와 자율성을 향상시킬 수 있도록 노력할 것이며, 타인의 인권을 존중하고 배려하며, 공동체의 소중함을 학습할 것이다. 또한 지역사회문제에 적극적으로 관심을 갖게 되며, 비판적 인식 능력과 의사소통능력으로 행동적 시민성을 갖추어 국민이 아닌 시민으로 변화할 것이다. 결과적으로 자원봉사

표 8-6 시민참여를 활성화하기 위한 사회복지실천의 역할

-조직가	-계획가
-지역사회 교육가	-조정자
-연대 형성자	-코치
-자원봉사 코디네이터	-훈련자
-리더십 개발자	-정책 분석
-프로그램 조정자	-지역사회 연락책
-옹호 연구자	-위원회 구성자
-경제 개발자	-모집책

출처: Gamble & Weil (1995), p. 486.

활동, 기부 활동, 마을 만들기 활동, 주민조직화 활동 등에 능동적으로 참여함으로써 지역사회 변화를 위한 주체, 인적 자원이 될 것이다.

넷째, 지역복지전달체계 내의 민관의 수직적 관계를 수평적 관계로 변화시키기 위해서도 시민교육이 필요하다. 이미 잘 알려진 대로 '관'은 지도감독권, 재정지원, 정보 독점 등의 권력자원을 가지고 있다. 전달체계 내에서 민관 네트워크에 의한 수평적 협력이 바람직하지만 실상은 그렇지 못하다. 현 상황에서 개선을 위한 방법은 네트워크 참여자인 공무원과 민간종사자 개인의 변화가 최우선으로 보인다. 조선시대부터 인습적으로 내려오는 '관은 존귀하고, 민은 비천하다.'는 사고(관존민비)를 바꿔야 한다. 시민교육을 통해 이러한 인습적 사고를 떨쳐 버리고 네트워크 참여자 개인의 자유와 자율성을 존중하는 사고와 평등의식, 타인에 대한 배려의식이 형성된다면 관은 '민'을 파트너로 존중하여 수평적 관계가 형성될 것이다.

2. 물적 자원 개발: 모금

지역사회를 변화시키기 위해서는 물적 자원도 필요하다. 기존의 많은 교과서가 '모금' '후원자 개발' '마케팅'과 같은 용어로 사회복지조직의 물적 자원 개발에 대해 자세히 소개하고 있으므로 여기서는 특정 지역사회에서 이루어진 모금의 사례를 소개하고, 모금 기법에 대해 간단히 살펴보겠다.

1) 물적 자원 개발: 광주광역시 서구 사례

〈표 8-7〉은 서구의 18개동 지역사회보장협의체가 2015년 7월부터 2018년까지의 모금액을 제시한 것이다. 총 모금액은 17억 8,936만 8,000원이다. 모금은 CMS, 착한가게(매월 3만 원 이상 정기후원 시 구청에서 '착한가게' 현판을 부착해 주는데, 2018년 기준 708개소이며, 모금액은 584,914천 원이다)를 통해 이루어졌다.

표 8-7 서구 각 동 지역사회보장협의체의 모금 현황(2018년 6월 말 기준) (단위: 천 원)

구분	계	2014년	2015년		2016년		2017년		2018년		
			CMS 등 모금액	착한 가게	CMS 등 모금액	착한 가게	CMS 등 모금액	착한 가게	CMS 등 모금액	착한 가게	착한 가게
계	1,789,368	29,160	338,034	41,823	365,483	206,070	344,014	226,867	127,094	110,153	670
양동	93,962		18,726	1,680	15,400	11,840	17,688	14,860	5,638	8,130	
양3동	53,366		13,008	840	10,776	5,350	8,348	6,940	5,594	2,480	30
농성1동	87,259		11,872	2,420	13,929	20,410	6,998	16,940	7,200	7,490	
농성2동	62,314		11,014	900	13,254	8,940	8,044	11,380	4,012	4,770	
광천동	51,963		12,944	2,040	8,403	6,180	12,570	4,580	3,266	1,980	
유덕동	66,854	1,670	12,420	1,200	11,355	8,367	11,591	10,020	5,191	5,040	
치평동	111,113		17,378	5,043	19,482	19,870	19,960	16,450	5,580	7,350	
상무1동	159,023	7,063	33,275	2,910	31,491	10,020	39,679	13,606	13,389	7,250	340
상무2동	144,444	596	34,884	1,570	39,316	8,390	32,258	9,150	13,900	4,380	
화정1동	76,882		15,889	880	13,576	3,822	21,152	9,470	5,930	5,863	300
화정2동	68,378	4,507	14,061	450	13,729	4,720	15,949	6,210	4,992	3,760	
화정3동	90,039		14,231	1,570	16,077	10,300	20,208	13,291	7,032	7,330	
화정4동	142,468	1,000	23,609	6,850	30,788	25,288	23,170	17,560	8,193	6,010	
서창동	87,511	2,265	13,465	4,440	13,915	13,100	13,724	15,500	3,812	7,290	
금호1동	110,514	2,620	14,768	1,290	39,069	10,720	18,975	12,850	4,522	5,700	
금호2동	96,387		19,481	2,640	18,391	10,290	15,987	14,030	7,138	8,430	
풍암동	184,818	9,439	34,869	3,300	34,129	18,490	37,344	22,960	13,307	10,980	
동천동	102,073		22,140	1,800	22,403	9,973	20,369	11,070	8,398	5,920	

출처: 서구청 내부자료(2018).

이 모금액은 〈표 8-8〉과 같이 동 지역사회보장협의체 위원들이 합의한 다양한 특화사업에 사용된다.

표 8-8 서구 각 동 지역사회보장협의체 특화사업: 사업비, 수혜자와 제공자

구분	사업비	수혜자	제공자	특화사업
계	261,114	10,442	4,311	
양동	7,545	305	216	설 명절 선물, 매월 반찬으로 정을 나눠요, **디딤씨앗통장 후원 사업**, 이웃과 함께 모여 생일파티
양3동	8,163	343	338	설 명절 온정 더하기 떡국떡 나눔, **한가족 장학금 지원사업**, 사랑의 3·6·9·12복지후원금 지원, 사랑의 쌀뒤주 사업
농성1동	12,050	815	152	설맞이 떡국떡 나눔, 돌봄이웃 건강 밑반찬지원사업, 신학기 교복비지원, **내 손으로 만들었어요, 깨끗한 세상!**
농성2동	8,628	331	104	The 맛있는 사랑의 손길-떡국떡 & 김 나눔사업, **장애인 힐링체험**, 어버이날 독거노인 카네이션 달아 드리기
광천동	7,880	423	230	따뜻한나눔 행복한설나눔, 정월대보름나눔행사, 동네사람들 우리 함께 놀아요, 김치로 정 나눠요, 우리 집이 달라졌어요, 동고동락, **희망나눔 쪽방공동체사업**
유덕동	9,178	144	51	설맞이 정나눔사업, 청소년 신입생 교복비 지원사업, **아동·청소년 꿈키움 상상여행**
치평동	14,340	149	148	설 명절 희망나누기, 새학기·새출발 운동화 지원, 사랑의 밑반찬 지원, 행복을 주는 미용실, **청소년 학원비 지원**, 장애인생필품지원, 후원자 발굴데이
상무1동	18,969	2,257	716	안심부스 운영, **황색신호등 지킴이**, 설 명절 위문, 꿈나무 겨울방학 체험활동, 노랑풍선달아주기, 해피하우스지원사업, 삼시세끼 반찬원정대, 행복한 출발! 쌍촌골 새내기 교복지원
상무2동	9,150	565	458	**쌍쌍일촌 맥가이버**, 이웃사촌 마을반장 반상회, 해피 월동나눔상자사업, 떡국떡 행복 플러스 나눔사업, 쌍쌍일촌 꿈자람 사업, 깨소금 반찬 나눔사업, 쌍쌍일촌 마을보듬이 여름소풍
화정1동	9,069	264	153	홈케어 정리박사, 행복한 밥상, 가자 신나는 눈썰매장으로 GOGO, 따따시 구들방, 이웃이 차려 준 생신상, 설 명절 과일꾸러미 나눔, 우리 동네 복지탐정단, 새신을 신고 날아보자 폴짝!, **행복PLUS! 가족나들이**, 찾아가는 헤어숍
화정2동	7,145	113	104	어르신 찜질방 투어, 입학을 축하해!, 설맞이 떡국재료 나눔, **안심하고 외출하세요~**, 어린이날 선물왔어요! 보훈가족 사랑 나눔

화정3동	29,260	736	309	착한 우리 동네 사람들, 우리는 경로당 수호천사! 오늘은 나눔 day, 희망날개 장학금 전달식, **마음치유 찾아가는 심리상담실 운영**, 사랑나눔 짜장봉사, 해피해피 꾸러기 상상캠프, 화삼골 반찬특공대, 키쑥쑥 몸튼튼 어린이 요가교실, 스마일 학습비 지원사업, 두드림 찾아가는 이미용서비스, 장애인 & 노인 꽃바람나들이, 정듬뿍 사랑듬뿍 어르신 식사 전달, 우리 동네 착한 쿠폰, 글로벌 청소년 해외원정대, 화정3동 꾸러기 탁구 교실, 오붓한 가족캠핑
화정4동	15,001	139	252	**청소년 육성사업 '키다리 아저씨'**, 주거안정사업 '알콩달콩 보금자리', 심리치료사업 '해피패밀리 프로젝트'
서창동	5,800	445	299	홀몸어르신 만수무강 생일파티, 중고등학교 신입생 교복비 및 대학생 학비지원, 경로당 떡국떡나눔행사, **출산축하지원사업**, 개방형 경로당 어르신들과 함께하는 마산마을 싱싱텃밭, 이웃사촌과 함께하는 특별한 동행
금호1동	16,877	2,289	224	사랑의 쌀뒤주 사업, 호동이네 색多른 행복배달부, 나눔愛 외식사업, 서광병원 MRI사업, 정월대보름맞이 효사랑 오곡나눔사랑, 희망기동대사례관리사업, **독거어르신을 위한 숲힐링 사업**, 몸마음치유사업
금호2동	12,004	591	233	효사랑나눔실천을위한 행복한밥상, 정성스런엄마손뜨개지원사업, 냠냠고기먹는날, **뇌 튼튼 어르신 두뇌교실**, 꿈꾸는 다락방, 건강한 효도밥상, 장애인의날 맞이 위문품지원사업, 어르신과 함께하는 알콩달콩 힐링여행, 사랑담고 행복담는 장바구니, 모여라 클래식 속으로
풍암동	57,730	296	241	영양음료 지원사업, 설 명절 지원사업, 장학금 지원사업, the 늘따순 동행사업, 꽃피어라 내 청춘 사업, 쓰담쓰담 엄마손길 사업, 어버이날 카네이션 달아 드리기, 클린 우리 동네 방역지킴이, **찾아가는 요리원정대**, 장애인 자조모임 '오아시스', 풍암골 화요미식회
동천동	12,325	237	83	**장애인자조모임지원**, 장애인화장실 사랑 나눔 사업, 김밥.치킨 먹go, 깍go, 동천꿈나무 힐링데이 원사업, 고3 수험생 도서구입비 지원사업

주: 진한 글씨는 각 동의 대표적인 특화사업임.
출처: 서구청 내부자료(2018).

2) 물적 자원 개발의 기법

개인 기부자를 대상으로 한 자원 개발 기법을 간략히 설명하면 다음과 같다(지은구, 조성숙, 2010).

(1) 개인을 대상으로 한 물적 자원 개발의 단계

개인으로부터의 모금 활동을 하기 위한 6단계는 다음과 같다.

첫째, 누구에게 모금을 요청할 것인지를 결정한다. 즉, 잠재적 기부자가 누구인지 파악하는 것은 가장 중요한 절차다. 자원을 개발할 때에는 '어떻게'라는 방법론보다는 '누구로부터'를 먼저 고려하여야 한다.

둘째, 유력한 기부 후보자를 발견했다면 먼저 그들과 관계를 형성하여야 한다. 즉, 이 단계에서 자원 개발 담당자는 자신이 속한 조직이 자원 개발을 위해 어떤 노력을 하고 있는지에 대하여 그들이 인식하고 관심을 가질 수 있도록 유도하여야 한다.

셋째, 자원 개발 담당자는 잠재적 기부자로부터 호의적인 반응을 이끌어 낼 수 있는 가장 효과적인 메시지를 생각해 보고 준비한다. 이 단계에서는 잠재적 기부자들이 알 필요가 있는 정보와 그들이 기부하고 싶은 감정을 일으킬 수 있는 메시지를 구성하여야 한다.

넷째, 자원 개발 담당자는 해당 메시지를 전달한다. 이 단계에서 자원 개발 담당자는 자신의 메시지를 경청할 필요가 있는 잠재적 기부자에게 가장 효과적으로 의사를 전달할 수 있는 방법과 상황에 대하여 생각해 보아야 한다. 자원 개발 담당자의 의사전달이 직접적이고 요청이 명확할수록 보다 효과적으로 소통할 수 있다.

다섯째, 자원 개발 담당자는 메시지를 보내고 난 후 그 메시지가 수신되었는지, 약속이 지켜지는지를 추적한다.

여섯째, 감사의 뜻을 전한다. 특히 자원 개발 담당자가 개별적으로 직접적인 기부요청을 했다면 해당 잠재적 기부자로부터 금번에 기부를 받지 못하였다고 하더라도 감사 편지를 보내는 것이 중요하다. 이들이 향후에라도 기부할 가능성이 있다는 것을 기억하여야 한다.

(2) 개인을 대상으로 한 물적 자원 개발의 기법

개인을 대상으로 한 자원 개발 방법은 다음과 같다.

① 직접 대면 요청

기부를 요청하는 가장 효과적인 방법은 잠재적 기부자를 직접 대면하여 후원을 요청하는 방법이다. 그러나 이 방법은 잠재적 기부자를 직접 만나야 하기 때문에 다른 방법보다 더 많은 시간과 비용이 소요될 수 있다. 따라서 이 방법을 사용할 때에는 잠재적 기부자에 대한 세 가지 요소, 즉 A(Ability), B(Belief), C(Contact)를 고려해 보아야 한다. 첫째, 잠재적 기부자가 자신이 원하는 기부금액을 기부할 경제적 능력(A)이 있는가를

고려한다. 둘째, 잠재적 기부자가 기관에 대한 대의 혹은 그 유사한 것에 대하여 공감(B)을 하는가를 고려한다. 셋째, 인맥(C)으로, 그 조직 내에 누군가가 해당 잠재적 기부자와 직간접적인 친분이 있는가를 고려한다. 인맥은 가장 중요한 요소이지만, 일반적으로 간과되는 요소이기도 하다.

직접 대면 요청을 할 때 도움이 될 만한 사항을 제시하면 다음과 같다. 첫째, 잠재적 기부자에 대하여 잘 파악하고 있어야 한다. 즉, 그 잠재적 기부자가 얼마를 기부할 수 있을지를 평가한다. 그리고 잠재적 기부자의 기부 동기 및 그가 어떤 사실과 정서에 반응할 것인지를 파악한다. 둘째, 잠재적 기부자와의 접촉을 위해 준비하여야 한다. 자원 개발 담당자는 기부 후보자와 접촉하기 전에 그 잠재적 기부자를 만나서 어떤 이야기를 할 것인지 미리 생각하고, 무엇을 그리고 왜 필요로 하는지에 대해 분명하고 간단하게 서술할 수 있도록 준비하여야 한다. 자원 개발 담당자는 기부행위가 그 기부 후보자에게 왜 중요하다고 생각하는지, 그의 기부가 자신의 조직에 어떤 의미가 있을지를 기술하고 답할 수 있도록 준비한다. 그리고 그 기부 후보자에게 어떤 다른 사람이 기부 요청을 하고 있는지 사정하고, 적당한 시간과 장소를 결정하고, 기부를 요청할 대상자를 결정한다. 셋째, 접촉단계에서는 기부 후보자와의 접촉을 시도하여 그 자리에서 기부를 받거나 최소한 기부금을 받을 시간을 정하여야 한다. 그런 다음 기부에 대한 감사의 뜻을 표시한다.

② 집단(혹은 조직)에 대한 요청

만약 개인에게 기부 요청을 할 수 없는 경우, 자원 개발 담당자는 차선책으로 집단 단위(혹은 조직 단위)로 접근할 수 있으며, 집단의 규모가 작으면 작을수록 효과적이다. 집단은 어떤 상황에 대하여 공유된 관점이나 집단적 관점을 가질 수 있으며, 구성원이 적절히 반응하는지에 대한 동료압력(peer pressure)을 행사할 수 있다. 집단은 하나의 기부 단위로서 접근이 가능하기도 하지만, 그 집단에 속한 구성원에게 개별적으로 기부를 요청할 수도 있다. 집단 단위로 기부 요청을 할 때에도 개인 단위 기부자 요청 시 필요한 사항을 고려하면 된다. 즉, 그들의 기부능력 평가, 기부 역사 그리고 그 집단 자체에 대한 정보를 수집하여야 한다. 또한 대부분의 조직, 특히 신생 조직으로부터 기부 요청을 받으면 그 조직의 정당성에 대하여 염려한다는 것을 감안하여 이에 어떻게 대처할 것인지 미리 준비하도록 한다.

집단구성원 개인 단위로 기부를 요청하는 것과 집단 단위로 기부를 요청하는 것은 절차가 다를 수 있다. 많은 집단과 조직, 특히 일반적으로 100만 원 이상의 기부금을 내는 집단과 조직은 공식적인 기부 요청 절차가 있는 경우가 많다. 일반적으로 조직의 후원금을 받으려면 서면 신청서와 구두 발표가 필요한데, 조직이 크고 공식적일수록 그 절차는 더 복잡할 수 있다. 자원 개발 담당자가 그런 절차들을 많이 알수록 그 사회복지조직은 기부받을 가능성이 높아진다.

③ 회원

조직의 회원들에게 연회비를 요청하는 것은 간단한 방법이지만, 사회복지조직의 자원 확충에도 효과적인 방법이다. 이런 방법은 회원들로 하여금 조직에 대하여 더 많은 기대와 책임을 가지게 하며, 조직을 보다 공식적으로 만드는 경향이 있다. 만약 회원들 간의 관계를 비공식적으로 유지하고 싶다면 이 방법은 바람직하지 않다. 회원 모집을 위해서는 그 사회복지조직이나 그 조직의 목표에 언어적, 행동적으로 관심을 표명한 개인과 먼저 접촉해 나가는 것이 좋으며, 그들이 회원이 될 수 있도록 개인적으로 요청한다. 이런 방법으로 한 모금액은 상대적으로 적을 수 있지만, 시도할 만한 가치가 있는 방법이다. 왜냐하면 사람은 자신이 회원으로 소속된 조직과 조직의 활동에 대하여 보다 많은 관심을 가지게 되며, 다른 지역주민에게 조직에 직간접적으로 동참할 수 있도록 유도하는 이중효과가 있기 때문이다. 회원이 기부를 하면 회원증을 만들어 주는 것이 좋은데, 이때 이런 회원증이 너무 무성의해 보이거나 가격이 저렴해 보이면 오히려 역효과를 낼 수 있으므로 각별히 주의하여야 한다. 또한 회원에게 그들이 회원이라는 사실과 그 이유를 상기시켜 주기 위해 기관의 소식을 담은 뉴스레터 등을 정기적으로 보내 주는 것도 좋은 방법이다.

④ 전화 요청

전화 요청은 개인에게 전화하여 사회복지조직의 사업에 대해 지원해 줄 것을 요청하는 방법이다. 전화 요청은 직접 우편방법보다 응답률이 훨씬 높고, 다소 개인적인 메시지를 가지고 많은 사람을 만날 수 있는 방법이다. 사회복지조직이나 조직이 다루려고 하는 문제가 많이 알려질수록 모금의 성과는 훨씬 높아질 것이다. 이 방법은 잠재적 기부자와 직접 대화할 수 있다는 장점이 있는 반면, 그런 전화는 사람들을 성가시게 할 수 있다는 단점이 있다. 또한 그런 전화를 받는 사람들은 그 사회복지조직을 싫어하게 될 수 있는 위험성도 있으며, 전화를 하는 자원봉사자가 무례하게 응대할 가능성도 발생

한다.

전화모금 캠페인은 현 기부자, 잠시 쉬고 있는 기부자뿐만 아니라 위원회 이사, 직원 및 현 기부자의 친구들, 유사기관의 기부자들 같은 어느 정도 기부 가능성이 있는 목록을 중심으로 전화하여 모금 활동을 펼칠 수 있다.

⑤ 우편 캠페인을 위한 전화 지원

전화는 잠재 기부자 집단에 편지를 보내 기부를 요청한 다음 편지의 효과를 배가시킬 수 있는 유용한 도구다. 이 방법은 텔레마케팅 기법과 직접우편(Direct Mail: DM) 방법을 통합한 기법이다. 우편으로 편지를 발송한 후 전화를 하는 방법은 편지 단독으로 기부를 이끌어 내는 방법보다 기부자의 숫자를 어느 정도 늘릴 수 있다. 편지의 수신자의 관점에서 볼 때, 우호적인 지위를 가진 사람에 의해 서명된 편지가 보다 호소력이 높다. 특히 그 사회복지조직이 잘 알려지지 않았다면 여러 사람이 같은 편지에 서명을 하는 방법도 시도해 볼 만하다. 동일한 편지에 여러 개의 서명이 있다는 것은 그 조직이 폭넓은 지지를 받고 있다는 인상을 주게 되고, 잠재적 기부자는 자신이 신뢰하는 사람들의 이름이 있기 때문에 기부에 응답할 가능성이 높아진다.

⑥ 직접우편

직접우편은 잠재적 후원자들에게 기부 요청을 의뢰하는 우편을 발송하여 기부를 이끌어 내는 방법으로, 기부 가능성을 검토하고 재요청하는 데 효과적이다. 최근에는 인터넷을 통한 기부 요청방법이 활용되고 있기는 하지만, 오늘날 가장 흔히 사용되는 방법은 직접우편이다. 직접우편을 통한 기부 요청방법은 매우 간단하다. 즉, 기관에 대한 소개, 기관이 필요로 하는 것을 성명하는 편지 그리고 지로용지를 함께 넣어서 보낸다. 직접우편은 직접 대면 요청보다 비용을 현저히 줄일 수 있다는 장점이 있다.

직접우편은 기부자들과의 관계를 돈독히 하는 다목적적인 방법 중 하나로, 다음의 세 가지 기능을 가지고 있다. 첫째, 직접우편의 가장 중요한 기능은 새로운 기부자의 확보다. 둘째, 직접우편은 기부자들의 반복 기부를 유도할 수 있다. 일단 사회복지조직이 새로운 기부자를 확보하면 그 기부자가 지속적으로 기부를 할 수 있도록 노력해야 한다. 가장 효과적인 방법은 기부금을 받은 후 72시간 이내에 감사의 뜻을 표시하고, 그 후 1년에 1회 이상 기부를 요청한다. 셋째, 직접우편은 기부를 갱신하도록 유도할 수 있는 유용한 방법이다.

직접우편의 성공을 결정짓는 요소는 발송 대상자 목록이다. 특히 후원 가능성이 높은 기부자 명단이나 많은 수의 명단을 확보하지 못했다면 일반적으로 첫 번째 요청으로 많은 금액의 후원금을 확보하지 못할 가능성이 높다. 발송 대상자 목록은 기부 가능성 정도, 즉 기대 수준에 따라 기부 가능성이 높은 목록, 어느 정도 기부 가능성이 있는 목록, 냉담목록으로 나누어 각각 다르게 접근해야 한다.

먼저, 기부 가능성이 높은 목록은 기관에 어떤 종류의 형태로든 이미 참여한 적이 있는 사람들의 목록이다. 기부 가능성이 높은 집단 1순위는 당연히 현재 기부를 하고 있는 사람들이고, 2순위는 현 기부자의 친구들이다. 대부분의 경우, 사람은 자신의 친구들과 비슷한 가치관을 공유하는 경우가 많아 유사한 대의에 공감할 수 있기 때문이다. 따라서 현 기부자의 친구가 기부에 참여할 수 있도록 현 기부자에게 1년에 1회 정도 편지를 발송하여 그 조직에 관심이 있을 만한 친구의 성명과 주소를 알려 달라고 요청한다. 또한 기관의 이사, 직원, 자원봉사자 등을 통해서도 잠재적인 기부자의 목록을 만들 수 있다.

다음으로, 어느 정도 기부 가능성이 있는 목록에는 사회복지조직이 제공하는 서비스를 받아 본 적이 있는 사람, 그 조직과 유사한 조직의 기부자이지만 그 조직에 대하여 들어보지 못한 사람, 그 조직의 특별행사에 온 적이 있는 사람이 속한다. 예를 들어, 책자, 교육자료, 티셔츠 등 그 조직에서 판매하는 물품의 구매자들, 조직이 주최한 다양한 회의, 세미나, 대중 집회 등 다양한 특별행사에 참여한 사람들의 전자우편 주소나 연락처 등의 정보를 잘 보관하여 새로운 상품이 나올 경우에 광고물을 보내거나 다양한 행사 시 참여를 유도하고 또한 기부 활동에 참여할 수 있도록 한다. 따라서 어떤 식으로든 그 조직에 참여한 사람들의 목록과 연락 내용을 모두 데이터베이스에 기록하여 중복되는 이름이나 현 기부자의 이름을 제외하고 잠재적 기부자 목록을 만들 수 있다.

마지막으로, 냉담목록에는 1년 이상 사회복지조직과 어떤 상호작용도 없었던 사람들 그리고 그 조직에 대해 거의 혹은 아무것도 알지 못하는 사람들의 목록이다. 전화번호부가 냉담목록에 속한다.

⑦ 특별행사

특별행사는 지역사회에 사회복지조직의 이름과 그 조직의 활동에 대하여 알리고, 사람들이 즐겁고 흥미롭고 감동적인 시간을 가지도록 하면서 행사 후원 조직이 모금을 할 수 있게 하는 방법이다. 무엇보다 특별행사는 세 가지 목적을 가져야 한다. 첫째, 조

직을 홍보하는 것으로, 특정 청중이 제한된 시간 동안에 사회복지조직이나 그 조직의 사업 및 행사에 대하여 관심을 가지게 한다. 둘째, 특별행사는 지역사회 내에서 조직의 인지도를 높일 수 있으며, 다양한 행사, 모금 활동 및 조직화 노력 등의 지속적인 홍보를 통하여 지역주민에게 그 조직을 더욱 많이 홍보할 수 있다. 셋째, 특별행사의 목적은 모금이다. 물론 모금을 위해서는 특별행사보다 훨씬 더 빠르고 쉬운 방법이 있기 때문에 모금은 특별행사의 부차적인 목표라고 할 수 있다. 단순히 재정적 자원이 필요한 조직이라면 이러한 특별행사는 그다지 유용한 방법은 아니다. 하지만 조직의 인지도를 높이고, 새로운 사람들을 데려오고, 가능하면 모금을 하고자 하는 조직이라면 이러한 특별행사는 이상적인 전략이 될 것이다. 많은 경우에 특별행사는 적자가 나거나 간신히 적자를 면할 수도 있지만, 지역사회 내에서 조직에 대한 홍보와 인지도를 높인다는 차원에서 성공적으로 평가되는 경우가 많다.

모금 행사를 계획할 때 고려해야 할 사항은 다음과 같다. 첫째, 행사의 적절성에 대하여 생각해 보아야 한다. 기획하는 모금 행사가 적절한지 알고 싶다면 그 조직에 대하여 전혀 알지 못하는 사람들이 행사에 참여한 후 그 조직에 대하여 어떻게 생각할 것인지를 자문해 보면 된다. 만약 그들의 생각이 중립적, 호의적이라면 행사는 적절하다고 할 수 있다. 둘째, 행사가 창출할 조직의 이미지다. 가능하면 행사가 조직의 이미지에 부합해야 하고, 그 조직이 가지고 싶은 이미지를 증진할 수 있어야 한다. 셋째, 해당 모금 행사를 위해 필요한 자원봉사자의 규모를 검토해 보아야 한다. 자원봉사자의 시간을 잘 계획해서 자원봉사자의 인맥과 특성을 잘 고려하여 적재적소에 배치할 수 있어야 한다. 넷째, 행사 자본금이다. 대부분의 행사는 모금되기 전에 돈이 필요한 경우가 많다. 행사를 위한 자본금은 혹시 행사가 취소되어 손해를 본다고 하더라도 그 조직이 감당할 수 있는 수준이어야 한다. 다섯째, 반복성이다. 가장 바람직한 행사란 그 행사가 그 지역의 전통처럼 여겨져서 지역주민이 그 행사를 기다리게 되는 경우다. 이 기준에 부합한다면 첫 모금 행사에서 모금액이 기대보다 적다고 하더라고 향후 행사를 중단하지 말아야 한다. 여섯째, 행사 개최 시기의 적절성으로, 기관에서 행사를 개최하고 싶은 시기에 그 지역사회에서 다른 행사가 없는지 확인할 필요가 있다. 즉, 유사한 단체의 모금 행사와 일정이 겹치는지 혹은 지역주민이 특히 바쁜 시기는 아닌지 등을 확인해 보아야 한다. 일곱째, 모금 활동이라는 큰 틀에서 볼 때 모금 행사의 입지가 어떤지 생각해 보아야 한다. 예를 들어, 모금 행사에 참여하는 사람의 대부분이 새롭게 행사에 참여하는 사람들이 아니라 어떤 형태로든 그 사회복지조직에 기부하고 있는 사람들이라면 이 행사가 과연 필요한지에 대하여 다시 한 번 생각해 보아야 한다.

⑧ 캔버싱(방문 기부 요청 혹은 거리 모금)

캔버싱(canvassing)은 집집마다 방문을 하거나 거리에 서서 조직의 사업에 대한 기부를 요청하는 방법이다. 이것은 조직화 전략으로서 단순히 모금만을 위해 집집마다 방문을 하는 것은 아니다. 캔버싱은 방문캔버싱과 최근 많이 활용되고 있는 거리캔버싱이 있다.

모금 전략으로서 캔버싱은 다음과 같은 장점이 있다. 첫째, 캔버싱이 정착되고 잘 운영되면 확실하면서도 상당한 조직의 수입원이 될 수 있다. 둘째, 매우 많은 사람과의 대면접촉을 통해 새로운 기부자들을 많이 확보할 수 있다. 셋째, 캔버싱은 조직의 사업에 대한 대중의 의견과 인식에 대한 정보를 수집할 수 있다.

그러나 캔버싱은 다음과 같은 단점도 가지고 있다. 첫째, 풀타임제로 캔버싱을 수행하는 경우에 이를 위한 전담 직원, 사무실 및 회계 업무와 슈퍼비전도 필요하게 될 것이다. 둘째, 캔버싱 사업의 책임자가 잘 조직화되어 있지 않거나 직원 관리가 서투른 경우, 혹은 한 지역에서 너무 많은 캔버싱이 진행되고 있는 경우에는 수입이 안정적이지 못하게 될 것이다. 셋째, 캔버싱 담당자의 복장이 단정하지 못하거나 다른 사람들에게 무례하거나 불쾌감을 줄 경우에는 오히려 캔버싱하는 조직의 평판을 나쁘게 만들 수도 있다. 넷째, 기부자들이 낸 기부금 대부분이 사업에 사용되지 못하고 간접경비로 사용된다는 것을 아는 사람들은 기부에 참여하기를 원하지 않을 수 있다.

효과적인 캔버싱을 위해서는 다음의 네 가지 요소가 충족되어야 한다. 첫째, 캔버싱을 할 경우에 무엇보다 중요한 것은 사회복지조직이 지역적인 이슈나 캔버싱 대상에게 영향을 미치는 이슈를 가지고 활동해야 한다는 것이다. 왜냐하면 사람은 어떤 이슈가 자신들에게 영향을 미친다고 인식해야 방문 기부 요청 시 혹은 거리 모금에서 기부에 동참하기 때문이다. 둘째, 사람은 자신들이 기부하는 소액의 기부금이라도 큰 도움이 될 것이라고 느낄 수 있어야 한다. 캔버싱은 소액 기부가 대부분이지만, 사람은 자신들의 소액 기부가 의미 있게 사용될 것이라고 느낄 수 있어야 한다. 셋째, 사람이 조직에 대한 신뢰를 가질 수 있어야 한다. 사람은 조직의 성과를 보고 조직에 대한 신뢰감을 가지게 된다. 따라서 간단명료하고 효과가 있어 보이는 구체적인 사업계획서는 캔버싱의 필수요소라고 할 수 있으며, 신문에 그 사회복지조직의 사업에 대한 기사가 난다면 캔버싱에도 많은 도움이 될 것이다. 그 조직의 사업이 대다수 주민에게 중요하고 관심

을 끄는 경우, 예를 들어 보건의료사업이나 공원 마련 등과 같은 활동은 캔버싱에 적합하다고 할 수 있다. 넷째, 유사한 사업을 하는 다른 조직들과 차별성을 가지되, 그 조직들을 무시하는 태도를 보이지 말아야 한다. 유사한 조직이 같은 지역에서 캔버싱을 한다면 주민은 혼란스럽기도 하고, 같은 사안에 대해서 계속해서 기부를 요청하면 화가 날 수도 있다. 그러므로 자원 개발 담당자는 자신이 속한 사회복지조직을 다른 조직들과 분명히 차별화할 수 있는 구체적인 방안을 모색하여야 한다.

⑨ 인터넷을 통한 자원 개발

이 부분은 앞서, '제2장 지역사회의 종류' 부분에서 살펴봤던 '가상공동체'와 관련된다. 인터넷 기반 모금이다. 인터넷은 본질적으로 의사소통 도구로서, 다양한 방식으로 보다 빠르게 더 많은 기부자와 소통하게 한다. 인터넷을 통한 모금은 모금 영역에서 가장 빠르게 성장하고 있다. 예를 들어, 온라인 기부, 전자우편을 통한 기부자와 연락 유지 및 기부 요청, 기관 블로그(blog), 전자 소식지 등이 널리 사용되고 있다. 인터넷 모금을 하기 위해서는 전자우편, 초고속 인터넷 서비스, 기관 고유의 도메인명과 웹사이트가 필요하다. 웹사이트를 기획할 때에는 웹사이트를 누구를 대상으로 할 것인지 그리고 어떻게 사람들을 방문하게 할 것인지를 생각해 보아야 한다.

웹사이트 방문자를 늘릴 수 있는 방법은 다음과 같다. 명함, 전자서명, 편지지 상단, 소식지 등 기관에서 발행하는 모든 매체에 웹사이트 주소를 포함시킨다. 또한 '네이버(NAVER)'나 '다음(Daum)'과 같은 주요 검색엔진에 모두 등록한다. 그리고 비영리조직, 서비스 제공기관, 상공회의소 등의 디렉터리에 기관의 우편주소와 함께 웹사이트 주소를 제시한다. 다른 기관들과 서로 링크가 되게 하여 사람들이 상호 방문할 수 있도록 한다. 그뿐만 아니라 웹사이트의 방문을 유도하기 위해서 전자우편을 활용할 수 있다. 가능한 한 많은 기부자의 전자우편 주소를 수집하여 월별로 혹은 분기별로 기관의 새로운 소식과 사업진행 상황을 전자우편 소식지나 공지로 발송한다. 그러나 웹사이트상에 지면 소식지를 그대로 올려놓는 방법은 그리 바람직하지 않다. 전자우편 소식지를 간결하게 만들고, 더 상세한 정보가 필요한 독자는 웹사이트를 방문하여 관련 정보를 얻을 수 있도록 하이퍼링크를 만들어 둔다.

수행 학습

- 본인이 시민이라면 그 이유 세 가지, 아니라면 그 이유 세 가지, 시민이 되기 위한 방법을 찾아 보세요.
- 영화 〈서프러제트〉를 감상한 후 당시 사회상과 여권운동의 필요성에 대해 기술해 보세요.
- 성범죄자와 지역주민(안산시, 화성시 등)들 간 갈등의 대안인 '한국형 제시카법'의 필요성에 대해 토론해 보세요.

주민조직화

주민조직은 지역의 가장 강력한 자원이며, 지역사회 역량의 상징이고, 사회적 자본이다. 주민조직화를 살펴보기에 앞서 사회복지실천의 전통적 용어인 지역사회조직과 이 장에서 공부하려는 주민조직화는 다른 용어임을 상기할 필요가 있다. "개별사회사업, 집단사회사업과 함께 전문사회사업의 한 방법으로서 지역사회를 구성하는 개인, 집단, 이웃의 사회적 복리를 원하는 방향으로 향상시키기 위해 지역사회 수준에서 전개되는 일련의 활동으로 정의되는 지역사회조직사업(community organization)"(최일섭, 이현주, 2006)은 지역사회복지실천 혹은 지역사회실천(Weil, 2005), 지역사회개입(Rothman, 1995)과 같은 의미다. 다음과 같은 지역사회조직의 개념이 양자를 잘 구분하고 있다. 즉, "사회문제를 해결하기 위한 계획된 행동에 개인, 집단, 조직이 참여하도록(engage) 하는 개입 방법이다. 지역사회조직은 사회제도를 개발하거나 확대·변화시키는 것과 관계되며, 계획과정과 조직화 과정과 같은 두 개의 중요한 과정에 관여하는(involve) 것이다. 즉, 계획과정은 문제 지역을 확인하고, 그 문제의 원인을 규명하고, 해결책의 틀을 짜는 것이며, 조직화 과정은 문제해결에 필요한 '주민조직을 개발'하고 전략을 고안하는 것이다."(Brager, Specht, & Torczyner, 1987, p. 55) 이 장에서의 주민조직화는 '주민조직을 개발'한다는 의미다.

주민조직은 전통적으로 사회행동의 도구이며, 마을 만들기의 주체인 동시에 결과다.

주민조직의 개념을 사회복지조직과 비교하여 정의하고 주민조직의 사례를 소개하겠다. 이어서 주민조직화의 단계별 과업을 제시하고, 주민조직화의 성공 요인을 살펴보고자 한다.

1. 주민조직의 개념과 사례

1) 주민조직의 개념: 사회복지조직과의 비교

이 장에서 학습하고자 하는 것은 주민조직화다. 따라서 주민조직이 무엇인지를 이해하는 것이 필요하다. 주민조직의 개념은 사회복지행정론의 중요한 학습주제인 사회복지조직의 개념과 비교함으로써 쉽게 이해할 수 있다. 무릇 조직이란 혼자서 하기 어려운 큰일을 여러 사람이 힘을 합쳐서 하기 위한 인위적 고안물이다. Kahn(1995)은 다음과 같이 주장했다.

> 한 사람이 할 수 있는 일은 매우 적지만, 많은 사람이 함께 만들어 내는 힘은 대단히 크며 변화를 일으킬 수 있다. 개인적 노력이 소용이 없으며 함께할 때 해답을 찾을 수 있을 것이라고 인식하는 것, 바로 여기서 조직이 시작된다(pp. 571-572).

사회복지조직은 일반적으로 법적 근거가 있는 조직이다. 노인복지관은 「노인복지법」에 근거한 조직이고, 장애인복지관은 「장애인복지법」에 근거한 조직이다. 반면, 주민조직은 법에 근거한 것이 아니라 주민의 자유의지에 따라 만들어진 것이다.

조직학자들이 정의한 조직의 개념에 비교하여 주민조직의 개념을 정의해 보고자 한다. 조직이란 특정 목표를 달성하기 위해 2인 이상이 상호작용하는 복합체로서 목표, 기술, 참여자, 구조, 환경이라는 구성요소로 이루어진다(최성재,남기민, 2016). 각 구성요소 측면에서 주민조직과 사회복지조직의 차이를 설명하면 다음과 같으며 〈표 9-1〉과 같이 정리된다.

먼저, 사회복지조직의 목표는 그 조직을 운영하는 법인의 정관에 명시된 목적 사업을 수행하는 것이고, 주민조직의 목표는 주민의 삶을 억압하는 지역사회문제를 해결하여 지역을 주민이 합의한 미래의 바람직한 상태로 만들어 가는 것이다. 〈사례 5-1〉에서 살펴보았듯이, '반사사'라는 주민조직은 주거지 인근에 건립될 예정인 산업폐기물

표 9-1 사회복지조직과 주민조직의 차이

구분	사회복지조직(공식 조직)	주민조직
목표	조직의 미션 달성	지역사회문제해결
기술	사회복지실천(기술)론	협동기술 · 단체행동기술
참여자	사회복지사 등의 전문직	일반 주민
구조(분업과 위계)	매우 명시적, 공식적임	상대적으로 덜 공식적임
환경	과업 환경 · 일반 환경 모두 중요	과업 환경이 상대적으로 중요
정부통제로부터의 자율성	매우 낮음	매우 높음
지역사회개입 모델	사회계획 모델이 상대적 우위	사회행동 모델이 상대적 우위

매립장 반대 투쟁을 맹렬하게 했고, 결과적으로 부산시의 비민주적인 의사결정을 번복하였으며, 지방정부의 권력은 주민으로부터 나옴을 각성시켰다. 또한 동네에 아동들을 위한 '느티나무 도서관'을 건립하는 등 마을 만들기에도 많은 노력을 기울여 인구가 유입되는 지역으로 변화시켰다.

사회복지조직이 목표 달성을 위해 사용하는 기술을 통칭하면 사회복지실천 기술이지만, 주민조직이 사용하는 기술은 문제해결을 위한 사회행동, 갈등적 행동일 수도 있고 마을 만들기와 같은 협력적 행동일 수도 있다.

사회복지조직의 참여자들은 사회복지사 등의 전문가들이지만, 주민조직의 참여자들은 지역주민이다. 사회복지조직의 참여자들은 조직에 노동력을 제공하고 그 대가로 임금을 받지만, 주민조직의 참여자들은 자기지향적 동기(여가 선용이나 개인의 성장과 발전, 즐거움, 만족 등을 추구하고자 하는 동기), 관계지향적 동기(타인과 어울리고 다른 사람들과 즐거운 시간을 갖고자 하는 동기로 사회적 활동 중 단체 참여와 관련된 동기), 사회지향적 동기(이타적 동기로 불리기도 하는데, 사회 발전에 기여하고 다른 사람에게 도움을 제공하고자 하는 동기)로 참여한다고 할 수 있다.[1)]

참여자들의 지위와 역할의 복합체인 구조 측면에서 보면 사회복지조직은 명시적이고 공식적이지만, 주민조직은 가변적이다. 사회복지조직의 경우에는 구조 속에서 조직 구성원 간에 합법적 · 강제적 · 보상적 권력이 작용한다고 할 수 있지만, 주민조직은 조직 환경인 지방정부 혹은 기업의 의사결정을 번복시키기 위해 주민권력을 사용한다.

1) 사회참여 동기 분류는 한경혜 등(2011, pp. 1189-1208)의 문헌을 참조하였다.

그리고 두 조직 모두 분업과 위계적인 특성을 갖는다.

환경 측면에서 두 조직 간에는 차이가 있다. 사회복지조직의 경우 일반 환경(경제적 · 인구적 · 문화적 · 정치적 · 법적 · 기술적 조건)과 과업 환경(재정자원의 제공자, 클라이언트 및 클라이언트 의뢰자, 보충적 서비스 제공자, 경쟁 조직 등) 둘 다 중요하다. 주민조직도 법에 영향을 받을 수 있으며, 주민조직의 과업 환경은 정부나 기업 그리고 동네주민이다. 예컨대, 〈사례 5-1〉에서와 같이 공공조직이 지역주민의 삶을 억압하는 경우에 그것이 과업 환경이 되었다. 가습기 살균제로 수많은 생명을 앗아 갔던 악덕 기업 또한 시민조직의 과업 환경이 되었다.

사회복지조직은 재정자원의 제공자인 정부 통제로부터 자율적이지 않지만,[2] 주민조직은 매우 자유롭다고 할 수 있다. 반송동에 있는 4개의 사회복지관은 산업폐기물 매립장 건설 반대운동에 나서기 매우 어렵지만, 순수 주민조직인 '반사사'는 매우 강력한 사회행동으로 주민의 환경권을 사수하였다. 주권재민이라는 원칙에 근거할 때, 정부 통제로부터 상대적으로 자율적인 주민조직은 역사적으로 지역사회 변화의 필수불가결한 수단이었으며, 영원히 그러해야 한다. 따라서 주민조직은 지역민주주의 실현의 수단이다. 국가로부터 재정지원을 받는 사회복지조직 · 공식조직은 표적체계를 지방자치단체로 설정하기에는 많은 한계가 있지만, 주민조직은 지방정부나 기업을 표적으로 설정하고 변화시킬 수 있다.

사회복지조직은 사회계획 모델 실행에 강점을 가지는 반면, 주민조직은 사회행동 모델 실행의 우위에 있다고 할 수 있다. 더 나아가 두 조직 모두 지역개발 모델 실천에 힘써야 한다.

이러한 이해를 바탕으로 주민조직을 다음과 같이 개념을 규정할 수 있다. 즉, 주민조직이란 지역주민이 합의한 목표를 달성하기 위하여 자발적으로 참여한 2인 이상이 상호작용하는 복합체다. 상호작용의 스펙트럼은 다양한데, 주민의 삶을 억압하는 문제를 해결하기 위한 갈등적 상호작용일 수도 있고, 마을공동체 형성을 위한 협력적 상호작용일 수도 있다. 그리고 주민조직화란 이러한 목적을 달성하기 위하여 주민조직을 만들고 운영하는 것이다.

Kahn(1995)에 따르면, 주민조직은 단기적 장점과 장기적 장점이 있다. 단기적 장점

---

2) "복지관의 태생적인 문제점, 바로 행정과의 관계다. 갑과 을의 관계, 3년마다 위탁이 있음으로 해서 쓴 소리 한 번 못하고 그냥 꾹 참아야만 하는 현실이 안타깝다."(류승일, 2011)

은 어떠한 것을 해내는 도구가 된다는 것이다. 예를 들면, 우리가 개인으로서 부딪히는 일상적인 문제, 즉 교통과 의료의 문제, 이웃과 지역사회를 보호하는 것이 가능하다. 장기적으로 더욱 중요한 장점이 있다. 조직을 만들면서 사람들은 자신에 대해 새로운 것을 배운다. 자신의 욕구를 재발견하고 욕구가 충족되도록 요구하기 시작한다. 자신의 강점을 알고 잘못된 서비스를 받는 대신에 자신의 존엄성을 발견한다. 자신감의 부족을 극복하고 자기존중을 찾는다. 자신이 소유한 기술과 능력을 더욱 완전하게 사용하기 시작한다. 다른 사람들과 일하고, 영향을 주고, 소리 높여 말하고, 맞붙어 싸운다. 협동기술, 단체행동기술, 함께 일하는 기술, 서로를 지지하는 기술을 다시 배운다. 이러한 지식과 경험을 통해서 사람들은 진정한 힘을 배우게 된다.

지역사회조직화란 다음과 같은 세 가지 연결된 목적을 수행하기 위한 과정이다. 첫째, 주민이 개인적, 집단적으로 직면하고 있는 문제를 해결하기 위하여, 둘째, 문제해결능력을 지속적으로 제공할 수 있는 민주적으로 운영되는 조직을 만들기 위하여, 셋째, 각 개인의 역량을 강화하고 주민이 살고 있는 동네(neighborhoods)나 지역사회의 역량을 강화하기 위하여 등이다(Rubin & Rubin, 2005, p. 191).

주민조직화의 목표는 다음과 같이 정리된다(Hardcastle et al., 2004, pp. 393-394).

첫째, 집단행동을 통하여 구체적인 개선이나 정책 변화를 이뤄 내는 것이다.

둘째, 지역 수준(local, state)에서, 국가 수준에서 영원히 권력관계를 변화시키는 것이다.

셋째, 도시 빈곤지역에서 시민 리더십을 개발하는 것이다.

넷째, 지역 수준(local, state)에서, 국가 수준에서 시민참여를 확대하는 것이다.

다섯째, 살고 있는 지역사회에 안정되고, 역량 있고, 책임감 있는 조직을 만드는 것이다.

2) 주민조직화의 사례

실제 주민조직화의 사례와 활동을 보면 주민조직의 개념과 필요성을 더 잘 이해할 수 있다. 여기서 살펴본 사례는 O. B. A.다. O. B. A.는 'Organization For Better Austin'의 약자로서 '더 살기 좋은 오스틴 만들기를 위한 조직'이라는 뜻이다. O. B. A.는 알린스키에게 훈련받은 톰 고데트라는 조직가가 책임자 역할을 하고, 그 지역의 목사와 신부 등 12명이 실무자로서 활동하여 만들어진 조직이다.

사례 9-1 주민조직 O. B. A.의 사례[3)]

가. O. B. A.의 탄생 배경

오스틴 카운티(Austin County)는 1960년대 초까지만 해도 시카고 도심지에서 전철로 15분 거리에 있는 주택지로서 3만 명 정도의 백인 중산층의 주거지역이었다. 그러나 1963년과 1965년에 흑인 폭동이 일어난 후 그리고 미국 사회계층 구조의 변화에 따라서 이곳의 돈 있는 백인들이 오스틴의 서남부 교외로 이동하기 시작했고, 그 대신 도심지에 살던 흑인들이 서서히 이곳 지역으로 이동하면서부터 문제가 생기게 되었다.

이렇게 지역주민들이 이동하는 과정에서 주택을 팔고 사는 과정에 악덕 부동산업자의 농간이 뒤따르게 되었다. 흑인을 싫어하는 백인을 대상으로 하여 부동산업자(미국의 경우, 부동산업자들은 회사 형태를 갖추고 자본금을 가지고서 주택을 사서 수리하며, 그 판매까지 맡아 보고 있다)는 흑인을 유도하여 이곳에 집을 사게 하곤 했다. 그 후 그들은 백인에게 "당신 집 근처에 흑인이 이사 왔는데 무서워서 어떻게 사느냐? 만약에 집을 판다면 내가 도와주겠다."는 등의 전화를 걸어서 불안을 조성하곤 했다. 또는 "당신 동네로 이사 온 흑인은 난폭하기로 유명한 사람이니 조심하시오. 이것은 내가 그 흑인을 잘 알고 있기 때문에 당신에게 알려 주는 것입니다."라는 등으로 밤늦게 또는 이른 새벽에 전화를 걸곤 했다.

이러한 부동산업자의 고의적인 위협과 유도는 결과적으로 백인에게 불안의 요소가 되어 앞으로 흑인이 더 많이 들어오게 되면 주택 값이 더 떨어질 것을 우려하여 집을 싸게 팔게 되는 지경에 이르게 되었다. 이때 부동산업자는 집을 싸게 사서 다소 수리하여 흑인에게 비싸게 팔아 많은 이익을 남겼다. 시카고의 각종 신문이나 지방 신문 등에 부동산 회사 광고를 내면서 '오스틴은 흑인이 살기에 좋은 동네' 또는 '오스틴은 백인이 많이 이사를 나갔기 때문에 집값이 싸다'라는 등의 선전 광고를 게재했다. 이것은 흑백 간의 인종차별이라는 사회문제를 조장하고, 그 갈등을 이용하기 위한 것이었다.

시카고 시는 오스틴의 공공시설이나 주택(아파트) 등을 개보수하지 않고 낡은 시설을 그대로 두고 있어 시민이 생활에 많은 불편을 겪고 있었다. 또 한 가지의 문제는 이렇게 변화하는 지역에서는 지역주민 사이에 안정감이 있을 수 없었고, 잦은 이사로 인하여 동네 안에서 이웃 간에 친절과 다정함보다는 서로 의심하고 서먹서먹한 인간관계가 생겨나게 되었다. 한편, 잦은 주민 이동 때문에 자녀교육 문제가 대두되었고 청소년 간에 충돌이 심해져서 청소년 범죄가 나날이 심각해지게 된 것이 당시 오스틴의 가장 커다란 문젯거리였다.

3) 이 사례는 조승혁 목사가 1970년 시카고 맥코믹 신학교(McCormick Theological Seminary) 수학 시절에 이곳에서 6개월간 실습생으로 일하면서 경험한 내용을 기록한 것이다(조승혁, 1983).

이렇게 다양한 사회문제가 발생하게 됨에 따라 이 지역의 지도자들과 교회들이 중심이 되어 더 살기 좋은 오스틴을 만들자는 운동이 일어나게 되었다. 지역의 뜻있는 지도자들과 교회들이 중심이 되어 조직가인 톰 고데트를 초청하여 O. B. A.라는 주민조직을 만들었다.

나. O. B. A.의 구조와 과업

O. B. A.의 목표는 지역에서 발견되고 주민을 괴롭히고 있는 문제를 철저하게 해결하는 것이다. 고데트는 다음과 같이 말했다. "우리의 목표(goal)는 인간의 존엄성을 지키자는 것이며, 살기 좋은 공동체를 창조하고 발전시켜 나가는 데 있다." O. B. A.의 목표는 다음과 같이 기술된다.

① 변화하는 이 오스틴 지역에서 흑인과 백인이 인류애를 가지고 충돌 없이 함께 공존하며, 더 살기 좋은 이웃 관계를 형성한다.
② 집을 팔고 사는 과정에서 부동산업자의 심한 농간을 저지하고, 그들의 부당한 이익을 방지하여 주민에게 그 이익을 돌려주는 일을 한다.
③ 시카고 시청에 지역 내의 공공시설과 아파트의 노후된 시설의 보수를 요청하고, 행정기관과 주민과의 사이에 끊임없는 불화와 분쟁의 요인을 근원적으로 해결한다.
④ 지역 내의 생활환경 개선과 지역 미화를 위한 일에 주민의 노력과 참여를 촉구한다.
⑤ 지역 내의 청소년 문제에 대해 주민 스스로가 모든 청소년이 자기 자녀라는 인식을 가지고 해결할 수 있도록 노력한다.

이러한 목표 달성을 위한 O. B. A.는 [그림 9-1]과 같다.

그림 9-1 O. B. A. 조직도

O. B. A.는 철저하게 주민에 의한 주민의 조직이다. 그러므로 O. B. A.의 모든 사업과 운영은 주민회의에 의해서 결정된다.

첫째, 주민총회는 연 1회 모이며 전체 지역주민이 참여한다. 주민총회는 임원 선출(주민회의 의장, 부의장, 서기, 회계), 각 위원회 의원 선출, 중앙위원회 위원 선출(각 지역에서 2명씩), 예산결산 심의, 중요 사업 계획 심의, 중요 문제에 관한 결정(대책)을 한다.

둘째, 중앙위원회는 각 지역의 대표 2명과 각 위원회 위원으로 구성된다. 중앙위원회는 매월 1회씩 모이며 1개월간의 사업 보고를 받고 지역의 문제(issue)에 대하여 어떻게 행동하고 대처할 것인가에 대하여 결정한다.

셋째, [그림 9-1]에서 보는 바와 같이 철저하게 '문제 중심'으로 다양한 위원회를 구성한다. 문제를 해결하면 해체하고 새로운 문제에 대응하는 위원회를 만든다. 예컨대, 성탄절을 앞두고는 O. B. A.의 관장 아래 그 밑에 각 블록(Block)별로 성탄절미화위원회(성탄절 거리 장식을 위한)가 조직된다. 이는 12월 초부터 생기며 12월 25일이 지나면 자동적으로 해산된다. 몇 가지 위원회만 설명하면 다음과 같다.

가) 지역사회생활위원회(community life committee)

- 주민들이 자주 이동함에 따라 그들은 지역의 공공기관이나 의료 · 교육 시설 등이 어디에 있는지 잘 모른다. 예를 들면, 병원이 어디에 있으며, 사회사업기관이 어디에 있고, 무엇을 도와 줄 수 있는지 등 지역사정에 관한 자세한 내용 등을 기록하여 매주 또는 격주로 프린트하여 지역주민에게 나누어 준다.
- 인간관계 프로그램(human relation program)을 진행한다. 이는 흑인과 백인이 함께 살 수 있다는 데 역점을 둔 프로그램인데, 각 블록별로 또는 가정별로 친교 모임을 마련하는 것이다. 이는 실무자가 중간에 서서 이웃과 그리고 주민회의 때 등을 이용하여 새로 이사 온 사람을 그 지역 주민에게 소개하는 것이다. 또한 성탄절 등에는 흑인 가정과 백인 가정이 서로 바꿔 가며 크리스마스트리를 장식하게 하는 등의 프로그램을 진행한다.
- 강연회와 세미나를 열어 인종 차별 문제 등을 다루기도 한다.
- 또한 이들은 음악회, 출판회 등을 개최하고 각종 취미 클럽 등을 조직하여 활동하게 한다.

나) 공공(公共)시설위원회

이는 오스틴 지역의 공공시설과 거리 포장, 미화 등을 시청과 교섭하여 시설을 보수 · 개선하거나 새로운 건물을 짓게 하며, 아파트 시설 개축, 상하수도 문제, 도로 포장 등을 추진하는 위원회다. 주민에게 시청에 전화를 걸게 하거나 서신으로 시설 개선을 요청하게 한다. 이런 것들을 요청할 때마다 O. B. A.에 보고하게 한다. O. B. A. 담당 실무자는 상세하게 이름과 날짜, 시간, 요청사항, 시청에서

전화를 받은 사람 등을 기록하여 둔다. 그러나 여러 번 요청하였음에도 불구하고 아무런 반응이 없을 때에는 주민회의에 회부하고 결정되는 대로 몇 사람의 대표를 시청 관계자에게 파견하여 진정 또는 항의하게 한다.

다) 주택문제위원회(housing committee)

부동산업자와의 문제는 O. B. A.의 중요한 과업 중 하나인데, 이 위원회는 부동산업자들의 위협과 거짓말, 농간 등에 맞서서 주민의 이익을 보호하는 활동을 한다. 주민회의를 열어 부동산업자들을 반강제로 참여시키고, 개인별 과오(O. B. A. 회원들은 각 부동산업자들이 언제, 누구를, 어떻게 괴롭혔는지에 대해 명확한 기록을 가지고 있다)에 대한 사과를 받고 서명을 받는다. 서명한 부동산업자들에게는 다음과 같이 행동하기로 하였다. 첫째, 참석한 500여 명이 다 같이 한 번씩 그들에게 전화를 걸어서 "11월 12일 우리 모임에서 약속한 대로 다시는 나쁜 짓을 하지 마시오."라고 압력을 주도록 한다. 사과도 안 하고 서명도 거부한 업자에게는 12월 12일 주민회의 전까지 모인 500명이 하루 한 번씩 "거짓말쟁이 ○○는 시카고 시민 자격이 없다."라는 내용의 전화를 건다. 악질 부동산업자 회사 앞을 지나갈 때마다 "거짓말쟁이 ○○"이라고 소리치고 침을 뱉도록 한다. 오스틴 지역에는 13개 부동산 회사 중 7개 회사는 주민회의(500여 명이 모인 YMCA 강당)에서 사과를 하였고, 사과하지 않은 6개 회사 중 2개 회사는 면허가 취소되었고, 3개 회사는 타 지역으로 떠났으며, 주민회의에 나오지 않은 1개 회사에 대해 어떠한 제재를 가할 것인가를 다시 논의하기로 하였다. 이러한 오스틴 시민들의 행동은 개인으로서는 할 수 없으며, 오직 주민조직만이 할 수 있다.

2. 주민조직: 사회행동과 마을 만들기의 주체

〈사례 9-1〉에서 본 O. B. A.의 '주택문제위원회'는 오스틴 지역주민들을 괴롭히는 악덕 부동산업자들에 대해 제재를 가하는 사회행동을 하고, '지역사회생활위원회'는 주민의 관계를 이어 주는 마을공동체의 기초를 닦았다. 사회행동이든, 마을공동체 형성을 위한 노력이든 O. B. A.라는 주민조직이 주체다.[4)]

---

4) 주민조직의 기능은 다양하다. 조직 구성원의 합의에 따라 다양한 사업을 할 수 있다. 이는 [그림 9-1]에서 확인할 수 있다. 또한 〈사례 1-1〉에서 보았듯이, 반송동 주민조직인 '희망세상'은 '느티나무 도서관'도 운영하고, 노인들에게 도시락배달사업도 하지만, 정부의 교육복지투자우선지역사업이 중단되자 주민들이 모금을 하여 이어간다. 그리고 주민들 의사에 반하는 부산시의 의사결정도 철회시킨다.

Fisher와 Shragge(2000)는 「21세기에 지역사회조직이 직면한 도전」이라는 논문에서 다음과 같은 주장을 폈다. 즉, 1960년대와 1970년대에 갈등적 관점에서 조직을 만들고, 강력한 리더십과 혁신적 전술을 사용하여 불평등과 억압적 권력에 대응하는 지역사회조직의 사회행동은 쇠퇴하였다. 반면, 1980년대와 1990년대에는 이웃과 관계를 맺고, 지역사회 역량을 구축하기 위하여 합의전략과 전술을 사용하는 지역사회개발과 커뮤니티 빌딩(community building)이 지역사회 변화를 위한 지배적인 전략이 되었다. 이러한 흐름은 우리나라에서도 유사하다고 볼 수 있다. 1970년대와 1980년대의 도시재개발과정에서 도시 빈민은 주거권 확보를 위해 정부와 기업을 상대로 갈등전략을 사용하였다(박윤영, 1991). 그렇지만 1990년대 후반부터 도시 재생 혹은 마을 만들기라는 이름으로 이웃과의 관계 회복을 위한 노력, 즉 지방정부와 주민 간의 협력전략을 많이 보아 왔다. 주민조직이 사회행동의 주체이며, 마을 만들기에 있어서도 필수적임을 상세히 살펴보고자 한다.

1) 주민조직: 사회행동의 도구

주민조직화란 주민들을 조직화하여 하나의 '세력' 또는 조직으로 고유하게 존재할 수 있게 하는 실천방법이며(홍현미라, 1998), 지역 내 권력의 격차를 감소시키고 사회적 변화 목표를 달성하기 위하여 강점, 참여적 과정, 토착적 리더십을 토대로 일어나는 지역주민의 집단행동이다(Staples, 2004: 민소영, 신재은, 2017 재인용).

> 개인의 역량을 강화하고, 민주적 참여를 확대하고, 저항(fight back) 능력을 기르는 것이고, 주민들의 공동체 의식을 키워 가는 것이다. 주민들은 오만한 기업과 정부와 마주할 때 느끼는 무력감을 극복하고, 사회적 편견을 떨쳐내기 위하여 조직을 만든다. 사람은 타인과 결합함으로써 자신과 살고 있는 지역사회의 역량을 강화한다(Rubin & Rubin, 2005, p. 192).

이러한 개념 정의들은 주민조직의 본질적 목적으로 사회행동을 강조한다고 볼 수 있다.

Kahn(1995)은 사회문제 해결의 도구로서 주민조직이 필요한 이유를 서비스, 옹호, 동원, 조직화의 장점과 단점을 설명하면서 제시하였는데, 이를 자세히 살펴보면 다음과 같다(pp. 571-572).

첫째, 서비스란 사회에서 사람들이 살아가는 데 필요한 기본적인 것을 제공하는 것이다. 서비스는 짧은 기간 내에 문제를 해결할 수 있으나 장기적으로 해결하지는 못한다. 예컨대, 급식은 굶주림이라는 문제에 대한 서비스 접근인데, 왜 이 사람이 굶주리는가 하는 문제를 결코 해결할 수 없고, 무료급식소가 문을 닫으면 다시 배를 곯게 된다.

둘째, 빈곤한 사람에게 도움이 되는 제도와 행정조직을 만들기 위해 개인 혹은 NASW 같은 조직이 옹호를 실천한다. 옹호가 정책과 권력관계를 변화시킬 수는 있지만, 사람으로 하여금 스스로에게 이익이 되는 행동을 하도록 개인을 끌어들이지 못하기 때문에 개인의 역량을 강화시키기에는 한계가 있다.

셋째, 동원은 사람으로 하여금 자신을 위해 스스로 행동하도록 하는 역량 강화 과정의 시작이다. 경제적 이유로 동네 병원이 폐쇄될 때 주민들이 시의회에서 폐쇄 반대 탄원서를 돌리고 병원 앞에서 피켓시위를 하는 것은 동원된 시민의 행동이다. 동원에서 힘이 없고 가진 것이 없던 사람은 자신의 목소리를 발견하기 시작하고, 자신감을 회복하며, 자신의 삶과 지역사회 조건을 바꿀 기회를 자신이 가지고 있다는 것을 느끼기 시작한다. 동원으로 정책결정과 권력의 변화를 이끌어 낼 수도 있으나, 이러한 동원은 시급한 상황에 대한 직접적 반응이므로 시간과 범위에 있어서 한계가 있고 성취할 수 있는 것도 제한된다.

넷째, 동원은 상대적으로 단기적 구조이므로 구조적 현안 과제를 해결하기에는 어려움이 따른다.

반면, 조직화는 주민 혹은 사회구성원을 억압하는 사회문제를 해결할 수 있는 영속적인 지역사회조직을 만드는 것이 목적이다. 조직을 만들고 조직을 대표하는 사람에게 권력을 위임한다. 리더는 힘이 없고 가진 것이 없는 사람과 함께 시민권 획득을 위한 노력을 할 수 있고, 리더십 행사를 위한 민주적 기술을 연마한다. 이러한 과정을 통해 사회구성원은 개인적으로뿐만 아니라 집합적으로도 역량이 강화된다.

2) 주민조직: 마을 만들기의 주체

마을 만들기 혹은 커뮤니티 빌딩이란 지역사회의 규범, 사회적 지지 그리고 문제해결을 위한 자원을 개발 · 육성하기 위한 지속적이고 포괄적인 노력이다(Committee for Economic Development, 1995: Mattessich & Monsey, 1997, p. 60 재인용). 마을 만들기 혹은 커뮤니티 빌딩이란 주민, 결사체 그리고 조직의 역량을 강화하려는 관심으로서 이러한 노력은 동네(neighborhood)의 긍정적 변화를 지속적으로 이끌어 내기 위한 것이다(Kubisch et al., 1995: Mattessich & Monsey, 1997, p. 60 재인용). 그리고 Minkler와 Wallerstein(2012)은 마을 만들기 혹은 커뮤니티 빌딩을 더 강하고 돌봄 지향의 지역사회를 만들기 위하여(stronger and more caring communities) 비판의식을 기르고, 지역사회 자산을 발견·육성하고, 지도를 그리고, 집단의 정체성을 강화하는 등 지역사회 내부로부터의 성장과 변화를 추구하는 전반적 접근법이라고 정의하였다. 이들은 마을 만들기 혹은 커뮤니티 빌딩을 합의적 관점에서, 사회행동을 갈등적 관점에서 접근한다. 주민조직화를 "생활의 장인 지역사회 내에서 지역사회의 자원을 동원하고, 문제를 해결하고, 생활의 질을 향상시키기 위한 활동"(최종혁, 이연, 2001)이라고 정의한 것은 마을 만들기 혹은 커뮤니티 빌딩 관점에서 조직화를 정의한 것으로 여겨진다.

(1) 마을과 공동체

슬픔의 끝에는 언제나
열려 있는 창이 있고
불 켜진 창이 있다
언제나 꿈은 깨어나며
욕망은 충족되고
배고픔은 채워진다
관대한 마음과 내미는 손, 열려 있는 손이 있고
주의 깊은 눈이 있고
함께 나누어야 할 삶
삶이 있다
—Paul Éluard의 '그리고 미소를' 중에서

'함께 나누어야 할 삶'이 이루어지는 곳이 마을이다. 요즈음 우리 사회에서 '마을'은 이상향이고, 꼭 가야만 하는 길이다. 행정안전부는 '살기 좋은 지역 만들기' 사업을, 국토부는 '살기 좋은 도시 만들기' 사업을 추진하고 있다. 마을의 사전적 의미는 "주로 시골에서 여러 집이 한데 모여 사는 곳"이며, 영어로는 village, town, community 등으로 번역된다. 필자의 시각으로 제1장에서 봤던 〈사례 1-1〉이 도시 마을의 전형이다.

'마을'은 전통적으로 마실을 다닐 정도로 가까운 거리의 촌락이라는 공간개념으로 이

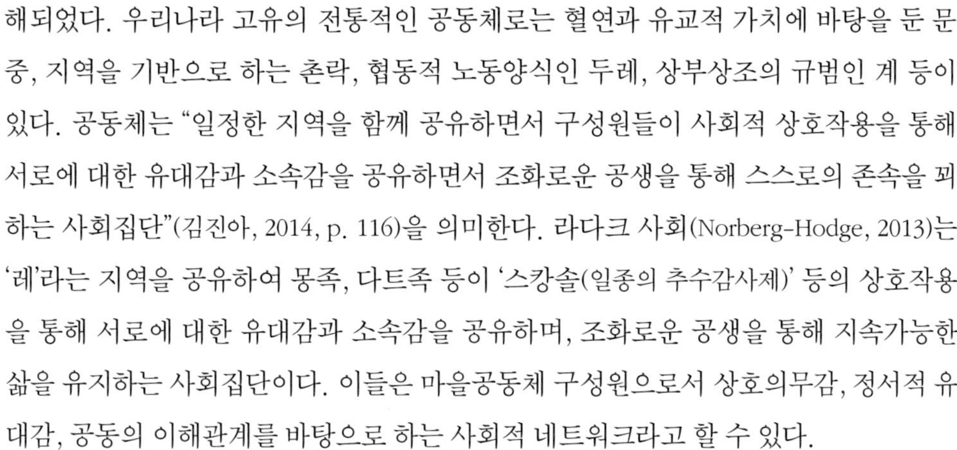

해되었다. 우리나라 고유의 전통적인 공동체로는 혈연과 유교적 가치에 바탕을 둔 문중, 지역을 기반으로 하는 촌락, 협동적 노동양식인 두레, 상부상조의 규범인 계 등이 있다. 공동체는 "일정한 지역을 함께 공유하면서 구성원들이 사회적 상호작용을 통해 서로에 대한 유대감과 소속감을 공유하면서 조화로운 공생을 통해 스스로의 존속을 꾀하는 사회집단"(김진아, 2014, p. 116)을 의미한다. 라다크 사회(Norberg-Hodge, 2013)는 '레'라는 지역을 공유하여 몽족, 다트족 등이 '스캉솔(일종의 추수감사제)' 등의 상호작용을 통해 서로에 대한 유대감과 소속감을 공유하며, 조화로운 공생을 통해 지속가능한 삶을 유지하는 사회집단이다. 이들은 마을공동체 구성원으로서 상호의무감, 정서적 유대감, 공동의 이해관계를 바탕으로 하는 사회적 네트워크라고 할 수 있다.

마을공동체는 의식 및 가치관의 공유, 지역 내 자원을 통한 정치, 경제, 사회, 문화의 형성, 공동의 목표 추구라는 세 가지 특징을 갖는다(조재형, 2017). 의식, 가치관의 공유란 유대감으로 정의될 수 있는데, "개인적 차원에서 개인이 자신에게 의미 있고 중요하다고 인식하는 타인과 관계를 형성하고, 활동과 사회집단에 참여하고, 관심을 쏟음으로서 소속감과 심리적 안녕감을 얻는 상태"(Hagerty et al., 1993: 송용훈, 김용희, 정문기, 2015 재인용)다. 마을공동체에서는 공동체 구성원들의 민주적 절차를 통해 정치적 의사결정을 하고, 공동체 내의 자원을 바탕으로 경제적 문제를 해결하며, 공동체의 공간을 중심으로 문화행사를 해 나간다는 의미가 내포되어 있다. 특히 정치적으로 주민의 자치를 통해 문제를 해결한다는 점은 거의 대부분의 공동체가 공유하는 특징이다(조재형, 2017, p. 12). 공동의 목표 추구는 지속가능성이라고 이야기하고 있는데, 현실적으로는 다양하다. 기초자치단체로서 가장 먼저 마을 만들기를 시도했던 광주광역시 북구는 '아름다운 마을'을, 서울시 마포구는 조례로 '살기 좋은 마을'을 목표로 하고 있다.

이러한 마을은 몇 가지 본질적 역량을 가지고 있다. 첫째, 사회적 자본과 응집력을 발전시킬 수 있으며, 둘째, 공공 서비스 계획과 모니터링에 있어 영향력 있는 발언을 통해 서비스 전달체계를 향상시킬 수 있으며, 셋째, 지역에 필요한 서비스 전달에 있어 지역의 요구를 더 잘 반영할 수 있고, 넷째, 지역주민의 참여를 통해 민주주의의 결핍문제도 극복할 수 있다(Taylor, 2007). 이러한 네 가지의 역량을 〈사례 1-1〉〈사례 5-1〉〈사례 9-1〉에서 이해할 수 있을 것이다.

우리나라는 국가 주도의 산업화 · 도시화를 추진하면서 도시지역에서 이와 같은 마을공동체적 속성은 거의 사라졌다고 할 수도 있다. 제1장에서도 언급했듯이, 우리나라 도시 지역사회의 가장 큰 문제는 지리적 공간 속에서 살아가는 사람들 간의 관계의 단절이다. 지역사회에서 주민들 간 상호작용에 의해 관계가 형성되고, 이 결과로 유대감이 형성되고 공동의 목표를 추구한다고 할 수 있는데, 관계의 단절, 인간관계의 피상성, 익명성으로 인한 사회문제가 심각하다. 행정기관의 용어로 '복지사각지대'가 끊임없이 생성되는 근원이다. 지역사회복지실천이 지역단위 사회문제의 해결이라고 볼 때, 마을 만들기는 절대적으로 필요한 도구가 된다.

(2) 마을 만들기와 주민조직

마을 만들기는 일본의 마치즈쿠리(마을 만들기)에서 비롯된 것으로 장소 만들기, 지역 만들기, 도시 만들기 등의 용어와 함께 쓰이고 있다. 마치즈쿠리(まちづくり)에서 'まち'는 도시의 골목, 거리를 의미하며 'づくり'는 만들기를 의미한다. 마을 만들기는 영어로 'community development' 'community building' 등으로 칭한다(高見実 編著, 2006: 여관현, 2013 재인용).

마을 만들기는 주민 스스로 마을의 주인이 되어 마을 공동체를 만들기 위한 모든 활동을 말한다(김은희, 김경민, 2010). 마을 만들기는 첫째, 삶터 가꾸기다. 마을 만들기는 생활환경을 주민이 스스로 만드는 것이다. 즉, 마을에서 생활을 하는 데 불편하거나 불쾌한 문제들을 개선・해결하며, 주민 편익 증대 및 삶의 질 향상에 필요한 공간, 시설, 장소 등을 만들어 가는 일이다. 둘째, 공동체 형성이다. 마을 만들기는 주민조직을 통해 마을 공동체를 이루는 일이다. 마을의 공동문제를 함께 고민하고 개선・해결하는 과정에서 단절되었던 이웃과의 커뮤니티를 회복하고, 그들의 의사소통 경로 및 활동 체계를 구축하여 주민 공동체(주민총회, 마을회의)를 만들어 가는 것이다. 셋째, 마을사람 만들기다. 마을사람 만들기는 책임감 있고 참여할 수 있는 주민을 육성하는 일이다. 즉, 마을주민이 이웃과 더불어 공동의 문제를 해결하는 과정을 학습하고 체험함으로써 진정한 주민, 민주시민으로 새롭게 태어나는 과정인 것이다(정석, 1999). 필자의 견해로 이 셋 중에 가장 근본은 '마을사람 만들기'이며, 이것이 가장 어려운 일인데, 최선의 방법은 제8장에서 살펴본 '지역사회시민교육'이라고 본다.

광역자치단체 중 마을 만들기를 가장 적극적으로 추진하고 있는 서울시는 2012년 3월 9일에 '마을 공동체 만들기' 조례를 공포하면서 마을 공동체에 대한 정의를 다음과 같이 내렸다. "첫째, 주민이 일상생활을 영위하면서 경제, 문화, 환경 등을 공유하는 공간적・사회적 범위를 의미하며, 둘째, 주민 개인의 자유와 권리가 존중되며 상호 간에 대등한 관계 속에서 마을에 관한 일을 주민이 결정하고 추진하는 자치공동체, 셋째, 지

역의 전통과 특성을 계승 · 발전시키고 지역의 인적 · 물적 자원을 활용해 주민의 삶의 질을 높이는 활동이다. 또한 서울시는 2015년에 찾동(찾아가는 동주민센터) 사업을 하면서 동마다 마을계획, 마을총회, 주민 소모임 등 마을 공동체 회복에 힘을 기울이고 있다. '마을 공동체 만들기 사업'은 "길을 닦고 새 건물을 들여서 부동산의 가치를 올리려는 사업이 아니라 지난 몇십 년 동안 이어져 온 경쟁의 가속화, 불균형 성장, 개발 위주의 정책들로 인해 피폐해진 시민의 삶을 치유하고 잊혀져 간 사람 간의 관계망을 복원해 공동체를 회복하려는, '사람의 가치'와 '신뢰의 관계망'을 만들어 가려는 서울시의 노력"(서울시, 2011)이라는 점을 강조했다. 서울시 마포구는 조례로 "살기 좋은 마을 만들기란 주민이 스스로 마을 환경을 개선하고 지역의 문제를 해결하는 과정을 통해 이웃과 관계를 회복하며 마을 공동체를 형성하여 삶의 질을 높이는 활동을 말한다."라고 하였다.

이러한 마을 만들기 과정에서의 핵심은 주민참여다. "물리적 사업인 소프트웨어 사업을 진행하는 과정에서도 주민의 참여가 이루어져야 한다."(김태란, 인태정, 2009) 마을 만들기의 성공 요인은 주민참여라는 주장이 마을 만들기에 관한 연구에서 공통적이다.

경기개발연구원의 남원석과 이성룡(2012)은 '마을 만들기 성공의 조건'이라는 이슈 진단에서 '주민의 자발적 참여 및 조직화'가 지속가능한 마을 만들기를 위해서 필요하며, 마을 만들기를 이끌어 나갈 핵심 주체로서 주민 리더를 양성하는 것이 필요하다고 하였다. 또한 마을이라는 지리적 접근성을 바탕으로 지역주민, 지방정부, 비영리기관 등을 포괄하는 다양한 이해관계자 간의 상호작용, 즉 협력적 거버넌스에 의한 마을 만들기가 반드시 필요하며, 마을 만들기의 협력 주체로서 주민조직의 중요성을 강조하였다(김상민, 2016).

3. 주민조직화의 단계별 과업

미국사회복지사협회(NASW)로부터 조직 만들기에 관한 집필 의뢰를 받은 조직가 Kahn(1995)은 다음과 같이 기술하였다.

"조직을 만드는 것의 매력은 누구나 할 수 있다는 것이다. 전문 조직가들의 이야기를 듣고 나면 조직 만들기가 매우 어렵고 신비로운 방법이라는 생각이 들 때도 있을 것이다. 조직가는 자

> 신의 일에 필요한 기술을 과장하곤 한다. 사실 훌륭하게 조직한다는 것은 전혀 복잡하지 않다. 우리 대부분이 어느 정도 가지고 있는 기본적인 기술로 할 수 있다. 그 기술은 일상적인 기술이다. 사람이 가정에서 가족, 친구와 또 직장에서 일상적인 생활을 잘 영위할 수 있도록 돕는 그런 종류의 기술이다. 사람을 잘 다루는 사람은 좋은 조직가가 될 수 있다. 조직을 구성하는 데 견고하고 빠른 규칙이란 존재하지 않으며, 대부분의 상황에서 밟게 되는 단계가 있을 뿐이다."

그렇지만 꼭 선형적 단계는 아니며(김이배, 홍재봉, 2015), 동시다발적이며 순환적이기도 하다. '반사사'는 교육부터, 'O. B. A.'는 조직 만들기부터 시작하고 주민행동하기가 이루어졌다. 선행연구들은 조직 만들기의 단계를 다음과 같이 제시하였다.

최옥채(2005)는 준비 · 실천 · 종결 · 평가 단계로 구분하였다. 한국주민운동교육원(2010)에서는 주민조직화의 경로를 두 가지로 제시하였다. 하나는 발굴된 이슈를 중심으로 주민을 직접 만나 조직하는 것이고, 다른 하나는 전략적인 접근차원에서 조직화 프로그램을 실시하여 주민을 조직하는 것이다. 특히 발굴된 이슈를 중심으로 주민을 조직하는 단계는 다음과 같다(한국주민운동교육원, 2010). 즉, 현장 들어가기(현장 선택과 예비조사), 주민 만나기(관계 맺기와 지역 알기), 조직화 밑그림 그리기(이슈 찾기와 대안 마련), 주민 지도력 형성하기(초동모임과 교육훈련), 행동 계획 세우기(조사 연구와 계획 수립), 주민 모으기(주민과의 대화와 동기부여), 주민행동하기(주민 모임과 실천 행동), 평가하기(성과 확인과 후속 계획), 성찰하기(배움 확인과 가치 공유), 조직 세우기(조직 준비와 창립 총회) 등이다. 또한, 한국도시연구소(이호, 박연희, 홍현미라, 2001)는 '지역 특성에 알맞은 방법의 선택' '지역주민들과의 관계설정' '사업의 기획과 실행' '주민조직의 구성' '이슈 설정' '대중행동' '평가와 성찰'이라는 과정을 제시하였다.

여기서는 한국도시연구소(2001)의 견해를 기본으로 선행연구를 참고하여, 첫째, 지역 특성 이해하기, 둘째, 주민과 관계 맺기, 셋째, 주민조직 형성하기, 넷째, 이슈 설정하기, 다섯째, 주민행동하기(동원하기), 여섯째, 평가와 성찰하기로 제시하고자 한다.

1) 지역 특성 이해하기

지역 특성 이해하기란 지역사회 '친숙화' 사정(제7장 참고)에 해당한다고 볼 수 있다. 지역에서 모든 활동을 수행하기 전에 가장 먼저 고려해야 할 사항은 그 지역의 특성에 주목하는 것이다. 즉, 그 지역이 아파트 단지인지 아니면 일반 주택가인지, 대도시 지

역인지 아니면 주민 간의 공동체성이 높은 소도시 지역인지 그리고 중산층 이상의 계층이 살고 있는 곳인지 아니면 주로 저소득층이 밀집해 있는 곳인지를 우선 염두에 두어야 한다.

지역 특성 이해하기를 위한 가장 좋은 방법은 지역을 많이 둘러보는 것이다. 〈사례 9-2〉는 부산 마을 조직가의 실제 이야기다.

사례 9-2 마을 조직가의 지역 둘러보기

부산의 한 마을 조직가는 마을의 현황을 파악하기 위해서 한 주 동안 매일 아침, 점심, 저녁 시간대에 마을로 나갔다. 마을의 모습을 알기 위해서는 근무시간 내에 보이는 모습만이 마을의 전체는 아니라고 생각했기 때문이다.

한 주 동안은 아침, 점심, 저녁 시간대에 둘러보면서 그 마을의 모습을 파악하였다. 같은 지역이라고 해도 월요일 아침과 토요일 저녁, 화요일 점심과 일요일 점심의 모습은 상당한 차이가 있다는 것을 알게 되었다.

따라서 마을 조직가는 지역을 제대로 알기 위해서는 마을을 둘러봄에 있어서 한 주 동안 시간대를 달리해서 지역을 둘러보는 것이 좋다. 또 봄, 여름, 가을, 겨울에 따라 마을의 모습도 다르고, 그에 따라 주민이 가지게 되는 생각과 활동도 다르다. 그렇기 때문에 마을을 알기 위해 지역을 둘러보는 일은 지속적으로 해야 하는 일이다.

출처: 김이배, 홍재봉(2015).

2) 주민과 관계 맺기

조직화는 지역에서 사람들 간의 관계를 형성하는 것이다. 관계 속에서 사람들의 사고와 행동은 변한다. 이 변화가 조직화의 근본이다.

주민조직화에 있어 무엇보다도 중요하고 기본적인 것은 주민과 긴밀한 관계를 형성하고, 이를 통해 주민의 신뢰를 얻는 것이다. 이러한 관계 형성은 모든 주민조직화 과정에 있어 가장 기본적이고 중요한 것이다. "지역사회 주민조직화는 목표에 합당한 지역주민을 끌어들이기 위해 지역사회실천가가 이들을 접촉하는 일이 최우선이다."(최옥채, 2012) 한국주민운동교육원(2010)은 주민과 관계 맺기를 위한 주민 만나기 방법을 ① 무작정 만나기, ② 계기 만들기, ③ 소개받기, ④ 함께 만나기, ⑤ 끼어들기, ⑥ 초대하기,

⑦ 궁금하게 만들기, ⑧ 프로그램으로 만나기 등으로 안내하였다.

지역주민과 무작정 만나서 이야기를 나누고 관계를 형성한다. 이 방법은 조직가가 가장 어색해 하는 방법이지만, 주민을 만나기 위해서 가장 필요한 방법이다. 무작정 주민을 만날 때 마을 조직가는 때로는 오해를 받기도 하고, 어떻게 접근해서 무엇을 이야기해야 할지 두려워하기도 한다. 하지만 이러한 과정을 통해서 주민과 스스럼없이 대하고 이야기할 수 있는 용기를 얻기도 한다. 예를 들어, 녹색삶을 위한 여성들의 모임이 조직되기 전에 실질적으로 이 모임을 주도한 J씨는 자신이 사는 동네의 길가나 아파트 엘리베이터 등에서 주민들을 만나면 무조건 인사하는 일부터 시작했다고 한다. "저는 ○○동 ○○호에 사는 ○○○입니다."라고 시작된 대화는 시간이 가면서 조금씩 풍부해지기 시작했다. 그런 후 조직가는 자신과 비슷한 관심을 보이는 사람과 보다 깊은 이야기를 나눌 수 있도록 노력해야 한다.

주민과 무작정 만나기 어렵다면 일종의 계기를 만들어 주민을 만나도록 한다. 물건을 옮겨 주거나 주민이 필요로 하는 작은 도움을 줌으로써 주민과의 관계 형성을 위한 계기를 만들기도 한다.

사례 9-3 사회복지관 조직가의 주민과 관계 맺기

마을 조직가는 처음 보는 주민과 대화하는 것이 쉽지 않다고 한다. 이를 극복하기 위해 다음과 같은 활동을 수행하였다.

- 마을에서 목욕탕과 미용실을 이용하였다. 1~3주마다 이용하다 보니 주인을 알게 되어 대화를 나누게 되었다. 그리고 목욕탕과 미용실을 방문한 사람들과 관계를 형성하여 이야기를 함께 나누었으며, 주인을 통해서 마을 사람들을 소개받기도 하였다.
- 복지관 물품이나 간식을 구입할 때 대형마트보다 마을 가게를 이용하였다. 한두 번 구입하니 주인을 알게 되어 이야기를 주고받으며 자연스럽게 마을에 대해서 이야기를 나누는 계기가 되었다.
- 마을의 청년회 활동에 참여하게 되었다. 청년회 활동에 가입하여 활동함으로써 마을 사람들을 알게 될 뿐만 아니라 자연스럽게 청년회 회원들이 운영하는 가게를 이용하여 관계를 강화하였다.
- 복지관 개관이나 행사, 복지관 홍보지 및 소식지 발행, 사회복지사의 입사 1주년 및 승진을 기념하여 떡을 마을 가게에 돌리고 인사를 하였다. 이런 일을 자주 하다 보니 자연스럽게 마을의 가게 사람들과 관계가 형성되어 마을에 대해서 알 수 있는 계기가 되었다.

출처: 김이배, 홍재봉(2015).

사회복지관 조직가의 활동 사례를 참고하면 이를 실천에 옮기는 것에 도움이 될 것이다(〈사례 9-3〉 참조).

이러한 과정을 통해 조직가는 주민의 생활과 생각에 깊이 공감할 수 있으며, 그러한 기반을 통해서 지역주민이 함께 움직일 수 있는 이슈와 실천 전략을 세울 수 있다. 주민들은 조직가가 생각하는 명분만으로는 절대 스스로 움직이지 않는다는 점을 명심할 필요가 있다.

3) 주민조직(모임) 형성하기

주민조직(모임)을 형성하는 것은 주민조직화의 첫 번째 가시적인 결과라고 할 수 있다. 그런 점에서 주민조직(모임)은 다음과 같은 원칙을 충족시키며 구성되고 운영되어야 할 것이다. 첫째, 주민모임을 주도하는 세력이 형성되어야 한다. 둘째, 주민모임이 필요하다는 구성원 간의 공감대가 확산되어야 한다. 셋째, 쉽게 성과를 얻을 수 있는 조그만 실천 활동을 시작해야 한다. 넷째, 주민지도자로서의 역량을 갖추도록 지원해야 한다. 다섯째, 이루어진 주민모임은 민주적으로 운영되어야 한다.

(1) 모임 구성원 간의 친밀감 형성과 공감대 확산

조직가가 주민과 긴밀한 관계를 성공적으로 형성해 갈 수 있다면 이들이 몇 차례 함께 만나게 하는 것은 그리 어려운 일이 아니다. 소모임을 구성하는 것이 비교적 쉬운 반면, 이 모임을 주민조직의 초기 주체로 발전시키는 과정은 그리 쉽지 않다. 그런 점에서 무엇보다도 중요한 것은 참여자들이 모임에 지속적으로 참여할 수 있게 해야 한다. 이를 위해서는 기본적으로 주민이 모임에 참여하는 것에 흥미와 재미를 느낄 수 있어야 하고, 조직가는 모임에 참여하는 주민의 관심과 모임에 대한 기대를 잘 파악하여야 한다.

사람들이 어떤 모임에 참석하는 동기는 단순히 개인의 이해에만 국한되지 않는다. 예를 들어, '광명 YMCA' 생활협동조합 회원들의 활발한 모임 및 지역사회 활동에 대한 참여 동기가 '회원들과의 상호작용' '회원들 간의 끈끈한 인간관계'라는 분석은 이를 잘 나타낸다(문홍빈, 2000, p. 143). 이들이 자신들의 모임을 통해 어떤 성취감을 맛볼 수 있다고 해도 모임 구성원 간의 친밀한 관계가 형성되지 않는다면 모임의 지속성은 유지되기가 어렵다. 주민모임의 초기 형태에서는 주민들이 부담 없이 자연스럽게 만날 수 있도록 분위기를 조성하는 일이 중요하다. 애초부터 특정한 목적의식을 너무 강조하다 보면 주민에게 부담감을 줄 수 있고, 이는 모임이 지속되지 않는 요인이 될 수 있다.

(2) 주민 주체 세력의 형성

지역사회의 각종 활동에 참여하는 주체는 바로 주민이다. 따라서 주민조직화 활동에 있어 중요한 것은 활동의 주체가 될 수 있는 주민지도 집단을 형성하는 것이다. 이들은 그 지역에서 다른 주민들과 비교적 친분도 있고, 그 지역의 문제나 정서를 잘 알고 있다. 그런 점에서 초기 주민지도 집단이 활동의 주체가 되도록 배려하고 활성화시키는 작업이 필요하다. 〈사례 9-1〉의 O. B. A.에는 고데트라는 조직가와 협력하는 12명의 신부와 목사가 있었는데, 이들이 주민지도 집단이다. 또한 〈사례 1-1〉의 '반사사'에서 고창권, 김혜정, 이용태 등이 주민리더 집단이다.

(3) 작은 실천 활동 시작

일단 소수라도 주민모임이 형성되고 구성원 간의 관계도 어느 정도 긴밀해지면 조금씩 그 모임의 성격을 외부화하는 것이 좋다. 만약 모임의 구성원들이 살고 있는 지역에 주민 모두가 긴박하게 느끼는 문제가 있다면 이러한 문제에 대해 의견을 나누고 그 해결책을 찾아보는 등의 일을 할 수도 있다. 그러나 그렇지 않다면 구성원들의 욕구를 충족시켜 줄 수 있는 일이나 스스로 보람을 느낄 수 있는 어떤 일들을 기획해 볼 수 있다. 예를 들면, 크리스마스에 거리 꾸미기(연합뉴스 홈페이지에서 '상무2동 산타마을'을 검색하면 12월 한 달 동안 쌍학공원의 크리스마스트리 사진을 볼 수 있다), 반사사의 다양한 소모임(〈사례 1-1〉참조) 등이 있다.

이러한 시작은 구성원들에게 버거운 것이 되어서는 안 된다. 이는 참여자들 모두가 참여할 수 있어야 하기 때문이기도 하지만, 특히 첫 사업에 있어서는 주민이 손쉽게 성과를 얻을 수 있어야 하기 때문이다. 이는 그동안 지역의 수동적 존재였던 주민에게 자신감을 불어넣어 주는 계기가 될 수 있어야 한다.

(4) 주민지도자로서의 역량을 갖추도록 지원

지도자란 어떤 모임의 대표자를 의미한다. 모름지기 지도자에게는 사람을 포용할 수 있고 갈등을 융화시킬 수 있는 심성이 필요하다. 또한 지도자의 역량으로 모범적 · 헌신적인 생활과 활동, 배우려고 노력하는 자세, 탁월한 판단력과 분석력 등이 모두 거론

될 수 있지만 완벽한 슈퍼맨을 기대할 수는 없는 일이다. 만약 그러한 기대를 갖고 주민을 대한다면 오히려 실망과 패배감만을 얻게 될 것이다.

지도자로서의 자질을 갖추도록 하기 위해서는 다양한 방법의 교육과 경험이 필요한데, 무엇보다도 집단 속에서 다른 이들과 조화를 이루며 살아가는 방법을 익히도록 하는 것이 필수적이다.

(5) 민주적 운영을 위한 조직 구조

주민조직은 몇몇 의식이 깨어 있는 이들로 구성되는 조직으로 상정되어서는 안 된다. 주민조직은 가능한 한 많은 주민이 참여할 수 있어야 한다. 〈사례 9-1〉에서 악덕 부동산업자들을 징계하기 위해 오스틴 지역의 YMCA 강당에는 500여 명의 주민이 모였다. 이처럼 조직은 주민의 직접적인 참여에 의해 운영되고 통제되도록 해야 한다. 그러한 참여와 직접민주주의를 보장하기 위해서는 때로 효율성이 떨어지는 것을 감수해야 한다.

주민의 직접적인 참여를 보장하기 위해서는 되도록 단순한 조직 구조를 갖추는 것이 좋다. 그러나 가능한 한 많은 주민의 참여는 직접 참여의 보장, 단순한 조직 구조와 상호 모순되는 내용이기도 하다. 따라서 이러한 양자를 만족시키기 위해서 주민조직은 되도록 조그만 단위로 세분화되어야 한다(〈사례 9-1〉의 O. B. A.는 이슈에 따라 다양한 위원회를 구성하였다). 조그만 단위라고 함은 직접민주주의가 가능한 규모, 사람들 간의 긴밀한 안면성이 유지될 수 있는 규모다. 이렇게 세분화된 단위를 바탕으로 각 조직들을 하나의 조직 등으로 통합함으로써 사회에서의 영향력을 증가시킬 수 있다.

4) 이슈 설정하기

조직화 노력은 해결되어야 하는 이슈에 의해 동기화된다. 사람들은 함께 모여서 목표를 설정하고 전략과 전술을 수립한다. 목표란 바람직한 결과다. 전략이란 문제해결을 위한 전반적인 방법이고, 전술이란 구체적인 조치다. 예를 들면, 청원을 위한 서명받기, 모금하기, 신문 등에 근거하여 프로젝트를 위한 스토리 만들기(Rubin & Rubin, 2005, p. 191) 등이 전술이다.

주민조직이 지역사회에서 구체적인 실천 활동을 벌이기 위해서는 지역사회의 이슈들을 찾아내야 한다. 주민이 이야기하는 다양한 문제 중 주민이 주로 관심 갖는 것, 개선을 위해 주민이 동의하며, 기꺼이 행동에 나설 수 있는 것, 성취할 수 있는 것이 이슈가 될 수 있다. Pilisuk, McAllister, Rothman과 Larin(2005)에 의하면, "이슈나 문제는 조직가, 즉 외부인이 보는 문제가 아닌 지역주민이 보는 문제여야 한다." 〈사례 9-1〉의 O. B. A.는 이슈에 따라 다양한 위원회를 구성하였다. 문제는 이러한 이슈 중에서 어느 이슈를 우선적으로 선정하여 실천 활동을 벌이는가 하는 것이다. 따라서 여러 가지 이슈 중에서 실천 활동으로 전환시키는 이슈들을 선정하기 위한 우선순위를 매길 필요가 있다. 이러한 우선순위를 매기는 데 있어서는 무엇보다도 지역의 상황이 가장 중요하다. 예를 들면, 실천 활동을 주체적으로 이끌 참여자들의 시간적 상황, 의식 수준, 지역의 여러 환경 조건 등이 그것이다. 따라서 어떤 이슈들의 우선수위를 정하는 데 있어 일률적인 기준을 정할 수는 없지만 몇 가지 원칙을 제시할 수는 있다. 이슈들의 우선순위를 정하는 데 있어 참고해야 할 원칙의 우선순위는 다음과 같다.

- 주민이 피부로 느끼는 정서와 욕구가 반영된 이슈
- 성공 가능한 이슈
- 가능한 한 많은 주민이 참여할 수 있는 이슈
- 지속가능한 이슈
- 주민조직의 영향력을 강화할 수 있는 이슈

주민조직이 해결해야 할 문제가 주민을 억압하거나 반민주적인 의사결정인 경우, 다음 단계인 주민행동하기에서 갈등적 행동하기가 될 수 있다.

5) 주민행동하기

(1) 명확한 목표 설정

주민들이 특정한 이슈를 선정하여 그에 대응하는 실천 활동을 하는 경우, 무엇보다도 명확한 목표가 설정되어야 한다. 뚜렷한 목표가 설정되면 해당 이슈에 대응하는 구체적인 방법이 결정될 수 있다. 예를 들어, 모임에 참여한 이들이 자신이 사는 동네의 방범등이 많이 고장난 것에 대해 뭔가 대응이 필요하다는 문제를 제기했다고 하자. 이 과업을 해결하는 데 있어 구체적인 목표를 어떻게 설정하느냐에 의해 실천방법이 다양하게 채택될 수 있다. 만약 단순히 방범등을 수리하여 제대로 작동하게끔 하는 것만이

목표라면 읍면동 주민센터를 찾거나 구의원 등을 찾아가 제대로 수리하도록 압력을 넣기만 하면 된다. 즉, 방범등 수리의 필요성과 이의 실행을 위한 압력 수단을 찾아 행사하면 된다. 그러나 더욱 중요한 목표가 보다 많은 사람이 이 사업에 참여하도록 부추기는 것이라면 이 문제에 대한 지역 여론을 형성시키기 위하여 다양한 홍보 활동을 펼치는 등의 노력이 필요할 것이다(〈사례 5-1〉에서 '반사사'는 석면과 같은 발암물질이 산업폐기물에 있음을 마을신문을 통해서 주민에게 알렸음을 기억할 것이다).

(2) 주민들로부터의 검증

주민들로부터 해당 이슈가 필요하고 참여할 만한 것인지 직접 검증을 받는 작업이 필요하다. 이를 소극적으로 받아들이면 사람들의 동의 여부를 확인하는 작업이 될 수 있겠고, 보다 적극적으로 받아들이면 주민의 참여를 확대하기 위한 홍보 수단이 될 수도 있다.

전자의 경우라면, 단순히 해당 이슈에 대한 참여 여부를 주민에게 확인하기 위한 방법을 사용하면 될 것이다. 설문지를 사용하더라도 주민에게 해당 이슈에 대한 홍보와 더불어 모임에 참여할 수 있도록 유인할 수 있는 내용들을 설문 문항을 통해 주민에게 전달해 줄 수 있다. 또한 개별적, 집단적으로 사람을 만나더라도 단순히 주민의 반응만을 확인하기보다는 주민에게 참여의 필요성과 가능성을 기술적으로 설득하는 과정이 될 수 있다.

이러한 작업은 주민의 실제 생활과 느낌, 이해관계 등과 무관한 소수만의 의사결정을 거친 고립된 실천을 피할 수 있는 방법이다.

(3) 정당한 행동양식의 결정

다음으로 중요하게 여겨야 할 기준은 해당 이슈를 해결하기 위한 가장 효과적인 실천방법이 무엇인가 하는 것이다. 때에 따라서는 집단적인 세력을 과시할 필요가 있을 수 있고, 또는 합리적인 협상 등을 통해 문제를 해결할 수도 있다. 또한 상황과 목적에 따라서는 주민 내부의 단합력을 높이는 것만으로 충분한 경우도 있다. 대중적인 실천행동을 취하는 데 있어 중요한 기준은 주민이 정당하다고 인정하는가의 여부다. 특정한 이슈에 대응하는 행동방식에 있어서도 현실적 조건에 맞는 적절한 방법을 찾아야 한다. 주민의 정서에 맞지 않거나 불필요하게 과격한 물리적 방법을 사용하는 것은 바람직하지 않듯이, 주민의 뜨거운 열기를 만족시키지 못하는 미온적인 대응도 다시 생각해 볼 문제다.

(4) 참여자들의 명확한 역할 분담

어떤 대중행동을 벌임에 있어 몇몇 소수에게 그 역할이 집중되는 것은 여러 가지 면에서 바람직하지 못하다. 앞에서도 재차 설명하였듯이, 가능하면 구성원 모두가 실천에 있어 자신들의 역량에 따른 역할을 부여받아야 할 것이다. 이를 통해 각 구성원의 자발적인 참여가 높아질 수 있으며, 책임감을 유발할 수 있다. 또한 사업의 성과에 대한 만족도 역시 모두에게 돌아갈 수 있다.

중요한 것은 각 구성원의 역량(시간적 여유, 개인적 자질, 특기 등)을 고려하여 적절한 역할이 배분되어야 한다는 것이다.

(5) 대안의 구체화

어떤 문제해결을 위한 대중적 행동을 할 때에는 주민들이 원하는 대안을 구체화해야 한다. 단지 현재 잘못된 것에 대해 아무런 대안도 제시하지 못한 채, '철회하라' 또는 '바꾸라'라고 주장하는 것은 문제해결에 많은 도움을 주지 못한다. 따라서 어떤 문제가 발생했을 경우, 그것을 해결하기 위한 대안을 연구하여 제시할 필요가 있다. 마찬가지로 현실의 절박한 문제가 아닌 이슈, 예컨대 '동네를 아름답게 꾸미자' '주민의 공동체를 만들자' 등의 이슈로 실천을 할 때에도 구체적인 대안을 가져야 한다. 예를 들면, 골목에 꽃 심기, 어린이날에 마을을 주제로 한 글짓기나 그림그리기 등의 행사 개최하기 등의 구체적인 계획을 통해 주민에게 참여를 권유해야 한다.

(6) 슬로건의 개발

어떤 이슈에 대한 실천 활동을 수행함에 있어 구성원들이 공감할 수 있는 간단한 슬로건을 개발하여 전면에 내세우는 것은 활동의 성공 가능성을 높힌다. 예를 들면, 미국의 여권운동가들은 'sisterhood'('우리는 모두 한 자매'라는 의미)라는 슬로건을 통해 여성의 권익을 찾기 위한 집단의식을 강화했다. 우리 사회에서 사용되는 '환경은 생명이다' '지역의 주인은 주민이다' '주거는 인권이다' 등의 구호는 우리에게 매우 익숙하며, 또한 그 전달하고자 하는 내용도 명확하다.

이러한 슬로건을 만들어 사용하는 일은 사업에 참여하는 이들에게 자신의 실천 활동 목적을 명확하게 전달하고 명심하도록 함으로써 내부를 단결케 하는 데 매우 효과적이

다. 또한 이러한 슬로건은 외부에 있는 이들에게 왜 자신들이 이러한 행동을 하는지에 대해 매우 명확하고 간결하게 전달해 줄 수 있는 수단이 되기도 한다.

(7) 연결 가능한 자원의 파악

어떤 이슈에 대응하여 사업을 벌이고자 할 때에는 그 이슈와 관련하여 함께 참여할 수 있는 가능한 자원을 미리 파악하고 그 참여방법에 대한 계획을 수립할 필요가 있다. 여기서 연결 가능한 자원은, 지역에서 살아가고 그 이슈에 관심이 있을 만한 주민을 포함한 전문가, 지역의 각종 시설 등을 의미한다.

6) 평가와 성찰하기

흔히 평가라고 하는 것에는 두 가지 종류가 있다. 하나는 특정한 사업에 대해 평가하는 것이고, 다른 하나는 특정한 사업에 국한되지 않고 그동안의 전반적인 활동에 대한 자기점검을 하는 것이다. 후자를 성찰이라고 할 수 있다.

(1) 평가

어떤 실천 행동이 있은 후에는 그 성과의 크고 작음에 상관없이 평가가 필연적으로 진행되어야 한다. 평가는 지난 행동이 애초에 세웠던 목표를 달성했는지 점검하고, 이를 바탕으로 새로운 행동 계획을 세우는 작업이다. 평가 작업에서 특히 중요한 것은 평가의 대상이 되는 행동이나 프로그램에 참여한 주민이 직접 참여해야 한다는 것이다. 평가는 어떤 사업에 대한 실천 이후에 참여한 이들이 당시의 느낌을 잊어버리기 전에 가급적 신속하게 해야 한다.

주민조직화 과정에서 벌어지는 실천 행동은 단순히 특정한 문제를 해결하는 데 그치지 않는다. 또한 원론적으로도 특정한 문제는 그 지역사회 내에 독립적으로 존재하는 것이 아니라는 점에서 또 다른 실천으로 나아가야 할 근거가 된다. 그런데 주민 대중은 하나의 실천 이후에 또 다른 실천을 준비하는 것에 부담스러워하는 경우가 종종 있다. 평가는 그러한 것들까지 모두 담아낼 수 있어야 한다.

평가는 지난 실천사업이 어떠한 과정을 거쳐 그 결과가 어떠했는가를 비교적 객관적으로 바라보는 것이다. 물론 이러한 평가과정에는 객관적인 검토 이외에 당시 참여한 이들의 감정까지도 함께 나눌 필요가 있다. 왜냐하면 그 실천사업에 참여한 이들의 느낌은 다음 실천 활동을 기획하는 데 있어 가장 중요한 기준이 될 수도 있기 때문이다. 따라서 가급적 참여자 전원이 함께 진행하는 것이 바람직하다.

목표 달성에 실패했더라도 참여자들이 만족을 느낀다면 결코 실패한 것으로 평가할 수 없다. 그리고 이러한 참여자들의 만족감은 다음 행동에 있어 보다 자신감을 가질 수 있는 근거가 된다.

평가의 기준은 다음과 같은 것들이 될 수 있다.

- 참여한 사람들의 수는 얼마나 되는가?
- 모든 참여자가 각자 자신이 맡은 역할을 적절히 수행하였는가?
- 또는 그 과정에서 문제점은 없었는가?
- 우리가 원래 목표로 한 것을 어느 정도 달성했다고 생각하는가?
- 이 사업 또는 활동을 통해 무엇을 느꼈는가?

(2) 성찰

성찰은 특정한 사업에 대한 평가라기보다는 일정 기간 동안의 전반적인 활동을 되돌아보는 것이다. 따라서 평가와는 달리 성찰을 진행하는 장소는 비교적 조용하게 자기 자신을 되돌아볼 수 있는 곳으로 정하는 것이 좋다. 성찰의 목적은 참여자에게 자신의 활동이 자기 삶에서 어떤 의미가 있었는지, 앞으로 어떻게 살고자 하는지 등을 스스로 돌아보게 하는 것이다. 이는 주민조직화 사업이 단지 어떤 이슈를 해결하는 것에 그치지 않고, 참여자의 삶의 방식과 가치관을 변화시키고자 한다는 점에서 매우 필요하고 소중한 기회가 될 것이다. 또한 참여주민의 지속가능한 참여 동기를 발견할 수 있는 계기가 된다는 점에서도 이 성찰의 과정은 주민조직화의 어떤 과정과 비교해도 절대로 그 중요도가 덜하지 않다.

이러한 성찰과정이 성과를 얻기 위해서는 나름대로 여러 가지 프로그램을 활용하는 것도 좋은 방법이다. 예를 들어, 촛불켜기, 조용히 명상하기 등 주변 환경을 조성하는 것과 함께 참여자들에게 조용히 되돌아보아야 할 것들에 대한 기준을 제시해 주는 것도 한 방법이다. 이러한 다양한 프로그램을 활용하는 데 있어서 집중해야 할 것은 그동안 겪어 왔던 주민조직화의 과정이 그 소재가 되어야 한다는 것이다. 이러한 성찰은 조민조직화의 과정에 참여하는 대중뿐만 아니라 조직가에게도 매우 필요한 과정이다.

4. 주민조직화의 성공 요인

성공적인 조직화를 위해서는 "사람들을 끌어모으는 기술을 가지고 있으며, 사람들에게 영감을 불어넣고 열심히 활동하게 하는 강한 사람, 일을 잘 수행할 수 있는 역량있는 조직(capable organization), 정당한 목표를 설정할 수 있는 분별력 있는 전략(strategic savvy) 그리고 목표를 성취할 수 있는 정당한 행동"(Shultz, 2002, p. 97: Hardcastle et al., 2004, p. 393 재인용)이 있어야 한다. 여기서는 조직가 개인 요인, 조직가가 속해 있는 조직 요인으로 나누어 살펴보고자 한다.

1) 개인 요인

필자는 앞에서 특정 지역의 주민조직은 지역의 가장 강력한 자원이며 지역사회역량의 상징이라고 했다. 이러한 핵심적 자원인 주민조직을 만들겠다고 하는 조직가 개인의 열망과 열정이 가장 중요한 성공 요인이다. 예를 들어, P시 C사회복지관의 주민조직팀의 사회복지사는 자신의 채용면접에서 주민조직 담당자로 채용해 주기를 바라는 채용조건을 제시했고, 채용이 되어 지역의 주민조직화를 잘 수행하고 있다. 현재 우리나라의 사회복지관들은 사회계획 모델이라는 전문가 모델에 치중하는 경향이 있다. 사회복지사는 지역개발 모델에 더 많은 관심을 기울이고, 주민조직화를 통한 주민의 역량 개발에 대한 열망을 가져야 하며, 열망을 열정으로 실현해야 한다. 지역사회조직사업 실습 시 〈사례 9-1〉의 O. B. A. 실무자(목사 혹은 신부)에 대하여 감탄하고 놀란 것에 대해 조승혁 목사는 다음과 같이 기술하였다.

첫째는, 그들의 열심이다. 이들은 보통 아침 10시에 사무실에 잠깐 출근하였다가 각기 담당한 지역으로 나간다. 보통 저녁 8~9시경에 돌아온다. 그 후 그들은 지역을 순회하면서 만난 사람들의 얘기와 문제와 정보를 분석하고 정리해서 기록한다. 그러고 나면 보통 밤 10시가 된다. 10시가 되면 다시 전화를 걸거나 문제를 좀 더 확실히 알고 파악하기 위해서 주민을 다시 만나러 나간다.

이들은 보통 새벽 1~2시가 지나서야 집에 돌아간다. 실무자 중에 나와 같은 조가 되었던 탐슨 신부는 "사회개혁이나 민주주의 실현 그리고 지역사회 발전이란 간단한 것이 아니다. 우리가 우리의 온몸을 통째로 주어도 이룩하기 힘들 것이라고 생각한다."고 말했다. 이들의 그 무서운 열심에 감탄할 수밖에 없었다.

둘째로, 각 실무자는 자기가 담당한 지역주민의 주소와 전화번호를 85%를 알고 있다는 사실이다. 뿐만 아니라 그들은 주민의 주소 이동과 지역 내의 사정에 관한 자세한 정보와 인맥을 정확히 파악하고 있으며, 그 많은 사람을 주마다 점검하고 기록화하고 있다.

이 실무자들이 주민을 뜨겁게 사랑하는 것만큼 철저하게 그들의 사정을 파악하고 있다는 것, 이것이 바로 실무자들이 주민을 아끼는 애정이요, 조직하고 행동해 내는 원동력이라는 사실을 알게 되었다.

2) 조직 요인

성공적인 주민조직화를 위해 조직적 측면에서 고려해야 하는 요인은 기관장의 관심, 내부 직원의 인식과 협조, 근무시스템, 슈퍼바이저의 역량과 슈퍼비전, 내부 자원의 효율적 활용, 학습조직의 장려 등이다(김이배, 홍재봉, 2015).

(1) 기관장의 관심

사회복지관의 총책임자인 기관장은 주민조직화의 모든 측면에서 결정적인 요소다. 사회복지관은 조직이고, 사회복지실천은 조직 행동이며, 조직 행동에 가장 영향을 미치는 요인은 권력이고, 조직의 권력은 리더에게 있기 때문이다. 사회복지관장이 사례관리에 관심이 많으면 그 기관의 사례관리는 양질이고, 기관장이 주민조직화에 관심이 많으면 그 지역에는 역량 있는 주민조직이 만들어진다. 그런데 모두 그렇지는 않지만 다수의 사회복지관장은 하기 어려운 사례관리에 관심이 없고, 오랜 기간이 소요되는 주민조직화에 관심이 없으며, 실적 내기 좋은 직접 서비스에만 관심이 있다. 직접 서비스는 의존성을 강화하고, 역량 강화에 저해되는 측면이 있을 수 있다. 사회복지관의 주민조직화 활동이 매우 중요한 과업임에도 불구하고, 이를 발전시키지 못하는 요인 중의 하나로 사회복지관 리더의 의지 및 역할의 미흡으로 보인다(최종혁, 이연, 2001).

사회복지관 주도의 조직 만들기가 성공하기 위해서는, 첫째, 기관장이 주민조직화를 매우 중요한 과업으로 명시하고 미션에 반영되도록 해야 한다. 둘째, 기관장은 주민조직화 담당 실무자가 적극적으로 업무를 수행할 수 있도록 업무 환경을 마련해 주어야 한다. 실제로 서울의 어떤 기관장은 신입 주민조직 담당자를 2년 동안 출근하지 않고

조직화에 몰입하게 하였다. 또한 기관장은 복지관 직원 중에서 어떤 직원이 주민조직화를 효율적으로 수행할 수 있을지 그리고 그러한 자질을 가지고 있는지 지속적인 관심을 기울여야 한다. 셋째, 주민조직화 사업은 단기적으로 성과가 나타나지 않으므로 '기다림의 리더십'이 필요하다. 지역 변화는 장기적으로 이루어지므로 이를 위해 담당 실무자를 옹호하고 지지해야 한다.

(2) 내부 직원의 인식과 협조

주민조직화 과정은 업무 담당자가 수행하게 되지만, 여기에는 조직 내부 직원의 이해와 협조가 필수적이다. 조직화 활동은 대부분 복지관이 아닌 지역현장에서 일어난다. 업무의 대부분이 주민을 만나는 데 집중되어 있기 때문에 복지관 내부에서 근무하는 직원이 이 업무의 특성을 이해하지 못하면 주민조직가는 이 사업으로 인해 상당한 오해를 받게 된다. 다음과 같은 예를 들 수 있다.

> 주민들을 만나면 술자리에 가거나 당구장을 따라가게 되는데…… 동료들의 시각에서는 나가서 노는 것이 아닌가? 자기가 좋아하는 술 마시고, 자기가 좋아하는 당구치고……(이웃사랑회 한○○ 조직가).
>
> 밖에서 주민을 밤늦게도 만나고, 주민을 만나면 예상치 않게 시간도 길어지고, 술도 마시게 되는 일이 많았는데, 마치 내가 놀다가 오는 것 같은 느낌을 주기도 했다. 나의 고충을 이야기하기가 쉽지 않았다(희망오차마을공동체 이○○ 조직가).

주민조직화 업무의 특성을 이해할 필요가 있으며, 주민조직가 또한 책임성에 입각하여 활동할 필요가 있다. 기관은 주민조직가의 활동 내용을 내부 직원에게 전달하거나 회의에서 관련 업무의 내용을 공유할 필요가 있다.

(3) 업무 조정 및 업무 특성을 반영한 근무시스템

주민조직화 사업은 외근이 많고, 밤늦게 주민을 만나는 경우가 많으며, 그러다 보면 상대방과 이야기가 길어지는 업무적 특성을 가지고 있다. 주민조직가의 업무시간에만 주민을 만나기보다는 주민의 일정에 따라 주민을 만나게 되고 일을 풀어 가기 때문에 복지관에서 정해 놓은 근무시간 내에만 활동하기가 쉽지 않다. 그렇기 때문에 이런 일에 집중하기 위해서는 실무자에게 주어진 복지관 내부의 규칙과 업무가 일부 조정되어야 한다. 예컨대, 탄력근무제나 대체휴무제도를 적극적으로 도입해야 하며, 초과근무 시 초과수당, 휴일 근무 시 휴일 근무수당을 지급해야 한다(〈사례 9-4〉 참조).

사례 9-4 주민들과 늦은 밤까지 대화하고 다음 날 오후에 출근하기(부산 B마을 조직가 사례)

주민들과 저녁에 회의를 하면서 자연스럽게 술자리가 이어졌다. 술자리에는 조직 활동에 참여하는 회원들의 남편들까지 함께하게 되었다. 마을조직가는 남편들과 관계를 형성할 수 있는 소중한 기회인 것을 파악하고, 슈퍼바이저에게 연락하여 상황을 설명한 후 다음날 오후에 출근하는 것으로 하였다.

자연스럽게 남편들과 함께한 술자리는 새벽까지 이어졌고, 이 기회를 통해 남편들은 아내가 활동하는 일에 부정적인 시선을 거두었으며, 행사 시 남편들이 도움을 주곤 하였다.

업무가 조정되지 않아서 많이 힘들었다. 기존에 하던 업무를 해야 했고, 주민을 만나기 위해서 일이 밀리지 않도록 일을 했다. 그렇지 않으면 주민조직을 하기가 어려웠기 때문이다. 하지만 탄력근무나 대체휴무제도가 있었기 때문에 이를 활용하는 데 문제가 없었다.

또한 담당실무자는 본의 아니게 사업 실행을 위해 자비로 관련 지출을 하게 되는 경우가 많다. 예를 들어, 방문을 위해 선물을 구매하거나, 실무를 위해 소소하게 지출되는 비용이 발생한다. 이러한 지출은 금액은 적지만 사업 실행에 중요한 역할을 하게 된다. 문제는 이러한 것이 일상적으로 이루어지는 현장이 주민조직화 과정이며, 실무자 개인이 지출하게 되는 특성을 가진다는 점이다. 그러므로 영수증만 제출한다면 실무자가 부담한 지출 부분을 기관에서 보상해 주는 것이 필요하다. 왜냐하면 개인의 사적 용도가 아닌 공적 용도로 지출했기 때문이다.

(4) 슈퍼바이저의 역량과 슈퍼비전

주민조직화뿐만 아니라 일반적으로 사업 수행을 함에 있어서 슈퍼비전은 중요하다. 주민조직가에 대한 슈퍼비전은 주민조직가의 활동을 지원하는 데 중요한 역할을 한다. 내부의 슈퍼바이저가 사전에 이런 교육을 통해서 미리 인지하고 있는 경우에는 주민조직가에 대한 업무 배치나 활동에 대한 슈퍼비전이 원활히 이루어지는 반면, 그렇지 못한 경우에는 슈퍼바이저의 슈퍼비전이 제때에 수행되지 못하고 있다.

사례 9-5 주민조직 훈련을 받은 상사의 슈퍼비전

부장님과 과장님은 주민조직가 훈련을 받은 분들이다. 그래서 이 일을 하는 데 있어서 도움이 많이 되었다. 필요한 슈퍼비전을 해 주었고, 어떻게 해야 할지 잘 모를 때 도움을 많이 준 것 같다. 내용적인 것을 떠나서도 이 일을 이해하시는 것만으로도 큰 힘이 된 것 같다.

출처: 김이배, 홍재봉(2015).

(5) 내부 자원의 효율적 활용

사회복지관은 일반적인 마을만들기 현장과는 달리 다양한 자원을 활용할 수 있는 장점이 있다. 주민조직가가 주민을 만나면서 사회복지관 내부 자원을 활용한다면 주민조직 활동을 전개하는 데 상당한 도움을 받을 수 있다. 예를 들면, 주민조직가는 주민을 만날 때 사회복지관의 후원 물품을 활용하고, 사회복지관 내부의 공간, 기존의 공공기관과의 유대관계를 활용하는 것이 바람직하다. 사회복지관을 이용하는 주민 중에 조직 활동에 적합한 자를 찾는 것이 필요하다. 주민조직가의 활동을 보증하기 위해 사회복지관이라는 공신력을 활용하는 것은 바람직하다. 주민을 사회복지관으로 초대하여 사회복지관의 업무를 보여 줌으로써 주민조직가에 대한 신뢰는 물론 주민조직 활동의 책임감과 긍지를 제공할 수 있다.

사례 9-6 부산 L마을 조직가 사례

○○○을 복지관으로 초대하니까 자신들이 하는 일이 시덥지 않은 일이 아니라 중요한 일임을 인식하게 되었다. 그래서 더 신경을 쓰고 책임감을 가졌다. 복지관에서 이만큼 신경 써 주는 것이 좋았다. 그들도 우쭐해 하고 있었다. 복지관에서 하는 지원이 신뢰를 주었다.

(6) 학습조직의 장려

사회복지관에는 다양한 학습조직이 있다. 그러나 업무 과중 및 관심사의 다양화 등으로 지속적인 학습조직을 꾸려 나가는 데 적지 않은 어려움이 있다. 주민조직화 과정은 사업에 대한 가치와 철학 그리고 관련된 지식의 체계화 등을 위해 지속적인 학습을 필요로 한다. 복지관은 이러한 학습조직을 구성하고 운영할 수 있도록 다양한 인센티브를 제공할 필요가 있으며, 이는 선택사항이 아닌 필수과정임을 인지할 필요가 있다.

지속적인 교육과 실천, 사례 공유, 피드백 등을 경험하고 타 학습조직과의 연대, 나아가 지역사회조직사업에 대한 사회복지사들의 연구회, 실천가 모임 등으로 재조직화되는 것도 필요하다(한재랑, 2006).

주민조직화 과정은 대학과정에서 체계적으로 교육받을 수 없는 부분이 많으므로 입사 이후에 교육받는 경우가 많다. 또한 업무 과중으로 인해 개인의 의지나 관심에 따라 학습에 대한 참여도가 천차만별이다. 따라서 주민조직화에 대한 공통적인 이해와 목적을 위해 체계적인 학습조직의 운영이 필요하다.

수행 학습

거주지 인근의 사회복지관 주민조직팀원을 만나서 주민 조직화가 어려운 이유를 들어보고, 해결방안을 탐색해 보세요.

네트워킹: 지역사회보장협의체

1. 지역사회복지 네트워크의 개요: 사례와 개념

> 네트워크의 형성, 인간의 관계를 형성하는 것은 원시시대로 거슬러 올라갈 수 있다. …… 도구를 제조하는 사람, 불을 지피는 사람, 동굴에 그림을 그리는 사람, 맘모스를 사냥하는 사람, 신호를 보내는 사람의 네트워크는 인류 역사의 최초 수백 만 년간 개인과 집단의 생존을 꾀하는 다양한 호혜 시스템이었다. 마찬가지로 초기의 유대교도나 그리스도교도와 같이 시대의 권위에 항쟁하는 사람들은 자신들의 네트워크에 의해서 삶을 지탱하고 발전해 온 시대, 즉 정교한 계층적인 통치기구에 의해 지배된 고대문명의 시대에는 비공식적인 네트워크가 대단히 중요하였다. 그리고 네트워크는 산업주의 · 합리주의 시대에도 중요하다(Lipnack & Stamps, 1982, pp. 310–311: 박용관, 2006, pp. 158–159 재인용).

이러한 기술을 보면 네트워크는 정보통신시대의 새로운 개념이라기보다는 유사 이래 존재해 왔던 인간 삶의 양식이고 개념인 것으로 보인다. 지역사회복지 측면에서 네트워킹[1)]이 중요한 이유는 전달체계의 효율성과 관련되기 때문이다. 다음에서 소개하

1) 네크워킹(networking)이란 네트워크 만들기와 만들어진 네크워크에 의해 협력실천하기라는 두 가지 의미가

는 네 가지 사례는 개별기관만으로는 수행할 수 없고, 여러 기관으로 구성되는 네트워크 조직만이 수행할 수 있는 매우 바람직한 지역사회복지실천이다. 지역단위로 다양한 비공식적(법에 근거한 것이 아닌) 네트워크가 있지만, 여기서는 보편성이라는 기준에 근거하여 법에 근거한 공식 네트워크 중심으로 다루고자 한다.

역사적으로 보면, 지역단위에서 최초의 의미 있는 네트워크는 자선조직협회(COS)라고 할 수 있다. 네트워크 기반 지역사회복지실천 사례를 소개하고, 네트워크의 개념과 특성, 유용성에 대해 이해하고자 한다. 그리고 우리나라 지역단위에서 수평적 · 수직적 네트워크이자 전달체계인 지역사회보장협의체의 바람직한 모습을 제시하고자 한다.

1) 네트워크 기반 지역사회복지실천의 사례[2)]

사례 10-1 네트워크 기반 사례관리

사례관리(case management)는 기관 간 협력(inter-agency)이라는 네트워크에 의해 수행된다.

표 10-1 지역사회복지협의체 기반 사례관리 참여 기관

구분	민간	공공
보건	국민건강보험공단 D지사 노인장기요양보장팀	N구청 보건소 방문보건팀
복지	A · B · C 종합사회복지관 N구 지역자활센터 D · E · F 가정봉사원파견센터	N구청 서비스연계팀

2008년, N구 지역사회복지협의체 실무협의체 월례회의에서 노인장기요양보험 등급 외 A, B 판정 노인은 노인복지제도의 사각지대에 놓인다는 의견이 있었고, 이들을 위한 사례관리를 하자는 제안이 있었다. 실무협의체 월례회의에서 재원 마련을 위해 G시 사회복지공동모금회 제안기획사업에 프로포

있다. 네트워크는 자발성에 근거한다는 특징이 있지만, 우리나라의 경우 법적인(「사회보장급여법」) 강제에 의해 지역사회보장협의체가 시군구와 읍면동 단위에 만들어져 있다. 지역사회보장협의체가 지역문제 해결을 위해 협력실천을 잘하는 지역도 있고 그렇지 못한 지역도 있다. 문맥에 따라 네트워크와 네트워킹을 선택적으로 사용하고자 한다.

2) 4개의 '사례'를 소개하는데, 〈사례 10-1, 2, 3〉은 2015년 지역사회복지협의체가 지역사회보장협의체로 개정되기 전의 사례이므로 내용에 '지역사회복지협의체' '지역사회복지계획'이라는 용어가 사용된다. 〈사례 10-4〉는 지역사회보장협의체로 개칭된 이후의 사례이다.

절을 제출하자는 의사결정이 이루어졌다. '지역사회복지협의체 기반 재가노인 사례관리 서비스'라는 제안서가 모금회 배분분과에서 통과되어 3,000만 원의 사업비를 지원받아 약 80여 명의 노인에게 사례관리 서비스가 제공되었다.

이 사업은 〈표 10-1〉에서 보듯이 국민건강보험공단 D지사 노인장기요양보장팀을 비롯한 8개의 민간기관과 N구청 서비스연계팀(현재의 희망복지지원단)과 보건소라는 공공기관, 보건기관 2개, 복지기관 8개로 구성된 네트워크 조직에 의해 수행되었다.

사례 10-2 네트워크 기반 지역 공동사업

2009년 6월 4일 오전 10시부터 오후 5시까지 G시 N구청 주차장과 대회의실에서는 '나눔장터와 구직박람회'라는 대규모 행사가 있었다([그림 10-1] 참조). 구직박람회는 구청 대회의실에서 G고용지원센터와 구청이 지역 기관들과 협력해서 구직 정보를 공유하고 이력서를 써 주는 등 1,000여 명이 참여한 대규모 행사였다. 나눔장터는 N구청 주차장을 활용해 지역의 사회복지기관들이 안 쓰는 물건을 수집 · 수리해서 '아름다운 가게'와 공동으로 판매하고 수익금을 '아름다운 가게'에 기부하는 행사였는데, 200명이 참여했다.

그림 10-1 N구 지역사회복지협의체 주관 구인 · 구직 박람회 모습

출처: 무등일보(2009. 6. 4.).

이 사업의 제안은 N구 지역사회복지협의체 실무협의체 월례회의에서 이루어졌고, 대부분의 구성원이 찬성하여 실행되었다. 실행을 위한 추진팀을 구직박람회팀과 나눔장터팀으로 나누었다. 구직박람회팀은 OO원 사무국장을 팀장으로, OO복지관 사무국장, OO병원 원무과장, OOO복지관 팀장, OO노인복지센터 사무국장 등 5명으로 구성하였다. 나눔장터팀은 OO원 사무국장, OO정신요양원 사무국장, OO종합사회복지관 사무국장, OO지역자활센터 팀장, OO종합사회복지관 부장,

○○모자원 사무국장 등 6명으로 구성하였다. 각 팀이 수차례의 회의와 철저한 준비로 대성공을 한 사례다. 당시 지역신문(G일보, M일보 등)과 KBC(SBS G시 지부)는 대대적으로 보도하였다.

이러한 구직박람회팀과 나눔장터팀은 일시적인 목적 수행을 위해 다수의 행위자가 참여하여 상호 작용하는 네트워크 조직이다. 실무협의체 또한 구청의 주민생활지원과장, 복지기획팀장 등의 공무원과 사회복지관, 생활시설의 사무국장 등 민간기관 중간관리자 20명으로 이루어진 네트워크 조직이다.

사례 10-3 네트워크 기반 지역사회복지계획 수립

○○구의 저소득층을 위한 공공기관은 구청 주민생활지원국 내의 5개 과 중 주민생활지원과, 사회복지과 그리고 가정복지과 등이며, 구청에서 시작되어 동주민자치센터를 통해 저소득층들에게 서비스가 전달된다. 민간복지기관으로는 A종합사회복지관, B종합사회복지관, ○○노인종합복지관, ○○장애인종합복지관, ○○지역자활센터, 게스트하우스, 비전트레이닝센터, ○○희망나눔, KT&G복지재단 중부복지센터, ○○구 독거노인 One-Stop센터, ○○노인전문요양센터, ○○정신건강복지센터, ○○경로복지관, ○○치매지원센터, ○○지역자활센터, 대한노인회 ○○지회, 다양한 노인장기요양기관, 서울농아인협회 ○○지부, 한국장애인협회 ○○구 지회, 시립장애인치과병원, ○○구 장애인 그룹홈, ○○예사랑 그룹홈, ○○동 예사랑, 한국 시각장애인협회 ○○구 지회, 지역자활팀, ○○장애인자활센터, 서울기능장애인협회 ○○지부, ○○지체장애인협회, ○○정신장애인사회복귀시설, ○○복지재단(○○장애인 주간보호센터), ○○구 건강가정지원센터, ○○구 여성단체연합회, ○○문화회관 문화사업팀, ○○청소년수련관, ○○구 보육정보센터, ○○어린이집, ○○청소년문화의집, ○○영아원, ○○대학교 사회봉사단 등이 있다.

이러한 기관들이 ○○구 지역사회복지협의체를 구성하는데, 기관장 네트워크인 대표협의체는 공공부문(3명), 민간부문(9명), 이용자부문(5명), 기타 연계영역(6) 그리고 실무협의체위원장으로 구성된다. 이와 같은 기관의 부장 혹은 사무국장 등의 중간 관리자 44명이 실무협의체를 구성하는데, 공공부문(19명), 민간부문(17명), 기타 연계영역(8)으로 구성되며, 민간부문의 17명에는 실무분과장이 소속되어 있다. 이들 기관에 소속되어 있는 일선 실무자들이 구성한 네트워크가 실무분과인데, 총 10개 분과에 185명이 참여하고 있다. 아동청소년복지분과(21명), 사례관리분과(42명), 자원봉사분과(24명), 일자리지원분과(11명), 주거복지분과(10명), 장애인복지분과(12명), 여성보육다문화복지분과(16명), 노인복지분과(17명), 건강의료분과(9명), 자원개발관리분과(23명)다.

이 협의체의 업무를 전담하는 직원은 총 3명인데, 공무원 1명, 민간간사 1명, 자원개발관리 간사 1명이다. 지금까지 기술한 ○○구 지역사회복지협의체 조직도는 [그림 10-2]와 같다.

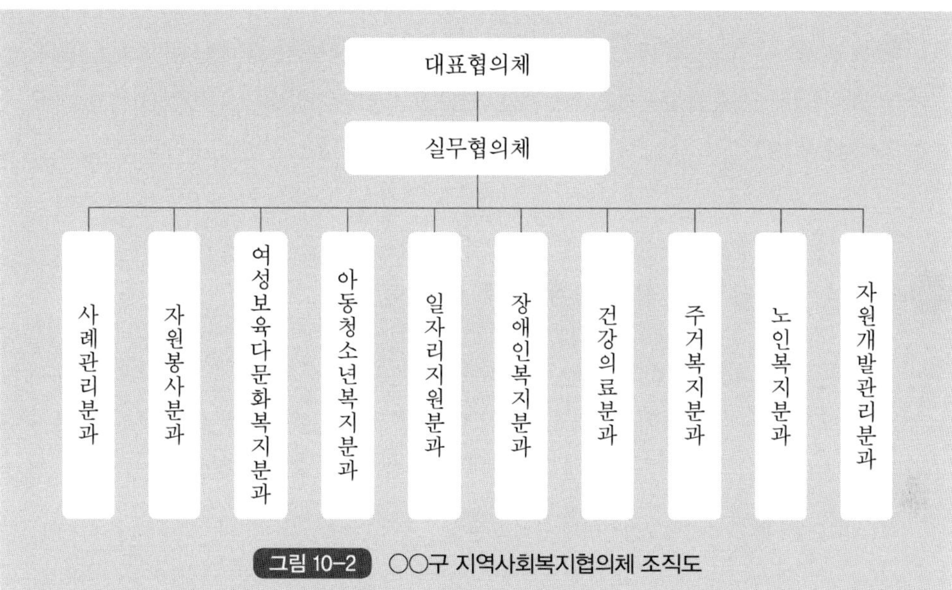

그림 10-2 ○○구 지역사회복지협의체 조직도

[그림 10-2]와 같은 3층 구조의 네트워크 조직은 「사회복지사업법」 제15조의3의 '○○구 지역사회복지계획'을 수립하는 공동 과업은 다음과 같은 과정을 거친다. 즉, 연구팀 구성을 위한 회의를 한다(협의체 위원 8명, 외부 위원 2명, 복지기획 담당 공무원 2명). 지역사회복지계획 수립 매뉴얼 교육에 참석한다(연구원 2명, 민간간사 1명, 공무원 1명). 자치단체장이 지역사회복지계획 연구원들에게 위촉장을 수여한다(12명). 복지부가 제시한 설문지(초안) 검토를 위한 연구원 회의를 4회(매주 토요일)한다. 연구원들이 작성한 부문별(아동복지, 노인복지, 장애인복지 등) 설문지를 검토하고 확정하기 위한 제1차 워크숍을 한다(27명 참석). 실무협의체 및 실무분과 회의를 개최하여 부문별 설문지 구성에 대한 의견을 수렴한다(93명 참석). 확정된 설문지 초안을 비롯한 지역사회복지계획 수립 방안에 대해 대표협의체 위원들에게 설명한다. 부문별 설문조사 책임자 교육을 한다(10명). 부문별 설문지를 통해 지역주민 2,000명을 대상으로 주민복지 욕구조사를 하고(조사원 25명), 지역자원조사를 한다. 5명이 부문별 욕구조사 분석 및 통계작업을 한다. 실무협의체와 실무분과원 93명을 대상으로 설문조사 결과 보고회를 개최하고 부문별 복지계획 작성을 위한 연구원 교육을 한다(12명 참석). 부문별 복지계획(안)이 작성된다. 지역사회복지계획 수립을 위한 제2차 워크숍 겸 중간보고회를 하여 부문별 복지계획(안)을 검토 · 수정한다(15명 참석). 이때 자치단체 총무과장을 참석시켜서 사업 실행을 위한 예산 지원 가능성 등을 검토하여 과대한 사업 편성이 되지 않도록 한다. 제3차 워크숍을 통해 부문별 복지계획(안)을 최종적으로 검토한다(15명). 작성된 '제2기 ○○○지역사회복지계획(안)'의 주요 내용을 자치단체 홈페이지에 20일간 공고한다. 지역주민 공청회를 열어 분야별 주요 정책을 발표하고 주민 의견을 수렴한다(대회의실 150명 참석). 주민 의견을 반영하여 만들어진 복지계획(최종안)을 대표협의체에 보고한다. 최종 수정된 '제2기 ○○○지역사회복지계획'을 상급 자치단체에 제출한다.

4년에 한 번씩 수립되는 '지역사회보장계획'은 지역단위의 지역복지정책이며, 지역사회복지협의체가 '지역사회복지계획'을 수립하는 것은 간접 실천이고, 이러한 역할을 하는 지역사회복지협의체는 정책 네트워크다.

사례 10-4 네트워크 기반 사각지대 해소와 동네의 변화[3)]

전달체계상 가장 하위체계인 동 지역사회보장협의체라는 네트워크 조직이 수행한 사각지대 해소와 동네를 변화시킨 사례다. 동의 현황과 동 지역사회보장협의체의 구성과 운영, 네트워크 조직으로서의 동 지역사회보장협의체 그리고 협의체 활동으로 인한 동의 변화의 순으로 살펴보자.

가. A동 현황, 동 지역사회보장협의체 구성과 운영

A동은 소속 광역자치단체 지역에서 최초로 영구임대아파트가 조성된 지역으로 세대 수는 11,653세대, 가구원 수는 25,451명이며, 이 중 47%가 복지대상자인 전형적인 영세민 밀집지역(기초생활수급자 1,725세대, 의료급여 2,186세대, 장애인 1,302세대 등)이다. 복지대상 세대의 69%가 노인과 장애인 세대다. 소속 기초자치단체 내에서 자살률이 가장 높고, 2009년부터 2013년까지 자살사망자 수가 50명으로 연평균 10명의 자살이 있었던 곳이다. 2016년 상반기 A동의 지역사회보장협의체 위원은 31명이며, 민간위원과 공공위원으로 구성되는데, 복지기관 종사자가 가장 많고, 자영업자와 주부, 자생단체회원, 복지통장 등으로 구성된다.

동 지역사회보장협의체 활동에서 가장 중요한 것이 회의인데, 참석율이 83%다. 회의 주제는 특화사업, 후원금 모금(2016년 6월 말 약 2천 470만 원, 1만 원 미만자가 약 140명), 교육 및 벤치마킹 등이다.

나. 네트워크 조직으로서 A동의 지역사회보장협의체

동 지역사회보장협의체는 이와 같이 다양한 민과 관의 참여자로 구성되는 네트워크 조직이므로 조직에 대해 검토하는 것이 중요하다.

A동의 지역사회보장협의체의 조직도와 사업은 [그림 10-3]과 같은데, 조직론에서 의미하는 조직의 구성요소를 갖춘 것으로 볼 수 있다. 조직은 보통 '특정 목표를 달성하기 위해 인위적으로 구성된 상호작용하는 2인 이상의 복합체'라고 정의되며, 목표, 기술, 참여자, 구조, 환경이라는 구성요소로 구성된다(최성재, 남기민, 2016). A동의 지역사회보장협의체라는 조직의 비전은 '공유와 상생의 쌍쌍일

---

2) 이 사례는 도시지역의 민관 네트워크 사례이지만, 농어촌지역에서 민관 네트워크 기반 사각지대 해소 노력과 자원 발굴 등의 노력에 대해서는 함철호(2017b)를 참고하라.

촌 복지공동체'다. 쌍쌍일촌(雙雙一村)이란 혼자가 아닌 둘이라는 뜻의 '쌍'과 커다란 두 그루의 버드나무가 있던 마을 '쌍촌동'에 사는 누구나가 한 가족, 일촌관계를 만들어 가는 이웃이 되기를 바라는 의미다. 일촌관계를 통한 신뢰 형성이 마을복지공동체의 기초라는 뜻이며, 이 조직의 목표가 된다. 이를 달성하기 위한 하위목표로 '사각지대 해소' '나눔' '사례관리'를 설정한 것으로 볼 수 있다. 각각의 하위목표를 달성하기 위해 마을공동체분과, 마을지기분과, 나눔자원분과, 사례관리분과라는 '분업' 구조를 가지고 있는데, 복지부의 정책 의도를 반영한 것으로 보인다.

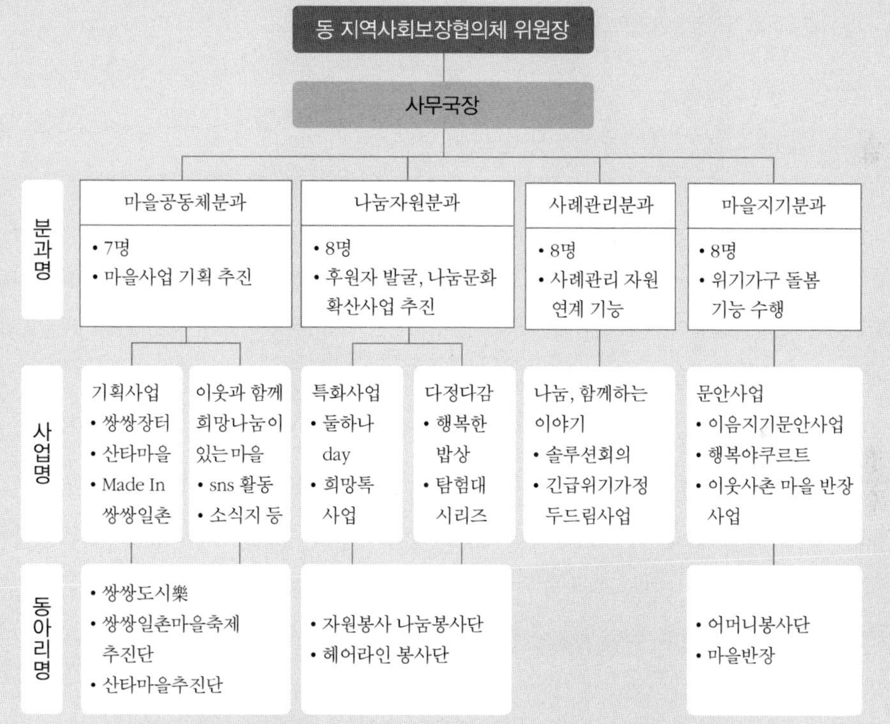

그림 10-3 A동의 지역사회보장협의체 조직도와 사업

각 분과에서 나눔과 후원자 발굴, 사례관리, 위기가구 돌봄 등의 기술을 사용하고 있으며, 이러한 기술은 2016년의 경우에 31명의 참여자에 의해 사용된다고 볼 수 있다. 참여자들은 [그림 10-2]와 같은 조직구조(조직도)에서 조직행동을 하고 있으며, 이 조직은 다양한 일반 환경과 과업 환경으로 둘러쌓여 있고, 환경과 상호작용한다. 기획사업 혹은 행사는 축제추진단의 SOO, 문안사업팀은 SOO, 청소년 마을학교 담당자가 별도로 있다. 그리고 사례관리를 위한 통합사례팀과 생명사랑솔루션팀이 있다.

이 조직이 네트워크 조직이므로 조직의 특성 중 하나인 위계에 대해 논의하는 것이 이상할 수 있으나(네트워크 조직의 특성 중 하나가 수평적 관계이므로) 목표 달성을 위한 사업 수행 조직이므로 현실적으로 위계가 성립되어 있다. A동의 지역사회보장협의체 위원장과 동장이 최고관리자이며, 맞춤형복지팀장과 사무국장이 중간관리자다. 사무국장, 마을공동체분과, 나눔자원분과, 마을지기분과장이 민간인이고, 사례관리분과장은 동행정복지센터의 맞춤형복지팀장이다. 민관협력 네트워크인 동 지역사회보장협의체의 성격이 잘 드러난다고 할 수 있다. 끝으로 조직도 하단의 7개 동아리를 강조하고 싶다. 이 동아리의 구성원들은 모두 민간인으로서 동아리 명칭에서 드러나는 사업을 수행하는 A동의 지역사회보장협의체의 핵심 소집단이다. Kemp(1998)는 지역사회복지실천의 도구로 소집단의 중요성을 강조하였다.

다. A동의 지역사회보장협의체의 특화사업

가) 이음지기 문안사업

이음지기 문안봉사자 80명과 문안 대상자(무자녀 독거노인 및 거동이 불편한 장애인 등 안부 확인이 필요한 세대)를 매칭하여 봉사자 2명이 1팀이 되어 주 1회 가정방문 또는 전화로 안부를 살피고, 도움이 필요한 경우에 동의 맞춤형 복지팀이나 동 지역사회보장협의체 사무실(구청이 대형 컨테이너를 구입하여 내부를 사무공간으로 단장한 것으로 동주민센터 뒤쪽 주차장에 있다)에 연락하는 일을 한다. 이음지기 봉사단이 안부확인사업 대상자들을 방문할 때, 야쿠르트 및 계란을 배달하며, 이들에게 말벗이 되고 있다.

나) 이웃사촌 마을 반장사업

이 사업의 취지와 활동 내용은 앞의 이음지기 문안사업과 유사하다. 이 동의 복지대상자 중 고령의 1인가구가 85.1%에 이르고 있어 방문대상자는 많은데 이음지기 봉사단만으로는 모두 문안 방문을 할 수 없어 기획되었다. 마을 반장들과 협력하는 마을 반원들이 150여 명이 된다. 이들은 그동안 복지서비스의 수혜자였으며, 평균 연령 70세의 노인들로 예비적 자살자라고 볼 수 있는데, 엄청난 자신감으로 활발한 활동을 하고 있다.

다) 둘하나 Day

2015년 4월 1일부터 시작되었으며, 매월 21일을 지역주민 누구나 쌍쌍일촌이 되어 '봉사, 만남, 나눔'을 실천할 수 있는 날로 지정하여 주민참여를 유도한다. 독거노인과 저소득층에게 반찬, 미용봉사 그리고 주거 개선 서비스 등을 제공한다.

라) 아이가 희망인 산타마을사업

2015년 12월 1일부터 31일까지 한 달 동안 동주민센터 앞 공원을 크리스마스트리로 불을 밝히는 사업이다. 또한 동 지역사회보장협의체가 주관하고, 새마을협의회, 서구청년회 등이 협력하여 동주민센터 앞 쌍학공원에서 2016년 8월 5일부터 6일까지 자원봉사자들의 도움으로 초등학교 3학년부터 중학생까지 100명이 마을 속 1박2일 산타마을 캠핑을 했다. 참여 아동은 엄청나게 행복해 했고,

SNS(100명 아이 엄마의 휴대전화를 묶어 아이들이 노는 모습을 찍은 휴대전화 사진을 올려 놓음)로 아이들의 노는 모습을 지켜보는 엄마들은 행복했다. 엄마들의 머릿속에서 이 공원의 이미지가 바뀌고 있었다. 월1회 30여 명의 학생이 팀별로 다양한 미션 활동과 함께 우리의 전통과 역사체험을 경험하게 하는 프로그램인 '꿈다짐 마을학교'도 운영한다.

마) 쌍쌍장터와 콘서트

2015년 7월부터 연중 계속되고 있다. 매월 셋째 주 토요일 오전 10시부터 오후 1시까지 쌍학공원을 중심으로 참여를 희망하는 주민 및 단체가 수공예품, 책, 의류, 농수산품 등을 판매하거나 물물교환하는 벼룩시장 형태로 운영한다. 수익금의 일부는 동 지역사회보장협의체 기금으로 적립된다. 쌍쌍장터추진단에서 매월 테마를 선정해 지역 내 자원봉사자들과 단체들이 참여해서 다양한 체험부스도 함께 운영하고 있다. 인근 아파트 부녀회가 만들어 온 1,000원 국수를 팔고 있으며, 이것을 먹으러 나온 노인들은 서로 사 주기도 하고 나눠 먹기도 한다. 인근 초등학교 자모들은 노인들에게 손마사지 봉사를 하고, 아이들과 함께 논다.

쌍쌍일촌 콘서트는 쌍쌍장터를 재미있게 하기 위한 의미를 가진다. 격월로 주제를 정해(5월 가정의 달을 맞이해서는 'Made In 쌍쌍일촌 = 가족愛') 노래자랑을 한다. 가족운동회 등도 진행되었다.

바) 공부하는 민관협력 'A동 배움학당' 운영

지역 내 민관 복지실무자 및 주민과 함께 마을공동체의 가치를 공유하고 실천방법을 학습하기 위한 장이라는 의미를 가지는데, 주민센터 2층 회의실에서 진행되었다.

사) 맞춤형 복지를 위한 통합사례관리 솔루션 네트워크 운영

이 네트워크에는 주로 지역 민간기관의 전문가들이 참여한다. 동 지역사회보장협의체 기반 사례관리의 자문 · 지원 체계다.

지금까지 A동의 지역사회보장협의체 활동에 대해 살펴보았다. 배움학당 같은 교육사업을 제외하면 두 가지로 대별할 수 있다. 하나는 '찾아가는 서비스'인데, 사업 명칭은 이음지기단과 마을반장, 둘하나 Day 그리고 통합사례관리다. 또 하나는 독거노인 등 사각지대에 있는 사람들을 밖으로 '불러내는 서비스'라고 할 수 있다. 구체적으로는 쌍쌍장터, 산타마을, 콩쿠르, 아동캠프 등이다. 이러한 행사는 집에서만 생활하는 분들을 행사장으로 불러냄으로써 운동을 하게 하고, 기분을 좋게 하며, 정서적 충전을 하게 한다. 이러한 행사가 열리는 쌍학공원은 이 지역의 삶이 어려운 분들을 위한 해운대이고 경포대라고 할 수 있다.

라. 동네의 변화: 사람의 변화, 지역의 변화

이러한 동 지역사회보장협의체라는 네트워크 조직의 사업은 A동을 〈표 10-2〉와 같이 변화시켰

다. 즉, '주민의 변화'와 '지역의 변화'로 대별할 수 있다. 주민의 변화는 '노인들의 변화' '반사회적 행동의 감소' '동의 행사에 관심을 보이고, 적극적으로 봉사함'이고, 지역의 변화는 '동네 분위기가 좋아짐' '공간에 대한 의미 부여' '같이 어울리는 장소'로 구체화되었다.

표 10-2 A동의 지역사회보장협의체 활동에 따른 지역의 변화

영역	범주	의미단위
주민의 변화	노인들의 변화	좋아함/방문자들을 기다림/행복해 함/서로의 삶에 공감/서로 지지함/마을사업에 참여
	반사회적 행동의 감소	자살자, 음주자, 술 먹고 화풀이하는 자가 줄어듦
	'동'의 행사에 관심을 보이고, 적극적으로 봉사함	행사를 기다림/안 하냐고 물어봄/인근 주민들과 교회 신자들의 적극적 참여
지역의 변화	동네 분위기가 좋아짐	밝아짐/우울하고 침울하지 않음
	공간에 대한 의미 부여	예쁜 것은 망가지면 안 됨/위험하지 않고 안심할 수 있는 곳/이사 오고 싶은 곳
	같이 어울리는 장소	저소득층 아동과 일반 아동이 놀면서 친해질 수 있는 곳/즐기고 모이는 공간/동네 좋아지라고 같이 어울리고 봉사함

가) 주민의 변화

• 노인들의 변화

찾아가는 서비스와 밖으로 불러내는 서비스로 인해 노인들이 변화하는 것으로 나타났다. 그전에는 찾아오는 사람도 없고, 몸도 아프고, 눈물로 세월을 보내던 노인들한테 일주일에 한 번씩이라도 찾아와서 어떻게 지내냐고 관심을 가져 주니까 좋아하고, 방문자들을 기다리고, 비슷한 또래의 마을 반장들과 이야기하는 동안에 서로의 삶에 공감하고 지지하고 희망을 갖는다. 또 노인들은 공원에서 벌어지는 다양한 행사를 보고 즐거워하고 행복해 한다.

• 반사회적 행동의 감소

이 동네의 고질적인 문제인 자살이 A동의 지역사회보장협의체 활동 1년만에 없어졌다. 또 대낮에 주민센터 앞 공원에서 술 먹고 소리 지르고 싸우는 사람, 술 먹고 동주민센터에 들어와 화풀이하는 행동이 줄어들었다. 찾아가는 서비스로 자살 고위험 주민들에게 에너지를 주고, 은둔 생활자들, 또 어려운 사람들을 밖으로 불러내는 다양한 행사로 기분 전환을 시켜 준 것이 원인이라고 보고 있다. 또 이들은 행사가 있으면 행사장 준비를 하라고 술자리를 옮긴다(지역사회보장협의체 사업 초기에는 행사장을 준비하는 공무원들과 술꾼들이 싸웠다).

• '동'의 행사에 관심을 보이고, 적극적으로 봉사함
동 지역사회보장협의체 사업 초기에는 플래카드를 걸고, 안내지를 돌리고 해도 주민들이 많이 오지 않았는데, 주민들이 변하여 행사에 많이 참여하고 행사 날짜가 바뀌면 안 하냐고 물어보기도 하는 등 호응도 좋아지는 변화를 보이고 있다. 봉사자들도 초기보다는 사명감을 가지고 적극적으로 참여하고 있다.

나) 지역의 변화

• 동네 분위기가 좋아짐
연구 참여자들은 이음지기 문안사업, 마을반장사업 등으로 자살하는 사람이 없어지고, 공원에서 다양한 행사가 벌어진 이후로 동네 분위기가 우울하지 않고 밝아졌다고 한다. 특히 2015년 12월 한 달간 공원을 크리스마스트리로 꾸며 놓은 이후로 동네에 대해 다르게 생각하는 것 같다고 말하고 있다.

• 공간에 대한 의미 부여: 지역에 대해 애정이 생김
동 지역사회보장협의체 사업의 하나로 공원을 크리스마스트리로 꾸미는 산타마을 만들기 사업을 했을 때, 하트 모양의 트리에서 지나가는 부부가, 휠체어를 탄 장애인이 사진을 찍었다. 이날 공원 옆에 사는 할머니는 밤 12시가 되도록 공원을 지켰고, 아이들은 이 동네로 이사 오자고 엄마를 조르는 등 지역에 대한 애정이 생겼다. 주민들이 슬럼지역이라고 생각하여 위험하다고 자녀들을 가지 못하게 하던 곳이었는데, 동네 행사에 참여하면서 공간에 대한 인식이 바뀌어 안심할 수 있는 지역이라고 생각한다.

• 같이 어울리는 장소
가면 안 되는 곳이었던 공원이 저소득층과 일반 아동, 저소득층 엄마와 일반 아동 엄마들이 서로 어울려 행사하고, 주민들이 참여하고 즐길 수 있는 공간으로 변화했다. 동네가 살기 어려운 사람들이 사는 지역과 좀 형편이 나은 사람들이 사는 지역으로 양분되어 있었는데, 같이 참여하고 즐길 수 있는 공간으로 변화했다고 보고한다.

출처: 함철호(2017a).

2) 네트워크의 개념, 특성, 유용성

(1) 네트워크의 개념과 특성

지금까지 4개의 네트워크 기반 지역사회복지실천 사례를 보는 가운데 네트워크의 의미를 이해했겠지만, 좀 더 깊은 이론적 이해가 필요하다.

일반적으로 네트워크는 연결망(김용학, 2004)이라고 번역된다. 연결의 단위가 사람이면 인적 네트워크, 컴퓨터이면 인터넷, 기관(조직)이면 조직 네트워크다. 사회사업사전에 네트워크는 "상호 간에 자원, 기능, 접촉, 지식을 가지고 있는 사람들 내지는 조직의 비공식적 또는 공식적 연결"(Barker, 1987: 白澤政和, 2000, p. 222 재인용)이라고 정의되어 있다. 이러한 개념 정의에 입각할 때, 사례관리(〈사례 10-1〉 참조)와 공동사업(〈사례 10-2〉참조)을 위한 N구의 지역사회복지협의체 노인복지분과와 실무협의체와 추진팀은 사회복지사(혹은 간호사)로서의 기능과 지식을 가지고 있는 사람(기관장, 부장, 사무국장, 팀원들의 연결망이라는 네트워크다)과 조직의 공식적 연결망(「사회복지사업법」 제7조의2에 근거한)으로서 네트워크다. 〈사례 10-3〉의 '지역사회복지계획' 수립을 위한 실무분과(일선 실무자의 연결망으로서 네트워크), 실무협의체(중간관리자들의 연결망으로서 네트워크), 대표협의체(기관장들의 연결망으로서 네트워크)는 모두 네트워크다. 그리고 〈사례 10-4〉의 A동의 지역사회보장협의체도 공공기관, 민간기관, 주민으로 구성된 네트워크다.

네트워크는 다음과 같은 특징이 있는데(배응환, 2003; 최영출, 2003; 홍현미라 외, 2010), 지역사회보장협의체라는 네트워크와 관련하여 설명을 덧붙이고자 한다. 첫째, 조직 및 구성원 사이의 의미 있는 상호관계가 존재한다. 이에 대해 다음과 같은 설명이 가능하다. 즉, 지역사회보장협의체의 단위조직과 구성원은 지역사회에서 스스로 욕구 충족이 어려운 사람을 돕는 동종업계에 종사한다는 의미를 갖고 상호관계의 빈도가 높다. 둘째, 네트워크 구성원은 자원을 교환하고 공동의 목적을 달성하기 위해 지속적인 상호작용을 한다. 지역사회보장협의체의 단위조직과 구성원은 각 기관의 자원을 공유하고 있고, 지역단위 통합사례관리와 지역사회보장계획 수립이라는 공동 과업을 수행하여 공동의 목적을 달성한다. 셋째, 신뢰에 바탕을 둔 상호작용이 있다. 선행연구(안태숙, 2010)에 따르면, 민간과 공공 간의 신뢰 수준은 높지 않은 것으로 나타났다. 넷째, 네트워크 구성원 사이에서 합의된 규칙에 의한 통제가 있다. 단일조직과 마찬가지로 네트워크 조직도 구성원 간의 의사소통이 조직의 작동원리다. 의사소통은 회의인데, 실무분과회의이든, 실무협의체 회의이든, 대표협의체 회의이든 간에 회의에 참석하는 것이 가장 기본적인 합의된 규칙이다. 〈사례 10-4〉에서 A동의 지역사회보장협의체는 매월 회의를 하는데 참여율이 83%이지만, 특정 지역(박기용, 2017)은 분기별로 회의를 한다. 이렇게 간격이 긴 회의는 참여자 간에 의사소통이 잘 안 되기 때문에 조직으로서 작동할 수 없고 조직의 과업을 달성할 수 없다. 다섯째, 구성원 사이의 상당한 정도의 자율성이 유지된다. 통합사례회의를 위한 것이든, 지역사회복지계획 수립을 위한 것이든, 공동사업을

위한 것이든 간에 실무분과, 실무협의체, 대표협의체라는 네트워크 조직에 참여하는 것은 자율적이지만, 지역사회복지협의체의 연륜이 30여 년이 경과하면서 참여는 일종의 규범화되어 있다. 지역사회복지협의체가 활성화된 지역에서는 협의체라는 네트워크, 구성원 간의 신뢰, 규범이 지역단위에서 상당 수준의 사회적 자본을 창출하고 있다.

이러한 특성을 갖는 네트워크의 구성요소는 행위자의 구성, 공동목적, 권력자원, 거버넌스로 정리된다(배응환, 2003; 최영출, 2003).

첫째, 행위자의 구성이란 네트워크 조직에 어떠한 행위자들이 참여하여 상호연결되어 있는가를 말한다. 여기서 행위자란 단일한 방법으로 이해나 목표를 추구할 수 있는 사회적 실체를 의미한다. 개인이든, 민간복지기관이든 사회적 실체다. 읍면동 지역사회보장협의체라는 네트워크 조직의 구성단위는 읍면동의 복지팀이라는 공공조직과 해당 읍면동에 위치한 민간복지기관 그리고 주민 등 다양한 민간위원이다.

둘째, 공동목적이란 행위자가 각자 자신의 선호나 이해를 가지고 있지만 공동의 목표를 달성하기 위하여 노력한다는 것을 말한다. 이것은 네트워크 조직을 구성하는 행위자가 환경 속에서 나타나는 과업을 완수하는 것을 의미한다.

셋째, 권력자원이란 행위자가 사회적 가치를 배분하는 데 사용할 수 있는 영향력 자원이다. 권력자원은 자신들의 이해를 반영시키거나 공동의 이해를 수렴하는 데 중요한 토대가 된다. 네트워크 조직에서 행위자는 공동 목적을 달성하는데, 그들이 가지고 있는 자원들을 어떻게 동원하고 이용하느냐 하는 능력이 중요하게 된다. Rhodes(1996: 배응환, 2003 재인용)는 공공조직이 사용할 수 있는 자원들로 권위, 돈, 정당성, 정보 등을 들었다. 시 · 군 · 구 지역사회보장협의체라는 네트워크 조직의 참여자인 공공조직(시군구청의 주민생활지원과 혹은 복지정책과)이 법 집행자로서 권위, 돈(민간복지조직 운영의 경상보조비 등), 정보(중앙정부의 정책 변화나 신규 사업이 전자 메일을 통해 시군구청에 전달된다)와 같은 권력자원을 소유함으로써 민간복지조직은 공공조직보다 열등한 수직적 관계를 형성할 수밖에 없는 현실이다.

넷째, 거버넌스란, 네트워크 개념의 본질적 특성에서 연유하는 것으로 행위자는 상호이해와 권력자원을 토대로 공동의 목적을 달성하기 위한 활동이다.

이러한 개념에서 '정부부문과 비정부부문' '공공 · 민간 · 비영리 부문'이 네트워크의 구성요소인 행위자이며, "공유된 목적과 가치체계를 바탕으로 지역적으로 발생하는 빈곤, 범죄, 실업 등과 같은 지역사회문제 해결"이 공동의 목적이 되고, 이 목적 달성을 위한 '지속적인 상호작용' 혹은 '집단적 활동'이 거버넌스다. 앞에서 제시한 사례관리,[4] 대규모의 공동사업을 위한 실무협의체, 실무분과 회의와 다양한 노력, 지역사회복지계획 수립을 위한 다양한 활동이 거버넌스에 해당된다고 하겠다.

(2) 네트워크의 유용성

그러면 네트워크는 어떠한 유용성이 있는가? 조직은 목표를 공유하고 자원을 교환해야 하기 때문에 조직 간 협력(interorganization cooperation; Zippay & Bluestone, 1990)에 의하여 네트워크가 만들어진다. 공유한 목표를 공동으로 달성하고, 자원을 공동으로 사용하는 조직 상호의존성이 증가하는 것은 사회복지기관 환경의 기본적 특성이기 때문이다(Gibelman & Demone, 1990). 특히 자원의 빈약을 기관 간 조정을 육성시키는 맥락으로 보고 있다(Gibelman & Demone, 1990; Merritt & Neugeboren, 1990; Wimpfheimer et al., 1990).

자원을 더욱 효율적으로 이용하려는 관심이 정부로 하여금 영리조직과 비영리조직이 계약하도록 하는 운동을 유도했으며, 이러한 것이 민간과 공공의 협동을 더욱 발전시켰다(Gibelman & Demone, 1990). 예를 들면, 네티즌은 자신의 컴퓨터에는 없는 지식이나 정보를 인터넷을 통해서 찾아낸다. 자신과 타인의 컴퓨터를 연결함으로써 각각이 가지고 있는 지식이나 정보라는 자원을 교환하여 상호이용하는 것이다. 또한 〈사례 10-2〉에서 구청의 주민생활과 공무원들은 주민에게 일자리 정보를 제공하기 위하여 민간복지기관과 네트워크 조직(실무협의체와 실무팀)을 만들어 실업문제를 해결하려고 (공동의 목표) 노력했다.

네트워크에 의한 조정(coordination)은 "지역사회 조직들 사이의 교환과 의뢰망이 효과적으로 활용되는 것이며…… 서비스의 양과 질을 높일 수 있다."(Skidmore, 1993) 예컨대, 〈사례 10-1〉에서 사회복지관이라는 개별기관은 독거노인에게 도시락배달 서비스만 할 수 있지만, 8개 기관이 행위자로 참여하는 네트워크를 통해 클라이언트의 정보를 교환하고 욕구사정을 통해 노인이 필요로 하는 방문간호 서비스, 집수리 서비스, 가정봉사원 서비스를 통합적으로 제공함으로써 양적 · 질적으로 개선된 서비스를 제공할 수 있다.

노인을 위한 보건의료기관과 복지기관의 네트워크 접근은 노인의 의료비를 절감하

4) Gilbert와 Terrell(2007, p. 291)은 통합적이고 포괄적인 사회서비스 체계를 개발하려는 목적을 가진 전략을 '조정'이라 하며, 조정을 중앙화, 연방화, 협력으로 구분하고 사례관리를 사례 수준의 협력(case-level collaboration)이라는 용어로 설명하였다.

고, 환자를 지역사회의 생활과 직업으로 효과적으로 복귀시키는 효과가 있다. 그것이 가능한 이유는 보건의료복지의 통합적 접근이 "기존의 사회자원을 최대한 유용하게 활용하는 정책"(前田信雄, 1990)이기 때문이다. 우리나라의 급격한 고령화와 관련하여 지역사회에서 노인인구가 급증하고 있는 것은 사회복지조직 입장에서 보면 과업 환경의 커다란 변화다. 이러한 과업 환경의 변화에 대응하기 위해 보건복지 네트워크의 중요성은 오래전부터 강조되었다(Hokenstad & Ritvo, 1982). Katan(1982)은 보건복지 연계의 필요성을 다음과 같이 설명하였다.

> 원칙적으로 보건의료 서비스와 복지서비스는 양 체계 사이의 지속적인 연계를 만들어 내야 하는 중요성과 필요성을 인정하고 있다. 이러한 확신은 세 가지의 주요한 가정에 근거하고 있다. 첫째, 개인의 신체적 · 심리적 · 사회적 문제는 상호 관련되어 있고, 분리될 수 없다. 그러므로 이러한 문제들 사이의 상호작용은 보건의료 서비스와 복지서비스 조직 사이의 그리고 조직 종사자 사이의 협동을 필요로 한다. 둘째, 의료조직은 사람마다 서로 다른 생활 단계에서 서로 다른 사람을 접촉하기 때문에 생겨나는 심리적 · 사회적 문제를 탐지할 수 있고, 복지 서비스기관은 개개인의 의료적 문제를 탐지할 수 있다. 따라서 양 체계 기관 상호 간의 연계에 의해서 이러한 개인을 적절한 서비스를 받을 수 있는 기관으로 이송할 수 있고, 거기서 개인의 문제는 적절하게 치료될 수 있다. 셋째, 양 체계 간의 협동은 시설과 인력과 같은 자원을 더 잘 이용할 수 있게 하며, 이중 서비스, 중복 서비스, 그에 따른 자원의 낭비를 예방할 수 있다. …… 확실히 보건의료 서비스와 복지서비스는 쉽게 하나의 조직으로 조합될 수 없는 독특한 특성과 기능을 가지고 있다. …… 그러나 상호의존성, 이용할 수 있는 제한된 자원을 효과적 · 효율적으로 이용해야 할 필요성 그리고 양 체계의 서비스가 서로 도움이 될 수 있는 가능성 때문에 보건의료 서비스와 복지서비스의 협업관계(cooperative relationships)를 개발할 필요가 있다.

그리고 Hill(1986)은 양 부문의 연계 필요성을 다음과 같이 설명하였다. 즉, 의료서비스 부서의 관심 영역과 복지서비스 부서의 관심 영역은 많은 면에서 중복된다. 다음은 주요한 예다. 노인, 정신질환자, 정신장애인, 신체장애인 등을 위한 서비스를 기획하는 데 있어서 이들은 의료 서비스와 사회서비스의 혼합물이 필요할 것이라는 데 관심을 기울여야만 한다. 이러한 내용들을 볼 때, 지역사회에서 보건복지 네트워크의 중요성은 아무리 강조해도 지나치지 않다.

Hall(1982)은 사회복지조직 간 네트워크의 중요성을 다음과 같이 강조하였다.

조직 간 네트워크는 무엇보다도 의료보호, 취업알선, 청소년 보호조직, 복지조직 등의 인적 서비스 전달을 다루고 있다. 그 이유는 조직 상호 간의 조정(coordination)으로 서비스 전달을 개선하고 비용을 줄일 수 있다는 신념이 있기 때문이다. 그리고 복지서비스 조직체의 클라이언트는 조직 상호 간의 관계에 의해 크게 영향을 받기 때문이다.

2. 네트워크로서 지역사회보장협의체: 배경과 변화, 발전 방안

1) 지역사회보장협의체의 추진배경과 변화

지역사회복지실천에서 지리적 경계는 대단히 중요하며, 지리적 경계를 가진 지역사회 각 층위에는 다양한 네트워크가 존재한다. 지역사회가 다중적이기 때문이다. 읍면동 지역사회에는 읍면동 지역사회보장협의체, 시군구 지역사회에는 시군구 지역사회보장협의체, 시도 지역사회에는 시도 사회보장위원회, 보건복지부에는 사회보장위원회가 있다. 중앙정부에서 읍면동에 이르는 수직적 체계는 〈표 10-3〉과 같다.

표 10-3 법에 나타난 민관 네트워크 구조

전달체계	민관협력구조(법 조항)	거버넌스
보건복지부 ↓ ↑	사회보장위원회(「사회보장기본법」 제20조)	심의, 조정
시도 ↓ ↑	사회보장위원회(「사회보장급여법」 제40조)	심의, 자문
시군구 ↓ ↑	지역사회보장협의체(「사회보장급여법」 제41조)	심의, 자문
읍면동	지역사회보장협의체(「사회보장급여법」 제41조 제5항)	심의, 조정

「사회보장기본법」 제29조 제3항에는 "국가와 지방자치단체는 공공부문과 민간부문의 사회보장전달체계가 효율적으로 연계되도록 노력하여야 한다."라고 명시되어 있는데, 이것은 사회보장전달체계상의 민관협력을 강조한 것이다. 보건복지부는 민관협력의 메커니즘으로서 지역사회복지협의체를 추진한 배경을 다음과 같이 제시하였다.

> 지역사회복지전달체계는 공공부문의 변화만을 일컫는 것이 아니라, 공공과 민간, 시민사회의 참여를 통한 지역복지의 통합적 체계 구축을 의도하며, 이를 위해서는 공공과 민간 영역의 협력적 파트너십(partnership)이 긴요하다. 이것이 '공공의 실패'와 '민간의 실패'라는 위험에서부터 동시에 벗어날 수 있게 하는 방안으로 인정된다. 그러므로 지역사회복지협의체라는 네트워크형 조직구조를 통해 지역사회복지시스템의 구축 현안을 해결하자는 것이 근본적인 설립 취지다. 이는 지역복지의 기획과 실행 기능을 위해 협의적 의사결정, 상생적 조직관계, 지역사회공동체, 사회자본 등을 주요 개념으로 두고 네트워크 방법론을 토대로 구성된다(보건복지부, 2011).

이러한 필요성에 근거해 지역사회복지협의체 시범사업이 2002년에 전국 14개 지역[5]에서 실시되었다. 이 시범사업은 "지역단위 사회복지전달체계 개선을 위한 시도의 발전적 계승이며, 기존 경험들의 한계를 극복하기 위한 새로운 국면의 모색"(이현주, 강혜

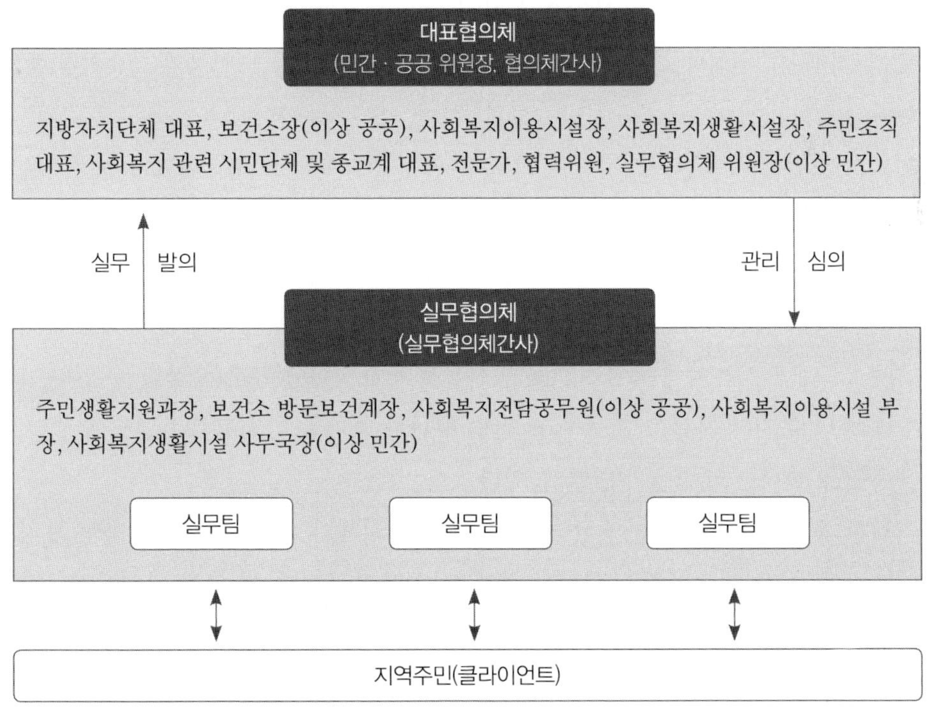

그림 10-4 시군구 지역사회복지협의체 기본모형

출처: 보건복지부(2001).

5) 당시 16개 광역자치단체였으나, 서울시 은평구와 충청남도 연기군(현재의 세종시)이 시범사업을 하지 못하였다.

규, 백종만, 함철호, 송연경, 노언정, 2003)이다. 시범사업에 사용된 시군구 지역사회복지협의체의 모형은 [그림 10-4]와 같다.

[그림 10-4]에서 보는 바와 같이, 협의체는 대표협의체와 실무협의체, 실무팀(후에 실무분과로 바뀜)이라는 3층 구조의 수직적 네트워크인 동시에 기관장들 간의 연결망 네트워크로서 대표협의체, 중간 관리자 간의 연결망이라는 실무협의체, 일선 실무자 네트워크인 실무분과라는 수평적 네트워크다. 실무분과는 아동복지 · 노인복지 · 장애인복지 분과 외에 지역의 특성을 반영하여 다문화복지분과, 농촌복지분과 등이 구성원들의 합의에 의해 구성될 수 있다. 이 세 부분의 상호작용에 의해 지역사회복지계획 수립, 대규모 공동사업 수행, 사례관리라는 직간접 실천이 이루어지고 있다. 예컨대, 노인복지분과 회의에서 지역노인의 급식지원을 위해 '빨간밥차'(사회복지공동모금회 노인급식지원사업)가 필요하다는 의견이 제시되었을 때, 노인복지분과장은 실무협의체회의에 참석하여 안건으로 상정하고 합의되는 경우, 실무협의체 위원장은 자원할당권자들의 네트워크인 대표협의체에 안건으로 상정한다. 대표협의체 위원들은 논의(사회복지공동모금회 배분위원회와 소통할 방법에 대한)하여 '빨간밥차'를 노인분과(소속기관)에 할당했다.

지역의 노인복지 증진이라는 공동의 목표 달성을 위해 3층 네트워크가 상호작용하는 것이다. 또한 사례관리(실무분과)라는 실천과 지역사회복지계획 수립(대표협의체의 의결)이라는 정책도 상호작용한다. 예컨대, 군단위 지역사회복지협의체 노인복지분과에서 사례관리를 진행하는 가운데 노인의 알코올의존증 문제가 미해결 사례로 누적되는 경우, 그에 근거하여 중독관리센터가 신설될 필요성이 있음을 주장할 수 있다. 1차년도에 센터 부지와 자산을 확보하고, 건립 예산과 설계를 마치고, 2차년도에 센터 개관을 목표로 한다는 계획을 수립할 수 있다.

이러한 목적으로 구성 · 운영된 지역사회복지협의체가 '국민 중심의 맞춤형 복지전달체계 구축'이라는 목적을 달성하기 위해 「사회보장급여법」에 의해 지역사회보장협의체로 개칭되었다. 「사회복지사업법」에 근거한 지역사회복지협의체와 「사회보장급여법」의 지역사회보장협의체의 차이는 〈표 10-4〉와 같이 정리된다.

〈표 10-4〉에서 알 수 있듯이, 지역사회복지협의체에서 지역사회보장협의체로 명칭이 바뀐 것 외에 크게 네 가지로 변화를 정리할 수 있다.

첫째, '범주' 영역에서 지역사회보장협의체에는 「사회보장급여법」에 보건의료가 빠져 있다(동법 제41조 참조). '2015 지역사회보장협의체 운영안내'에는 보건의료가 있는

표 10-4 지역사회복지협의체와 지역사회보장협의체의 차이

구분	지역사회복지협의체	지역사회보장협의체
법적 근거	「사회복지사업법」 제7조의 2	「사회보장급여법」 제41조
범주	보건의료 및 사회복지 서비스 중심	보건의료 및 사회복지뿐만 아니라 고용, 주거, 교육, 문화, 환경 등 영역 확대
연계 체계	–(시도) 사회복지위원회 –(시군구) 지역사회복지협의체 –(읍면동) 복지위원	–(시도) 사회보장위원회 –(시군구) 지역사회보장협의체 –(읍면동) 읍면동 단위 지역사회보장협의체, 복지위원
협의체 구성	10명 이상 30명 이하의 위원으로 구성 –보건의료 또는 사회복지 전문가, 서비스 제공기관 대표, 공익단체 추천자 등으로 구성	위원 수 확대(10명 이상 40명 이하) –사회보장 분야 전문가, 사회보장 서비스 제공기관 등의 대표자, 비영리민간단체 추천자 등으로 구성
협의체 운영	협의체 업무의 효율적 수행을 위하여 실무협의체 구성 · 운영	–실무협의체 구성 · 운영 –보장기관의 인력 및 운영비 등 재정 지원
협의체 기능	–관할지역의 사회복지사업에 관한 중요사항과 지역사회복지계획 심의 또는 건의 –사회복지 및 보건의료 서비스 연계 협력 강화	심의, 자문/연계 · 협력 기능 –심의 · 자문 사항 • 지역사회보장계획의 수립, 시행, 평가 • 지역사회보장조사 및 지역사회보장지표 • 시군구 사회보장급여 제공 • 시군구의 사회보장 추진 • 읍면동 단위 지역사회보장협의체 구성 · 운영 등
경과 조치	2015년 7월 1일부터 지역사회복지협의체는 지역사회보장협의체로 간주	

출처: 보건복지부(2015).

데, 이는 모법인 「사회보장급여법」을 유권 해석해서 삽입한 것으로 보인다. 지역사회복지협의체 규정인 「사회복지사업법」 제7조의 2에는 '보건의료에 관한 학식과 경험이 풍부한 사람' '보건의료사업을 하는 기관 및 단체의 대표자' '보건의료 업무를 담당하는 공무원'을 명시하고 있다. 반면, 지역사회보장협의체를 규정하고 있는 「사회보장급여법」 제41조에는 "사회보장에 관한 학식과 경험이 풍부한 사람, 지역의 사회보장 활동을 수행하거나 서비스를 제공하는 기관 · 법인 · 단체 · 시설의 대표자 등"을 사회복지영역으로 인원을 구성하도록 되어 있다. 지역사회보장협의체 참여자에 보건전문직이 빠

진 것은 지역사회 주민의 고령화라는 환경 변화에 역행하는 것이다. 또한 1995년부터 1999년까지 시행된 시범보건복지사무소사업이 보건복지통합 서비스 제공에 적절치 않다는 판단하(이성기 외, 1995; 이성기 외, 1996; 이현송, 강혜규, 1997)에 대안으로 지역사회복지협의체가 등장하게 된 점을 고려할 때 바람직하지 않다. 첨언하면 지역사회복지협의체는 보건복지통합 서비스를 제공하기 위해 법제화된 것인데, 현재에는 민관협력 메커니즘으로만 학계, 중앙의 정책설계자, 지방의 정책집행자 등 대부분의 관계자에게 인식되어 있는 것으로 보인다.

둘째, 시군구 지역사회보장협의체 하부구조로 읍면동 지역사회보장협의체를 둔 것이 지역사회복지협의체와 다른 점이다. 2015년 지역사회보장협의체 운영 매뉴얼은 '사각지대' 해소(보건복지부, 2015, p. 13)를 명시하고 있다.

셋째, 지역사회보장협의체에는 '인력 및 운영비 등 재정지원'을 하도록 한 것도 차이이며, 발전적인 것으로 보인다.

넷째, 기능이 지역사회복지협의체에서는 '심의, 건의'였던 것이 지역사회보장협의체에서는 '심의, 자문'으로 바뀌었는데, 양자가 모두 '공동의사결정'이라는 거버넌스의 원칙에 어긋난다는 점은 유사하다. '심의, 건의, 자문'으로는 낮은 수준의 협력만이 가능하고, '심의, 조정'이 되어야 높은 수준의 협력을 이룰 수 있다.

2) 지역사회보장협의체의 발전 방안

지금까지 시군구 지역사회보장협의체라는 네트워크를 살펴보았다. 〈표 10-3〉에서 제시했듯이, 민관협력 네트워크가 더욱 효과적이기 위해서는 시도 사회보장위원회, 시군구 지역사회보장협의체 그리고 읍면동 지역사회보장협의체의 바람직한 모습도 제시되어야 한다.

OECD는 네트워크가 실행되는 데 다음과 같은 요소들이 중요하다고 하였다(강철희, 정무성, 2006 재인용). 첫째, 정치적 지지, 즉 공공 행정당국의 행정적 지지, 둘째, 관련 법규의 마련, 셋째, 특별한 재정지원, 넷째, 각 기관, 정부조직, 전문가 사이의 의사소통, 훈련과 경험, 다섯째, 새로운 가능성에 대한 태도와 관련 개인과 기관 간의 긍정적 관계 형성 등이다. 이러한 요소들을 지역사회보장협의체에 적용시켜 보면 다음과 같다.

지역사회보장협의체는, 첫째, 보건복지부라는 공공 행정당국에 의해 지지를 받고 있다. 둘째, 「사회보장급여법」의 제41조라는 법적 근거가 있다. 셋째, 지역에 따라 차이

는 있지만 기초자치단체가 시군구 지역사회보장협의체에 대해 재정지원을 하는 곳도 많다. 광역자치단체와 기초자치단체가 동시에 지원하는 곳도 있다. 넷째, 기관, 정부조직, 전문가 사이에 의사소통이 잘되는 지역이 소수인 반면, 그렇지 못한 지역이 다수다. 지역단위에서 민관이 동일한 공간과 시간 속에서 같이 교육과 훈련을 받아야 함에도 소수지역에서만 그것이 이루어지고 있다. 다섯째, 지역사회복지협의체는 2005년부터 시작되어 대략 20년에 걸쳐 지역단위에서 민관협력의 메커니즘으로 지역단위의 협력 문화와 사회적 자본 창출에 지대한 공헌과 '새로운 가능성'을 보여 주었다.

(1) 시도 사회보장위원회

보건복지부(2015)에 따르면, 시도 사회보장위원회는 "시도의 지역사회보장계획 수립, 시행 및 평가, 지역사회보장조사 및 지역사회보장지표, 사회보장급여 제공 및 사회보장 추진 등에 관한 사항을 '심의, 자문'하는 기능"을 한다. 동 위원회는 "사회보장 분야의 전문적 지식/경험자, 사회보장 관련 기관/단체 대표자, 사회보장대상자의 이익대표자, 지역사회보장협의체 대표자, 비영리민간단체의 추천자, 사회복지공동모금지회 추천자라는 민간위원과 사회보장업무 담당공무원이라는 공공위원 1,540명으로 구성"된다. 이러한 구성의 법적 근거는 「사회보장기본법」 제27조다. 같은 조항은 전달체계에 '민간의 참여'를 규정하고 있다. 법 조항을 열거하면 다음과 같다. 즉, ① 국가와 지방자치단체는 사회보장에 대한 민간부문의 참여를 유도할 수 있도록 정책을 개발·시행하고 그 여건을 조성하여야 한다. ② 국가와 지방자치단체는 사회보장에 대한 민간부문의 참여를 유도하기 위하여 '사회보장정책의 시행에 있어 민간부문과의 상호협력체계 구축을 위한 지원사업'을 규정하고 있다.

시도 사회보장위원회가 좀 더 바람직한 네트워크 조직이 되기 위해서는 다음과 같은 변화가 필요하다.

첫째, 시도 사회보장위원회의 기능을 보건복지부의 사회보장위원회와 같이 심의·조정 기능으로 변경해야 한다. 보건복지부에 설치되어 있는 사회보장위원회와 달리, 시도 사회보장위원회는 '심의·자문' 기능을 하게 되어 있어 공동 의사결정이라는 거버넌스 기능을 할 수 없다. 시도 사회보장위원회가 이러한 기능을 갖춘 상태에서 가장 먼저 해야 하는 일은 광역자치단체가 관할 지역의 기초 지역사회보장협의체의 발전을 위해 재정지원을 할 수 있는 규정을 만들어야 한다. 이것은 지방자치법상 기초자치단체를 지원하는 광역자치단체의 기능과도 일치한다. Lasker 등(2001)에 따르면, 인적·

물적 자원이 거버넌스의 결정요인이다. 광역자치단체가 기초자치단체에 사무국장(혹은 간사)의 인건비, 지역사회복지협의체 운영비 등을 지원해야 한다. 「사회보장기본법」 제29조에는 "국가와 지방자치단체는 사회보장전달체계의 효율적 운영에 필요한 조직, 인력, 예산 등을 갖추어야 한다."고 규정하고 있다. 군 지역의 의견을 들어보면, "도에서 일정액을 지원해 주면 거기에 매칭해서 우리 군에서 지역사회보장협의체 관련 예산을 수립할 수 있다. 그런데 우리 같은 군 지역에는 지역사회보장협의체에 대한 인식이 아직 없기 때문에 군 단독으로 예산을 확보하기 어렵다."고 한다.

둘째, 광역자치단체는 관할 기초자치단체가 보건복지통합 서비스를 원활하게 제공할 수 있도록 지원해야 하는데, 그 기능 수행의 주체가 시도 사회보장위원회가 되어야 한다. 보건복지부(2015)에 따르면, 시도 사회보장위원회에 보건소장을 공공부문 대표위원으로 소속하게 되어 있어 보건복지통합 서비스가 가능한 네트워크다. 더욱 필요한 것은 동 위원회의 기능에 사회복지와 보건의료 서비스 연계·협력 강화 방안과 지역 보건의료계획(「지역보건법」에 근거함)과 지역사회보장계획(「사회보장급여법」)이 연계되는 규정이 삽입되어야 하는 것이다. 규정된 내용이 지역사회보장계획 연차별 시행계획에 명시되고 이행 및 평가가 되어야만 인구고령화라는 환경 변화에 대응하는 위원회가 될 수 있다.

셋째, 시도 사회보장위원회도 시군구 지역사회보장협의체와 마찬가지로 대표협의체, 실무협의체, 실무분과의 3층 구조가 되어야 본질적인 기능을 수행하는 데 적합하다. 각 층위별 협의체의 공통 과업은 지역사회보장계획과 연차별시행계획의 수립, 시행, 평가다. '사회보장급여 제공에 관한 사항' '사회보장 추진에 관한 사항' 등을 시도 사회보장위원회 아동복지분과, 노인복지분과, 장애인복지분과 등은 기능보강사업의 심의 또는 현안문제에 대해 논의·결정한다. 예를 들어, 사회복지공동모금회 지원사업으로 전국 11개 사회복지관이 2016년부터 2018년까지 3년간 시행한 '빈곤대물림방지프로그램'(일명 희망플랜사업; 한국사회복지관협회, 2018)을 G시 사회보장위원회 아동복지분과에서 논의되어야 하고, 필요성이 인정되면 '제4기 G시 지역사회보장계획'에 반영하고 시의원들의 동의를 받아 실행해야 한다.

넷째, 시도 사회보장위원회의 발전을 위해 위원회를 민주적으로 구성해야 한다. 보건복지부(2015)에서도 민주성의 원칙을 강조하고 있다.

(2) 시군구 지역사회보장협의체

시군구 지역사회보장협의체가 네트워크 조직으로서 바람직한 구조가 되기 위해서는 네트워크 관리의 주체, 제도적 규칙 그리고 민간 참여자의 권력 획득 방안이 필요한데 하나씩 살펴보고자 한다.

① 네트워크 관리의 주체: 사무국의 필요성과 역할

네트워크 관리 주체의 필요성은 지역사회보장협의체라는 네트워크 조직의 특성에서 나온다. 지역사회보장협의체는 기초자치단체 주민생활지원국(과)과 보건소라는 공

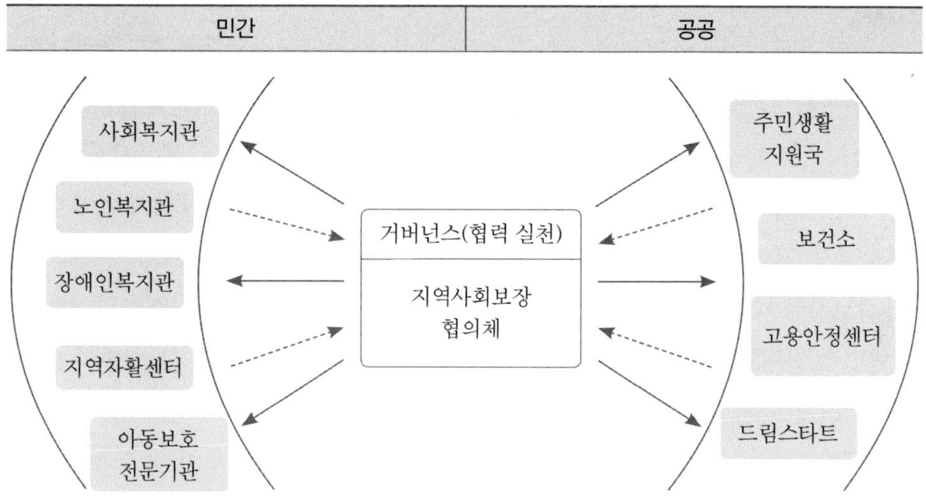

——→ 원심력: 개별 기관이 목표 달성을 위한 노력–매우 강함

·········→ 구심력: 민간협력을 위한 노력–매우 약하거나 보통

촉진요인(구심력)	저해요인(원심력)
협력의식	개별 기관에 충성
사회적 자본	개별 이익
협의체에 대한 긍정적 인식	협의체에 대한 부정적 인식
자치단체장의 관심	자치단체장의 무관심
공공기관 실무자의 관심	공공기관 실무자의 무관심
시민 세력이 강함	시민 세력이 약함

그림 10-5 지역사회보장협의체의 저해요인과 촉진요인

공기관과 소속 공무원, 사회복지관, 노인복지관 등 다양한 민간기관과 종사자들이 연결된 네트워크 조직이다([그림 10-5] 참조). [그림 10-5]에 제시한 원심력과 구심력이라는 용어는 다음과 같이 설명될 수 있다. 첫째, 원심력이란 네트워크 저해요인을 의미하며, 개별 기관이 자신의 목적 사업을 수행하려는 힘이고, 개별 기관 참여자들이 소속기관에 충성하려는 힘을 의미한다. 둘째, 구심력이란 네트워크 촉진요인으로서 개별 기관이 자신의 목적 사업보다 지역 공동의 문제에 관심을 가지고 해결하려는 힘이며, 개별 기관 참여자가 소속기관에도 충성하고, 지역의 공동사업(지역사회복지계획 수립이라는 정책 수립, 개별 사례의 문제를 해결하려는 통합사례관리, 지역의 대규모 사업)에 적극적으로 참여하려는 힘과 공동 목적을 달성하려는 힘을 의미한다.

추가 설명하면 네트워킹 저해요인(원심력)이란 참여자의 개별 기관에 충성하려는 힘, 기관의 개별 의식, 협의체에 대한 부정적 인식, 자치단체장의 무관심, 공공기관 실무자[6]의 무관심, 시민 세력이 약함을 의미한다. 이 힘은 강하다는 의미에서 진한 실선이다. 네트워킹 촉진요인(구심력)은 협력의식, 공동 목적 달성 의식, 협의체에 대한 긍정적 인식, 자치단체장의 관심, 공공기관 실무자의 적극적인 태도, 시민 세력이 강함으로 정리될 수 있다. 이 힘은 약하다는 의미에서 점선이다([그림 10-5] 참조).

「사회보장급여법」과 '운영안내'(보건복지부, 2015)에 따르면, 지역사회보장협의체에 참여했던 보건의료 및 사회복지뿐만 아니라 고용, 주거, 교육, 문화, 환경 등의 영역으로 확대[7]되게 되어 있는데, 이러한 기관이 참여한다면 그 저해요인은 더욱 커질 것이 자명하다.

특정 지역을 제외한 다수의 지역에서 네트워킹 저해요인이 촉진요인을 압도함으로써 민관 네트워킹에 의한 정책 수준의 거버넌스와 실천 수준의 사례관리, 대규모 공동사업 등을 위한 노력이 미약해 보인다.

이러한 저해요인을 극복하고 촉진요인을 만들어 주는 네트워크 관리조직이 될 수 있는 별도의 기관이 필요하며, 이 기관이 지역사회보장협의체 사무국이 되어야 한다.

관리 주체의 역할은 네트워크의 활성화, 민과 관의 연결고리, 보건의료기관과 복지

---

6) 226개 자치단체에서 지역사회보장협의체는 대부분 주민생활지원과 복지기획팀에서 담당하며, 팀장은 승진 대상자다.

7) 이러한 구조는 노무현 정부의 주민생활지원 민관 네트워크와 동일하며, 이것은 의사소통이 매우 어려우므로 조직으로서 기능하기 어렵다(경남 ○○시의 경우, 네트워크 참여 인원이 60명이나 된다. 어떻게 의사소통을 할 것인가? 소통이 안 되면 조직으로서 기능할 수 없다).

의 연결고리로 나누어 제시할 수 있다.

첫째, 네크워크를 활성화시키는 역할이 필요하다. Tichy, Tushman과 Formbrun (1979: 김준기, 2006 재인용)은 네트워크 참여자 간에 교환되는 자원의 종류에 따라 유형화된 네트워크를 제시하였다. ㉠ 과업 네트워크(workflow network)는 네트워크 구성원 간의 업무 수행과정에서 나타나는 관계 유형이다. ㉡ 의사소통 네트워크(communication network)는 조직 내 구성원 간의 정보교환과정에서 나타나는 상호관계의 형태를 의미한다. ㉢ 친밀감 네트워크(friendship network)는 사회적 친밀감이나 우호관계에 근거한 조직 내 개인 간의 상호관계라고 할 수 있다.

> (지역사회복지협의체) 워크숍을 처음으로 1박 2일 동안 해 봤어요. 하루짜리만 하다가. 그랬더니 같이 자고 같이 교육받고 하면서 서로 너무 친해지는 거예요. 그리고 이제 사무국장님이 한 사람 한 사람의 장점을 잘 알아서 골고루 다 (1박 2일 워크숍) 임무부여를 하는 거예요. 이 세션에서는 누가 사회를 보고, 누가 뭐 하고, 그다음 타이밍에서는 누구는 뭐하고 뭐하고…… 다 역할 부여를 하고 하다 못해 점심은 누구, 어느 분과에서 챙기고…… 이렇게 다 역할 부여를 해 주니까 서로 손님이라는 느낌이 안 들고 다 주인의식을 갖게 되고, 알게 되고, 공무원도 같이 가고, 사회복지정책실장님도 가고, 이제 담당자 가고, 공무원들도 이렇게 가고 해서 그때 많이 친해졌어요. 아, 진정한 워크숍이 이런 거구나, 워크숍이 정말 필요하구나라는 거를 저는 협의체 워크숍에 가서 많이 느꼈어요. 역시 사람이 이렇게 같이 대면하고 같이 밥 먹고 같이 자고, 이래야 정이 드는구나라는 생각을 했어요(○○군 지역사회복지협의체 담당공무원, 함철호 외, 2012).

1박 2일 워크숍이 친밀감 네트워크 형성에 큰 도움이 된다는 진술인데, 친밀감 형성은 네트워크 발전의 기본이다. 친밀감 형성은 정서적 유대감을 유발할 수 있고, 다음 단계인 의사소통 네트워크 단계로 진화할 수 있다. 친밀감에 바탕을 둔 소통을 하다 보면 지역의 복지문제에 대해 토론하게 되고, 이것은 과업 네트워크로 발전하게 된다. 앞에서 언급한 네트워크 관리자인 협의체 사무국장 혹은 간사는 이러한 유형화에 따라 네트워크를 운영 관리를 하는 것이 바람직하다.

이러한 사무국의 역할이 활성화된다면 "지역사회 내 복지문제를 해결하기 위한 민주적 의사소통 구조가 확립"될 것이고, 수요자 중심의 통합적 사회보장급여 제공 기반이 마련될 것이며, "지역사회 내 복지자원 발굴 및 서비스 제공기관 간의 연계 · 협력으로 지역 복지자원의 효율적 활용체계가 조성"(보건복지부, 2015)될 것으로 본다.

둘째, 민과 관의 연결 통로서의 역할이 필요하다. 민간조직과 공공조직은 그 성격과 문화가 매우 상이하다. 상이한 조직과 그 구성원이 서로 신뢰하기도 어렵고(안태숙, 2010),[8] 의사소통하기가 어렵다. 네트워크에서 신뢰는 필수적이다. 그 이유에 대해 김용학(2004)은 "신뢰는 협동을 가능케 하고 사회적인 공공선을 만드는 핵심적 기제"라고 하였고, 한준(2001: 김용학, 2004 재인용)은 "사람 사이의 경우와 마찬가지로 조직 간의 신뢰는 거래 비용을 낮출 수 있는 매우 중요한 기제"[9]라고 하였다. 그렇다면 지역사회보장협의체라는 민관 네트워크에서 신뢰를 어떻게 창출할 수 있는가? 김용학(2004)은 "처음 만나는 사람보다는 반복적인 사회적 관계에 놓여 있는 사람을 더 잘 신뢰한다." 고 하면서 네트워크가 신뢰를 창출하는 데 영향을 미치는 요인으로 다음과 같이 네 가지를 들었다.

> 첫째, 연결망의 지속성과 접촉 빈도다. 연결망이 장기간 지속할수록 그리고 빈번하게 상호작용할수록 신뢰는 강해진다. 둘째, 연결망의 중첩성(multiplexity)이다. 사람이나 조직이 여러 종류의 연결망에 의해 중첩적으로 연결될수록 신뢰는 더욱 강해진다. 셋째, 상징의 공유다. 연결망에 속한 구성원들은 다양한 의례(예: 동창회나 체육대회)를 통하여 상징적 정체감[10]을 만들어 나간다. 넷째, 연결망의 동질성이다.

이러한 각각의 요소를 지역단위에서 민간·공공 기관의 연결 구조, 네트워크에 적용시켜 보면 다음과 같은 설명이 가능하다.

8) 민의 관에 대한, 관의 민에 대한 신뢰점수(M=3.12)가 네트워크 구성원과 소속기관에 대한 신뢰점수(M=3.51)보다 낮다는 보고가 있다(안태숙, 2010).

9) 독자의 이해를 돕기 위해 필자는 다음과 같은 예를 들고자 한다. 사회복지관의 사회복지사가 보건소의 방문간호사와 그동안의 지속적인 업무 협조로 서로 잘 알고 신뢰한다면 전화 한 통으로 특정 노인에 대한 방문간호를 요청할 수 있다. 그런데 그러한 관계가 아니라면 공문을 만들어 위계적 결재를 얻어 팩스로 서비스 의뢰를 하는 것은 비용이 매우 많이 드는 거래라고 할 수 있다.

10) 독자의 이해를 돕기 위해 다음과 같은 필자의 경험을 예로 들겠다. 광주광역시 남구 지역사회복지협의체는 2008년에 '제1회 남구지역사회복지협의체의 날' 행사를 하였다. 관내 특수학교인 ○○학교 체육관을 1일간 대여하여 협의체 구성원들이 모두 참석하여 체육대회 겸 즐거운 놀이를 하며 구성원들 간의 우의를 다졌다. 노트북, 컴퓨터, 자전거, 50만 원 상당의 건강검진권 5매 등 많은 후원물품을 받아 추첨으로 참여자들에게 나누어 주고 기쁨을 나눔으로써 남구지역사회복지협의체 구성원으로서 정체감 형성에 많은 도움이 되었다. 제2회는 관내 ○○초등학교 운동장에서 비슷한 행사가 있었고, 제3회는 단체 등반을 하였다.

- 지역단위에서 민간 · 공공 기관의 연결 구조가 지속되고, 접촉 빈도가 증가하기 위해서는 지역에 있는 지역사회보장협의체라는 민간 · 공공 기관의 참여자들이 자주 만남으로써 상호 간 경계침투를 해야 한다. 이 경계침투통로란 참여자들이 상호 신뢰하에 의견과 정보를 자유롭게 소통하고 논의 및 조정할 수 있는 공식 · 비공식 간담회나 회의를 의미한다.[11]
- 지역사회보장협의체 민관 네트워크 참여자들인 기관장이나 실무자가 대표협의체, 실무협의체, 실무분과 그리고 특별한 경우에 만들어질 수 있는 TF팀에 중첩되게 참여할 수 있고, 이것으로 인해 신뢰가 증진될 수 있다.
- 지역사회보장 실현을 위한 민관 네트워크 참여자는 지역에서 다양한 워크숍, 세미나 등을 통해 정체감 형성을 위해 노력할 수 있다.
- 연결망의 동질성이라는 면에서 보면 보건과 복지 영역 참여자들은 지역의 저소득층을 위해 서비스해 왔다는 면에서 상대적으로 동질적이라고 할 수 있고, 교육, 생활체육, 문화 등의 영역 참여자들은 그렇지 않다는 면에서 상대적으로 이질적이라고 할 수 있다.

요컨대, 지역사회보장협의체라는 민관 네트워크의 참여자 혹은 조직 간의 신뢰가 높을 때, 지역단위의 복지문제 해결을 위한 협력실천이 잘 이루어질 수 있다. 그러므로 네트워크 관리 주체가 지역단위 민관 네트워크의 신뢰를 창출하고 증진시키는 역할을 해야 한다.

셋째, 보건의료기관과 복지기관의 통로로서의 역할이 필요하다. 두 조직의 역사적

11) 지역사회복지협의체가 전국적으로 가장 잘 운영되는 곳의 예를 들어 '경계침투통로'라는 용어의 이해를 돕겠다. 간담회나 회의 같은 것도 중요하지만, 공공영역에서 협의체 담당공무원의 역할, 민간영역에서 협의 체 간사의 역할이 매우 중요하다. 민간 간사는 〈사례 10-3〉에 제시된 다양한 민간기관의 중간관리자(기관장)와 두터운 인간관계를 형성해야 한다. 아동복지분과, 노인복지분과, 장애인복지분과 등 분과장들과 친밀하고 분과의 이슈들에 정통해야 한다. 협의체 담당공무원은 청내의 아동복지계장, 노인복지계장, 장애인복지계장과 친밀해야 한다. 각 계장은 2년마다 이루어지는 순환보직에 의해 끊임없이 교체된다. 지역사회복지협의체에 대해 이해를 할 만하면 떠난다. 그런데 그 지역의 협의체 담당공무원은 자원해서 협의체 업무를 지속적으로 담당한다고 한다. 협의체 업무에 능통한 담당자는 각 계장이 바뀔 때마다 지역사회복지협의체를 설명해서 이해시키고, 그 계장을 각 분과모임에 참석시켜 친밀감 형성을 위해 노력한다. 지역사회복지계획 수립 시 모든 정보와 자료는 공공이 가지고 있으므로 담당계장을 설득해 아동복지 관련 자료를 아동복지분과에 제공하고, 노인복지 · 장애인복지 자료를 각 분과에 제공한다. 지역에 어떤 문제가 있을 때, 민간 간사와 담당 공무원의 지속적 소통이 민과 관 사이의 '경계침투통로'가 되었고, 민관협력 실천이 잘될 수 있었다.

차이,[12] 문화적 차이,[13] 간호사와 사회복지사의 전문직주의 등 극복해야 할 요인이 많아 매우 어려운 역할 수행으로 보인다. 그러나 우리 사회의 고령화로 인한 지역사회 노인인구의 급증이라는 과업 환경 변화에 대응하기 위해서는 보건복지통합 서비스 제공을 위한 네트워크 조직이 반드시 필요하다.

관련하여 지역의 고령화에 대응하기 위해 중앙정부가 도입한 지역사회통합돌봄의 공통 기반으로서 '민관 협의체'와 '지역케어회의'(보건복지부, 2020)의 근간은 '지역사회보장협의체'가 되는 것이 바람직하다. 새로운 것을 시작해야 할 때는 기존의 것을 변용하는 것이 효율적이다.

② 제도적 규칙

보건복지부(2015)는 지역사회보장협의체의 원활한 기능 수행을 위해서 공공과 민간의 적극적 · 자발적인 참여를 강조하고 있지만, 네트워크 참여자들의 특징 중에 하나가 '비자발적'이다. 앞에서 설명한 '저해요인(원심력)' 때문이다.

네트워크에 의한 "공동의 문제해결을 위한 협력과정에서 기회주의적 행태, 무임승차와 같은 행태가 불가피하게 수반된다. …… 이러한 문제를 해결하기 위해 가령 '신사들의 합의(gentlemam's agreement)', 협동적 합의, 계약 등을 함으로써 또는 새로운 법체계를 수립함으로써 그들의 상호작용을 규제하는 합의나 규칙들을 공식화하는 것이다. 이러한 노력을 통해 행위자들은 합의된 목적, 규칙, 절차 등에 명백하게 헌신하게 된다." (최영출, 2003, p. 86) Jessop(2003, p. 32)은 거버넌스 실행과정이나 절차에 참여를 보장하는 구체적 장치가 없을 경우에 자칫 수사적인 구호에 그칠 수 있으며, 필연적으로 '거버넌스의 실패'로 귀결된다고 하였다. UN 아시아 · 태평양경제사회위원회(UN ESCAP, 2011)는 거버넌스를 의사결정과정 또는 그 결정이 실행되는 과정이라고 정의하고 좋은 거버넌스가 되기 위한 여덟 가지 조건 중 하나로 '법에 의한 규칙'을 제시하였다. Braye(2000)는 참여적 정책이나 구조를 촉진시키는 견인력의 하나로 '법이나 정책에 의무적으로 규정하는 것(law and policy mandate)'을 제시하였다. 또한 네트워크의 통합(integration of network)을 위하여 '네트워크의 유지, 발전, 평가를 위한 책무' '문서화된

12) 우리나라에서 보건소는 1945년부터 시작되었지만, 사회복지직 공무원은 1987년부터 시작되어 약 40여년의 차이가 있다.

13) 의료영역의 핵심 가치는 치료(cure)이지만, 복지영역의 핵심 가치는 보호(care)다.

협정서' '프로그램 연계' 등이 필요하다(Austin, 1991).

이러한 주장들에 근거하여 시군구 단위의 네트워크 조직인 지역사회보장협의체가 협력 실천의 구조가 되기 위해서는 다음과 같은 제도적 규칙이 필요하다.

첫째, 시군구 지역사회보장협의체의 '심의, 자문'이 보건복지부의 사회보장위원회와 같이 '심의, 조정'으로 바뀌어야 한다. "지역사회보장협의체는 네트워크형 조직 구조를 통해 당면한 지역사회복지 문제 등의 현안을 해결하는 민관협력 기구"로서 "지역사회보장계획의 수립, 집행, 평가를 위한 협의적 의사결정"(보건복지부, 2015)이라고 되어 있는데, '협의적 의사결정'과 협의체의 기능이 '심의, 자문'으로 되어 있는 것은 논리적으로 불일치하는 것이고, 거버넌스가 공동 의사결정이라는 기본 개념에 위배되기 때문이다. 현실적으로 「사회보장급여법」 제35조(수립), 제36조(내용), 제37조(시행), 제38조(변경), 제39조(평가)와 관련하여 협의체는 일정 부분 의사결정 기능을 수행한다. 제35조 수립과 관련하여 협의체가 최종보고시 심의하고, 타당하다고 생각하는 경우에 사인을 하도록 되어 있다.

둘째, 수직적 네트워크 간의 거버넌스를 위해 상위 네트워크는 하위 네트워크에 대해 재정지원을 하고 실행평가를 하는 규정을 신설해야 한다. 특히, 중앙정부가 시군구 지역사회보장협의체의 예산을 확보해 준다면 민관의 수평적 관계 형성에 기여하게 된다. 현재는 광역자치단체가 기초자치단체 협의체의 인건비 혹은 운영비를 지원하고 있는 곳이 많다.

셋째, "대표협의체와 실무협의체 간의 원활한 의사소통 및 기능 수행을 위해 실무협의체 위원장이 대표협의체에 참여할 수 있도록 권고"(보건복지부, 2015. 5. 15.)되어 있는 규정은 '반드시 참여'로 변경되어야 한다. 실무협의체 위원장은 현장과 실무의 문제를 잘 알고 있으므로 대표협의체에 참여하여 그 문제에 대해 보고하고 해결 방안을 제시받는 통로가 되어야 하며, 기관장 네트워크와 실무자 네트워크의 연결고리(linking pin)가 되어야 하기 때문이다.

넷째, 실무협의체 위원 구성에 있어서 '포괄성' 원칙은 "해당 시군구 지역사회보장 구성 주체들을 모두 포함할 수 있도록"(복지부, 2015. 5. 23.) 되어 있으나, 일부 지역의 경우에는 매우 많은 기관이[14] 존재함으로 인해 그 원칙을 준수하는 경우에 참여 기관이 과다해짐에 따라 조직으로서 의사소통이 어렵게 된다. 또한 관이 주도적으로 구성하는

14) 예를 들어, 강서구의 경우 사회복지관만 13개가 있고, 목포시는 생활시설이 매우 많은 지역이다.

경우에 협의체에서 탈락된 민간기관으로부터의 비난을 피하기 위하여 기관장이 대표협의체에 속한 경우에는 실무자가 실무협의체에서 빠지게 되고, 반대로 실무자가 실무협의체에 속하는 경우에는 기관장이 대표협의체에서 제외된다. 이러한 것은 협의체 운영에 부정적 영향을 미친다. 지역사회보장협의체는 전달체계로서 서비스 이용자에게 통합 서비스를 전달하기 위한 실무자의 활동이 대단히 중요하다. 실무자의 활동을 지지하는 것은 기관장이다. 네트워크의 활성화를 위해 "상부의 지원을 얻으라"고 하고 있다. 기관장이 대표협의체에서 빠지면 지역사회보장협의체에 대한 인식이 부족하여 소속직원의 협의체 활동을 지지하지 못하게 되므로 전달체계로서 협의체의 기능은 저하된다. 이러한 문제를 해결하기 위해서는 이용시설 위주로 지역사회보장협의체를 구성하는 것이 바람직하다. 그 이유는 지역사회보장협의체가 지역사회복지시스템 혹은 재가복지시스템의 핵심 메커니즘이기 때문이다.

다섯째, 시군구의 지역사회보장협의체 조례[15]로 시 · 군 · 구청 아동복지계장(혹은 팀장), 노인복지계장, 장애인복지계장은 각 분과에 반드시 참여하도록 해야 한다. 지역사회보장협의체에 공공부문의 참여가 매우 미진하기 때문이다.

여섯째, 네트워크 활성화를 위해 기관장이 직원들의 연계 활동을 기관의 공식적 업무로 인정하고, 연계를 위한 조직 내부 규정이 있어야 하며, 중간관리자 이상이 연계를 지지할 수 있도록 업무지침에 연계를 의무화하고, 사회복지기관평가 지침에 그 기준을 마련할 필요가 있다는 선행연구(류기형, 류영미, 박병현, 2009)의 주장도 제도화되어야 한다. 현재 「사회복지사업법」에 근거한 기관평가에서 '지역협력' 항목이 있지만, 지역사회보장협의체 활동 참여를 확인할 수 있는 지표로 명시되어야 한다.

③ 민간 참여자의 권력 획득 방안

거버넌스가 '지배과정의 변화'를 추구하고, 의사결정에 있어서 공공과 민간의 수평적 관계를 의미한다면 행위자들 간의 '권력의 균형'이 관건이다(Holsti, 1992, p. 32: 김우중, 2013 재인용). 앞에서 기술했듯이, 현재 네트워크의 권력자원은 공공이 가지고 있다. 거버넌스에 대한 공공의 인식을 보면 그에 대한 가능성을 엿볼 수 있다.

선행연구(유재원, 소순창, 2005)에 따르면, 지방정부의 거버넌스 수용 가능성은 매우

15) 서울특별시 S구의 지역사회복지협의체(당시 명칭) 담당자는 사회복지전공자로서 협의체 활성화에 매우 적극적이었다. 이러한 활동을 담당 과장, 국장이 인정하고, 구청장의 동의를 받아 구의회에서 통과되었다.

낮은 것으로 평가되어 왔다. 거버넌스 구성에 대한 긍정적 인식은 중앙정부에서 광역정부, 기초정부로 갈수록 더욱 희박해진다(전영평, 2008, p. 102). 또한 거버넌스 구축에 있어서 공무원이 가지는 보수성, 특히 고위공직자일수록 보수화되어 있는 현실(김순은, 2006)을 볼 때 권력균형에 의한 거버넌스는 어려워 보인다.

이러한 문제의 해결방법은 '민이 권력을 획득하는 것'이다. 권력 형성을 위한 수단은 시민을 조직화하는 것이며, 조직화는 정부가 시민에게 책임감을 갖도록 영향력을 행사할 것이다. 또한 조직화에 의한 시민참여는 공통의 목적을 위해 단결된 힘을 제공하는 권력이기 때문이다(Rubin & Rubin, 2001, p. 3 재인용).

보건복지부의 '운영안내'(2015)는 대표협의체에 이용자 대표(주민)가 참여하게 하고 있지만, 참여한다고 권력으로 작용하는 것은 아니다. 읍면동 단위의 지역사회보장협의체(소수의 관변단체가 운영하는 것이 아닌 활발한 주민참여에 의해 이루어지는)이든, 마을 만들기(공간의 변화가 아닌 지역주민의 관계 회복을 우선하는)에 의한 조직이든 주민 간의 상호작용을 높이고, 상호작용의 구심점, 즉 주민조직이 민간복지기관들과 파트너십을 이룬다면 협의체에 무관심한 자치단체장에 영향을 미칠 수 있다고 본다.[16] 주민조직의 영향 속에 기초자치단체장은 지역사회보장협의체를 승인(endorsement)하고, 협의체 활성화를 위한 지원을 하게 될 것이다. 요컨대, 주민조직화에 의해 형성된 시민권력은 거버넌스라는 상호작용의 중요한 요인이 된다.

주민 간 상호작용의 증진, 행동의 변화는 의식의 변화에 후행한다. 앞서 언급하였듯이, 주민조직화 혹은 마을 만들기 안내서들은 주민의 의식 변화를 위한 교육을 가장 강조한다. 4년마다 지역사회보장협의체에 의해 수립되는 지역사회보장계획에 주민교육(지역사회시민교육)계획이 반드시 포함되어야 한다. 주민교육계획은 지역사회보장계획의 다양한 보편사업 중의 하나가 되어서는 안 되며, 우선순위가 가장 앞선 핵심 사업이 되어야 한다. 시군구 단위에서이든, 읍면동에서이든 간에 이러한 주민교육과 조직화가 사무국장의 중요한 역할이 되어야 한다.

16) 이러한 사례를 예시할 수 있다. 즉, 전라북도 진안군은 전국적으로 마을 만들기를 성공한 대표적인 지역이다. 마을 만들기와 관련해서 각 중앙부처의 상을 모두 받았고, 일본에서 견학을 올 정도로 모범적이다. 이 사업을 강력하게 추진했던 군수는 3선을 하였다. 후임으로 선출된 군수는 마을 만들기 사업을 폐지하려고 하였다. 군의 이장들과 마을 만들기 리더들이 군수에게 면담을 신청하였고, 이장과 리더들의 강력한 추진 의사를 받아들여 신임 군수는 마을 만들기 사업을 지속하였다.

(3) 읍면동 지역사회보장협의체의 발전 방안

복지 사각지대라는 문제는 지속적으로 읍면동의 기능을 강화하는 요인이 되었다. 2014년 송파 세 모녀 사건 이후 2014년 5월에 개최된 제7차 사회보장위원회 회의에서 복지 사각지대를 발굴하고 이로 인한 문제를 완화하기 위한 여러 방안이 논의되었는데, 그 가운데 읍면동 단위에서의 사회보장전달체계 강화가 등장하였다(지역사회보장균형발전지원센터, 2018). 「사회보장기본법」 제41조 제6항에 근거하여 읍면동 단위에서의 지역사회보장협의체 구성이 명시되어 있다. 이러한 접근은 읍면동 단위의 공적 영역에서의 복지행정 기능 강화뿐만 아니라 읍면동 및 마을단위에서의 민간자원 연계 강화와 주민 네트워크 활성화에 영향을 미쳤다(오윤정, 2016; 정아원, 강병덕, 박준혁, 정숙희, 2020).

〈사례 10-4〉에서 보았듯이, 읍면동 지역사회보장협의체는 읍면동이라는 소지역 단위를 변화시키기에 매우 효율적인 기제다. 다만 특이한 사례다. 읍면동 지역사회보장협의체라는 네트워크 구성단위는 크게는 민간과 공공으로 대별되지만, 민간은 또한 지역의 복지조직과 통장, 주부, 다양한 자생단체 회원으로 구성된다. 요컨대, 읍면동 지역사회보장협의체는 공공기관, 민간기관, 주민으로 구성되는 네트워크 조직이다.

읍면동 지역사회보장협의체를 구성・운영하는 목적은 "사회보장 사각지대 해소를 위해 읍면동 단위에서 사회보장 대상자를 발굴"하고, "지역사회 내 사회보장 자원 발굴 및 자원 간 연계 협력으로 지역사회 사회보장 자원의 효율적 활용체계를 구축"하며, "지역사회 내 사회보장문제 해결을 위한 민주적 의사소통 구조 확립 및 지역사회 보장증진과정에 주민참여 기반 마련을 통한 지역복지공동체 회복"(보건복지부, 2015)을 하고자 하는 것이다.

이를 위한 공공부문 위원은 읍면동장, 읍면동의 복지팀과 사회복지와 보건의료(대개는 보건소, 보건지소, 방문간호사) 등 사회보장 분야 담당 공무원이다. 이러한 규정으로 인해 읍면동 지역사회보장협의체가 보건복지 네트워크가 되고 보건복지통합 서비스를 제공할 수 있는 전달체계가 된다. 이미 서울특별시와 충청남도는 모든 읍면동에 방문간호사를 배치하여 보건복지통합 서비스를 적극적으로 제공하고 있다.

민간위원은 지역의 사회보장 활동을 수행하거나 서비스를 제공하는 기관, 법인, 단체, 시설의 실무자, 복지위원, 해당 지역사회의 실정에 밝고 사회보장 증진에 열의가 있는 자 중에서 읍면동장의 추천으로 시장, 군수, 구청장이 위촉한 자다. '운영안내'(보건복지부, 2015)에서 민간위원이 시군구 대표협의체와 실무협의체 또는 실무분과 위원

으로도 활동할 수 있도록 규정함으로써 읍면동 협의체와 시군구 협의체의 연결고리를 마련하려는 의도로 보이는데 바람직하다고 본다.

이러한 읍면동 지역사회보장협의체는 다음과 같이 변화하는 것이 바람직하다.

첫째, 읍면동 지역사회보장협의체가 도움 대상자 선정, 자원 발굴, 협의체 기금 사용, 특화 프로그램 개발 등의 활동과 관련해서 위원들 간에 합의를 통한 자율적인 의사결정기구가 되어야 한다. 보건복지부 사회보장위원회의 '심의, 조정', 시도 사회보장위원회, 시군구 지역사회보장협의체와 같은 '심의, 자문'이라는 규정은 없다. 다만 보건복지부의 운영조례(예시) 제9조에 읍면동 지역사회보장협의체는 "관할 지역 내의 사회보장 대상자 발굴, 사회보장 자원 발굴 및 연계, 지역보호 체계 구축 · 운영, 지역 특화[17] 사회보장사업"을 하도록 규정하고 있다. 이러한 사업을 "우선적으로 추진하는 회의에서 읍면동 주요 복지사업 관련 의사결정 사항"이라는 규정으로 보아 의사결정이 가능하다고 볼 수도 있다.

둘째, 읍면동 지역사회보장협의체도 조직으로서의 속성을 갖추어야 한다. 읍면동 지역사회보장협의체가 사각지대 해소라는 목표를 갖는다면 그 목표 달성을 위한 분업 구조, 행동 구조를 갖추어야 한다([그림 10-3] 참조).

셋째, 읍면동 지역사회복지협의체라는 전달체계 최하위 네트워크는 상위 네트워크인 시군구 지역사회보장협의체와 연결고리가 확보되어야 한다. 그 고리는 앞에서 언급한 시군구 지역사회보장협의체 사무국이다.

읍면동 지역사회보장협의체의 현실은 다음과 같다. 즉, 읍면동 단위의 공무원은 법적 과업 수행을 위해 매우 바쁘다. 일명 읍면동 단위의 깔때기 현상이라는 용어로 잘 알려져 있다. 읍면동 지역 내의 민간기관 종사자도 공무원과 유사한 상황이다. 읍면동 지역사회보장협의체에 소속되어 있는 주민인 자영업자, 통반장, 복지통장 등은 생활영역에서 다양한 활동을 하느라 읍면동 지역사회보장협의체 활동을 하는 데 많은 관심을

17) 지역특화사업은 전달체계로써 읍면동 지역사회보장협의체가 서비스를 생산하고 발굴한 대상자에게 전달하는 기능을 수행하는 측면이 있지만, 주민조직으로써 성장하고 발달해 가는 것을 저해하기도 한다고 볼 수 있다. 관심 있는 주민이 협의체 회의에 와서 "동네일에 참여하고 싶다"라고 하면, 협의체 위원장이 "월회비가 5만 원(2만 원이라고 하는 지역도 있었다)입니다"라고 한다. 왔던 주민은 "내 몸으로 하는 것을 할 수 있지만, 그만큼 회비를 내는 것은 부담 된다"고 하고는 가버린다. 이렇게 되면 협의체가 '그들만의 리그'가 되며 주민들 간의 경계가 만들어지는 것이다. 주민조직이 되기 위해서는 참여하는 주민이 점점 많아져서 주민들 간 관계의 크기와 밀도가 커지고 깊어지며 공동의 관심사에 따라 분화되어야 한다([그림 1-2]와 [그림 10-3] 참조).

갖지 않는다. 실제 동장, 사무장, 복지계장 등 읍면동 공무원의 권유로 지역사회보장협의체 위원이 되었던 민간위원은 실질적인 협의체 활동(후원자 발굴, 봉사 활동 등)이 시작되면서 부담을 느껴 탈퇴하는 경우가 많다. 이러한 문제가 해결되고 읍면동 지역사회보장협의체가 발전하기 위한 요인을 열거해 보면 다음과 같다(함철호, 2017a).

첫째, 시군구와 읍면동 수준의 지역사회보장협의체 발전에 가장 중요한 요인은 자치단체장의 관심이다. 읍면동 지역사회보장협의체의 활성화를 위해서 시장, 군수, 구청장은 협의체 활동에 대해 철저하게 이행 · 평가를 해야 한다. 연초에 각 읍면동장, 지역사회보장협의회 위원장 등 동별로 10명씩 참석하는 워크숍을 한다. 이 워크숍에서는 한 해 동안 각 동별 지역사회보장협의체 활동 계획을 토의해서 수립한다. 7월 무렵에는 동장과 위원장이 참여하는 중간보고회를 한다. 이때 활동 사항, 동별 모금액이 보고된다. 연말에는 각 동별활동을 심사하여 우수 동에 대해 시상을 하고, 모범사례를 발표하게 한다. 자치단체장의 임기 동안에 반복한다. 구정 이념 중에 하나로 복지공동체를 제시한 S구청장은 이렇게 동 지역사회보장협의체에 관심을 갖고 이행 · 평가를 하여 해당 지역의 A동 지역사회보장협의체의 활동을 전국 최고 모범으로 변화시켰다.

둘째, 읍면동의 맞춤형 복지팀과 담당 공무원의 열정과 노력은 읍면동 지역사회보장협의체 활성화에 매우 중요한 요인이다. 이들의 열정적 노력 없이 읍면동 지역사회보장협의체의 발전은 불가능하며, 활동 성과에 대해서는 승진으로 보상해야 한다.

셋째, A동 지역사회보장협의체 위원장과 사무국장의 헌신적 노력이 필요하다. 담당 공무원이 아무리 노력을 해도 파트너인 민간이 활동을 하지 않으면 동 지역사회보장협의체는 활성화될 수 없다. 지역의 토착 리더를 발굴하여 협의체 민간위원장의 역할을 부여하면 자연스럽게 동 지역사회보장협의체가 활성화되고, 참여하는 협의체 민간위원들은 주민조직으로 변신할 것이다.

넷째, 읍면동 지역사회보장협의체는 지역에 사회복지관과 같은 민간기관과 읍면동 주민자치센터, 행정복지센터와 같은 공공기관이 협력할 때 활성화되기 쉽다. A동이 주민을 불러내기 위한 서비스 현장에 가면 사회복지관장과 직원들이 항상 있다. 읍면동 지역사회보장협의체 사업과 사회복지관의 3대 사업이 일정 부분 유사점이 있기 때문에 협력이 가능하다. 민간조직의 참여자들과 동주민센터 맞춤형팀 참여자들 간에 목표를 공유할 때 협력이 잘되고 협의체가 활성화된다. 지역에서 삶이 어려운 사람을 도와 욕구를 충족시키고 임파워먼트시키는 것, 읍면동을 살기 좋은 지역사회로 변화시키는 것이 두 조직의 목표다.

근래에 읍면동 단위에서 '마을복지계획' 수립이 권장되고 있는데, 읍면동 지역사회보장협의체가 수립의 주체가 되는 것이 바람직하다고 본다. 수립을 위한 빈번한 만남이 친밀감 네트워크를 구성하게 되고 과업 네트워크로 발전할 수 있기 때문이다.

수행 학습

독자가 사회복지 분야의 현직에 있는 대학원생이라면 자신이 속해 있는 지역사회보장협의체 분과 활동(내용, 횟수, 참여로부터 효용과 비용)에 대해 생각해 보세요. 학부생이라면 현직에 있는 선배 사회복지사를 찾아 지역사회보장협의체 어떤 분과(노인복지분과, 장애인복지분과, 아동여성분과 등)에 소속되어 있는지, 분과활동(내용, 횟수, 참여로부터 효용과 비용)에 대해 탐문해 보세요.

지역사회보장계획

이 장에서는 '지역사회보장계획의 의의와 각국의 실태' '지역사회보장계획의 필요성과 목표 그리고 원칙' '한국 지역사회보장계획(시군구 지역사회보장계획, 읍면동 마을복지계획)의 현황과 과제'에 대해 학습하고자 한다.

1. 지역사회보장계획의 의의와 각국의 실태

지역복지계획[1]은 지역주민 각자가 인간다운 삶을 추구할 수 있는 지역사회를 만들기 위하여 주민과 행정기관이 상호협력하여 지역복지의 추진에 관한 사항을 종합적으로 정한 계획이다(大橋謙策 外, 2003). 지역복지계획은 사회복지 패러다임의 변화, 즉 이용자 중심의 서비스 전달체계, 기초자치단체를 기반으로 한 복지 형성(지방분권, 지방자치), 공공과 민간의 역할 분담과 협력체계, 재가복지 서비스의 확충, 지역주민참여와

1) '지역사회복지계획'과 '지역사회보장계획' '지역복지계획'이 문맥에 따라 바뀌어서 사용됨을 이해할 필요가 있다. 지역사회복지계획은 2003년 개정된 「사회복지사업법」 15조 3에 근거한 것이고, 이 계획은 2015년 7월 개정된 「사회보장급여법」에서 지역사회보장계획으로 개칭되었다. 일본의 현황을 소개하는 부분에서는 지역복지계획이라는 용어가 사용된다.

공동체 형성에 대한 관심 증가 등으로 인해 기존의 사회복지적 접근과는 다른 지역사회 중심의 사회복지 패러다임으로 변화하는 데 중요한 역할을 담당하고 있다(한국지역사회복지연구소, 2008). 이러한 의미를 갖는 지역복지계획이 일본, 영국, 미국과 같은 선진국들에서 어떠한가를 간략히 살펴보고자 한다.

먼저, 일본의 경우 지역복지계획 수립의 배경에는 1990년에 사회복지관계 8법이 개정되어 사회복지의 모든 분야에서 재가복지 서비스를 법정화하는 개혁에서 출발했다. 이 개혁의 이념은 복지서비스를 필요로 하는 사람의 지역자립생활을 지원하고, 이들을 지역으로부터 배제하는 것이 아니라 사회적으로 통합하기 위한 것이다. 또한 사회복지에 대한 지역주민의 관심과 이해를 증대시키고, 협력을 위한 복지교육과 자원봉사 활동을 추진하면서 복지서비스와 보건, 기타 의료 관련 서비스를 유기적으로 연결시켜 제공하는 지역 토털 케어 시스템을 구축하는 것이다. 이러한 개혁의 이념을 달성하기 위해 전국의 기초자치단체가 지역복지계획을 수립할 필요가 있다(大橋謙策 외, 2003).

영국 역시 1990년에 「국민보건 서비스와 지역사회보호법(National Health Service and Community Care Act)」을 제정하였고, 이 법에서 지방정부는 지역사회보호의 주체로서 지역주민의 욕구를 사정하고 지역사회보호정책을 구체화하기 위하여 정기적으로 지역사회보호계획을 수립하고 발간하는 것을 의무화하였다. 욕구사정 및 지역사회보호계획 수립과정에는 지역 내 보건당국, 가족보건 서비스당국, 지역주택당국 등 관련 공공부문은 물론 주택 공급 및 관리를 담당하는 주택협회, 자원단체나 영리기관, 지역 내 일반 의사나 간호사 등의 지역보건 전문가, 기타 서비스 이용자의 이익과 관련된 민간기관의 협조와 자문을 구해야 한다고 명시하고 있다(Clark & Lapsley, 1996).

미국에서도 지방정부 단위에서 복지서비스 프로그램의 효과적인 수행을 위하여 종합복지계획(Human Comprehensive Service Plan)을 수립한다. 이는 복지정책과 재정 계획을 결정하는 데 지침서 역할을 하며, 다음 연도의 정책 개발에 도움을 줄 수 있도록 복지정책의 종합적 · 포괄적 윤곽을 제시하고 있다. 이 계획은 시의 일반 총수입에서 복지서비스에 할당된 예산을 고려하여 복지서비스 제공 기관들에게 지원될 재정 수준과 역할의 범위를 2년 단위로 제공하고 있다(정효정, 2009).

우리 정부도 2003년에 「사회복지사업법」을 개정하여 지역사회복지계획의 법적 근거를 마련하였다. 2006년에 보건복지부에서는 '지역사회복지계획 수립 매뉴얼'을 기초자치단체에 보내고, 시군구 기초자치단체는 이에 근거해 '제1기 지역사회복지계획(2007~2010년)'과 '제2기 지역사회복지계획(2011~2014년)'을 수립 · 실행하였고, 현재

'제5기 지역사회보장계획(2023~2026년)'이 수립되어 있고 실행 예정 상태이다. 지역사회복지계획은 2015년 7월부터 「사회보장급여법」에 의해 지역사회보장계획[2]으로 개칭되었다.

2. 지역사회보장계획의 필요성과 목표 그리고 원칙

1) 지역사회보장계획의 필요성

지역사회보장계획의 필요성에 대하여 몇몇 연구자의 주장을 살펴보고자 한다(박태영, 2003).

마키사토 츠네지(牧里毎治)는 지역복지계획을 책정[3]하는 이유로 다음의 다섯 가지를 들었다. 첫째, 사회복지사업이나 프로그램을 지속적, 안정적으로 실시하기 위한 방안으로 계획을 세우는 것이다. 특히 정치적인 영향이나 유력 인사에 의해 서비스가 중단되거나 서비스가 제한되는 것을 방지하기 위한 것이다.

둘째, 종적으로 구분된 행정의 폐해를 극복하기 위한 방안으로 계획을 책정하는 것이다. 생활 관련 행정부서의 업무는 법률과 지침에 근거하여 여러 부서로 나누어 시행되고 있지만, 주민의 입장에서는 생활에 직접적으로 관련된 업무가 종합적으로 시행되는 것이 필요하다. 주민생활과 관련이 깊은 각 부서, 각 분야 간의 연계, 협력, 통합을 구체적으로 나타내는 것이 계획이다.

셋째, 복지문제를 조기발견하고, 조기대응할 수 있는 체계를 만들기 위해 계획이 필

2) 필자는 지역사회보장계획이라는 용어가 바람직하지 않다고 본다. 1935년 미국의 「사회보장법(Social Security Act)」이 중앙정부의 사회보장정책을 나타내듯이, 지역사회보장계획이라는 용어는 지역의 복지를 중앙정부가 보장한다는 뉘앙스가 있기 때문이다. 이러한 의미는 보건복지부의 '계획' 수립 원칙 중의 첫 번째 '지역성(지역 고유의 특성이 반영될 수 있는 복지계획)'이라는 원칙을 퇴색시킨다. 그리고 일본지역복지학회장이었던 오하시 켄사쿠 교수의 '지역의 개별화 존중 원칙'도 준수되기 어렵다. 한국지역사회복지학회에서도 중앙정부의 연구기관 소속 발표자가 "지역사회보장계획이라는 용어가 바람직한지 모르겠다."는 문제제기를 하였다. 근래에 도입된 '마을복지계획'도 '마을보장계획'으로 바꿔야 한다. 지역사회복지 전문가 집단인 한국지역사회복지학회는 지역사회복지계획이라는 용어가 법적으로 사용될 수 있도록 법 개정을 추진할 필요가 있다. 제10장의 학습내용인 지역사회보장협의체도 지역사회복지협의체로 개칭되어야 한다. 전문가 집단은 늘 전문가 윤리를 유념해야 한다.

3) 우리는 '수립'이라는 용어를 쓰고, 일본은 '책정'이라는 용어를 쓴다.

요하다. 복지문제를 예측하여 예방하는 것은 복지문제가 심각해지고 다른 문제와 얽혀 복잡해지는 것을 방지하는 효과가 있고, 서비스 네트워크를 통한 공간적 체계화와 생활방식의 관점에서 시간적 체계화를 도모하는 것이며, 아울러 문제가 발생하는 가족이나 지역사회로 하여금 문제해결능력을 강화해 나가는 것이다.

넷째, 복지정책이나 제도를 만드는 데 주민이 참가하기 위해 계획이 필요하다. 주민이 계획을 책정하는 데 참여하거나 계획을 실시하는 데 참여하는 것을 통하여 주민자치·지방자치를 실현하게 된다. 복지계획 수립은 행정관료 중심으로 이루어지거나 서비스를 제공하는 전문가 주도로 이루어지기 쉽다. 즉, 공급자 중심 혹은 공급자 측의 재정 능력에 맞게 계획이 수립되기 쉽다는 것이다. 그러나 재정보다 더 먼저 고려되어야 하는 것이 주민의 복지욕구나 필요도다. 따라서 복지계획은 주민을 위한 사회복지서비스를 제도화하는 데 있어서 주민참여의 구체적인 형태인 것이다. 주민이 참여하지 않고 만들어진 계획은 복지행정계획은 될 수 있겠지만 지역복지계획은 될 수 없다.

다섯째, 지역사회에 있어서 민관협력 관계를 안정화시키고 정착시키기 위한 합의 방법으로 계획을 수립한다는 것이다. 민간이 행정의 하청 기관화 내지는 종속화되어 있는 것을 '상호비판적으로 협력할 수 있는 관계'로 재구축하고 유지해 나가는 것이 계획 수립의 또 하나의 목적이다. 이는 조직이나 단체만을 의미하는 것이 아니라 개인 간의 협력관계, 즉 유급인력과 무급인력 간의 협력체제 마련 등도 포함된다.

후루가와 고준(古川孝順, 2003; 박태영, 2003 재인용)은 지역복지계획을 책정하는 이유를 세 가지로 설명했다. 첫째, 당해 연도주의를 극복하고, 장기적인 전망을 갖고 정책의 책정·실천이 가능하게 된다는 점이다. 둘째, 제한된 사회자원의 배분을 위한 우선순위를 설정함에 있어서 사회복지관계자뿐만 아니라 인접영역의 관계자, 나아가 지역주민에 대하여 이해를 구할 수 있다는 점이다. 셋째, 계획의 최종 연도 및 각 연도의 목표를 수치로 명확하게 제시하고, 그 실적에 대하여 객관적으로 평가하여 이를 근거로 계획의 재검토가 가능하게 된다는 점이다.

이상의 내용을 중심으로 하여 지역사회보장계획의 필요성을 다음과 같이 정리할 수 있다. 첫째, 지역사회의 복지 비전과 장기 전망을 제시하고 이를 구체화하기 위함이다. 둘째, 지역주민의 욕구에 적합한 사회복지서비스의 총량을 확대하기 위함이다. 셋째, 지역사회복지의 다양한 주체 간의 협력, 특히 민관협력체계를 구축하기 위함이다. 넷째, 주민참여[4]와 역량 강화 기제로서 지역사회보장계획이 필요하다.

2) 지역사회보장계획의 목표

지역복지계획에는 세 가지 목표가 포함되어 있다(大橋謙策 외, 2003; 박태영, 2003 재인용). 첫째, 주민의 복지 욕구를 충족하기 위한 서비스 목표량이나 서비스를 제공하기 위한 체계 구축과 같은 과업목표(task goal)다. 둘째, 계획의 책정과 실천에 있어서 주민의 사회복지에 대한 관심과 이해를 높이고 실질적인 주민참여를 도모하는 과정목표(process goal)다. 셋째, 지방자치단체에 있어서 사회복지에 관한 사회적·정치적 역학의 변화를 추구하는 관계적 목표(relationship goal)다. 그러므로 지역복지계획은 단순히 지역사회보장에 대한 계획만을 의미하는 것이 아니라, 주민이 참여하여 자신의 욕구를 표출하고 이를 종합한 후 해결해야 할 과제를 만들고, 이를 실현하기 위해 행정기관과 공동으로 노력하면서 기존의 행정과의 관계를 변화시켜 나가는 일련의 과정 전체를 의미한다(박태영, 채현탁, 2014).

3) 지역사회보장계획의 원칙

지역복지계획을 수립하고 실천하는 데 있어서 기본이 되는 원칙이 있다. 오오하시 켄사쿠(大橋謙策 외, 2003 재인용)는 지역복지계획의 수립과 실천은 전체성의 존중, 주체성의 존중, 사회성 및 교류성의 존중, 지역성 및 근접성의 존중, 문화성 및 쾌적성의 존중 등에 근거하여야 한다고 주장했다. 노구치 사다히사는 지역복지계획의 기본 개념이라는 형태로 총합성과 포괄성, 사회정책의 계획화, 참가의 중시, 지역성 중시, 목표의 수치화 등을 들었다. 지역복지계획에 관한 조사연구위원회의 자료에서는 지역복지계획의 원칙으로 지역의 개별화 존중, 이용자 주체, 네트워크화, 공사 협동, 주민참여 등을 들었는데, 이를 자세히 살펴보면 다음과 같다(大橋謙策 외, 2003; 박태영, 2003 재인용).

첫째, 지역의 개별화 존중 원칙이다. 지역성(locality)은 다음의 의미를 가진다. 하나

---

4) 지역사회복지계획 수립에 있어서 주민들의 참여 의지는 대단하다. 구청 담당자의 다음과 같은 진술에서 엿볼 수 있다. 즉, "이제는 복지가 중앙(정부)도, 광역도 아니라 자기가 살고 있는 지역의 복지이거든요. 그러니까 어제도 우리가 건강한 ○○동 만들기 해서 보건소 주관으로 욕구조사를 해서 워크숍을 했는데…… 그 지역에 살고 있는 주민의 욕구에 맞는 지역복지계획이 수립이 되는 거예요. 어제 그 워크숍을 1시 30분에 시작했는데 6시 넘어서 끝났어요. 주민들이 다 오셔서 했는데……."(함철호 외, 2012)

는 지역의 특성을 중요시해야 하는 것이다. 정부가 제시하는 가이드라인에 맞추어 획일적으로 지역의 목표 수치만 기입한 것은 계획이라고 할 수 없다. 지역의 인구 상황, 지역의 장점 및 단점 분석, 정책의 집중화와 우선순위 설정 등 그 지역사회의 특성이 반영된 지역사회보장계획이 필요하다. 또 다른 하나는 지역사회 내에서 필요한 사회복지서비스의 제공이 가능해야 한다는 것이다. 필요한 서비스를 일차적으로 일상생활권 내에서 이용할 수 있도록 해야 한다. 일상생활권 내에서 제공하기 곤란한 서비스는 기초자치단체 권역 수준에서 제공해야 한다. 나아가 기초자치단체 수준에서 해결이 안 되는 문제는 광역단위에서의 대응책이 필요하다.

둘째, 이용자 주체의 원칙이다. 사회복지서비스를 이용함에 있어서 이용자의 선택권이 보장되어야 한다. 이용자는 소비자 내지는 청구자로서의 권리가 보장되어야 한다. 뿐만 아니라 제공된 서비스에 대한 평가도 제3기관에 의해 이루어져야 한다. 특히, 사회적 약자 입장에 있는 사람이 자신의 권리를 지킬 수 있도록 이들에 대한 임파워먼트가 필요하다.

셋째, 네트워크화(networking)의 원칙이다. 필요한 사회복지서비스가 지역사회내에서 효율적으로 공급되기 위해서는 지역 내의 보건의료 서비스와의 연계가 불가피하다. 또한 다양한 복지서비스 공급주체 간의 네트워크를 구축하는 것도 필수사항이다.

넷째, 공사 협동의 원칙이다. 공공과 민간 부문은 각각의 역할 분담을 바탕으로 상호 협력함으로써 지역사회복지를 실현해 간다. 민간은 복지서비스의 제공이나 정책을 제안하는 등의 역할을 하고, 공공은 지역의 사회복지서비스에 대한 질적 향상이나 복지자원의 확충 등 기반 정비나 민간부문의 활성화를 위한 조건을 정비하는 역할을 해야 한다.

다섯째, 주민참여의 원칙이다. 지역주민이 지역사회보장계획 수립에 참여할 수 있는 다양한 방법을 도입해야 한다. 뿐만 아니라 계획의 실천과 이용에 있어서도 주민이 참여할 수 있도록 해야 한다. 주민참여형 사회복지서비스 제공자나 자원봉사단체, 복지 NGO 등이 지역사회 내에서 활약할 수 있도록 이들을 육성하는 것도 필요하다. 또한 지역주민이 지역의 복지활동에 관심을 갖고 구체적인 활동에 참가할 수 있도록 다양한 노력을 기울여야 한다.

3. 한국 지역사회보장계획의 현황과 과제

우리나라의 지역사회보장계획을 시군구 계획과 근래에 도입된 읍면동 마을복지계획으로 대별하여 살펴보고자 한다.

1) 시군구 지역사회보장계획

(1) 법적 근거

지역사회보장계획은 지역주민들의 복지 욕구와 지역 내 복지자원 등을 고려하여 지방자치단체의 실정에 부합하도록 수립하는 시도, 시군구 단위의 4년 중기 계획으로, 지역의 복지정책이다(함철호 외, 2012). 이러한 의미를 갖는 지역사회보장계획은 앞서 언급했듯이, 2003년도에 개정된 「사회복지사업법」 제15조의3(명칭) · 4(내용) · 5(시행) · 6(평가)에 근거한 법정 계획이었는데, 2015년 7월 1일에 시행된 「사회보장급여의 이용 · 제공 및 수급권자 발굴에 관한 법률」(이하 「사회보장급여법」)에 의거하여 지역사회보장계획으로 명칭(제35조)이 바뀌었다. 시장, 군수, 구청장은 지역사회보장에 관한 계획을 4년마다 수립하고, 매년 지역사회보장계획에 따라 연차별 시행계획을 수립하여야 한다(「사회보장급여법」 제35조 제1항). 이 경우 「사회보장기본법」 제16조에 따른 사회보장 기본계획과 연계되도록 하여야 한다.

이전의 지역사회복지계획의 근거 법이었던 「사회복지사업법」 제15조의4에는 지역사회복지계획에 포함되어야 할 내용으로 ① 복지 수요의 측정 및 전망, ② 사회복지시설 및 재가복지에 대한 장단기 공급 대책, ③ 인력, 조직 및 재정 등 복지자원의 조달 및 관리, ④ 사회복지전달체계, ⑤ 사회복지 및 보건의료 서비스의 연계 제공 방안, ⑥ 지역사회복지에 관련된 통계의 수집 및 정리, ⑦ 사회복지시설에 종사하는 사람의 처우 개선사항, ⑧ 기타 사항이 명시되어 있다.

새로운 법적 근거인 「사회보장급여법」 제36조에는 시군구 지역사회보장계획에 ① 지역사회보장 수요의 측정, 목표 및 추진전략, ② 지역사회보장의 목표를 점검할 수 있는 지표('지역사회보장지표'라 한다)의 설정 및 목표, ③ 지역사회보장의 분야별 추진전략, 중점 추진사업 및 연계협력 방안, ④ 지역사회보장 전달체계의 조직과 운영, ⑤ 사회보장급여의 사각지대 발굴 및 지원 방안, ⑥ 지역사회보장에 필요한 재원의 규모와 조달 방안, ⑦ 지역사회보장에 관련한 통계 수집 및 관리 방안, ⑧ 지역 내 부정수급 발생 현황 및 방지대책, ⑨ 그 밖에 대통령령으로 정하는 사항을 포함하여야 한다고 규정하고 있다. 이 두 조항에서의 두드러진 차이는 「사회복지사업법」에서는 '사회복지 및 보건의료서비스의 연계 제공 방안'이 포함되어 있는데, 「사회보장급여법」에서는 그것이 빠져 있고, '사회보장급여의 사각지대 발굴 및 지원 방안'이 포함되어 있다는 것이다.

이와 같은 법에 근거해 보건복지부는 제1기부터 현재의 5기까지 '지역사회보장계획 수립 매뉴얼'을 제시하였다. 시군구 지역사회보장계획은 지역주민의 복지 증진을 위해서 지역사회에서 활용 가능한 복지자원을 고려하여 시군구 단위에서 성취해야 할 비전, 목표, 핵심 과제 그리고 세부사업을 지역사회 주체들의 참여를 통하여 결정해 나가는 것을 목적으로 제시하였다. 아울러 지역사회보장계획 수립을 작성하는 과정의 주요 원칙을 다음과 같이 들었다(보건복지부, 2013).

첫째, 지역성으로, 지역 고유의 특성이 반영될 수 있는 복지계획이 되어야 한다. 시군구 단위의 복지계획은 지역의 특성을 반영하고, 지역주민에게 필요한 복지서비스를 공급하기 위한 목적에서 수립한다. 따라서 국고보조사업의 집행 계획뿐만 아니라, 지역주민을 위한 자체 사업을 개발하고 실천할 수 있도록 계획을 수립한다. 자체 사업뿐만 아니라 국고보조사업의 경우에도 지역의 특성을 반영할 수 있는 추진체계 구성을 위해 노력하여야 한다. 실제 지역의 문제를 이해하고 해결하는 방법으로 계획의 구성 및 내용이 작성되어 지역의 특성에 따른 다양한 계획이 나오도록 한다.

둘째, 과학성으로, 객관성을 확보할 수 있는 과학적 기초 자료에 근거해 지역사회보장계획을 수립해야 한다. 지역사회보장계획의 궁극적 목적은 지역주민의 복지 욕구를 파악하고, 이를 토대로 한 지역주민의 복지 증진에 있다. 따라서 계획의 출발점은 주민의 복지 욕구를 정확하게 파악하는 것이다. 주민의 욕구가 무엇인가에 대한 객관적 고려와 주어진 환경과 자원이 어떠한지에 대한 현황분석이 과학적으로 조사되는 것을 원칙으로 한다. 계획 수립 진행과정과 계획의 내용도 지역주민의 복지 증진이 가능한 방법으로 접근하는 이용자 중심의 계획이 되어야 한다. 또한 관련 복지사업의 체계적 배치를 통해 비전과 전략 목표의 달성을 논리적으로 보여 줄 수 있는 전략 계획의 수립을 지향한다.

셋째, 일관성으로, 지역사회보장계획은 상위계획 및 유관계획, 연차별 시행계획 등과 일관성이 확보된 계획으로서 청사진 역할을 하는 중기 계획이면서 동시에 실제 실천 가능한 계획이 되어야 한다. 이는 각 해당 연도별 시행 계획 수립과 사업의 목표 달

성 정도를 평가하면서 매년 사업의 타당성 및 적절성을 반영하여 사업의 연속성이 확보되어야 한다. 즉, 이전 계획 및 관련 지역계획(「지역보건법」에 근거한 지역보건의료계획 등), 중앙정부 및 시도 상위계획의 방향과의 일관성이 확보된 계획이 되어야 한다.

넷째, 참여성으로, 지역주민의 적극적인 참여(participation)를 유도 · 촉진해야 한다. 제7장 '사정' 부분에서도 언급했듯이, 주민들의 적극적인 참여가 없을 경우에는 지역의 리더들이나 정치인, 전문가 집단 등과 같은 이해관계자들에 의해 주민들의 욕구가 왜곡될 수 있기 때문이다.

다섯째, 협력성으로, 지역의 사회복지 공급주체로서의 공공 · 민간 서비스 기관 간의 협력(collaboration)을 해야 한다. 공공기관들은 많은 정보와 자원을 가지고 있고, 민간기관들은 전문성과 주민들의 욕구 이해 측면에서 강점이 있다. 양자가 협력한다면 지역사회보장계획 수립 측면에서 시너지 효과를 낼 수 있다.

끝으로, 실천성으로, 실천 가능한 계획이 되기 위한 행정적 · 재정적 계획 수립이며, 지역사회보장계획의 실현 가능성을 높이기 위하여 사업의 추진체계, 전달체계 구축, 인력 및 재정 계획 등이 반드시 수반되어야 한다.

이러한 원칙에 근거하여 다음과 같은 순서로 지역사회보장계획을 수립하는 것이 바람직하다고 할 수 있다.

① **준비 단계(계획 수립을 위한 기획)**: 시군구 지역사회보장계획 수립을 위한 기획, 예산 확보 및 활용 계획 등을 총괄하여 계획 수립을 위한 기획을 한다. 계획 수립과정의 전반적 기획은 지역사회보장협의체를 중심으로 지역 주체들이 논의해 나가는 것이 바람직하다. 지역사회보장계획 수립 주체 간의 역할을 명확하게 하고 시군구에서의 지원 방향, 협의체에서의 논의방식, 지역 복지전문가의 참여 범주 등을 결정한다. 특히 지역사회보장협의체와 복지부서 중심으로 자체 계획을 수립하되, 복지욕구조사 등은 지역의 전문연구기관을 활용할 수도 있다. 이를 위해 지역사회보장계획의 계획(안)의 작성을 담당하는 '지역사회보장계획 수립 TF팀'을 구성 · 운영한다.

② **지역의 기초분석 단계(욕구 및 자원조사 실시)**: 지역주민의 욕구와 활용 가능한 자원을 파악하는 기초분석 단계는 전문성이 요구되는 과정이므로 지역의 전문연구기관이나 협의체의 내외부 전문가가 주도적인 역할을 하며, 시군구는 이에 필요한 사항을 지원한다. 구체적으로 시군구는 지역과 관련하여 확보된 기초자료를 제공

한다. 또한 지역주민 복지욕구 조사과정에 협조지원(조사원 역할, 공문 발송 등)을 하여 조사가 원활히 될 수 있도록 한다.

③ **사업계획 단계**(복지계획안 마련): 계획(안)의 작성은 계획 수립 TF팀을 중심으로 진행한다. 이 단계에서는 '지역사회복지 비전과 목표 결정, 전략 목표' '우선순위, 복지자원(예산), 복지욕구와의 적절한 비교 분석을 통해서 집중해야 할 핵심 과제 선정' '세부사업의 중기 계획 및 연차별 계획 수립' '행정 · 재정 계획 수립'을 마련하는 것이 중요하다.

④ **의견수렴 단계**[의견수렴(공고 등)]: 지역사회보장계획의 지역성을 확보하기 위해서는 지역 전체의 의견수렴이 다각도로 이루어져야 한다. 공고, 공청회, 간담회, 공모 등을 통하여 지역주민의 의견수렴 절차를 거쳐 계획의 정당성을 확보한다. 지역의 의견수렴은 지역사회보장계획의 홍보와 지역주민의 관심을 불러일으키는 계기가 되도록 하며, 계획의 실행 단계에서 지역주민의 참여를 활성화시키는 데 기여할 수 있도록 한다.

⑤ **보고서 확정 단계**(심의, 확정): 지역사회보장협의체의 대표협의체를 중심으로 지역사회보장계획을 심의하고 계획안을 확정하는 과정을 거친다.

⑥ **제출 단계**(보고): 심의, 확정된 지역사회보장계획을 지방의회에 보고함으로써 향후 계획의 내용과 예산 편성의 연계성을 제고한다. 최종 확정된 지역사회보장계획을 시 · 군 · 구청장에게 보고한 후, 시도로 제출한다.

⑦ **최종 단계**(권고 · 조정 사항 반영): 시도 지사가 제시한 권고 · 조정 사항이 있는 경우, 이를 논의하여 지역사회보장계획에 반영하고 계획안을 수정하여 이를 확정한다.

이렇게 수립된 지역사회보장계획은 보건복지부 장관이 정하는 기준에 근거하여 평가하게 된다. 계획 평가는 수립된 계획의 타당성 평가와 시행한 계획에 대한 평가로 구분된다. 지역사회보장계획의 타당성 평가는 계획을 시행한 첫 해에 실시하고, 이는 자체 평가를 중심으로 진행한다. 계획의 시행 결과에 대한 총괄평가는 4년 주기로 하되, 지역사회복지 수준의 변화를 중심으로 평가한다.

지역사회보장계획과 연계하여 연차별 시행 계획을 수립하고 연차별로 시행 결과를 평가하며, 연차별 시행 결과 평가는 계획의 중간 점검으로서 과정평가의 성격을 갖는다. 지역사회보장계획 및 시행 결과의 평가내용은 차기 지역사회보장계획에 반영하게 될 것이다.

(2) 시군구 지역사회보장계획의 발전 방안

첫째, 우리는 지역주민으로서 지역사회보장계획에 긍정적 태도를 가질 필요가 있다. 조사 결과(함철호 외, 2012)에 나타나 있듯이, 지역사회보장계획의 실효성에 대해 응답자들은 부정적 태도를 보이기도 하고 긍정적 시각을 보이기도 했다. 그렇지만 한 지역복지계획 담당자의 진술에서 볼 수 있듯이, '만들어진 계획'이 '장기적 전망'을 제시하고 '장애인복지관과 청소년쉼터'를 확보하게 하는 근거가 되고 있다. 이것은 지역사회보장계획이 지역주민의 욕구에 부합하는 복지자원의 총량을 확보하는 수단이 되고 있음을 보여 준다고 하겠다. 또한 "지역사회보장계획 수립 …… 워크숍을 1시 30분에 시작했는데 6시 넘어서 끝났어요. 주민들이 다 와서 했는데……."라는 진술을 볼 때, 지역사회보장계획이 주민참여의 기제가 되고 있음을 알 수 있다. 우리나라 지역사회보장계획 수립의 역사는 짧다고 할 수 있다. 짧은 역사 속에 나름대로의 성과가 있었고, 지역사회보장계획이 지역단위의 복지정책이라는 중요한 의미를 갖는다고 볼 때 그것에 대해 긍정적 시각을 갖는 것이 지역사회보장계획을 발전시킬 수 있는 기초가 된다고 본다.

둘째, 지역사회보장계획과 시구 자치단체장에게 주민생활국장이 보고하는 '주요업무보고(시구 단위의 주요한 사회복지 관련 업무)'를 일원화하는 것이 필요하다. 현재 우리나라는 시구 단위에서 '지역사회보장계획'과 '주요 업무 보고'라는 2개의 복지정책이 공존하는 이중구조인데, 후자가 핵심 업무로서 거의 100% 실행된다. 이런 이유로 지역사회보장계획은 "수립할 때에만 반짝 관심을 갖고 그 이후로 캐비닛 속으로 들어간다"고 한다. 「사회보장급여법」 제35조 제2항에 근거하여 시도에 제출하기에 앞서 시구 의회에 지역사회보장계획을 보고하도록 규정하고 있는데, 이러한 절차를 수행하는 과정에서 2개를 단일안으로 종합하는 노력이 필요하다.

셋째, 기초 및 광역 자치단체의 계획내용을 명확하게 구분하는 것이 필요하다. 구분의 필요성은 다음과 같이 두 가지로 제시할 수 있다. 먼저, 지역사회보장계획을 지방자치단체의 기능과 관련시켜 보아야 한다. 광역자치단체의 기능과 기초자치단체의 기능은 다양하지만, 일반적으로 기초자치단체는 지역주민에게 직접 서비스를 하고, 광역자치단체는 그러한 기초자치단체의 기능을 지원한다. 따라서 광역의 지역사회보장계획은 기초의 계획을 지원하는 것이 기능적으로 일치한다. 다음으로, 지역복지가 발달한 일본의 경우에는 "광역자치단체인 도도부현은 기초자치단체인 시정촌이 지역복지를 계획적으로 추진하는 것을 지원하는 지역복지 지원계획을 수립하게 된다."(히라노 타카유키, 2012) 이러한 두 가지 기준에서 볼 때, 우리나라 광역자치단체 지역사회보장계획은 지원계획으로 변경하는 것이 바람직하다고 본다. 광역자치단체 계획에는 소속 기초자치단체의 지역사회보장계획이 잘 수립될 수 있도록 지원하는 내용, 수립된 시구의 계획이 원활히 시행될 수 있도록 지원할 내용, 시행 후 평가하는 내용이 포함되어야 한다. 평가 시 보건복지부는 시도와 함께 시군구의 지역사회보장계획(연차별 시행)의 이행을 평가하는 것이 지역사회보장계획의 실효성을 높일 수 있는 방법이다.

넷째, 지역사회보장계획이 지역보건의료계획과 연계되는 방안이 강구되어야 한다. 우리 사회의 급속한 고령화에 따라 지역단위에서 노인인구가 급증하고 있다. 이들에게 보건의료 서비스와 복지서비스가 통합되어 제공되어야 하는 것은 당연한 것이다.

다섯째, 지역사회보장계획의 내용에 주민교육이 반드시 포함되어야 한다. 주민이 자신들의 삶의 터전인 지역사회에 관심을 갖고, 이웃 사람과 더불어 살아가도록 하는 마음을 갖게 하며, 공동체 구성원으로서 규범적 역할을 하고, 복지인프라 확충을 위해 노력하는 자율성과 책임의식이 있는 시민으로 양성하는 교육에 의해 지역사회보장계획의 과업목표와 과정목표의 달성 가능성이 높아질 것이다. 제1장에서 소개한 '반사사' 혹은 '희망세상'은 반송동 주민교육에서 시작되었음을 상기해야 할 것이다.

여섯째, 지역사회보장계획(연차별 시행 계획 포함) 수립 · 평가 매뉴얼이 쉽게 만들어져야 한다. 〈표 11-1〉에서 볼 수 있듯이, '수립 매뉴얼'에 대해서는 응답자의 76.3%가, '평가매뉴얼'에 대해서는 81.6%가 '어렵다'라고 응답하였다. 이러한 통계치는 다음과 같은 지역사회보장계획 수립 담당 공무원의 진술로도 뒷받침된다.

> "제가 2008년부터 복지계획 수립 업무를 봤어요. 사실 복지계획 업무 자체가 좀 어려워요.

표 11-1 지역사회복지계획 연차별 시행 계획 수립 및 평가 매뉴얼 이해도·난이도

<table>
<tr><th colspan="2">구분</th><th>최솟값</th><th>최댓값</th><th>평균</th><th>표준편차</th></tr>
<tr><td colspan="2">연차별 시행 계획
수립 및 평가 매뉴얼 이해도</td><td>1</td><td>4</td><td>2.12</td><td>0.536</td></tr>
<tr><th colspan="6">연차별 시행 계획 수립과 결과평가 매뉴얼에 대한 어려움 정도</th></tr>
<tr><td rowspan="4">어려움 정도</td><td rowspan="2">수립매뉴얼</td><td colspan="2">어려웠다</td><td>186</td><td>76.3</td></tr>
<tr><td colspan="2">쉬웠다</td><td>58</td><td>23.7</td></tr>
<tr><td rowspan="2">평가매뉴얼</td><td colspan="2">어려웠다</td><td>199</td><td>81.6</td></tr>
<tr><td colspan="2">쉬웠다</td><td>45</td><td>18.4</td></tr>
</table>

출처: 함철호 외(2012).

2010년도에 딱 매뉴얼이 바뀌었거든요. 사실 공무원이 접근하기에는 좀 어려웠어요. 매뉴얼 자체도. …… 저희는 시범평가를 자청해서 받았어요. 매뉴얼대로 했는데 사실 무척 어려웠어요. 그래서 여러 차례 보건복지부가 주관하는 지역사회보장계획 수립 교육을 받았는데…… 무척 어려워들 했어요. 저희는 협의체가 워낙 잘되니까 협의체랑 협력해서 시범평가 준비를 했는데…… 협의체 간사도 교육받고 저도 교육을 똑같은 데에서 받고 왔는데, 매뉴얼 해석이 달라요. 혼선이 오더라고요. 그래서 같이 교육을 받았어요. 그러니까 혼선이 없어지고 소통이 잘되더라고요."(군 지역 보장계획 담당 공무원)

이러한 데이터를 볼 때, 지역사회보장계획 관련 매뉴얼들은 담당 공무원과 협의체 간사들이 이용하기 용이하게 만들어져야 하며, '협의체 간사와 담당 공무원이 함께 교육받을 수 있는 교육과정'이 만들어져야 한다.

일곱째, 지역사회보장계획 수립, 실행, 평가의 주체로서 지역사회보장협의체의 활성화 방안을 고려해야 한다. 「사회복지사업법」(제7조의2)과 보건복지부의 '수립 매뉴얼'은 지역사회복지계획의 수립 주체로 지역사회복지협의체를 명시하고 있다. 그러나 지역사회보장협의체가 자체적으로 지역사회보장계획을 수립하는 시군구는 30%가 되지 않는다(함철호 외, 2012). 지금은 그 비율이 더 높아졌을 것으로 생각한다. 우리나라 시군구 지역사회보장협의체의 상당수가 지역사회보장계획 수립과 관련해서 적절한 역할 수행을 하지 못하고 있다는 의미로 보아야 할 것이며, 지역사회보장협의체가 활성화되어야 하는 주장의 근거다. 활성화를 위한 노력은 행정적 측면과 교육적 측면에서 언급할 수 있다. 먼저, 행정적 측면에서 보면, 첫째, 보건복지부는 시군구 지역사회보장협의체 운영예산을 지원하고 평가해서 시군구가 관심을 가지게 해야 할 것이다. 둘째, 광역 시도는 시군구 지역사회보장협의체 간사의 인건비 등을 지원해야 할 것이다. 셋째, 기초자치단체 수준에서는 자치단체장의 관심과 간사 확보를 위한 노력이 이루어져야 할 것이다.

다음으로, 교육적 측면에서는 지역사회보장협의체의 활성화를 위해 다음과 같은 노력이 필요하다. 보건복지부는 국가공무원인재개발원의 (시군구) 승진자 과정에 지역사회보장협의체에 관한 과목이 개설되도록 노력해야 한다. 또한 한국보건복지인재원에 지역사회보장협의체 인식 개선을 위한 교육과정을 개설하되, 담당 공무원과 지역사회보장협의체 간사가 합동으로 교육받을 수 있는 교과과정을 개설할 필요도 있다. 지역사회보장협의체가 활성화되어 있고, 지역사회보장협의체에 의한 지역사회보장계획 수립, 실행, 평가가 잘 이루어지는 지역의 특징으로 담당 공무원과 간사의 파트너십이 탁월하다는 것을 명심해야 할 것이다(함철호 외, 2012).

2) 읍면동 마을복지계획

읍면동 마을복지계획은 지역사회의 변화를 위해 근래에 도입되었다. 근거와 개념, 특성, 주요 내용, 추진체계, 계획 수립을 위한 주체별 역할, 수립과정, 도시와 농촌의 사례 그리고 수립 시 고려할 사항에 대해 살펴보고자 한다.

(1) 근거 및 개념

행정안전부 · 보건복지부는 2019년 '찾아가는 보건복지 서비스 매뉴얼'에 세부 추진 사항으로 '주민 주도 마을복지계획 수립 · 실행'을 제시하였으며, 2020년 '매뉴얼'에는 해당 계획 수립 및 실행에 대한 세부적인 내용들을 명시하였다. 이로 인하여 각 읍면동에서는 1~3년 주기의 단기적인 지역 내 복지계획을 수립할 근거를 가지게 되었다(행정안전부, 보건복지부, 2020). 읍면동 마을복지계획과 시도/시군구 지역사회보장계획은 세 가지 측면에서 차이를 볼 수 있다(김동화, 2020). 첫째, 시도 및 시군구 계획은 인프라 구축 등을 통해 해결 가능한 의제가 많지만, 읍면동 마을복지계획은 '주민이 자체적으로 해결 가능한 범주의 내용'을 중심으로 한다. 둘째, 시도 및 시군구의 계획 실행을 위해서는 지자체 예산 수반이 큰 반면, 읍면동 마을복지계획 실행을 위한 비용은 시군구 계획에 비해 적게 소요된다. 그리고 읍면동 마을복지계획은 시도 및 시군구 지역사회보장계획보다 주민의 주도적 참여성이 크다.

읍면동 단위 주민의 복지 증진을 목적으로 한 계획의 전형은 '서울시 찾아가는 동주민센터 마을계획(이하 찾동 마을계획)'이다. 서울시는 행정동 단위에서의 마을계획 수립을 추진하였으며, 이를 통하여 주민들의 각종 요구에 대한 공론의 장을 형성하고 지역의제에 대한 해결 방안들을 모색하며 주민들의 자치력을 강화하고자 하였다(서울시 마을공동체 종합지원센터, 2017). 찾동 마을계획은 마을계획단과 마을사업 전문가, 촉진자, 동 직원 등이 참여하여 각 동별 여건에 따라 관련 사업 및 추진 계획을 수립하였다. 찾동 마을계획은 마을주민의 복지 증진을 위한 계획 수립의 절차 확립, 동 단위 민관 거버넌스의 구축, 관련 전문가 및 실천가의 양성 등의 의의를 갖는다. 또한 서울시에서 시도한 동 단위의 주민주도적 계획 수립은 이후 마을 단위의 여러 활동에 영향을 미치게 되었다(김정현, 2017).

부산광역시에서도 6개 시범사업 지역을 선정, 주민주도형 마을계획 수립을 추진하였다(조미정, 2019). 부산시의 경우, 각 동별 지원기관(매니저)을 1:1로 매칭하여 활동을 수행하였다는 특징을 가진다. 부산은 지역사회보장협의체를 중심으로 민간 영역의 참여를 독려하였으며, 서울시 찾동 마을계획과 유사한 절차를 통하여 각 지역별 마을계획을 수립하였다. 2018년 광주광역시 북구에서는 동 단위 지역사회보장계획 수립이 시도되었다(박태영 외, 2020). 해당 지역은 2018년 제4기 지역사회보장계획 수립과 맞물려 수립된 동 단위 계획이었다는 점에서 의의가 있다.

2019년 대전광역시 서구 정림동 '마을복지계획'은 '찾아가는 보건복지 서비스 매뉴얼'에 참고 사례로 제시되었다. 정림동에서는 마을복지계획을 위하여 동장, 동지역사회보장협의체 위원장, 주민자치위원장, 통장협의회장 등 지역 내 각종 민간단체장을 포함한 추진위원회를 구성하여 계획을 수립하였다(정림종합사회복지관, 2019). 또한 계획 수립의 실무를 담당하는 실무위원회를 구성하여 지역사회복지관을 포함한 민관 위원을 위촉하였다. 뿐만 아니라 지역 내 안건들을 분야별로 분류(5개 영역)하고 지역주민 및 관련 기관의 실무자를 배치하여 세부 분과 위원회를 구성(총 48명)하였다. 관내 대학 교수 및 지역 내 전문가를 자문위원으로 위촉하여 계획 수립의 방향성 및 주민욕구조사 수행의 방법 등에 대하여 자문을 받았다. 이 사례는 마을복지계획을 수립할 시에 참여할 수 있는 단체들의 범위, 활동을 추진하기 위한 조직의 구성 및 역할 등을 제시하였다는 점에서 의의가 있다(박성준, 2021).

마을복지계획이란 마을 단위에서 자체적으로 해결 가능한 소규모 의제에 대한 계획으로, 마을주민들의 직접 참여를 통하여 추진하는 읍면동 단위 지역사회보장계획이다(박태영, 허숙민, 이진선, 전성남, 2020). 이어서 정부 매뉴얼 중심으로 살펴보고자 한다. 복지라는 가치가 강조되는 보건복지부 매뉴얼과 주민자치가 강조되는 행정안전부 매뉴얼(행정안전부 주민복지 서비스 개편추진단, 2021)로 대별될 수 있다. 먼저, '읍면동 찾아가는 보건복지 서비스 매뉴얼'(2020)은 마을복지계획과 마을건강복지계획 두 가지를 제시한다. 전자의 마을복지계획이란 "읍면동 단위에서 주민의 자발적 참여와 협력으로 지역의 복지 의제를 발굴하며 자체적으로 해결해 가는 활동에 대한 계획"(이하 " "는 '매뉴얼'을 그대로 인용한 것)이라는 개념을 제시하고, "마을복지계획은 주민들이 모여서 마을의 복지문제를 고민하고, 이를 해결하기 위해 만든 계획이며, 스스로 계획을 세우고 실행하여 주민들의 복지를 향상하고 공동체를 구축하는 활동"이라고 덧붙였다.

이 계획이 필요한 이유로 세 가지를 제시했다. 첫째, "저출산고령화, 1인 가구 급증,

감염병 확산, 복지 사각지대 확대 등으로 읍면동 단위의 마을공동체에 대한 중요성"을 강조했다. 둘째, "복지 욕구의 다양화 및 공공 서비스에 대한 주민의 요구가 증대됨에 따라 지역의 특성과 다양한 주민의 의견을 반영한 개별적 · 협력적 정책이 필요"하다고 강조했다. 셋째, "주민과 함께 복합적인 문제를 예방하고 해결하는 체계를 구축하고, 새로운 자원을 만들어 가기 위한 주민력 강화를 도모"하기 위한 것이라고 강조했다.

후자의 마을건강복지계획을 "지역문제의 확인 및 해결방법을 모색하기 위하여 민관이 함께 마을건강복지계획을 수립 · 실행"이라고 개념을 제시하고, "건강, 복지와 관련한 연계체계 강화를 통해 읍면동 단위 건강 격차를 해소하고 건강친화적 마을 환경 조성"을 덧붙였다. 이 계획의 목적으로 "주민자립형 건강 공동체를 만드는 것을 목표로 지역 간 건강 격차를 해소하고 지역주민의 건강 수준을 향상"시키기 위함이며, 첫째, "주민 중심의 지역 네트워크를 형성함으로써 지역사회 내에서 주민들의 문제 확인 · 해결 능력을 제고"한다. 둘째, "간호직 공무원은 지역의 건강문제를 확인하고, 지역주민들을 조직화하여 주민들 스스로 건강 증진 활동을 할 수 있도록 촉진"한다. 셋째, 마을건강복지계획 수립을 통해 "간호직 공무원으로서 활동을 계획하고, 주민들과 네트워크를 통해 지역사회와의 연계를 확장" 한다.

마을건강복지계획이 바람직한 이유는 두 가지다. 첫째는 지역주민의 고령화에 대응하기 위해서다. '건강취약환경, 건강위해환경, 주민건강행태 등을 파악'하여 읍면동 단위의 노인 건강을 증진시키는 노력이 필요하다. 두 번째는 법체계상 마을건강복지계획이 타당하다. 「지역보건법」은 '지역보건의료계획'을, 「사회보장급여법」은 '지역사회보장계획' 수립을 명시하고 있다. 읍면동 마을복지계획에 건강영역이 들어가야 균형을 이룰 수 있다. 마을에 점증하는 노인을 위해 보건복지통합 서비스가 필요하다.

행정안전부 주민자치기획단(2022)은 "주민총회 등을 열어 주민 의견 수렴 절차를 거쳐 주민자치회가 수립하는 주민자치 및 마을 발전, 민관협력 등에 관한 종합계획"이라는 마을계획을 수립하도록 하였다. 류중석(2020)은 읍면동 주민자치회가 수립하는 '마을계획'이란 주민 주도의 참여를 기반으로 마을 의제를 발굴하고 이에 대한 계획을 수립 · 추진하는 활동이라고 정의했다. 이 마을계획에 담길 내용으로는 마을 주민들의 관심 사항, 예를 들어 지역 내 골목 정비, 공원의 조성, 주민 자조 집단 구성, 마을 축제, 주민의 복지 증진을 위한 방안 등이 모두 해당될 수 있다. 개념상 유사성이 매우 높은데, 동일한 읍면동에 '마을복지계획'과 '마을계획'이 따로 있다.

(2) 마을복지계획의 특성

'2021 찾아가는 보건복지 서비스 매뉴얼'(이하 " "는 '메뉴얼'을 그대로 인용한 것)은 마을복지계획이 다음과 같은 특성을 가져야 한다고 명시하고 있다.

- **지역성**: "마을(읍면동) 및 주민의 특성을 적극적으로 반영"하여야 한다. "마을의 복지 수요나 공급 등 지역적 차이를 고려"하여야 한다.
- **다양성**: "마을 내 다양한 주민이 참여하고 그들의 의견이 반영"되어야 한다. "연령, 성별에 따른 일반 주민, 다양한 단체(지역사회보장협의체, 주민자치회) 등이 참여"해야 한다.
- **자발성**: 주민의 "자발적 의지(선택)에 기초하여 참여하고 책임 있는 활동"을 하여야 한다. "행정기관의 요청에 따라 참여하기보다는 지역 변화를 위해 자발적으로 참여"해야 한다.
- **주체성**: "계획을 수립하고 실행하는 전 과정에서 주민들이 주도적이어야 하며, 주체적인 참여"가 이루어져야 한다.
- **협력성**: "주민, 단체 및 행정기관 간의 협력적 구조를 조성하고 민주적 절차를 준수하는 협력적 활동"에 의해 수립되어야 한다.
- **숙의성**: 주민들이 모여 "마을복지 의제에 대해 깊이 생각하여 충분하게 논의하는 숙의(熟議) 과정"을 거쳐야 하며, "이를 통한 공공성이 확보되어야 하는 활동"이다.
- **실천성**: 마을복지계획은 '실천 가능성이 담보'되어야 한다. 수립된 "계획은 주민이 주도하여 적극적이고 지속적으로 실천해야 한다."

(3) 주요 내용

마을복지계획에 '수립 기획 및 교육 시행' '마을복지 현황 진단' '마을복지 비전 및 계획 수립' 그리고 '마을복지활동 실행 및 평가'와 같은 내용이 담겨야 하며, 각각에 대해 다음과 같이 자세히 제시하고 있다.

- 마을복지계획 수립 기획 및 교육 시행
  - 마을복지계획 수립 전반사항에 대한 기획
  - 계획 수립 참여자 모집, 민간 지원 협력체계 구축
  - 참여자 교육 계획 및 실시

- 마을복지 현황 진단
  - 마을(읍면동)의 생활 및 복지 여건 진단
  - 주민의 복지 욕구, 마을 자원조사
- 마을복지 비전 및 계획 수립
  - 마을복지 비전 설정 및 협의
  - 마을복지 의제 선정 및 합의
  - 주민이 주도적으로 수행할 수 있는 마을복지활동 제시 및 구체적인 실행 방안 모색
- 마을복지활동 실행 및 평가
  - 마을복지계획의 실행은 활동 또는 사업 형태 등으로 추진되어야 한다. 이를 위해 "읍면동 지역특화사업, 지역사회보장계획, 주민참여예산사업, 각종 공모사업 등의 예산이 확보"되어야 한다. "마을복지활동은 실행 후 점검되어야 하고, 개선 방안 마련"이 제시되어야 한다. 또한(그리고) "실행과 관련해 단기 및 중장기 과제, 주민 실행사항, 행정 협조가 필요한 사항 등을 구분하여 차년도 계획에 반영이 가능"하다고 되어 있다.

(4) 추진체계

'매뉴얼'은 추진체계를 '수립 주체' '지원 · 협력 주체' '수립 민관협력체계'로 나누어 다음과 같이 제시하고, [그림 11-1]을 통해 이해를 돕고 있다.

- 마을복지계획 수립 주체: "지역주민으로 읍면동 지역사회보장협의체 위원, 주민자치회(주민자치위원회) 위원, 읍면동 주민단체(자생조직) 위원, 그 외에도 희망하는 주민은 누구나 참여"할 수 있으며, "주민과 단체 및 행정 간의 협력적 구조를 조성"해야 한다.
- 마을복지계획 지원 · 협력 주체: 마을복지계획을 수립하는 데 있어서 '행정, 전문가, 관련기관 · 단체 등'이 "시군구와 읍면동의 찾아가는 보건복지 서비스 및 주민자치 업무 담당 공무원, 사회복지사 및 마을복지계획 관련 전문가, 지역사회보장협의체, 사회복지기관, 마을 만들기 관련 중간지원조직 등"을 '지원 · 협력'하는 주체가 되어야 한다.
- 마을복지계획 수립 민관협력체계: "다양한 주민으로 구성된 추진단이 마을복지계

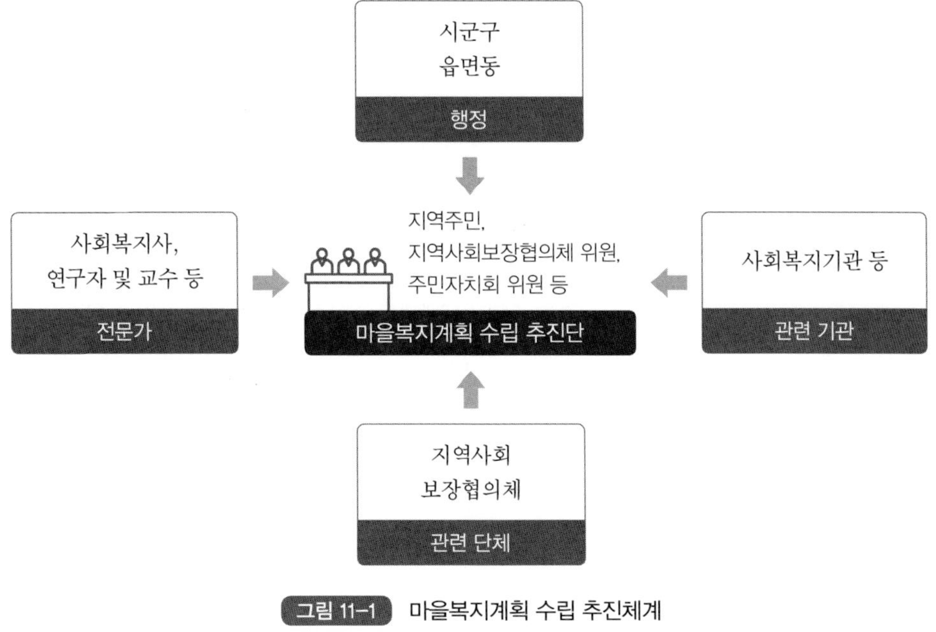

그림 11-1 마을복지계획 수립 추진체계

획을 수립하도록 지원 · 협력하는 주체들(행정, 전문가, 관련 기관 · 단체) 간의 민관 협력(governance)체계를 구축"해야 한다([그림 11-1] 참조).

(5) 계획 수립 주체별 주요 역할

'매뉴얼'에 의하면, 마을계획 수립을 위한 주체별 주요 역할은 〈표 11-2〉과 같다. 마을복지계획 수립 추진단은 주민으로 구성되며, 주민의 욕구와 자원을 조사한다. 그리고 주민들에게 홍보한다. 시군구는 계획 수립을 위한 역량 강화 교육을 하며, 읍면동은 수립추진단을 모집 · 홍보 · 지원한다. 전문가 집단은 마을복지계획 수립을 위한 참여자 교육 및 컨설팅을 한다. 지역사회보장협의체 등의 관련 단체는 지역네트워크를 연계 조정한다.

표 11-2 마을복지계획 수립을 위한 주체별 주요 역할

구분	주체	주요 역할
주민	마을복지계획 수립 추진단	• 마을복지계획 수립 • 지역 자원 및 욕구 조사 • 마을복지계획을 주민에게 홍보

행정	시군구	• 마을복지계획 기획 총괄 • 역량 강화 교육 및 행정지원 • 마을복지계획 추진 모니터링
	읍면동	• 마을복지계획 기획 • 마을복지계획 수립 추진단 모집 홍보 • 마을복지계획 수립 추진단 운영지원
전문가	사회복지사, 연구자 및 교수 등	• 마을복지계획 수립을 위한 참여자 교육 및 컨설팅
관련 단체 및 기관	지역사회보장협의체 사무국, 지역 복지기관 등	• 주민 복지 역량 강화 교육지원 • 지역 복지 인력풀 운영 • 지역 네트워크 연계 조정 • 마을복지계획 주민 홍보 • 마을복지계획 수립 및 실행 연계, 협력

(6) 수립과정

'매뉴얼'에 제시된 마을복지계획의 수립과정은 [그림 11-2]와 같다. 기획 단계에서 주민참여 로드맵을 수립하고, 그다음 참여자를 모집하고, 읍면동 민관협의체 위원을 교육하며, 주민 욕구와 자원조사를 한다. 그에 근거하여 마을복지계획을 수립하고 선포식을 하여 주민이 공유하며 실행한다.

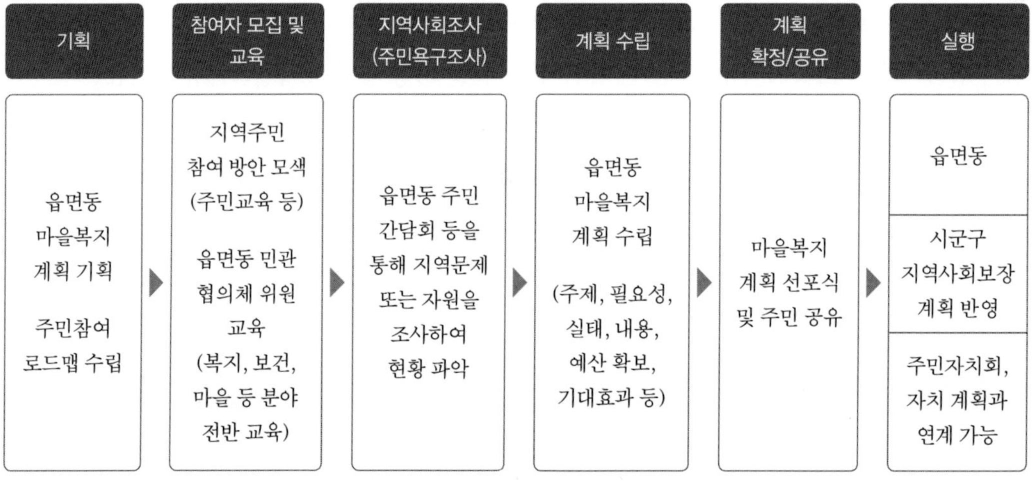

그림 11-2 마을복지계획 수립과정

출처: 행정안전부, 보건복지부(2020).

(7) 마을복지계획의 사례: 도시와 농촌의 경우

'매뉴얼'은 도시의 사례로 경기도 오산시 신장동의 마을복지계획을, 농촌의 사례로 경남 창녕군 대합면의 사례를 제시하였다. 차례로 살펴보고자 한다.

① 경기도 오산시 신장동의 마을복지계획 수립 사례

신장동 마을복지계획의 비전은 'YOU & I 함께 만드는 행복마을'이다. 다음과 같은 절차를 거쳐 수립되었다.

- 2020년 10월: 마을복지계획단 모집
- 2020년 12월~2021년 3월: 마을복지계획단 교육 및 컨설팅
- 2021년 1월~3월: 주민욕구조사 및 주민투표
- 2021년 7월: 마을복지사업 비전 선포 및 주민 공유
- 2021년 9월~현재: 마을복지사업 실행 및 모니터링

이와 같은 과정에 대해 매뉴얼은 다음과 같이 자세히 소개하고 있다.

㉠ 준비 단계에서 마을복지 리더양성교육을 〈표 11-3〉과 같이 3회 실시하였다.

표 11-3 마을복지 리더 양성을 위한 교육

교육 차수	일시	주요 내용
1차	2020. 5. 19. 10:30~12:00	주민 주도로 마을복지계획 수립 · 실행 · 전반적인 내용 토의
2차	2020. 6. 26. 16:00~18:00	기본 계획 검토 및 추진 방향 모색
3차	2020. 11. 5. 09:00~10:00	주민 주도로 마을복지계획 기본적 내용 사전 회의

㉡ 수립 단계에서 5회의 간담회 및 컨설팅을 수행하였다(〈표 11-4〉참조).

표 11-4 신장동 마을복지계획 수립 과정

컨설팅 및 간담회	주제	내용
1차 간담회 2020. 12. 15.	마을공동체 이해	• 마을과 마을공동체의 이해 • 복지공동체 활성화 논의
2차 간담회 2021. 1. 20.	주민욕구 조사	• 욕구조사를 위한 정보 수집방법 학습 • 욕구조사를 위한 주민 특성 분석 • 욕구조사 설문지 문항 작성
3차 간담회 2021. 2. 3.	복지 의제 발굴	• 신장동 복지에 대한 의견 나누기 • 복지 의제 발굴을 위한 토론, 복지 의제 만들기
4차 간담회 2021. 2. 15.	마을복지 계획서 작성	• 주민욕구조사 결과 공유 • 수행 대상 · 기간 · 주민들의 변화 등 검토 • 의제의 용이성과 시급성 구분
5차 간담회 2021. 3. 4.	사업계획서 검토	• 복지 의제 주민투표 결과 공유 • 사업계획서 실현가능성 검토

- 수립을 위한 기초로 마을복지 의제 발굴을 위한 '신장동 주민 복지 욕구조사'를 하였다. 2021년 1월 25일부터~2021년 2월 10일까지 조사를 하였으며, 신장동 지역주민 총 387명이 참여하였는데, 온오프라인 방식으로 이루어졌다. 조사 결과, "문화 · 여가에 대한 욕구가 크며" "노인을 주된 복지서비스 대상자로 인식"하고 있고, "복지에 대한 관심도는 높으나, 복지와 관련한 인식도는 낮음"으로 나타났다.
- 복지 의제 만들기를 위해 2021년 2월 3일에 '복지사업 대상자' '실행 사유' '해야 할 일' 등에 대해 토론했다.
- 복지 의제 발굴 토론에서 나온 의제에 대해 주민선호도 확인을 위한 주민투표를 실시하였다. 2021년 2월 23일(화)~2021년 3월 3일(수)까지 동 행정복지센터를 방문하는 민원인 총 405명을 대상으로 투표한 결과는 〈표 11-5〉와 같다.

표 11-5 신장동 주민의 복지의제 선호도 조사 결과

의제	투표	%	순위
복지 사각지대 발굴 · 신고를 위한 대표전화번호 알림(스티커 제작 및 배포)	99표	24.4%	1
행복한 가족을 만들기 위한 부모교육	84표	20.8%	2
고립된 1인 가구의 이웃사촌 되어 주기	78표	19.3%	3
통행이 많고 쓰레기 불법투기가 많은 곳을 찾아 환경정화 활동	75표	18.5%	4
여가와 취미 활동을 위한 교육프로그램 제공	69표	17%	5

- 신장동 'YOU & I 함께 만드는 행복마을 마을복지사업 계획서' 수립: 주민욕구조사 결과를 바탕으로 마을복지계획 초안 작성 · 검토(2021년 2~3월) → 주민 투표결과 등을 반영하여 마을복지사업계획(안) 수립(〈표 11-6〉 참조)

표 11-6 신장동 마을복지계획의 사업내용

사업명	대상	참여 인원	시행 시기	주요 내용
복지콜센터	복지 사각지대 위기가구	시민 대상	분기별 홍보 (3회)	• 복지 사각지대 발굴 · 신고를 위한 대표 전화번호 알림, 스티커 및 전단지 제작, 배포 • 유선 상담창구 운영
꼼지락 클래스	독거노인 등	5~6명 (소그룹)	월별 프로그램 (9회)	• 연령, 성별을 고려하여 형성된 소그룹 주민 대상으로 취미 · 여가 프로그램 제공
도담도담 부모학교	(예비)부모	20~30명	반기별 교육 (2회)	• 화목한 가정생활을 영위해 나가기 위한 부모교육

- 수립 후 신장동 마을복지계획 '비전 선포식 및 주민공유회'를 시행했다. 온오프라인 병행으로 오산시 전체 마을복지계획 추진과정 및 세부계획 그리고 각 동별 마을복지사업을 발표하였다.

㉢ 실행 및 성과

신장동에서는 '복지콜센터' '꼼지락 클래스' '도담도담 부모학교'라는 사업을 추진하였다. 그 결과 복지 사각지대를 발굴하여 맞춤형 서비스를 제공하였고, 주민들의 문화 · 여가 욕구를 충족시켰으며, 부모들의 양육스트레스를 해소하는 성과를 산출했다(〈표 11-7〉 참조).

표 11-7 신장동 마을복지사업의 추진 실적, 성과

사업명	추진 실적	성과
복지 콜센터	• 관내 아파트 관리사무소에 복지콜센터 홍보 및 전단지 배부(2021. 7. 16.) • 복지콜센터 길거리캠페인 실시를 통한 전단지 및 홍보물 배부(2021. 10. 27.)	-주민의 참여를 통한 마을 복지문제 해결로 주민력 강화 기대 -간편하게 이용 가능한 유선 상담창구 개설을 통해 복지 사각지대 발굴과 즉시성 있는 맞춤형 복지서비스 제공
꼼지락 클래스	• 천연비누 만들기(2021. 9. 9.) • 관절운동(2021. 10. 21.) • 웃음치료(2021. 10. 29.)	-문화 · 여가에 대한 복지 욕구 충족 -정서적 지원이 필요한 주민들의 삶의 질 향상
도담도담 부모학교	• 자녀와의 소통, 가족 놀이 수업 등 강의(2021. 8. 11.)	-양육에 지친 부모들을 위로하고 스트레스를 해소할 수 있는 시간 마련 -부모와 아이가 함께하는 활동을 통해 행복한 가족 추억 만들기

② 경남 창녕군 대합면의 마을복지계획 수립 사례

㉠ 추진 배경

"지역 내 여러 문제를 해결하기 위해서는 지역적 특성과 자원을 고려한 사업 추진과 주민참여의 확대 필요성이 증대"되었으며, "지역 실정을 가장 잘 아는 주민이 직접 참여해 마을문제 해결에 적합한 마을복지계획을 설계 · 실행할 수 있도록 역량강화를 지원하는 것이 필요"했다.

㉡ 추진 절차

- 마을복지계획단 모집을 군청 홈페이지에 공지하여 주민자치위원회(7인 참여), 지역사회보장협의체(7인 참여), 이장협의회(11인 참여), 자원봉사협의회(2인 참여), 재향군인회(1인 참여), 농업경영인회(1인 참여), 체육회(1인 참여) 등의 참여자(총 30인)로 구성하였다.
- 마을복지계획 수립단 참여자들의 역량 강화를 위해 대학교수, 동동플러스 컨설팅

단 등이 〈표 11-8〉와 같이 기본과정, 심화과정으로 구분하여 교육하였다.

표 11-8 마을복지계획 수립단 교육내용

구분	기본과정	심화과정
일자	• 2021. 4. 6.(화) 13:00~15:00	• 2021. 5. 10.(월) 13:30~18:00
내용	• 마을복지계획의 필요성과 이해 • 지역의 문제 발견, 주민의 역할 등	• 마을복지 비전과 핵심 가치 도출 • 주민의 복지 욕구 탐색, 아이디어 수립 등

• 마을복지계획 수립을 위한 지역사회 욕구 및 자원조사를 다음과 같이 실시했다.
  - 조사기간: 2021. 4. 8.(목)~4. 20.(화)
  - 조사대상: 대합면 주민 510명
  - 조사방법: 대면면접 및 비대면 조사 병행
  - 조사도구: 설문지, 폼보드 스티커 선택지
  - 조사내용: 지역 만족도, 지역 내 해결 과제, 필요 서비스 등
  - 조사결과: 설문지(310명)+스티커(200명) 응답을 하였으며, 응답자들은 '가장 도움이 필요한 이웃은?' 이라는 설문에 '어르신'(43.1%)이라는 응답이 가장 많았고, 저소득층, 장애인, 한부모가족의 순서로 빈도가 높았다. 또한 이 어르신들은 '가장 필요한 서비스?'이라는 설문에 '건강' '경제' '일상생활'이라는 순서로 응답자가 많았다.

• 계획 수립

  교육 후 "지역사회 욕구 및 자원조사 결과 및 지역 내 주요 문제"를 공유하고, "마을복지계획 아이디어 도출 및 비전 · 의제"를 발굴하였다. 도출과정은 '수립단' 구성원을 두 개 조로 나누어 '의제 발굴'을 위한 토론을 하고, 발표하여 공유하였다. 그 후 참여자 전원이 투표에 참여하여 의제를 채택하였다([그림 11-3] 참조)

	1조	2조
1차 발굴 의제	① 청정하고 깨끗한 우리 마을 사업 ② 건강밥상 나누리 사업 ③ 9988(99세까지 팔팔하게) 복지사업 ④ 마을 사람들의 정신건강 복지사업 ⑤ 각 마을 주차장 설치사업 ⑥ 문화야 우리가 간다 ⑦ 사랑나눔봉사 복지사업	① 다문화가정 멘토, 멘티 사업 ② 어르신 돌봄사업 ③ 건강을 위한 프로젝트 사업 ④ 찾아가는 현장 주민교육 사업 ⑤ 따릉이 마을호출사업 ⑥ 환경정화사업 ⑦ 주민정화교육사업 ⑧ 마을공동급식소 운영사업
채택 의제	⊘ 건강밥상 나누리 사업 ⊘ 청정하고 깨끗한 우리 마을 사업 ⊘ 9988(99세까지 팔팔하게) 복지사업	⊘ 마을공동급식소 운영사업 ⊘ 따릉이 마을호출사업 ⊘ 어르신 돌봄사업

그림 11-3 대합면 마을복지계획 수립을 위한 조별 의제

1조의 경우에는 '청정하고 깨끗한 우리 마을 사업' '건강밥상 나누리 사업' '9988 복지사업' 등의 의제를 발굴하였으며, 2조의 경우에는 '어르신 돌봄사업' '마을공동급식소 운영사업' '따릉이 마을호출사업' 등의 의제를 발굴하였다.

표 11-9 마을복지계획 세부 사업내용

건강밥상 나누리 사업	청정하고 깨끗한 우리 마을 사업
• 필요성: 농번기 일손 부족 시 공동 급식 • 주요내용: 마을마다 공공급식소 설치(2021년 시범마을 1개소) • 소요예산: 480만 원	• 필요성: 생활 불편 및 마을 환경 개선 • 주요내용: 마을별 공동 생활쓰레기 소각장 설치 • 소요예산: 500만 원
9988(99세까지 팔팔하게) 복지사업	**마을공동급식소 운영사업**
• 필요성: 노인의 신체 및 정신 건강 향상 • 주요내용: 운동기구 설치 및 풍물교육 • 소요예산: 500만 원	• 필요성: 독거노인의 불균형 식사 개선 • 주요내용: 마을회관 활용, 부녀회 공동 운영 • 소요예산: 300만 원
따릉이 마을호출 사업	**어르신 돌봄 사업**
• 필요성: 교통약자 편의 증진 • 주요내용: 셔틀버스 또는 참여 택시 운영 • 소요예산: 500만 원	• 필요성: 고독사 예방 및 치매 예방 • 주요내용: 독거노인 밑반찬 나눔, 치매 예방 교육, 말벗 등 정서 지원 • 소요예산: 400만 원(2개 마을)

－주민 공유 및 비전 선포: 수립 후 앞의 세부사업을 주민들에게 알리고 주민들의 의견을 수렴하였다. 수렴 기간(2021년 5월 20일~2021년 6월 4일) 동안 '온오프라인을 병행'하여 공유하였다. '오프라인'으로 '폼보드를 제작 · 공유'하였고, 온라인으로 '창녕복지소통플랫폼 동동e 앱'을 활용하였다. 공유 후 스티커 설문을 한 결과, 사업에 대한 주민들의 선호도는 〈표 11－10〉와 같이 나타났다.

표 11-10 대합면 주민들의 마을복지사업 선호도

합계 (투표 수)	어르신 돌봄사업	건강밥상 나누리 사업	따릉이 마을호출사업	9988 복지사업	마을공동급식소 운영사업
276	88	66	52	38	32

주민들의 선호도가 가장 높은 사업이 '어르신 돌봄사업'이라는 점에 기반하여 "더불어 함께하는 9988 대합면"이라는 마을복지계획 비전을 수립하였고, '백세인생 9988 사업'을 '선포사업'으로 하였으며, '찬찬찬 마주보고 사업(독거노인 밑반찬 지원)'과 '마음 팔팔 뇌 팔팔(노인 돌봄 및 여가지원)'을 세부 실천사업으로 계획을 수립 하였다(〈표 11－11〉 참조).

표 11-11 대합면의 '백세인생 9988 사업'의 세부내용

'찬찬찬 마주보고 사업'	'마음 팔팔 뇌 팔팔' 사업
• 운영기간: 2021년 8월~12월(5개월) • 지원대상: 가사 수행이 어렵거나 가족의 지원을 받지 못하는 취약 노인 • 주요내용: 취약노인 밑반찬 지원 및 찾아가는 안부 서비스 제공 • 협력체계: 지역사회보장협의체 • 운영기준: 1인 10,000원, 주 1회 지원 • 사업예산: 3,600천 원 • 기대효과 －취약노인의 규칙적인 식생활과 건강 유지 －인적 안전망 결연을 통한 고위험 위기가구 안부 확인 및 고독사 예방	• 운영기간: 2021년 8월~12월(5개월) • 지원대상: 맞춤돌봄 서비스 이용 독거노인 • 주요내용: 놀이교률구 활용한 뇌인지 향상 방문서비스 제공 • 협력체계: 독거노인생활지원사 • 운영기준: 주 1회 • 사업예산: 400천 원 • 기대효과 －뇌 자극과 인지 기능 향상을 통한 노인 치매 예방 －놀이 교류를 통한 사회적 고립감 및 우울감 해소

(8) 마을복지계획 수립 시 고려할 사항

마을복지계획을 수립하는 데 있어서 앞에서 살펴본 '지역사회보장계획 수립의 원칙'을 유념해야겠지만, 필자는 다음과 같은 점을 추가하고자 한다.

첫째, 동일한 읍면동에 '마을복지계획'과 '마을계획'이 따로 있다는 것은 바람직하지 않다고 본다. 두 가지 측면에서 그렇다. 앞에서 보았듯이, 두 '계획'은 비슷한 내용을 담고 있기 때문이다. 또한 마을복지계획 수립단의 참여 활동에 부담이 될 수 있다. '마을복지계획' 수립에 있어서 주도적 역할을 해야 하는 동 지역사회보장협의체 구성원과 '마을계획' 수립단의 핵심 구성원인 주민자치회원이 상당 부분 겹친다. 회원들이 양 조직에서 활동하는 것이 협력의 가능성을 높힐 수 있지만 갈등의 가능성이 더 크다. 주민자치회원들은 "그동안 우리가 다 해온 건데 동 복지협의체가 또 생겨서 다 가져갔다."는 생각을 하는 경향이 있다. 또한 농촌지역의 경우에는 양 조직 구성을 위한 인력풀이 더욱 작기 때문에 운영에 어려움이 많다고 알려져 있다. 근본적인 해결책은 중앙정부 차원에서 행정안전부와 보건복지부가 단일 '계획'을 수립할 수 있도록 합의하고 매뉴얼을 제시하는 것이다. 지역에서 주민자치회와 지역사회보장협의체가 합의하여 중앙정부에 단일 '계획' 수립을 요구하는 방법도 있다.

둘째, 계획 수립에 있어서 과업목표보다는 과정목표가 더 중요하다는 인식을 해야한다. '계획'을 수립하는 과업목표 달성보다는 읍면동 주민들이 자신이 살고 있는 마을의 일에 관심을 갖고 참여하도록 공동체 의식을 증진시키는 노력, 즉 Rothman의 '지역개발 모델' 이 강조되어야 한다.

셋째, 마을복지계획에는 주민들의 '역량 강화 계획'이 반드시 포함되어야 한다. 이것은 앞서 언급한 주민들의 의식을 개발하고 '소집단'을 육성하는 것과 관련된다. 매우 모범적인 사례는 〈사례 1-1〉 '희망세상'에서 보았다. 마을마다 '책읽은 모임' '영화보는 모임' '마을신문 만드는 모임' 등을 만드는 것이다.

넷째, 읍면동의 담당자는 '계획' 수립을 위한 마을복지계획 수립단을 주도해서는 안 되며 '지원'해야 한다. 담당 공무원의 주도적 역할은 주민들의 계획 수립 활동을 주저하게 할 것이다. 담당 공무원의 이러한 생각과 역할을 저해하는 요인은 중앙정부의 평가다. 중앙정부는 '계획'의 제출기한을 정하고, 제출한 시군구, 읍면동 '계획'을 평가하여 시상을 한다. 이는 담당 공무원의 승진 욕구를 자극하고 계획 수립과 중앙정부에 제출이라는 과업목표에 집착하게 한다. 담당 공무원의 적극성은 매우 필요하고 바람직하다. 다만, 이는 주민들의 관계 능력을 증진시키는 촉진제가 되어야 한다. 주민들이 모

이게 하고, 서로 친하게 하여 소집단, 네트워크를 구성하게 하는 것이다. 이 집단은 '친밀집단'에서 '의사소통집단'으로, '과업달성집단'으로 진화할 것이다.

끝으로, 욕구 확인과 수렴에 있어서 참여 능력이 부족한 주민들을 고려해야 한다. 신체 능력이 저하된 노인이나 장애인들의 경우에는 욕구 표출의 기회가 매우 적어지게 된다. '동 행정복지센터 방문인 대상' 욕구조사를 하면 이들의 욕구는 드러나지 않는다.

수행 학습

자신이 살고 있는 시군구 홈페이지에서 지역사회보장계획을 다운로드하여 주민들의 욕구는 어떤 것이 있고, 지역사회 자원은 어떤 것이 있는지 알아보세요.

사례관리

사례관리는 지역사회복지실천에 있어서 결정적으로 중요한 구성요소다(Rothman, 1992). 사례관리는 케이스워크와 지역사회조직 같은 전통적 방식을 통합한 것이다(Roberts-DeGennaro, 1987). 직접실천, 지역사회조직 그리고 관리기술을 포함할 수밖에 없다(Dinerman, 1992).

사례관리는 사회복지실천 분야에서 상대적으로 새로운 용어이지만(Poindexter, Valentine, & Conway, 2003), 최근 미국의 대인 서비스 기관에서 가장 널리 보급되어 있는 서비스 전달방식이며, 가장 급속히 성장하고 있는 사회복지실천 분야(Rothman, 1992)다. 사례관리는 다양한 취약집단에 효과적으로 서비스를 전달하는 중요한 실천 전략으로 인식되고 있으며, 재가보호, 정신보건, 노인복지, 발달장애, 직업재활 등의 다양한 분야에서 활용되고 있다(Moxley, 1993).

관련하여 Norin 등(1997)의 재미있는 연구를 소개하면 다음과 같다. 그들의 연구 질문은 '사회복지실천(the practice of social work)'과 관련하여 "사회복지사들은 무슨 일을 하는가(What do social workers do)?"였다. 조사대상은 NASW소속 풀타임 사회복지사(적어도 주당 35시간 이상의 근무자)를 대상으로 하여 무작위 표집을 하였다. 조사기간은 1981년, 1985년, 1989년, 1993년인데 조사결과는 〈표 12-1〉과 같다.

사회복지실천을 직접실천과 간접실천으로 나눌 때, 직접실천의 가장 빈도 높은 사

표 12-1 NASW 회원 사회복지사들의 주요업무 추이(단위: 명, %)

범주	1981년		1985년		1989년		1993년	
	응답자 수	%	응답자 수	%	응답자 수	%	응답자 수	%
케이스워크	280	41.0	168	29.4	234	36.9	193	41.7
그룹워크	13	1.9	5	0.9	21	3.3	12	2.6
지역사회조직	8	1.2	7	1.2	5	0.8	3	0.6
사회복지행정	189	27.8	209	36.5	134	21.1	88	19.0
슈퍼비전	70	10.3	49	8.6	63	9.9	47	10.2
사례관리	–	–	**29**	**5.1**	**57**	**9.0**	**55**	**11.9**
정책분석	–	–	9	1.6	13	2.1	2	0.4
교육	–	–	28	4.9	35	5.5	11	2.4
기타	121	17.8	68	11.9	72	11.4	52	11.2
합계	681	100.0	572	100.0	634	100.0	463	100.0

출처: Norin, Chess, & Jayaratne (1997) p. 8

용방법이 케이스워크이고 간접실천에서 그런 것이 사회복지행정임을 〈표 12-1〉은 보여 주고 있다. 4년의 조사 결과 모두 케이스워크과 사회복지행정의 빈도가 가장 높다. 전통적인 3대 방법론 중 그룹워크과 지역사회조직의 사용 빈도가 매우 낮다. 그리고 재미있는 것은 1981년에 사용한다는 응답자가 없었던 사례관리가 1985년에 5.1%, 1989년에 9.0%, 그리고 1993년에 11.9%로 응답자가 급격히 많아져서 1993년의 경우에 케이스워크(41.7%), 사회복지행정(19.0%)에 이어 세 번째로 실천가들이 많이 사용하는 실천방법이 되었다는 것이다.

이렇게 사용 빈도가 점증하고 다양한 분야에 활용되는 사례관리를 탄생시킨 핵심적 요인은 잘 알려진 대로 탈시설화다(Moxley, 1993). 지역사회복지 역사와 관련시켜 살펴보면 미국에서 1800년대 후반에 빈민을 구호하기 위해 세워졌던 많은 민간단체인 자선조직협회(Charity Organization Societies: COS)에서 자선의 중복을 막고자 하는 필요성이 증가되었다. 자선의 효율적 배분을 위하여 사례조정(case coordination)이 중요한 실천활동이 되었는데, 이것이 사례관리의 뿌리라고 할 수 있다. 이외에 서비스 분절성 해소, 서비스 전달의 지방분권화와 비용효율성 추구 등이 있으며, 이러한 배경은 서로 밀접하게 얽혀 있다. 1970년대부터는 사례관리가 지역사회서비스를 전달하는 방법으로서 보다 광범위하게 선호되었다(민소영, 2010).

우리나라에 사례관리는 1980년대에 미국에서 공부하거나 기관에서 근무하던 사회복지사들을 통하여 그 개념이 알려지기 시작하였다. 사례관리가 본격적으로 사회복지계에 광범위하게 확산되기 시작한 시기는 1990년대 중반으로 알려져 있다(권진숙, 박지영, 2009). 1990년대의 우리나라의 사회복지 방향은 지역사회복지 중심으로 전환되고, 재가복지 서비스에 대한 확장이 이루어졌던 시기다(정순둘, 2005). 정신보건 영역에서는 1995년에 제정된 「정신보건법」에서 사례관리가 필수사업의 하나로 지정되었다. 이후 2003년부터 서울을 시작으로 사회복지관 평가에 사례관리가 포함되면서 사례관리가 더욱 확산되었고(민소영, 2010), 2012년에는 사례관리가 사회복지관의 직접 서비스사업, 주민조직화사업과 더불어 3대 사업이 되었다.

사례관리가 주로 사회복지관(부설 재가복지센터), 노인복지관, 장애인복지관, 낮병원, 청소년쉼터, 노숙자쉼터 등의 민간기관에서 실행되었지만, 근래에는 공공부문에서 사례관리가 강조되고 있다. 정부의 정책 보고서(보건복지가족부, 2008)는 공공전달체계의 핵심적인 개선 방안으로 공공부문의 사례관리를 강조하고 있다. 이 보고서는 '주민생활지원 서비스 업무 매뉴얼'(행정자치부, 보건복지부, 2007)의 실행 상태를 모니터링해서 개선안을 제시하고 있다. '사업안내'에서는 주민생활지원 서비스 전달체계를 개편한 지역(182개 시군구)은 2007년 6월 말까지 사례관리 실시 준비를 마치고 7월 이후에 사례관리를 실시하도록 하였다. 기초생활수급권자 전체 가구를 3개 유형의 사례관리 대상자로 구분하여 적합한 서비스를 제공하고, 사후관리를 추진하도록 하였다. 사례관리 업무의 총괄은 시군구 서비스 연계팀이 담당하고, 읍면동은 가구별 사례관리를 하며, 이를 추진하는 데 있어서 민간 및 전문 서비스 제공기관과의 협력을 통해서 하도록 하고 있다. 그런데 "단순한 정보 제공 및 서비스 욕구에 대한 단순(일회성) 상담 수준의 사례관리는 활성화되고 있으나 욕구사정 등 사례관리 계획에 의한 목적의식적 사례관리는 잘 이루어지지 않았다."(보건복지가족부, 2008, p. 47)

보건복지부는 이러한 문제를 개선하기 위해 2009년 하반기에는 서울특별시에 2개구, 경기도에 3개 시 등 9개 기초자치단체를 대상으로 위기가구 사례관리 시범사업을 시행하였고(최재성, 2010), 여기서 찾은 개선 방안을 반영하여 '2010년 사례관리 사업안내'를 전국 기초자치단체에 배포하였다. 그리고 시군구 서비스 연계팀에 사례관리를 위한 지원 인력으로 사례관리자 역할을 하는 사회복지통합 서비스 전문요원(2013년부터 통합사례관리사로 명칭이 바뀜)을 인구 규모에 따라 2~5명씩 전국적으로 928명을 배치하였다. 이때의 서비스 연계팀은 현재 희망복지지원단(보건복지부, 2012)으로 명칭이 변경되어 사례관리를 수행하고 있다(함철호, 윤원일, 2010).

현재 우리나라에서는 사회복지관 등 민간기관이 단독으로, 또는 공공기관인 시군구 희망복지지원단이나 읍면동 사례관리팀이 별도로 사례관리를 하는 것이 아니고, 지역 단위에서 민간과 공공이 협력하여 사례관리를 하는 민관협력 사례관리 체계가 자리 잡아 가고 있다. 실무자들의 인식 또한 그러하다. 한국보건사회연구원의 연구(김승권 외, 2013)에 따르면, 향후 민간영역만 또는 공공영역만이 사례관리를 수행하는 것보다 민간과 공공이 함께 수행하는 것이 적절하다는 응답이 압도적으로 높았다(시 · 군 · 구청 사례관리 담당자의 90.6%, 민간영역 사례관리 담당자의 81%). 이어서 사례관리의 개념과 필요성 그리고 구성요소에 대해 살펴보고자 한다.

1. 사례관리의 개념

사례관리란 사례관리자(혹은 팀)가 복합적 욕구를 가진 사람이 최대한의 복지서비스를 받고, 사회적 기능을 회복할 수 있도록 공식적 혹은 비공식적 서비스로 네트워크를 조직, 조정, 유지하는 것이다(Moxley, 1993). Ballew와 Mink(1999)에 의하면, 사례관리란 여러 사람의 원조자로부터 도움이 필요한 다양한 문제가 있어서 삶이 만족스럽지 못하거나 생산적이지 못한 사람들을 돕는 하나의 과정으로, 사정, 계획, 조정, 분리(인용자 주: 평가에 따른 종결)라는 단계를 밟는다. 미국사례관리자격위원회(Mullahy & Jensen, 2000)는 클라이언트의 욕구를 충족시켜서 삶의 질을 개선하고, 비용 효과적인 성과들을 촉진하기 위해 의사소통과 자원을 활용하여 대안과 서비스를 평가하는 협력적 과정이며, 사정, 계획, 실행, 조정, 점검으로 구성된다고 하였다. 그리고 한국사례관리학회(2012)에서는 사례관리를 복합적이고 장기적인 욕구가 있는 클라이언트와 가족의 사회적 기능 회복을 위해 서비스 운영체계를 확립하고, 이를 기반으로 체계적 사정과 지역사회의 다양한 자원을 활용하여 지속적 · 효과적인 사회복지서비스를 제공하는 통합적 실천이라고 정의하였다.

이러한 학자들의 사례관리 개념에 나타난 사례관리의 내용은 〈표 12-2〉와 같이 정리할 수 있다. 〈표 12-2〉을 보면 사례관리의 내용은 크게 네 가지 영역으로 나뉜다. 첫째, 사정으로, 클라이언트의 다양한 욕구, 자원, 장애물을 사정하는 것이다. 둘째, 사정에 의해 밝혀진 욕구와 자원을 연결할 계획을 수립하는 것이다. 셋째, 수립된 계획을

표 12-2 사례관리의 내용

Moxley (1989)	白澤政和 (2000)	Ballew & Mink (1999)	Mullahy & Jensen (2000)	한국사례관리학회 (2012)
사정 (욕구 · 제공자의 역량)	욕구사정	사정 (욕구, 장애물, 자원)	사정	사정 (욕구, 자원, 장애물)
서비스 계획 수립	계획 수립	계획	계획	계획
실행: 체계 개입	연계	조정 (계획 실행하기)	실행	실행
모니터링과 평가	모니터링	분리 (평가 · 분리)	점검	평가와 종결
공식 · 비공식 네트워크의 형성, 수정, 유지			협력적 과정	운영체계

실행하는 것으로, 서비스나 자원이 클라이언트와 연결되도록 하는 것이다. 넷째, 클라이언트와 서비스의 연결 상황을 모니터링하고, 클라이언트의 변화 등에 따라 생기는 욕구와 서비스가 부합하는지를 확인하며, 그렇지 않은 경우에는 재사정하고, 재사정된 욕구에 근거해 서비스 계획을 변경하는 것이다.

필자는 한국사례관리학회의 개념을 수용하며, 사례관리에서 가장 중요한 것은 지역 단위에서 사례관리 운영체계를 확립하는 것이라고 본다. 확립된 운영체계 위에서 기관 간 협력에 의해 사정, 계획 수립, 실행, 모니터링과 재사정 혹은 종결이라는 과정을 수행해야 한다.

2. 사례관리의 필요성

필자는 사례관리의 등장 배경과 관계없이 지역사회라는 측면에서 사례관리의 필요성을 제시해 보고자 한다. 한국 사회의 저출산 · 고령화라는 신사회적 위험으로 인해 지역사회에는 노인, 장애인 등 의존인구가 급증하고 있다. 생태학적 관점에서 노인과 장애인들에게 지역사회는 환경이다. 거시체계, 중앙정부의 사회정책은 다양한 복지 관련 입법으로 구현된다. 외체계로서 지역사회에, 법에 근거한 공식조직이 만들어져서 미시체계인 의존인구의 지지체계를 형성한다. 노인, 장애인, 아동 등에게 이러한 다양한 조직은 공식 자원으로 서비스 제공자다.

사례관리를 이용자 · 욕구와 제공자 · 자원을 연결하는 것이라고 매우 단순화하여 그것의 필요성을 제공자 · 자원 관점에서와 이용자 · 욕구 차원으로 대별하여 살펴보고자 한다.

1) 제공자 · 자원 측면에서 사례관리의 필요성

제공자 측면에서 사례관리는 전달체계의 문제를 해결하기 위한 수단이다. 수직적 전달체계란 중앙정부 복지정책의 주관부서인 보건복지부, 시도, 시군구, 읍면동으로 이어지는 서비스 제공 조직들 간의 연결망이다. 전달체계 차원에서 사례관리의 필요성을 중앙정부의 정책적 필요성, 수직적 전달체계의 폐해 극복, 포괄적 서비스의 확보로 나누어 보고자 한다.

(1) 중앙정부의 정책적 필요성: 지역사회 통합돌봄의 도구

2020년 7월 보건복지부 커뮤니티케어 추진본부는 『지역사회 통합돌봄 추진 가이드북』에서 지역사회통합돌봄이란 "돌봄이 필요한 주민들(노인, 장애인, 정신장애인 등)이 살던 곳에서 개개인의 욕구에 맞는 서비스를 누리고, 지역사회와 함께 어울려서 살아갈 수 있도록 주거, 보건의료, 요양, 돌봄, 일상생활의 지원이 통합적으로 확보되는 지역주도형 정책"이라고 정의하고, 그 대상자를 다음과 같이 규정했다. 즉, "노화, 사고, 질환, 장애 등으로 돌봄이 필요한 상태로 평소 살던 곳에서 지내기를 희망하는 사람"으로서 "자산조사 없이 욕구에 기반을 둔 돌봄이 필요한 자는 누구나 대상"이 된다. 이것은 '보편적 제도'를 의미한다. 그리고 이들에게 제공되는 서비스를 보건의료(방문 건강관리, 방문의료, 방문약료, 만성질환 관리 등), 복지 · 돌봄(재가 장기요양, 재가돌봄 서비스, 스마트 홈 등), 주거(케어 안심주택, 자립체험주택, 주택개조, 거주시설 전환 등)로 3분하였다.

이를 추진하기 위한 공통 기반으로 통합돌봄창구, 총괄 추진단, 민관협의체 등을 구성하며, "다(多)직종 전문가가 대상자를 중심으로 문제해결을 위한 협의 구조"인 지역케어회의를 운영하겠다고 했다. 그리고 "필요 프로그램(서비스)을 공급자가 일방적으로 제공하는 것이 아니라 대상자의 욕구에 기반을 둔 공급자들이 개인별 통합돌봄계획(ISP)을 지역케어회의에서 함께 수립하고 제공 계획에 의하여 제공하는 방식"이라고 하였는데, 이것이 '사례관리'다. '가이드북'에서 지역사회 통합돌봄을 기반으로 '케어매니

지먼트 시스템'을 구축하겠다고 하고 있다. 선행연구들(석재은, 2018; 황미경, 2019; 민소영, 2021)도 지역사회 통합돌봄에서 사례관리가 필요하다고 주장했다.

커뮤니티케어에 대한 선 경험이 있는 영국에서도 상이한 재원과 상이한 돌봄 제공자 때문에 생겨나는 조정(coordination)의 어려움을 극복하기 위해 사례관리를 도입하였다. 커뮤니티케어 정책의 목적은 시설보호의 대안으로서 노인들에게 개선된 재가보호서비스(enhanced home care)를 제공, 케어의 질을 담보하는 것인데, '적절한 욕구사정과 좋은 사례관리(good case management)'가 그 초석이 될 수 있다고 하였다. 영국은 15년 동안 시범사업을 했다. 켄트 모델(Kent scheme)에서는 사회서비스(social care)만, 게이트헤드 모델(Gateshead scheme)[1]에서는 사회서비스에 보건의료 서비스(health care)를 더해 사례관리 과정을 적용하여 제공했다(Challis, Chesterman, Darton & Traske, 1993).

(2) 수직적 전달체계의 폐해 극복: 파편화된 서비스 극복

수직적 전달체계는 서비스를 파편화시킨다. 시군구와 읍면동 지역사회에서 중앙정부의 복지정책을 주민들에게 서비스로 제공하는 보건복지조직들 간의 수평적 네트워크가 작동하지 않은 결과다. 자세히 살펴보면 다음과 같다. 즉, 보건복지부 보건의료정책과의 보건정책은 시군구의 보건소(지소)를 통해서 주민들에게 전달된다. 특히 보건소 방문건강돌봄팀의 과업은 기초수급자, 차상위계층, 독거노인, 장애인 등 건강취약계층을 집중관리하는 것이다. 복지부의 기초생활보장과 정책은 시도, 시군구, 읍면동을 거쳐서 선별된 대상자들에게 다양한 급여로 부여된다. 복지부 노인정책과의 '독거노인 보호 및 노인 돌봄 서비스 사업'은 지역의 노인복지관이, '노인학대' 관련 서비스는 좀 더 광범위한 지역을 관할하는 노인보호전문기관이 담당한다. 복지부 장애인정책과의 장애인복지 관련 정책은 장애인복지관, 자립생활지원센터 등을 통해 지역의 장애인들에게 서비스를 제공한다. 복지부 아동복지정책과의 정책은 모든 시군구에 있는 드림스타트, 아동보호전문기관 및 학대피해아동쉼터 등의 조직을 통해 실현된다. 복지부 정신건강정책과의 정책은 「정신건강증진 및 정신질환자 복지서비스 지원에 관한 법률」 제15조에 의한 정신건강복지센터(광역, 기초)와 중독관리지원센터를 통해 서비스로 전환된다. 여성가족부 가족정책과의 정책은 시군구 지역사회의 가족지원센터가 실

1) 영국의 정책백서(HMSO, 1990)에서는 15년간 Community Care 시범사업의 가장 모범적인 사례라고 언급하였다.

현한다. 그리고 보건복지부(2022)의 '사회복지관 운영 관련 업무처리안내'에서는 사회복지관 사업의 대상을 '사회복지서비스 욕구를 가지고 있는 모든 지역주민'으로 규정하고 있지만, 다음과 같이 우선적인 사업대상자를 제시하고 있다. 즉, '「국민기초생활보장법」에 따른 수급자 및 차상위계층' '장애인, 노인, 한부모가족 및 다문화가족' '직업 및 취업 알선이 필요한 사람' '보호와 교육이 필요한 유아, 아동 및 청소년' 그리고 '그 밖에 사회복지관의 사회복지서비스를 우선 제공할 필요가 있다고 인정되는 사람'이다.

결국, 사회복지관의 우선 서비스 대상자들이 보건소, 읍면동, 노인복지관과 노인보호전문기관, 장애인복지관, 드림스타트와 아동보호전문기관, 쉼터, 정신건강복지센터와 중독관리지원센터의 서비스 대상자들과 중복될 가능성이 매우 높다. 또한 노인, 장애인 등 유병률이 높고 소득이 낮은 개인에게 포괄적인 서비스를 제공하기 위해서는 보건소, 읍면동(시군구 희망복지지원단), 노인복지관, 장애인복지관 등은 긴밀한 상호협력관계를 맺고 이용자들의 정보를 교환해야 한다. 이때 반드시 비밀보장의 윤리를 유념해야 한다. 아동, 여성, 한부모가족, 다문화가족에게 서비스를 하는 드림스타트, 아동보호전문기관, 읍면동, 지역자활센터, 사회복지관, 가족지원센터 역시 그러하다.

그런데 시군구와 읍면동 단위의 보건복지기관들은 중앙정부의 '사업안내'는 충실하게 따르지만, 지역사회에서 살아가는 클라이언트들의 복합적 욕구 충족을 위해 상호협력을 하지 않거나, 하더라도 그 네트워크 수준은 매우 낮은 편이다. 예를 들어, 복합적 욕구의 가능성이 가장 높은 노인이나 장애인들의 포괄적 서비스를 위해서 읍면동과 보건소(방문건강관리팀), 노인복지관이나 장애인복지관, 주간보호소 등이 상호협력해야 하지만 그 가능성은 매우 낮다.

기관 간 장벽을 허물고 상호협력관계의 수준을 높이기 위해 이용자·클라이언트 욕구 중심으로 네트워크조직, 민관협력 사례관리팀을 만들어야 한다. 사례관리를 위해서는 클라이언트의 욕구를 기준으로 조직의 경계를 유동적으로 설정해야 한다. 이는 서비스 제공자들로 하여금 서비스 이용자들의 정보 공유 수준을 높이는 것이고, 양질의 사례관리를 가능하게 한다. 정보는 통합돌봄의 중요한 원동력이다(Pike & Mongan, 2014: 민소영, 2021 재인용). 다양한 서비스 파트너가 관여되는 사례관리 과정은 정보 공유 수준에 따라 그 성공 수준이 의존적일 수밖에 없다(Ross et al., 2011: 민소영, 2021 재인용). 사례관리자들은 민간기관과 공공기관이 협력해서 사례관리를 할 때 가장 기본적인 것이 정보 공유라고 한다(함철호, 조현순, 2017). 클라이언트의 욕구 충족을 위한 자원을 제공할 수 있는 기관들이 정보를 공유하여 욕구를 사정하고 서비스 계획을 수립

하는 사례관리가 파편화된 서비스를 극복하는 방법이다.

요컨대, 중앙정부의 복지정책이 실현되는 시군구와 읍면동 지역사회에서 서비스 제공자들 간의 상호작용이 활발한 수평적 전달체계를 형성할 때 사례관리의 수준이 높아질 수 있다.

첨언을 하자면, 시군구 단위의 수평적 전달체계는 지역사회보장협의체의 분과다. 아동 · 여성복지분과, 노인복지분과, 장애인복지분과 등은 각각의 서비스 대상자들에게 서비스를 하는 민간기관과 공공기관의 관련자들이 참여하는 구조이므로 대상자에 관한 정보 통합이 될 수 있다. 따라서 정확한 사정에 의한 서비스 계획 수립이 가능하고 계획이 쉽게 실행될 수 있다(이어지는 '사례관리 운영체계'의 '통합사례관리팀 · 회의' 부분에서 상세히 설명된다).

(3) 서비스 접근성 개선을 위한 노력

접근성의 문제는 서비스 전달체계에 진입하는 데 있어서 장애와 관련되는데, 사례관리는 서비스에 대한 접근성을 증가시킨다(Gilbert & Terrell, 2006, pp. 283, 292). 접근성을 개선한다는 것은 서비스 제공자와 이용자 간의 간격을 좁히는 것이다. 간격은 제도적 · 지리적 · 심리적 간격으로 구분할 수 있다.

현재의 사회복지서비스 시스템은 이용 자격, 규제 범위, 정책 그리고 운영 절차 등이 복합적으로 얽혀 있는 프로그램으로 구성된다. 결과적으로 클라이언트는 자신이 필요로 하는 다양한 서비스에 접근하는 데 심각한 어려움을 경험한다. 사례관리를 하는 기관과 제공자들이 그 시스템과 협상하여 클라이언트를 돕는다면 서비스에 대한 접근성은 개선될 것이다(Intagliata, 1992, p. 29).

이러한 제도적 간격뿐만 아니라 지리적 간격 또한 접근성의 저해요인이다. 지리적 간격을 좁히기 위해서는 제공자가 이용자를 찾아가는 아웃리치(outreach)가 필요하고, 이용자가 제공자에게 접근할 수 있도록 돕는 보조자가 필요하다. 보조자는 사례발견 시스템이다.

"사례관리가 필요한 사람들은 특히 만성질병을 가지고 있지만 필요한 서비스를 찾기 위해 활동하지 않는다."(Weil, 1985, p. 31) 아동 · 청소년, 노인, 장애인, 만성정신질환자, 알코올의존증자 등 사례관리 대상자는 자신의 삶을 변화시켜 줄 수 있는 자원에 접근하는 데 많은 장애가 있다. 아동 · 청소년은 자존심 혹은 창피함이라는 심리적 장벽 때문에, 노인과 장애인은 사회자원을 모르거나, 알더라도 신체적 어려움 때문에 자원에 다가서지 못한다. 정신질환자나 알코올의존증자도 새로운 환경을 만들려고 노력하지 않는다. 요컨대, 클라이언트가 스스로 사례관리기관을 방문하는 경우는 많지 않다. 그리고 많은 클라이언트가 문제나 욕구를 가지고 있으면서 문제에 압도당하거나, 욕구 충족을 체념하여 저급한 생활환경에 만족하며 살아간다. 클라이언트의 문제가 심각할수록 서비스에 대한 접근성은 낮아진다고 할 수 있다. 이러한 문제를 해결하는 방법은 찾아가는 서비스(outreach)이고, 지역단위의 사례발견시스템을 만드는 것이다.

지역단위의 사례발견 시스템이란 사례관리기관이 중심축이 되어 앞에서 열거한 대상자들이 발견되는 경우에 연락해 줄 수 있는 소통 통로로서, 기관의 내부 시스템과 외부 시스템으로 나눌 수 있다. 민간기관인 사회복지관이 사례관리기관인 경우, 기관 내부에서 상이한(직접 서비스팀, 지역조직팀) 사업을 진행하는 가운데 복합적 욕구가 있다고 추정되면 사례관리팀에 의뢰하는 것이다. 공공 사례관리 수행기관인 시・군・구청 희망복지지원단과 읍면동 찾아가는 보건복지팀이 중심축이 되어 읍면동 지역사회보장협의체(협의체 참여자들은 통장, 반장, 이장이나 부녀회장, 주민자치위원, 복지위원들이라서 주민의 삶을 잘 안다고 할 수 있다)라는 사례발굴 시스템을 활성화시키고 협력 구조를 만드는 것이 바람직하다. 읍면동 단위의 사례발굴 시스템이 잘 구축된다면 복지 사각지대라는 문제는 상당히 감소할 것으로 본다.

2) 이용자・클라이언트 측면에서의 필요성

이용자・클라이언트 측면에서의 사례관리 필요성은 통합돌봄 대상자들의 욕구 특성, 서비스 꾸러미의 필요성, 가족 기능의 약화로 나누어 제시하고자 한다.

(1) 통합돌봄 대상자들의 특성: 복합적 욕구

미국 등에서 실행되고 있는 사례관리는 노인뿐만 아니라, 아동, 심신장애인, 에이즈 환자에까지 다양한 대상자에게 적용되고 있다. 이러한 대상자 중에서도 노인은 사례관리 필요성이 가장 높은 대상이다. 사례관리를 필요로 하는 가장 적합한 대상자는 단일한 욕구를 가진 사람이 아니라 복합적 욕구를 가진 사람이라는 점이다(Steinberg & Carter, 1983: 白澤政和, 2000 재인용). 단일한 욕구의 클라이언트에게는 욕구에 부합하는 서비스 제공기관과 연결하거나 기관에 관한 정보를 제공하는 것만으로 해결된다. 그런데 복합적 욕구를 가지고 있는 경우에는 미리 대상자의 욕구를 사정하고, 각각의 욕구

에 부합하는 제공기관들과 협력(Inter-Agency)하는 사례관리가 필요하다.

노인이나 장애인, 대부분은 보건, 복지, 주거, 일상생활 등에 대한 복합적 욕구를 가지고 있다. 반면, 대개의 서비스 조직은 단일 목표를 갖는다. 예컨대, 보건소는 질병에 대응하고, 읍면동은 기초생활 유지에 관심을 가지며, 사회복지관은 노인들을 위한 무료급식과 여가 서비스에만 대응한다. 지역사회에서 인간 욕구의 복합성과 조직 목표의 단일성이 상충하는 것이다. 이를 극복하는 방법은 서비스 제공기관들이 협력해서 복합적인 욕구에 딱 맞는 서비스 · 자원을 제공하는 것이며, 이것이 사례관리다.

(2) 서비스 꾸러미의 필요성

지역주민들로서 노인의 특성은 의존성이다. 퇴직에 의한 빈곤, 질병과 그 휴유증으로 인한 일상생활 동작 능력의 저하가 의존의 가장 큰 원인이다. 의존하는 노인들을 모두 시설에서 보호할 수 없다. 이들을 보호해야 하는 정부 입장에서는 고비용의 문제에 직면하고, 보호를 받아야 하는 노인들의 입장에서는 집단생활의 규율로 인한 자유의 침해를 감당해야 한다. 해결책은 지역사회보호, 커뮤니티케어다.

지역사회의 보호를 받으며 살아가야 하는 노인들, 서비스 이용자들의 경우, 의료(보건소), 소득(읍면동), 여가(노인복지관), 식사(무료급식소) 등이 지역에—시군구이든 읍면동이든—'산재해 있다.'는 것이다. 노인들의 재가생활을 지원하기 위해서는 노인들의 욕구를 개별화하여 지역에 뿔뿔이 흩어져 있는 서비스를 모아 그들의 욕구에 딱맞는(tailoring) 서비스 패키지(service package)를 제공해야 한다. 이 패키지가 노인의 욕구를 사정하여 만들어지는 서비스 계획서(ISP)이며, 이것은 사례관리를 통해 만들어지는 것이다.

(3) 가족 기능의 약화

가족은 성적 기능, 출산 기능, 자녀 양육과 사회화 기능, 경제적 기능, 지위와 신분부여, 애정과 정서적 안정 그리고 가족구성원의 보호라는 기능을 수행한다고 알려져 있다. 그런데 근대화, 산업화가 확대가족에 끼친 영향으로 핵가족화되었고, 개인주의적 가치와 여성 노동의 증가로 가족구성원을 보호하는 기능이 매우 약화되었다. 도시의 비싼 집값 때문에 노인은 농촌에 있고 자식과 손자만 도시로 이주했다. 아동을 보호하기 위해 어린이집과 지역아동센터, 노인을 보호하기 위해 노인요양원, 재가노인센터, 주 · 야간보호소, 노인복지관, 무료급식소 등이 생겨났다.

이러한 공식 조직은 가족의 구성원 보호 기능을 대체하기 위해서 생겨난 사회자원이다. 이러한 자원은 가족, 이웃, 친구와 같은 비공식 자원을 대체하거나 상호보완하는 기능을 한다. 그런데 이러한 자원들은 노인 개개인의 욕구에 민감하게 반응하기 어렵다. 사례관리자가 노인들의 욕구에 반응하여 공식·비공식 자원을 연결하는 사례관리가 필요하다.

3. 사례관리의 구성요소

사례관리는 클라이언트, 클라이언트의 욕구를 충족시키는 사회자원, 사례관리자와 사례관리과정이라는 요소로 구성된다(Moxley, 1993; 白澤政和, 2000). 필자는 한국사례관리학회(2012)의 사례관리 개념을 수용하고, 그 개념에서 강조된 사례관리 운영체계도 사례관리의 구성요소로 포함시켜서 대상자, 사회자원, 사례관리자, 사례관리과정 그리고 사례관리 운영체계로 나누어 살펴보고자 한다.

1) 대상자

앞서 언급했듯이, 사례관리 대상자는 복합적·장기적 욕구를 가지고 있는 사람들이다. 이들은 노인, 장애인, 저소득층 가족인데, 대부분 복합적인 문제를 가지고 있어 하나 이상의 사회자원을 필요로 하지만 자원의 소재와 이용방법에 대해 잘 모르고 있다. 우리나라의 경우, 이들은 기본적으로 빈곤문제를 겪고 있다고 할 수 있다. 사회복지관의 사례관리 대상자들이 가장 많이 원하는 서비스가 '소득지원 서비스'다(하경희, 김진숙, 정선욱, 2014, p. 256). '희망복지지원단 사업안내(2022)'에서는 기초생활수급자, 차상위계층, '복지 사각지대 조사를 통해 발굴된 위기가구'라고 명시하고 있다.

2) 사회자원

자원은 클라이언트의 욕구 충족을 위해 활용되는 수단이다. 제공 주체에 따라 가족, 친척, 동료, 이웃, 자원봉사자 등의 비공식 자원과 행정기관, 사회복지법인, 의료법인, 기업 등의 공식 자원이 있고, 비공식 자원과 공식 자원 사이에 자조집단이 있다.

행정기관, 법인과 같은 공식 자원을 구체적으로 열거해 보면 사회복지관, 노인복지관, 장애인복지관, 시 · 군 · 구청 희망복지지원단 등이 있는데, 이들은 클라이언트의 욕구 충족 수단으로서 사회자원이지만, 사례관리 운영체계의 구성요소들이기도 하다. Moore(1992)는 사례관리에 있어서 자원의 중요성을 강조하며, "적절한 자원 없이 혼란스러운 서비스환경에서 사례관리를 실천하는 것은 거의 쓸모없다."고 하였다. 앞 장에서 다룬 지역사회보장협의체(노인복지분과, 장애인복지분과 등)는 자원 네트워크인 동시에 운영체계를 구성하는 요소가 될 수 있다.

3) 사례관리자

사례관리자는 앞서 언급한 클라이언트와 자원을 효과적이고 체계적인 방법으로 연결하는 전문가다.[2)] 여러 서비스 공급주체에 의한 사회자원을 클라이언트가 활용하여 욕구를 충족해 갈 수 있도록 촉진하고, 조정하고, 연결시켜 나감으로써 클라이언트 자신의 능력을 향상시키고, 서비스 공급주체의 능력 또한 발전시키는 것이 사례관리자의 역할이다. 미국이나 캐나다에서는 주로 사회복지사나 간호사, 때로는 물리치료사나 작업치료사가 사례관리자의 역할을 수행한다(Steinberg & Carter, 1983, p. 197). 사례관리가 성공하기 위해서는 사례관리자의 역할이 매우 중요하다. 사례관리자의 역량에 따라 클라이언트와의 관계(생태체계적 관점에서 사례관리자와 클라이언트의 라포 관계 형성은 양 체계 간의 경계를 허물고, 자원 투입 통로를 만드는 것이며, 사례관리자체계와 클라이언트체계의 공유영역이 확대되는 것이다.) 수립 정도가 달라질 수 있다. 또 지역사회 또는 기관 내부에서의 협력 정도와 활용하는 지역사회 자원의 양, 클라이언트에게 제공되는 서비스의 양과 질 등 사례관리의 제반요소가 달라질 수 있다. 결국 이러한 차이들로 인해 사례관리의 성과가 좌우된다. 이러한 측면에서 사례관리자의 인간적인 자질과 태도, 사

2) 보스턴 대학교, 유대교 가족 아동 서비스협회, 베스 · 이스라엘 병원 등의 공동연구에서 가족을 사례관리자로 교육시키고 실천한 연구를 보고하였다. 가족구성원에게 『보스턴시 자원 가이드북』을 배포하고 사회복지사는 그 활용을 도왔는데, 연수를 받은 가족(실험군)은 받지 않은 가족(대조군)에 비해 사례관리를 능숙하게 수행하였고, 욕구에 적합한 서비스를 제공하였으며, 서비스 이용 기간도 짧게 끝났다고 결론을 내렸다. 98%의 가족이 이러한 교육을 받기를 바라고 있으며, 교육종료 2년 후에도 사례관리 기능을 계속해서 실시하고 있다고 보고하였다. 가족을 사례관리자로 육성하는 것과 전문가로서 사례관리자를 육성하는 것은 모순이 아니며, 사례관리는 사회복지사와 가족구성원이 자연스럽게 공유할 수 있는 하나의 기능이라고 결론을 내렸다(Seltzer, & Mayer, 1988, p. 30).

례관리자의 관점과 철학, 사례관리 수행을 위한 전문적인 지식과 기술은 사례관리의 성공을 위한 중요한 요소다. 사례관리자는 '클라이언트의 욕구에 대한 정확한 사정과 지속적인 평가 능력' '클라이언트의 욕구에 적합한 자원을 연결시키는 능력' '정확하고 적절한 서비스가 실제로 전달되었는지를 확인하는 힘' '서비스가 잘 운영되고 있는지를 볼 수 있는 능력'을 반드시 갖추어야 한다(Frankel & Gelman, 2004, p. 18). 또한 사례관리자는 ① 클라이언트의 문제나 욕구를 파악하고 서비스 계획을 세울 수 있는 능력, ② 지역에 있는 현재적 · 잠재적 사회자원에 대한 이해, ③ 클라이언트나 기타 기관 및 단체와의 의사소통 기술 등을 갖추어야 하며, 이러한 능력을 높이기 위해 교육이 필요하다(白澤政和, 2000).

4) 사례관리과정

사례관리는 사례관리 실천의 목적을 달성하기 위해 수행하는 일련의 공통된 체계화된 과정을 구성한다(Holt, 2000). 즉, 사례관리는 접수, 사정, 계획, 실행, 전달과 모니터링, 평가의 과정을 수행하며, 이러한 과정은 운영체계 속에서 다양한 기관 간의 협력을 통하여 실행된다. 사례관리과정은 학자에 따라 다양하게 분류될 수 있는데(한국사례관리학회, 2012, p. 122), 학자들의 공통사항에 따라 접수, 사정, 계획 수립, 실행과 점검, 종결 및 평가 등의 5단계로 나누어 간략히 살펴보고자 한다. 이러한 과정은 시간적인 연속성을 갖고 전개되며, 단선적이 아닌 순환적인 과정이라고 할 수 있다. 즉, 계획과정이나 실행과정에서 새로운 문제가 발견되면 다시 사정단계로 가서 재사정을 하며 다시 계획을 수립하는 반복적일 과정일 가능성이 매우 높다.

(1) 접수: 사례 발견, 심사, 접수

① 사례와 클라이언트의 확인 또는 발견

삶이 힘든 사람들이 전화나 직접 방문을 통해서 기관에 찾아온다. 사회복지기관이 아웃리치(찾아가는 서비스)를 하기도 한다. 의료기관이 클라이언트를 의뢰할 수도 있다. 앞서 설명한 접근성 개선에서 설명한 사례발견 시스템에 의해 찾기도 한다. 이렇게 다양한 과정을 통해서 사례관리기관에 접촉하게 되면 사례관리자가 접수 면접을 실시하게 된다.

② **심사, 접수 상담 및 등록**

이 단계에서는 클라이언트의 문제가 무엇인지를 식별하고, 클라이언트가 서비스를 받을 자격이 있는지를 판단한다. 기관의 인테이크 담당자는 클라이언트의 성명, 연령, 가족 상태, 소득, 기타사항을 참고로 하여 클라이언트의 서비스 수혜자격을 결정하는 과정을 거친다. 즉, 초기 면접 후 사례관리자는 클라이언트의 초기 면접 정보를 분석하여 사정한 후 내부 사례회의에서 사례관리 대상자 여부를 결정하게 된다. 만약 내부 사례회의 결과, 상정된 클라이언트가 사례관리 대상으로 부적합하다고 판단된 경우에는 적절한 다른 기관으로 의뢰하거나 종결하게 된다.

(2) 사정

이 단계에서는 '클라이언트의 욕구(욕구사정)' '클라이언트가 문제를 해결하는 데 있어서 유용한 자원(자원사정)' '클라이언트가 자원을 활용하는 데 있어서 장애물(장애물사정)' 등을 구체화하는 작업을 해야 한다(Ballew & Mink, 1999, p. 31).

기관마다 욕구사정 영역에 약간 차이가 있다. 사회복지관의 경우, '기본생활' '교육발달' '심리정서' '건강' '안전' '경제' '가족관계' '사회적 관계'의 8개 영역을 사정한다. 공공영역(희망복지지원단과 읍면동, 드림스타트)의 경우에는 '안전' '건강' '일상생활 유지' '가족관계' '사회적 관계' '경제' '교육' '고용' '생활환경' '법률 및 권익보장'의 10개 영역을 사정한다. 인간 삶의 전체를 본다고 할 수 있다.

지역단위 민관협력 사례관리에 있어서 정확한 사정을 위해서는 3단계의 과정이 필요하다. 첫째, 개별 기관의 사정이 수행된다. 민간기관이든, 공공기관이든 기관의 사례관리자와 내부 사례회의에서 클라이언트에 대해 사정한다. 둘째, 민관이 협력하는 통합사례회의에서 개별 기관의 사정 결과에 대해 다시 한 번 사정이 이루어져야 한다. 내부 사례회의 기관이 민간기관인데 클라이언트가 빈곤문제로 경제적 욕구가 강하면, 읍면동이나 시군구 희망복지지원단이 참여하는 민관협력 통합사례회의를 해야 한다. 반면, 내부 사례회의 기관이 공공기관이고 클라이언트가 정신건강이나 발달장애 등의 어려움으로 인한 욕구가 있다면, 관련 민간기관이 참석하는 민관협력 통합사례회의를 해야 한다. 개인정보 보호가 강조되면서 민간은 사회복지 통합관리망에 접근이 제한되어 클라이언트에 관한 정확한 정보를 얻는데 한계가 있어 정확한 사정을 할 수 없기 때문이다. 셋째, 솔루션회의를 통한 사정이 수행된다. 이 회의에서 사정이 이루어져야 할 클라이언트는 많지 않을 것으로 보이나, 알코올 · 폭력 · 정신적 문제가 얽힌 고난

이도 사례의 경우에는 이러한 사정이 필요하다.

(3) 계획 수립

계획 수립은 사정에 이어지는 과정이다. 계획은 늘 목표 설정에서 시작된다. "사례관리의 목표는 클라이언트의 사회적 환경을 개선하는 것이고, 클라이언트의 역량을 강화하여 자신의 환경을 스스로 관리할 수 있도록 도와 사회적 기능을 개선시키는 것이다. 따라서 이 목표는 smart라는 형식에 따라 측정 가능하게 규정되어야 한다."(Hardcastle et al., 2004)

서비스 계획의 작성은 각 클라이언트의 욕구에 반응하는(responsive) 개별화된 서비스와 서비스 패키지를 준비하는 것이다. 서비스 계획 작성의 기본 원칙으로는 다음과 같은 것을 들 수 있다(Schneider, 1986, p. 16).

- 서비스 계획은 전 단계에서 실시한 클라이언트의 포괄적인 사정에 바탕을 둔다.
- 서비스 계획 작성 시 클라이언트 내지는 가족구성원 등의 대리인이 그 과정에 참여한다.
- 서비스 계획은 미리 결정된 사례 목표를 지향한다.
- 서비스 계획은 영속적인 것이 아니라 특정 기간의 계획이다.
- 서비스 계획에는 공식적 서비스와 비공식적 서비스 등 모두가 포함된다.
- 서비스 계획의 내용은 정형화된 계획용지로 문서화한다.

이러한 원칙을 바탕으로 사례관리자는 클라이언트와 함께 다음과 같은 7단계의 순서로 서비스 계획을 작성한다(Schneider, 1986, pp. 16-17).

① 클라이언트의 문제나 욕구가 일목요연하게 나타난다.
② 각각의 문제나 욕구에 대해 바람직한 목표나 결과가 일목요연하게 나타난다. 단, 문제나 욕구가 많이 있을 경우에는 어떤 문제나 욕구에 먼저 대응해야 할 것인지 우선순위를 정한다.
③ 각각의 바람직한 목표나 결과를 위해 필요한 서비스의 종류가 일목요연하게 나타난다. 때로는 사회자원만이 아니라 내적 자원으로서 클라이언트 본인의 노력도 포함시킨다.

④ 서비스 제공 주체가 일목요연하게 나타난다.
⑤ 서비스 시간이나 횟수를 나타낸다.
⑥ 계획이 진행된 경우에 클라이언트나 가족의 자기 부담 부분이 어느 정도인가를 계산한다(관리보호모델의 경우).
⑦ 최종적으로 작성된 서비스 계획에 대해 클라이언트나 가족의 허락과 양해를 얻는다.

가족의 허락과 양해는 서비스의 승인을 의미하며, 사회복지실천에서 중요한 의미를 갖는 클라이언트의 자기결정권을 의미한다. 사례관리에서 클라이언트의 자율성을 존중하는 것은 절대적으로 중요하다.

서비스 계획 작성 시 목표 설정과 클라이언트의 참여에 대한 어려움이 있다. 바람직한 목표나 결과, 구체적인 서비스 계획 내용에 대해 의견의 불일치가 일어나는 경우도 많다. 예컨대, 보호자는 노쇠한 부모가 시설에 입소하기를 바라지만 부모는 자식과 집에서 살기를 바란다. 재가급여를 받는 경우에도 보호자는 일주일에 5회의 요양보호사가 필요하다고 생각하지만, 부모는 일주일에 1회면 된다고 생각한다. 사례관리자와 클라이언트 간에, 클라이언트의 가족구성원 간에 그리고 사례 목표와 현실적 프로그램 목표 간에 불일치가 발생할 수 있는데, 목표 설정을 위해 사례관리자는 설득과 옹호를 통해 합의를 이끌어 내야 한다. 또한 서비스 계획 작성에 클라이언트 혹은 가족을 참여시키는 것이 어렵다. 욕구사정을 하거나 제공되어야 하는 서비스의 근거를 논의하는 가운데 개인사, 가족사, 삶의 불편한 진실들이 논의되어야 하기 때문에 대부분의 클라이언트와 가족은 계획 작성을 위한 사례회의에 참석하지 않는다. 이러한 어려움을 극복하여 계획을 수립한 후에는 클라이언트 또는 가족으로부터 사례관리계약서를 작성하고, 계획서를 공유하는 것이 필요하다(유명이, 2012, pp. 204-205; 한국사례관리학회, 2012).

서비스 계획 작성에서 중요한 것은 지역에 자원(서비스 제공자)이 존재하는가를 검토하는 것이다. 없는 자원을 계획에 넣는 것은 목표 달성에 착오를 발생시키기 때문이다. 첨언하면 앞에서 설명한 사정과 서비스계획 수립은 과정상 분리되지만, 현장에서는 같은 시간에(사례회의에 참석자들이 공유하는) 이루어진다.

(4) 실행과 점검

실행은 앞서 작성된 서비스 계획서 상의 서비스 제공자들이 클라이언트에게 서비스를 제공하는 것이다. 이는 클라이언트에게 새로운 생태적 환경이 형성됨을 의미한다. 환경의 위협적 요인은 감소하고 기회적 요인이 증가하는 것이다(제4장 생태학이론을 상기하라.). 서비스 계획을 실행하는 데 있어 사례관리자는 서비스 제공 기관과 항상 좋은 관계를 형성해야 할 필요가 있다. 그러나 계획하고 있었던 서비스나 지원이 도저히 불가능한 경우가 발생할 때, 사례관리자는 클라이언트의 입장을 옹호하려고 노력해야 하지만 클라이언트와 함께 서비스 계획을 일부 수정할 수도 있다.

실행의 다음 단계는 클라이언트와 서비스 제공 상황에 대한 점검이다. 점검의 목적은, 첫째, 서비스 계획이 어느 정도 적절하게 실시되고 있는가, 둘째, 서비스 계획에 기록되어 있는 목표가 달성되었는가, 셋째, 각각의 서비스나 지원의 내용이 적절했는가, 넷째, 서비스 계획의 변경이 필요할 만큼 클라이언트에게 새로운 욕구가 발생했는가를 확인하는 것이다. 이렇게 하기 위해 사례관리자가 클라이언트의 가정을 방문할 수도 있고, 서비스 제공 상황에 대한 평가표를 가정에 보내고 그것을 되돌려받을 수도 있다(白澤政和, 2000). 점검은 자주 할수록 좋으나, 일반적으로 처음 1주일 후(모든 서비스 제공자가 계획서에 명시된 담당 역할을 수행했는지 확인하기 위해) 혹은 1개월마다 하게 된다. 사례에 대한 지속적인 점검은 주 사례관리기관 사례관리자가 담당한다.

점검에서 욕구의 변화가 보인 경우에는 재사정을 해야 한다. 또한 서비스 제공자로부터 클라이언트나 상황에 변화가 생겨서 욕구가 충족되지 않고 있다는 정보가 온 경우에도 재사정을 한다. 이렇게 해서 클라이언트의 욕구가 충족되지 않고 생활상의 곤란이 생겨나고 있다는 것이 분명해진 경우에는 목표 설정과 서비스 계획의 작성으로 되돌아가서 사례관리과정의 순환을 반복하게 된다.

(5) 종결 및 평가

원조관계는 다양한 이유로 인하여 종결된다. 사례관리는 항상 마지막 단계까지 가지 않을 수도 있다. 클라이언트가 종결을 요청하거나, 클라이언트가 사망하거나, 이사를 가거나, 장단기 목표를 달성했으므로 더 이상 서비스를 필요로 하지 않을 때 종료될 수 있다. 사례관리에 대한 평가는 1년에 1회 이상 정기적으로 실시하는 것으로 하며, 평가 결과에 따라 타 기관에 의뢰, 사정 및 개입 계획 단계로 환류, 종결 등의 과정을 따르게 한다. 종결이 판정된 클라이언트의 경우에 사례관리자는 개별 접촉을 통해서 종결 면

담을 실시하도록 한다. 종결 면담을 통해서 정서적 안정을 도모하고, 변화된 효과의 유지 방안을 탐색한다. 또한 사후관리에 대한 동의를 얻음으로써 사례관리자가 접촉할 수 있는 채널을 확보해 둔다(권진숙, 박지영, 2009).

5) 사례관리 운영체계

사례관리 실천에 있어서 효율적인 운영체계는 무엇보다도 중요하다. 왜냐하면 사례관리는 클라이언트에게 필요한 통합적 서비스를 전달하는 작동체계이며, 포괄적 프로그램이 확실히 이루어지게 하는 하나의 기제(mechanism)이기 때문이다(NASW, 1992: Frankel & Gelman, 2004, pp. 16-17 재인용). O'Connor(1988, pp. 97-98)는 사례관리를 체계라는 관점에서 "서비스 전달체계 내에서 다양한 지위의 직원들이 수행하는 상호관련된 복잡한 체계라고 정의하고, 사례관리를 체계(system)와 실천(practice)으로 구분"하였으며, 체계는 "실천에 필요한 행정지원, 조직체계 그리고 공식 · 비공식 지역사회자

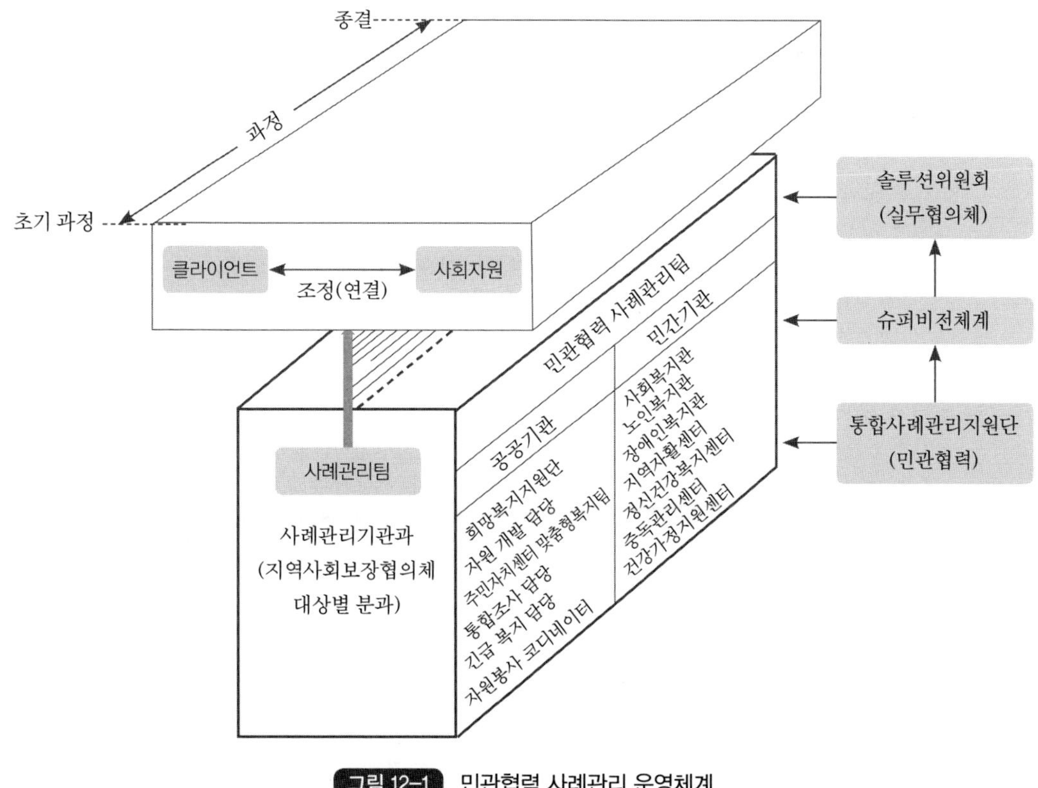

그림 12-1 민관협력 사례관리 운영체계

원, 실천"으로 구성된다고 하였다. 이러한 이해를 바탕으로 필자는 사례관리 운영체계를 ① 사례관리자, ② 통합(민관협력)사례관리팀 · 회의, ③ 슈퍼비전체계, ④ 솔루션위원회, ⑤ 통합사례관리지원단, ⑥ 지역사회 자원망 등의 하위체계로 구성된다고 보고, 이를 [그림 12-1]과 같이 제시하고자 한다. 사례관리자는 전체 운영체계상 가장 중요한 기능을 하는 부분이지만, 앞의 사례관리 구성요소 부분에서 설명했으므로 제외하겠다.

(1) 통합(민관협력)사례관리팀 · 회의: 필요성, 구성, 기능

지역의 사례관리기관은 민간기관체계(사회복지관, 정신건강복지센터, 가족지원센터 등)와 공공기관체계(시 · 군 · 구청 희망복지지원단, 드림스타트, 읍면동)로 대별할 수 있다. 양 체계가 협력적 상호작용을 할 때 시너지 효과가 난다(제4장 1절 사회체계이론 참조). 필자는 개별 기관보다 지역단위 민간기관과 공공기관이 협력하는 사례관리를 강조하는 의미에서 통합사례관리팀 · 회의를 운영체계의 한 구성요소로 보고자 한다. 앞의 사례관리 필요성 부분에서도 언급했듯이, 보건복지부는 통합돌봄의 기반 요소 중의 하나로 '민관협의체'를 구성하고, 이에 기반을 둔 '지역케어회의'를 운영하겠다고 한다. 통합[3]은 다수의 민간기관과 공공기관이 협력한다는 의미다. 통합사례관리팀에 대해서는 많은 설명이 필요한데, 지역단위 사례관리에서 민간과 공공 기관이 협력해야 하는 이유

---

3) 사례관리에서 통합의 의미는 조직이론으로 설명해야 한다. 사회복지행정에서 관료조직의 특징 중에 하나가 '위계와 분업'이다. 통합은 분업과 관련된다. Lawrence & Lorsch(1967: 이창원, 최창현, 1996 재인용)에 의하면, 통합(integration)이란 조직의 과업을 수행할 때 여러 다른 하위체계 사이의 노력을 통일시키는 과정으로서 조직의 목표와 연관되어 수행되는 의식적 과정이다.

지역사회 사회복지조직들의 목표가 인간의 욕구 충족이지만, 그 조직들은 대개 단일한 서비스를 제공함으로써 인간의 복합적 욕구를 충족시킬 수 없다. 복합적 욕구를 충족시키기 위해서는 상이한 서비스를 제공하는 조직들이 서로 연결되어야 한다. 이른바 기관 간 협력(inter-agency)이고, 조직 간 협력(inter-organization)이다. 네트워크로도 불린다. 다음과 같은 예를 들 수 있다. 즉, 노인들의 두 가지 문제는 질병과 빈곤이다. 이 문제 때문에 보건의료욕구와 소득욕구가 생겨난다. 복지조직은 소득욕구에 대응할 수 있지만 보건의료욕구에 대응할 수 없다. 보건의료조직은 그 반대다. Hokenstad와 Ritvo(1982)에 의하면, 노인에게 복지서비스만 제공되고 보건의료 서비스가 제공되지 않으면 '부적절한 서비스(inadequate services)' '접근 불가능한 서비스(inaccessible services)' '불충분하게 이용되는 서비스(underutilized services)' '파편화된 서비스(fragmented services)' '불연속적 서비스(discontinuous services)'가 된다. 보건복지통합 서비스가 제공되어야 '적절한' '충분한' 서비스가 된다.

요컨대, 사례관리에서 통합의 의미는 사례관리 대상자의 복합적 욕구를 충족시키기 위한 관련('욕구 충족에 도움이 되는'이라는 의미임) 기관들 간의 협력을 의미한다. 그리고 협력에 의해 제공되는 서비스, 즉 복합적 욕구를 모두 충족시키는 서비스는 포괄적 서비스로 불리는 것이 적절하다. 요컨대, 기관들 간 통합적 노력에 의해 포괄적 서비스가 생성되는 것이다. 일본에서 사용되는 지역 '포괄'케어라는 의미와 같다.

표 12-3 사례관리 수행에 있어서 민간·공공기관의 상대적 우위

구분	민간기관	공공기관	비고
클라이언트에 관한 정보 접근성		○	
라포 형성 능력	○		
직접 서비스 능력	○		
물적 자원 · 공적 서비스 결정권		○	
인적 자원(사례관리 전담 인력)		○	서울*
(기관의 특성에 따른) 전문적 서비스 능력	○		
소집 능력(네트워크 구축 능력)		○	

출처: 함철호, 조현순(2017), p. 94에서 발췌하여 수정함.
* 서울은 사회복지관 직원 수가 타지역의 약 두 배이므로 전담인력이 있음

를 이해하면 된다. 사례관리의 목적이 복합적 욕구를 가진 클라이언트에게 양질의 서비스를 제공하여 욕구를 충족시키고 임파워먼트시키는 것이라고 할 때, 양질의 서비스는 민간 · 공공 기관 각각의 장점에 근거해서 협력할 때 만들어진다(함철호, 조현순, 2017). 민간기관과 공공기관의 상대적 우위는 〈표 12-3〉과 같이 정리된다.

첫째, 클라이언트의 개인정보 보호가 강조되면서 민간기관은 클라이언트에 관한 정보를 획득하기가 어렵지만, 공공기관의 사례관리자는 사회보장정보시스템인 '행복e음'을 통해서 쉽게 획득할 수 있다. 클라이언트의 정확한 정보는 사정, 서비스 계획 수립 등 사례관리 과정의 핵심 영역에서 반드시 필요하며, 중복 서비스와 누락 서비스를 방지할 수 있다. 앞의 사례관리의 '필요성' 부분에서도 언급했듯이, 효율적인 사례관리는 민간과 공공이 이용자나 클라이언트에 관한 정보와 자원에 대한 정보를 공유할 때 가능하다.

둘째, 라포 형성 능력은 공공보다 민간기관 사례관리 수행자들이 우위에 있는데, 그 이유는 다음과 같다. 즉, 읍면동 사례관리 담당자에 대해 클라이언트는 기초생활보장급여를 삭감하거나 탈락시키는 존재로 인식하고 있어 마음을 잘 열지 않기 때문이다. 또한 읍면동 담당자의 지속적인 진심 어린 태도를 믿고 찾아가면 2~3년간 근무 후 이동하는 순환근무제 때문에 새로운 담당자가 와 있어 새로운 얼굴 익히기를 해야 하기 때문이다.

셋째, 민간기관의 직접 서비스 능력은 공공기관의 담당자가 부러워하는 장점이다. 잠재적 클라이언트를 찾아가서 초기 상담을 하는 경우에 몸이 불편한 장애인이나 노인

이 도시락이나 밑반찬이 필요하다고 할 때, 공공기관에서는 제공할 수 없고 민간 복지기관이 제공해야 한다.

넷째, 공공기관은 경제적 문제해결에 결정적으로 중요한 공적 서비스(기초생활보장수급자 책정, 긴급생계비, 긴급의료비, 매입임대주택 등) 결정권을 가지고 있다. 사례관리를 수행하는 민간기관에는 없는 공공기관만의 장점이다. 민간기관의 사례관리자들은 공공기관이 이러한 공적 자원 할당권을 가지고 있는 것을 부러워한다. 민간기관의 사례회의에서 대상자의 가장 큰 문제가 경제적 문제인 경우, 민간기관 자체적으로 사례관리과정을 진행시키기가 매우 어렵다.[4] 동원할 물적 자원이 없기 때문이다. 이러한 경우 대상자를 지역 시 · 군 · 구청 희망복지지원단이나 읍면동 사례관리 담당자에게 의뢰하고, 통합사례회의에 참여해서 사정과 서비스 계획 수립과정에 참여하고, 서비스 제공과정에 파트너가 되어 경제적 문제가 해결된 경우, 사후관리를 함으로써 민과 관이 실적을 공유하는 것이 최선의 방법이라고 할 수 있다. 다음과 같은 예가 있다. 실제 사례다.

사례 12-1

건설노동자였던 47세의 아버지는 갑작스러운 뇌졸중과 그 휴유증으로 고1, 중2 두 아들을 양육하기가 어려운 형편이 되었다. 지역의 사회복지관 사례관리팀장은 내부 사례회의도 하고 많은 고민을 하였지만 해결 방안이 없어서 사례를 구청 희망복지지원단에 의뢰하였다. 팀장은 통합사례회의에 참석하여 가구의 가장 큰 문제가 반신불수인 아버지의 근로능력 상실로 인한 빈곤이라는 사정 결과를 보고했다. 회의에 참석하고 있던 희망복지담당자는 자신의 경험으로 볼 때, '그 가구는 아버지의 무능력, 두 자녀가 학생이므로 소득 능력이 없다. 따라서 기초생활보장수급자가 될 수 있을 것이다.'라는 이야기를 했고, 주소를 복지관 담당자에게 물었다. 우선, 긴급생계비와 긴급의료비를 지급하고 한 달 이내로 수급자로 책정할 수 있다는 말을 회의 참석자들에게 했다. 이렇게 경제적 문제가 해결되고 난 후, 장애인 아버지에 대한 일상생활지원 서비스가 이루어진다면 이 가구는 나름대로 안정적인 재가생활을 할 수 있을 것이다.

4) 보건복지부(2022)의 '중점 사업 대상'은 '탈빈곤 · 자활지원 가능 가구(기초생활수급자 중 특히 신규 수급자, 기초수급탈락자 등)' '차상위지원가구' '복지 사각지대 조사를 통해 발굴된 위기가구'다.

다섯째, 인적 자원 측면에서 공공기관은 민간기관보다 우위에 있다. 공공기관에는 희망복지지원단이라는 사례관리 전담 부서가 있다. "복합적 욕구를 가진 대상자에게 통합사례관리를 제공하고, 지역 내 자원 및 방문형 서비스 사업 등을 총괄 관리함으로써 지역단위 통합 서비스 제공의 중추적 역할을 수행하는 전담조직"(보건복지부, 2022)으로 희망복지지원단을 두고 있다. 또한 최소 5년 이상의 근무 경력이 있는 사회복지직 7급, 8급 공무원을 배치하며, 통합사례관리자를 지역에 따라 2~6명을 따로 두고 있다. 다음으로, 자원 개발 전담 인력을 별도로 두고 있다. "자원 개발 관리를 위해 희망복지지원단에 전담 직원 배치 · 운영(최소 1~2인)하고 있다. 전담자는 지역사회 공식 · 비공식 자원 현황 관리 및 정보 제공, 자원 개발 기획 실천, 분야별 자원관리 담당자(기관)와의 정기적 워크숍, 공동 교육 등 연계 · 협력 체계 조성"을 한다(보건복지부, 2022). 반면, 민간기관은 사회복지관의 경우에 약 90%가 사례관리 전담조직을 두고 있지만, 사례관리 전담 직원을 두고 있는 기관은 약 43%에 지나지 않으며, 전담 직원의 약 81%가 후원 업무, 프로그램 운영 같은 사례관리 이외의 업무를 겸하고 있어(하경희 외, 2014, p. 252) 전담 직원이라고 할 수 없다. 또한 민간기관에는 자원 개발만 전담하는 직원이 없으며, 경제적 문제를 해결할 수 있는 특별한 자원이 부족하다. 그리고 226개 시군구 중에 사회복지관이 없는 지역이 30%나 되어 보편적이지 못하다.

여섯째, 전문적 서비스 능력이란 클라이언트의 특성에 부합하는 효과적인 서비스를 제공할 수 있는 능력을 의미한다. 예를 들어, 클라이언트가 정신질환이 있는 경우에는 정신건강복지센터, 알코올의존인 경우에는 중독관리센터, 발달장애가 있는 경우에는 장애인복지관에 전문적 서비스 능력이 있다. 반면, 희망복지지원단이나 읍면동에는 이러한 서비스 능력이 없거나 상대적으로 부족하다고 할 수 있다.

일곱째, 네트워크 구축 능력이란 통합(민관협력)사례관리팀 · 회의를 소집하고 기능을 수행할 수 있는 능력을 의미한다. 통합사례회의는 일시적인 네트워크 조직이다. 조직은 일반적으로 특정 목표를 달성하기 위해 2인 이상이 상호작용하는 복합체로 정의되고, 목표, 기술, 참여자, 구조, 환경 등의 5개의 요소로 구성된다. 목표는 복합적 욕구를 가진 클라이언트의 욕구를 충족시키고 임파워먼트시키는 것이다. 목표 달성을 위해 사용되는 기술은 직접 실천기술과 간접 실천기술이 있다. 참여자는 서비스 계획서상 서비스 제공자들인데, 현장에서는 '공동사례관리자(한국사례관리학회는 이 용어를 사용하지 않기로 하였다.)' 혹은 협력자로 불린다. 이들은 클라이언트의 욕구에 따라 가변적이다. 서비스 계획서상 장단기 목표가 달성되거나 '상황 호전' 등으로 종결이 되면 이들은 해체된다. 이후 새로 접수된 클라이언트의 욕구 충족을 위해 새로운 팀의 구성원이 된다. 조직론상 특정 문제를 해결하기 위해 일시적으로 팀을 꾸렸다가 해결되면 해체하는 일종의 TFT(Task Force Team)이다. 이들 참여자는 목표 달성을 위해 행동적 구조 속에서 기술을 사용한다. 행동적 구조란 운영체계다. 이는 회의와 같은 의사소통체계이고, 이 체계 속에서 클라이언트의 문제·욕구, 장애물, 자원에 대한 합의, 개입 방향 설정과 장단기 목표, 참여자별 서비스 제공자로서의 역할, 주 사례기관, 사후관리기관 등을 결정하는 의사결정 및 실행 구조를 의미한다. 그동안 개입해 오던 클라이언트의 욕구가 충족되고, 단기 및 장기 목표가 달성되거나, '상황 호전'으로 종료가 되면, 이 통합사례관리팀은 해체된다. 그리고 새로 개입하는 클라이언트를 중심으로 통합(민관협력)사례관리팀이 구성되고 클라이언트의 욕구충족과 임파워먼트를 위한 사례관리 개입이 지속된다.

선행연구(함철호, 2016a)에 따르면, 통합사례회의는 민관협력 사례관리의 핵심 기제로서 다음의 네 가지 과업을 수행해야 한다.

첫째, 내부 사례회의(민간기관이든, 공공기관이든)에서 사정된 욕구를 검토하는 역할이다. 한국사례관리학회가 편집한 교과서에서도 서비스계획 수립에 앞서 사정 결과를 숙고하는 것이 필요하다고 하였다(유명이, 2012, p. 200). 민간과 공공이 정보 교류를 하지 않은 상태에서는 개별 기관의 담당자 혹은 내부 사례회의의 사정결과가 정확하지 않을 수 있기 때문이다. 그러므로 민관이 협력하는 통합사례회의에서 내부 사례회의의 사정 결과를 재검토하는 것이 반드시 필요하다. 둘째, 서비스 계획을 수립하는 것이다. 서비스 계획은 사례관리의 핵심이다. 정확한 사정의 다음 과정으로 클라이언트 욕구 충족과 관련된 기관들이 통합사례회의에 참여하여 명확한 역할 분담을 논의하고, 서비스 계획서에 자신들의 역할을 명시해야 한다. 셋째, 통합사례회의는 의사결정기구로서 클라이언트의 가장 핵심적 문제해결에 주도적 역할을 할 수 있는 기관에 대해 참여자들 간의 활발한 의사소통을 통해 주 사례관리자 혹은 주 사례관리기관 그리고 사후관리기관도 민주적으로 결정한다. 넷째, 이전에 통합사례회의에서 논의된 사례의 진행 상황에 대해 주 사례관리기관의 보고를 듣고 점검하는 것이 꼭 필요하다.

문제는 이렇게 중요한 기능을 갖는 통합사례회의에 참여자들을 공공기관이나 민간기관 회의실에 모이게 하여 회의체를 구성하고, 팀의식을 갖게 하는 것이다. 이러한 능력은 민간기관보다 공공기관이 우위에 있다. 다음은 사회복지관장과 사례관리팀장의 진술이다.

"사례관리가 잘되려면 전제는 네트워크가 구성이 잘되어야 하는데, 관이 그 역할을 더 치중해 줬으면 좋겠다는 거죠. 민은 네트워크를 구축하는 데 한계가 있어요. 사례관리를 민이 제대로 못한 부분도, 그게 힘들어서 제대로 못한 거지요. 욕구를 몰라서가 아니라. 욕구를 찾고 계획을 세워서 누구를 어떻게 자원으로 연결해야 하는데, 이 연결하는 것, 네트워크 이런 것들이 안 되어서 사례관리가 우리 기관이 할 수 있는 서비스로 머무르는 측면이 있거든요. 그게 민의 한계인데, 관이 같이 협력한다면 관은 그러한 사례관리 네트워크체계를 구성하는 데 더 포커스를 맞췄으면 좋겠어요."(함철호, 2016a, p. 226)

"민간기관이 네트워크 기관을 부르는 입장하고, 공공기관에서 네트워크 기관을 부르는 입장하고는 차이가 많이 클 거예요. (공공이) 영향력이 있는 기관이다 보니까. 그래서 이렇게 (통합사례회의를 위한) 소집 능력도 아무래도 차이가 있을 것 같다는 생각이 드네요."(함철호, 조현순, 2017)

지금까지 지역단위 사례관리에 있어서 민간·공공 기관 각각의 장점에 대해 검토하였다. 이러한 이유로 민간기관과 공공기관이 사례관리를 위해 협력해야 하는 것이고, 그 협력 메커니즘이 통합사례회의다.

좀 더 나은 이해를 위해 다음과 같은 첨언이 필요하다. 즉, 지역단위 통합사례회의 참여자는 지역사회보장협의체 대상별 분과 구성원과 유사하다. 제11장에서 살펴보았듯이, 아동, 노인, 장애인 등의 분과가 있다. 대상별 분과는 지역에서 유사한 대상집단에 서비스하는 대부분의 기관이 소속되어 있다. 이들은 기존 대상자들의 문제, 욕구, 자원을 상당히 많이 파악하고 있어 사례관리를 위한 협력구조만 만들어지면 사례관리 수행이 용이한 체계가 될 수 있다. 예컨대, 클라이언트가 한부모가족, 조손가족, 소년소녀가장인 경우에 민간기관의 종합사회복지관 담당자, 각 구 건강가정지원(다문화가정지원)센터 담당자, 청소년지원센터 담당자(있다면), 초록우산 지부장, 공공기관의 각 구청 아동여성계장(혹은 담당자)이 사례관리 팀을 구성하면 된다. 정신과적인 문제가 있는 클라이언트의 경우, 정신과전문의(여의치 않은 경우 정신건강사회복지사 혹은 정신건강 간호사)를 사례관리 팀원으로 구성하는 것이 꼭 필요하다. 클라이언트가 장애인인 경우, 장애인의 특성에 따라 다양한 민간기관의 참여가 가능하다. 클라이언트 거주 읍면동의 방문간호사, 장애인 기관·시설 담당자가 참여해야 하고, 공공기관의 구청 장애인복지담당계장(혹은 담당자)이 참여하면 된다. 클라이언트가 노인인 경우에도 유사하며, 노인과 장애인인 경우에는 대부분 질병이 있으므로 사례관리 팀원으로 방문간호사의 참여가 꼭 필요하다. 이와 같이 클라이언트의 특성에 따라 다양한 구성원이 참여할 수 있지만, 통합사례회의에 희망복지지원팀장, 자원담당자, 통합사례관리사(이전의 사회복지통합 서비스 전문요원), 시·군·구청의 자원봉사코디네이터(이들은 행정안전부의 업무 지시를 받는데, 상당한 자원을 가지고 있다), 읍면동의 사회복지직 공무원(대상자들에 대해 이들만큼 정확하게 이해하고 있는 전문가도 없다)이 참석하는 것이 바람직하다.

지역사회보장협의체 대상별 분과원이 통합사례회의 참여자가 되는 것은 "사례관리 대상의 특성에 따라 아동가족 전문 사례관리자, 노인가족 전문 사례관리자와 같은 방식으로 역할을 구분하여 각자의 전문성을 발휘하도록"(권진숙, 박지영, 2009) 하는 것과 같은 맥락이다. 이러한 논리에 의하면 지역사회보장협의체에 사례관리분과는 필요 없으며, 대상별 분과가 사례관리 수행을 위한 네트워크 조직이 되어야 한다.

(2) 슈퍼비전체계

사례관리 실천에서 사례에 대한 임상적인 자문과 행정적인 판단 그리고 지역사회 자원의 활용과 관련하여 슈퍼비전체계를 갖추는 것은 매우 중요하다. 특히 사례관리와 관련한 실천 경험과 전문성이 부족한 경우에 슈퍼비전체계는 더욱 필요하다(권진숙, 박지영, 2009). 사례관리 실천의 전문성을 강화하기 위하여 1인 이상의 전문 슈퍼바이저를 두도록 한다. 전문 슈퍼바이저는 사례관리에 대한 이론적·실천적 전문성을 가진 자로서 대학교수나 현장 전문가로 위촉한다. 전문 슈퍼바이저는 임상적인 자문과 컨설팅, 행정적인 지도, 사례관리 실천에 필요한 교육훈련, 사례관리자들의 소진 예방 및 극복을 위한 지원 등의 역할을 수행한다. 보건복지부(2022)는 희망복지지원단의 '슈퍼비전체계 구축 및 운영'에 대해 다음과 같이 안내하고 있다. 슈퍼비전의 기능을 행정적, 교육적, 지지적으로 구분하여 제시하고, '내부 슈퍼바이저' '현장 슈퍼바이저(통합사례관리사)' '외부 슈퍼바이저'로 슈퍼비전체계를 구성하도록 제시하였다. 사례관리자는 슈퍼바이저로부터 제공받은 슈퍼비전 내용을 슈퍼비전 일지에 기록하고, 사례관리팀 또한 기관 내부적으로 공유하여 슈퍼비전의 효과를 극대화하는 것이 바람직하다.

(3) 솔루션위원회

사례관리 실천 시 심리사회적 문제뿐만 아니라 폭력, 알코올, 의료적 혹은 정신과적인 문제 등으로 매우 복합적인 문제를 표출하거나 만성적인 문제 상황에 빠져서 해결

의 실마리가 보이지 않는 고위험 사례들이 자주 발생하곤 한다. 이러한 사례를 개별 복지관 또는 사례관리팀이 단독으로 사례에 대한 사정, 개입 계획의 수립, 실행 등 사례관리를 실천하는 데에는 많은 어려움이 따른다. 이러한 어려움에 자주 노출될수록 사례관리자와 사례관리팀은 무력감에 빠지기 쉬우며, 결국 사례관리자를 소진(brunout)에 빠지게 한다.

이러한 어려움에 효과적으로 대처하기 위하여 솔루션체계를 두는 것이 바람직하다. 솔루션체계는 사례관리 조직이 풀어 나가기 힘든 복잡한 사례에 대해 자문을 제공하는 전문적 지원체계를 의미한다. 일반적으로 솔루션위원회라는 용어로 지칭되고 있으나, 기관이나 지역에 따라 솔루션체계를 다양하게 구성할 수 있다. 예를 들면, '위원회' '자문위원회' '솔루션팀'일 수도 있다. 솔루션체계는 관련 분야 교수, 사회복지 현장 전문가, 의사, 사례관리전문가, 상담 관련 전문가, 변호사, 지방자치단체 의원, 지역사회보장협의체 실무 · 대표 협의체의 위원 등 지역을 기반으로 한 통합사례관리에 필요한 인사로 구성하는 것이 바람직하다. 중요한 것은 솔루션체계에 소속된 위원들의 권위를 누가 부여할 것인가다. 현재 대부분 개별 사회복지 조직의 대표가 솔루션 위원과 위원회의 기능을 강화하기 위해서는 공공부문(시군구)에서 공식적으로 권위를 부여하는 것이 바람직하다. 솔루션체계는 사례에 대한 임상적인 자문과 행정적인 심의와 판정, 나아가서는 관련 제도의 변화를 위한 정책 제언 등의 기능을 수행한다(권진숙, 박지영, 2009). 대도시 등 사례관리 슈퍼비전 자원이 풍부한 지역에서는 슈퍼비전체계와 솔루션위원회를 별도로 운영할 수 있지만, 다수의 그렇지 못한 지역에서는 양 체계를 통합적으로 운영할 수 있다.

(4) 지역사회 자원망

사례관리에서 자원의 중요성은 아무리 강조해도 지나치지 않으며, 지역단위의 자원조직화는 사례관리 운영체계의 중요한 요소다. 지역사회를 중심으로 볼 때, 자원조직화의 업무는 다른 기관과 중복되는 경향이 강하다. 따라서 개별 기관마다 독립적으로 자원을 조직화하는 것보다는 기관 간에 연합하여 자원을 조직화하는 것이 효율적이다. 또한 자원의 조직화는 자원 목록의 형태로 구체화되어야 하는데, 민간과 공공에 따라서 복지, 문화, 교육, 의료, 주택 등 다양한 영역의 자원이 포함되도록 한다. 자원목록은 자원 풀(pool)의 기능을 하는데, 사례관리자는 자원의 수요가 발생했을 경우에 자원목록을 활용하여 신속하게 자원을 연결 · 제공하도록 한다. 사례관리자는 자원 개발 담당자와 협력하여 자원목록을 수시로 보완함으로써 사례관리 실천에서 자원의 활용 가능성을 높이도록 한다. 지역사회보장협의체에서 조직화해 놓은 자원목록이나 주민생활지원과에서 조직화해 놓은 8대 서비스 자원목록 그리고 행정안전부가 조직화해 놓은 '주민OK서비스(http://www.oklife.go.kr)' 등과 같은 자료를 적극적으로 활용한다(권진숙, 박지영, 2009). 자원 개발 관리를 위해서 지역사회보장협의체에 자원 개발 분과를 두는 지역도 있다. 부천시 지역사회보장협의체의 자원 개발 분과, 광주광역시 서구 지역사회보장협의체의 한가족 나눔분과 등이 그 예다.

수행 학습

- 사례관리 사례집에서 하나의 사례를 선정하여 그 사례에서 드러나는 겹구조적 사회환경체계를 분석해보세요. 그리고 그 사례의 사례관리자라고 가정하고 분석한 사회환경체계에서의 기회요인과 위험요인을 찾아보세요.
- 사례관리 사례집에서 하나의 사례를 선정하여 그 사례의 복합적 욕구가 어떤 것이며, 그에 대응하기 위해 서비스를 제공하는 기관들이 어떤 것이 있는지 찾아보세요.

옹호와 사회행동

1. 옹호와 사회행동: 유사하다 혹은 다르다는 견해

옹호(advocacy)와 사회행동(soc ial action)은 사회 변화라는 목표를 달성하기 위한 수단 혹은 전략이다. 이러한 전략은 진보적 사회복지사와 현 상태를 열정적으로 반대하는 조직이나 시민에 의해 사용된다. 그런데 두 개념을 비슷하다고 보는 견해(Barker, 1995; Hardcastle et al., 2004)도 있고, 다르다고 보는 견해(Davis, 1991; Kahn, 1995; Mullay, 1997: 김수정, 2007 재인용)도 있다.

비슷한 개념으로 보는 견해는 다음과 같다. Hardcastle 등(2004)은 옹호와 사회행동은 개인의 권리보장(모든 사람에게 당연히 보장되어야 하는), 공적 이익을 위한 의사결정에의 참여(권력 행동을 통한 책임과 혜택의 공유), 변혁(구조적 변화의 가능성을 인식하고, 그것을 실현하기 위해 움직이는 것)이라는 세 가지 목표 속에서 융합된다고 하면서 다음과 같은 옹호의 스펙트럼을 제시하였다. 즉, 자기옹호(self-advoccy), 개인옹호(individual advocacy), 지역사회 옹호와 행동(community advocacy and action), 정치적·정책적 옹호(political and policy advocacy) 그리고 체제 옹호와 변화(systems advocacy and change)로 구분하면서 사회행동을 지역사회 수준의 옹호와 같은 수준으로 위치시켰다(Hardcastle et al., 2004). Barker(1995, p. 217)도 양 개념을 연속선상에 놓고 있지만 다음과 같이 구분하였다. 옹호는 체계가 개인, 가족 그리고 소집단에 더욱 잘 반응하도록 변화시키는 데 초점을 두었다. "개입단위들을 대표하고, 방어하는 직접적인 활동, 즉 사회복지실천에서 직접적인 개입이나 임파워먼트를 통해 개인 또는 지역사회의 권리를 옹호하는 활동"이라고 규정하였다. 반면, 사회행동은 더 넓은 구조적이고 사회적인 변화를 목적으로 하며, "제도적인 변화를 성취하기 위한 통합적 노력으로서 사회문제를 해결하거나, 욕구를 충족시키거나, 불평등을 바로잡거나, 인간의 삶의 질을 향상시키기 위한 목적을 갖는다."라고 하였다.

옹호와 사회행동을 구분하는 견해로 옹호는 중요한 사회 변화에 기여하지 않는다는 시각이 있다(Mullay, 1997: 김수정, 2007 재인용). 이러한 견해를 공유하는 학자들은 "옹호는 현재의 구조적인 현상을 침해하지 않으려는 사회복지사들이 사용하는 하나의 기술"(Davis, 1991: 김수정, 2007 재인용)로 본다. Kahn(1995)도 옹호는 권력과 정책에서의 현안문제를 제기하면서 시작하지만 영향을 받는 사람들이 직접적으로 제기하지 않으며, 사람들이 스스로를 위한 행동을 하도록 끌어들이지 못하는 한계가 있다고 하였다.

필자는 옹호와 사회행동을 구분하는 견해에 동의한다. 미국사회복지사협회(NASW)의 옹호에 관한 특별위원회에서는 "옹호자란 남의 명분을 호소하는 사람"이라고 정의했다. Barker(1995)는 옹호를 "타인을 위해 직접적으로 대표하거나 방어하는 행위"라고 정의하였다. Woodside와 Legg(1990: 강철희, 정무성, 2006 재인용)는 옹호를 "다른 사람의 이익을 최대한으로 고양시키기 위해 그의 환경을 변화시키는 것"이라고 언급했다.

이러한 옹호의 개념들에서 보듯이, 옹호는 스스로의 권리를 확보할 능력이 부족한 사회적 단위들이 있으며, 이들을 편들어 주는 것이 옳다고 가정하는 것으로 보인다. 앞서 제시했던 사례들, 예컨대 부산 '반사사'의 환경권 확보를 위한 투쟁(〈사례 5-1〉 참조), 서울특별시 마포구 '성지연'의 성미산을 지키기 위한 주민행동(유창복, 2010), O. B. A.의 악덕 부동산업자들과의 대결행동(〈사례 9-1〉 참조)은 모두 지역에서 주민조직이 주민의 권리 확보를 위해 '스스로' 행동을 했다는 측면으로 본다면 사회적 약자를 '대신해서' 행동한다는 옹호의 의미와 일치하지 않는 측면이 있다. 인간은 '의지의 존재'이고, '주체적 존재'다. 따라서 옹호와 사회행동은 구별되어야 한다고 본다. 또한 우리 사회의 현실에서 사회적 약자를 편들기 위해 사회복지사가 지방정부 혹은 기업에 대항행동을 하는 것은 매우 어렵다. 반면, 주민으로 구성된 주민조직은 정치조직 혹은 경제조직의 권력에 대항할 수 있으며, 대항행동은 사회행동으로 보는 것이 타당한 것으로 보인다.

2. 옹호

1) 의의와 개념

옹호 활동은 제인 애덤스(Jane Addams)가 시카고에 설립한 헐 하우스 인보관에서 그 출발점을 찾아볼 수 있다. 아동이 겪고 있는 곤궁에 대해서 고심하던 아동복지 사회복지사인 저넷 랭킨(Jeannette Rankin)은 선거직 공무원에 관심을 갖게 되면서 1917년에 여성이면서 사회복지사로서 최초로 의회에 진출하게 되었다(Mickelson, 1995).

개인이나 지역사회를 대신해서 수행하는 옹호 활동은 사회복지실천 분야에서 핵심적 활동이다. NASW 윤리강령은 옹호 활동이 모든 전문사회복지사의 기본적 의무라고 분명히 밝히고 있다. 2001년에 개정된 한국사회복지사 윤리강령에는 몇 개의 항에 걸쳐 사회복지사의 옹호 활동에 대하여 제시하고 있다. 예를 들어, 클라이언트에 대한 윤리기준에서 "사회복지사는 클라이언트의 권익 옹호를 최우선의 가치로 삼고 행동한다."라고 명시하고 있다. 사회에 대한 윤리기준에서는 "사회복지사는 인권 존중과 인간 평등을 위해 헌신해야 하며, 사회적 약자를 옹호하고 대변하는 일을 주도해야 한다. …… 사회복지사는 사회환경을 개선하고 사회정의를 증진시키기 위한 사회정책의 수립, 발전, 입법, 집행을 요구하고 옹호해야 한다."라고 명시하고 있다. Mickelson(1995)은 사회복지사는 개인, 가족, 집단, 조직이나 지역사회를 포함하는 클라이언트를 대신하여 다양한 수준에서 옹호 활동에 관여하게 된다고 하였는데, 이러한 활동은 사회복지직을 다른 원조전문직과 구별시켜 주는 활동이라고 하고 있다.

옹호는 개인 혹은 체계, 사례 혹은 계층과 같이 클라이언트 혹은 시민의 이익을 대변하거나 주장(championing)하는 것을 의미한다. 옹호란 사적 어려움을 공적 이슈로 혹은 개인적 문제를 사회적 이슈로 변형시키는 역할이다. 그것은 미시 수준 혹은 거시 수준에서 비인간적 조건에 도전하는 역할을 수행하는 것이다(Hardcastle et al., 2004). 또한 옹호란 클라이언트를 임파워먼트(혹은 역량 강화)하는 활동과도 관련이 있다(Barker, 1995). 사회복지 분야에서 옹호는 사회정의를 확보하고 유지하기 위하여 하나 혹은 그 이상의 개인, 집단, 지역사회를 대신하여 일련의 행동 방침을 직접 대변, 방어, 개입, 지지, 권고하는 행동이라고 정의된다(Mickelson, 1995). 옹호의 개념은 매우 다양한 의미로 사용되고 있는데, Schneider와 Lester(2001: 지은구, 조성숙, 2010 재인용)는 다양한 문

표 13-1 옹호의 핵심 차원과 의미

핵심 차원	의미
대신하여 말하거나 변호하기	다른 사람이나 이슈를 대신해서 말하거나, 글을 쓰거나, 추천하거나, 지지하거나, 변호하는 것
다른 사람을 대표하기	의사결정자나 당국을 향해 스스로를 혹은 어떤 개인이나 집단을 대표하는 것
조치 취하기	수행하기, 방안 강구하기, 행동하기, 반응하기, 진행시키기, 시작하기, 행동에 옮기기와 관련이 있음
변화 촉진하기	클라이언트나 집단을 대신하여 사회나 지역사회 내에서 상황을 변화시키는 것
권리와 혜택에 접근하기	클라이언트가 합법적으로 자격이 있는 서비스, 권한, 혜택, 권리에 대하여 클라이언트의 접근을 촉진하는 것
동지로서의 역할	개인이나 집단의 동지, 열광적인 옹호자나 지지자의 역할
영향력과 정치적 기술 보여 주기	당국이나 결정권자에게 영향을 미치는 정치적 과정이나 시도
사회정의 보장하기	사회정의를 보장하거나 유지할 목적으로 행동 방침을 직접 방어함
클라이언트 역량 강화하기	개인이나 지역사회가 그들의 운명을 지배할 수 있도록 조장하여 역량을 강화하는 것
클라이언트와 동일시하기	클라이언트와 분명히 그리고 의도적으로 동일시하는 것
법적 기반 사용하기	클라이언트의 실질적인 권리를 보호하는 것은 법적인 과정을 필요로 함

출처: Schnieder & Lester (2001): 지은구, 조성숙(2010) 재인용.

헌을 검토하여 90개 이상의 옹호 개념을 분석한 후 옹호의 핵심 차원을 분류하였다(〈표 13-1〉 참조).

2) 옹호의 범위와 유형

(1) 옹호의 범위: 미시적 차원과 거시적 차원

옹호는 사회복지직의 근본적인 요소이지만, 옹호 활동은 거시적 실천 분야에 더 집중되어 있고 실행이 가능하기 때문에 일반적으로 거시적 실천의 요소로 간주된다. 그러나 옹호 활동은 거시적 실천뿐만 아니라 미시적 실천에서도 이루어진다(Hardcastle et al., 2004; Mickelson, 1995). Kirst-Ashman과 Hull(2001)은 미시적 차원의 옹호 활동을 사

례옹호(case advocacy)로, 거시적 차원의 옹호 활동을 명분 혹은 계층옹호(cause or class advocacy)로 구분하였다. 다음에서 두 차원의 옹호에 대해 이해하고자 한다.

첫째, 사회복지 분야에서 사례옹호는 클라이언트가 필요로 하는 서비스, 자원, 자격을 가지도록 원조하는 것을 의미한다(Friesen & Poertner, 1995). 또한 클라이언트를 대변하는 것은 클라이언트로 하여금 스스로를 옹호할 수 있도록 학습하게 하기 때문에 사례옹호는 임파워먼트 실천과 맥을 같이한다. 이러한 옹호 활동의 대표적인 사례로 개인이나 가족 혹은 소집단이 서비스 수혜 자격은 있으나 특정 기관으로부터 서비스를 받지 못하는 경우에 이러한 문제를 해결하려는 노력이 해당된다. 미시적 차원의 실천이든, 거시적 차원의 실천이든, 사회복지사의 옹호 활동의 일차적 대상은 주로 개인에게 해당되므로 옹호 활동은 사례옹호에서 시작되어야 한다(조휘일, 2003).

둘째, 계층 혹은 명분옹호(class or cause advocacy)는 특정 클라이언트 집단에 불리한 영향을 미치는 이슈들을 중심으로 사회정책을 통하여 환경을 바꾸기 위한 개입 활동을 의미한다(Mickelson, 1995). 옹호는 '인권선언(the Bill of Rights)'과 인본주의적 개혁을 실행하려는 시도와 같은 법적 영역에서 진화되었다. 초기에 높은 사회적 지위에 있는 사람은 사회에서 착취되고 무시되어 곤경에 처해 있는 사람에 대해 관심을 갖는 것은 명분이 있는 일이라고 주장했다. 예를 들면, 교도소, 비위생적인 보호시설, 빈민이 법적 원조를 전혀 받지 못하고 있는 것에 관심을 갖는 것은 명분이 있다는 것이다. 오늘날에는 웹사이트가 공적 영역에서 상호작용하는 옹호의 도구로 사용되고 있다. 사회복지 문헌들이 옹호와 사회운동을 분리한 때가 있었지만, 명분옹호와 계층옹호를 같은 것으로 보고 있다(Hardcastle et al., 2004). Hepworth, Rooney와 Larsen은 계층옹호를 구체적인 계층이나 집단의 모든 사람에게 영향을 미치는 정책, 실천, 법을 변화시키기 위하여 노력하는 것이라고 정의하였다. 스스로를 옹호할 자원, 재능이나 기술 등의 능력이 없는 클라이언트 집단을 대신하여 활동하는 명분옹호 활동은 특히 거시적 실천과 관련이 있다. 이러한 활동은 특정 클라이언트 또는 잠재적 클라이언트 집단에 전체적으로 영향을 줄 수 있다는 것을 전제한다. 명분옹호는 사례옹호에서 생겨나는데, 다수의 클라이언트가 같은 문제를 경험한다면 명분옹호가 필요하게 된다(Kirst-Ashman & Hull, 2001 재인용).

'환경 속의 인간'의 관점에서 볼 때, 옹호 활동은 다양한 수준에서 개입이 필요하고 다양한 형태의 옹호 노력이 필요하다. 사회복지사가 환경 및 개인에 대한 옹호 활동을 수행하기 위해서는 개입 수준에 상관없이 미시적 · 거시적 실천기술 모두를 사용할 필요가 있다. 클라이언트에 대한 옹호 활동이 효과적으로 수행되기 위해서는 미시적 차원과 거시적 차원의 옹호 활동이 밀접하게 관련되어 있음을 이해하여야 한다. 특히 사회정책을 변화시키는 것은 많은 시간을 필요로 하는데, 계층옹호 활동이 사회 변화를 이끌어 내기 위해서는 사회정책이 개별 클라이언트에게 어떤 영향을 미치는지를 분명히 인식할 수 있는 자료를 사례옹호 활동에서 확보하여야 한다. 한편, 미시적 차원에서 활동하는 사회복지사가 동시에 사회 변화를 달성하기 위한 활동을 수행할 수 있는 시간을 확보하기는 용이하지 않으므로 사회정의를 위하여 활동하는 거시적 차원의 사회복지사에게 의존할 필요가 있다. 사례옹호 활동 및 계층옹호 활동은 이렇게 밀접한 연관성을 가지고 있다(Mickelson, 1995).

(2) 옹호의 유형

Hardcastle 등(2004)은 미시적 차원부터 거시적 차원까지의 다양한 옹호 활동을 자기옹호, 개인옹호, 집단옹호, 지역사회옹호, 정치옹호와 정책옹호, 체제변환적 옹호로 분류하였는데, 이를 살펴보면 다음과 같다(감정기 외, 2005).

① 자기옹호

사회복지실천에서 자기옹호는 개인 혹은 자조집단이 스스로를 돕는 것이다. 이때 사회복지사는 클라이언트에게 지식을 제공하고 격려한다. 클라이언트가 무언가 활동을 시작할 때, 행정적 · 기술적 지원을 하며 무엇보다 중요한 것은 그들의 노력을 인정하고 격려하는 일이다. 특히, 유사한 쟁점에 관한 정보를 공유하는 일이 중요하다. Tufail과 Lyon(2008)은 『옹호: 나의 목소리를 낼 수 있는 힘』이라는 책에서 다음과 같은 예를 들었다.

> 사람들은 백여 년 동안 뇌병변 장애인을 병신으로 불러 왔습니다. 뇌병변 장애인은 그러한 명칭으로 불리는 것을 싫어했습니다. 그들은 하나로 뭉쳤습니다. "그만들 하십시오!" 그들은 세상을 향해 큰 소리로 외쳤습니다. 자신들을 "더 이상 병신으로 부르지 말라!"고 소리쳤습니다. 그리고 뇌병변장애인협회로 이름을 바꾸었습니다(p. 23).

② 개인옹호

클라이언트가 교도소에 있거나 질병에 걸려서 스스로를 돌볼 수 없는 경우에 사회복

지사는 그들이 표현한 욕구를 중시하고 그들을 대신하여 옹호 활동을 한다. 그러나 건강한 사람이나 자유로운 사람이라고 항상 자신을 옹호할 수 있는 것은 아니다. 일단 옹호하기로 결정하면 클라이언트가 주눅이 들게 해서는 안 된다. 또한 클라이언트가 사회복지사에게 의존하게 만들지 말아야 한다. 〈사례 13-1〉은 보건복지통합 서비스 시범사업 중에 발굴된 실제 사례로서 백내장 수술을 받은 노인, 개인에 대한 옹호 사례다. "공짜로 수술을 받았는데 또 해 달라는 소리를 못하겠어."라는 할머니를 '대신해서' 말하는 사회복지사의 옹호로 할머니의 욕구는 해결됐다.

사례 13-1 백내장 수술을 받은 노인에 대한 사회복지사의 옹호 사례

이 할머니는 76세이며, 한쪽 다리가 의지인 지체장애인이다. 거주지 인근 사회복지관을 많이 이용하신다. ○○안과에서 오른쪽 눈만 백내장 수술을 받았다. 복지관에서 점심을 먹고 나와 의자에 앉아 손으로 자꾸 눈을 만지는 할머니를 보고 재가복지담당 사회복지사는 "할머니, 눈이 불편하세요?"라고 물었다. "수술을 받았는데 자꾸 눈물이 나고 불편하네."라고 말씀하셔서 "수술한 데 가서 다시 해 달라고 하세요. ○○○할머니랑, 두 분을 제가 모시고 가서 했잖아요."라고 말씀드렸더니, "처음 수술할 때에도 돈을 안 냈는데 어떻게 또 해 달라고 해, 못하겠어."라고 하셨다. 그 다음날에 사회복지사는 ○○안과에 전화로 예약을 하고 복지관 재가 서비스 차로 할머니를 모시고 ○○안과에 가서 의사한테 할머니의 상태를 이야기하고 재수술을 부탁했다. 의사는 할머니를 기억하고 있었고, 미안하다고 하며 기꺼이 재수술을 했고 할머니는 편안해지셨다.

③ **집단옹호**

자조집단을 구성하여 스스로를 옹호하는 것은 자기옹호이며, 여기서의 집단옹호는 희생자 집단을 위한 옹호자의 활동을 의미한다. 여러 사람이 같은 방식으로 위험에 처해 있고, 공동의 문제를 해결하기 위해 같은 해결책을 찾고 있다면 집단옹호를 시작할 수 있다. 대상 집단이 구성되어 있을 수도 있고, 집단옹호과정에서 구성하기도 한다. 사회복지사는 집단구성원을 잘 알아야 하고, 집단의 역동성을 이해해야 한다.

④ **지역사회옹호**

지역사회옹호는 사회사업(social work) 영역에서 이미 1900년대 초반부터 이루어졌다. 지역사회를 옹호하는 활동에서는 주민을 모으고 조직화하는 기술이 핵심적 기술이다. 실천가가 사람을 모으는 방법은 다양하다. 일일캠프 개최, 소지역 파티, 건강달리기 등의 모임, 재활용 모임 등 다양한 방법이 상황과 이슈에 따라 이용될 수 있다. 지역주민이 스스로 지역사회를 옹호하기도 하고, 지역사회를 대표하여 다른 사람들이 옹호하기도 한다. 지역사회 수준에서의 옹호는 공통의 가치를 중심으로 서로 다른 집단들을 함께 모이게 하는 점에서 강점이 있다.

⑤ 정치옹호와 정책옹호

정치옹호와 정책옹호는 사회정의와 복지를 증진시키기 위해서 입법 · 행정 · 사법 영역에서 다양한 형태로 행할 수 있다. 입법영역에서의 옹호 활동은 특정 법안의 통과를 저지하거나 특정 법안을 제안하여 통과하도록 하는 것이다. 이와 같은 입법옹호 활동에서는 로비가 중요한 기술로 사용된다. 정책옹호를 통해서 어떤 정책이 통과되었다고 하더라도 그 정책이 실현되는 것과는 서로 다른 일이다. 이 영역의 옹호 활동 과정에서는 클라이언트를 증인으로 활용할 수 있다. 따라서 사회복지사는 증인으로 나서는 클라이언트나 시민에게 정보를 제공하는 한편, 증언으로 불이익을 받지 않도록 잘 보살펴 주어야 한다. 사회복지 시민운동단체 '세밧사'는 다양한 정책옹호 활동을 하고 있다(〈사례 13-2〉 참조).

사례 13-2 '세밧사'의 정책옹호 활동

'세밧사(세상을 바꾸는 사회복지사)'는 많은 정책옹호 활동을 해 오고 있다. 세밧사는 사회복지를 사회복지사답게 실천하고자 하는 사람들의 모임이다. '정의' '인권' '평등' '연대' '민주주의'가 실현되는 복지국가를 염원하고 '배운 대로 행동합니다.'라고 선언하며, 복지국가 촛불, 복지국가 정책아카데미, 복지국가 청년캠프, 사회복지세 도입 입법운동, 사회복지공무원 연쇄 자살 항의 100인 1일 시위, 줬다 뺐는 기초연금 반대운동, 세월호 가족과 304명의 사회복지사 행동, 어린이병원비 국가보장운동, 집 걱정 없는 세상 주거권 운동 등을 해 오고 있다.

⑥ 체제변환적 옹호

체제변환이란 넓고 근본적인 제도상의 변화를 의미한다. 사회를 구성하는 많은 체제는 구성원인 시민과 사회체제 전체에 영향을 미친다. 예를 들어, 사회의 고용체계, 의료체계, 대중매체체계 등이 구성원의 삶에 영향을 미친다. 사회체제에 대한 도전은 일상적으로 일어나는 일이지만, 좀 더 큰 체제인 자본주의체제나 가부장체제에 대한 도전도 끊이지 않고 일어나고 있다. 미국 애리조나주 출신의 시민운동가이자 노동운동가였던 Cesar Chavez는 미국 중앙 캘리포니아 대농장의 불법 체류 노동자들의 기본권 보장을 위해 엄청난 노력을 했다. 농장의 불법 체류 노동자들은 최저임금도 받지 못했고, 다른 노동자들이 받는 복지후생비도 받지 못했다. 그는 50세의 나이에 스스로 농장 근로자가 되어 투쟁했다. 이민 노동자들의 열악한 근로환경을 개선하기 위하여 1962년에 농장 노동자들을 조직해서 국립농장노동자연합(National Farm Workers'Association)을 설립하였다. 이 조직의 리더가 되어 대규모의 포도농장 파업을 주도했고, 해로운 살충제를 살포한 포도 불매운동을 벌이며 불법 이민 노동자들의 임금 향상과 근로조건 개선을 위해 투쟁하였다. 불법 체류자들에게 읽고 쓰는 것을 가르쳐서 미국 시민이 되는 시험을 볼 수 있게 했다. 미국 시민이 된 후 투표권을 얻을 수 있도록 도와 미국 사회에서 정당한 사회적 지위를 얻도록 했다. 우리나라에서 양성 평등을 이루기 위한 여성운동이 이런 체제변환적 옹호 활동에 속한다고 볼 수 있다. 양성 평등과 같은 체제변환적 옹호 활동들은 일단 그것이 성공하게 되면 시간의 흐름에 따라서 넝쿨손처럼 뻗어나가 직장, 교육, 공무담임권 등에서 성차별 폐지운동으로 구체화되면서 지역사회 옹호, 정책옹호 등의 방식과 결합하게 된다.

3) 옹호의 기술

사회복지사의 옹호 활동이 이루어지는 환경이나 클라이언트의 유형은 매우 다양하므로 클라이언트의 권리를 제대로 옹호하기 위해서는 다양한 접근방법을 사용해야 한다. 사회복지사는 효과적인 목표 달성을 위하여 클라이언트의 환경을 완벽하게 이해하여 다양한 옹호기술과 전략을 사용해야 한다(Mickelson, 1995). 옹호를 위한 구체적인 전술로는 설득, 증언 청취, 표적체계를 난처하게 하기, 정치적 압력, 탄원서 서명을 들 수 있다(지은구, 조성숙, 2010 재인용).

(1) 설득

설득(persuasion)은 표적체계가 기존의 결정과는 다른 결정을 내릴 수 있도록 추가 정보를 제공하는 형태를 띤다. 타인을 설득하는 유용한 방법은 먼저 귀납적 질문을 하는 것이다. 즉, 표적체계에 그들이 초반에 내린 결론에 대하여 재검토하도록 고안된 일련의 질문을 하는 것이다. 만약 표적체계가 불완전한 정보에 근거하여 결정을 내렸다면 사회복지사는 그 정보가 정부 기록에 존재하는지 물어볼 수 있다. 또한 구두로 제공된 정보가 출판된 정보와 일치하는가를 재확인했는지 추가로 물어볼 수 있다. 이는 옹호자 측의 의견과 사실을 명확히 제시하는 것을 뜻한다. 또한 상대편으로 하여금 사회복지사가 상대편의 주장을 이해하고 있으며, 사회복지사의 입장이 가장 일리가 있다는 것을 알리는 장점이 있다. 마지막 설득방법은 끈기다. 대부분의 사람은 저항에 부딪히면 포기하는 경우가 많다. 표적체계 또한 사회복지사가 양보하기를 기대할 것이다. 그러나 끝까지 인내하는 사회복지사는 결국 승리하게 된다.

(2) 증언 청취

증언 청취(fair hearing)는 혜택이나 권리에 대한 수혜 자격이 있는 클라이언트, 또는 클라이언트 집단이 공정한 대우를 받도록 하기 위해 의도된 행정 절차다. 증언 청취에서는 클라이언트가 의사결정자의 행위에 관한 의견을 듣고 싶다고 행정기관에 신청을 내면 양쪽 의견을 듣도록 외부인(주로 지방정부 공무원)이 지명된다. 만약 결정권자가 지방정부 혹은 중앙정부의 정책을 어겼다고 외부 심사관이 판단하면 그 심사관은 개인이나 기관이 규칙을 준수하고 클라이언트에게 정당한 급여를 주도록 지시하게 된다. 이러한 접근은 공공기관이 클라이언트 집단에 급여 제공을 거부하거나 준수하여야 할 규칙을 명백히 어겼을 경우에도 적용된다.

(3) 표적체계를 난처하게 하기

대부분의 사람은 스스로를 공정한 사람으로 인정받고 싶어 한다. 그러나 상대편이 대중매체를 사용하여 자신의 약점에 대해 많은 사람의 관심을 끌게 한다면 그 사람은 난처하게 느낄 것이다. 하지만 이런 활동은 오히려 표적체계의 저항을 야기할 수도 있다. 따라서 표적체계를 난처하게 하기(embarrassing the target of change)는 어느 정도 위험 부담이 따른다. 지역신문에 투고하기, 해당 기관 앞에서 피케팅(picketing)하기, 해당 기관의 잘못에 대한 전단지 나누어 주기, 연좌시위, 시위운동 등은 표적체계를 난처

하게 하는 전술이다.

(4) 정치적 압력

정치적 압력(political pressure)은 바람직한 변화를 끌어내기 위하여 정치 권력을 사용하는 것이다. 모든 기관이나 상황이 항상 정치적 압력에 영향을 받는 것은 아니다. 그러나 공공기관은 그들을 관리, 감독하는 정치인들의 관심에 더 민감할 수 있으므로 유권자는 선출된 공직자를 방문하여 관할 지역문제를 조사하도록 요청할 수 있다. 예를 들어, 광역자치단체 수준에서 옹호자는 광역자치단체 의원 등 정치적 영향력이 있는 인사를 접촉하여 위기인구집단을 위한 자금 제공과 관련된 문제에 관해 논의할 수 있다. 그러면 광역자치단체 의원은 해당 국장에게 왜 위기인구집단에 지방자치단체 조례에 명시된 서비스가 제공되지 않았는지 확인하여 변화를 이끌어 낼 수 있다.

(5) 탄원서 서명

옹호자는 탄원서에 서명을 받음으로써 해당 조직 또는 기관이 명시된 대로 행동하게 할 수 있다. 탄원서를 받기 위해서는 집집마다 방문하여 지역주민이 서명을 하게 하거나 많은 수의 지역주민이 회합하는 편리한 곳에 서명 장소를 정하여 주민의 서명을 받을 수도 있다. 탄원서(petitioning) 서명은 비교적 받기가 쉽기 때문에 탄원서가 표적체계에 바람직한 영향을 끼치지 못할 수 있다는 것이 한계점으로 보인다. 왜냐하면 표적체계는 탄원서에 서명한 사람들이 그 사안에 대해 확고한 견해를 가지고 있지 않다고 단정할 수 있다. 따라서 서명을 받은 탄원서를 시의회의 정기회의에 제출하거나 공청회에서 제시하는 것이 가장 도움이 된다.

4) 옹호의 절차

Schneider와 Lester(2001)는 옹호의 절차를 이슈 확인하기와 목표 정하기, 사실에 대한 자료 수집하기, 전략과 전술 계획하기, 지도력 발휘하기, 의사결정권자 및 그 직원과 가까워지기, 지지 기반 확대하기, 끈기 있게 노력하기, 옹호 노력 평가하기 등의 8단계로 설명하였다(지은구, 조성숙, 2010).

(1) 이슈 확인하기와 목표 정하기

이슈 확인하기와 목표 정하기 단계에서는 클라이언트의 문제에 대한 전략회의 등을 통하여 현재의 이슈가 무엇인지를 명백히 설명할 수 있어야 한다. 사람은 같은 사안에 대해서 동일하게 해석하지 않고 다양하게 해석하는 경우가 많다. 따라서 하나의 사건이나 문제를 개인적으로 해석하게 되면 거기에는 분명히 의견이 분분하게 된다. 이슈란 논쟁되고 있는 실질적인 사안을 의미한다. 즉, 상당수의 사람들에게 영향을 미치는 중대한 사안이나 문제를 말한다. 회의를 통해 현재 가장 중요한 이슈가 무엇인지에 대하여 사회복지사 간에 동의가 이루어져야 한다. 하나의 사건, 사례에서도 취약계층의 안전, 업무 과부담, 훈련, 인간의 존엄성 등 다양한 이슈를 발견할 수 있는데, 이런 다양한 사안 중에서도 해결해야 할 가장 중대한 이슈가 무엇인지 결정하여야 하며, 그렇게 하지 못한다면 해결 방안을 찾아내기가 어렵다. 따라서 옹호에 참여하는 클라이언트가 당면한 이슈를 찾아내고 명백히 설명하려는 노력이 필요하다.

옹호 활동 참여자가 이슈를 잘 이해하거나 수용하면 무엇을 달성하고자 하는지 옹호의 목표를 정할 필요가 있다. 목표란 성취하고자 하는 바이자, 옹호 노력의 지향점이다. 목표에는 장기 · 중간 · 단기 목표가 있다. 장기목표는 옹호집단이 바라는 궁극적 혹은 최후의 변화나 성과를 말한다. 중간목표는 구체적인 캠페인을 통하여 옹호집단이 성취하고자 하는 성과나 변화를 의미한다. 단기목표는 중간목표를 달성하기 위한 도중의 조치를 말하며, 다음과 같은 두 가지 필수조건을 허용하는 구체적인 행동이나 성과다. 첫째 조건은 참여자들의 사기를 북돋우기 위한 캠페인 기간 중의 작은 승리이고, 둘째 조건은 옹호집단이 권력 기반을 확보할 시간이다. 목표에 대한 설정이 없는 대부분의 옹호 노력은 성공을 위해 요구되는 자원이나 전략을 어떻게 찾아내고 진행시켜 나아가야 할지 명확하게 초점을 맞추기가 어려우므로 구체적이고 명확한 목표 설정이 무엇보다 중요하다.

(2) 사실에 대한 자료 수집하기

어떤 수준의 옹호 활동에서나 아주 필수적인 자원은 정보다(Mickelson, 1995). 지역사회 지도자, 입법자, 기관 직원, 슈퍼바이저, 자금 제공자, 관료 혹은 기타 주요 인물들에게 영향력을 행사하기 위하여 옹호자는 변화의 필요성을 알리거나 이슈 해결을 위한 논리와 사실을 확인해야 한다. 옹호자는 검토 중인 사안에 대한 전문가가 될 필요가 있다. 이런 지식으로 무장했을 때, 옹호자는 다른 사람, 대중매체, 반대편에 그 이슈를 적

극적으로 제시할 수 있고, 그 이슈의 현실적인 이해에 근거한 전략과 전술을 제안할 수 있다.

각 이슈는 조사를 필요로 하고, 옹호자는 다양한 원천으로부터 사실에 관한 정보를 수집할 필요가 있다. 정보에는 두 가지 종류가 있다. 첫째, 지역사회에 관한 광범위한 정보는 이슈에 대한 배경 지식의 역할을 한다. 이러한 종류의 정보에는 문화적 다양성, 세계경제, 사회정의 이슈, 정보 기술, 교육 수준이나 고령 인구, 가족해체, 보건의료서비스 개혁, 여성 인력 등과 같은 인구통계학적 자료가 있다. 둘째, 옹호자는 이슈 자체에 대한 정보다. 예를 들어, 검토 중인 이슈와 관련이 있는 다양한 정보, 즉 사실, 일람표, 그래프, 성명서, 사례, 조사 결과, 선례, 욕구조사, 보고서, 통계자료, 재정보고서 등 기타 문서가 포함된다. 옹호자가 직접 설문조사를 실시하여 해당 이슈에 대한 구체적인 정보를 생산할 수 있지만, 대중이 활용할 수 있는 거대한 양의 정보가 이미 존재하므로 기존의 자료를 활용할 수도 있다. 예를 들어, 중앙정부, 지방자치단체, 도서관, 사회과학 데이터베이스, 각종 국립협회와 부속기관, 대학, 해당 이슈에 전문성을 가진 교수, 공동모금회, 시군구의 기획부서, 통계청, 보건복지기관의 기록, 법원 기록, 대중매체 등 다양한 자료원이 있다.

(3) 전략과 전술 계획하기

역량 있는 옹호자는 해당 이슈에 대한 목표를 달성하기 위하여 적절한 전략과 전술을 선택한다. 일단 사실에 대한 정보를 수집한 후 옹호자는 자신들이 바라는 것을 어떻게 성취할 것인지를 결정하여야 한다. 개인 혹은 집단 옹호자는 상대편이 그들의 마음을 바꾸도록 어떻게 설득할 것인지, 입법정책을 지지·수정하도록 어떻게 설득할 것인지, 지역사회 규정을 변경하도록 어떻게 설득할 것인지를 결정하여야 한다. 궁극적으로 옹호자는 어떤 조치를 취할 것인지, 어떻게 상대편이 그들의 행동, 가치, 태도, 입장을 바꾸게 하는 과업을 수행할 것인지에 대하여 합의하여야 한다. 즉, 원하는 변화를 달성하기 위하여 옹호자는 어떻게 접근할 것인지에 대한 계획(전략)과 구체적인 활동이나 과업(전술)에 대하여 진지하게 고민하여야 한다.

옹호 노력에서 사용할 수 있는 전략에는 협력, 캠페인, 대항이라는 세 가지 전략이 있으며, 옹호자가 직면한 상대측의 특성에 따라 사용할 전략을 결정하여야 한다.

첫째, 협력(collaboration)전략은 다음과 같은 특성을 가진 개인이나 집단을 상대로 둔 경우에 사용하면 성공할 가능성이 높다. 즉, 더 많은 정보를 필요로 하는 경우, 많은 사안에 대하여 대부분 동의하는 경우, 유사한 이슈에 대하여 대개 협력적인 경우다. 두 집단 간에 의사소통이 개방되어 있고, 솔직한 경우가 많으며, 문제해결이 공동으로 이루어지고, 과업은 공평하게 공유된다. 이 전략에서는 상호호혜적인 목적을 위하여 위원회나 특별전문위원회가 형성되기도 한다. 협력의 정신으로 옹호자와 상대측은 종종 주요한 차이에 대한 해결방법을 타협 및 협상하기도 한다.

둘째, 캠페인(campaign)전략은 상대측이 다음과 같은 특성을 가진 경우에 사용된다. 해당 이슈에 대하여 상대측이 중립적이고 무관심하거나 무감각한 경우, 옹호자와 공통된 정서를 일부 공유하는 경우, 옹호자에게 대부분 동의하지 않는 경우, 의심 많은 태도를 가진 경우, 성과를 위해 거의 투자하지 않는 경우, 혹은 옹호자와 이전에 경쟁한 개인이나 집단을 상대로 둔 경우에 효과적으로 사용될 수 있다. 캠페인전략은 논리, 정서, 이기심에 호소함으로써 상대편을 설득하는 방법이다.

표 13-2 전략에 따른 구체적인 옹호전술 방법

전략 유형	구체적인 전술 방법
협력전략	• 연구 수행 및 해당 이슈 검토 • 간단한 보고서 및 대안 계획서 개발 • 특별전문위원회와 분과위원회 창설 • 워크숍 실시 • 상대편과 규칙적인 의사소통
캠페인전략	• 의사결정권자 로비 • 일반대중 교육 • 대중매체와 협력 • 편지 쓰기, 캠페인 조직 • 기관과 의사결정권자 모니터링 • 새로운 의원 선출 고려 • 상대편의 동맹과 의사소통 확립
대항전략	• 협상자나 조정자 모색 • 대규모 시위 조직 • 보이콧, 피케팅, 동맹파업, 단원운동 조정 • 입법행동 개시 • 시민불복종과 수동적 저항 조직 • 미디어에 폭로 준비

출처: Schneider & Lester (2001), p. 129: 지은구, 조성숙(2010) 재인용.

셋째, 대항(contest)전략은 해당 이슈에 대하여 명백히 상대측과 의견이 일치하지 않는 경우, 적대적인 경우, 경청하려고 하지 않는 경우, 지지하지 않는 경우, 옹호자와 공통의 의견이나 이해를 한다고 하더라도 거의 공유하지 않는 경우, 권력을 거의 공유하려고 하지 않는 경우, 기존의 이익을 보호하려는 경우, 혹은 옹호자와 공개적으로 갈등 상황에 있는 경우에 효과적이다.

전술은 전반적인 전략을 수행하기 위해 취하는 활동하는 단계다. 전술은 일상의 행동이다. 〈표 13-2〉에서는 각 전략에 따른 구체적인 옹호전술 방법을 제시하고 있다.

(4) 지도력 발휘하기

효과적인 옹호 활동을 위해서는 효과적인 지도력이 필요하다. 예를 들어, 시의회가 건물에 대한 투자보다는 특정 사회복지서비스에 재정을 지원하도록 설득하기 위하여 연합을 형성하는 경우, 옹호자는 지도자로서 지도력을 발휘할 수 있다. 다음의 원칙은 지도력을 발휘하기 위한 기초적인 방법이다.

- 비전을 분명하게 표현하라: 성공적인 지도자는 집단이 다양한 이슈에 따라 방황하지 않도록 하고, 그 집단이 달성할 수 있는 것에 대한 비전을 제시할 수 있어야 한다. 이 비전은 종종 그 집단의 존재에 대한 근본적 이유에서 발견된다.
- 모든 지도자는 추종자를 필요로 한다는 것을 기억하라: 지도자는 옹호 노력을 수행하는 구성원들의 관심에 귀 기울여야 한다. 사회복지옹호는 상호의존의 개념을 내포한다. 지도자는 자신의 관점을 될 수 있는 대로 설득력 있게 표현하고 언제 참여자가 지도자의 의견에 동의하지 않는지를 인식하여야 한다.
- 과업중심 활동과 유지 활동 간에 균형을 맞추라: 어떤 집단이라도 구성원을 행복하게 하면서 임무를 수행하는 것이 중요하다. 효과적인 지도자는 지도자의 이러한 이중적인 역할을 인식하고 두 가지 목표를 촉진하기 위한 방법을 의도적으로 계획한다. 이를 위해 지도자는 과업중심 활동과 유지 활동을 동시에 하여야 한다. 과업중심 활동에는 회의안건 준비, 제한된 시간 내에서 토론 이끌기, 회의록 작성, 정시 시작과 마무리, 대안 계획 제안, 정보 요약과 토론의 명확화, 토론 전에 핵심 정보 배포, 분과위원회 조직 등이 포함된다. 그리고 유지 활동에는 구성원 환대 및 소개, 구성원의 의견과 조언에 대한 적극적 경청, 전체 구성원 참여 확인, 소극적인 구성원을 찾아내어 그들의 의견 묻기, 연설자에 대한 긍정적 피드백 제공하기,

구성원의 기여에 사의 표명하기, 성공적인 노력과 기여 인식하기, 회의에서 음식 제공하기, 참여자의 사기 진작을 위한 작은 성공 계획하기 등이 포함된다.

- 적극적이고 자신감을 가지라: 지도력이 반드시 요란스러워야 하는 것은 아니지만 소극적이어서도 안 된다. 옹호 노력의 방향을 안내하는 데 지도자가 적극적으로 참여하지 않는다면, 참여자들은 최소한의 역할만을 수행할 것이다. 지도자가 의견이나 설명을 적극적으로 제시한다면 그 집단의 옹호 활동의 극대화에도 기여할 수 있다.

(5) 의사결정권자 및 그 직원과 가까워지기

효과적인 옹호자가 되기 위해서는 해당 사안에 대한 의사결정권자 및 그 직원과의 관계를 형성하고 친밀해지려는 노력을 해야 한다. 의사결정권자는 옹호집단이나 개인의 제안을 허가하거나 불허하는 데 공식적 책임을 지고 있는 경우가 많기 때문에 이런 권력 보유자와의 의사소통은 매우 중요하다. 옹호자는 대화를 통하여 의사결정권자에 대한 접근성을 향상시키고 그들에게 어떤 욕구가 있는지, 어떤 정보가 그들에게 중요한지를 파악하여야 한다. 물론 이러한 노력은 상당한 시간을 요하기도 한다.

(6) 지지 기반 확대하기

효과적인 옹호자가 되기 위해서는 연합을 형성하는 데 참여하고 공통의 가치와 목표를 공유하는 다른 사람과 제휴하여야 한다. 연합은 공통의 목표를 위해 상호협력하는 조직들의 조직화라고 정의된다. 대부분의 연합은 한 조직이 혼자 힘으로 할 수 없는 무언가를 달성하는 데 필요한 권력을 확립하기 위해 형성된다. 연합은 지역사회나 입법 환경에서뿐만 아니라 클라이언트에 대한 옹호나 일대일의 상황에서도 유용하다. 옹호 활동을 하는 데 있어서 연합의 강점과 약점은 〈표 13-3〉과 같다.

표 13-3 연합의 강점과 약점

강점	약점
• 해당 이슈에 관여하는 조직과 사람의 수를 극대화시킴 • 유사한 기관이 의사결정권자 앞에서 모순된 설명을 하는 상황을 피함 • 해당 이슈에 대하여 하나 이상의 관점을 표현함 • 해당 이슈에 대한 자료나 법률 수집과 분석의 업무량을 공유함 • 혼란스러운 접근에 의존하기보다는 일반대중의 활동을 통합함 • 공통의 목표를 추구하여 자원이 확대됨 • 해당 이슈와 각 옹호집단의 가시성과 사회적 지위가 향상됨 • 지속적인 권력 기반을 확립함 • 각 기관이 큰 집단의 일부분으로 옹호 활동에 참여하므로 보다 안전하게 느낌	• 대부분의 조직이 조직 간의 협동에 최소한의 자원만을 투입함 • 연합의 이슈가 기관의 주요 이슈가 아니라면 기관의 시간과 에너지를 연합의 이슈에 집중하지 않음 • 연합에 참여한 약자는 헌신할 수 없게 되므로 다른 구성원이 좌절을 경험하게 됨 • 협력기관 간의 다양성이 클수록 연합이 분열될 수 있음

출처: Schneider & Lester (2001), pp. 139-141: 지은구, 조성숙(2010) 재인용.

(7) 끈기 있게 노력하기

옹호자는 옹호과정에서 끈질긴 노력을 감수할 결심을 하여야 한다. 예를 들어, 불경기, 세금 삭감, 정쟁, 단기적 위기 등의 외부 상황이 옹호자의 옹호 활동을 방해할 때 옹호자가 선택할 수 있는 방안은 포기하거나 혹은 계속하는 것이다. 옹호자는 인내야말로 성공의 근본적인 덕목이라는 것을 이해하는 것이 중요하며, 한 명의 클라이언트를 대신하여 옹호에 성공하는 것이 유사한 상황에서 다른 많은 클라이언트의 삶을 향상시킬 것이라는 것 또한 인식할 필요가 있다. 정책이나 법을 변화시키기 위해 3년, 5년, 7년 혹은 그 이상의 기간 동안에 다양한 옹호 시도를 반복한 후에 옹호의 결과가 성공적으로 나타나는 사례가 아주 많다.

(8) 옹호 노력 평가하기

효과적인 사회복지 옹호를 위해서 옹호자는 옹호 노력의 유용성과 성과를 정기적으로 평가하여야 한다. 옹호 프로그램의 평가가 필요한 가장 중요한 이유는 무엇이 성취되었는지 그리고 옹호과정이 얼마나 잘 진행되고 있는지를 파악하기 위함이다. 그 외

에도 평가활동은 책임성을 명확히 하고, 조직관리 차원의 효과성에 대한 관점을 제공하며, 직원으로 하여금 미래에 대한 계획을 세울 수 있도록 과거의 노력을 검토하게 한다. 또한 옹호 노력에 대한 평가 결과는 종종 자금원과 공유되기도 하며, 평가의 정보는 다양한 포럼에서 증거 자료로 효과적으로 사용될 수 있고, 지역사회의 위원회, 직원, 자원봉사자, 주요 정보 제공자를 교육시키기 위하여 사용될 수 있다.

Taylor(2007)는 옹호 프로그램을 평가하는 포괄적인 모델을 개발하였는데, 옹호 프로그램의 토대는 조직에 의해 수립된 포괄적인 목적과 목표에 뿌리를 두고 있다. 이 전체적인 목적과 목표는 조직의 사명, 목적으로부터의 유래(1단계) → 옹호 프로그램의 목적과 목표는 조직의 사명, 목적, 목표로부터 나옴(2단계) → 평가과정은 옹호 프로그램의 목적과 목표를 고찰함으로써 시작(3단계) → 그 업무가 얼마나 능숙하게 혹은 서툴게 수행되는지 검토(4단계) → 목적과 목표가 어느 정도 만족되었는지 검토한다(5단계). [그림 13-1]에서는 옹호의 과정을 제시하고 있다.

사회복지 옹호에서 사용될 수 있는 평가로는 과정측정(process measures), 성과측정(outcome measures), 영향측정(impact measures)이 있다. 먼저, 과정중심목표는 옹호 노력이 얼마나 효과적으로 진행되는지에 관한 정보를 제공한다. 예를 들어, 일이 순조롭

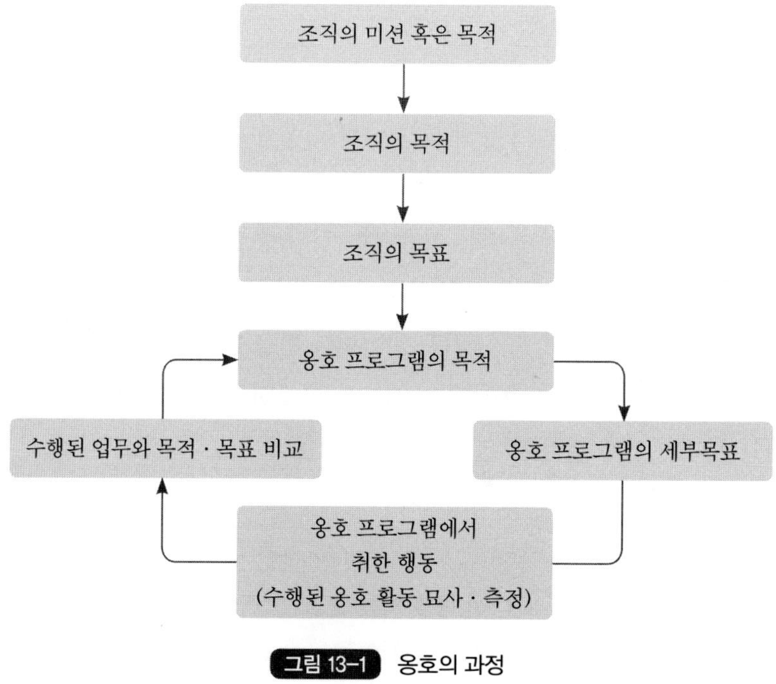

그림 13-1 옹호의 과정

출처: 지은구, 조성숙(2010).

게 진행되고 있는지, 직원이 충분한지, 자원이 충분한지, 의사소통이 효과적인이지, 지역사회 내에서 지지되고 있는지, 지도력은 적절한지, 다른 집단이 현물 지원을 하고 있는지, 구성원은 집단과정에 만족하는지, 중대한 행사기간에 어떤 일이 발생했는지 등에 대한 질문이 이 과정측정에 해당된다. 다음으로, 성과중심목표는 옹호 프로그램이 성취한 구체적인 성과나 업적에 관한 정보와 관련이 있다. 예를 들어, 제공된 서비스의 종류나 빈도, 지역사회나 집단의 활동, 프로그램의 변화, 서비스에 대한 접근성, 시간 경과에 따라 충족된 목표의 수 등이 성과측정에 해당된다. 마지막으로, 영향중심목표는 옹호 프로그램이 산출한 궁극적인 효과성이나 실제상의 변화에 관한 정보를 제공한다. 예를 들어, 개인의 행동이 변화하였는지, 10대의 흡연 감소와 같은 어떤 바람직한 행동이 있는지 등 행동에 관한 측정, 옹호 프로그램의 결과로 나타난 지역사회에서의 변화, 통계 수치의 변화 등 지역사회 수준의 지표 등을 활동하여 옹호 프로그램의 영향을 측정할 수 있다.

3. 사회행동

우리는 앞에서 마을에 산업폐기물 매립장을 건설하려는 부산시 당국과 맞서 싸워 매립장 건립 계획을 철회시킨 반송동 주민조직인 '반사사'의 행동을 보았다(<사례 5-1> 참조). 그것이 사회행동이다. 사회행동은 권력에 초점을 두고, 투쟁 전략을 수행하며, 주민을 억압하고 무력하게 하는 구조에 도전하기 때문에, 이것은 사회복지실천의 사명인 사회정의와 사회 변화를 위해 실천하는 사회복지 개입 방법이다(Fisher, 1995, p. 327). 사회행동이란 반대에도 불구하고 진보적 변화를 만들어 내거나 명분을 확산시키기 위한 집합적 노력이다. 그것은 권리를 침해당한 사람들을 불러 모으는 것과 관련되며, 그들이 직접행동을 시작한다(Hardcastle et al., 2004). 지역사회에 있어서의 사회행동이란 지역사회 주민의 생활에 영향을 미치는 중요한 결정에 대해 주민의 통제력을 향상시키기 위한 집단적인 노력을 말한다. 정부당국, 대기업, 거대한 조직에 의한 결정은 주민의 복지에 반하거나 도움을 주지 못하는 것일 수가 있다. 이와 같이 막강한 힘을 지닌 집단에 대해서 지역주민이 단합된 힘을 과시함으로써 자신들에게 유리한 의사결정이 되도록 영향력을 행사하고자 하는 파당적(partisan)인 행동이 사회행동이다(Rubin & Rubin, 1986: 최일섭, 류진석, 2000 재인용). 인간의 삶에 나쁜 영향을 미치는 상황을 개선하려고 행동했던 억압받는 사람의 집합적 투쟁에서 유래했으며, 집합적 투쟁 모델은 Saul D. Alinsky의 철학과 전술에서 만들어졌다.

Rothman(1995)의 세 가지 모델 중 사회복지기관들이 가장 많이 사용하는 것은 사회계획모델이고, 가장 사용을 꺼려하는 것은 사회행동모델이라고 본다. 계획모델은 소수의 클라이언트 집단을 변화시키기 위해 사용되지만, 행동모델은 불특정 다수에게 가늠하기 어려운 긍정적 영향을 미친다. 행동모델의 성공 조건은 다수의 참여자를 확보하는 것이다.

사회행동의 명확한 특징은 의식화를 통한 내적 변화를 강조하고 참여를 중요하게 여긴다는 것이다. 참여를 촉진하는 세 가지 집합행동의 틀이 있다. 즉, 부정의(the injustice), 열정(the agency), 정체성(the identity)이다. '부정의'라는 요소는 마음속에 있는 도덕적 분노이며, 정치의식과 관련된다. '열정'이라는 요소는 '집합행동을 통해 다양한 상황과 정책을 변화시킬 수 있다.'라는 마음인데, 우리는 뭐든지 할 수 있다는 의식이다. '정체성'이라는 구성요소는 적, 즉 '그들'을 변화시킬 수 있는 조직을 만들어 낼 수 있다는 마음이다(Hardcastle et al., 2004).

사회행동을 실행하기 위해 지역사회조직이 취해야 할 전략적 고려 사항은 다음과 같다. 첫째, 지역사회조직이 그들의 표적(혹은 적대)집단을 이겨 내기 위해 필요한 힘을 어디에서 얻을 것인가를 결정해야 한다(권력 형성 전략). 둘째, 사회행동조직의 활동이 구성원과 지역주민에게 합법적인 것으로 보이게 하기 위하여 어떻게 목적을 표현하고 전술(tactic)을 선택할 것인가를 결정해야 한다(합법성 확보 전략). 셋째, 사회행동집단이 지역사회 내의 다른 조직으로부터 협력을 구할 것인가 혹은 단독으로 행동을 전개할 것인가를 결정해야 한다(타 조직과 협력 전략). 넷째, 사회행동집단이 압력 전술, 법적 전술 혹은 시위 활동 등 어떤 전술에 주로 의존할 것인가, 혹은 이들 전술을 어떻게 혼합해서 활용할 것인가를 결정해야 한다(전술의 혼합). 다섯째, 사회행동집단이 의미 있는 승리를 최대한으로 거두기 위해 어떠한 협상을 할 것인가를 결정해야 한다(협상 전략). 다섯 가지 전략의 구체적인 내용에 대해 살펴보기로 하자(Rubin & Rubin, 1986: 최일섭, 류진석, 1996 재인용).

1) 권력 형성 전략

일반적으로 사회행동이란 평등과 정의 같은 추상적인 주제에 대한 철학적인 논쟁

이 아니라 사회행동조직과 표적(반대)집단 간의 힘 겨루기다. 사회행동에 있어서의 승리란 힘 있는 자의 것이다. 사회행동의 대가인 Alinsky는 "하나의 시민조직(People's Organization)을 만드는 것은 바로 새로운 권력집단을 조직하는 것"이라고 말했다. 즉, 사회행동에서 승리를 위한 권력을 형성하는 방법은 응집력 강한 주민조직을 만드는 것이다.

사회행동의 토대가 될 수 있는 권력, 힘의 원천은 다음의 세 가지로 요약할 수 있다. 첫째, 집단행동에서 많은 사람을 동원할 수 있는 능력은 사회행동에서 가장 중요한 힘의 원천이 된다. 시위에 많은 사람이 참여한다는 것 자체가 정부당국이든, 기업조직이든 표적집단에 대해 주민의 저항이 강하다는 것을 보여 주며, 선거에 의해서 선출되는 정치인에게는 무시할 수 없는 존재로 인식될 수 있다.

둘째, 정보력(informational power)인데, 이는 현재 일어나고 있는 사태에 관한 자세한 내용을 지역주민이나 중요한 의사결정자에게 제공할 수 있는 능력을 말한다. 정보력과 관련하여 상대방의 약점을 들추어내어 수치감을 갖게 하거나 괴롭히는 것도 힘의 원천이 될 수 있다. 업무의 결정과 시행에 힘을 가지고 있는 공무원, 정치인 혹은 기업인이 지니고 있는 약점을 언론에 노출시킨다거나 그들의 주거지에서 피케팅을 통해 공개하는 행위는 그들을 매우 곤혹스럽게 할 수 있다.

셋째, 사회행동을 주도하는 집단은 자신들의 활동과 결정에 반대를 하는 집단에 대해 불편과 손해를 증가시킴으로써 힘을 과시할 수 있다. 예를 들면, 사회행동집단이 원하지 않는 건물 혹은 시설이 건축되고 있을 때 현장에서 시위를 전개한다거나 법원에 건축 중지 요청을 하는 등의 행동은 공사의 지연을 가져오게 되고, 건축주나 시공자에게 막대한 손해를 입힐 수 있다. 이러한 방법은 사회행동에서 가장 많이 사용되는 수법이다.

2) 합법성 확보 전략

사회행동이 힘을 과시하는 것이라고 하더라도 결코 폭력을 행사해서는 안 된다. 사회행동은 어디까지나 합법적 수단을 통해서 목적을 달성하는 민주적인 활동이어야 한다. 폭력은 그 자체로서 정당화될 수 없을 뿐만 아니라 상대방에게 자신의 약점을 제공할 수 있는 근거가 되어 결국 법적 피해뿐 아니라 지역사회로부터 지지와 동조 세력을 잃게 되는 결과를 낳을 수 있다.

또한 사회행동의 성공은 지역사회의 지지가 없이는 불가능하다. 사회행동조직이 사회적 합법성을 확보하기 위해서는 그 조직의 목적에 맞는 전술을 선택해야 한다. 어떠한 전술도 기존의 법 질서를 해치는 것이어서는 안 된다. 특히 시위나 연좌데모 같은 전술은 그것이 폭력을 낳는 과격한 것이 되지 않도록 유의해야 한다. 과격한 전술은 공격 대상 집단으로부터 역공격(예: 경찰력 투입)을 자초하여 조직이 추구하는 목표를 무산시키는 결과를 낳을 수 있다. 일반적으로 사회지도층이 적절하다고 인정하는 전술을 택하는 것이 합법성을 확보하는 데 바람직하다.

3) 타 조직과 협력 전략

어떤 사회행동조직이 수적으로 힘을 얻기 위해서는 지역사회 내에 있는 다른 조직들과 함께 일을 하는 것이 필요할 수 있다. 따라서 사회행동조직은 캠페인을 준비하는 단계에서 타 조직과의 협력 여부를 결정해야 한다. 사회행동조직이 타 조직과 맺을 수 있는 협력적 관계는 협조, 연합, 동맹이 있다.

첫째, 협조(cooperation)관계는 타 조직과 최소한의 협력을 유지하는 관계 유형이다. 이 관계 속에서 각 조직은 자체의 계획대로 운동을 전개하면서 필요에 따라 일시적 협력을 한다. 이에 참여하는 조직은 운동의 효과는 늘리면서 자체의 기본 목표나 계획을 바꾸지는 않는다. 예를 들면, 빈곤지역의 몇 개 조직이 시 당국의 빈곤지역 서비스에 대해 불만을 갖고 시위를 계획한다고 할 때 각 조직이 일시에 동일한 장소에서 유사한 슬로건을 내세운 플래카드를 들고 시위를 한다면 각 조직이 단독으로 하는 것보다는 훨씬 많은 군중을 동원할 수 있을 것이고, 시 당국으로부터 긍정적인 반응을 얻어 내기가 훨씬 용이할 것이다.

둘째, 연합(coalition)은 참여하는 조직 간에 이슈와 전략을 합동으로 선택하는 보다 조직적인 협력관계를 말한다. 만약 어떤 문제가 개별적인 사회행동조직의 노력만으로는 쉽사리 해결될 수 없는 장기적인 성격의 문제일 경우에는 이 같은 연합관계를 맺는 것이 좋다. 이 관계 속에 참여하는 조직들은 각각의 대표자를 선정하여 운영위원회 같은 조직을 구성하고 회의를 소집하여 공동의 관심사에 대해 협의하게 된다. 공동의 관심사가 발견된 후에는 이 조직들은 하나의 조직처럼 행동을 할 수도 있다. 이 운영위원회는 공동의 노력을 해야 할 문제에 대해 논의를 하고 추진할 전략을 결정하게 된다.

셋째, 동맹(alliance)관계는 가장 고도의 조직적 협력관계를 맺는 경우다. 이는 유사

한 목적을 지닌 조직들이 영구적 · 전문적인 직원을 둔 대규모의 조직관계망을 갖는 것이다. 이 관계 속에서 각 조직은 각각의 이슈에 대해서 계속적인 협의를 할 필요가 없으며, 전문직원들이 회원조직을 대표하여 필요한 로비 활동을 하게 되고 회원조직들에게 기술적인 지원을 제공하게 된다. 이와 같은 동맹관계는 회원조직들의 회원을 훈련하고, 캠페인을 준비하는 등 전문활동을 필요로 하는 경우에 매우 바람직한 협력관계라고 할 수 있다.

4) 전술의 혼합

사회행동조직이 활용할 수 있는 전술(tactics)은 압력(pressure)전술, 법적(legal)전술, 항의(protest)전술로 구분할 수 있다. 일반적으로 사회행동이 성공을 거두기 위해서는 둘 혹은 모든 전술을 사용해야 한다. 먼저 언론의 관심을 끌기 위해서 항의전술을 사용하다가 장기적인 변화를 이룩하기 위해 압력전술을 사용할 수 있다. 혹은 처음에는 법적전술과 같이 온건한 전술을 취하다가 마지막으로 항의전술을 사용할 수도 있다. 또 세 가지 전술을 동시에 사용할 수도 있다. 여기서 중요한 것은 사회행동조직이 특정한 성과를 거두기 위해서 어떻게 여러 가지 전술을 연결시킬 것인가를 알아야 한다는 것이다. 이를 위해서는 각각의 전술이 가져다줄 수 있는 바가 무엇인지에 관해 알 필요가 있다.

(1) 정치적 압력전술

① 정치적 압력의 개념과 필요성

만약 사회행동조직의 목적이 정부로 하여금 어떤 행정조치를 포기하게 한다거나 새로운 정책을 강구하게 하려는 것이라고 한다면 그 조직의 핵심적인 노력은 정치적인 압력이 될 것이다. 정치적 압력은 그 대상이 지방정부에 국한되며, 그 목적은 새로운 법을 통과시키도록 한다거나, 새로운 프로그램을 개발하게 한다거나, 지역사회 주민조직에게 이로운 정책을 강구하고 시행하도록 하는 것이다.

② 정치적 압력 기술

정부에 대해 효과적인 압력을 가하기 위해서는 적어도 다음의 네 가지 영역의 기술을 필요로 한다. 첫째, 어디에 압력을 가할 것인가를 파악하는 것, 둘째, 어떻게 정부관리나 정치인의 목표에 맞는 논쟁을 전개할 것인가 하는 것, 셋째, 특수한 상황에 맞는 적절한 압력 대상을 찾아내는 것, 넷째, 정치인과 관리에게 어떠한 구체적인 전술을 사용할 것인가에 대한 것이다.

- **적재적소에 압력을 가하는 기술:** 사회행동조직이 압력을 가하는 캠페인을 준비하면서 가장 먼저 갖추어야 할 기술은 정책결정과정에서 문제해결에 관한 재량권(discretion)이 어디에 있는가를 파악하는 것이다. 여기서 재량권이라고 함은 입법이나 규정 해석, 프로그램 실천 등을 통해 정책을 결정하는 법적 권리를 말한다. 이와 관련하여 주민조직이 해야 할 일은 그들이 제기하는 문제를 담당하는 정부부서가 어디인지를 정확히 파악하는 일이다. 예를 들면, 쓰레기 폐기문제에 책임을 갖는 부서가 시 · 군 · 구청인가, 시 · 도청인가를 파악해야 하고, 또 이들 부처의 어느 국(局)이나 과(課)가 책임과 재량권을 갖고 있는가를 파악해야 한다.
- **공무원과 정치인을 상대로 한 논쟁의 기술:** 정부에 압력을 가하는 경우에 주민조직은 정치인(선거에 의해 선출된 자와 이들에 의해 임명된 자)과 관리(일상의 업무를 취급하는 직업공무원)모두를 상대로 하게 된다. 정치인과 관리는 정책과정에서 역할이 다르기 때문에 이를 구별하여 압력을 가하는 것이 필요하다. 정치인과 관리는 압력에 대해서 상이한 반응을 보인다. 관리에게 효과가 있는 압력이 반드시 정치인에게도 같은 효과를 가져오지는 않는다. 일반적으로 정치인은 다음 선거를 의식해서 단기적인 사안에 대해서 반응을 하는 반면, 관리는 보다 장기적인 시각을 갖는다. 또 정치인은 이슈에 대한 일반적인 지지도에 관심을 갖는 반면, 관리는 행정적인 문제에 대해 관심을 갖는다.
- **정치적 압력 행동:** 지역사회 주민조직이 선거에 의해 선출된 관리에게 압력을 가하는 구체적인 행동은 상황에 따라 여러 가지가 있을 수 있다. 첫째, 공청회에 군중을 동원하는 행동이다. 이 행동은 힘의 잠재력을 과시하고, 이슈에 대해 주민이 관심을 갖고 있다는 것을 보여 주는 장점이 있다. 반면, 이러한 행동은 위협으로 간주될 수 있고 폭력을 낳을 수 있는 단점이 있다. 둘째, 공청회에 의견서를 제시하는 행동이다. 이슈에 대한 기록을 공식화할 수 있고, 이를 지지하는 정치인에게 합리적 근거를 제시해 주는 장점이 있다. 반면, 이슈와 관련하여 제시된 사실들에 대한 정확성을 확보하는 데 어려움이 있고, 반대 질문에 대처하는 데 상당한 기술이

필요하다는 단점이 있다. 셋째, 청원서(petition)를 제출하는 행동이다. 이것은 주민들이 지역사회 주민조직이 내건 이슈에 대해 지지를 한다는 것을 관리에게 보여 줄 수 있는 장점이 있다. 반면, 청원서는 서명을 얻어 내는 데 별 노력이 필요 없고 주민이 그 이슈를 이해하고 있다는 것을 보여 주지 못하기 때문에 쉽게 무시되어 버릴 수 있다는 단점이 있다. 넷째, 선출된 관리와 일대일로 로비를 하는 행동이다. 이 행동은 관리와 솔직하게 의견을 교환하는 기회를 제공하고, 주민조직은 정치인에게 암암리에 위협을 증가시킴으로써 정치인이 당면하는 압력을 이해할 수 있는 장점이 있다. 반면, 수많은 지역사회 주민을 관여시키기가 불가능하고, 밀실에서 거래를 한다는 인상을 남기는 단점이 있다. 다섯째, 전화하기다. 지역사회 주민조직이 세력을 급히 동원할 수 있는 지지 세력을 갖고 있다는 것을 보여 줄 수 있는 장점이 있다. 그러나 주민조직이 원하는 논쟁에 대한 기록을 남기지 못하고, 또 관리를 귀찮게 한다는 단점이 있다. 여섯째, 법안을 제안·심의하는 행동이다. 이것은 선출된 관리들에게 지역사회 주민조직이 원하는 바를 정확하게 알릴 수 있고, 법안을 심의하는 회의에 참여함으로써 법의 내용이 관리에 의해 적절히 해석되고 있는가를 확인할 수 있는 장점이 있다. 반면, 제출된 법안이 지역사회 주민조직의 입장을 분명히 하여야 하기 때문에 협상에 있어서의 융통성을 파괴할 염려가 있으며, 이러한 행동은 시간을 많이 소모하고 관료적인 행정에 대해 깊은 이해를 해야 한다는 어려움이 있다.

(2) 법적 행동과 사회적 대결

법적 행동과 사회적 대결이 여러 가지 면에 있어서 차이가 있지만 두 전술은 유사한 목표를 성취하려고 한다. 두 전술은 모두 공정치 못한 정책, 법, 규칙에 대해 주의를 환기시키고 개선을 요구한다. 두 전술은 모두 어떤 급격한 조치를 예방하거나 지연시키기 위해 활용될 수 있으며, 힘과 위협적인 수단을 활용한다는 점에서 정치적 압력보다는 강력한 전술이라고 할 수 있다. 또한 기업과 정부를 포함한 다양한 상대를 선택하여 전개될 수 있다.

① 법적 행동(전술)

지역사회행동조직이 취할 수 있는 법적 행동은 금지명령(injunction)을 요구하는 것과 고소(law suits)의 방법이 있다. 금지명령이란 사실이 확정될 때까지 해로운 조치를 중지시키는 법원의 명령을 말한다. 고소는 손해를 보상받기 위해서 혹은 당국으로 하여금 법대로 조치를 취하게 하기 위해 취하는 행동을 말한다.

금지명령은 환경보호단체(조직)들이 생태계를 파괴할 수도 있는 대규모의 토목공사(예: 새만금방조제 건설사업)를 중지시키기 위해서 흔히 사용하는 방법이다. 일단 금지명령이 취해지면 사안의 사실 여부에 관해 통제기관(예: 환경부)에 의해 조사가 시작되며, 적어도 조사가 진행되는 동안에는 개발예정지구에서의 동식물을 보존할 수가 있다. 지역사회행동조직은 지역사회에 화학물질을 폐기한 회사를 상대로 주민이 입은 피해를 보상받기 위해 고소를 할 수 있다.[1] 또 정부기관이 법을 제대로 집행하지 못할 경우에 행정소송(administrative litigation)을 제기할 수도 있다.

② 사회적 대결

모든 사회행동 전술 중에서 사회적 대결은 권력, 힘(power)을 사용하는 전술이라고 할 수 있다. 이러한 힘은 참여하는 사람들의 수와 결의의 정도에서 나오게 된다. 즉, 참여하는 사람이 많으면 많을수록, 또 그들의 결의가 강하면 강할수록 사회적 대결에서 큰 힘이 나타날 수 있다. 사회적 대결은 주민조직이 사회질서를 해칠 수 있다는 데 대해 상대 당국이 두려움을 가질 때 성공할 수 있는 전술이다.

사회적 대결은 과격한 연사와 군중을 동원한 대규모의 집회나 성토대회에서부터 조용하고 질서정연한 행진과 피케팅 그리고 항의 대상에 대해 직접적으로 경제적인 압력을 가하고자 하는 보이콧이 있다. 보이콧은 어떤 기업에서 생산되는 제품에 대해서 대대적인 불매운동을 전개하는 경우다.

Alinsky는 금세기에 가장 유명한 사회행동조직가인데, 그는 특히 대결전술에 적합한 사회행동의 전술 원칙들을 제시하였다. Alinsky의 전술규칙들은 대결전술이 가져다줄 수 있는 직접적인 성과와 주민조직이 얻게 될 장기적인 결과가 조화를 이루게 하며, 상대방의 약점을 이용하되 자체 조직의 활동 잠재력에 대한 이해가 있어야 함을 강조했다. 대결은 사회적 혼란을 야기시킬 수 있다는 위협(threat)이며, 상대방과 협상할 수 있는 가능성을 견지하는 것이라야 한다는 점을 강조하였다. Alinsky가 제시한 전술에 대해 구체적으로 살펴보면 다음과 같다.

---

1) 제7장(지역사회사정)에서 에린 브로코비치의 시민적 행동과 캘리포니아주 힝클리 지역주민들의 협력으로 대기업 PG&E를 상대로 소송하여 3억 3300만 달러를 합의금으로 받아낸 사실을 기억할 수 있다.

첫째, 전술은 주민조직 내부로부터 지지를 받아야 한다. 조직의 회원으로부터 지지를 얻기 위해서는 추구하는 전술이 결과와 밀접한 관련을 가져야 한다.

둘째, 대결전술은 주민조직이 가진 힘을 과시할 수 있도록 사용해야 한다. 일반적으로 주민조직은 약한 입장에서 투쟁을 시작하게 된다. 따라서 전술은 혼란을 야기시킬 수 있다는 잠재력을 과시할 수 있어야 한다.

셋째, 효과적인 전술은 게임의 규칙에 대해 공격(조롱)함으로써 그것에 대해 알고 있다는 것을 보여 준다. Alinsky는 현재의 제도에 대한 대안을 제기하기보다는 게임에 대한 그들의 규칙과 이 규칙을 시행하는 책임자들을 조롱하는 전술을 제시하였다. 예를 들어, 어떤 은행의 그릇된 조치에 항의하기 위해 수많은 사람이 극히 소액(예를 들면, 1센트)의 은행거래를 열면 은행의 규칙에 따르는 것이지만 은행으로서는 매우 번거로운 업무에 매달릴 수밖에 없는 곤경에 빠지는 것이다.

넷째, 항의 활동은 지속적으로 전개되어야 한다. 그리하여 상대방이 지치고, 잘못을 저지를 수 있고, 결국 주민조직과 협상을 원하게 될 정도까지 계속되어야 한다.

다섯째, 기관(institution)과 싸우지 말고 사람과 싸워야 한다. 즉, 공공조직이든, 민간조직이든 조직과 싸우기보다는 그 속에서 일하는 특정 개인을 공격 대상으로 삼아야 한다. 지방자치단체와 대결을 할 경우, "○○시장은 대책을 세워라."고 하기보다는 "○○시장 ○○○는 대책을 세워라."라고 하는 것이 효과적이라는 의미다.

여섯째, 상대방이 실수를 할 때까지 인내해야 한다. 압력을 계속하는 목적은 상대방으로 하여금 실수를 범하게 하기 위한 것이다. 레이건 대통령 당시 초대 내무장관이었던 제임스 와트(James Watt)는 환경단체들의 공격 대상이었는데, 인종주의자이자 장애인에게 적개심을 가진 사람이라고 해석될 수 있는 발언을 공개석상에서 함으로써 장관직에서 물러날 수밖에 없었다. 다시 말하면, 환경단체들은 정책을 구실 삼아서는 장관을 퇴진시킬 수 없다는 것이다.

일곱째, 상대방의 대응을 예상해야 한다. 공격을 가하게 되면 상대방도 역공을 시도할 것이다. 때로는 문제에 대해 '연구위원회'와 같은 것을 만들어 공격을 지연시키려고 할 수도 있다. 만일 문제가 정말로 연구할 필요가 있는 것이라고 한다면 주민조직은 대표를 위원회에 파견하여야 하되, 단순히 지연을 위한 것이라고 판단될 때에는 대결을 계속하는 것이 필요하다.

5) 협상 전략

우리는 지금까지 사회행동의 3대 전술이라고 할 수 있는 정치적 압력, 법적 행동 그리고 사회적 대결에 대해서 살펴보았다. 이들 전술 중 어떤 것을 사용하든 사회행동조직의 회원은 각 전술을 통해서 그들의 명분과 주장이 옳다는 것을 외부에 설득시키려고 힘을 쓴다. 여기서는 사회행동의 효과성을 제고시키기 위한 두 가지 기술, 즉 언론매체를 통해 주민조직이 전달하고자 하는 메시지를 가능한 한 많은 사람에게 알리는 홍보기술과 상대방과 성공적으로 협상을 할 수 있는 기술에 대해서 살펴보기로 한다.

흔히 협상(negotiation)은 이슈와 관련된 소수의 사람들이 관여하는 반면, 홍보(publicity)는 다수의 지지와 참여를 얻어 내기 위한 것이다. 그러나 이 두 가지 활동에 필요한 기술은 상호보완적이라고 할 수 있다. 상대방(특히, 공적 분야에서 활동하는 사람)의 사고방식을 주민조직의 사고방식으로 유도하기 위해서는 그 분쟁에 직접 참여하지 않은 제삼자를 끌어들여 판단을 하도록 하는 것이 효과적일 수 있다. 이를 위해서 홍보활동을 전개하는 것이 매우 중요하다.

홍보와 협상에 관한 기술은 사회행동을 전개하는 기술 이상으로 중요하다. 지역사회 주민조직은 사회복지와 지역사회개발에 관한 프로젝트를 수행해야 하기 때문에 좋은 홍보 활동은 각 프로젝트에 대해 일반의 지지와 이해를 증가시킨다. 그리고 협상 기술은 필요한 재원을 획득하고 유사한 분야에서 활동하는 다른 조직과 기관들로부터 협력을 얻어 내는 데 있어서 중요하다.

협상을 하는 데 있어서 사용되는 전술은 도덕적인 설득부터 노골적인 폭력에 이르기까지 다양하다. 그러나 흔히 정치적 압력, 법적 행동 혹은 대결을 통해서 협상이 이루어지게 된다. 협상에서는 주민조직의 대표들과 상대방의 대표들 간에 토의가 있게 되고, 토의 중에는 요구사항이 제시되고, 이에 대응하는 요구사항이 제시된다. 그리하여 결국에 가서는 합의가 이루어지는 것이다.

협상의 목적이 자기의 요구를 최대한 관철시키는 것이라고 한다면, 이를 위해 여러 가지 구체적인 기술을 익힐 필요가 있다. Pruitt가 제시한 기술들을 살펴보자.

첫째, 협상에 시한을 두어야 한다. 어느 때까지 타협이 이루어지지 못하면 쌍방에게 피해가 될 수 있다는 것을 보여 줄 수 있는 시한(deadline)을 정해야 한다. 만약 주민조직이 요구가 관철될 때까지 데모 혹은 보이콧을 한다거나, 또는 어떠한 대가를 치르더라도 끝까지 투쟁하겠다는 의지를 보이면 상대방은 어느 정도의 선에서 양보를 할 태

세를 취할 것이다.

둘째, 요구하는 입장을 확고히 해야 한다. 상대방으로 하여금 요구만 거창하지 실제로는 요구의 관철을 위해 철저히 행동에 옮기지는 않을 것이라는 인상을 주어서는 안 된다. 그러기 위해서는 요구가 적절해야 하고, 그 요구를 관철하기 위한 행동은 확고하게 실천하는 것이 필요하다.

셋째, 언제 어떻게 양보를 해야 할 것인가를 배워야 한다. 이 기술은 협상에 있어서 가장 핵심적인 것이라고 할 수 있다. 너무 성급하게 타협하려고 하면 상대방은 주민조직을 약하다고 여길 것이고, 너무 협상을 끌면 상호타협을 거부하는 결과를 가져올 수 있다.

넷째, 상대방의 제안에 대응함에 있어서 신중해야 한다. 상대방의 제안에 대해 즉각적으로 거부해 버리면 협상은 끝장이 나 버릴 수 있고, 또 쉽게 받아들이면 필요 이상의 양보를 해 버릴 수 있다. 따라서 제안이 나오면 어느 정도 시간을 갖고 생각하는 것이 중요하다.

다섯째, 협상이 계속 진행되도록 해야 한다. 협상에 참여하는 사람들은 주 협상 안건에 매달리겠지만 때로는 간단한 양보를 함으로써 주 협상 안건과 관련한 쌍방의 대안을 만들어 내기가 용이할 수 있다. 이는 국가 간에 주요 쟁점에 관한 협상을 할 때 양국의 대표가 핵심적인 의제에 관한 타협안을 만들어 내기 전에 사소한 안건에 대해 합의를 보는 경우에서 흔히 볼 수 있는 방법이다.

여섯째, 중재자(mediator)를 개입시킬 필요가 있는지를 고려해야 한다. 중재자는 쌍방이 신뢰할 수 있고 협상에 참여하기를 원하는 사람이어야 함은 물론이다. 쌍방이 도저히 타협할 수 없는 차이가 있을 때 중재자로서 기적과 같은 역할을 수행할 수는 없지만 중재자가 개입함으로써 절차에 관한 사소한 오해로 협상이 결렬될 가능성을 줄일 수 있다.

수행 학습

충북 청주시 북이면 '쓰레기 소각장으로 인해 주민 ―60명이 암으로 사망― 분노', 강원 동해시 송정동 '동해항에서 나오는 오염물질과 소음', 인천 서구 왕길동 사월마을 '쇳가루 마을', 전북 익산시 장점마을 '마을 인근 공장의 발암물질 배출'에 대해 [그림 13-1]의 옹호의 과정을 적용해 기술해 보세요. 조별로 하세요.

임파워먼트

저자는 제1장 '3. 지역사회복지실천의 가치'에서 지역사회복지실천이 추구해야 할 가치로, '시민의 행복' '사회정의' '공동체' '역량 있고 살기 좋은 지역사회'를 제시하였다. 클라이언트 지역 사회를 살기 좋은 지역사회로 변화시키는 중요한 방법 중에 하나가 임파워먼트이다. Beck(1983)에 따르면, 임파워먼트는 사회복지실천의 초석(keystone)이며(Judith, 2001, p. 34 재인용), 지역사회복지실천이 지향해야 하는 가치이고, 실천 과정과 결과를 이해하기 위한 이론적 모델이다(Zimmerman, 2000, p. 43). 지역사회개입 방법으로서 임파워먼트를 공부하기에 앞서 사회복지실천론에서 배운 임파워먼트의 의미를 되새겨 보는 것이 필요하다. 임파워먼트의 개념과 속성, 개입체계에 따라 강조점이 달라지는 것도 이해해야 한다. 이 장에서는 지역사회라는 클라이언트 혹은 변화 대상에 적용하기 위한 임파워먼트의 실천 원칙과 기술, 개입 영역, 구체적인 사례 등을 검토하고자 한다.

1. 임파워먼트의 이해: 배경, 개념, 속성

먼저, 임파워먼트라는 개념이 나타난 역사적 배경에 대해 살펴보자. 영국 사회복지에서 임파워먼트 개념과 접근은 1980년대 후반부터 발전했지만, 그 아이디어는 더 오랜 역사를 지닌다. 자조라는 의미에서 임파워먼트는 적어도 18세기부터 영국에 존재한 상호부조와 우호적 사회운동(friendly society movement)에 뿌리를 둔다(Adams, 2007).

De Jong과 Miller(1995: 정순둘, 김경미, 박선영, 박형원, 최혜지, 이현아, 2007, pp. 37-38 재인용)는 임파워먼트의 뿌리를 초기 사회복지전문직의 역사 속에서 찾았는데, 사회복지전문직의 발생에 지대한 영향을 미친 인보관 운동(Settlement House Movement)을 그 기원으로 보고 있다. 인보관 운동은 부유층 출신의 대학생들이 생활이 어려운 지역으로 찾아가 함께 생활하면서 이웃이 되어 주고, 그들을 변화시켜서 어려움에서 벗어날 수 있도록 도와준 활동이다. 이들은 어려운 이웃과 숙식을 함께하면서 집단교육 및 토론을 통해서 사회 변화를 꾀하려고 했으며, 특히 빈곤하거나 장애를 가진 소외계층에 대한 임파워먼트를 시도하였다. 인보관 운동은 소외계층 역시 자신의 문제를 해결할 수 있는 능력이 있음을 인정하고, 그 능력을 발휘할 수 있도록 힘을 북돋아 주는 역할을 했다. 이는 임파워먼트 모델의 이념적 근간이 되는 것이라 할 수 있다.

그런데 현대 사회복지의 관점에서 훨씬 더 의미 있는 것은 임파워먼트와 저항(protest)의 관계다. 임파워먼트는 1960년대 후반부터 미국에서 있었던 소외계층의 사회적·정치적 운동에서 원류를 찾을 수 있다. 영국에서는 1960년대 이후 진보적이고 사회주의적 색채를 띤 정치적·사회적 항거의 여러 전통이 페미니스트 이론과 실천을 만나면서 더 풍부해졌다. 1990년대부터 SNS와 인터넷에 의한 네트워크를 사용하는 큰 규모의 항거를 통해 사람들이 정책에 영향을 미칠 수 있다는 것을 보여 주었다. 이는 특히 뛰어난 자연경관이나 과학적으로 가치 있는 지역을 관통하는 도로건설에 반대하는 운동에서 두드러졌으며, 반성차별주의, 반인종차별주의, 반장애인차별주의, 반억압 운동의 이론적 틀이 되고 있다(Adams, 2007, p. 38).

최근에는 임파워먼트를 지역 서비스가 갖춰야 할 필수요소로 보고 있다. 영국에서는 대략적으로 1주일에 한 번은 신문 직업광고란에서 임파워먼트라는 용어를 보게 된다. 예를 들어, 정부의 재개발 전략의 일환으로 지역사회주택쇄신협회에서 일할 '임파워먼트 관리자(empowerment manager)'를 구한다는 식이다. 여기서 임파워먼트의 개념이 뜻하는 것은 "지역주민이 자신의 삶에 영향을 미치는 결정과정에 참여하도록 도와주고, 주민들의 강점을 개발하며, 이들이 앞으로 있게 될 지역 재개발에 참여할 수 있도록 하는 것"(Adams, 2007, p. 225)이다.

지금까지 임파워먼트 개념이 생겨난 배경과 일상에서 사용되는 예를 살펴보았다. 그

개념과 구성요소를 공부하기에 앞서 임파워먼트의 틀을 구성하는 전제를 검토해야 한다. 그 전제는 크게 다음의 두 가지로 요약된다(Miley, O'Melia, & DuBois, 2007, pp. 82-85). 첫째, 생태체계이론에 근거한 포괄적 관점이다. 임파워먼트 모델은 인간의 기본적인 자유를 소중하게 여긴다. 그리고 현재의 문제중심적 사고(pathology)보다는 개인의 내적 깨닫기(self-awareness) 단계를 강조한다. 나아가서는 보다 거시적이고 자신과 사회에 대한 실질적인 책임을 완수하는 단계까지를 포함하는 사회복지실천 이론이다. 임파워먼트 모델은 개인의 미시적 영역에서 시작하여 거시적인 체제의 개혁까지를 포괄하는 환경 속의 인간이라는 사회복지실천 개념을 구체적으로 제시한다.

둘째, 강점을 기초로 능력을 증진시킨다. 강점 중심이란 용어는 가끔 임파워먼트와 혼동되거나 같은 의미로 취급되곤 한다. 강점 중심의 사고는 일반 사회복지실천의 모든 영역과 과정에서 임파워먼트라는 목적을 가지고 개입한다. 강점 중심의 사고가 클라이언트 개인이 기존의 강점을 선용하여 다양한 능력을 향상시키도록 영향을 미치는 것이라면, 임파워먼트는 자신에 대한 인식 등의 합리적 사고과정을 거쳐 강점을 포함하여 가능한 한 모든 자원을 동원할 수 있는 능력과 삶에 있어서 주인의식 및 힘을 얻도록 하는 것이다. 그러므로 강점 중심과 임파워먼트란 다른 형태의 사회복지실천 이론이지만, 그 결과와 방법이 비슷하고 임파워먼트의 과정에서 강점을 강조하여 문제를 해결하기 때문에 대다수의 사람이 임파워먼트와 강점 중심의 개념을 혼용하는 것이다.

임파워먼트 개념의 사전적 의미부터 살펴보자. 1982년판 Webster사전에 'empowerment'라는 명사는 등재되어 있지 않았지만, '힘(power)이 주어지기도 하고 개발되기도 하고 획득되기도 하는 과정'에 대해 언급되어 있다. 개인이나 집단은 임파워먼트과정을 통하여 상대적으로 무력한 조건에서 상대적으로 힘이 있는 상태로 이동한다. 임파워먼트된다는 것(to be empowered)은 힘을 소유하거나 통제하는 상태를 의미한다. 이러한 의미에서 '임파워먼트(holding power)'는 임파워먼트 과정의 산물이다. 임파워먼트라는 개념은 과정과 결과 모두를 포함한다(Staples, 1990; Zimmerman, 2000 재인용). Simon(1990, p. 28)에 따르면, 임파워먼트란 "심리적, 물리적, 문화적, 법적, 정치적, 경제적, 기술적 등 모든 묘사가 가능한 측면의 복종(subordination)에 대한 공격"이다. Croft와 Beresford(2000: Adams, 2007 재인용)는 임파워먼트가 태생적으로 정치적 개념이며, 힘(power), 힘의 소유, 힘의 불평등, 힘의 획득과 재분배가 중심적 이슈라고 하였다.

임파워먼트에 대한 이러한 언급들은 임파워먼트의 저항적 성격과 정치적 의미를 잘 드러낸다. 따라서 개입 대상과 관련하여 임파워먼트를 이해하는 것이 필요하다. 먼저, 임파워먼트의 개념을 개인적 차원으로 국한하는 정의를 보면 다음과 같다.

> 역량 강화는 개인이 자신의 목표와 이를 달성하는 방법에 대한 이해 사이의 긴밀한 상관관계를 보고 배우는 과정이다. 또한 자신의 노력과 이로 인해 인생에 나타나는 결과 사이의 관계를 보고 배우는 과정이라고 할 수 있다(Mechanic, 1991: Zimmerman, 2000, p. 43 재인용).

이러한 미시적 임파워먼트 개념은 개인적 관점에서 삶의 어떤 측면을 스스로 통제할 수 있다고 느끼는 것으로(Simon, 1990), 클라이언의 능력, 자신감, 자기효능감, 동기, 살아가려는 의지, 사회복지사를 포함한 지역사회 자원체계와의 접촉 노력 등을 의미한다(Gutierrez, Parsons, & Cox, 2006). 이러한 의미와 반대되는 개념이 무력감과 의존심이다. 무기력이란 성장과 바라는 바를 이룰 수 없는 개인 혹은 집단의 상태를 지칭한다. Solomon(1976)의 정의에 따르면, 무기력이란 감정, 기술, 지식 그리고 물질적 자원을 마음대로 사용하지 못하는 상태다(정순둘 외, 2007, pp. 156-157 재인용).

거시체계인 지역사회와 관련하여 역량 강화를 다음과 같이 정의하였다.

> 역량 강화는 지역사회를 중심으로 하는 의도적 · 지속적인 과정으로서 상호존중, 비판적 성찰, 배려, 집단참여를 수반한다. 이를 통해 귀중한 자원을 공평하게 나누어 갖지 못한 사람들이 자원을 더욱 이용할 수 있게 되고, 자원에 대한 이들의 통제력도 확대된다(Cornell Empowerment Group, 1989: Zimmerman, 2000, p. 43 재인용).

한편, Adams(2007)의 다음과 같은 정의는 미시체계와 거시체계 둘 다를 고려한 것으로 볼 수 있다.

> 임파워먼트는 개인, 집단 또는 지역사회가 자신의 상황을 통제하고 목적을 달성하며, 이로써 자신과 타인의 삶의 질을 극대화할 수 있도록 돕는 수단이다.

지금까지 체계의 수준에 따라 임파워먼트의 개념이 달라짐을 보았다. 정리하자면 다음과 같다. 즉, 개인적 수준에서의 임파워먼트는 자존감, 자기효능감과 관련이 있으며, 집단 수준에서의 임파워먼트는 상호협력, 집단의 정체성, 사회행동의 발달과 관련이

있다. 지역사회 수준에서의 임파워먼트는 잠재력의 성장, 정의를 실현하기 위한 사회정책과 제도를 변화시키려는 노력을 의미한다.

Swift와 Levin(1987)은 사회복지실천에서 임파워먼트 과정을 다음과 같이 설명했다. 첫 번째 단계는 개인에게 적용되는 과정으로서 자아인식의 단계다. 이 단계를 서술하면서 Gutierrez(1990)는 제일 먼저 비판적 의식 혹은 의식고양(consciousness raising)을 통한 깨달음이 시작되는 과정이라고 하였다. 두 번째 단계는 깨달음에 대한 감정을 확인하거나 개인 또는 집단이 다른 개인 또는 집단과의 관계에 관한 감정을 확인하고 비합리적인 감정을 조절하는 단계다. 예를 들면, 개인과 집단에 대한 애정, 무관심, 무감정, 미움 등의 구체적인 감정을 확인하는 것이다. 세 번째 단계는 임파워먼트의 핵심인 완성 단계로, 개인적 책임감에 대한 인지가 사회로 이어지면서 사회 속에서 행동과 행동을 규제하는 제도적 체제의 변환을 요구하게 된다. 이 단계에서는 형성된 자각심과 감정, 감소한 비합리적인 감정을 바탕으로 사회적 관계 속에서 이를 교정하려고 노력하는 과정이 중심이 된다. 앞의 단계에서 완성한 자각, 자기책임에 대한 인지, 감정의 치유 등을 거쳐 완성된 자아로서 개인적 책임과 사회적 책임을 인식해 간다. 사회정의를 실현하는 정치적 단계는 책임 있는 인식자로서의 사명을 완수하는 것으로서 개인과 사회 변화의 힘이 클라이언트에게 있다는 인식을 강화하는 것이다. 사회적 관계 속에서의 개인적 노력과 정치적 활동으로 얻은 사회정치적 힘을 강조하며, 사람이 자신의 삶을 책임지고, 주인의식을 가지고 살아가도록 힘을 부여하는 마지막 단계다.

2. 개입체계와 임파워먼트

임파워먼트는 개인, 가족, 집단, 조직, 지역사회와 같은 클라이언트를 대상으로 적용하는 기법이므로 각 클라이언트에 따라 달라지는 임파워먼트의 의미와 강조점에 대해 이해하는 것이 필수적이다. 이 절에서 다루고자 하는 것이 지역사회 임파워먼트이므로 이것과 개인 · 조직 임파워먼트와 구분될 수 없다는 다음의 견해를 살펴보아야 한다(Zimmerman, 2000).

> (개인과 조직) 각각의 분석 차원은 서로 별개로 설명되지만 본질적으로 연결되어 있을 수밖에 없다. 개인, 조직, 지역사회의 역량 강화는 상호의존적이며 서로에게 원인과 결과로 작용한

다. 하나의 분석 차원에서 역량이 강화된 요소의 정도는 다른 차원의 분석에서 나타나게 될 역량 강화의 잠재력에 직결된다. 역량이 강화된 사람들은 책임감 있고 참여를 통해 조직과 지역사회를 개발하는 근간이 된다. 이러한 개인 없이 지역사회나 조직의 역량이 강화된다는 것은 상상하기 어렵다(p. 46).

O'Sullivan(1994: Adams, 2007, p. 64 재인용)은 임파워먼트 영역을 자아(self), 대인관계, 집단, 조직, 지역사회로 설정하였지만, 주로 자아, 대인관계, 집단(특히 많은 설명을 함)에 대해 집중하였으며, 조직과 지역사회에 대해서는 매우 미약하다. 반면, Zimmerman(2000)은 개인, 조직, 지역사회에 대해 많은 설명을 했다. 두 연구자의 견해를 적절히 조합하여 소개하겠다.

O'Sullivan(1994)은 임파워먼트를 연속선상에서 나타날 수 있는 다양한 유형으로 제시하였다([그림 14-1] 참조). 즉, 연속선은 사회복지사가 지배하는 한 극단과 서비스 이용자가 지배하는 또 다른 극단 사이에 존재한다. 그 사이에는 다양한 조합이 있을 수 있는데, 그 중간 지점에는 균등한 몫을 가진 파트너십이 있다. 힘을 얻은 사람이 자율적으로 행동하는 만큼 상대방의 힘이 감소한다. 따라서 어떤 사람은 파트너십을 '힘을 잃는 것'(disempowering)으로 경험할 수 있다(Adams, 2007, p. 64). 서비스 이용자가 임파워먼트되어 더 이상 사회복지사의 도움이 필요하지 않을 때(자신의 삶을 통제할 수 있

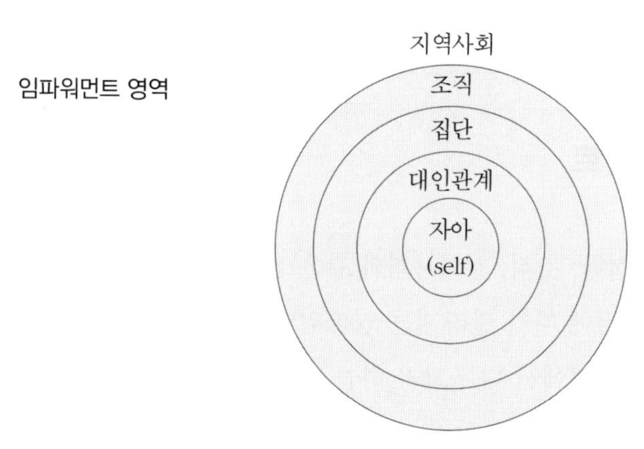

그림 14-1 임파워먼트 실천 구조

출처: Adams (2007), p. 67.

고, 사회적으로 기능적인 인간이 되었을 때), 이용자는 계약을 종료하고 사회에서 자립할 수 있다. 이러한 설명은 개인, 집단, 조직, 지역사회 모두에 적용된다고 볼 수 있다.

1) 셀프 임파워먼트

셀프 임파워먼트는 자신의 삶에 힘을 부여하는 것을 의미한다. 자조, 자기지시, 자기개발 및 자기교육과 같은 것이 구체적인 방법이다. 셀프 임파워먼트가 자신으로부터 시작되는 것이라고 해서 정치나 권력과 별개의 것이라고 간주해서는 안 된다. 셀프 임파워먼트는 사회복지사와 서비스 이용자에게 똑같이 적용된다. 여기서는 셀프 임파워먼트가 모든 문제의 열쇠라는 것이 아니라 힘을 얻었다고 느끼는 사람이 동기도 더 크고, 다른 사람에게 힘을 부여하거나 타인으로부터 힘을 얻을 수 있는 역량이 더 커진다는 것을 주장하는 것이다(Adams, 2007).

2) 개인 임파워먼트

개인에게 힘을 부여하는 작업에 심리학 이론이 폭넓게 도입되었는데, 특히 무력감에 대해 그랬다. 학습된 무기력이란 사람들이 과거에 실패했던 경험의 눈으로 보기 때문에 새로운 과업에 관련된 요소들을 볼 수 없는 마음의 상태를 말한다. '무기력한' 사람은 가까스로 어떤 것을 성취했다고 하더라도 그것이 자신의 노력에 의한 긍정적인 결과라고 생각하지 못하며, 이를 자기 자신이 아닌 외부요인과 관련하여 해석한다는 것이다. Freire는 개인 임파워먼트와 사회 변화를 연계하는 긍정적 전략에 대해 남다른 비전을 보여 주는 공헌을 했다. 핵심 활동은 비판적 사고에서 시작된다. 사람들이 처한 상황에 대한 역사적 인식을 심화시키는 교육적인 과정이다. 이렇게 사람이 자신이 존재하는 상황 조건을 인식하면 거기에 개입해 변화시킬 수 있는 능력도 획득하게 된다. 집단, 조직 및 지역사회의 임파워먼트로 넘어가기 전에 개인 임파워먼트의 실천을 개발하는 것은 필수적인 일이다(Adams, 2007, p. 102). 〈사례 14-1〉은 사회복지사의 지지로 임파워먼트된 장애인의 사례다.

사례 14-1 개인 임파워먼트 사례

A시 B구에 사는 47세 김 씨는 지체장애(하지마비)로 단칸방에 혼자 살고 있다. 집주인은 추운 날에도 김 씨의 방에 보일러를 가동시켜 주지 않고, 대문 스위치를 주인의 방에 설치해 놔서 김 씨는 주인이 없으면 문을 열고 들어올 수 없으므로 외출도 마음대로 할 수 없었다. 전등 스위치가 천장에 달려 있는데, 하지장애라서 일어설 수 없으니 밤이 되어도 불을 켤 수 없고, TV 화면 빛에 비추어 사물을 분간하고 산다. 그리고 주인은 김 씨를 무시한다. 김 씨는 이러한 상황을 비관하여 매일 소주를 2병씩 먹는다. 당뇨와 고혈압이 있고, 식사를 제대로 할 수 없다. 간호사가 6개월에 한 번 오는 정도다. 간호사는 인근의 N사회복지관에 연락하였고, 재가복지담당 사회복지사는 김 씨를 서비스 대상자 명부에 등록하였다.

사회복지사는 김 씨와 상담을 하였다. "왜 술을 그렇게 마시세요?" "방이 추운데 보일러도 안 때 주고, 가끔 외출했다 들어오려 하면 안에 있으면서도 대문을 안 열어 주고 주인이 나를 너무너무 무시해요. 술을 마실 수밖에요." 사회복지사는 집주인이 김 씨의 비공식 원조망이 되지 못한다는 생각을 했다.

먼저 급한 대로 전등 스위치를 김 씨 손이 닿는 벽에 설치해 주고, 주인과 이야기하여 김 씨가 밖에서 문을 여닫을 수 있도록 대문 스위치도 설치했다. 복지관에서 주 5회 도시락 서비스도 제공했다. 김 씨의 혈당수치가 높아 간호사도 월 1회 오기로 했다. 한 달쯤 지나 사회복지사가 김 씨를 방문하여 이야기를 해 보니, 김 씨는 사회복지관에서 제공하는 서비스로 인해 자신의 삶이 훨씬 좋아졌다고 하면서 사회복지사에게 매우 고마워하였다. 그러나 집주인의 김 씨에 대한 무시는 계속되고 있다고 했다. 사회복지사는 김 씨의 집을 지지체계가 될 수 있는 다른 집으로 옮겨야 한다는 생각을 했고 추진하기로 했다.

간호사와 사회복지사의 지지로 김 씨는 술도 2주일에 한 병 먹을 정도로 줄였고, 오래전에 하다가 그만둔 초등학교 등굣길에 교통자원봉사를 하겠다고 한다. 휠체어에 앉아서 수신호로 차량을 통제하여 학생들의 등하교를 돕고 있는데, 이사를 잘못 가서 나쁜 집주인을 만나서 그만두었다가 다시 시작한 것이다.

3) 집단 임파워먼트

집단을 통해 개인에게 지지를 제공하고, 고립의 위험을 감소시킬 수 있다. 또한 집단은 개인의 기술을 개발하고 연습할 수 있는 환경을 제공하며, 의식화된 사람이 더 높은 개인적 기대를 성취하도록 하는 수단이 된다. 집단은 학교나 교정시설의 청소년, 삶을 위협하는 질병, 학대, 자폐, 장기요양에 처한 사람 그리고 입양 아동에 이르기까지

폭넓게 활용할 수 있다(Bannister & Huntington, 2002: Adams, 2007 재인용). 알코올 의존증 환자 모임(Alcoholic Anonymous: AA), 암환자들 모임, 마약투약자들 모임이 있고, 도박중독자들 모임, 정신분열증 환자들도 집단을 구성한다. Katz와 Bender(1976: Adams, 2007 재인용)는 자조집단을 다음과 같이 정의내렸다.

> 특정한 목적을 달성하기 위하여 서로 돕는 소규모의 자발적 집단이다. 비슷한 사람들, 즉 동료들이 함께 모여 형성하게 되는 집단으로서 여기서는 통상적으로 공통된 욕구를 충족시키고, 공통적으로 경험하는 불이익이나 생활상의 문제를 극복하며, 바람직한 사회적 · 개인적 변화를 가져오는 과정에서 서로 돕는 기능을 수행한다.

〈사례 14-2〉는 자조집단에 참여함으로써 임파워먼트된 사례다.

사례 14-2 자조집단 참여자의 임파워먼트 사례

A는 중증의 불안장애로 고통을 받아 왔다. 몇 년간 그녀는 혼자 생활해 왔고, 광장공포증 때문에 집에 머물면서 쇼핑도 못하고, 직장생활도 하지 못하였다. 지역 정신보건센터에서 나온 사회복지사는 그녀가 주간보호센터에서 하는 자조집단에 참석할 수 있도록 교통편의를 제공해 주었다. 그녀는 집단에 적응했고, 성장해 갔다. 2년이 지난 후 그녀는 항불안제 투약을 중단하였으며, 센터에 있는 매점에서 처음에는 자원봉사자로 그리고 그다음에는 유급직원으로 자리를 잡게 되었다. 그리고 좀 더 시간이 흐른 뒤에는 짧은 거리는 다른 동료들과 함께 걸어서 집까지 다닐 수 있게 되었다. 나중에 그녀는 광장공포증으로 고생하는 신입회원을 도와주는 조력자로 활동하게 되었다.

4) 조직 임파워먼트

지역사회와 조직 안에서 생겨나는 임파워먼트는 결국 사람들과의 작업이다. 따라서 이 과정에는 사람들을 모으고 그들의 소망을 이끌어 내기, 그들이 스스로의 목적을 설정하도록 촉진하기, 그들의 결핍, 불평등, 불이익에 개입하기 그리고 그런 목표 달성이 가능하도록 하기와 같은 활동이 포함된다. Adams(2007, pp. 186-190)는 공제조합이나 협동조합도 조직으로서 지역사회 임파워먼트의 도구가 된다고 하였다. 지역사회조직(예: 근린 협회, 상조 단체, 사회적 변화 운동 단체)에 참여하는 것 또한 역량 및 통제감을 연습할 수 있는 한 가지 방법이다. 지역사회의 다양한 조직에 참여하는 사람들은 활동성과 참여가 늘어나고, 지각된 역량 및 통제력이 확대되었으며, 소외감은 줄어들었다고 말했다(Zimmerman, 2000, p. 48).

〈사례 14-3〉은 광명 Y생협이라는 주민조직의 임파워먼트 사례다(문홍빈, 2000).

사례 14-3 광명 Y생협의 성장과 활동

가. 조직의 전개과정

광명 Y생협이 공식 출범하게 된 것은 1995년 3월이다. 광명 Y생협의 뿌리를 거슬러 올라가면 부천 YMCA 총무로서 생활협동운동을 통한 지역주민운동을 주창하고 주도적 역할을 하였던 H씨와 실무자 L씨의 만남에서 시작된다.

표 14-1 광명 Y생협의 성장과정

시기 구분	내용	특이사항
준비 단계 (1994. 6.~ 1995. 3.)	지역조사 활동	
	광명YMCA 활동 시작	-대상 집단을 주부로 설정
	주부 아카데미 모집 독서클럽 '나눔터' 조직	
	아기스포츠단 모집	
토대 구축 단계 (1995. 3.~ 1997. 3.)	생활협동운동 시작 (회원 모집 및 소모임 조직)	-아기스포츠단 자모들을 중심으로 15개 등대 조직(1995. 3.) -생활재 공급은 안양YMCA 생협의 협조하에 이루어짐, YMCA 전 직원이 조직화과정에 참여
	토착 지도력 형성	-A씨, Y씨의 토착지도력 형성으로 등대모임 내실화
	분과모임 첫 조직	-교육분과 모임이 6명으로 시작(1999. 6.)
조직 성장 단계 (1997. 3.~ 현재)	교육분과 모임 '아이사랑회'의 활성화	-매년 특별 프로그램으로 '엄마와 함께하는 겨울 기차여행'과 '엄마와 함께하는 자연학교' 개최(1997년~현재) -촌지 추방 캠페인 주도(1997년~현재) -'신나는 아이사랑학교' 운영(1998~1999년) -학부모운영위원회 조직적 참여(2000년)
	유효한 이슈 개발	-전 촛불이 참여한 촌지 없는 광명만들기 캠페인(1997. 4.) -아파트 단지별로 전개한 '아름다운 마을 만들기' 사업을 통하여 마을지기의 위상 및 지역사회 내 광명 Y생협의 존재를 알림(1999년)
	조직 및 재정의 안정	-아파트 단지별로 등대 간의 네트워크 및 지역사회 참여를 위한 '마을' 조직 및 '마을지기' 선출(1997년) -생협 전담 유급 실무자 채용(1998. 1.) -토착지도력을 중심으로 이사회 구성(1998. 4.)

〈표 14-1〉과 같은 광명 Y생협의 조직은 표면적으로 볼 때 크게 총회, 이사회 등의 의결기구와 사업을 직접 집행하는 사무국이 있다. 그러나 생협운동의 조직을 이해하기 위해서는 바로 등대조직을 이해해야 한다. 등대조직은 크게 계선조직과 참모조직으로 구성되어 있다. 계선조직은 피라미드형 조직으로 촛불, 등대, 마을로 구성된다. 먼저, 촛불은 생협운동을 이해하고 참여하는 개인으로, 생협운동의 이해, 등대의 운영, 공급 원칙, 시민사회의 이해 등의 기초교육을 받고 가입한 후 각기 등대에서 고유의 역할을 맡는다. 둘째, 등대는 촛불 5~9명이 모여 구성하고, 책임자는 등대지기로 부른다. 등대는 인원의 가감에 따라서 병합과 분열을 할 수 있고, 등대지기는 일정한 지도자 교육을 받아야 하며 1년간 임명을 받는다. 셋째, 마을은 아파트 단지를 중심으로 3~5개의 등대가 모여 구성하고, 책임자는 마을지기로 부른다. 마을지기 역시 일정 교육을 수료하고 단지별 사업을 추진한다. 현재 광명 Y생협에서는 하안동의 아파트 단지(5단지, 8단지, 12단지 등)를 중심으로 3개의 마을이 있다.

이와 같은 계선조직 외에 참모조직이 있는데, 이는 분과 활동으로 구성되며, 계선조직을 지원한다. 광명 Y생협에서는 현재 교육분과인 아이사랑회와 의정감시단이 조직되어 있다. 교육분과인 아이사랑회는 1996년부터 지금까지 꾸준히 활동하고 있으며, 분과원은 15명 정도다. 의정감시단은 1999년에 조직되어 현재 매주 학습모임을 가지고 있으며, '그린벨트 문제 여론조사와 토론회' '행정 서비스 모니터링' '의정 활동 모니터링'을 준비 중에 있다.

나. 활동 내용

가) 생활재 공급

광명 Y생협에서는 우선 식품과 생활용품을 공동으로 주문받아 등대모임을 통하여 공급하는 사업을 실시하고 있다. 현재 광명 Y생협에서 취급하는 품목은 쌀, 잡곡류, 과일류, 햄 · 소시지류, 일일식품류, 반찬류, 산양류, 수산물, 건어물, 빵, 주류, 야채, 육류, 차류, 양념류, 토종 한약재, 환경 상품류, 자연화장품 등 총 150여 가지다.

나) 등대 활동

등대모임은 매주 1회씩 갖고, 소요되는 시간은 1시간 반 내지 2시간 정도다. 참석자 모두가 주부이기 때문에 오전 시간에 모인다. 모임 장소는 촛불들이 집을 돌아가면서 갖는다. 모임의 순서는 1부 의식(15분), 2부 활동(45분), 3부 생활재 나눔으로 진행된다. 1부 의식은 신입 촛불들도 누구나 쉽게 사회를 볼 수 있도록 세부 문안을 만들어 나누어 준다. 의식 순서에서 생활 계획 및 반성의 시간을 단순한 의례적인 절차가 아니라 등대모임의 주요한 활동 내용으로 규정한다. 등대지기는 매번 모임 내용을 등대일지에 기록하여 생협 사무국으로 전달한다.

2부 활동은 촛불들의 의식 강화, 주체성 육성, 시민운동으로서의 기반 확립을 위해 필요한 일상 활동이다. 2부 활동은 사귐 활동, 비디오 활동, 건강 활동, 독서 활동, 음악 활동, 시사 토론 활동 등 다양하게 구성할 수 있다. 이러한 활동은 촛불들이 각기 역할을 나누어 맡아서 진행된다. 또한 모임의 초기에는 서먹한 관계를 해소하기 위해서 4회 정도의 인간관계훈련 프로그램을 진행한다.

마지막으로, 생활재 나누기다. 등대모임 2부 활동이 끝나면 개별 촛불들의 주문서에 따라 생활재를 나누어 갖고, 생활재를 주문한다.

다) 교육 활동

교육 활동은 크게 신규 촛불교육, 등대지기 교육, 촛불대학, 생산지 견학, 등대지기 수련회 등으로 구성된다. 첫째, 신규 촛불교육은 선택이 아닌 필수로서 생협 활동과 그 참여에 대한 의미 그리고 등대 운영 전반에 대한 안내로 대별된다. 둘째, 등대지기 교육인데, 등대지기들은 매월 정기적인 월례회를 가짐으로써 등대운영 및 등대관리에 대한 전반적인 사안들을 논의하고 촛불들의 의견을 수렴한다. 교육내용은 리더십 유형과 개발, 협동조합에 대하여, 등대별 · 마을별 사업계획 짜기, 지역사회 알기, 시의회 방청, 위원회 활동 잘 알기 등이다. 셋째, 생협운동의 생생한 현장을 확인하는 생산지 견학이다. 넷째, 등대지기 수련회인데, 1박 2일 동안 진행된다.

라) 지역사회 활동

지역사회 활동은 마을지기 활동과 분과 활동으로 나눌 수 있다. 우선, 마을지기 활동은 한 등대의 활동으로는 한계가 있기 때문에 몇 개의 등대가 연합하여 사업을 추진하게 된다. 마을지기는 해당 촛불이 모여 직접 선출한다. 마을지기는 마을의 등대지기, 촛불들과 함께 그 마을에서 함께 일할 수 있는 사업내용을 뽑아 1년 동안의 사업내용을 정해 사무국과 협의한다. 사안에 따라 전 지역에 공통으로 해당되는 경우에는 하나의 마을에서 제안된 사업이 전체 지역사업이 되기도 한다. 이와 같은 마을 단위의 활동은 지역사회 변화의 거점이 된다. 다음으로 분과 활동인데, 촛불이나 그 밖의 Y회원 자모인 사람들이 관심 영역별로 모여서 연구하고 실천 활동들을 기획해 내는 일을 하면서 여기서 논의된 생활 실천 활동들을 전 촛불들을 대상으로 전개하게 된다.

마) 재정

광명 Y생협의 재정 상태는 다른 생협과 비교해 볼 때 비교적 안정적이다. 그 이유는 광명 YMCA라는 틀 속에서 하고 있기 때문이다. 즉, 사무실 등 일체의 관리비와 초창기에는 상근자 급여까지 YMCA에서 지원하였기 때문이다. 점차 조합원의 수가 증가하면서 1998년부터 지금까지 생협의 수익금으로 상근자(상무이사) 1명에 대한 급여를 지급하고 있다.

출처: 문홍빈(2000).

이러한 〈사례 14-3〉의 광명 Y생협의 조직 활동의 결과로 나타난 임파워먼트의 내용은 ① 가치관의 변화, ② 관계성의 증가, ③ 사회 변화에 대한 책임이다. 가치관의 변화와 관련하여 회원들은 아동을 바라보는 관점과 사회를 바라보는 관점의 변화를 경험하는 것으로 나타났다. 관계성의 증가와 관련하여 회원들은 지속적인 모임을 통하여 회원 상호 간에 끈끈한 인간관계가 형성될 뿐만 아니라, 이웃과 관계맺음에서도 상당한 변화를 경험하고 있는 것으로 밝혀졌다. 사회 변화에 대한 책임과 관련하여 회원들은 자신과 가정을 넘어서 지역사회의 변화에 참여해야 한다는 관점의 전환을 경험하고 있는 것으로 밝혀졌다(문홍빈, 2000, p. 144). 이러한 사례는 앞에서 Gutierrez, Parsons와 Cox(2006)가 제시한 '태도, 가치, 신념' '집합적 경험을 통한 정당성의 인정' '비판적 사고와 행동을 위한 지식과 기술' '행동'과 같은 역량의 구성요소를 담아내고 있다고 볼 수 있다. 광명 Y생협의 다양한 교육 활동으로 참여자들은 가치관의 변화를 경험하였고, 생협이라는 조직 활동을 통한 집합적 경험의 공유는 생협 활동의 정당성을 인식하게 하였으며, '촌지추방운동' '그린벨트 문제 여론조사와 토론회' '행정 서비스 모니터링' '의정 활동 모니터링'과 같은 지역사회 변화를 추구하고 있다.

3. 지역사회 임파워먼트

지금까지 개인, 집단, 조직과 같은 지역사회 하위체계에 대한 임파워먼트를 공부했다. 이 책에서 중점적으로 다루어야 할 지역사회 임파워먼트를 이해하는 데 유용한 내용이다. 필자는 지역사회 임파워먼트를 지역주민의 삶을 억압하는 지역사회문제를 해결하고 사회정의를 실현하는 능력을 향상시키는 과정으로 보며, 그 결과를 '역량 있고 살기 좋은 지역사회'라고 본다. 또한 지역사회 역량의 기초는 인식 측면에서 시민의 비판역량, 행동 측면에서 참여역량으로 볼 수 있는데, 이것은 지역사회 하위체계인 개인의 심리학적 임파워먼트(비판의식, 자기효능감, 통제력)에 의해 가능하다. Zimmerman(2000)에 따르면, 개인적 수준의 심리학적 임파워먼트와 지역사회 수준의 임파워먼트가 상호 관련되지만, 조직과 지역사회 수준의 임파워먼트가 개인역량의 집합은 아니다.

여기서는 Judith(2001)가 제시하는 임파워먼트 실천 원칙과 그것을 지역사회에 적용하는 방법에 대해 살펴보고, 지역사회 임파워먼트의 주요한 개입영역에 대해 소개하고자 한다.

1) 임파워먼트 실천 원칙과 지역사회에의 적용

지역주민과 지역사회 임파워먼트를 위해서 사회복지사는 다음과 같은 실천 관점과 원칙(principle)을 준수하고 지역사회에 적용해야 한다(Judith, 2001, pp. 59-61).

[원칙 1] 지역주민을 억압하는 것이 무엇인지 명료하게 해야 한다. 모든 억압은 주민의 삶에 부정적인 영향을 미칠 수 있다는 점을 분명히 인식하고, 주민의 삶에 놓여 있는 억압에 주민과 함께 도전한다. 다양한 억압에 도전할 때에는 다른 집단이 어떤 경험을 했는지 고려해야 하고, 억압에 구속당하지 말고 함께 할 수 있는 전문가와 연대하는 것이 필요하다.

[원칙 2] 전체적인(holisic) 관점이 필요하다. 사회복지사는 억압적인 상황에 대한 전체적인 관점을 가져야 한다. 다면적인 시각을 갖는 것은 전체적인 관점을 유지하는 데 도움이 된다. 이는 마치 나무와 숲을 동시에 볼 줄 아는 것처럼, 주민이 처해 있는 환경과 그 환경에서 살아가고 있는 주민 개인이라는 상황을 전체적인 관점에서 집중할 수 있어야 한다.

[원칙 3] 주민 스스로 임파워먼트할 수 있다는 점을 기억한다. 사람은 자기 스스로 임파워먼트할 수 있다. 사회복지사는 도움을 줄 뿐이다. 이는 주민이 임파워먼트 과정에서 자기결정 원칙을 존중받아야 하며, 나아가 사회구성원으로서의 자신의 권리와 책무를 깨달을 수 있게 된다는 것을 의미한다.

[원칙 4] 공통 욕구를 가진 사람들이 집단을 형성할 수 있도록 지원한다. 공통의 욕구를 공유하는 사람들은 서로 협력하여 임파워먼트를 성취할 수 있다. 임파워먼트 과정에서는 집합적인 힘에 초점을 두면서 사회복지사는 그 집단을 지원하는 역할을 수행한다. 〈사례 2-1〉에서 월드비전코리아가 우간다 부사비 마을에 우물을 설치해 줌으로써 주민이 '식수관리위원회'를 만들고 물의 오염을 막기 위해 순번을 정해서 우물을 지키는 것은 임파워먼트의 사례이고, 이것은 깨끗한 식수를 먹고자 하는 주민 공통의 욕구를 가진 집단에 대한 지원의 결과라고 할 수 있다.

[원칙 5] 주민의 상부상조와 호혜적 관계에 주목한다. 사회복지사는 주민이 서로 돕고 상호호혜적인 관계가 정착될 수 있도록 관심을 기울어야 한다. 이때 주민 개개인의 독특한 개성에도 주목하면서 사람들이 서로가 서로를 돕는 방식에 관심을 두고 억압과 역경에 대응하면서 종국에는 인간의 존엄과 가치가 바로 세워질 수

있도록 지원한다.

[원칙 6] 주민의 언어로 주민 스스로의 삶을 이야기할 수 있도록 도와준다. 사회복지사는 주민이 자신의 단어(언어)로 말할 수 있도록 용기를 북돋아 주어야 한다. 흔히 억압적 상황에 놓인 주민은 그들을 억압한 사람들의 언어로 이야기하고 생각하도록 학습되기도 한다. 주민이 자신의 실제 현실을 다시 창조하고 그 의미를 명명할 수 있도록 지원하는 노력이 필요하다. 〈사례 5-1〉의 '반사사' 회원들은 동네에 산업폐기물 매립장이 건립되는 경우, "먼지 때문에 창문도 못 열고, 빨래도 밖에다 못 널고, 아이들은 마스크 쓰고 학교를 가야 할 거야."라고 주민의 언어로 자신의 삶과 관련되는 이야기를 한다.

[원칙 7] 주민은 삶의 피해자가 아니라 승리자임을 기억한다. 사회복지사는 주민에 대해 희생자가 아닌 승리자로서의 관점을 유지해야 한다. 주민은 억압 상태를 선택하지 않을 것이다. 그들은 내면화된 억압 상태에서 떨치고 일어설 수 있으며 이를 위해 도전할 수 있다. 주민이 희생자로서의 역할을 떨치고 일어서기 위해서는 그들이 필요한 자원을 획득하고 행동할 수 있도록 도움을 받아야 한다. 사회복지사는 주민이 필요한 자원을 얻을 수 있도록 많은 정보를 제공하고 쉽게 접근할 수 있는 방안에 대해 고민한다. '반사사'는 산업폐기물매립장 건립반대 투쟁을 하여 부산시의 정책을 철회시키는 승리자가 되었다.

[원칙 8] 사회 변화에 초점을 맞춘다. 앞서 제시한 [원칙 1~7]이 주민 개개인의 역할과 그 변화에 관한 것이라면, 이 원칙은 사회구조적인 변화, 사회정의, 자유와 관련된 것이다. 사회복지사는 사회 변화에 초점을 맞추어야 한다. '반사사'라는 주민조직이 강성해진 후에 지역의 구청은 반송동 주민의 자유의지에 반하는 정책결정을 하지 않았다. 의사결정권이라는 공공관청이 가지고 있던 권력을 주민과 나누는 사회 · 권력 구조의 변화가 생겨난 것이다.

지금까지의 임파워먼트 실천을 지역사회에 적용해 보면 다음과 같다(Judith, 2001, pp. 379-380).

지역사회에 대한 임파워먼트 접근은 다초점적 시각을 이용해야 하고, 임파워먼트 실천의 가치와 원칙을 받아들여야 하며, 임파워먼트 기술에 대한 성찰적(reflect) 실천이 있어야 한다. 실천가가 지역사회에 조심스럽게 들어가야 하듯이, 지역주민이 경험하는 역사적 · 현재적 억압에 대한 지식이 있어야 하며, 어떠한 사회정책이 지역사회에서 실행되어 왔는지도 알아야 한다. 지역사회에 관한 모든 지식이 필요한데, 지식은 주민을 통해서 알아야 하고, 연구·조사를 해서 알아야 하며, 그 지식에는 지역사회 권력에 대한 분석이 포함되어야 한다. 다음과 같은 것을 확신함으로써 실천가의 논리가 확립된다. 즉, 지역사회 여건 속에서 명확한 억압은 주민들의 삶을 파괴하며, [원칙 1]에 의해 해결되어야 한다. 실천가에게는 공통의 욕구를 가진 주민([원칙 4])과, 사회 변화에 촛점을 맞추려는 시민들([원칙 8])이 필요하다. 실천가는 생태체계적 시각을 가지고 현재의 지역사회 여건에 대처할 수 있는 방법, 거대한 모습으로 어렴풋이 보이는 권력구조와 거래할 방법을 탐색해야 하고, 주민과 이야기해야 한다. 억압을 해소하기 위해 주민들이 투쟁해야 하듯이, 실천가도 주민이 경험하는 억압에 대해 공유해야 한다. 이러한 것은 인종적인 변수, 계층적인 변수를 인식해 가는 데 있어서 균형 잡힌 의사소통 구조를 형성해야만 도움이 될 것이다. 지역사회의 강점을 이해하는 것 또한 지역사회 주민과 호혜적 관계를 설정하는 데 있어서 도움이 된다([원칙 5]). 이러한 지역사회는 이미 다중적인 지역문제를 해결해 오고 있을 것이다. 이러한 것을 아는 것은 실천가가 지역주민은 희생자가 아닌 승리자로 인식하는 데 도움이 된다([원칙 7]). 또한 더욱 정확한 지역사회사정을 하는 데에도 도움이 된다.

실재하는 계층구조, 인종주의, 민족주의, 계급주의, 성차별주의 및 반성차별주의를 정확하게 이해하고, 이러한 것들이 지역사회의 삶 속에 드러나는 것을 실천가는 알아야 한다. 그럼으로써 실천가는 지역주민이 그러한 구조 속에 어떻게 들어가는지를 자세히 알 수 있을 뿐만 아니라 지역사회가 그러한 속박에 저항하는지, 아니면 편입되는지에 관한 표식을 알게 된다. 페미니스트 관점은 개인적인 것이 정치적인 것이라는 인식을 하고, 총체적인 투쟁을 통해서 역량 강화가 가능하다고 평가한다. 따라서 개인적인 이슈일지라도 정치적 이슈와 당연히 연결된다. 결국 처음부터 끝까지 지역사회 주민은 자신들의 언어로 이야기해야 하며, 선택 대안에 대한 계획을 세워야 하고, 스스로 행동해야 한다([원칙 3], [원칙 6]). 모든 지역사회실천의 통합적 부분으로서 의식화와 실천(praxis)을 위해서는 주민과 실천가가 함께 지역사회문제 해결을 위한 비판적 관점을 개발하고 이용해야 한다. 지역사회 주민은 스스로 임파워먼트된다. 그렇게 되었다면 사회복지사는 조직에서 다른 역할을 시작해야 하거나 주민조직을 주민에게 맡기고 실천가 없이 조직이 생존해 가게 해야 한다는 생각을 해야 한다.

2) 임파워먼트 개입영역

Laverack(2001)은 지역사회 임파워먼트를 개인, 집단, 조직, 파트너십, 정치적 활동 등의 역동적 · 연속적 과정으로서 보고 지역사회 임파워먼트의 조작적 영역을 아홉 가지로 제시하였다. Laverack(2001, 2005: 윤민화, 2010 재인용)의 논의를 참조하여 지역사회 임파워먼트를 촉진하기 위한 개입영역에 대해 살펴보자. 다만 필자는 Gutierrez, Parsons와 Cox(2006)가 역량의 기본요소라고 제시한 인간의 '태도, 가치, 신념'과 '비판적 사고력'은 주민교육을 통해 변화되기 시작한다고 보고 '주민교육'을 가장 먼저 기술하고자 한다.

(1) 주민교육

주민교육은 제8장에서 지역사회시민교육을 통한 인적 자원 개발하에서도 강조한 내용이다. 지역사회 수준에서 이루어지는 역량 강화란 지역사회 역량이라는 개념을 활용하여 조작적으로 정의될 수 있다. Cottrell(1983)은 지역사회 역량으로 다음과 같은 내용들을 제시했다.

- 지역사회 활동에 몰입해서 관계하는 역량
- 지역사회의 이슈에 대해 관심을 갖고 쟁점을 명료하게 하는 역량
- 구성원으로 하여금 자신의 관점, 태도, 요구, 의향을 분명히 말할 수 있는 역량
- 구성원의 개선된 의사소통 기술
- 구성원의 분쟁 교섭 능력과 갈등 관리 역량
- 구성원의 지역사회 참여 촉진 기술

이런 기술의 개발을 위한 전략들은 대부분 사회학습이론에 근거한다. 그리고 계몽적 교수법(didacting teaching), 활동 지도 및 역할극(coaching and role playing)과 같은 경험적 교육방법이 있고, 효과적인 행동 모델링에 의해 학습할 수 있다. 이러한 지식과 기술을 주민에게 학습시킬 때, 주민이 임파워먼트될 수 있다.

사회복지사가 소집단과 지역사회 토론회에서 구성원이 지닌 기술을 확인하고 개발하도록 시연하고 가르치고 지지한다면 대단히 중요한 기여를 하게 될 것이다. 사회복지실천에서 간과되어 왔지만 교육자로서의 사회복지사의 역할은 효과적인 지역사회

복지실천을 위한 핵심적인 역할이다(Kemp, 1998).

(2) 지역주민들의 문제의식 표출 영역

임파워먼트의 중요한 영역 중 하나는 지역주민들이 자신이 처해 있는 사회, 정치, 경제 맥락을 비판적으로 평가할 수 있는 능력을 갖는 것이다. 비판적 사고 능력은 Freire의 '비판의식'에 의해 가능하다. 비판의식이란 개인적 차원에서 자신의 일상적 경험들을 성찰하는 능력이 아니라, 오히려 개개인의 경험이 사회정치적 환경에서 발생하는 사건과 조건에 의해 형성된다는 사실을 자각하면서 성찰하는 능력을 말한다. 즉, Freire(1973)는 사람으로 하여금 억압적 조건을 변화시키도록 활동케 하는 것이 바로 비판의식이라고 했다. 그래서 의식고양의 필수과정에는 성찰과 행동의 혼합인 프락시스(praxis)를 포함하게 되며, 결국 이런 과정을 통해 일상 경험과 더 넓은 사회구조적 맥락 간의 관계성에 대해 근본적인 분석을 할 수 있고, 이에 기초하여 사회행동이 이루어짐을 보장하게 된다(Longres & McLeod, 1980: 윤민화, 2010 재인용).

Freire는 자신의 문답식 전략을 '질의 응답식 교수법(pedagogy of the question)'으로 명명했는데, 이는 사람들로 하여금 자신만의 답을 발견하고 가일층 진일보된 질문거리를 스스로 창출하도록 자극하는 기법이다(Simon, 1990). 이 기법을 활용하여 사회복지사는 지역사회 구성원인 주민에게 왜 사물이 그렇게 존재하는지, 그들이 공유한 경험에서 어떤 유형성을 발견할 수 있는지, 어떤 사회환경적 요인들이 그런 상황을 계속 유지하도록 하는지 등을 질의하고 응답케 할 수 있다. 질의의 과정은 대안적 관점이 나타날 수 있는 공간적 여지를 창출하는 것이다. 그리고 기득권을 유지하도록 고안된 여러 가지 문화사회적 해석에 도전하게 되고, 또한 억압받는 집단들로 하여금 그들만의 독특한 정체성과 역사를 반영하는 설명을 개발하도록 용기를 북돋아 주게 된다. 이런 방식을 통해 다중복합적 실재(multiple realities)와 관점들은 마침내 모습을 드러내게 되고 확인 가능하게 된다.

Freire는 구체적으로 이 단계를 '느끼고 있는 이슈나 주제를 경청하기' '문제를 제기하는 참여적 대화하기' '규명된 이슈를 해결하기 위해 행동하기' 등의 3단계 방법을 제시하였다(윤민화, 2010 재인용). 주민들이 자신들의 문제를 스스로 제기하고 비판 의식을 기르는 것이 지역사회 임파워먼트의 시작이다.

(3) 주민참여 영역

Kieffer(1984)는 역량 강화를 참여 능력(participatory competence)으로 정의했다. 참여란 어떤 형태의 지역사회행동을 표출하기 위한 필요조건이기 때문에 참여 증진 노력은 지역사회복지실천에서 매우 중요한 한 단면이다(윤민화, 2010 재인용). 독자들은 제8장에서 소개한 '지역사회시민교육'의 목표가 주민들의 참여 능력 증진이었음을 기억할 것이다.

지역주민은 일상적으로 크고 작은 지역모임이나 조직에 참여할 수 있는 기회를 갖는다. 지역사회 임파워먼트는 주민의 참여로부터 시작된다고 해도 과언이 아니다. 그만큼 주민참여와 임파워먼트 사이에는 깊은 연관이 있다(Zimmerman, 2000). 주민은 지역사회 모임이나 지역사회 일에 참여하면서 타인과의 교류가 활발해져서 사회적 관계가 확장되고, 교육받을 기회도 많아지며, 서로를 통해 민주적인 의사결정 방식을 배우게 된다. 이를 통해 주민 개개인의 능력 고양뿐만 아니라 주민 간 공식·비공식 접촉이 늘어나면서 집합적인 협력 경험이나 공동체 의식을 경험할 수 있는 가능성이 커진다. 이러한 지역주민 간 연대감이나 협동의식은 주민에게 지역사회에 대한 애착과 소속감을 불러일으키게 되어 지역사회 변화의 토대를 형성할 수 있게 된다. 이런 맥락에서 주민의 참여는 지역사회 임파워먼트를 형성하는 데 결정적으로 중요한 영역이라고 할 수 있다.

Arnstein(1969)은 참여의 사다리 이론을 통해 참여의 위계적 수준을 제시하였다. 총 8단계로 참여의 위계를 설명하였고, 이를 다시 그 수준에 따라 3개로 다시 분류하였다. 첫 번째 수준은 참여가 배제된 비참여(nonparticipation)로서 교묘히 다루기(manipulation)와 치료(therapy) 단계가 있고, 두 번째 수준은 명목상의 참여(degrees of tokenism)로서 정보 제공(informing), 자문(consultation), 회유(placation) 단계가 있다. 세 번째 수준은 시민권력(degrees of citizen's power)으로 파트너십(partnership), 권한 위임(delegated power), 시민통제(citizen control) 단계가 있다. 그녀는 많은 조직이 정보 제공이나 자문과 같은 명목상의 참여방법을 활용하면서 이것이 사회적 평등을 가져올 것으로 기대하지만 실제는 그렇지 않고, 파트너십이나 권한 위임과 같은 시민 권력 수준으로 이행되어야 사회적 평등으로 나아갈 수 있다고 보았다. 특히 파트너십 수준의 참여가 시민의 임파워먼트를 위해 가장 효과적인 방법이라고 주장하였다(Watt et al., 2000: 정순둘 외, 2007 재인용). 이처럼 참여는 명백한 목적과 지향성을 가지고 있어야 개인적 통제감, 단순 친교를 넘어서 지역 소속감, 지역의식 차원의 사회적 요소와 결합시켜서

(Nelson et al., 1995: 윤민화, 2010 재인용) 지역사회의 사회적 · 정치적 변화를 가져올 수 있다고 하겠다.

그렇다면 명백한 목적과 방향을 가질 수 있는 참여를 촉진하는 방안은 무엇이 있을까? Laverack(2005)은 지역주민의 이해관계와 관심사에 기반하여 참여를 촉진할 것을 주문하였다. 만약 참여하는 대다수의 주민이 여성이라면 자녀 양육의 문제, 운동의 부족 등이 그 출발점이 될 수 있고, 단지 논의에서 끝나는 것이 아니라 작은 것 하나라도 실제 행동을 통해 참여를 촉진시킬 수 있다고 설명하였다. Lister(1998)는 실제 주민의 사적인 이해관계와 관심사를 통해 지역사회 변화를 가져온 좋은 사례를 제시하였다. 북부 아일랜드 지역의 10대 아동을 둔 어머니 모임 활동을 그 예시로 들었는데, 그 지역에는 아이들이 다닐 만한 보육시설이 부족했다. 자녀를 좋은 보육시설에 보내고자 하는 어머니들의 요구가 모아져서 캠페인이 시작되었고, 지역사회 동조와 호응을 얻게 되어 적합한 보육시설을 지역에 유치하게 되었다. 캠페인 과정에서 부모들의 관심사는 자신들의 관심사에서 더 나아가 지역의 범죄나 부적절한 지역 환경으로까지 확장하였다. 결국 지역의 범죄율이 경감되고 지역환경이 개선되었다. 사회복지사는 지역주민이 공통으로 경험하고 있는 사적 이해나 관심사에 귀를 귀울이고 그들의 요구가 결합될 수 있도록 환경을 조성하여 주민이 지역사회 참여과정에서 개인의 변화를 경험하고 지역의 변화를 일구어 낼 수 있도록 지원하는 역할을 수행해야 한다.

(4) 리더십 영역

리더십은 소집단의 발달과 지역사회 조직에서 중요한 역할을 담당하는 영역이다. 앞서 설명한 참여와 리더십은 상당한 관련이 있는데, 리더십은 참여보다는 더욱 강력한 참여와 목적의식을 요구한다고 할 수 있다. 특히 지역사회 임파워먼트에는 주민조직이나 지역모임들이 중요한데, 그 모임 · 조직의 지도자의 리더십에 따라 조직의 성패가 결정될 만큼 지도자는 지역사회 임파워먼트에 중요한 역할을 수행한다. 지역사회문제를 해결할 때나 지역사회 일을 해 나갈 때 그 지역의 문화적 특성과 역사를 경험하고 있는 토착 거주자 중에서 지도자를 세우는 것이 주민의 수용력을 더욱 높일 수 있는 방법이다. 그래서 지역사회 임파워먼트에서는 토착 지도자의 발굴과 리더십 개발 훈련이 중요한 실천영역이라고 할 수 있다. 〈사례 14-4〉는 주민조직에서 토착적 리더의 중요성을 강조하는 내용이다(문홍빈, 2000).

사례 14-4 광명 Y생협 운동에서 토착 리더십

광명 Y생협 운동 사례에서 토착지도력의 형성과 등대모임의 활성화로 인한 회원들 간의 정서적 유대 형성은 조직의 토대를 구축하는 데 결정적인 요인이라고 할 수 있다. 광명 Y생협의 경우, 지도력 형성과정에서 회원 한 명 한 명에 대한 조직가와 실무자의 예민한 관찰이 매우 중요한 변수가 된다. 이러한 회원들에 대한 조직가 및 실무자의 예민한 관찰은 A씨와 Y씨라는 두 토착지도력의 발굴로 이어지게 되었다. A씨와 Y씨는 초창기 등대지기로서 이후 생협의 조직화 활동에 있어서 나머지 회원들에게 훌륭한 역할 모델이 되어 주었고, 회원들이 등대모임을 지속할 수 있도록 하는 데 결정적인 역할을 하였다. 또한 이 토착지도력은 이후 지도력 양성에 큰 영향을 미쳐 이들과 함께한 촛불들 대부분이 다음해에 등대지기로서의 역할을 훌륭하게 수행하면서 등대 확산의 토대가 되었다. 두 토착지도력의 발굴과 함께 광명 Y생협 조직의 토대 구축에 있어서 주목해야 할 것은 등대모임의 활성화를 통한 촛불들 간의 정서적 유대와 신뢰의 형성이라고 할 수 있다.

조직가 L씨는 등대모임을 시작한 뒤 촛불들 간의 정서적 유대 형성을 위해 의도적으로 인간관계 훈련 프로그램을 집중적으로 실시하였다. 또한 등대모임의 활동 방향도 촛불 개개인의 성장과 생활의 욕구를 중심으로 정하였다. 이러한 과정을 통해서 형성된 촛불들 간의 끈끈하게 생긴 유대는 조직의 성장에 있어서 밑거름이 되었다.

"A씨는 굉장히 열정적인 스타일이에요. 에너지가 넘쳐요. 굉장히 정의를 강조하고 그래서 거짓되고 위선적인 꼴은 못 봐요. 그런데도 사람들에 대한 애정은 굉장히 많고요. 5단지 등대는 맨 처음 산울림 등대 하나로 시작했는데 9명이었어요. …… 그런데 그 다음해에 등대를 개편할 때 9명 모두가 등대지기가 되었어요. 그것이 대부분 A씨 때문이었어요. (A씨는) 어떻게 살아야 하는지 끊임없이 (촛불들에게) 이야기하고 사람들이 슬럼프에 빠지거나 그러면 찾아가서 돌봐 주고 꽃을 사 들고 가서 격려해 주고 계속 그 역할을 했어요."(L씨, 면접자료 3)

Y씨는 굉장히 조용하면서도, 심지가 굳은 사람이에요. 항상 꿋꿋해요. …… 사람들에 대해서 굉장히 포용성이 넓어요. …… A씨는 맺고 끊는 게 분명하지요. 그런데 Y씨는 자기 생각이 있으면서도 사람들을 한없이 품을 수 있는 사람이에요."(L씨, 면접자료 3)

출처: 문홍빈(2000).

Goodman 등(1998)은 '지위상의 지도자' '평판 좋은 지도자' '공식적으로 일하는 지도자'를 각자의 역할과 특성에 맞게 상호 배치함으로써 각자의 토착 지도자와 외부 지도자의 다원적 리더십을 제안하였는데, 이는 지역사회복지실천에서 유용한 방안이라고 생각된다(정순둘 외, 2007 재인용). Kirk(2004: 정순둘 외, 2007 재인용)는 지역사회 리더십 개발에 대한 모형을 제시하였다. 그는 핵심적인 개발 요소로 '대화를 통한 변화 유도' '서로의 목적을 연결할 수 있는 리더십' '개개인의 목소리, 정체성, 가치를 알 수 있게 하는 집합적 임파워먼트'를 들면서 이 요소들이 서로 기능하면서 지역사회는 역량 있는 리더십을 가질 수 있게 된다고 설명하였다.

Laverack(2005)은 토착 지도자를 발굴하는 과정을 지역사회 역량과 강점을 만들어 가고 함께 일해 가는 과정으로 설명하였다. 지역주민 여성은 프로그램 진행에 도움이 될 수 있는 유용한 네트워크를 가지고 있다. 또 요리 실력, 조직화 능력, 양육 기술을 가지고 있기 때문에 아이들의 소풍과 같은 행사를 기획하는 데 있어서 자원활동가로 활동하면서 점차 이들은 지역의 지도자들로 성장하고, 그 지역의 주거를 개선하는 역할을 수행할 수 있다. 즉, Laverack(2005)은 따로 지도자를 발굴하거나 훈련하는 것보다는 지역의 일을 수행하는 과정에서 여성이 가지고 있는 기존 자원과 역량을 발휘할 수 있는 기회를 제공하면서 리더십이 발굴되고 강화된다고 보았다. P시에 있는 C복지관의 주민조직 담당자는 '친숙화 사정'을 해 가는 가운데 부녀회장이 동네에서 상당한 영향력을 행사한다는 것을 알게 되었고, 그녀와 협력하여 마을 만들기를 매우 잘 수행하였다.

이처럼 사회복지사는 리더십 실천영역에서는 인적 자원이 될 수 있는 지도자를 접촉하고, 지역사회와 주민의 실정에 맞는 적절한 리더십을 강화하는 역할을 수행함으로써 지역사회 역량을 강화할 수 있다.

(5) 조직구조 영역

지역사회 임파워먼트 실천에서 조직구조 영역은 소집단, 위원회, 각종 지역조직을 구성하는 것이다. 지역조직은 주민이 자신의 관심과 문제를 표출할 수 있게 하는 중요한 기능을 한다. 그러나 이러한 조직체 존재 자체가 지역사회의 변화를 보장하지는 않는다. 그 안에는 반드시 구성원 간의 유대감, 지역 이슈에 대한 관심, 특정 장소, 의식, 관습을 공유하는 소속감 혹은 연결감을 가지고 있어야 한다(Goodman et al., 1998: 정순둘 외, 2007 재인용). 지역사회 임파워먼트를 위한 조직구조에는 하드웨어인 위원회나 소집단과 같은 조직 차원과 소프트웨어인 개인 간의 관계, 연결감, 소속감과 같은 사회적 차원 등이 존재한다. 사회복지사는 소프트웨어인 조직 구성원들의 역동성이 긍정적으로 발현될 수 있도록 구조적 하드웨어를 갖추도록 노력해야 한다. 또한 사회복지사는 항상 새로운 조직을 만들 필요는 없고, 이미 있는 근린 조직들에게 관심을 기울일 필

요가 있다. 다만, 지역구성원들을 대변할 수 없을 때 새로운 조직에 대해 고민을 할 수 있다(Laverack, 2005).

〈사례 1-1〉의 '희망세상'의 조직도([그림 1-2] 참조)를 보면 일반 공식 조직의 구조와 거의 같다. 총회, 회장, 부회장, 사무국, 나눔활동부, 교육부, 네트워크사업부, 편집부, 좋아모와 같은 부서로 분업화 · 전문화되어 있고, 위계가 있다. 또한 푸른하늘 공부방, 함께 나눔반(노인과 소년소녀 가장 돕기), 콩쥐팥쥐반(자녀문제연구반), 나래반(영화 보기와 세상 읽기), 들꽃반(책을 좋아하는 사람 모임), 퀼트반, 인형극반, 풍물반 등 다양한 소모임이 있다. 이들은 서로 단결 · 화합하고 지역을 위해 힘을 모으는 풍토를 만들었고, 이런 것들을 통해 공동체 의식이 강화되었다. 이러한 조직구조와 단결 · 화합, 공동체 의식이 반송동 지역사회를 임파워먼트하는 조직구조다.

(6) 문제사정 영역

문제사정은 지역사회 임파워먼트 실천에서 매우 중요한 영역이다. 그럼에도 실제로는 문제사정 과정부터 지역주민의 의견이 배제되는 경우가 종종 있다. 그러므로 문제사정 영역에서부터 주민의 욕구를 파악하기 위해서는 그들의 욕구를 규합하여 지역사회와 연결시킬 수 있는 능력이 필요하다. 그래서 사회복지사는 주민이 문제사정 단계에 반드시 참여할 수 있도록 배려해야 한다. 초기에는 아이들의 놀이터 문제와 같이 참여하기 쉽고 직접적인 이해관계가 있는 욕구를 고려하여 문제사정에 포함시킬 수 있다. 점차 아동안전(희망세상 회원들은 2~3명씩 짝을 지어 반송동 지역을 밤에 순찰하면서 가로등이 안 들어와서 아동 · 청소년들의 늦은 귀가에 위험요인이 되는 가로등 번호를 메모하여 구청에 고쳐 줄 것을 요구했다)이나 지역환경과 같은 동네의 문제로 확장하여 문제사정에서 주민의 욕구와 연결될 수 있도록 노력해야 한다. 이와 같이 주민이 생각하는 문제와 정보는 새로운 활동을 기획하는 데 기초가 되며, 지역사회조직의 장단기 계획을 새롭게 수립하는 데 도움이 될 수 있다(Laverack, 2005). Rifkin(1990: 윤민화, 2010 재인용)은 지역사회문제를 규정하기 위한 의사결정과정에 이해당사자들이 폭넓게 참여할 기회를 놓침으로써 목적 달성에 실패한 사례를 보고하였다(〈사례 14-5〉 참조).

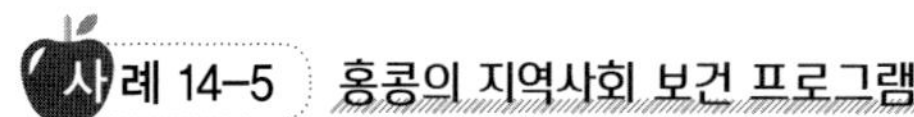

사례 14-5 홍콩의 지역사회 보건 프로그램

Rifkin(1990)은 홍콩의 한 병원이 실시한 사업을 살펴보았다. 이 병원은 이 사업을 통해 도시 난민사회의 보건 및 의료 상황을 개선하고자 했다. 사업의 목적은 지역사회 자체의 의료보건체계를 유지하는 것이었고, 병원은 서비스 제공을 개선하는 것이라고 판단하였다. 병원은 난민지역에 3개의 지역 보건소를 설치하고 건강보험제도를 마련하였다. 그러나 의사결정과정에서 지역사회의 자문을 구하거나 참여가 이루어지지는 않았다. 그 결과 지역사회 주민들은 자신들이 이 사업에서는 할 역할이 없다고 인식하였고, 단순히 제공하는 서비스만 받는 수준에 그쳤기 때문에 의료보건체계 유지를 위해 기여하는 바가 없었다.

(7) 자원동원 영역

지역사회문제를 해결하기 위해서는 자원이 필요하다. 필요한 자원보다 보유하고 있는 자원이 부족한 경우가 허다하다. 이를 해결하기 위해 사회복지사는 지역 후원자를 모집하거나 재단을 통한 자금 조성 등 다양한 방법을 시도해야 한다. 자원동원을 위해서는 지역사회 내에서 또한 지역사회 외부와 협상할 수 있는 고도의 기술과 조직력이 필요하다(Laverack, 2001). 자원동원은 지역사회 임파워먼트의 중요한 요소로 작용할 수 있는데, 자원동원 과정은 물적 자원뿐만 아니라 지역사회문제에 대한 지지층을 형성할 수 있는 기회가 되기도 한다. 그러므로 자원동원은 지역주민을 연합시킬 수 있는 효과적인 수단이라고 할 수 있다. 또한 사회복지사는 지역 후원이나 지역 자원동원 과정에서 이해관계가 있는 지역주민과 함께할 수 있다.

(8) 다른 사람과 다른 조직과의 연대 영역

지역사회 역량을 강화하기 위해 타 기관과의 파트너십을 활용한 협력적 임파워먼트가 중요해지고 있다. 이 개념은 지역사회문제를 효과적으로 해결하기 위한 전략을 기획하고 평가하는 데 있어서 지역사회 내의 여러 조직과 협력해야 한다는 것을 강조하고 있다. 이러한 협력적 임파워먼트를 실행하기 위해서는 의사결정력의 공유, 책임감, 민주주의적 진행 절차 원칙에 대한 헌신 등 실천 가치에 대한 충분한 합의가 있어야 하며, 이것이 지켜질 때 지역사회 역량 구축의 효과가 높아질 수 있다(감정기 외, 2005; Johnson, 1996).

그렇다면 협력적 임파워먼트는 무엇으로 구체화될 수 있는가? Fawcett 등(1995)은 지역사회 청소년 약물중독 예방 프로젝트를 실례로 들어 지역사회의 협력적 임파워먼트 모델을 제시하였는데, 협력적 임파워먼트의 핵심으로 지역사회 파트너십과 리더십을 들었다. 실제로 이를 위해서는 서로 간 정보 공유, 기술적 지원(technical assistance), 교육훈련, 자원연결(contact resources)이 중요하다고 설명하였다.

최근 새로운 파트너십 형태로 지역사회 내에서 컨소시엄을 형성하는데, 여기에는 조직의 대표뿐 아니라 서비스의 소비자와 지역사회 구성원들이 참여해야 한다. 〈사례 6-1〉에서 약물남용 청소년들의 폭력행동을 막기 위해 복지관 이용 주민들이 방범순찰 활동에 참여했음을 기억할 것이다. 컨소시엄을 만드는 목적은 컨소시엄을 만드는 그 자체보다 이를 통해 서비스 전달체계의 통합을 강화하고, 공통의 목적과 사명을 갖고 함께 일하는 사람들과 지역사회를 임파워먼트시키는 것(Thompson et al., 2003: 정순둘 외, 2007 재인용)에 있다는 점을 분명히 해야 한다.

협력적 파트너십, 컨소시엄의 전형적 사례는 〈사례 6-1〉에서 제시한 '약물남용 청소년을 위한 강남지역협의회'다. 이 협의회는 그 지역의 사회복지관 6곳, 사업의 목적에 동의하는 병원, 서울시립 청소년수련관과 서울시 정신건강복지센터라는 9개 기관의 협력적 파트너십으로 그 지역의 약물남용 청소년 문제에 개입했고, 지역주민들도 협력했다.

(9) 외부 기관 활용 영역

지역사회 임파워먼트에서 외부 기관은 하위구조 지원, 기술 개발 지원, 비판의식 고양, 지도자 지원(〈사례 9-1〉 참조), 재정지원 등을 촉진시킬 수 있는 유용한 실천 영역이다. 사회복지공동모금회는 서울특별시 노원구, 강원도 춘천시, 충북 청원군, 전남 여수시 등 전국의 8곳을 선정하여 1년에 3억 원씩, 3년간 각 지역의 네트워크사업을 지원하였다. 재정지원의 목적은 '타 조직과의 연대'라는 지역단위 기관 간 협력적 파트너십 역량을 강화하기 위한 것이었다. 그리고 '기술 개발 지원'과 '비판의식'과 관련하여 한국주민운동교육원(Korean Community Orgazation Network, http://www.conet.or.kr/)을 소개하고자 한다. 한국주민운동교육원은 '주민 자치와 지역사회 공동체 구현'이라는 설립 목적하에 "우리는 주민의 가능성을 찾고, 지역의 변화를 이루기 위해 주민, 주민지도자, 주민조직가를 교육 · 훈련하고 조직한다."는 사명을 내세우고, '주민조직가' '주민지도자' '대인관계 의사소통' '자기갈등 관리' '주민 관계 맺기' '조직 밑그림 그리기' 등 다양한 교육훈련 프로그램을 개설・운영하여 주민의 '비판의식'을 고양하고, 조직화 기술을 실천하고 있다. 부산의 사회복지사 15명은 "사회복지가 시혜적으로 변화하여 복지 대상자들이 오히려 의존성만 키우는 현상이 발생하였다는 성찰을 하고" 대안을 모색하는 방법으로, 2011년 11월 29일에 '부산주민운동교육원'(http://cafe.daum.net/cotrainers)을 설립하여 '주민조직가 기초・심화 과정' '주민지도력 정규훈련' 등의 교육훈련 프로그램을 운영하는 등 한국주민운동교육원과 유사한 활동을 하고 있다.

(10) 프로그램 관리 영역

지역사회 임파워먼트를 위한 프로그램 관리는 이해당사자들이 직접 계획, 실행, 평가, 재정 관리, 보고, 갈등해결 등을 하는 것과 관련된다. 실제 지역사회 임파워먼트와 프로그램 관리가 상호영향을 주기 위해서는 지역사회가 프로그램에 대한 주인의식과 관심을 가질 필요가 있다. 이러한 의미에서 프로그램 관리 영역에서 가장 중요한 과업은 이해관계자들 각각의 역할 및 책임을 명확히 하는 것이다. 어떠한 결정에 있어서 그들의 통제력을 점차 외부자원과 공유해야 하고 지역사회에 있는 자원에 접근할 때도 마찬가지다.

〈사례 6-1〉의 '약물남용 청소년을 위한 강남지역협의회'의 사례에서 컨소시엄에 참여한 9개 기관 외에도 경찰서, 보호관찰서, ○○중학교, 교육청, 보건소 등 다양한 협력기관이 있다. 컨소시엄에 참여한 기관의 실무자들은 기관장들에게 6월까지 실행한 프로그램에 대해 6월 말에 보고를 하고, 어려운 점에 대한 해결 건의와 슈퍼비전을 받았다. 동일한 보고회를 12월에 한 번 더 했다. 컨소시엄에 참여한 9개 기관은 자신들의 사업이라는 생각에 성실하게 프로그램 진행에 참여하겠지만, 경찰서, 보호관찰서, ○○중학교, 교육청, 보건소와 같은 기관들은 '약물남용 청소년을 위한 강남지역협의회'라는 단체가 공식기관도 아니고, 자신들의 핵심 업무도 아니라는 생각에 프로그램 실행 및 참여에 적극성이 상대적으로 떨어진다고 할 수 있다. 이 기관의 담당자들을 상・하반기 업무보고 시 참석시켜서 활동보고, 재정보고, 차기년도 사업보고(하반기에만)를 한다면 적극적인 협력을 이끌어 낼 수 있고, 협력적 임파워먼트가 가능할 것이다.

지금까지 지역사회 임파워먼트는 하위체계인 개인, 집단, 조직의 임파워먼트와 매우 깊이 관련된다는 시각에서 각 하위체계의 임파워먼트에 대하여 그리고 지역사회 임파워먼트 기법과 개입 영역에 대해 검토하였다. 끝으로, 이러한 지역사회 임파워먼트

를 실천하는 사회복지사들을 위한 셀프 임파워먼트와 임파워먼트적 역할(empowering role)을 소개하는 것으로 이 장을 마무리하고자 한다.

먼저, Stanton(1990: Adams, 2007 재인용)은 다른 사람에게 힘을 부여하기 전에 우선 사회복지사의 임파워먼트가 필요하다고 하였다. Stanton(1990)의 흥미로운 분석에 따르면, 사회복지사는 권위적이고 억압적인 기관의 문화에 도전하고, 자신과 서비스 이용자의 임파워먼트를 위해 민주적 업무방식을 개발하고자 하는 욕구가 있다. 사회복지사의 셀프 임파워먼트는 다음과 같은 것들을 통해 이루어진다.

- 공통적으로 동의하는 가치 기반
- 개인이 처한 불평등 및 억압적 요소에 대한 분석
- 불평등과 억압을 다룰 수 있는 분명한 전략
- 관련된 분야에 동원할 수 있는 전문적 식견의 레퍼토리
- 핵심적 전문지식을 개발할 수 있는 학습자원에 대한 접근성
- 함께 일할 수 있는 개방성
- 서비스 제공자로서 사회복지사의 임파워먼트와 서비스 이용자의 임파워먼트 사이의 접합점

다음으로, 지역사회 임파워먼트 실천에서 사회복지사는 역량 강화 역할을 수행해야 한다(Judith, 2001). 구체적인 역할로 파트너, 협력자(coteacher, coinvestigator, cobuilder, coactivist, coworker) 등의 역할이 필요하다. 여기서 접두사 'co'는 임파워먼트 과정에서 역할, 전문성, 관점을 클라이언트와 전문가가 '공유'한다는 의미다. 억압에 대응하는 파트너로서 사회복지사는 지역사회 억압에 대응하는 데 있어서 춤을 출 때처럼 이끌어 가고 따라가는 것과 역할을 교환하는 것이 물 흐르듯이 자연스러워야 한다는 의미다. 또한 'coteaching'라는 개념은 클라이언트와 실천가가 현존하는 문제와 직면한 억압에 대해서 알고 있는 것을 '서로 가르쳐 주어야 한다.'는 의미다.

수행 학습

- 예비 사회복지사로서 셀프임파워먼트 차원에서 자신이 추구하는 가치를 나열하고, 체계화해 보세요.
- 지역사회복지론 수강 전 그리고 수강 후 지역사회에 대해 인식이 달라진 부분에 대해 수강생과 서로 의견을 나눠 보세요.
- 지역사회 임파워먼트를 위한 개입 영역 10개중 1개를 선택해서 구체적인 방법을 제시해 보세요.

참고문헌

감정기, 백종만, 김찬우(2005). **지역사회복지론**. 나남.

강대현(2001). 한국시민사회의 성장과정에 대한 분석과 시민교육적 함의. 박사학위논문, 서울대학교 대학원.

강상경(2018). **인간행동과 사회환경**(개정판). 나남.

강철희, 정무성(2006). **지역사회복지론**. 나남.

강혜규(2003). 지방자치단체 사회복지계획 수립의 과제와 활성화 방안. **보건복지포럼, 75**, 75-83.

강혜규, 김보영, 주은수, 채현탁, 이지영, 김태은, 이정은, 김진희(2018). **지역사회보장계획의 이해**. 한국보건사회연구원.

고창권(2005). **반송사람들**. 산지니.

광주광역시 서구(2016). 2016 상반기 동 지역사회보장협의체 우수사례 보고회 자료집.

구재선, 서은국(2011). 한국인, 누가 언제 행복한가?. **한국심리학회지: 사회 및 성격, 25**(2), 143-166.

국립국어원(2008). 표준국어대사전.

권진숙, 박지영(2009). **사례관리의 이론과 실제**(2판). 학지사.

김가율(2010). 지역사회와 지역사회복지실천. 홍현미라 외 공저, **지역사회복지론**. 학지사.

김경동, 이승훈, 임종철, 차재호, 최명(1982). **사회과학방법론**. 한국방송통신대학교 출판문학원.

김광웅(1995). **방법론 강의**. 박영사.

김달효(2013). 사회정의의 역사적 배경, 개념, 유형에 관한 연구. **인문과학연구, 19**, 193-219.

김동춘(2000). **NGO란 무엇인가**. 아르케.

김동화(2020). **경상북도 읍 · 면 · 동 마을복지계획 수립 매뉴얼 개발연구**. 경북행복재단.

김명소, 김혜원, 차경호, 임지영, 한영석(2003). 한국 성인의 행복한 삶의 구성요인 탐색 및 척도개발. **한국심리학회지: 건강, 8**(2), 415-442.

김명소, 김혜원, 한영석, 임지영(2003). 한국인의 행복한 삶에 대한 인구통계학적 특성별 분석. **한국심리**

학회지: 일반, 22(2), 1-33.

김민호(2011). 지역사회기반 시민교육의 필요성과 개념적 조건. **평생교육학 연구**, 17(3), 193-221.

김범수, 신원우(2009). **지역사회복지론**(2판). 공동체.

김상민(2005). 주민환경운동과 사회적 자본의 상호작용에 관한 연구: 마포구 '성미산 배수지 건설 반대운동'을 사례로. 석사학위논문, 서울대학교 환경대학원.

김상민(2016). 주민자치와 협력적 마을 만들기: 협력적 마을 거버넌스의 관점에서. **한국지방자치학회보**, 28(1), 181-208.

김수정(2007). 사회복지사의 사회행동 실천과정에 관한 연구. 박사학위논문, 이화여자대학교 대학원.

김순은(2006). 도시 거버넌스의 구축요인: 신공공성의 관점에서. **한국거버넌스학회보**, 13(2), 151-189.

김승권, 장영식, 조홍식, 차명숙(2008). 한국인의 행복결정요인과 행복지수에 관한 연구. 한국보건사회연구원.

김영인, 설규주(2017). **시민교육론**. 한국방송통신대학교 출판문화원.

김왕근(1995). 시민성의 내용과 형식으로서의 덕목과 합리성의 관계에 관한 연구. 박사학위논문, 서울대학교 대학원.

김용학(2004). **사회연결망이론**(2판). 박영사.

김우중(2013). 거버넌스로서의 지역사회복지협의체 참여성 평가. **한국사회복지행정학**, 15(1), 1-30.

김은희, 김경민(2010). **그들이 허문 것이 담장뿐이었을까?: 대구 삼덕동 마을 만들기**. 한울.

김이배, 홍재봉(2015). 사회복지관 주민조직화 매뉴얼 연구. 부산사회복지개발원.

김정현(2017). 동 단위 사회복지 기능의 영향요인. 한국사회복지행정학회 학술대회 자료집, 245-269.

김정훈, 염유경, 이다겸(2015). 정부-민간 협력 크라우드펀딩 주요 성공사례 및 시사점. **이유 & 진단**, 208.

김준기(2006). **한국 사회복지 네트워크의 구성과 효과성**. 서울대학교 출판부.

김진아(2014). 마을 만들기에 대한 공동체주의 이론적 해석: 델파이 방법을 통한 적용가능성 탐색. **국토연구**, 83, 113-127.

김혜순(1997). **남과 북. 어느 별의 지옥**. 문학동네.

남세진, 조홍식(1995). **한국사회복지론**. 나남.

남원석, 이성룡(2012). **이슈&진단**, 47, 1-25.

남은영, 이재열, 김민혜(2012). 행복감, 사회자본, 여가: 관계형 여가와 자원봉사활동의 함의를 중심으로. **한국사회학회지**, 46(5), 1-33.

로버트 퍼트남(2003). 번영하는 공동체: 사회자본과 공공생활. (유석춘, 장미혜, 정병은, 배영 편역). **사회자본: 이론과 쟁점**. 도서출판 그린.

류중석(2020). 마을계획의 시대를 열자. **건축**, 64(12), 10-11.

문지영(2007). 한국의 민주화와 '정의' 담론. **정치사상연구**, 13(2), 31-55.

문홍빈(2000). 임파워먼트를 위한 지역사회조직 사례연구: 광명YMCA생활협동운동을 중심으로. 석사학

위논문, 가톨릭대학교 사회복지대학원.

민소영(2010). 사례관리기법. 홍현미라 외 공저, **지역사회복지론**. 학지사.

민소영(2021). 지역사회 통합돌봄을 고려한 통합사례관리기반 공공전달체계 개선 방안. **상황과 복지, 71**, 43-82.

민소영, 신재은(2017). 사회복지관의 주민조직화 직무개발: 경기도 사회복지관을 중심으로. **한국지역사회복지학, 60**, 1-28.

민지선(2015). 민간 자원개발. 광주북구청 특강자료집.

박기용(2017). 읍면동 지역사회보장협의체의 운영현황과 개선방안: 포항시를 중심으로. 석사학위논문, 아주대학교 공공정책대학원.

박선영(2012). 청소년 시민교육의 등장배경과 목적 비교 연구: 영국과 미국 사례를 중심으로. **청소년학연구, 19**(2), 323-344.

박선희(2014). 마을공동체 사업성과 측정에 관한 탐색적 연구. **한국지역사회복지학, 49**, 285-306.

박성준(2021). 읍면동 주민주도 마을복지계획 수립과 개선방안—용인시 A동의 사례를 중심으로—. **한국 자치행정학보, 35**(3), 1-25.

박수명(2005). 한국평생교육으로서 민주시민교육의 과제. **윤리교육연구, 7**, 39-58.

박용관(2006). **네트워크론**. 커뮤니케이션북스.

박윤영(1991). 주택 200만호 건설계획의 사회정책적 성격에 관한 일고찰: 근로자주택과 영구 임대주택을 중심으로. 석사학위논문, 중앙대학교 대학원.

박철수(2008). 아파트: 공적 냉소와 사적 정열이 지배하는 사회. 이종수 편, **한국사회와 공동체**. 다산출판사.

박태영(2003). **지역사회복지론**. 현학사.

박태영, 채현탁(2014). **지역사회복지론**(제3판). 정민사.

박태영, 허숙민, 이진선, 전성남(2020). **마을복지계획 어떻게 세울까**. 공동체.

배응환(2003). 거버넌스의 실험: 네트워크조직의 이론과 실제-대청호살리기운동본부를 중심으로. **한국행정학보, 37**(3), 67-93.

보건복지가족부, 한국보건사회연구원(2008). 사회복지서비스 공공전달체계 개선방안.

보건복지부(2011). 지역사회복지협의체 운영 매뉴얼.

보건복지부(2012). 희망복지지원단 업무안내.

보건복지부(2013). 제3기 지역사회복지계획수립 매뉴얼.

보건복지부(2015a). 지역사회보장협의체 운영안내.

보건복지부(2015b). 희망복지지원단 업무안내.

보건복지부(2016). 읍면동 맞춤형 복지팀 업무 매뉴얼.

보건복지부(2022). 희망복지지원단 업무안내

삐에르 부르디외(2003). 자본의 형태. (유석춘, 장미혜, 정병은, 배영 편역). **사회자본: 이론과 쟁점**. 도서출판 그린.

서울시 행정국(2015. 3.). 동 마을복지센터 사업 운영 안내.

서은국, 구재선(2011). 단축형 행복 척도(COMOSWB) 개발 및 타당화. **한국심리학회지: 사회 및 성격, 25**(1), 95-113.

서인해, 공계순(2004). **욕구조사의 이론과 실제**. 나남.

석재은(2018). 커뮤니티 케어와 장기요양 정책과제. **복지동향, 238**, 28-33.

설규주(2000). 세계화 지방화 시대의 시민교육. 석사학위논문, 서울대학교 대학원.

성규탁(1988). **사회복지행정론**. 법문사.

송인주(2016). **서울시 고독사 실태 파악 및 지원방안 연구**. 서울복지재단.

송호근(2013). **시민의 탄생**. 민음사.

송호근(2015). **나는 시민인가**. 문학동네.

신명호(2003). 도시공동체의 현황과 전망. 한국도시연구소 편, **도시공동체론**. 한울아카데미.

신미식(2011). 한국 민주시민교육 활성화를 위한 평생교육의 역할. **한국동북아논총, 61**, 219-242.

심선경(2010). 네트워킹 기법. 홍현미라 외 공저, **지역사회복지론**. 학지사.

심선경(2010). 지역사회복지실천 모델. 홍현미라 외 공저, **지역사회복지론**. 학지사.

안기덕, 박승희, 정솔(2012). 지역사회복지관 주민조직의 참여자 변화과정 연구: 근린지역사회 조직화 모델의 사회구성주의적 해석. **한국사회복지학, 64**(1), 5-30.

안성호, 곽현근(2002). 동네수준의 사회자본에 관한 탐색적 연구. **지방행정연구, 6**(4), 205-230.

안태숙(2010). 사회자본이 로컬 거버넌스에 미치는 영향. 박사학위청구논문, 강남대학교 사회복지전문대학원.

알레잔드로 포르테스(2003). 사회자본 개념의 기원과 현대 사회학의 적용. (유석춘, 장미혜, 정병은, 배영 편역). **사회자본: 이론과 쟁점**. 도서출판 그린.

양정하(2004). **사회복지발달사**. 학현사.

양정하, 황인옥, 김정희, 배의식, 박미정, 김남숙, 강가영(2017). **지역사회복지론**(3판). 공동체.

여관현(2013). 마을 만들기를 통한 공동체 성장과정 연구: 성북구 장수마을 사례를 중심으로. **도시행정학보, 26**(1), 53-87.

오윤정(2016). 제주지역 읍면동 지역사회보장협의체의 발전방안. **제주발전포럼, 57**, 15-24.

오정수, 류진석(2012). **지역사회복지론**(4판). 학지사.

우현정(2016). 「사회 · 문화」 교육목표로서의 비판적 시민성. **시민교육연구, 48**(2), 91-128.

원구환(2003). 로컬거버넌스의 등장과 발전. 이은구 외 공저, **로컬거버넌스**. 법문사.

원석조(2002). **사회문제론**. 양서원.

유명이(2012). 계획과정. 한국사례관리학회 편, **사례관리론**. 학지사.

유재원, 소순창(2005). 정부인가 거버넌스인가? 계층제인가? 네트워크인가? **한국행정학보, 39**(1), 41-63.

유창복(2010). **우린 마을에서 논다**. 또하나의문화.

윤민화(2010). 임파워먼트 기법. 홍현미라 외 공저, **지역사회복지론**. 학지사.

이경은, 장덕희, 김휘연, 문도원, 이마리아(2016). **지역사회복지론**. 학지사.

이남섭(2008). 교육과정 지역화를 통한 지역시민성 함양 프로그램 구안. 석사학위논문, 한국교육대학교 대학원.

이민영(2010). 지역복지의 역사. 홍현미라 외 공저, **지역사회복지론**. 학지사.

이성기, 김성희, 강혜규(1996). 보건복지사무소 시범사업 2차년도 실태조사. 한국보건사회연구원.

이성기, 김성희, 박인아(1995). 보건복지사무소 모형개발 및 1차년도 운영평가. 한국보건사회연구원.

이승민(2013). 마을 거버넌스의 의사결정과정과 갈등관리: 성미산 개발 관련 갈등사례를 중심으로. 석사학위논문, 서울대학교 대학원.

이승종(2001). 참여를 위한 실천적 시민교육 방안. **시민교육연구**, 33, 293-310.

이영아(2014). 주민의 인식과 태도로 본 도시 공동체의 현황과 과제: 대구 동구 안심지역을 사례로. **한국지역지리학회지**, 20(3), 269-281.

이은미(2015). 시흥시 시민교육에 대한 사례연구: 지역사회기반 시민교육. 석사학위논문, 중앙대학교 대학원.

이은미, 진성미(2014). 시민교육의 확장을 위한 평생교육의 의의: 지역사회기반 시민교육을 중심으로. **시민교육연구**, 46(3), 195-221.

이인정, 최해경(2020). **인간행동과 사회환경**(개정3판). 나남.

이장현 외(1982). **사회학의 이해**. 법문사.

이해진(2007). 지역개발정치의 위기: 갈등구조와 주민운동의 대응전략-강원도 고한, 사북 지역 주민운동조직을 중심으로. **농촌사회**, 17(2), 107-154.

이현송, 강혜규(1997). 시범보건복지사무소 운영평가 및 모형 개발. 한국보건사회연구원.

이현정(2012). 70년대 새마을 운동에서 마을공동체의 역동성 비교연구. 박사학위논문, 고려대학교 대학원.

이현주(2003). 지역사회복지협의체의 의미와 적용방안 탐색: 참여의 기제로서 지역사회복지 협의체의 가능성. 비판과 대안을 위한 사회복지학회 2003년 춘계학술대회 자료집, 67-103.

이현주, 강혜규, 백종만, 함철호, 송연경, 노언정(2003). 지역사회복지협의체 관련 사업운영 분석 및 개선방안. 한국보건사회연구원.

이현주, 강혜규, 석재은, 선우덕, 김성한, 백종만, 손광훈, 조소영, 함철호, 노언정, 송연경(2002). 지역사회복지협의체 시범사업평가와 모형개발. 보건복지부, 한국보건사회연구원.

이호, 박연희, 홍현미라(2001). **현장에서 배우는 주민조직방법론**. 한국도시연구소.

장용석, 조문석, 정장훈, 정명은(2012). 사회통합의 다원적 가치와 영향요인에 관한 탐색적 연구: 국가주의, 개인주의, 공동체주의, 세계시민주의를 중심으로. **한국사회학**, 46(5), 289-322.

정림종합사회복지관(2019). 정림동 마을복지계획.

정명은, 김미현(2013). 한국 지방정부의 가치지향성 분석: 2008, 2012 시군구정 목표를 중심으로. 한국정책학회 하계학술발표논문집, 127-145.

정명은, 김미현, 장용석(2014). 서울시민의 행복과 사회자본 관계 분석: 행복한 시민, 따뜻한 지역공동체. **서울도시연구, 15**(1), 163-186.

정석(1999). 마을단위 도시계획 실현 기본방향(1): 주민참여형 마을 만들기 사례연구. 서울시정 개발연구원.

정순둘(2005). **사례관리 실천의 이해: 한국적 경험**. 학지사.

정순둘, 김경미, 박선영, 박형원, 최혜지, 이현아(2007). **사회복지와 임파워먼트**. 학지사.

정원식(2005). **인간과 교육**. 교육과학사.

정철민, 유재봉(2017). 영국의 시민교육 동향: Crick 보고서와 Parekh 보고서의 비교를 중심으로. **비교교육연구, 27**(6), 211-230.

정효정(2009). 지역사회복지계획 수립의 과제와 방향. **한국지역사회복지학, 31**, 139-163.

제임스 콜만(2003). 인적 자본 형성에 있어서의 사화자본. (유석춘, 장미혜, 정병은, 배영 편역). **사회자본: 이론과 쟁점**. 도서출판 그린.

조미숙(2012). 사례관리의 구성요소. 한국사례관리학회 편, **사례관리론**. 학지사.

조미정(2019). 부산시 주민주도형 마을계획 수립・실행 지원 연구. 부산복지개발원.

조성숙(2012). 지역사회복지 문헌에 나타난 이론의 경향과 향후과제. **한국지역사회복지학, 41**, 105-124.

조재형(2017). 노자사상을 통해 본 마을공동체 운영방안 연구. 박사학위논문, 성균관대학교 대학원.

조현순(2014). 사례관리 활성화를 위한 민관협력방안 연구: 인천광역시를 중심으로. 미발표 자료.

지역사회보장균형발전지원센터(2022). 제5기('23~'26) 지역사회보장계획 수립 안내. 보건복지부.

지은구, 조성숙(2010). **지역사회복지론**. 학지사.

최성재, 남기민(2016). **사회복지행정론**(3판). 나남.

최영출(2003). 로컬거버넌스의 전략. 이은구 외 공저, **로컬거버넌스**. 법문사.

최일섭, 류진석(1997). **지역사회복지론**(개정판). 서울대학교 출판부.

최일섭, 이현주(2006). **지역사회복지론**. 서울대학교 출판부.

최장집(2010). **민주화 이후의 민주주의**. 후마니타스.

최재성(2010). 위기가구 사례관리시범사업의 성과분석 및 개선방안 연구. 벨텍컨설팅・연세대학교 사회복지연구소.

최종혁, 이연(2001). 지역사회복지 증진을 위한 주민조직화에 관한 연구: 영구임대아파트 지역을 중심으로. 한국사회복지학회 춘계학술대회자료집, 584-605.

표갑수(2003). **지역사회복지론**. 나남.

하경희, 김진숙, 정선욱(2014). 사회복지관에서의 사례관리 체계에 대한 탐색적 연구. **한국사회복지행정학, 16**(2), 241-270.

한경혜, 김주현, 박경숙, Hiroko Akiyama, 이재인(2011). 도시지역 연소노인들의 사회참여와 동기요인 간의 관련성. **한국노년학, 31**(4), 1189-1208.

한국민주주의연구소(2016). 시민사회의 시민교육체계 구축과정 연구.

한국사례관리학회(2012). **사례관리론**. 학지사.

한국주민운동교육원(2010). **주민운동 교육훈련 트레이너 매뉴얼**. 제정구기념사업회.

한국지역사회복지연구소(2008). **지역사회복지계획론**. 양서원.

한재랑(2001). 지역사회조직(community organizing)의 실천사례에 관한 연구-관악 사회복지의 네트워크와 소집단 활동을 중심으로. 석사학위논문, 서강대학교 공공정책대학원.

한재랑(2006). 사회복지관 지역사회조직사업 진단과 비전 찾기 세미나. 서울시사회복지관협회.

함세남, 이원숙, 김덕환, 김범수, 윤찬중, 서화자, 구종회(1996). **선진국 사회복지발달사**. 홍익재.

함철호(2003). 지역사회복지실천에 있어서 기관 간 연계의 효과성 평가-지역사회복지협의체 사업의 참여자와 수혜자의 태도. **한국사회복지학, 55**, 309-339.

함철호(2013). 공공전달체계내 사례관리자의 사례관리 수행과 영향요인. **한국지역사회복지학, 44**, 1-31.

함철호(2015). 지역사회복지거버넌스: 네트워크 조직으로서 지역사회보장협의체의 발전방안. **한국지역사회복지학, 54**, 213-243.

함철호(2016a). 읍면동 복지허브화와 사회복지관의 파트너십 방안: A동 주민센터와 사회복지관의 협력에 관한 질적 사례연구. 한국지역사회복지학회: 2016 한국지역사회복지학회 추계학술 대회 자료집, 185-263.

함철호(2016b). 사례관리에 대한 권력 관점의 조망. **사례관리연구, 7**, 43-70.

함철호(2017a). 읍면동복지허브화에 대한 질적 사례연구: G시 A동의 경우. **한국지역사회복지학, 60**, 59-97.

함철호(2017b). 농촌 지역사회보장협의체에 대한 질적 사례연구: A면의 경우. **한국지역사회복지학, 63**, 59-96.

함철호, 박태영, 이재완, 류만희, 김승용, 채현탁, 김종건(2012). 지역사회복지계획 중장기 발전 방향 연구. 보건복지부, 광주대학교 신학협력단.

함철호, 박태영, 이재완, 류만희, 채현탁, 김종건(2013). 지역사회복지계획 중장기 발전방향에 대한 탐색적 연구. **한국지역사회복지학, 46**, 255-285.

함철호, 윤원일(2010). 공공전달체계내 사회복지직공무원의 사례관리 수행과 영향 요인. **한국지역사회복지학, 35**, 231-262.

함철호, 이기연(2011). 공공영역 사례관리자들의 경험에 관한 연구. **한국지역사회복지학, 38**, 161-200.

함철호, 조현순(2017). 사례관리 수행에 있어서 민-관기관의 장 · 단점, 정보 공유의 필요성과 협력 방안에 대한 탐색적 연구-A광역시를 중심으로. **사례관리연구, 8**, 69-98.

행정안전부(2022). 2022년 주민자치형 공공서비스 구축사업 주민자치 분야 매뉴얼.

행정안전부, 보건복지부(2020). 2020년 찾아가는 보건복지서비스 매뉴얼.

행정자치부, 보건복지부(2007). 주민생활지원 사례관리사업 안내(지방자치단체 시달공문).

행정자치부, 보건복지부(2007). 주민생활지원서비스 업무 매뉴얼.

행정자치부, 보건복지부(2016). 읍면동 맞춤형 복지팀 업무 매뉴얼.

홍현미라(1998). 도시 저소득층 지역의 지역사회조직실천(CO Practice)에 대한 비교사례연 구. 석사학위 논문, 이화여자대학교 대학원.

홍현미라, 이현주, 유동철, 민소영, 김형용, 강병덕(2012). 복지마을 만들기 사업추진을 위한 기초연구. 보건복지부, 전주대학교 산학협력단.

황미경(2019). 커뮤니티 케어와 통합사례관리 연계 네트워크 실천 방안 연구. **한국케어매니지먼트연구, 30**, 161-184.

大橋謙策 外 편저(2003). **지역복지계획의 이론과 실천** (*Theory and practice of community welfare plan*). (박태영 외 편역). 현학사. (원저는 2001년에 출판).

白澤政和 (2000). **사례관리의 이론과 실제** (ケースマネージメントの理論と実際一生活を支える援助システム). (조추용, 권현주 공역). 유풍. (원저는 1992년에 출판).

西川 芳昭, 伊佐 淳, 小田 啓二, 松尾 匡, 西島 博樹 (2006). **시민이 참가하는 마치즈쿠리** (市民參加の まちづくり). (진영환, 임정민, 정윤희 공역). 한울아카데미. (원저는 2005년에 출판).

前田信雄 (1990). 保健醫療福祉の 統合. 勁草書房.

平野 隆之 (2012). **일본의 지역복지 정책 및 방법** (地域福祉推進の理論と方法). (김영종, 박유미 공역). 학지사. (원저는 2008년에 출판).

UN ESCAP(Economic and Social Commission for Asia and the Pacific) (2011). http://www.unescap.org/pdd/prs/ProjectActivities/Ongoing/gg/governance.asp

UN SDSN(지속가능발전해법네트워크) (2023). https://worldhappiness.report/ed/2023/

Abramson, J. S., & Rosenthal, B. B. (1995). Interdisciplinary and interorganizational collaboration. In R. L. Edwards, et al. (Eds.), *Encyclopedia of social work* (19th ed.). NASW Press.

Adams, R. (2007). **임파워먼트와 사회복지실천** (*Social work and empowerment*). (최명민 역). 나남. (원저는 2003년에 출판).

Ambrosino, R., Heffernan, J., Shuttlesworth, G., & Ambrosino, R. (2000). Social work and social welfare: An introduction (6th ed.). Thomson Brooks/Cole.

Anderson, R. E., & Carter, L. (1984). *Human behavior in the social environment*. Aldinede Gruyter.

Armstrong, R. (1981). New directions for community education. In P. Henderson & D. N. Thomas (Eds.), *Readings in community work* (pp. 100-107). George Allen & Unwin.

Austin, D. M. (1991). Understanding the service delivery system. In R. L. Edwards & J. A. Yankey (Eds.), *Skills for effective human services management*. NASW Press.

Ballew, J. R., & Mink, G. (1999). **사례관리** (*Case Management in the Human Services*). (권진숙, 전석균 공역). 하나의학사. (원전은 1996년에 출판).

Beatrice, D. F. (1990). Interagency coordination: A practitioner guide to a strategy for effective social policy. *Administration in Social Work, 14*(4), 45-59.

Berk, L. B. (2009). **아동발달** (*Child development*). (이종숙, 이옥, 신은수, 안선희, 이경옥 공역). 시그마프레스. (원저는 2006년에 출판).

Biestek, F. (1998). **케이스웍 관계론** (*The casework relationship*). (김만두 역). 홍익제. (원저는 1972년에 출판).

Bradshaw, J. (1977). The concept of social need. In N. Gilbert & H. Specht (Eds.), *Planning for social welfare: Issues, models, and tasks* (pp. 290-296). Prentice-Hall, Inc.

Brager, G., Specht, H., & Torczyner, J. L. (1987). *Community Or ganizing* (2nd ed.). Columbia University Press.

Bronfenbrenner, U. (1979). *The ecology of human development*. Harvard University Press.

Burghardt, S. (1987). Community-based social action. In A. Minahan (Ed.), *The encyclopedia of social work* (18th ed., pp. 292-299). NASW.

Challis, D. J., Chesterman, J., Darton, R., & Traske, K. (1993) Case management in the care of the aged: the provision of care in different settings. In J. Bornat, C. Pereira, D. Pilgrim & F. Williams (Eds.), *Community Care: A Reader* (pp. 184-203). Macmillan.

Chambers, D. E., Wedel, K. R., & Rodwell, M. K. (1992). *Evaluating social programs*. Allyn and Bacon.

Chaskin, R. J. (1997). Perspectives on Neighborhood and Community: A Review of the Literature. *Social Service Review, 71*(4), 527-548.

Clark, C., & Lapsley, I. (Ed). (1996). *Planning and costing community care*. Jessica Kingsley Publishers.

Coleman, J., Putnam, R., Portes, A., Newton, K., & Woolcock, M. (2003). 사회자본: 이론과 쟁점 (Social capital : theories and issues). (유석춘, 장미혜, 정병은, 배영 편역). 도서출판 그린.

Compton, B. R., & Galaway, B. (1999). *Social work processes* (6th ed.). Brooks/ Cole.

Coser, L. A. (1980). **갈등의 사회적 기능** (*Functions of social conflict*). (박재환 역). 한길사. (원저는 1956년에 출판).

Cottrell, L. S. Jr. (1983). The competent community. In R. L. Warren & L. Lyon (Eds.), *New perspectives on the American community* (pp. 401-411). The Dorsey Press.

Dahrendorf, R. (1981). **산업사회의 계급과 계급갈등** (*Class and class conflict in industrial society*). (정대현 역). 弘盛社. (원저는 1957년에 출판).

Delgado, M., & Humm-Delgado, D. (2013). *Asset assessments and community social work practice*. Oxford university press.

Dinerman, M. (1992). Managing the mazes: Case management and service delivery. *Administration in Social Work, 16*, 1-9.

Dominelli, L. (2007). **세계화와 사회복지실천** (*Social work: theory and practice for a changing profession*). (한인영, 김성천 공역). 학지사. (원저는 2004년에 출판).

Dunham, A. (1970). *The new community organization*. Thomas Y. Crowell Company.

Durst, D., MacDonald, J., & Parsons, D. (1999). Finding our way: A community need assessment on violence in native families in Canada. *Journal of Community Practice, 6*(1), 45-59.

Eng, E., Salmon, M. E., & Mullan, F. (1992). Community empowerment: The critic base for primary health care. *Family and Community Health, 15*, 1-12.

Fawcett, S. B. (1991). Some values guiding community research and action. *Journal of Applied Behavior Analysis, 24*, 621-636.

Fawcett, S. B., Paine-Andrews, A., Franscisco, V. T., Schultz, J. A., Richer, K. P., Lewis, R. K., Willians, E. L., Harris, K. J., Berkley, J. Y., Fisher, J. L., & Lopez, C. M. (1995). Using empowerment theory in collaborative partnerships for community health and development. *American Journal of Community Psychology, 23*(5), 677-697.

Fellin, P. (1995). *The community and social worker* (2nd ed.). F. E. Peacock Publishers.

Fink, C. F. (1968). Some conceptional difficulties in theory of social conflict. *Journal of Conflict Resolsution, 12*, 429-431.

Fisher, R. (1995). Social action community organization: Proliferation, persistence, roots, and prospects. In M. Minkler (Ed.), *Community organizing and community buliding of health* (pp. 53-67). Rutgers University Press.

Fisher, R., & Shragge, E. (2000). Challenging community organizing: Facing the 21st Century. *Journal of Community Practice, 8*(3), 1-20.

Frankel, A. J., & Gelman, S. R. (2004). **사례관리** (*Case management: An Introduction to Concepts and Skills*). (권진숙 역). 학지사. (원저는 2003년에 출판).

Fraser, D. (1973). *The evolution of the British welfare state*. MacMillan.

Friedlander, W. A., & Apte, R. Z. (1980). *Introduction to social welfare*. Prentice-Hall.

Friesen, B. J., & Poertner, J. (1995). *From case management to service coordination for children for emotional, behavioral or mental disorders: Building on family strengths*. Paul H. Brooks.

Gamble, D. N., & Weil, M. O. (1995). Citizen participation. In R. L. Edwards, et al. (Eds.), *Encyclopedia of social work* (19th ed., pp. 483-494). NASW Press.

Gamble, D. N., & Weil, M. O. (2008). Community: Practice interventions. In M. Terry & D. Larry (Eds.), *Encyclopedia of social work* (20th ed., pp. 355-368). NASW Press.

Garbarino, J. (2017). *Children and families in the social environment* (2nd ed.). Routledge.

Garvin, C. D., & Cox, F. M. (1995). A history of community organizing since the civil war with special reference to oppressed communities. In J. Rothman, J. L. Erlich, J. E. Tropman & F. M. Cox (Eds.), *Strategies of community intervention* (pp. 64-99). F. E. Peacock Publishers, Inc.

Garvin, C. D., & Tropman, J. E. (1992). *Social work in contemporary society*. Prentice-Hall.

Germain, C. B. (1985). The place of community work within an ecological approach to social work practice. In S. Taylor & R. Roberts (Eds.), *Theory and practice of community social work* (pp. 30-55). Columbia University Press.

Germain, C. B., & Gitterman, A. (1995). Ecological perspective. In R. L. Edwards, et al. (Eds.), *Encyclopedia of social work* (19th ed., pp. 816-824). NASW Press.

Gibelman, M., & Demone, H. W. (1990). Negotiating: A tool for inter-organizational coordination. *Administration in Social Work, 14*(4), 29-42.

Gilbert, N. & Terrell, P. (2007). **사회복지정책론: 분석 틀과 선택의 차원** (*Dimensions of social welfare policy*). (남찬섭, 유태균 공역). 나눔의집. (원저는 2002년에 출판).

Gitterman, A. (2017). Life model of social work practice. In F. J. Turner (Ed.), *Social work treatment* (6th ed., pp. 287-301). Oxford University Press.

Gitterman, A., Knight, C., & Germain, C. (2021). *The life model of social work practice: Advances in theory & practice* (4th ed.). Columbia University Press.

Gutierrez, L. M. (1990). Working with women of color: An empowerment perspective. *Social Work, 35*(2), 149-153.

Gutierrez, L. M., Parsons, R., & Cox, E. (2006). **사회복지실천과 역량강화** (*Empowerment in social work practice: a sourcebook*). (김혜란, 좌현숙, 차유림, 문영주, 김보미 공역). 나눔의 집. (원저는 1997년에 출판).

Hall, R. H. (1982). *Orgnizations: Structure and process* (3rd ed.). Prentice-Hall.

Hardcastle, D., Powers, P., & Wenocur, S. (2004). *Community practice: Theories and skills for social worker* (2nd ed.). Oxford University Press.

Hardina, D. (2002). *Analytical skills for community organization practice*. Columbia University Press.

Hasenfeld, Y., & English, R. A. (1977). *Human service organizations*. The University of Michigan Press.

Hawley, A. H. (1995). **인간 생태학** (*Human ecology*). (홍동식, 강대기, 민경희 공역). 일지사. (원저는 1986년에 출판).

Heller, K. (1989). The return to community. *American Journal of Community Psychology, 17*, 1-15.

Henderson, P., & Thomas, D. N. (2000). *Skills in neighbourhood work* (3rd ed.). Routedge.

Hill, M. (1986). *Understanding social policy* (2nd ed.). Basil Blackwell.

Hillery, G. (1955). Definitions of community: Areas of agreement. *Rural Sociology, 20*, 111-123.

HMSO. (1990). Caring for people: Community care in the next decade and beyond.

Hokenstad, M. C., & Ritvo, R. A. (1982). *Linking health care an d social services: International perspectives*. SAGE.

Holt, B. (2000). *The practice of generalist case management*. Allyn and Bacon.

Homan, M. S. (1999). *Promoting community change* (2nd ed.). Brooks/Cole Publishing Company.

Hunter, A. (1975). The loss of community: An empirical test through replication. *American Sociological Review, 40*(5), 537-552.

Innes, R. B., & Heflinger, C. A. (1989). An expanded model of community assessment: A case study. *Journal of Community Psychology, 17*, 225-235.

Intagliata, J. (1992). Improving the quality of community care for the chronically mentally disabled: The role of case management. In S. M. Rose (Ed.), *Case management and social work practice* (pp. 25-55). Longman.

Jacobsen, M., & Heitkamp, T. (1995). Working with communities. In H. W. Johnson (Ed.), *The social services: An introduction* (pp. 311-324). F. E. Peacock Publishers, Inc.

Jeffries, A. (1996). Modelling community work: An analytic framework for practice. *Journal of Community Practice, 3*(3/4), 101-125.

Johnson, K. (1996). Building capacity through collaborative leadership. *International Journal of Health Planning and Management, 11*, 339-344.

Johnson, L. C., & Yanca, S. J. (2001). *Social work practice* (7th ed.). Allyn & Bacon.

Judith A. B. Lee. (2001). *The empowerment approach to social work practice: Building the beloved community* (2nd ed.). Columbia University Press.

Kahn, S. (1995). Community organization. In R. L. Edwards, et al. (Eds.), *Encyclopedia of social work* (19th ed., pp. 569-576). NASW Press.

Karls, J. M., & Wandrei, K. E. (1996). *Person-in-environment system: The PIE classification system for social functioning problems* (2nd ed.). NASW Press. Washington.

Katan, J. (1982). Israel. In M. C. Hokenstad & R. A. Ritvo (Eds.), *Linking health care and social services*. Sage.

Kemp, S. P. (1998). Practice with communities. In M. A. Mattaini, C. T. Lowery & C. H. Meyer (Eds.), *The foundations of social work practice: A graduate text* (2nd ed., pp. 209-239). NASW Press.

Kettner, P., Daley, J. M., & Nichols, A. W. (1985). *Initiating change in organizations and communities:*

A macro practice model. Brooks/Cole Publishing Company.

Kirst-Ashman, K. K., & Hull, G. H. (2001). *Generalist practice with organizations and communities* (2nd ed.). Brooks/Cole Thomson Learning.

Kramer, R. M., & Specht, H. (1983). *Readings in community organization practice* (3rd ed.). Prentice-Hall.

Lasker, R. D., Weiss, E. S., & Miller, R. (2001). Partnership synergy: A practical framework for studying and strengthening the collaborative advantage. *The Milbank Quartly, 79*(2), 179-205.

Latkin, C. A., & Curry, A. D. (2003). Stressful neighborhoods and depression: A prospective study of the impact of neighborhood disorder. *Journal of Health and Social Behavior, 44*(1), 34-45.

Laverack, G. (2001). An identification and interpretation of the organizational aspects of community empowerment. *Community Development Journal, 36*(2), 134-145.

Laverack, G. (2005). Using adomains' approach to build community empowerment. *Community Development Journal, 41*, 4-12.

Lister, R. (1998). Citizen in action: Citizenship and community development in a Northen Ireland context. *Community Development Journal, 33*(3), 226-235.

Litwak, E. (1961). Voluntary associations and neighborhood cohesion. *American Sociological Review, 26*(2), 266-271.

Loewenberg, F. M., & Dolgoff, R. (2000). **사회복지 실천윤리** (*Ethical Decisions for Social Work Practice*). (서미경, 김영란, 박미은 공역). 양서원. (원저는 1996년에 출판).

Marshall, T. H. (1972). Value problems of welfare-capitalism. *Journal of Social Policy, 1*(1), 15-32.

Marti-Costa, S., & Serrano-Garcia, I. (1995). Need assessment and community development: A n ideological perspective. In J. Rothman, J. L. Erlich, & J. E . Tropman (with F. M. Cox) (Eds.), *Strategies of community intervention* (5th ed., pp. 257-267). F. E. Peacock.

Martinez-Brawley, E. E. (1995). Community. In R. L. Edwards, et al. (Eds.), *Encyclopedia of social work* (19th ed., pp. 539-548). NASW Press.

Mattaini, M. A., Lowery, C. T., & Meyer, C. H. (1998). *The foundations of social work practice: A graduate text* (2nd ed.). NASW Press.

Mattessich, P., & Monsey, B. (1997). *Community building: What makes it work*. Amherst H. Wilder Foundation.

Mayer, B. S. (1995). Conflict resolution. In R. L. Edwards, et al. (Eds.), *Encyclopedia of social work* (19th ed., pp. 613-622). NASW Press.

Merritt, J., & Neugeboren, B. (1990). Factors affecting agency capacity for interorganizational coordination. *Administration in Social Work, 14*(4), 73-85.

Meyer, C. H., & Mattaini, M. A.,(1998). The ecosystems perspective: Implications for practice. In M. A.

Mattaini, C. T. Lowery & C. H. Meyer (Eds.), *The foundations of social work practice: A graduate text* (2nd ed., pp. 3-19). NASW Press.

Mickelson, J. S. (1995). Advocacy. In R. L. Edwards, et al. (Eds.), *Encyclopedia of social work* (19th ed.). NASW Press.

Miley, K. K., O'Melia, M., & DuBois, B. L. (2007). *Generalist social work practice: An empowering approach* (5th ed.). Pearson.

Minkler, M., & Wallerstein, J. (2012). Improving health through community organization and community building. In M. Minkler (Ed.), *Community organizing and community building for health and welfare* (pp. 37-58). Rutgers University Press.

Mondros, J., & Wilson, S. (1994). *Organizing for power and empowerment*. Columbia University Press.

Moore, S. (1992). Case management and the integration of services: How service delivery systems shape case management. *Social Work, 37*(2), 418-423.

Moxley, D. P. (1993). **사례관리실천론** (*Practice of case management*). (김만두 편역). 나눔의 집. (원저는 1989년에 출판).

Netting, F. E., Kettner, P. M., & McMurtry, S. L. (1993). *Social work macro practice*. Arizona State University.

Neugeboren, B. (1990). Intorduction: Coordinating human services delivery. *Administration in Social Work, 14*(4), 1-7.

Norberg-Hodge, H. (2013). **오래된 미래: 라다크로부터 배우다** (*Ancient futures: learning from Ladakh*). (양희승 역). 중앙books. (원저는 1992년에 출판).

Norlin, J. M., & Chess, W. A. (1997). *Human behavior and the so cial environment: Social systems theory* (3rd ed.). Allyn and Bacon.

Norman, A. J. (1991). Applying theory to practice: The impact of organizational structure on programs and providers. In M. Weil, J. M. Karls & Associates (Eds.), *Case management in human service practice*. Jossey-Bass.

O'Connor, G. (1988). Case management: System and practice. *Social Casework, 69*, 97-106.

Pecukonis, E., & Wenocur, S. (1994). Perceptions of self and collective efficacy in community organization theory and practice. *Journal of Community Practice, 1*(2), 5-21.

Perlman, R., & Gurin, A. (1972). *Community organization and social planning*. John Wiley & Sons.

Pilisuk, M., McAllister, J., Rothman, J., & Larin, L. (2005). New contexts of organizing. In M. Minkler (Ed.), *Community organizing and community building for health* (2nd ed.). Rutgers University Press.

Pincus, A., & Minahan, A. (1973). *Social work practice: Model and method*. Peacock Publishers.

Poindexter, C. C., Valentine, D., & Conway, P. (2003). **사회사업실천기술론** (*Essential skills for human services*). (이윤로, 조미숙, 박정숙, 문영미, 나용선, 조현순, 봉수연, 최선경 공역). 현학사. (원저는 1999년에 출판).

Poplin, D. E. (1985). **지역사회학** (*Communities*). (홍동식, 박대식 편역). 경문사. (원저는 1979년에 출판).

Posavac, E. J., & Carey R. G. (1992). *Program evaluation: Methods and case studies* (4th ed.). Prentice Hall.

Putnam, R. D. (2009). **나 홀로 볼링: 사회적 커뮤니티의 붕괴와 소생** (*Bowling alone*). (정승현 역). 페이퍼로드. (원저는 2000년에 출판).

Rawls, J. (1985). **사회정의론** (*Theory of justice*). (황경식 역). 서광사. (원저는 1971년에 출판).

Reed, B. G. (2005). Theorizing in community practice: Essential tools for building community, promoting social justice, and implementing social chang. In M. Weil (Ed.), *The handbook of comminity practice* (pp. 84-102). Sage.

Reisch. M., & Lowe, J. I. (2000). Of means and ends revised: Teaching ethical community organizing in an unethical society. *Journal of Community Practice, 7*(1), 19-38.

Rivera, F. G., & Erlich, J. L. (1981). Neo-gemeinschaft minority community: Implications for community organization in the United States. *Community Development Journal, 3*, 189-200.

Roberts-DeGennaro, M. (1987). Developing case management as a practice model. *Social Case Work, 68*(8), 466-470.

Rosen, A., & Livne, S. (1992). Personal versus environmental emphases in social workers' perceptions of client problems. *Social Service Review, 66*(1), 85-96.

Rossi, P. H., & Freeman, H. E. (1985). *Evaluation: A systematic approach* (3rd ed.). SAGE.

Rothman, J. (1970). Three models of community organization practice. In F. M. Cox, J. L. Erlich & J. E. Tropman (Eds.), *Strategics of community organization: A book of readings* (pp. 20-36). F. E. Peacock.

Rothman, J. (1992). *Guidelines for case management*. Peacock Publishers.

Rothman, J. (1995). Approaches to community intervention. In J. Rothman, J. L. Erlich & J. E. Tropman (Eds.), *Strategies of community intervention* (5th ed.). F. E. Peacock Publishers.

Rothman, J., & Tropman, J. E. (1987). Model community organization and macro practice perspectives: Their mixing and phasing. In F. M. Cox, J. L. Erlich & J. E. Tropman (Eds.), *Strategics of community organization* (4th ed., pp. 3-26). F. E. Peacock.

Royse, D., Thyer, B. A., Padgett, D. K., & Logan, T. K. (2001). *Program evaluation: An introduction*. Wadsworth, Brooks/Cole.

Rubin, H. J., & Rubin, I. S. (1986). *Community organizing and development*. Merrill Publishing

Company.

Rubin, H. J., & Rubin, I. S. (1992). *Community organizing and development* (2nd ed.). Maxwel Publishing Company.

Rubin. H. J., & Rubin, I. S. (2005). The practice of community organizing. In M. Weil (Ed.), *The handbook of community practice*. Sage.

Schneider, B. (1986). Care planning: The core of care management. *Generations, 7*(5), 16.

Schriver, J. M. (1995). *Human behavior and the social environment.* Allyn and Bacon.

Seltzer, M. M., & Mayer, J. B. (1988). Families as case managers: Team approach for serving the elderly. *Generations, 12*, 15-32

Sheafor, B. W., Horejsi, C. R., & Horejsi, G. A. (1997). *Techniques and guidelines for social work practice* (4th ed.). Allyn and Bacon.

Siegel, L. M., Attkisson, C. C., & Carson, L. G. (2001). Need identification and program planning in the community context. In J. E. Tropman, J. L. Erlich & J. Rothman (Eds.), *Tactics and techniques of community intervention* (4th ed., pp. 105-129). Peacock.

Simon, B. L. (1990). Rethinking empowerment. *Journal of Progressive Human Services, 1*(1), 27-30.

Skidmore, R. A. (1993). **사회복지기관 행정론: 역동적 관리와 인간관계** (*Social work administration : dynamic management and human relationships*). (문인숙, 김미혜 공역). 동인. (원저는 1990년에 출판).

Skidmore, R. A., Thackeray, M. G., & Farley, O. W. (1991). *Introduction to social work* (5th ed.). Prentice Hall.

Specht, H., & Courtney, M. (1994). *Unfaithful angels: How social work has abandoned its mission*. Free press.

Spradley, B. W. (1990). *Community health nursing: Concepts and practice* (3rd ed.). Scott, Foresman.

Staples, L. H. (1990). Powerful ideas about empowerment. *Administration in Social Work, 14*(2), 29-42.

Steinberg, R., & Carter, G. W. (1983). *Case management and elderly*. Lexington Books.

Stoker, G. (1998). Governance as theory: Five prospositions. *International Social Science Journal, 50*(1), 17-28.

Swift, C., & Levin, G. (1987). Empowerment: An emerging mental health technology. *Journal of Primary Prevention, 8*(1-2), 71-94.

Taylor, M. (2007). Community participation in the real world: Opportunities and pitfalls in new governance. *Urban Studies, 44*(2), 297-317.

Theilen, G. L., & Poole, D. L. (1986). Educating leadership for effecting community change through voluntary associations. *Journal of Social Work Education, 2*(22), 19-29.

Tracy, E. M., & Whittaker, J. K. (1990). The social network map: Assessing social support in clinical

social work practice. *Family in Society, 71*, 461-470.

Tropman, J. E. (1995). Community needs assessment. In R. L. Edwards, et al. (Eds.), *Encyclopedia of social work* (19th ed., pp. 563-569). NASW Press.

Tufail, J., & Lyon, K. (2008). **옹호: 나의 목소리를 낼 수 있는 힘** (*Introducing Advocacy: The First Book of Speaking Up*). (김상용, 전동일, 한주빈 공역). 시그마프레스. (원저는 2007년에 출판).

Turner, F. (2004). **사회복지실천이론의 이해와 적용** (*Social work treatment*). (연세사회복지실천연구회 역). 나남. (원저는 1996년에 출판).

Turner, J. H. (1982). **사회학 이론의 구조** (*Structure of sociological theory*). (김진균 외 공역). 한길사. (원저는 1978년에 출판).

Warren, R. L. (1971). *The community in America* (2nd ed.). Brandeis University.

Warren, R. L. (1983). The good community: What would it be?. In R. L. Warren & L. Lyon (Eds.), *New perspectives on the American community* (pp. 393-401). The Dorsey Press.

Webber, M. M., & Rittel, H. W. J. (1973). Dilemmas in a general theory of planning. *Policy Sciences, 4*(2), 155-169.

Weil, M. O. (1985). Key components in providing efficient and effective services. In M. Weil & J. Karls (Eds.), *Case management in human service practice*. Jossey-Bass.

Weil, M. O. (1996). Community building: Building community practice. *Social Work, 41*(5), 481-499.

Weil, M. O. (2005). Introduction: Contexts and challenges for 21st-century communities. In M. Weil (Ed.), *The handbook of community practice*. (pp. 3-33). Sage.

Weil, M. O., & Gamble, D. N. (1995). Community practice models. In R. L. Edwards, et al. (Eds.), *Encyclopedia of social work* (19th ed., pp. 577-594). NASW Press.

Weil, M., Karls, J. M., & Associates. (1985). *Case management in human service practice*. Jossey-Bass.

Weiner, M. E. (1982). *Human services management: Analysis and applications*. The Dorsey Press.

Wilson, R. A., & Schulz, D. A. (1991). **도시사회학** (*Urban sociology*). (유시중, 박경구, 이성민 공역). 경문사. (원저는 1987년에 출판).

Wimpfheimer, R., Bloom, M. V., & Kramer, M. (1990). Interagency collaboration: Some working principles. *Administration in Social Work, 14*(4), 89-102.

Wirth, L. (1938). Urbanism as a way of life. *The American Journal of Sociology, 44*, 1-24.

Woodside, M. R., & Legg, B. H. (1990). Patient advocacy: A mental health perspective. *Journal of Mental Health Counseling, 12*(1), 38-50.

Zastrow, C. (1992). *The practice of social work* (4th ed.). Wadsworth Publishing Company.

Zastrow, C. (2013). **사회복지개론** (*Introduction to social work and social welfare*). (강홍구, 김미옥, 김순규, 김신열, 박현선, 백종만, 서혜경, 신은주, 윤명숙, 윤홍식, 이상록, 정슬기, 최옥채, 최원규, 한동우

편역). Cengage Learning. (원저는 1992년에 출판).

Zimmerman, M. A. (2000). Empowerment theory: Psychological, organizational and community levels of analysis. In J. Rappaport & E. Seidman (Eds.), *Handbook of community psychology* (pp. 43-63). Kluwer Academic Publishers.

Zippay, A., & Bluestone, P. (1990). Experiment in inter-organizational coordination. *Administration in Social Work, 14*(4), 103-116.

찾아보기

인명

내용

저자 소개

함철호(Ham Cheol Ho, chham@gwangju.ac.kr)

[학계]

현 광주대학교 사회복지학부 교수

중앙대학교 사회복지학 전공 학사, 석사, 박사

보건복지부 국립사회복지연수원 교수

위덕대학교 사회복지학과 교수

한국사례관리학회 회장

한국사회복지학회 편집위원, 한국지역사회복지학회 이사 등

[현장]

한국사회보장정보원 이사

보건복지부 지역사회복지협의체 평가 및 컨설팅위원

보건복지부 희망복지지원단 기획자문위원, 평가위원

광주사회서비스원 이사장

광주광역시 사회복지위원회 부위원장

광주광역시 남구 · 서구 지역사회복지협의체 민간위원장

전라남도 사회복지공동모금회 배분위원 및 배분사업평가단장

[저서]

사례관리론(한국방송통신대학교 출판문화원, 2020)

한국지역사회복지론: 이론과 사례(학지사, 2019)

사례관리론: 개념, 기술, 실천역량 이해(공저, 학지사, 2020)

사례관리 전문가교육: 실무자 기초과정(2판, 공저, 학지사, 2019)

사회복지전달체계의 개편과 민관협력(공저, 학지사, 2010)

소규모 아동복지시설 연구(공저, 인간과 복지, 1997)

지역사회복지론(2판)
Community Welfare & Practice (2nd ed.)

2019년 8월 25일 1판 1쇄 발행
2023년 4월 20일 1판 3쇄 발행
2023년 9월 5일 2판 1쇄 발행

지은이 • 함철호
펴낸이 • 김진환
펴낸곳 • ㈜학지사
04031 서울특별시 마포구 양화로 15길 20 마인드월드빌딩
대표전화 • 02-330-5114 팩스 • 02-324-2345
등록번호 • 제313-2006-000265호

홈페이지 • http://www.hakjisa.co.kr
인스타그램 • https://www.instagram.com/hakjisabook

ISBN 978-89-997-2896-9 93330

정가 23,000원